> 전산+AT
> 합본

2024

전산세무 TAT 2급

이상은 저

머 리 말

　요즘처럼 경제가 어렵고 취업하기가 힘든 시기에는 신입사원의 선발기준이 과거의 학력위주에서 실력위주로 전환됨에 따라 "자격증"의 가치가 어느 때보다 더욱더 높이 평가되는 것이 현실이다.

　그래서, 본서는 한국세무사회 및 한국공인회계사회의 자격시험에 출제되는 재무회계 및 원가회계, 부가가치세법, 소득세법에 대비한 이론과 실기의 능력 향상과 아울러 한권의 교재로 전산세무와 TAT 자격증을 동시에 취득할 수 있게 하였으며, 삼십 수년 동안 일선에서 강의한 노하우를 최대한 반영하였다.

　본 도서의 특징을 간략히 요약하면,
첫째, 초보자도 쉽게 접할 수 있도록 구성하였다.
둘째, 각 단원별 내용설명이 끝이 나면 실전문제연습을 답습하고 분개연습을 통한 반복 학습효과를 극대화하여 이론문제와 분개문제를 접하게 하였다.
셋째, 부가가치세신고서와 연관된 부속서류를 철저히 분석하여 작성하고, 원천징수에 대한 내용을 상세히 설명하여 입력연습을 하여 실전 대비에 만전을 기하였다.
넷째, 단원별 이론 설명을 한 후 기출문제를 철저히 분석하였으며, 수험생들이 쉽게 접할 수 있도록 최근 출제한 기출문제(전산세무 및 TAT)를 입력하도록 하였다.
다섯째, 개정된 기업회계기준서 내용을 모두 반영하여 자격증 취득의 마중물 역할을 할 것이다.

　수험생들이 실무대비와 자격시험에 합격할 수 있도록 최대한 정성을 담아 집필하였으나, 미비한 부분이 있으면 수험생 여러분의 충고와 조언을 겸허히 받아들여 다음에는 더욱더 좋은 교재 연구에 노력할 것이며, 이 교재로 수험생 여러분의 자격증시험 공부에 많은 도움이었으면 좋겠다.

　끝으로, 본 교재가 완성되기까지 도와주신 도서출판 어울림의 관계자분들께 감사드리며, 수험생 여러분의 많은 합격을 기원하는 바이다.

2024년 4월
경남 창원에서 저자 씀

전산세무 2급 시험개요 및 안내

1. 시험 일정

회차	구 분	원서접수	시험일자	합격발표	원서비
제112회	이론/실기 동시 시험	01/04 ~ 01/10	02/04 (일)	02/22 (목)	급수당 30,000원
제113회		02/28 ~ 03/05	04/06 (토)	04/25 (목)	
제114회		05/02 ~ 05/08	06/01 (토)	06/20 (목)	
제115회		07/04 ~ 07/10	08/03 (토)	08/22 (목)	
제116회		08/29 ~ 09/04	10/06 (일)	10/24 (목)	
제117회		10/31 ~ 11/06	12/07 (토)	12/26 (목)	

2. 시험시간

등 급	전산세무 1급	전산세무 2급	전산회계 1급	전산회계 2급
시험시간	15:00~16:30	12:30~14:00	15:00~16:00	12:30~13:30
	90분	90분	60분	60분

3. 시험 안내

1) 시험의 목표

4년제 대학교의 중급수준의 재무회계와 원가회계, 세무회계(부가가치세, 소득세)에 관한 기본적 지식을 갖추고, 기업체의 회계실무자로서 전산세무회계 프로그램을 활용한 세무 회계 기본업무를 처리할 수 있는지에 대한 능력을 평가한다.

2) 검정방법

- 이론시험과 실기시험 동시진행
- 실무수행프로그램(회계·세무 S/W프로그램) : 케이렙(세무사랑) 실무교육 프로그램

3) 응시원서 접수방법

각 회차별 접수기간 중 한국세무사회 자격시험 홈페이지(http://license.kacpta.or.kr)로 접속한 후 회원 가입하여 단체 및 개인별로 접수한다.(회원 가입 시 사진등록 필요)

4) 합격 결정 기준

- 이론시험 30점 + 실기시험 70점 → 100점 만점에 70점 이상 합격

5) 문의처

- 문의 : Tel.(02)521 - 8389~9 / Fax.(02)597 - 2940

4. 검정방법 및 시험과목

등급	검정방법		시험 과목
전산세무 2급	이론 (30%)	재무회계	당좌·재고자산, 유·무형자산, 유가증권과 투자유가 증권 부채, 자본금, 잉여금, 수익과 비용
		원가회계	원가의 개념, 요소별·부문별 원가계산 개별·종합(단일, 공정별, 조별, 등급별)원가계산
		세무회계	부가가치세법, 소득세법(종합소득세액의 계산 및 원천징수부분에 한함)
	실기 (70%)	재무·원가회계	초기이월, 거래자료 입력, 결산자료 입력
		부가가치세	매입·매출거래자료 입력, 부가가치세신고서의 작성
		원천제세	원천징수와 연말정산 기초

5. 세부평가 범위

1) 이론시험(15문항, 문항당 각 2점)

구분	평가 범위	출제 유형
재무회계 (5문제)	1. 회계의 기본원리	회계의 기본개념, 회계의 순환과정, 결산 및 결산절차
	2. 당좌자산	현금 및 현금성자산, 단기금융상품, 매출·기타 채권
	3. 재고자산	재고자산의 일반, 원가결정, 원가배분, 재고자산의 평가
	4. 유형자산	유형자산의 일반, 취득시의 원가결정, 보유기간 중의 회계처리, 유형자산의 처분, 감가상각
	5. 무형자산	무형자산의 회계처리
	6. 유가증권과 투자유가증권	유가증권의 일반, 유가증권의 매입과 처분, 투자유가증권(투자주직, 투자채권)
	7. 부 채	부채의 일반, 매입 채무와 기타의 채무, 사채
	8. 자 본	자본금, 자본잉여금과 이익잉여금, 이익잉여금처분계산서

구분	평가 범위	출제 유형
	9. 수익과 비용	수익과 비용의 인식, 수익과 비용의 분류
	10. 회계변경과 오류수정	기본적인 회계변경과 오류수정
원가 회계 (5문제)	1. 원가의 개념	원가의 개념
	2. 요소별 원가계산	재료비, 노무비, 제조경비, 제조간접비의 배부
	3. 부문별 원가계산	부문별 원가계산의 기초, 부분별 원가계산의 절차
	4. 개별원가계산	개별 원가계산의 기초, 개별 원가계산의 절차와 방법, 작업폐물과 공손품의 회계처리
	5. 종합원가계산	종합원가계산의 절차, 완성품환산량, 재공품의 평가방법, 종합원가계산의 종류(단일종합원가계산, 공정별종합원가계산, 조별종합원가계산, 등급별종합원가계산)
세무 (5문제)	1. 부가가치세법	총칙, 과세거래, 영세율적용과 면세, 과세 표준과 세액, 신고와 납부, 경정징수와 환급
	2. 소득세법	종합소득세액의 계산, 원천징수와 연말정산의 관련부분

2) 실기시험 : 법인기업인 제조기업을 대상으로 출제됨

구 분	평가 범위	출제 유형
재무회계 및 원가회계 (35%)	1. 초기이월	전기분 재무제표의 검토 및 수정
	2. 일반전표 입력	일반거래자료의 추가입력 거래 추정에 의한 자료입력
	3. 입력 자료의 검토·수정	오류의 발생원인 검토 및 수정
	4. 결산자료의 입력	결산자료의 정리 결산자료의 입력 잉여금처분사항의 입력
	5. 입력자료 및 제장부의 조회	제장부의 검토 및 조회
부가가치세 (20%)	1. 매입·매출거래 자료의 입력	유형별 매입·매출거래 자료의 입력
	2. 부가가치세 신고서의 작성	부가가치세 과세표준의 제계산 매입세액의 안분계산 및 정산 가산세 적용 각종 부속서류 작성

구 분	평가 범위	출제 유형
원천제세 (15%)	1. 사원등록 및 급여자료 입력	소득(인적)공제 사항등록, 수당 등록
		공제사항의 등록
		급여자료 입력
	2. 근로소득의 원천징수와 연말정산 기초	근로소득세의 산출
		원천징수이행상황신고서 작성
		연말정산 추가자료 입력
		원천징수영수증 작성

※ 각 부분별 ±10% 이내에서 범위를 조정할 수 있으며, 전산세무 2급은 전산회계 1급 내용을 포함한다.

TAT(세무실무) 2급 시험개요 및 안내

1. 시험 일정

회차	구 분	원서접수	시험일자	합격발표	원서비
제69회	TAT 2급 (이론/실무 동시)	02/01 ~ 02/07	02/17 (토)	02/22 (금)	급수당 39,000원
제70회		02/29 ~ 03/06	03/16 (토)	03/21 (금)	
제71회		04/04 ~ 04/11	04/20 (토)	04/25 (금)	
제72회		05/02 ~ 05/08	05/18 (토)	05/23 (금)	
제73회		05/30 ~ 06/05	06/15 (토)	06/20 (금)	
제74회		07/04 ~ 07/10	07/20 (토)	07/25 (금)	
제75회		08/01 ~ 08/07	08/17 (토)	08/22 (금)	
제76회		10/03 ~ 10/10	10/19 (토)	10/24 (금)	
제77회		10/31 ~ 11/06	11/16 (토)	11/21 (금)	
제78회		12/05 ~ 12/11	12/21 (토)	12/26 (금)	

2. 시험 시간

등 급	TAT(세무실무)		FAT(회계실무)	
	TAT 1급	TAT 2급	FAT 1급	FAT 2급
시험시간	14 : 00 ~ 15 : 30	10 : 00 ~ 11 : 30	14 : 00 ~ 15 : 00	10 : 00 ~ 11 : 00
	90분	90분	60분	60분

3. 시험 안내

1) 검정기준

회계기본 순환과정을 이해하고 증빙관리 및 상거래 활동에서 발생하는 회계정보의 활용능력을 평가

2) 검정방법

- 실무이론시험과 실무수행시험 동시 진행
- 실무수행프로그램(회계·세무 S/W프로그램) : 더존 Smart A(I PLUS) 실무교육 프로그램

3) 응시원서 접수방법

각 회차별 접수기간 중 한국공인회계사회 AT자격시험 홈페이지(http://at.kicpa.or.kr)로 접속한 후 회원 가입하여 단체 및 개인별로 접수한다.(회원 가입 시 사진등록 필요)

4) 합격 결정 기준

이론시험 30점+실기시험 70점 → 100점 만점에 70점 이상 합격

5) 문의처

문의 : Tel.(02)3149-0225

4. 검정방법 및 출제범위

등급	검정방법	시험 과목	
TAT 2급	실무이론 (30%)	재무회계	• 계정과목별 결산 회계처리, 매출원가계산
		세무회계	• 부가가치세법, 소득세법(근로소득)
	실무수행 (70%)	회계정보관리	• 제조기업의 특수 상황별 회계처리, 결산 • 적격증빙관리 및 관련서류작성 • 어음관리
		부가가치세관리	• 전자세금계산서 관리 및 부가가치세신고 • 업종별 부가가치세신고 부속서류작성
		근로소득관리	• 근로소득의 원천징수 프로세스

5. 세부 평가 범위

구분	과목	배점	평가범위	세부 평가 범위	
				주요항목	세부 항목
실무 이론	재무 회계	30점	재무 회계	재무회계	• 재무제표의 작성과 표시 • 재무상태표와 계정과목별 회계처리 • 손익계산서와 계정과목별 회계처리 • 매출원가 계산 • 특수한 상황별 회계처리 • 적격증빙관리 • 결산
	세무 회계		부가가치세	부가가치세	• 부가가치세의 기본개념 • 과세거래 • 영세율과 면세 • 과세표준과 세액
			소득세	소득세 (원천징수)	• 소득세 총설 • 종합소득공제
실무 수행	회계 정보 관리	25점	거래 자료 입력	적격증빙의 이해	• 3만원초과 거래자료에 대한 영수증수취명세서 작성 • 경비등송금명세서작성
				어음관리	• 약속어음 수취거래(자금관리) • 약속어음의 만기결제, 할인, 배서양도 • 약속어음의 수령등록 • 약속어음 발행거래(자금관리) • 발행어음의 만기결제
				유형자산 관련	• 정부보조금에 의한 유/무형자산의 구입 • 신규매입자산의 고정자산 등록 • 유/무형자산의 매각
				기타 일반거래	• 단기매매증권구입 및 매각 • 대손의 발생과 설정 • 출장비 정산 급여 및 퇴직금지급, 임차료지급, 운반비지급, 계약금지급, 계약금입금, 퇴직연금, 리스회계, 사회보험지급, 자본금거래
			결산	수동결산	• 손익의 예상과 이연 • 유가증권 및 외화평가 • 가계정 및 유동성대체 • 재고자산감모 및 평가손실 등
				자동결산	• 결산자료입력에 의한 자동결산 → 상품매출원가, 제품매출원가, 감가상각비, 대손상각비, 퇴직금추계액, 법인세등

TAT 2급 시험개요 및 안내

구분	과목	배점	평가범위	세부 평가 범위	
				주요항목	세부 항목
실무수행	부가가치세관리	22점	부가가치세	전자세금계산서의 발행	• 과세매출자료 입력 • 과세매출자료의 전자세금계산서 발행 • 수정사유별 수정전자세금계산서 발행

				부속서류 작성 및 회계처리	• 부동산임대사업자의 부가가치세신고서 작성 : 전표입력
					  → 부동산임대공급가액 명세서
					  → 간주임대료 회계처리
					  → 부가가치세신고서 반영
					• 의제매입세액공제신고 작성 및 부가가치세신고서 작성 : 전표입력
					  → 의제매입세액공제신고서 작성 및 의제매입세액 회계처리
					  → 부가가치세신고서 반영
					• 신용카드매출전표발행집계표 작성 부가가치세신고서 반영 : 전표입력
					  → 신용카드매출전표발행집계표 작성
					  → 부가가치세신고서 반영
					• 수출실적명세서 작성 및 부가가치세신고서 반영 : 전표입력
					  → 수출실적명세서
					  → 부가가치세신고서 반영
					• 매입세액불공제내역 작성 부가가치세신고서 반영 : 전표입력
					  → 매입세액불공제내역 작성
					  → 부가가치세신고서 반영
					• 대손세액공제신고서 작성 부가가치세신고서 반영 : 대손세액공제신고서 작성
					  → 대손금의 회계처리
					  → 부가가치세신고서 반영
					• 건물등감가상각자산취득명세서 작성 부가가치세신고서 반영 : 전표입력
					  → 건물등감가상각자산취득명세서
					  → 부가가치세신고서 반영

구분	과목	배점	평가범위	세부 평가 범위	
				주요항목	세부 항목
실무수행	근로소득관리	25점	근로소득 원천징수	사원등록	주민등록등본, 가족관계증명원, 고용계약서등에 의한 사원등록
				급여자료 입력	• 급여명세에 의한 급여자료 → 수당공제등록 → 급여자료입력 → 원천징수이행상황신고서 반영
				원천징수 이행상황 신고서 작성	• 신입사원의 원천징수 → 사원등록 : 입사일자등록 및 기본정보등록 → 급여자료입력 → 원천징수이행상황신고서 반영 • 중도퇴사자의 원천징수 → 사원등록 : 퇴직일자 입력 → 급여자료 입력 → 연말정산자료 입력 → 원천징수이행상황신고서 반영 • 전월미환급세액의 원천징수이행상황신고서 반영
			근로소득 연말정산	연말정산 자료입력	• 국세청연말정산간소화 및 이외의 자료를 기준으로 연말정산 → 사원등록 수정 → 소득명세 작성 → 정산명세 항목별 작성 → 의료비명세서 또는 기부금명세서 작성

목 차

머리말　3
전산세무 2급 시험개요 및 안내　4
TAT(세무실무) 2급 시험개요 및 안내　8

Part 1. 재무회계재무회계 ──────────────── 17

Chapter 1. 재무회계(기초이론) ──────────── 18
　1. 재무회계의 기초 ──────────────── 18
　2. 재무제표 ───────────────────── 25

Chapter 2. 재무회계(자산·부채·자본·수익·비용) ── 34
　1. 유동자산과 비유동자산 ─────────────── 34
　2. 당좌자산 ──────────────────── 35
　3. 재고자산 ──────────────────── 50
　4. 투자자산 ──────────────────── 64
　5. 유형자산 ──────────────────── 71
　6. 무형자산 및 기타비유동자산 ──────────── 87
　7. 부 채 ────────────────────── 93
　8. 자 본(자산 - 부채) ─────────────── 104
　9. 수익과 비용 ───────────────── 120
　10. 회계변경과 오류수정 ──────────── 133

Part 2. 원가회계원가회계 ──────────────── 141

Chapter 1. 원가회계 개요 ──────────────── 142
Chapter 2. 요소별 원가계산과 원가흐름 ─────── 154
Chapter 3. 부문별 원가계산 ──────────────── 163
Chapter 4. 개별원가계산 ────────────────── 169
Chapter 5. 종합원가계산 ────────────────── 177

Chapter 6. 결합원가계산 ─────────────── 189

Part 3. 부가가치세 ─────────────── 193

Chapter 1. 부가가치세 개요 ─────────────── 194
Chapter 2. 과세대상과 공급시기 ─────────────── 204
Chapter 3. 영세율과 면세 ─────────────── 214
Chapter 4. 과세표준과 매입세액 ─────────────── 221
Chapter 5. 세금계산서 ─────────────── 235
Chapter 6. 신고·납부·환급 ─────────────── 244
Chapter 7. 간이과세 ─────────────── 247

Part 4. 소득세(원천징수) ─────────────── 251

Chapter 1. 소득세 개요 ─────────────── 252
Chapter 2. 이자소득·배당소득 ─────────────── 260
Chapter 3. 사업소득 ─────────────── 266
Chapter 4. 근로소득 ─────────────── 273
Chapter 5. 연금소득 ─────────────── 281
Chapter 6. 기타소득 ─────────────── 283
Chapter 7. 종합소득공제 및 세액공제 ─────────────── 293
Chapter 8. 신고·납부 ─────────────── 305

Part 5. 기출 분개 연습 100선 ─────────────── 313

Part 6. 부가가치세 및 원천징수 실무연습 ─────────────── 335

Chapter 1. 부가가치세신고서 및 부속서류 ─────────────── 336
Chapter 2. 근로소득 원천징수 ─────────────── 372

Part 7. 전산세무 2급 기출문제 — **401**

제102회 전산세무2급 기출문제(㈜반도산업, 코드번호 : 1022) — 402
제103회 전산세무2급 기출문제(㈜로운상회, 코드번호 : 1032) — 413
제104회 전산세무2급 기출문제(㈜이천산업, 코드번호 : 1042) — 425
제105회 전산세무2급 기출문제(㈜미수상회, 코드번호 : 1052) — 436
제106회 전산세무2급 기출문제(수원산업㈜, 코드번호 : 1062) — 447
제107회 전산세무2급 기출문제(㈜파쇄상사, 코드번호 : 1072) — 460
제108회 전산세무2급 기출문제(㈜세아산업, 코드번호 : 1082) — 472
제109회 전산세무2급 기출문제(㈜천부전자, 코드번호 : 1092) — 484
제110회 전산세무2급 기출문제(㈜도원기업, 코드번호 : 1102) — 497
제111회 전산세무2급 기출문제(㈜대동산업, 코드번호 : 1112) — 508

Part 8. TAT 2급 기출문제 — **521**

제64회 TAT 2급 기출문제(㈜히말라야, 코드번호 : 2264) — 522
제65회 TAT 2급 기출문제(㈜아모레산업, 코드번호 : 2265) — 545
제66회 TAT 2급 기출문제(㈜바람바람, 코드번호 : 2266) — 566
제67회 TAT 2급 기출문제(㈜바비산업, 코드번호 : 2267) — 587
제68회 TAT 2급 기출문제(㈜리빙산업, 코드번호 : 2268) — 609

Part 9. 기출문제 해답 — **631**

제102회 전산세무 2급 기출문제 해답 — 632
제103회 전산세무 2급 기출문제 해답 — 645
제104히 전산세무 2급 기출문제 해답 — 654
제105회 전산세무 2급 기출문제 해답 — 664
제106회 전산세무 2급 기출문제 해답 — 674
제107회 전산세무 2급 기출문제 해답 — 685
제108회 전산세무 2급 기출문제 해답 — 696
제109회 전산세무 2급 기출문제 해답 — 705

제110회 전산세무 2급 기출문제 해답 ──────────────────── 713

제111회 전산세무 2급 기출문제 해답 ──────────────────── 723

제64회 TAT 2급 기출문제 해답 ────────────────────── 731

제65회 TAT 2급 기출문제 해답 ────────────────────── 742

제66회 TAT 2급 기출문제 해답 ────────────────────── 753

제67회 TAT 2급 기출문제 해답 ────────────────────── 764

제68회 TAT 2급 기출문제 해답 ────────────────────── 775

【참고】

▶ 기출문제 연습시 백데이터 설치 방법

1. www.jw1449.com 접속

2. 전산세무 2급 백데이터 설치방법

　① 강의자료실 → 회계 → 340번 다운로드 후 압축풀기

　② 백데이터 설치 후 케이렙은 프로그램 실행 후 회사등록에서 회사코드재생성을 하여 회사를 선택하여 문제 풀면 된다.

3. TAT 2급 백데이터 설치방법

　① 강의자료실 → 회계 → 343번 다운로드 후 압축풀기

　② 압축을 풀고 프로그램을 실행하여 해당회사를 선택하여 문제 풀면 된다.

Part. 1
재무회계

Chapter 1
재무회계(기초이론)

1. 재무회계의 기초

(1) 기본개념

① 회계의 정의와 목적

회계란, 회계정보이용자가 합리적인 의사결정을 할 수 있도록 기업의 경제적 정보를 식별·측정·전달하는 과정을 말하며, 이는 회계의 목적과도 유사하다.

회계의 정의	회계정보이용자가 합리적인 의사결정을 할 수 있도록 기업의 경제적 정보를 식별·측정·전달하는 과정
회계의 목적	정보이용자가 경제적 의사결정을 하는 데 유용한 정보 제공
회계정보이용자	기업과 관련된 거의 모든 사람(경영자, 직원, 투자자, 잠재적투자자, 주주, 채권자, 거래처, 정부, 일반대중 등 다양한 사람들)

② 재무회계와 원가관리회계

재무회계는 외부공표용 재무제표를 작성하기 위한 것이므로, 기업회계기준에서 정하는 규정을 준수하여야 하지만, 원가관리회계는 내부관리용이므로 기업 내부에서 정한 기준으로 자유롭게 작성할 수 있다.

구 분	회계원리(재무회계)	원가회계(관리회계)
㉠ 대상자	주주, 채권자, 정부 등 외부	경영자 등 내부
㉡ 보고대상	외부보고용(외부인의 의사결정)	내부보고용(내부의사결정)
㉢ 결과물	재무제표(5가지)	기업이 자유롭게 작성
㉣ 작성기준	기업회계기준	기업의 내부 기준
㉤ 주 핵심	과거사건 정리, 측정, 보고	과거를 정리하고 미래를 계획함

③ 현금주의와 발생주의

발생주의	현금의 유입·유출과 무관하게 거래나 사건이 발생한 기간에 인식하는 것
현금주의	현금이 유입될 때 수익, 현금이 유출될 때 비용을 인식하는 것

※ 우리나라 회계기준은 발생주의에 따라 회계처리하도록 하고 있다.

발생주의 회계는 다음과 같은 발생과 이연의 개념을 포함한다.

발생	**미수수익**과 같이 미래에 수취할 금액에 대한 자산을 관련된 부채나 수익과 함께 인식하거나, 또는 **미지급비용**과 같이 미래에 지급할 금액에 대한 부채를 관련된 자산이나 비용과 함께 인식하는 회계과정
이연	**선수수익**과 같이 미래에 수익을 인식하기 위해 현재의 현금유입액을 부채로 인식하거나, **선급비용**과 같이 미래에 비용을 인식하기 위해 현재의 현금유출액을 자산으로 인식하는 회계과정

④ 회계공준(기본가정)

회계공준은 재무회계의 논리를 전개하기 위한 기본적인 가정을 말한다. 대표적으로 다음 3가지가 있다.

기업실체의 가정	• 기업을 소유주와는 독립적으로 존재하는 회계단위로 가정하고, 기업의 경제활동에 대한 재무정보를 측정, 보고하는 것 • 기업은 하나의 독립된 회계단위로서 재무제표를 작성하는 기업실체임
계속기업의 가정	• 기업은 그 목적과 의무를 이행하기에 충분할 정도로 장기간 존속한다고 가정하는 것(역사적 원가의 근거가 됨) • 기업은 경영활동을 청산하거나 축소시킬 의도가 없을 뿐 아니라 청산이 요구되는 상황도 없다고 가정함
기간별 보고의 가정	• 기업의 존속기간을 일정한 기간 단위로 분할하여 각 기간별로 재무제표를 작성하는 것 • 계속 존속하는 기업을 인위적으로 일정한 기간을 나누어서 재무상태와 경영성과를 파악할 필요가 있음(기말결산의 근거가 됨)

(2) 회계정보의 질적특성

회계정보가 유용하기 위해 갖추어야 할 주요 속성을 말하며, 가장 중요한 질적특성은 목적적합성과 신뢰성이다.

목적적합성의 하부속성으로 예측가치, 피드백가치, 적시성이 있고, 신뢰성의 하부속성으로 표현의 충실성, 검증가능성, 중립성이 있다.

주요 질적특성	• 목적적합성 : 예측가치, 피드백가치, 적시성 • 신　뢰　성 : 표현의 충실성, 검증가능성, 중립성
기타 질적특성	• 이해가능성, 비교가능성, 비용・효익, 중요성 등
유용한 정보	• 목적적합성과 신뢰성 중 어느 하나가 완전히 상실된 정보는 유용한 정보가 될 수 없음

① 목적적합성과 신뢰성의 개념

목적적합성	• 결과를 예측하는데 도움이 되거나, 당초 기대치를 확인·수정할 수 있게 함으로써 의사결정에 차이를 가져오게 하는 질적특성 • 회계정보가 의사결정 시점에 이용되도록 적시에 제공될 때 유효함
신뢰성	• 회계정보가 유용하기 위해서는 신뢰할 수 있는 정보이어야 함 • 신뢰성 있는 회계정보는 나타내고자 하는 대상을 충실히 표현하고, 객관적으로 검증 가능하여야 하며, 중립적이어야 함
목적적합성	⊙ 예측가치	기업의 미래 재무상태·경영성과 등을 예측하는데 정보가 활용될 수 있어야 함
	ⓒ 피드백가치	재무상태·경영성과 등에 대한 당초 기대치를 확인·수정하게 함으로써 의사결정에 영향을 미칠 수 있어야 함
	ⓒ 적시성	정보가 의사결정에 반영되도록 적시에 제공되어야 함
신뢰성	⊙ 표현의 충실성	기업이 보유하는 자산·부채·자본을 충실히 나타야 함
	ⓒ 검증가능성	동일한 사건에 대하여 동일한 측정방법을 적용할 경우 독립된 여러 측정자가 유사한 결론에 도달해야 함
	ⓒ 중립성	회계정보는 편의 없이 중립적이어야 함

② 질적특성 간의 상충관계

목적적합성과 신뢰성은 다음과 같이 서로 상충될 수 있다.

구 분	목적적합성	신뢰성
역사적원가로 평가	예측가치가 떨어져서 목적적합성 하락	자산 가액을 수정하지 않으므로 검증가능성과 신뢰성 제고
현행가치로 평가	예측가치가 높아져서 목적적합성 제고	자산 가액을 수정하므로 신뢰성 하락
분기(반기)보고서	정보가 빠르고 적시에 반영되므로 목적적합성 제고	연차보고서에 비해서 신뢰성 하락
연차(기말)보고서	분기(반기)보고서에 비해서 느리므로 목적적합성 하락	표현의 충실성과 검증가능성이 높아서 신뢰성 제고

③ 질적특성의 제약요인 : 비용 〈 효익, 중요성

회계정보의 질적특성을 충족시키는 데에는 다음의 제약요인이 작용한다. 일단 생산된 회계정보의 생산비용보다 회계정보로 인하여 발생하는 효익이 더 커야 하고, 회계정보가 정보이용자의 의사결정에 영향을 미칠 만큼 중요해야 한다.

비용 < 효익	회계정보의 효익은 그 정보를 생산·이용하기 위한 비용보다 커야 함
중요성	어떤 회계정보가 누락되거나 잘못 표기되었을 때 정보이용자의 의사결정에 영향을 미치면 이는 중요한 정보임

④ **비교가능성**

회계정보는 유사한 다른 기업과 비교 가능해야 하고, 동일한 기업의 과거기간과 비교 가능해야 한다. 기업간 비교는 통일된 회계기준을 적용하면 가능하고, 기간별 비교는 동일한 회계처리방식을 계속 사용하면 가능하다.

기간별 비교가능성	매 기간마다 동일한 회계처리방식을 계속 사용하면 기간별 비교가능성이 높아짐(계속성)
기업간 비교가능성	통일된 기준으로 일반적으로 인정된 회계원칙을 사용하여 회계처리하면 각 기업들 간의 비교가능성이 높아짐(통일성)

⑤ **전제조건 : 이해가능성(정보이용자의 특성)**

이해가능성이란 회계정보이용자가 회계정보를 이해할 수 있어야 한다는 특성이다. 이는 정보이용자가 갖추어야 할 특성이며, 회계정보가 유용하기 위한 전제조건이기도 하다. 회계정보이용자가 회계정보를 보고 이해하려고 노력해도 이해할 수 없다면 회계정보로써의 가치가 낮을 수밖에 없다.

【회계정보의 질적특성】

정보이용자의 특성 (전제조건)	이해가능성
주요질적특성	목적적합성 / 신뢰성
주요질적특성의 구성요소	예측가치, 피드백가치, 적시성 / 표현의 충실성, 검증가능성, 중립성
	비교가능성
제약조건	중요성, 비용 < 효익

> **기출문제 연습**
>
> 다음은 회계정보가 정보이용자의 의사결정에 유용성을 충족하기 위해서 갖추어야할 회계정보의 질적특성 중 목적적합성에 대한 설명이다. 목적적합성의 하부속성에 해당하지 않는 것은?
> ① 예측가치
> ② 표현의 충실성
> ③ 피드백가치
> ④ 적시성
>
> **풀이**
> ② 표현의 충실성은 회계정보의 질적 특성 중 신뢰성을 갖추기 위한 속성에 해당한다.

(3) 재무보고의 목적 및 보수주의

① 재무보고의 목적

- 투자자 및 채권자의 의사결정에 유용한 정보 제공
- 미래 현금흐름을 예측하는데 유용한 정보 제공
- 재무상태, 현금흐름, 자본변동 등에 대한 유용한 정보 제공

② 보수주의

개 념	• 보수주의는 재무적 기초를 견고히 하는 관점에서 이익을 낮게 보고하는 방법을 선택하는 것을 말한다. • 보수주의적 관점에서 회계처리하면 수익을 낮게, 비용을 높게 계상하여 이익을 낮게 보고한다.
사 례	• 우발손실의 인식 • 재고자산 평가시 저가법 적용 • 감가상각시 초기에 정률법 적용
단 점	• 논리적 일관성 없이 무조건 이익을 낮게 계상하게 되므로 이익조작의 가능성이 있다. • 수익이 낮게 책정되어 적정한 경영성과의 파악이 어렵다.

> **기출문제 연습**
>
> 다음 중 재무회계 개념체계에 따른 재무보고의 목적에 해당하지 않는 것은?
> ① 기업 근로자의 근로 성과평가에 유용한 정보의 제공
> ② 미래 현금흐름 예측에 유용한 정보의 제공
> ③ 투자 및 신용의사결정에 유용한 정보의 제공
> ④ 경영자의 수탁책임과 평가에 유용한 정보의 제공
>
> **풀이**
> ① 재무정보의 이용자'재무회계개념체계에 따른 재무보고의 목적에는 기업 근로자의 근로 성과평가의 유용한 정보의 제공이 해당하지 않는다.

실전문제연습

01 일반기업회계기준에서 계속성원칙을 중요시하는 이유는?
① 중요한 회계정보를 필요한 때에 적시성 있게 제공하기 위함이다.
② 기간별로 재무제표의 비교를 가능하도록 하기 위함이다.
③ 수익과 비용을 적절히 대응하기 위함이다.
④ 기업간 회계처리의 비교가능성을 제고하기 위함이다.

02 재무제표 정보의 질적특성인 신뢰성에 대한 내용이 아닌 것은?
① 재무정보가 의사결정에 반영될 수 있도록 적시에 제공되어야 한다.
② 재무정보가 특정이용자에게 치우치거나 편견을 내포해서는 안된다.
③ 거래나 사건을 사실대로 충실하게 표현하여야 한다.
④ 동일사건에 대해 다수의 서로 다른 측정자들이 동일하거나 유사한 측정치에 도달하여야 한다.

03 다음 중 회계정보의 질적특성에 대한 설명으로 틀린 것은?
① 목적적합성에는 예측가치, 피드백가치, 적시성이 있다.
② 신뢰성에는 표현의 충실성, 검증가능성, 중립성이 있다.
③ 예측가치는 정보이용자의 당초 기대치를 확인 또는 수정할 수 있는 것을 말한다.
④ 중립성은 회계정보가 신뢰성을 갖기 위해서는 편의 없이 중립적이어야 함을 말한다.

04 다음 중 재무제표의 기본가정이 아닌 것은?
① 계속기업의 가정　　　　　　② 발생주의의 가성
③ 기업실체의 가정　　　　　　④ 기간별 보고의 가정

05 다음 중 보수주의에 대한 설명으로 잘못된 것은?

① 우발손실의 인식은 보수주의에 해당한다.
② 보수주의는 재무적 기초를 견고히 하는 관점에서 이익을 낮게 보고하는 방법을 선택하는 것을 말한다.
③ 재고자산의 평가시 저가법을 적용하는 것은 보수주의에 해당한다.
④ 보수주의는 이익조작의 가능성이 존재하지 않는다.

실전문제연습 해답

01 ② 계속성의 원칙은 회계처리의 기간별 비교를 위해 필요하다.
02 ① 목적적합성에 대한 내용으로 적시성에 해당한다.
03 ③ 피드백가치에 대한 설명이다.
04 ② 재무제표의 기본가정에는 기업실체의 가정, 계속기업의 가정, 기간별 보고의 가정이 있다.
05 ④ 보수주의는 논리적 일관성이 결여되어 이익조작의 가능성이 있다.

2. 재무제표

| • 재무상태표 | • 손익계산서 | • 현금흐름표 | • 자본변동표 | • 주석 |

(1) 개요

① 재무제표의 개념 및 종류

재무제표의 개념	재무제표란 기업의 회계정보를 정보이용자에게 전달하기 위해 작성하는 보고서를 말한다.
재무제표의 종류	일반기업회계기준이 정하는 재무제표는 재무상태표, 손익계산서, 현금흐름표, 자본변동표, 주석이다.
기재 내용	각 재무제표의 명칭과 함께 기업명, 보고기간종료일 또는 회계기간, 보고통화 및 금액단위를 함께 기재한다.
재무제표 외	주기·제조원가명세서·이익잉여금처분계산서는 일반기업회계기준에서 정하는 재무제표에는 해당되지 않는다.

② 재무제표 작성과 표시의 일반원칙

재무제표를 작성하기 위해서는 일반적인 원칙이 있는데, '작성과 표시의 일반원칙'은 다음과 같다.

⊙ 계속기업	재무제표 작성 시 계속기업으로서의 존속가능성을 평가해야 한다.
ⓒ 작성책임	재무제표의 작성과 표시에 대한 책임은 경영진에게 있다.
ⓒ 공정한 표시	일반기업회계기준에 따라 적정하게 작성된 재무제표는 공정하게 표시된 재무제표로 본다.
ⓔ 구분과 통합	중요한 항목은 그 내용을 가장 잘 나타낼 수 있도록 구분하여 표시하며, 중요하지 않은 항목은 유사한 항목과 통합하여 표시할 수 있다.
ⓜ 비교가능성	기간별 비교가능성을 제고하기 위하여 전기 재무제표의 모든 계량정보를 당기와 비교하는 형식으로 표시하며, 세부재표 항목의 표시와 분류는 매기 동일하게 적용하는 것을 원칙으로 한다.
ⓗ 계정과목	일반기업회계기준에 예시된 명칭보다 내용을 잘 나타내는 계정과목명이 있을 때는 그 계정과목명을 사용할 수 있다.

③ 재무제표의 특성과 한계

재무제표를 통해 제공되는 정보는 다음과 같은 특성과 한계를 가진다.

① 재무제표는 화폐단위로 측정된 정보를 주로 제공한다.
② 재무제표는 대부분 과거에 발생한 거래나 사건에 대한 정보를 나타낸다.
③ 재무제표는 추정에 의한 측정치를 포함하고 있다.
④ 재무제표는 특정기업실체에 관한 정보를 제공하며, 산업경제 전반에 관한 정보를 제공하지는 않는다.

④ 각 재무제표의 상관관계

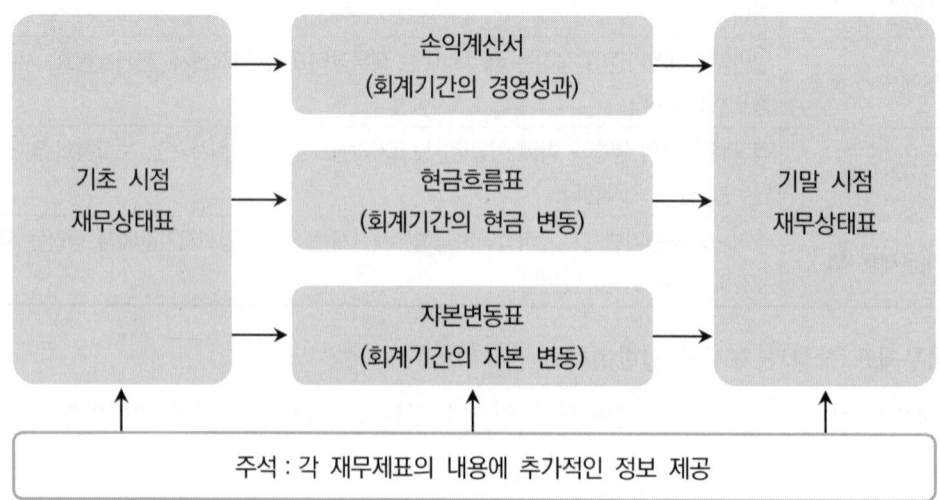

【재무제표 종류】

재무상태표(시점)	일정시점의 재무상태(자산·부채·자본에 대한 정보)
손익계산서(기간)	일정기간의 경영성과(수익·비용에 대한 정보)
자본변동표(기간)	자본 구성항목의 기초 및 기말잔액과 기중의 변화를 표시
현금흐름표(기간)	현금의 유입과 유출(영업활동, 재무활동, 투자활동)
주 석	각 재무제표의 내용에 추가적인 정보 제공

【재무제표 작성 시 측정 기준】

역사적원가	취득시점에 지급한 대가(과거에 지급한 원가)
현행원가	보유하고 있는 자산과 유사한 자산을 현재 시점에 취득할 경우 지급해야 하는 대가
실현가능가치	보유하고 있는 자산을 정상적으로 처분하는 경우에 수취할 수 있는 대가
현재가치	보유하고 있는 자산이 창출할 것으로 기대되는 미래의 순현금유입액의 현재가치

기출문제 연습	다음 중 일반기업회계기준상 재무제표에 해당되지 않는 것은?
	① 재무상태표　　　　　　　　② 이익잉여금처분계산서
	③ 손익계산서　　　　　　　　④ 자본변동표
풀이	② 재무상태표, 손익계산서, 자본변동표, 현금흐름표, 주석

(2) 재무상태표

① 재무상태표의 개념

재무상태표는 일정시점의 재무상태(자산·부채·자본)에 대한 정보를 제공하는 재무보고서다.

자 산	과거의 거래나 사건의 결과로서 현재 기업실체에 의해 지배되고 미래에 경제적 효익을 창출할 것으로 기대되는 자원
부 채	과거의 거래나 사건의 결과로 현재 기업실체가 부담하고 있고 미래에 자원의 유출 또는 사용이 예상되는 의무
자 본	자산총액에서 부채총액을 차감한 잔여액 또는 순자산으로서 기업실체의 자산에 대한 소유주의 잔여청구권

② 재무상태표 등식

자산 = 부채 + 자본

③ 재무상태표의 기본구조

자산 • 유동자산 : 당좌자산, 재고자산 • 비유동자산 : 투자자산, 유형자산, 　　　　　　무형자산, 기타비유동자산	부채 : 유동부채, 비유동부채 자본 : 자본금, 자본잉여금, 자본조정, 　　　　기타포괄손익누계액, 이익잉여금

④ 재무상태표 작성시 유의점

⊙ 구분표시	자산·부채·자본 중 중요한 항목은 재무상태표 본문에 별도 항목으로 구분하여 표시한다.
ⓒ 총액표시	자산과 부채는 원칙적으로 상계하여 표시하지 않고 총액으로 표시한다.
ⓒ 유동성배열법	자산과 부채를 표시할 때 현금화하기 쉬운 계정부터 표시한다.(당좌자산, 재고자산, 투자자산, 유형자산, 무형자산, 기타비유동자산 순서)

㉣ 유동과 비유동	보고기간종료일로부터 1년 또는 정상적인 영업주기 이내에 현금화될 것으로 예상되는 것은 유동으로, 그 외의 것은 비유동으로 분류한다.
㉤ 잉여금 구분	자본거래에서 발생한 자본잉여금과 손익거래에서 발생한 이익잉여금을 구분하여 표시한다.

기출문제 연습

다음 중 재무상태표 작성에 대한 설명으로 가장 잘못된 것은?
① 자산과 부채는 유동성이 큰 항목부터 배열하는 것을 원칙으로 한다.
② 자산과 부채는 원칙적으로 상계하여 표시한다.
③ 매출채권에 대한 대손충당금 등은 해당 자산이나 부채에서 직접 가감하여 표시할 수 있다.
④ 자산과 부채는 1년을 기준으로 유동항목과 비유동항목을 구분한다.

풀이
② 자산과 부채는 원칙적으로 상계하여 표시하지 않는다.

⑤ 부분 재무상태표 예시

재무상태표
제13기 2024년 12월 31일 현재
제12기 2023년 12월 31일 현재

㈜정우　　　　　　　　　　　　　　　　　　　　　　　　　　단위 : 원

과 목	당기(제13기)		전기(제12기)	
자산				
Ⅰ. 유동자산		15,965,210		17,538,780
(1) 당좌자산		5,682,689		6,962,188
1. 현금및현금성자산	1,580,120		1,530,910	
2. 매출채권	328,165		482,105	
⋮	⋮		⋮	
(2) 재고자산		9,188,190		7,804,260
1. 상품	2,571,910		1,992,917	
⋮	⋮		⋮	

(3) 손익계산서

① 수익과 비용의 개념

손익계산서는 일정기간의 경영성과(비용·수익)에 대한 정보를 제공하는 재무보고서다. 수익과 비용의 개념은 다음과 같다.

수 익	재화의 판매 또는 용역의 제공 등에 대한 대가로 발생하는 자산의 유입 또는 부채의 감소
비 용	재화의 판매 또는 용역의 제공 등에 따라 발생하는 자산의 유출이나 사용 또는 부채의 증가

② 순이익과 순손실

수익에서 비용을 차감하면 순이익이 계산된다. 만약 수익에서 비용을 차감한 잔액이 마이너스(-)라면, 이 마이너스(-) 금액을 순손실이라 한다. 순이익은 자본을 증가시키고, 순손실은 자본을 감소시킨다.

순이익	[수익 - 비용]이 (+) 금액일 때 순이익 → 자본을 증가시킴
순손실	[수익 - 비용]이 (-) 금액일 때 순손실 → 자본을 감소시킴

예를 들면, 기초(1월 1일)의 자본이 100원이고 당기순이익이 50원이라면, 기말(12월 31일)의 자본은 150원(100+50)이다. 만약에 기초 자본이 100원이고 당기순손실이 20원이라면, 기말자본은 80원(100-20)이다.

③ 손익계산서의 구조

손익계산서는 다음과 같은 구조를 가지고 있다. 손익계산서에서는 손익을 매출총손익, 영업손익, 법인세차감전순손익, 당기순손익 등으로 구분하여 계산하는데 이것을 '구분계산의 원칙'이라 한다.

```
   Ⅰ. 순매출액          : 총매출액 - 매출할인, 매출환입, 매출에누리
 - Ⅱ. 매출원가          : 기초재고 + 당기매입 또는 제조 - 기말재고
 = Ⅲ. 매출총손익        : 순매출액 - 매출원가
 - Ⅳ. 판매비와관리비    : 매출원가 외에 판매관리활동에서 발생하는 모든 비용
 = Ⅴ. 영업손익          : 매출총손익 - 판매비와관리비
 + Ⅵ. 영업외수익        : 주된 영업활동이 아닌 활동으로부터 발생한 수익
 - Ⅶ. 영업외비용        : 주된 영업활동이 아닌 활동으로부터 발생한 비용
 = Ⅷ. 법인세차감전순손익 : 영업손익 + 영업외수익 - 영업외비용
 - Ⅸ. 법인세비용        : 세법에 따른 법인세 등
 = Ⅹ. 당기순손익        : 법인세차감전순이익 - 법인세비용
```

④ 손익계산서 작성 기준(주의점)

총액표시	수익과 비용은 각각 총액으로 보고하는 것을 원칙으로 한다. 단, 중요하지 않은 경우에는 차익과 차손 등을 상계하여 표시할 수 있다.
구분계산	매출총손익, 영업손익, 법인세차감전순손익, 당기순손익 등으로 구분하여 표시한다.

발생주의	수익과 비용은 발생주의를 적용하여 회계처리 한다.
실현주의	수익은 실현된 회계기간에 인식한다. 발생주의가 원칙이며, 수익의 구체적인 인식시 실현주의를 적용한다.
수익·비용 대응	비용은 관련된 수익이 인식된 회계기간에 인식한다.

수익은 가득요건(수익획득을 위한 노력이 완료되거나 거의 완료되어야 함)과 실현요건(수익금액을 합리적으로 측정할 수 있어야 함)을 충족할 때 인식한다.

⑤ **부분 손익계산서 예시**

손익계산서

제13기 2024년 1월 1일 부터 2024년 12월 31일 까지
제12기 2023년 1월 1일 부터 2023년 12월 31일 까지

㈜정우   단위 : 원

과 목	당기(제13기)	전기(제12기)
Ⅰ. 순매출액	257,922,764	242,882,943
Ⅱ. 매출원가	117,771,844	123,144,341
1. 기초상품재고액	26,541,553	25,253,234
2. 당기상품매입액	125,412,561	124,432,660
3. 기말상품재고액	(34,182,270)	(26,541,553)
Ⅲ. 매출총이익	140,150,920	119,738,602
Ⅳ. 판매비와관리비	54,854,745	59,438,402
1. 급여	25,845,210	26,837,230
⋮	⋮	⋮

(4) 현금흐름표 · 자본변동표 · 주석

현금흐름표	기업의 현금흐름을 나타내는 보고서이다. 현금의 흐름을 영업활동·투자활동·재무활동으로 구분하여 파악한다.
자본변동표	기업이 보유한 자본의 크기와 변동을 나타낸다.
주 석	각 재무제표의 본문 내용을 자세하게 설명하는 별지를 말한다. 재무제표를 이해하는데 도움을 주며, 재무제표에 포함된다.

(5) 기타 사항

① 제조기업의 재무제표의 작성 순서

| 제조원가명세서 → 손익계산서 → 이익잉여금처분계산서 → 재무상태표 |

② 중간 재무제표

중간재무제표란, 중간기간(1년보다 짧은 기간, 3개월 또는 6개월)을 대상으로 작성되는 재무제표를 말하며, 연차재무제표와 동일한 양식으로 작성함을 원칙으로 한다.

중간재무제표의 대상기간과 비교형식은 다음과 같다.

① 재무상태표는 중간보고기간말과 직전 연차보고기간말을 비교하는 형식으로 작성한다.
② 손익계산서는 중간기간과 누적중간기간을 직전 회계연도의 동일기간과 비교하는 형식으로 작성한다.
③ 현금흐름표 및 자본변동표는 누적중간기간을 직전 회계연도의 동일기간과 비교하는 형식으로 작성한다.

중간재무제표도 일반적인 재무제표와 마찬가지로 재무상태표, 손익계산서, 자본변동표, 현금흐름표, 주석으로 구성된다.

실전문제연습

01 다음 중 재무상태표에 대한 설명으로 옳은 것은?

① 재무상태표는 자산, 부채, 자본으로 구성되어 있다.
② 재무상태표는 일정기간동안의 기업의 경영성과에 대한 정보를 제공해준다.
③ 기타포괄손익누계액은 부채에 해당한다.
④ 자산과 부채는 원칙적으로 상계하여 순액으로 표시하여야 한다.

02 다음 중 재무상태표의 구성요소에 대한 구분과 관련된 설명 중 틀린 것은?

① 유동자산은 당좌자산, 매출채권, 재고자산으로 구분한다.
② 비유동자산은 투자자산, 유형자산, 무형자산, 기타비유동자산으로 구분한다.
③ 부채는 유동부채와 비유동부채로 구분한다.
④ 자본은 자본금, 자본잉여금, 자본조정, 기타포괄손익누계액 및 이익잉여금(또는 결손금)으로 구분한다.

03 다음은 일반기업회계기준상 재무제표의 목적에 대한 설명이다. 틀린 것끼리 묶인 것은?

> ㉠ 재무상태표 : 일정 기간 동안의 자산, 부채, 자본에 대한 정보 제공
> ㉡ 손익계산서 : 일정 시점의 경영성과에 대한 정보 제공
> ㉢ 자본변동표 : 일정 기간 동안의 자본의 크기와 그 변동에 관한 정보 제공
> ㉣ 현금흐름표 : 일정 기간 동안의 현금흐름에 대한 정보 제공

① ㉠, ㉡   ② ㉠, ㉢   ③ ㉡, ㉣   ④ ㉡, ㉢

04 다음 중 재무상태표에 대한 설명으로 틀린 것은?

① 재무상태표는 일정 시점의 현재 기업의 자산, 부채, 자본에 대한 정보를 제공한다.
② 자산은 유동자산과 비유동자산으로 구분한다.
③ 자본은 자본금, 자본잉여금, 자본조정, 기타포괄손익누계액 및 이익잉여금(또는 결손금)으로 구분한다.
④ 자산과 부채는 유동성이 작은 항목부터 배열하는 것을 원칙으로 한다.

05 다음 중 재무회계에 관한 설명으로 적절하지 않은 것은?

① 재무제표에는 재무상태표, 손익계산서, 자본변동표, 현금흐름표, 주석이 있다.
② 자산과 부채는 원칙적으로 상계하여 표시하지 않는다.
③ 기업의 외부이해관계자에게 유용한 정보를 제공하는 것을 주된 목적으로 한다.
④ 특정 기간의 경영성과를 나타내는 보고서는 재무상태표이다.

06 다음 중 현행 일반기업회계기준에서 규정하고 있는 재무제표가 아닌 것은?

① 재무상태표　　　　　　　　② 현금흐름표
③ 제조원가명세서　　　　　　④ 자본변동표

실전문제연습 해답

01　① 기타포괄손익누계액은 자본에 해당되며, 자산과 부채는 총액으로 표시하여야 한다.
02　① 유동자산은 당좌자산과 재고자산으로 구분한다.
03　① 재무상태표 : 일정시점에 기업이 보유하고 있는 자산, 부채, 자본에 대한 정보 제공
　　　손익계산서 : 일정기간 동안의 경영성과에 대한 정보 제공
04　④ 자산과 부채는 유동성이 큰 항목부터 배열하는 것을 원칙으로 한다.
05　④ 특정 기간의 손익상태를 나타내는 보고서는 손익계산서이다.
06　③ 재무상태표, 손익계산서, 자본변동표, 현금흐름표, 주석

Chapter 2
재무회계(자산 · 부채 · 자본 · 수익 · 비용)

1. 유동자산과 비유동자산

① 자산의 개념

과거의 거래나 사건의 결과로서 현재 기업실체에 의해 지배되고 미래에 경제적 효익을 창출할 것으로 기대되는 자원을 말한다. 자산은 크게 유동자산과 비유동자산으로 분류한다.

② 유동자산과 비유동자산 분류(1년 기준)

자산은 크게 1년기준(정상적인 영업주기)으로 유동자산과 비유동자산으로 분류되며, 유동자산과 비유동자산 각각에 속하는 항목은 다음과 같다.

유동자산	당좌자산, 재고자산
비유동자산	투자자산, 유형자산, 무형자산, 기타비유동자산

③ 유동자산 판단

재고자산과 매출채권 등	정상적인 영업주기 내에 판매되거나 사용되는 재고자산과 회수되는 매출채권 등은 보고기간종료일로부터 1년 이내에 실현되지 않더라도 유동자산으로 분류한다. 이 경우 1년 이내에 실현되지 않을 금액을 주석으로 기재한다.
매도가능증권 등	장기미수금이나 투자자산에 속하는 매도가능증권 또는 만기보유증권 등의 비유동자산 중 1년 이내에 실현되는 부분은 유동자산으로 분류한다

④ 유동성배열법

자산을 재무상태표에 표시할 때는 유동성이 큰(현금화하기 쉬운) 항목부터 먼저 배열 하고 유동성이 낮은 항목은 아래쪽에 배열한다.

따라서 다음의 순서대로 배열한다. 이를 유동성배열법이라 한다.

> **유동자산**
> 　당좌자산
> 　재고자산
> **비유동자산**
> 　투자자산
> 　유형자산
> 　무형자산
> 　기타비유동자산

2. 당좌자산

판매과정을 거치지 않고 보고기간 말부터 1년 이내에 현금화되는 자산을 말한다. 유동자산은 당좌자산과 재고자산으로 구성되어 있으므로, 당좌자산은 재고자산에 속하지 않은 유동자산이라고 할 수 있다.

| ㉠ 현금및현금성자산 | ㉡ 단기투자자산 | ㉢ 매출채권 |
| ㉣ 선급비용 | ㉤ 이연법인세자산 | ㉥ 기타 |

(1) 현금및현금성자산

① 현금(통화 및 통화대용증권)

현금은 통화와 통화대용증권으로 구성되는데, 통화는 주화와 지폐를 말하고, 통화대용증권의 개념과 종류는 다음과 같다.

통화대용증권의 개념	통화는 아니지만 통화와 유사한 효력이 있는 것으로서 언제라도 통화와 교환할 수 있는 증권(증서)를 말한다.
통화대용증권의 종류	타인발행수표, 자기앞수표, 송금수표, 우편환증서, 배당금지급통지표, 일람출급어음, 만기가 도래한 공·사채이자표 등
우표 및 수입인지	우표 및 수입인지는 통화대용증권이 아니다. 우표는 통신비, 수입인지는 세금과공과로 회계처리 한다.

② 현금성자산

구분	내용
개념	현금성자산이란 큰 거래비용 없이 현금으로 전환이 용이하고 이자율 변동에 따른 가치변동의 위험이 경미한 금융상품으로서 취득 당시 만기일(또는 상환일)이 3개월 이내인 것을 말한다. 현금성자산의 개념을 분석하면 다음과 같다. ㉠ 큰 거래비용 없이 현금으로 전환이 용이해야 함 ㉡ 이자율 변동에 따른 가치변동의 위험이 경미해야 함 ㉢ 취득 당시 만기일(또는 상환일)이 3개월 이내여야 함
사례	• 취득시 만기가 3개월 이내인 채권 • 취득시 상환일이 3개월 이내인 상환우선주 • 취득시 3개월 이내 환매조건의 환매채

③ 요구불예금(당좌예금과 보통예금)과 당좌차월

구 분	개 념
요구불예금	• 당좌예금이나 보통예금처럼 은행에서 언제든지 찾을 수 있는 예금을 요구불예금이라 한다. • 요구불예금은 현금및현금성자산으로 분류된다.
당좌예금	• 당좌예금은 당좌수표 또는 어음을 발행하여 당좌수표 등의 소지인이 인출할 수 있는 예금을 말한다. • 당좌수표를 발행하면 분개할 때 당좌예금을 대변에 기록해서 당좌예금에서 차감한다.
당좌차월	• 당좌예금 잔액이 마이너스(-)가 되는 경우가 있는데 이것을 당좌차월이라 한다. • 이는 단기차입금으로 회계처리 하기도 한다.
타인의 당좌수표	타인이 발행한 당좌수표를 수취한 경우에 이는 타인발행수표에 해당되므로 현금으로 처리한다.
당좌개설보증금	당좌개설보증금은 당좌예금을 개설하기 위하여 은행에 예치하는 보증금을 말하는데, 이는 특정현금과예금(투자자산)으로 분류된다.

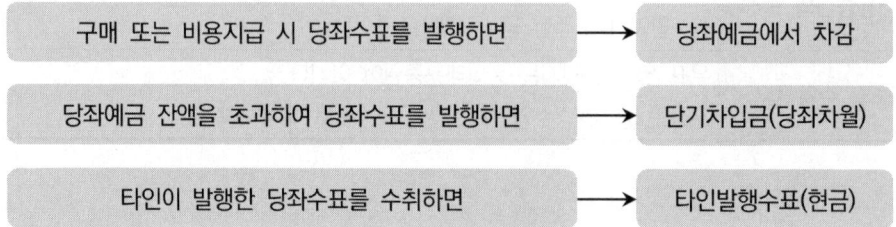

④ 현금과부족

장부에 기록된 현금잔액과 회사의 실제 현금보유액에 차이가 있고, 그 원인을 모르는 경우에 사용하는 계정과목이다. 주의할 것은 현금이 부족할 경우와 현금이 남는 경우 모두 현금과부족 계정을 사용한다는 것이다.

실제 현금보유액이 부족할 때	(차) 현금과부족	×××	(대) 현금	×××
실제 현금보유액이 남을 때	(차) 현금	×××	(대) 현금과부족	×××

(2) 단기투자자산

① 단기투자자산의 개념 · 종류 · 표시

개 념	기업이 단기 투자 목적으로 보유하는 자산
종 류	• 단기금융상품 · 단기대여금 · 단기매매증권 • 매도가능증권과 만기보유증권 중에서 유동자산으로 분류되는 것
표 시	단기금융상품 등 개별 계정과목이 중요한 경우에는 재무제표에 개별적으로 표시할 수 있지만, 개별 계정과목이 중요하지 않은 경우에는 '단기투자자산'이라는 하나의 계정으로 통합하여 표시할 수 있다.

② 단기금융상품

개 념	정기예금이나 정기적금 등 은행의 금융상품 중 만기가 결산일부터 1년 이내에 도래하는 금융상품으로 현금성자산이 아닌 것
표 시	정기예금 · 정기적금 등 개별적인 계정과목을 사용해서 회계처리해도 되지만, 금액 등이 중요하지 않을 경우에는 '단기금융상품'이라는 하나의 계정으로 통합해서 표시할 수 있다.

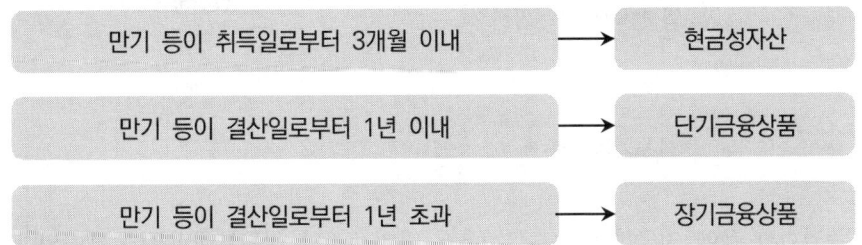

③ 단기대여금과 단기차입금

돈을 빌려주면 대여금, 빌리면 차입금이다. 만기가 1년 이내에 도래하면 단기대여금 및 단기차입금 계정을 사용한다.

④ 단기매매증권

단기매매증권이란 유가증권 중에서 단기 매매차익을 목적으로 취득하는 시장성 있는 것을 말한다.

유가증권에는 주식(지분증권) 및 채권(채무증권 - 공채, 국채, 사채 등)이 있는데, 기업이 유가증권을 취득하면 다음과 같이 분류한다.

구 분	개 념
단기매매증권	• 단기매매차익 목적으로 취득하고, 매매가 빈번하게 이루어지는(시장성이 있는) 유가증권 • 채무증권(채권) 또는 지분증권(주식)
만기보유증권	• 채무증권(채권)으로서 만기까지 보유할 의도와 능력이 있는 유가증권 • 원칙적으로 투자자산이지만 만기가 1년 이내에 도래하면 유동자산으로 분류한다.
매도가능증권	• 만기보유증권 및 단기매매증권에 해당되지 않는 유가증권 • 원칙적으로 투자자산이지만 1년 이내에 처분할 예정이라면 유동자산으로 분류한다. • 채무증권(채권) 또는 지분증권(주식)
지분법적용 투자주식	타회사를 지배, 통제할 목적으로 상대방의 주식 20% 이상 보유하는 경우 등 실질적인 영향력을 행사할 수 있는 것

원칙적으로 단기매매증권은 다른 유가증권으로 재분류할 수 없다. 다만, 단기매매증권이 시장성을 상실하면 매도가능증권으로 재분류한다.

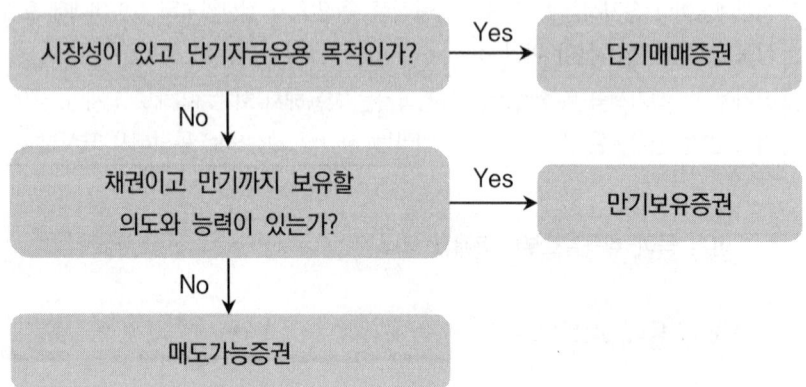

취득 시 증권회사 등에 지급하는 수수료비용은 유가증권의 취득부대비용에 해당된다. 단, 단기매매증권의 취득 수수료는 취득원가에 포함되지 않고 수수료비용으로 인식한다.

⑤ 자산 취득 시 부대비용의 처리

자산을 취득하는 경우 지출 되는 수수료 등 부대비용은 원칙적으로 해당 자산의 취득원가에 산입한다.

하지만 단기매매증권을 취득하는 경우에 지출하는 수수료 등 부대비용은 취득원가에 산입하지 않고, 수수료비용으로 처리한다.

일반원칙	• 자산 취득시 부대비용은 해당 자산의 취득원가에 산입 • 건물 1,000,000원 취득 시 수수료 10,000원을 현금 지급 (차) 건물 1,010,000 (대) 현금 1,010,000

단기매매증권	• 단기매매증권 취득시 발생하는 부대비용은 단기매매증권의 취득원가에 산입하지 않고 영업외비용으로 처리
	• 단기매매증권 1,000,000원 취득 시 수수료 10,000원 포함하여 현금 지급
	   (차) 단기매매증권 1,000,000 (대) 현금 1,010,000
	       수수료비용 10,000

(3) 매출채권

① 매출채권의 개념

구 분	개 념
매출채권	매출채권이란 기업의 정상적인 주된 영업활동에서 발생하는 받을 권리를 말한다. 외상매출금과 받을어음을 합해서 매출채권이라 한다.
상 거 래	기업의 정상적인 주된 영업활동을 '상거래'라고 하는데, 상거래는 주로 상품·제품·원재료 등 재고자산을 거래하는 것을 말한다.
매입채무	상거래에서 발생하는 지급할 의무를 매입채무라고 하며, 외상매입금과 지급어음을 합해서 매입채무라 한다.
상거래 이외	상거래 이외의 거래에서 발생하는 채권 및 채무는 미수금·미지급금, 대여금·차입금 등 관련 계정과목으로 표시한다.

구 분	채권(받을 권리)	채무(지급할 의무)
주된 영업활동	외상매출금, 받을어음	외상매입금, 지급어음
기 타	미수금, 선급금, 대여금 등	미지급금, 선수금, 차입금 등

※ 채권을 수취채권, 채무를 지급채무라고도 부른다.

② 외상매출금의 발생과 회수

외상매출금 발생	• 상품 100,000원을 외상으로 매출하다. (차) 외상매출금 100,000 (대) 상품매출 100,000
외상매출금 회수	• 외상매출금 100,000원을 현금으로 회수하다. (차) 현금 100,000 (대) 외상매출금 100,000

③ 외상매입금의 발생과 지급

외상매입금 발생	• 상품 100,000원을 외상으로 매입하다. 　(차) 상품　　　　　　　100,000　　(대) 외상매입금　　　　　100,000
외상매입금 지급	• 외상매입금 10,000원을 현금으로 지급하다. 　(차) 외상매입금　　　　100,000　　(대) 현금　　　　　　　　100,000

④ 미수금과 미지급금

상거래 이외의 거래에서 발생하는 외상거래에서 채권은 미수금, 채무는 미지급금으로 처리한다. 신용카드로 결제하는 경우에도 상거래 이외에는 미지급금 계정을 사용한다.

상거래 이외의 거래에서는 어음을 주고받는 경우에도 미수금 또는 미지급금 계정을 사용한다.

미수금 발생	• 사용하던 토지를 400,000원에 처분하고, 전자어음을 받았다. 　(차) 미수금　　　　　　400,000　　(대) 토지　　　　　　　　400,000
미지급금 발생	• 사업용 건물을 500,000원에 매입하고 약속어음을 발행하다. 　(차) 건물　　　　　　　500,000　　(대) 미지급금　　　　　　500,000

⑤ 받을어음 발생

상품을 100,000원에 매출하고, 어음을 받은 경우에는 다음과 같이 분개한다.

(차) 받을어음　　　　　　100,000　　(대) 상품매출　　　　　　100,000

⑥ 받을어음의 추심

받을어음이 만기가 되면 은행에서 대금을 받을 수 있는데, 어음이 만기가 되어 대금을 받는 것을 '추심'이라 한다. 이때 발생하는 추심수수료는 수수료비용(판매비와관리비)으로 처리한다.

추심거래	받을어음 100,000원이 만기가 되어 은행에서 추심하는데, 은행 수수료 1,000원을 제외한 잔액을 보통예금 계좌에 입금하다.
분 개	(차) 보통예금　　　　　　99,000　　(대) 받을어음　　　　　　100,000 　　　수수료비용(판관비)　　1,000

⑦ 받을어음의 배서양도

배서양도란, 보유하고 있던 받을어음을 만기일 이전에 거래처에 지급하는 것을 말한다. 지급해야 할 채무가 있는데, 현금이 없는 경우에는 현금 대신에 받을어음을 지급하는 경우가 있다.

배서양도	외상매입금 200,000원에 대하여 현금 120,000원과 보유하고 있던 받을어음 80,000원으로 지급하다.
분 개	(차) 외상매입금　　　200,000　　(대) 현금　　　　120,000 　　　　　　　　　　　　　　　　　　　받을어음　　80,000

⑧ 받을어음의 할인

받을어음의 할인이란, 보유하고 있던 받을어음을 만기 전에 은행에 배서양도하고 할인료를 차감한 금액을 현금으로 받는 것을 말한다.

받을어음을 은행에 할인하는 것은 일반적으로 어음을 은행에 매각하는 매각거래로 보는 경우가 많다. 매각거래 시 발생하는 할인수수료를 매출채권처분손실로 처리한다.

할인 거래	보유 중인 받을어음 400,000원을 은행에 할인하고, 할인료 20,000원을 차감한 잔액을 보통예금에 입금하다. 이 할인은 매각거래에 해당된다.
분 개	(차) 매출채권처분손실　　20,000　　(대) 받을어음　　400,000 　　　보통예금　　　　　380,000

만약 위의 거래가 매각거래가 아닌 차입거래라면 다음과 같이 분개한다.

(차) 이자비용　　　　　20,000　　(대) 단기차입금　　　400,000
보통예금　　　　380,000

⑨ 선일자수표

실제 발행일 이후의 날을 수표발행일로 기록하고, 그 날에 지급할 것을 약정하는 수표를 말하는데, 이는 사실상 채권이므로 매출채권 또는 미수금으로 분류한다. 단, 회계처리시 어음으로 처리한다.

(4) 채권의 대손

① 대손의 개념

외상매출금·미수금·대여금 등 채권을 받지 못하게 되는 것을 말한다. 대손을 처리하는 방식에는 다음과 같이 충당금설정법과 직접상각법이 있다. 일반기업회계기준에서는 충당금설정법(보충법)만 인정한다.

충당금 설정법 (보충법)	기말에 차기의 대손액을 예상해서 그 금액만큼 대손충당금을 설정하는 방법. 실제 대손시 대손충당금에서 차감하고, 대손충당금 잔액이 없으면 대손상각비로 처리
직접 상각법	충당금을 설정하지 않고 대손 발생 시 대손상각비로 처리하는 방법(일반기업회계기준에서 인정하지 않는다)

② 충당금 설정법의 장점

순실현가능가치 평가	대손충당금은 회수하지 못할 것으로 예상되는 채권에 대하여 설정하므로 채권을 순실현가능가치로 평가할 수 있다.
수익·비용대응의 원칙에 부합	당기의 수익에 대하여 당기에 충당금을 인식하므로 수익·비용대응의 원칙에 부합할 수 있다.

③ 채권에서 차감하는 형식으로 재무상태표에 표시

대손충당금은 채권의 차감적 평가계정이다. 따라서 재무상태표에 표시할 때 해당 채권에서 차감하는 형식으로 표시한다.

아래 부분재무상태표의 경우에 외상매출금은 1,000,000원이지만, 받지 못할 것으로 예상되는 금액(대손충당금)이 10,000원이므로 외상매출금의 장부가액은 990,000원이다.

자산			부채
외상매출금	1,000,000		자본
대손충당금	(10,000)	990,000	

(6) 선급금, 선수금, 가지급금, 가수금

① 선급금과 선수금

매입 계약 시 계약금을 지급하면 선급금으로 회계처리 한다. 선급금은 추후 어떤 것을 받을 수 있는 권리에 해당되므로 자산(당좌자산)이다.

선급금과 대비되는 개념으로 선수금이 있다. 선수금은 매출 계약 시 계약금을 받는 것을 말한다. 선수금은 채무에 해당되므로 부채(유동부채)다.

구 분	매입할 때 지급하는 계약금	매출할 때 받는 계약금
계약 시	선급금(자산)	선수금(부채)
거래 시	상품 등 매입 계정에 대체	상품 등 매출 계정에 대체

② 가지급금과 가수금

출장비 지급 등으로 인하여 현금 등이 지급되었으나, 구체적인 사용내역을 모르는 경우에 가지급금 계정을 사용한다. 가지급금은 임시 계정이므로 재무제표에 표시되어서는 안 되고 원인 판명 해당 계정으로 대체해야 한다.

가지급금과 대비되는 개념으로 가수금이 있다. 가수금은 예금 등이 입금되었으나 그 원인을 모르는 경우에 사용되는 계정과목이다. 가수금 역시 임시 계정이므로 재무제표에 표시되어서는 안 되고 원인 판명 해당 계정으로 대체해야 한다.

가지급금과 가수금을 정리하면 다음과 같다.

가수금	가지급금
입금된 이유를 모르는 보통예금 등 입금액	사용처 및 금액을 모르는 지급액 (출장 시 출장비 지급액 등)
• 가수금 발생 후 원인을 판단하여 해당 계정과목으로 대체한다. • 가지급금은 사용된 후에 사용된 적절한 계정과목으로 대체하고 정산한다.	

③ 기타 당좌자산

위에서 설명한 당좌자산 이외에도 미수수익, 선급비용, 이연법인세자산, 선납세금 등의 당좌자산이 있다.

선납세금은 법인세중간예납 또는 원천세납부 등의 이유로 회계연도 중에 법인세의 일부를 미리 납부하는 경우에 사용하는 계정과목이다. 이는 당좌자산에 속하며, 법인세 납부 시 법인세비용과 상계된다.

이연법인세자산은 당기말에 미래 회계기간에 회수될 수 있는 법인세금액을 말한다. (예 : 차감할 일시적차이, 미사용 세무상 결손금의 이월액, 미사용 세액공제 등)

실전문제연습

01 다음 중 현금및현금성자산에 해당하지 않는 것은?

① 당좌차월
② 보통예금
③ 타인발행수표
④ 취득 당시 만기가 3개월 이내에 도래하는 금융상품

02 다음 중 현금 및 현금성자산에 대한 설명으로 틀린 것은?

① 취득당시 만기가 1년인 양도성 예금증서(CD)는 현금및현금성자산에 속한다.
② 지폐와 동전(외화 포함)은 현금 및 현금성자산에 속한다.
③ 우표와 수입인지는 현금 및 현금성자산이라고 볼 수 없다.
④ 직원가불금은 단기대여금으로서 현금 및 현금성자산이라고 볼 수 없다.

03 다음 중 현금및현금성자산으로 분류될 수 없는 항목은?

① 타인발행수표 등 통화대용증권　② 당좌예금
③ 장기대여금　④ 보통예금

04 다음 중 재무제표에 보고되는 현금및현금성자산에 해당하지 않는 것은?

① 지폐
② 여행자수표
③ 2024.8.5 취득한 양도성예금증서(만기 : 2024.11.2)
④ 정기예금

05 다음 중 현금및현금성자산에 속하지 않는 항목은?

① 미화 $100 지폐
② 즉시 인출가능한 보통예금 잔액 300,000원
③ 7월 1일에 수취한 받을어음 1,000,000원(만기일 9월 30일)
④ 12월 1일에 ㈜한국에 대여한 단기대여금 500,000원(상환일 다음연도 3월 15일)

06 다음은 당좌자산 중 현금및현금성자산에 대한 설명이다. 틀린 것은?

① 타인발행수표는 현금및현금성자산에 포함된다.
② 당좌예금은 현금및현금성자산에 포함된다.
③ 결산일이 2024년 12월 31일인 기업이 2024년 9월 30일에 취득한 금융상품으로서 결산일로부터 3개월 후인 2025년 3월 31일이 만기일인 금융상품은 현금및현금성자산에 포함된다.(단, 중도상환은 없는4것으로 가정)
④ 현금및현금성자산은 기업의 유동성 판단에 관한 중요한 정보에 해당한다.

07 다음 중 일반기업회계기준에 따라 현금및현금성자산으로 분류되지 않는 것은?

① 사용제한기간이 1년 이내인 보통예금
② 환매채(3개월 이내의 환매조건)
③ 취득 당시 상환일까지의 기간이 3개월 이내인 상환우선주
④ 취득 당시 만기가 3개월 이내에 도래하는 채권

08 다음 재무상태표상의 당좌자산에 대한 설명 중 옳지 않은 것은?

① 단기금융상품과 장기금융상품의 분류는 보고기간종료일 현재 만기가 1년 이내에 도래하는지 여부에 따른다.
② 현금성자산이란 큰 거래비용 없이 현금으로 전환이 용이하고 이자율 변동에 따른 가치 변동의 위험이 경미한 금융상품으로서 취득 당시 만기일이 3개월 이내인 것을 말한다.
③ 단기매매증권을 공정가치법에 의하여 회계 처리하는 경우, 당기의 공정가치 변동에 따른 공정가치와 장부금액의 차액은 단기매매증권평가이익(또는 손실)으로 인식하여 기타포괄손익에 반영한다.
④ 외상매출금의 발생액은 외상매출금계정의 차변에 기입한다.

09 (주)김해는 (주)회계로부터 받은 어음(액면가액 10,000,000원)을 9,500,000원에 할인 받고자 한다. 다음의 설명 중 틀린 것은?(단, 단기차입금과 장기차입금을 구분하지 않고 차입금으로 인식한다고 가정)

① 해당 거래가 매각거래로 분류될 경우 매출채권처분손실을 인식할 것이다.
② 해당 거래가 차입거래로 분류될 경우 이자비용을 인식할 것이다.
③ 해당 거래가 차입거래로 분류될 경우 차입금 계정은 10,000,000원 증가할 것이다.
④ 해당 거래가 매각거래로 분류될 경우 받을어음 계정은 변동이 없을 것이다.

10 아래 자료에 의하여 손익계산서에 계상할 대손상각비를 계산하면 얼마인가?

- 기초 대손충당금 잔액 : 500,000원
- 7월 15일에 매출채권 회수불능으로 대손처리액 : 700,000원
- 9월 30일에 당기 이전에 대손처리 된 매출채권 현금 회수액 : 1,000,000원
- 기말 매출채권 잔액 : 100,000,000원
- 대손충당금은 기말 매출채권 잔액의 2%로 한다.(보충법)

① 1,200,000원   ② 1,000,000원   ③ 700,000원   ④ 500,000원

11 다음은 ㈜경남산업의 대손충당금과 관련된 내용이다. 거래내용을 확인한 후 당기대손충당금으로 설정한 금액은 얼마인가?

- 가. 기초 매출채권 잔액은 500,000원이고 대손충당금 잔액은 50,000원이다.
- 나. 당기 외상매출금 중에 20,000원이 대손확정 되었다.
- 다. 전기 대손처리한 매출채권 중 30,000원이 회수되었다.
- 라. 당기말 대손충당금 잔액은 100,000원이다.

① 20,000원   ② 30,000원   ③ 40,000원   ④ 50,000원

12 다음 중 대손금 회계처리에 대한 설명으로 틀린 것은?

① 모든 채권에서 발생된 대손처리 비용은 판매비와 관리비로 처리한다.
② 매출채권 잔액기준법에 의한 대손예상금액은 기말 매출채권 잔액에 대손추정률을 곱하여 산정한다.
③ 전기에 대손 된 채권을 회수하는 경우에는 대손충당금을 회복시킨다.
④ 대손발생시 대손충당금 잔액이 있으면 먼저 대손충당금과 상계한다.

13 다음은 ㈜창원산업의 대손충당금과 관련된 내용이다. 거래 내용을 반영한 후 당기 대손충당금으로 설정될 금액은 얼마인가?

- 전기말의 매출채권 잔액은 500,000원이고 대손충당금 잔액은 180,000원이다.
- 당기 매출채권 중에 150,000원이 대손확정 되었다.
- 전기 대손처리한 매출채권 중에 10,000원이 회수되었다.
- 당기 말 대손충당금 잔액은 210,000원이다.

① 180,000원   ② 170,000원   ③ 150,000원   ④ 130,000원

14 ㈜경북은 12월 1일에 ㈜서울에 대한 외상매출금 1,000,000원에 대하여 ㈜서울의 파산으로 대손처리 하였다. 대손처리 전에 외상매출금 및 대손충당금의 잔액이 다음과 같을 때 다음 설명 중 틀린 것은?

> • ㈜경북에 대한 외상매출금 : 1,000,000원
> • 외상매출금에 설정된 대손충당금 : 1,000,000원

① 대손처리 후의 외상매출금의 총액은 1,000,000원이 감소된다.
② 12월 1일의 회계처리에서는 일정한 비용이 인식된다.
③ 대손처리 후의 대손충당금의 잔액은 1,000,000원이 감소된다.
④ 대손처리 후의 외상매출금의 순액은 변동이 없다.

15 매출채권의 대손충당금을 과다설정한 것이 재무제표에 미치는 영향으로 잘못된 것은?
① 비용의 과대계상
② 자산의 과대계상
③ 당기순이익의 과소계상
④ 이익잉여금의 과소계상

16 다음은 단기매매 목적으로 매매한 ㈜남해의 주식 거래 내역이다. 2024년 12월 31일에 주식회사 학동의 공정가치가 주당 10,000원이면 2024년도 손익계산서에 표시될 단기매매증권평가손익은 얼마인가?

거래일	매입주식수	매도주식수	거래가액
2024년 1월 20일	1,000주		10,000원
2024년 5월 30일		500주	12,000원
2024년 11월 1일	1,000주		7,000원

① 단기매매증권평가손실 3,000,000원
② 단기매매증권평가이익 3,000,000원
③ 단기매매증권평가손실 1,000,000원
④ 단기매매증권평가이익 1,000,000원

실전문제연습 해답

01 ① 당좌차월은 당좌예금잔고 이상의 수표를 발행하였을 경우 잔액보다 초과하여 지불된 부분을 말하는 부채이다.
02 ① 취득당시 만기가 3개월 이내에 도래하는 양도성예금증서(CD)는 현금및현금성자산에 속한다.
03 ③ 당좌자산은 유동자산 중에서 재고자산이 아닌 경우를 의미한다. 장기대여금은 투자자산에 해당한다.
04 ④ 정기예금은 단기금융상품에 해당
05 ④ 단기대여금은 당좌자산에 속하는 채권으로써 현금및현금성자산이 아니다.
06 ③ 큰 거래비용 없이 현금으로 전환이 용이하고 이자율 변동에 따른 가치변동의 위험이 경미한 금융상품으로서 취득 당시 만기일(또는 상환일)이 3개월 이내인 것이 현금및현금성자산에 포함된다.
07 ① 사용이 제한된 예금은 사용이 제한된 기간에 따라 장기금융상품 또는 단기금융상품으로 분류한다.
08 ③ 단기매매증권평가손익은 당기손익(영업외손익)에 반영한다.
09 ④ 〈매각거래〉
　　　(차) 현금 등　　　　　　9,500,000원　　(대) 받을어음　　　　　10,000,000원
　　　　 매출채권처분손실　　 500,000원
　　〈차입거래〉
　　　(차) 현금 등　　　　　　9,500,000원　　(대) 단기차입금　　　　 10,000,000원
　　　　 이자비용　　　　　　 500,000원
10 ① 기중대손처리액 200,000원 + 기말추가설정액 1,000,000원 = 1,200,000원
　　(1) 기중대손처리액 : (차) 대손충당금　500,000원　(대) 매출채권　700,000원
　　　　　　　　　　　　　　 대손상각비　200,000원
　　(2) 기말추가설정액 : (차) 대손상각비 1,000,000원　(대) 대손충당금 1,000,000원
　• 기말 대손충당금 잔액 : 500,000원 - 500,000원 + 1,000,000원 = 1,000,000원
　• 기말 대손충당금 추가 설정 : 100,000,000원 × 2% = 2,000,000원 - 1,000,000원
　　= 1,000,000원
11 ③ 대손충당금 변동내역 50,000 - 20,000 + 30,000 = 60,000원
　　100,000 - 60,000 = 40,000원(설정액)
12 ① 매출채권 이외의 채권에서 발행한 대손처리 비용은 영업외 비용으로 처리한다.

13 ② 210,000원 = 180,000원 - 150,000원 + 10,000원 + 당기설정액

∴ 당기설정액 = 170,000원

14 ② 12월 1일의 회계처리는 다음과 같다.

(차) 대손충당금　　　1,000,000　　　(대) 외상매출금　1,000,000

따라서 회계처리과정에서 비용으로 인식되는 금액은 없다.

15 ② 대손충당금을 과다설정한 것은 손익계산서에 계상될 대손상각비를 과대계상 했다는 것이다. [대손상각비 XXX / 대손충당금 XXX]

따라서 당기순이익 및 이익잉여금, 자산은 과소계상되고, 비용은 과대계상된다.

16 ② (1,500 × 10,000) - [(500 × 10,000) + (1,000 × 7,000)] = 3,000,000원 평가이익

3. 재고자산

(1) 재고자산의 개념과 종류

① 재고자산의 개념

판매 또는 제품생산을 위해 보유하거나 생산 중에 있고, 재고가 될 수 있는자산을 말한다.

② 재고자산의 종류

계정과목	개념
상 품	판매를 위해 외부에서 구입한 물품
제 품	판매를 목적으로 제조한 생산품(부산물 포함)
반제품	자가 제조한 중간제품 및 부분품으로 외부판매 가능한 것
재공품	제품 또는 반제품의 제조 중에 있는 것(외부 판매 불가)
원재료	원료 · 재료 · 매입부분품 등
저장품	생산과정에 투입된 소모품 · 소모공구기구비품 · 수선용부분품 등
미착품	구입주문 후 배송 중에 있는 상품 · 원재료 등

토지 · 건물은 일반적으로 토지, 건물(유형자산)이지만, 판매목적으로 보유한 경우에는 상품(재고자산)이고, 투자목적으로 보유하면 투자부동산(투자자산)으로 분류한다.

> **기출문제 연습**
> 다음 중 재고자산의 종류에 대한 설명이 틀린 것은?
> ① 기업의 경우 판매를 목적으로 소유하고 있는 상품
> ② 제조기업의 경우 제품 생산을 위해 소유하고 있는 원료, 재료, 제품, 재공품
> ③ 부동산매매업의 경우 판매 목적으로 소유하고 있는 토지, 건물 등
> ④ 부동산임대업의 경우 소유하고 있는 토지, 건물
>
> **풀이**
> ④ 임대목적이므로 재고자산이 아니라 유형자산 이다.

(2) 재고자산의 취득원가

① 일반원칙

재고자산의 취득원가는 매입가액에 매입 부대비용을 합하고, 여기에 매입할인 · 매입에누리 · 매입환출을 차감하여 순매입액을 구한다.

> 취득원가 = 매입가액 + 매입부대비용 - 매입할인 - 매입에누리 - 매입환출

② 매입부대비용 : 해당 자산의 취득원가에 가산

개 념	매입하는 과정에서 발생하는 정상적인 모든 비용
종 류	매입운반비, 매입수수료, 취득세, 하역비, 통관수수료, 설치비 등

③ 운반비

매입할 때 운반비	매출할 때 운반비
해당 자산의 취득원가에 포함	운반비(판매비와관리비)

운반비는 매입할 때와 매출할 때의 취급이 다르다. 매입 시 운반비는 매입부대비용으로 취득원가에 포함하고, 매출 시 운반비는 판매비와관리비로 처리한다.

④ 매입할인·매입에누리·매입환출

매입할인·매입에누리·매입환출은 매입액에서 차감하여 순매입액을 구한다.

구 분	개 념
매입할인	외상매입금을 조기에 상환하여 대금을 할인받는 것
매입에누리	매입한 상품의 값을 깎는 것
매입환출	매입한 물건에 하자 등이 있어서 반품하는 것

기출문제 연습

다음 중 재고자산 취득원가에 포함되지 않는 것은?
① 취득과정에서 정상적으로 발생한 하역료
② 제조과정에서 발생한 직접재료원가
③ 추가 생산단계에 투입하기 전에 보관이 필요한 경우 외의 보관비용
④ 수입과 관련한 수입관세

풀이
③ 추가 생산단계에 투입하기 전에 보관이 필요한 경우 외의 보관비용은 재고자산원가에 포함할 수 없으며 발생기간의 비용으로 인식하여야 한다.

(3) 재고자산에 포함여부 판단

① 미착상품(미착품)

판매자가 발송하였으나 구매자에게 아직 도착하지 않은 상품을 말한다. 계약 조건에 따라서 다음과 같이 조건에 차이가 있다.

선적지 인도조건	• 발송함과 동시에 판매한 것으로 인식하는 판매조건 • 이 경우에 미착상품은 구매자의 재고자산임(매입자 재고자산)
도착지 인도조건	• 구매자에게 도착해야 판매한 것으로 인식하는 판매조건 • 이 경우에 미착상품은 판매자의 재고자산임(매출자 재고자산)

② 적송품(위탁품, 위탁판매)

상품의 주인(위탁자)이 타인(수탁자)에게 상품을 맡겨서 수탁자가 판매하는 판매방식을 위탁판매라 하고, 위탁판매에서 취급되는 상품을 적송품 또는 위탁품이라 한다. 적송품은 수탁자가 상품을 판매하기 전까지 위탁자의 재고자산이다. 따라서 수탁자가 판매하면 위탁자가 매출수익을 인식한다.

③ 시송품(시용품, 시용판매)

시용판매	소비자가 상품을 사용해본 후 구매여부를 결정하게 하는 판매방식
시 송 품	시용판매에 사용되는 상품을 시송품 또는 시용품이라 함
구매의사	소비자가 구매의사 표시를 하기 전까지 판매자의 재고자산
매출인식	소비자가 구매의사 표시를 하는 시점에 판매자가 매출 인식

④ 할부판매

상품을 판매하고 대금을 분할하여 받는 형태의 판매를 할부판매라 하는데, 할부판매의 경우 대금회수 여부와는 상관없이 판매하는 시점부터 판매자의 재고자산에서 제외된다. 단기할부판매와 장기할부판매 동일하다.

⑤ 반품가능 재고자산

반품율의 합리적인 추정이 가능한 경우	인도시점에 판매한 것으로 보고 판매 시 재고자산에서 제외
반품율의 합리적인 추정이 불가능한 경우	구매자가 상품의 인수를 수락하거나, 반품기간이 종료될 때까지 판매자의 재고자산에 포함

(4) 재고자산의 수량결정 방법

① 개요

상품이나 제품 등 재고자산은 판매 또는 매입 등이 빈번하게 발생하므로 정확한 재고를 파악하기 어렵다. 따라서 입고와 출고를 계속 기록할 것인지, 아니면 기말에 실사를 할 것인지에 따라서 계속기록법·실지재고조사법·혼합법에 의해서 수량을 파악한다.

② 계속기록법 · 실지재고조사법 · 혼합법

재고자산의 수량결정방법 중에서 실무적으로 혼합법이 많이 사용되는데, 혼합법은 장부상 수량과 실제 수량을 모두 파악할 수 있고, 장부상 수량과 실제 수량의 차이인 감모손실까지 파악할 수 있는 장점이 있다.

계속기록법	개 념	재고자산 입출고시 모두 장부에 기록하여 재고 파악
	산 식	기초재고수량 + 매입수량 – 매출수량 = 기말재고수량
실지(실제) 재고조사법	개 념	기말재고수량을 창고에서 확인해서 재고 파악
	산 식	기초재고수량 + 매입수량 – 기말재고수량 = 매출수량
혼 합 법	개 념	계속기록법과 실지재고조사법을 병행함
	산 식	감모수량 : 계속기록법상 장부수량 – 실지재고수량

③ 계속기록법과 실지재고조사법 비교

구 분	계속기록법	실지재고조사법
장 점	• 장부상 재고수량 파악 용이	• 실제 재고수량을 알 수 있음
단 점	• 실제 재고수량 파악 불가 • 감모수량이 기말재고에 포함됨	• 기중에 재고수량 파악 불가 • 감모수량이 매출원가에 포함됨

(5) 재고자산의 단가 결정방법

① 개요

재무상태표 또는 손익계산서에 기록되는 재고자산의 가액은 다음과 같이 수량에 단가(단위당 가격)를 곱해서 계산된다.

> 재고자산 가액 : 수량 × 단가

수량결정 방법은 앞에서 공부했고, 재고자산의 단가를 결정하는 방법으로 개별법, 선입선출법, 후입선출법, 평균법(이동평균법, 총평균법), 소매재고법(매출가격환원법)이 있다.
재고자산의 성격이나 용도에 따라서 서로 다른 단가 결정방법을 적용할 수 있으나, 일단 특정 방법을 선택하면 정당한 사유 없이 변경할 수 없다.

② 개별법

개별법은 판매할 때 마다 판매된 재고자산의 단가를 파악하여 기록하는 방법으로, 가장 정확한 방법이지만 사용하기에 번거로운 단점이 있다.

③ 선입선출법과 후입선출법

선입선출법은 먼저 구매한 재고자산이 먼저 판매된 것으로 가정하는 방법이고, 후입선출법은 나중에 구매한 재고자산이 먼저 판매된 것으로 가정하는 방법이다.

장점과 단점을 비교하면 다음과 같다.

구 분	선입선출법	후입선출법
장 점	• 가장 최근에 구입한 재고가 기말재고로 기록됨(기말재고가 시가에 가장 가까움) • 일반적인 물량의 흐름과 일치	매출원가가 가장 최근의 원가로 기록됨(수익·비용 대응이 적절함)
단 점	매출원가가 과거의 원가로 기록됨(수익·비용 대응이 적절하지 못함)	• 가장 오래된 재고가 기말재고로 기록(기말재고가 시가를 반영하지 못함) • 일반적인 물량의 흐름과 반대

기출문제 연습

재고자산의 원가흐름에 대한 가정 내용 중 틀린 것은?
① 일반적으로 선입선출법은 후입선출법보다 수익·비용 대응이 적절하다.
② 이동평균법은 상품을 구매할 때마다 가중평균단가를 계산하여 기말재고액을 결정하는 방법이다.
③ 후입선출법은 재무상태표 보다는 손익계산서에 충실한 방법이다.
④ 개별법은 실제 물량의 원가 대응에 충실한 방법이다.

풀이
① 선입선출법은 매출은 최근 단가이고 매출원가는 과거의 원가이므로 수익비용대응이 적절하지 않다.

④ 평균법

평균법이란, 기존에 있던 재고와 최근에 매입한 재고가 골고루 평균적으로 판매된다고 가정하는 것인데, 여기에는 이동평균법과 총평균법이 있다.

이동평균법	개 념	매입할 때마다 평균가격을 산정하는 방법(계속기록법)
	산 식	이동평균단가 = $\dfrac{\text{재고액} + \text{매입액}}{\text{재고수량} + \text{매입수량}}$
총평균법	개 념	기말에 전체 평균단가를 산정하는 방법(실지재고조사법)
	산 식	총평균단가 = $\dfrac{\text{기초재고액} + \text{당기총매입액}}{\text{기초재고수량} + \text{당기총매입수량}}$

기출문제 연습

다음 중 재고자산에 대한 설명으로 가장 옳지 않은 것은?
① 계속기록법은 입출고시마다 계속적으로 기록하여 항상 잔액이 산출되도록 하는 방법이다.
② 실지재고조사법은 정기적으로 재고조사를 실시하여 실제 재고수량을 파악하는 방법이다.
③ 계속기록법 하의 평균법을 총평균법이라 한다.
④ 원칙적으로 개별법을 사용하여 취득단가를 결정하고, 개별법으로 원가를 결정할 수 없을 때에 선입선출법, 가중평균법 및 후입선출법에서 선택하여 사용하도록 규정하고 있다.

풀이
③ 계속기록법 하의 평균법을 이동평균법이라 한다.

⑤ 소매재고법

대형마트 및 백화점 등 대량의 재고자산을 유통하는 업종의 경우에는 물량의 흐름을 파악하기 어렵다. 따라서 매출가격에 원가율을 곱해서 기말재고금액을 추정하는 방법을 사용하는데 이를 소매재고법 또는 매출가격환원법이라고 한다. 소매재고법은 백화점 등 유통업종에서만 사용할 수 있다.

【수량결정 방법과 단가결정 방법 정리】

수량결정방법	계속기록법, 실지재고조사법, 혼합법
단가결정방법	개별법, 선입선출법, 후입선출법, 이동평균법, 총평균법, 소매재고법

기출문제 연습

다음 중 계속적으로 물가가 상승하고, 기말상품재고량은 기초상품재고량 보다 증가한 상황일 때 미치는 영향으로 옳지 않은 것은?
① 매출원가는 선입선출법이 총평균법보다 작게 평가된다.
② 기말상품가액은 선입선출법이 후입선출법보다 크게 평가된다.
③ 당기순이익은 선입선출법이 후입선출법보다 크게 평가된다.
④ 기말상품가액은 선입선출법이 이동평균법보다 작게 평가된다.

풀이
④ 기말상품가액은 선입선출법이 이동평균법보다 크게 평가된다.

(6) 재고자산감모손실과 재고자산평가손실

① 재고자산감모손실

장부상 재고수량보다 실제 재고수량이 적은 경우에 그 차이를 말하는데, 재고자산감모손실은 도난·파손·부패·증발·마모 등의 원인으로 발생한다.

재고자산감모손실은 정상적으로 발생한 것인지 아니면 비정상적으로 발생한 것인지에 따라 다음과 같이 취급이 달라진다.

정상적인 감모	비정상적인 감모
매출원가	영업외비용(재고자산감모손실)

상품에 대한 재고자산감모 100,000원이 발생했는데, 정상적인 감모가 40,000원, 비정상적인 감모가 60,000원이라면 다음과 같이 분개한다.
<u>단, 회계프로그램 입력시에는 비정상적인 감모손실만 분개하면 된다.</u>

(차) 매출원가	40,000	(대) 상품(적요 : 8)	100,000
재고자산감모손실	60,000		

② 재고자산평가손실

보유 중인 재고자산의 가치가 감소함에 따른 손실을 말하는데, 재고자산평가손실은 재고자산의 진부화·시가 하락 등의 원인으로 발생한다.

시가가 하락하면 재고자산평가손실을 인식해서 모두 매출원가에 가산하고, 하락했던 시가가 회복되면 재고자산평가손실환입을 인식해서 매출원가에서 차감한다.

재고자산 평가손실	• 장부가 200,000원인 상품이 150,000원으로 하락하다. (차) 재고자산평가손실　50,000　(대) 재고자산평가충당금　50,000
재고자산 평가손실환입	• 하락했던 상품 시가가 180,000원으로 상승하다. (차) 재고자산평가충당금　30,000　(대) 재고자산평가손실환입　30,000

재고자산평가손실	재고자산평가손실환입
매출원가에 가산	매출원가에서 차감

시가가 회복되어 재고자산평가손실환입을 인식하는 경우에는 당초에 인식한 재고자산평가손실 금액을 초과하여 인식할 수 없다.

재고자산평가손실은 재고자산 가액에서 차감하는 형식으로 표시한다.

③ **계산 방법**

재무제표에 기록되는 재고자산 금액은 [수량×단가]이다. 여기서 재고자산감모손실은 수량의 차이를 말하고, 재고자산평가손실은 단가의 차이를 말하는데, 구체적인 계산방식은 다음과 같다.

재고자산감모손실	단위당 원가×(장부상 재고수량 – 실지재고수량)
재고자산평가손실	실지재고수량×(단위당 취득가액 – 단위당 시가)

재고자산감모손실과 평가손실이 동시에 존재하는 경우에는 재고자산감모손실을 먼저 인식한 후 재고자산평가손실을 인식한다. 재고자산의 평가는 실제로 존재하는 재고자산만 가능하기 때문에 수량 파악을 위해서 감모손실을 먼저 인식하는 것이다.

④ **저가법**

재고자산은 취득원가를 장부금액으로 하는 것이 원칙이다. 다만, 시가가 취득원가보다 낮은 경우에는 시가를 장부금액으로 하는데, 이를 '저가법'이라 한다.

> 저가법 : MIN [취득원가, 시가]

저가법 적용 시 종목별 또는 유사한 재고자산을 조별로 묶어서 적용할 수는 있으나, 전체 재고자산 금액을 합한 금액으로 저가법을 적용할 수는 없다. 즉 총액기준으로는 저가법을 적용할 수 없는 것이다.

> 저가법 적용 : 종목별(OK), 조별(OK), 총액기준(NO)

재고자산을 저가법으로 평가하는 경우에 '시가'란 제품·상품·재공품의 경우는 순실현가능가액을 말하며, 원재료는 현행 대체원가를 말한다.

- 제품·상품·재공품 : 순실현가능가액(판매가액 – 판매비용)
- 원재료 : 현행 대체원가(해당 자산을 매입할 때 소요되는 금액)

⑤ **타계정 대체(장부에 반영하기 위해서 타계정으로 대체를 선택한다.)**

개 념	재고자산을 판매하지 않고 광고선전, 접대, 복리 등 다른 목적으로 사용하는 경우에 재고자산을 광고선전비, 접대비, 복리후생비 등의 다른 계정과목으로 대체하는 것
회계처리	상품 9,000원 중 5,000원을 광고선전용으로 사용하고, 4,000원을 거래처에 선물했을 경우에 회계처리는 다음과 같다. 　　(차) 광고선전비　　　　5,000　　(대) 상품(타계정으로 대체)　　9,000 　　　　접대비　　　　　　4,000

사례 연습

다음은 재고자산(제품)과 관련된 사항이다. 매출원가에 가산되는 금액과 영업외비용으로 처리되는 금액을 구하시오.

- 장부상 수량 : 10,000개
- 정상적인 감모 : 감모수량 중 75%
- 단위당 원가 : 400원
- 실제 재고수량 : 8,000개
- 비정상적 감모 : 감모수량 중 25%
- 단위당 시가 : 300원

풀이

1. 재고자산감모손실
   - 400원 × (10,000개 - 8,000개) = 800,000원
   - 정상적인 감모손실 : 800,000원 × 75% = 600,000원 → 매출원가에 가산
   - 비정상적인 감모손실 : 800,000원 × 25% = 200,000원 → 영업외비용으로 처리

2. 재고자산평가손실
   - 8,000개 × (400원 - 300원) = 800,000원 → 매출원가에 가산

3. 매출원가에 가산되는 금액 : 600,000원 + 800,000원 = 1,400,000원
   - 영업외비용으로 처리되는 금액 : 200,000원

※ 위 사례를 회계처리하면 다음과 같다.

▶ 회계프로그램 입력시 → 비정상적인 감모손실만 분개한다.

(차) 매출원가	600,000	(대) 제품(타계정대체)	800,000
재고자산감모손실(영업외비용)	200,000		
(차) 재고자산평가손실(매출원가)	800,000	(대) 재고자산평가충당금	800,000

실전문제연습

01 다음의 자료에서 설명하는 재고자산의 평가방법은?

> - 일반적인 물가상승시 당기순이익이 과소계상 되어 법인세를 절감하는 효과가 있다.
> - 기말재고자산이 현시가를 반영하지 못한다.
> - 디플레이션시에는 경영진의 경영 실적을 높이려는 유혹을 가져올 수 있다.

① 선입선출법 ② 후입선출법 ③ 개별법 ④ 이동평균법

02 재고자산에 대한 평가방법 중 후입선출법에 대한 설명으로서 알맞지 않은 것은? 단, 재고자산의 매입수량이 판매수량보다 크다고 가정한다.

① 물가가 지속적으로 상승시 선입선출법에 비해 매출원가를 크게 계상한다.
② 물가가 지속적으로 상승시 선입선출법에 비해 기말재고자산은 시가를 적정하게 표시하지 못한다.
③ 물가가 지속적으로 하락시 선입선출법보다 이익을 작게 계상한다.
④ 물가가 지속적으로 하락시 기말재고자산은 선입선출법에 비해 크게 계상된다.

03 재고자산의 평가방법 중에서 다음에서 설명하고 있는 재고자산의 원가흐름의 가정은 무엇인가?

> - 계속기록법을 적용하는 경우와 실지재고조사법을 적용하는 경우 모두 동일한 매출원가와 기말재고자산 금액을 갖게 된다.
> - 인플레이션 상황에서는 최근 수익에 과거원가가 대응되므로 수익·비용대응측면에서는 부적합하다.
> - 인플레이션 상황에서는 최근 구입한 재고자산이 재무상태표에 계상되므로 자산의 평가가 비교적 합리적이다.

① 개별법 ② 평균법 ③ 선입선출법 ④ 후입선출법

04 다음의 재고자산의 단위원가를 결정하는 방법 중 수익비용의 대응에 있어서 가장 정확한 방법은 무엇인가?

① 후입선출법 ② 선입선출법 ③ 가중평균법 ④ 개별법

05 지속적으로 물가가 하락하고 기말상품재고수량이 기초상품재고수량보다 증가하고 있는 상황일 때 다음의 설명 중 옳지 않은 것은?

① 기말상품재고액은 선입선출법이 이동평균법보다 크게 평가된다.
② 매출원가는 선입선출법이 총평균법 보다 크게 평가된다.
③ 당기순이익은 선입선출법이 총평균법 보다 작게 평가된다.
④ 원가흐름의 가정으로 선입선출법을 사용하거나 이동평균법을 사용하여도 재고자산의 수량에는 차이가 없다.

06 재고자산 평가방법 중 후입선출법에 대한 설명으로 올바른 것은?

① 실제물량흐름과 원가흐름이 대체로 일치한다.
② 물가하락시 선입선출법보다 이익이 상대적으로 과대계상된다.
③ 현행수익에 대하여 오래된 원가가 대응되므로 수익비용 대응이 상대적으로 부적절하다.
④ 기말재고자산이 가장 최근에 매입한 단가가 적용되므로 시가에 가깝게 표시된다.

07 재고자산의 원가흐름에 대한 가정에 대한 내용 중 틀린 것은?

① 후입선출법은 기말재고자산의 현행가치를 잘 나타내는 장점을 가지고 있다.
② 선입선출법은 실제물량흐름에 관계없이 먼저 구입한 상품이 먼저 판매나 사용된 것으로 보는 가정이다.
③ 선입선출법을 적용하면 실지재고조사법과 계속기록법 중 어느 방법을 적용하더라도, 한 회계기간에 계상되는 기말재고자산과 매출원가의 금액은 동일하다.
④ 개별법은 원가의 흐름과 실물의 흐름이 일치하는 이상적인 방법이나, 적용하기 번거롭고 관리비용이 많이 소요되는 단점을 가지고 있다.

08 재고자산의 원가흐름에 대한 가정 내용 중 옳지 않은 것은?

① 개별법은 실제 물량의 흐름과 원가흐름을 정확하게 일치시킨다.
② 이동평균법은 재고자산의 수량이 바뀔 때마다 단가를 새로 평균 내는 방법으로서 실지재고조사법 하에서의 평균법이다.
③ 후입선출법은 물가하락시 선입선출법보다 이익이 상대적으로 과대계상된다.
④ 선입선출법은 후입선출법보다 수익·비용 대응이 부적절하다.

09 다음 중 재고자산의 시가가 취득원가보다 하락한 경우에는 저가법을 사용하여 재고자산의 장부금액을 결정할 수 있는 사유로 볼 수 없는 것은?

① 보고기간말로부터 2년 또는 정상영업주기 내에 판매되지 않았거나 생산에 투입할 수 없어 장기체화 된 경우
② 손상을 입은 경우
③ 완성하거나 판매하는 데 필요한 원가가 상승한 경우
④ 진부화하여 정상적인 판매시장이 사라지거나 기술 및 시장 여건 등의 변화에 의해서 판매 가치가 하락한 경우

10 재고자산의 시가가 취득원가보다 하락한 경우에는 저가법을 사용하여 장부금액을 결정한다. 이와 같이 저가법을 적용하는 사유에 해당하지 않는 것은?

① 보고기간말로부터 1년 또는 정상영업주기 내에 판매되지 않았거나 생산에 투입할 수 없어 장기체화 된 경우
② 진부화하여 정상적인 판매시장이 사라진 경우
③ 완성하거나 판매하는데 필요한 원가가 하락한 경우
④ 기술 및 시장여건 등의 변화에 의해서 판매가치가 하락한 경우

11 다음 중 재고자산평가손실로 처리해야 하는 변동사항인 것은?
① 분실   ② 가치하락   ③ 도난   ④ 파손

12 다음은 재고자산에 대한 설명이다. 가장 옳지 않은 것은?

① 할부판매상품의 경우 대금이 모두 회수되지 않더라도 상품의 판매시점에서 판매자의 재고사산에서 제외한다.
② 재고자산의 매입원가는 매입금액에 매입운임, 하역료 및 보험료 등 취득과정에서 정상적으로 발생한 부대원가를 가산한 금액이다.
③ 선적지 인도조건인 경우 판매되어 운송중인 상품은 판매자의 재고자산에 포함된다.
④ 재고자산의 장부상 수량과 실제 수량과의 차이에서 발생하는 감모손실의 경우 정상적으로 발생한 감모손실은 매출원가에 가산한다.

13 다음 중 재고자산에 대한 설명으로 가장 옳지 않은 것은?

① 도착지 인도조건인 경우 미착상품은 매입자의 재고자산에 포함된다.
② 매입자가 매입의사를 표시하지 않은 경우 시송품은 판매자의 재고자산에 포함된다.
③ 수탁자가 제3자에게 판매를 한 경우 적송품은 위탁자의 재고자산에 포함되지 않는다.
④ 할부판매상품의 경우 대금이 모두 회수되지 않더라도 판매자의 재고자산에서 제외한다.

14 다음은 재고자산에 대한 설명이다. 잘못된 것은?

① 성격이 상이한 재고자산을 일괄하여 구입한 경우에는 총매입원가를 각 재고자산의 공정가치 비율에 따라 배분하여 개별 재고자산의 매입원가를 결정한다.
② 재고자산은 취득원가를 장부금액으로 한다. 다만, 시가가 취득원가보다 낮은 경우에는 시가를 장부금액으로 한다.
③ 재고자산은 정상적인 영업과정에서 판매를 위하여 보유하거나 생산과정에 있는 자산 및 생산 서비스 제공과정에 투입될 원재료나 소모품의 형태로 존재하는 자산을 말한다.
④ 적송품은 수탁자가 제3자에게 판매를 할 때까지 수탁자가 점유하고 있기 때문에 제3자에게 판매하기 전까지는 수탁자의 재고자산에 포함한다.

15 다음 중 판매회사의 재고자산으로 분류되지 않는 항목은?

① 위탁자의 결산일 현재 수탁자가 판매하지 못한 적송품
② 판매회사가 도착지 인도조건으로 매입한 결산일 현재 미착상품
③ 결산일 현재 매입자의 매입의사 표시 없는 시송품
④ 반품률을 추정할 수 없는 경우로 반품기간이 종료되지 않은 상품

16 일반기업회계기준상 재고자산에 대한 설명으로 가장 틀린 것은?

① 목적지 인도조건으로 매입하는 미착상품(목적지에 도달되지 않은상품)은 매입자의 재고자산이 아니다.
② 위탁매매계약을 체결하고 수탁자가 위탁자에게서 받은 적송품은 수탁자의 재고자산이다.
③ 매입자가 사용해본 후 구입결정을 하는 조건으로 판매하기 위하여 공급하고 구입의사결정이 안된 시송품은 판매자의 재고자산이다.
④ 장부상 재고보다 실제 조사한 재고의 수량이 적은 경우로써 감모된 원인이 원가성이 없는 경우에는 영업외비용으로 처리한다.

실전문제연습 해답

01 ④ 후입선출법은 선입선출법에 비해 수익비용 대응이 원칙에 부합하며 일반적으로 물가상승 시 당기순이익을 과소계상하여 법인세를 이연하는 효과가 있다.
02 ③ 후입선출법 하에서 물가가 지속적으로 하락시 선입선출법보다 이익을 크게 계상한다.
03 ③ 선입선출법에 대한 설명이다.
04 ④ 개별법은 각 재고자산별로 매입원가 또는 제조원가를 결정하는 방법이므로 수익비용대응에 가장 정확한 단위원가 결정방법이다.
05 ① 선입선출법상 기말재고는 최근에 구입한 상품의 원가로 구성되므로 물가가 하락한 경우 재고자산의 가격이 더 작게 평가된다.
06 ② 나머지는 선입선출법에 대한 설명이다.
07 ① 후입선출법은 먼저 매입한 재고가 남아 있으므로, 기말재고의 현행가치를 잘 나타내지 못한다.
08 ② 이동평균법은 계속기록법 하에서의 평균법이다.
09 ① 보고기간말로부터 1년
10 ③ 완성하거나 판매하는 데 필요한 원가가 상승한 경우
11 ② 나머지는 모두 재고자산감모손실에 해당한다.
12 ③ 선적지 인도조건인 경우에는 상품이 선적된 시점에 소유권이 매입자에게 이전되기 때문에 미착상품은 매입자의 재고자산에 포함된다.
13 ① 도착지 인도조건인 경우의 미착상품은 판매자의 재고자산에 포함된다.
14 ④ 적송품은 위탁자의 재고자산에 포함한다.
15 ② 도착지 인도조건인 경우에는 상품이 도착된 시점에 소유권이 매입자에게 이전되기 때문에 미착상품은 매입자(판매회사)의 재고자산에 포함되지 않는다.
16 ② 적송품은 위탁자의 재고자산이다.

4. 투자자산

(1) 투자자산의 개념 및 종류

① 투자자산의 개념

기업이 투자수익을 얻기 위해서 보유하는 자산을 투자자산이라 한다. 건물이나 토지를 사업에 사용할 목적으로 구입하면 유형자산으로 분류하고, 투자목적(비영업용)으로 구입하면 투자자산으로 분류한다.

② 투자자산의 종류

구 분	개 념
장기금융상품	결산일부터 만기가 1년 후에 도래하는 금융상품(장기성예금 등)
투자부동산	투자의 목적으로 소유하는 토지 및 건물 등 부동산
장기투자증권	비유동자산으로 분류되는 매도가능증권과 만기보유증권을 통합하여 장기투자증권으로 표시할 수 있음
장기대여금	대여금 중 만기가 1년 이내에 도래하지 않는 것
기 타	특정현금과예금, 퇴직연금운용자산, 지분법적용투자주식 등

(2) 투자부동산

① 투자부동산의 개념

투자부동산이란, 영업활동과 상관없이 투자목적으로 보유하는 토지·건물 등 부동산을 말한다.

② 투자부동산의 회계처리

부동산(건물)의 취득 이유가 판매목적이면 재고자산(상품), 투자목적이면 투자자산(투자부동산), 사용목적이면 유형자산(건물)으로 분류한다.

취 득	• 장기투자목적으로 토지를 1,000,000원에 구입하고 대금은 1개월 후에 지급하기로 하다. (차) 투자부동산　　1,000,000　　(대) 미지급금　　　　　　1,000,000
처 분	• 위의 토지를 1,100,000원에 처분하고, 대금은 1개월 후에 받기로 하다. (차) 미수금　　　　1,100,000　　(대) 투자부동산　　　　　1,000,000 　　　　　　　　　　　　　　　　　　　　투자자산처분이익　　　100,000

(3) 유가증권

① 유가증권의 분류

유가증권은 구입시 단기매매증권, 매도가능증권, 만기보유증권, 지분법적용투자주식 중 하나로 분류한다. 단기매매증권은 당좌자산이고 나머지는 투자자산이다.

만기보유증권과 매도가능증권은 일반적으로 투자자산이지만, 결산일로부터 1년 이내에 만기가 도래하거나 처분할 예정인 경우에는 당좌자산으로 분류한다.

구 분	개 념
단기매매증권	단기매매차익을 목적으로 취득하고, 매매가 빈번하게 이루어지는 채무증권 및 지분증권
만기보유증권	채무증권으로서 만기까지 보유할 의도와 능력이 있는 유가증권
매도가능증권	만기보유증권 및 단기매매증권에 해당되지 않는 채무증권 및 지분증권
지분법적용 투자주식	타회사를 지배, 통제할 목적으로 상대방 주식의 20% 이상을 보유하여 실질적인 영향력을 행사할 수 있는 지분증권

기출문제 연습

다음 중 유가증권에 대한 설명으로 가장 틀린 것은?
① 채무증권은 취득한 후에 만기보유증권, 단기매매증권, 매도가능증권 중의 하나로 분류한다.
② 만기보유증권으로 분류되지 아니하는 채무증권은 매도가능증권으로 분류한다.
③ 매도가능증권에 대한 미실현보유손익은 기타포괄손익누계액으로 처리한다.
④ 단기매매증권에 대한 미실현보유손익은 당기손익항목으로 처리한다.

풀이
② 만기보유증권으로 분류되지 아니하는 채무증권은 단기매매증권과 매도가능증권 중의 하나로 분류한다.

② 유가증권의 재분류

원칙적으로 단기매매증권을 매도가능증권이나 만기보유증권으로 재분류할 수 없지만, 시장성을 상실한 경우에는 매도가능증권 및 만기보유증권으로 재분류한다. 매도가능증권 및 만기보유증권을 단기매매증권으로 재분류할 수 없다.

단기매매증권 → 매도가능증권, 만기보유증권	시장성을 상실한 경우에 OK
매도가능증권, 만기보유증권 → 단기매매증권	NO(손익조작 방지 목적)
매도가능증권 → 만기보유증권	채무증권인 경우 OK
만기보유증권 → 매도가능증권	채무증권인 경우 OK

③ 유가증권의 취득

취득원가는 매입가액에 부대비용을 합한 금액이다. 하지만 단기매매증권은 부대비용을 포함하지 않는다. 다음 거래에서 유가증권이 매도가능증권인 경우와 단기매매증권인 경우의 분개는 다음과 같다.

거래		A사 주식 100주를 주당 10,000원에 구입하고, 수수료 10,000원과 함께 현금으로 지급하다.
분개	매도가능증권	(차) 매도가능증권 1,010,000 (대) 현금 1,010,000 * 100 × 10,000 + 10,000 = 1,010,000
	단기매매증권	(차) 단기매매증권 1,000,000 (대) 현금 1,000,000 수수료비용 10,000

④ 매도가능증권의 기말 평가

매도가능증권은 기말에 공정가액으로 평가하여 평가이익 또는 평가손실을 인식하고, 매도가능증권평가손익은 자본의 기타포괄손익누계액으로 분류되어 재무상태표에 표시된다.

매도가능증권평가손익	기타포괄손익누계액(자본, 재무상태표)
단기매매증권평가손익	영업외손익(당기손익, 손익계산서)

- 매도가능증권 기말 공정가액이 장부가액보다 높으면 : 매도가능증권평가이익
- 매도가능증권 기말 공정가액이 장부가액보다 낮으면 : 매도가능증권평가손실

매도가능증권평가이익 발생 시	매도가능증권평가이익이 발생할 때 과거에 인식한 매도가능증권평가손실이 있다면 이 금액을 먼저 차감한다.
매도가능증권평가손실 발생 시	매도가능증권평가손실이 발생할 때 과거에 인식한 매도가능증권평가이익이 있다면 이 금액을 먼저 차감한다.

매도가능증권 중 시장성이 없는 지분증권의 공정가치를 신뢰성 있게 측정할 수 없는 경우에는 취득원가로 평가한다.

만기보유증권은 공정가액으로 평가하지 않고, 상각후원가로 평가한다.

⑤ 매도가능증권 처분

매도가능증권을 처분할 때는 처분가액과 장부가액을 비교하여 매도가능증권처분손익을 당기손익으로 인식하는데, 이때 자본항목에 있는 매도가능증권평가손익을 제거한다.

실전문제연습

01 유가증권에 대한 설명이다. 옳은 것은?
① 유가증권 중 채권은 취득한 후에 단기매매증권이나 매도가능증권 중의 하나로만 분류한다.
② 단기매매증권이 시장성을 상실한 경우에는 매도가능증권으로 분류하여야 한다.
③ 단기매매증권과 만기보유증권은 원칙적으로 공정가치로 평가한다.
④ 매도가능증권은 주로 단기간 내의 매매차익을 목적으로 취득한 유가증권이다.

02 유가증권에 대한 설명 중 잘못된 것은?
① 단기매매증권과 매도가능증권은 원칙적으로 공정가치로 평가한다.
② 단기매매증권의 미실현보유 손익은 당기손익항목으로 처리한다.
③ 매도가능증권의 미실현보유 손익은 당기손익항목으로 처리한다.
④ 단기매매증권이 시장성을 상실한 경우에는 매도가능증권으로 분류변경 하여야 한다.

03 다음은 유가증권에 대한 설명이다. 틀린 것은?
① 단기매매증권은 주로 단기간 내에 매매차익을 목적으로 한다.
② 유가증권은 취득한 후에 만기보유증권, 단기매매증권, 매도가능증권, 지분법적용투자주식 중의 하나로 분류한다.
③ 단기매매증권의 미실현보유손익은 단기매매증권평가손익으로 처리한다.
④ 매도가능증권은 만기보유증권으로 재분류할 수 있으며, 만기보유증권은 매도가능증권으로 재분류할 수 없다.

04 일반기업회계기준상 유가증권에 대한 다음의 설명 중 잘못된 것은?
① 지분증권 투자에 대한 현금배당은 배당금을 받을 권리와 금액이 확정되는 시점에 영업외수익으로 인식한다.
② 매도가능증권을 공정가치로 평가함으로 인해 발생되는 평가손실은 당기의 순이익에 영향을 미치지 않는다.
③ 단기매매증권이 시장성을 상실한 경우에는 만기보유증권으로 분류하여야 한다.
④ 매도가능증권은 보유 목적에 따라 유동자산으로 분류될 수도 있다.

05 다음 중 유가증권에 대한 설명으로 틀린 것은?
① 단기매매증권에 대한 미실현보유손익은 기타포괄손익누계액으로 처리한다.
② 단기매매증권이 시장성을 상실한 때에는 매도가능증권으로 분류하여야 한다.
③ 채무증권은 취득한 후에 만기보유증권, 단기매매증권, 매도가능증권 중의 하나로 분류한다.
④ 지분증권과 만기보유증권으로 분류되지 않는 채무증권은 단기매매증권 또는 매도가능증권으로 분류한다.

06 다음 유가증권의 분류 중에서 만기보유증권으로 분류할 수 있는 판단기준이 되는 것은 무엇인가?
① 만기까지 보유할 적극적인 의도와 능력이 있는 채무증권
② 만기까지 매매차익을 목적으로 취득한 채무증권
③ 만기까지 다른 회사에 중대한 영향력을 행사하기 위한 지분증권
④ 만기까지 배당금이나 이자수익을 얻을 목적으로 투자하는 유가증권

07 다음 중 유가증권에 대한 설명으로 옳지 않은 것은?
① 유가증권은 증권의 종류에 따라 지분증권과 채무증권으로 분류할 수 있다.
② 단기매매증권과 매도가능증권은 지분증권으로 분류할 수 있으나 만기보유증권은 지분증권으로 분류할 수 없다.
③ 보고기간종료일로부터 1년 이내에 만기가 도래하는 만기보유증권의 경우, 유동자산으로 재분류하여야 하므로 단기매매증권으로 변경하여야 한다.
④ 단기매매증권은 주로 단기간 내에 매매차익을 목적으로 취득한 유가증권을 말한다.

08 다음 자료에서 2024년에 인식할 매도가능증권 처분손익은 얼마인가?

- 2023년 6월 1일 매도가능증권 120주를 주당 60,000원에 취득하였다.
- 2023년 기말 매도가능증권평가손실 1,200,000원(주당 공정가치 50,000원)
- 2024년 5월 1일 120주를 주당 50,000원에 처분하였다.

① 처분이익 2,400,000원　　② 처분이익 1,200,000원
③ 처분손실 2,400,000원　　④ 처분손실 1,200,000원

09 다음의 유가증권을 단기매매증권으로 분류하는 경우와 매도가능증권으로 분류하는 경우의 당해 계상되는 당기손익의 차이 금액은 얼마인가?

> ㈜대한은 A회사 주식 1,000주를 주당 5,000원(공정가치)에 매입하면서 거래비용으로 50,000원이 발생하였고 기말에 주당 공정가치가 5,500원으로 평가되었다.

① 50,000원
② 450,000원
③ 500,000원
④ 550,000원

10 다음 자료를 보고 2024년에 인식할 처분손익을 계산하면 얼마인가?

> • 2023년 기말 단기매매증권 1,000주, 주당 공정가치 10,000원
> • 2023년 기말 단기매매증권 평가이익 1,500,000원
> • 2024년 8월 1일에 1,000주를 주당 8,000원에 처분하였다.

① 처분이익 500,000원
② 처분손실 1,500,000원
③ 처분이익 1,500,000원
④ 처분손실 2,000,000원

11 다음 자료는 시장성 있는 유가증권에 관련된 내용이다. 이 유가증권을 단기매매증권으로 분류하는 경우와 매도가능증권으로 분류하는 경우 2024년 당기손익의 차이는 얼마인가?

> • 2023년 7월 1일 A회사 주식 1,000주를 주당 6,000원에 매입하였다.
> • 2023년 기말 A회사 주식의 공정가치는 주당 7,000원이다.
> • 2024년 6월 30일 A회사 주식 전부를 주당 7,500원에 처분하였다.

① 차이 없음
② 500,000원
③ 1,000,000원
④ 1,500,000원

실전문제연습 해답

01 ② 만기보유증권은 상각후원가로 평가한다. 매도가능증권은 장기투자목적이다.

02 ③ 매도가능증권의 미실현보유손익은 자본항목(기타포괄손익누계액)으로 처리한다.

03 ④ 매도가능증권은 만기보유증권으로 재분류할 수 있으며 만기보유증권은 매도가능증권으로 재분류할 수 있다.

04 ③ 단기매매증권이 시장성을 상실한 경우에는 매도가능증권으로 분류한다.

05 ① 단기매매증권의 미실현보유손익은 당기손익으로 처리한다.

06 ① 만기보유증권이란 만기가 확정된 채무증권으로서 상환금액이 확정되었거나 확정이 가능한 채무증권을 만기까지 보유할 적극적인 의도와 능력이 있는 경우를 말한다.

07 ③ 계정과목명을 단기매매증권으로 분류 변경하는 것이 아니라, 만기보유증권(유동자산)으로 분류변경 한다.

08 ④ 120 × (60,000 − 50,000) = 1,200,000원 처분손실

| (차) 현금 | 6,000,000 | (대) 매도가능증권 | 6,000,000 |
| 매도가능증권처분손실 | 1,200,000 | 매도가능증권평가손실 | 1,200,000 |

09 ② • 단기매매증권 : 수수료비용 50,000원, 단기매매증권평가이익 500,000원
  따라서 당기손익은 500,000 − 50,000 = 450,000원 증가
• 매도가능증권평가이익은 기타포괄손익누계액으로 처리하므로 당기손익에는 영향이 없음
• 따라서 단기매매증권으로 분류되는 경우와 매도가능증권으로 분류되는 경우의 당기손익 차이는 450,000원

10 ④ 처분손실 : 2,000,000원 = 8,000,000원(처분가액) − 10,000,000원(장부가액)

11 ③ 1,500,000원 − 500,000원 = 1,000,000원
• 단기매매증권인 경우 처분이익 500,000원[= 1,000주 × (7,500원 − 7,000원)]
• 매도가능증권인 경우 처분이익 1,500,000원[= 1,000주 × (7,500원 − 6,000원)]

5. 유형자산

(1) 유형자산 개요

① 유형자산의 개념

유형자산은 재화의 생산, 용역의 제공, 타인에 대한 임대 또는 자체적으로 사용할 목적으로 보유하는 물리적 형체가 있는 자산으로서, 1년을 초과하여 사용할 것이 예상되는 자산을 말한다.

② 다른 자산과 비교

유형자산은 개념적인 특징으로 인해 다음과 같이 다른 자산과 비교할 수 있다.

- 목적 : 영업활동에 사용할 목적이면 유형자산, 판매목적이면 재고자산, 투자목적이면 투자자산
- 실체 : 물리적 실체가 있으면 유형자산, 물리적 실체가 없으면 무형자산
- 기간 : 사용기간이 1년 초과하면 유형자산, 1년 이내이면 소모품

③ 유형자산의 종류

구 분	개 념
토 지	대지, 임야, 전, 답 등
건 물	공장, 사무실, 창고 등
구축물	건물 이외의 교량, 도로포장, 부속설비 등
차량운반구	승용차, 트럭, 버스, 오토바이 등 차량
기계장치	제조설비, 운송설비 등 기계
비 품	컴퓨터, 복사기, 책상, 에어컨, 공기청정기, 정수기 등
건설중인자산	완성되지 않은 유형자산(완성되면 건물 등으로 대체)

기출문제 연습

다음 중 유형자산으로 분류되지 않는 항목은?
① 제조공장의 부지
② 투자목적으로 보유하는 토지
③ 건설중인 제조공장의 건물
④ 출퇴근용 사내(社內)버스

풀이
② 투자목적으로 보유하는 토지는 유형자산이 아닌 투자자산으로 분류된다.

(2) 유형자산의 취득원가

① 외부에서 구입하는 경우 취득원가

자산의 취득원가는 매입가액에 매입부대비용을 합한 금액으로 계산한다.

매입부대비용에는 다음과 같은 것이 있다.

> - 설치장소 준비를 위한 지출, 운송비, 설치비
> - 취득 및 설치관련 수수료, 시운전비
> - 자본화대상 차입원가, 취득세 등 취득과 관련된 제세공과금
> - 취득 시 매입해야 하는 국·공채 등의 매입금액과 공정가치의 차액

※ 시험생산 용도로 시제품을 생산하여 판매하는 경우에 발생하는 수익은 취득원가에서 차감한다.

ⓐ 취득세 등

세금 중에서 취득세, 등록세는 자산의 취득원가에 산입되지만, 재산세는 비용(세금과공과금)으로 분류된다.

취득세 등	거 래	건물을 5,000,000원에 취득하면서 대금은 1개월 후에 지급하기로 하고 취득세 10,000원과 중개인수수료 30,000원을 현금으로 지급하였다.
	분 개	(차) 건물 5,040,000 (대) 미지급금 5,000,000 현 금 40,000
재산세	거 래	재산세 40,000원을 보통예금에서 이체하여 지급하다.
	분 개	(차) 세금과공과 40,000 (대) 보통예금 40,000

ⓑ 유형자산 취득과 관련된 공채

유형자산 취득 시 매입해야 하는 국·공채 등의 매입금액과 공정가치의 차액을 해당 유형자산의 취득원가에 산입한다.

구입관련공채	거 래	승용차를 4,000,000원에 취득하면서 대금은 1개월 뒤 지급하기로 하고, 차량구입과 관련된 공채(액면 10,000원, 공정가치 6,000원)를 액면금액으로 구입하여 즉시 공정가치로 매각하였다.
	분 개	(차) 차량운반구 4,004,000 (대) 미지급금 4,000,000 현 금 4,000

기출문제 연습

유형자산의 취득원가로 볼 수 없는 항목은?

① 유형자산의 취득과 관련된 취득세
② 자본화대상인 금융비용
③ 유형자산의 보유와 관련된 재산세
④ 유형자산의 설계와 관련된 설계비용

풀이

③ 재산세는 당기비용 처리한다.

② 증여로 취득(무상 취득)하는 경우

증여에 의하여 무상으로 취득하는 경우에는 유형자산의 공정가치에 매입부대비용을 가산한 금액을 취득원가로 하고, 자산의 공정가치를 자산수증이익으로 처리한다.

거래	대표자로부터 공정가치 2,000,000원의 건물을 증여받고 건물 취득에 따른 취득세 2,000원을 현금으로 납부하다.				
분개	(차) 건물	2,002,000	(대) 자산수증이익 현　금		2,000,000 2,000

③ 현물출자에 의하여 취득하는 경우

현물출자에 의하여 유형자산을 취득하는 경우에는 자산의 공정가치에 매입부대비용을 가산한 금액을 취득원가로 하고 발행한 주식의 액면가액을 자본금으로 한다.

거래	대표자로부터 공정가치 2,000,000원의 건물을 현물출자 받고, 회사의 주식 200주(주당 액면가액 8,000원)를 발행하여 지급하였다.				
분개	(차) 건물	2,000,000	(대) 자본금 　　주식발행초과금		1,600,000 400,000

현물출자 받은 현물의 공정가치 중 주식의 액면가액을 자본금으로, 액면가액을 초과하는 금액을 주식발행초과금으로 처리한다.

④ 자가 건설하는 경우

자가 건설하는 경우에는 건설과 관련된 지출을 집계하여 우선 건설중인자산으로 계상한 후 건설이 완료되면 건물, 기계장치 등 해당 유형자산으로 분류한다.

건설비 지출	거래	사옥을 신축하는데 당기에 소요된 지출 2,000,000원을 현금으로 지급하였다.				
	분개	(차) 건설중인자산	2,000,000	(대) 현금		2,000,000
완공	거래	당기에 사옥의 신축이 완료되었다. 전기까지 소요된 지출은 2,000,000원이며, 당기에 소요된 지출은 500,000원이다.				
	분개	(차) 건물	2,500,000	(대) 건설중인자산 　　현금		2,000,000 500,000

⑤ 유형자산의 일괄구입

토지와 건물을 함께 구입하면서 토지와 건물의 대가가 구분되지 않는 경우에는 지급액을 공정가치 비율로 안분하여 각각의 취득원가를 계산한다.

거 래	토지와 건물을 일괄하여 1,000,000원에 현금으로 취득하다. 토지와 건물의 공정가치는 각각 500,000원과 750,000원이다.
분 개	(차) 토지 400,000 (대) 현금 1,000,000 건물 600,000
계산방법	토지 : 1,000,000 × $\dfrac{500,000}{(500,000+750,000)}$ = 400,000 건물 : 1,000,000 × $\dfrac{750,000}{(500,000+750,000)}$ = 600,000

⑥ **기존에 사용하던 건물을 철거하는 경우**

기존에 사용하던 건물을 철거하는 경우에는 장부가액과 관련비용을 유형자산처분손실로 계상한다.

거 래	건물을 신축하기 위하여 사용하던 건물(취득가액 3,000,000원, 감가상각누계액 1,200,000원)을 철거하고 철거비용 100,000원은 현금으로 지급하다.
분 개	(차) 감가상각누계액 1,200,000 (대) 건물 3,000,000 유형자산처분손실 1,900,000 현금 100,000

⑦ **토지와 건물을 일괄취득한 후 건물을 철거하는 경우**

토지만 사용할 목적으로 토지와 건물을 일괄취득한 후 건물을 철거하는 경우에는 건물 가격과 철거비용 모두 토지의 원가에 산입한다.

거 래	건물 신축을 위하여 건물이 있는 토지를 취득하면서 건물과 토지의 일괄취득 대가로 5,000,000원을 보통예금에서 이체하여 지급하고, 건물의 철거비용 200,000원을 현금으로 지급하다.
분 개	(차) 토지 5,200,000 (대) 보통예금 5,000,000 현금 200,000

⑧ **이종자산의 교환으로 취득한 유형자산의 취득원가**

자산의 교환시 동종자산인지 이종자산인지에 따라 취득원가 계산방법이 다른데, 이종자산이란 서로 다른 종류의 자산을 말하며, 동종자산이란 서로 같은 종류의 자산을 말한다.
이종자산 간의 교환 시에는 취득하는 자산의 취득가액은 제공한 자산의 공정가액으로 측정하고 제공한 자산의 장부가액과 공정가액의 차액을 유형자산처분손익으로 인식한다.

거 래	이종자산간 교환으로 기계장치A(취득가액 2,000,000원, 감가상각누계액 1,200,000원, 공정가액 1,000,000원)를 지급하고, 기계장치B를 취득하다.
분 개	(차) 기계장치B 1,000,000 (대) 기계장치A 2,000,000 감가상각누계액 1,200,000 유형자산처분이익 200,000

이 경우에 제공한 자산의 공정가액이 불분명한 경우에는 취득한 자산의 공정가액으로 계상할 수 있다. 만약 교환 시 현금수수액이 있다면 현금수수액을 반영한다.

⑨ 동종자산의 교환으로 취득한 유형자산의 취득원가

동종자산 간의 교환시에는 취득하는 자산의 취득가액은 제공한 자산의 장부가액으로 측정하고 유형자산처분손익을 인식하지 않는다.

거래	동종자산간 교환으로 기계장치A(취득가액 2,000,000원, 감가상각누계액 1,200,000원, 공정가치 1,000,000원)를 지급하고, 기계장치B를 취득하다.
분개	(차) 기계장치B 800,000 (대) 기계장치A 2,000,000 　　　감가상각누계액 1,200,000

【동종자산 교환과 이종자산 교환 정리】

취득하는 자산의 취득가액	동종자산	제공하는 자산의 장부가액
	이종자산	제공하는 자산의 공정가액
처분손익	동종자산	처분손익 인식하지 않음
	이종자산	장부가액과 공정가액의 차액을 처분손익으로 인식

⑩ 정부보조금으로 취득

유형자산을 정부보조금으로 취득한 경우에 해당 유형자산의 취득원가는 취득일의 공정가치로 한다. 단, 정부보조금은 해당 유형자산의 취득원가에서 차감하는 형식으로 표시한다.

⑪ 차입원가(건설자금 이자) 자본화

개념	차입원가란 유형자산의 취득에 사용된 차입금에 대하여 당해 자산의 취득완료시점까지 발생한 이자비용을 말한다.
선택가능	차입원가는 원칙적으로 당기비용으로 처리한다. 다만, 해당 자산의 취득원가에 산입할 수 있다. → 자본화대상, 자본적지출
분개	• 비용처리 : (차) 이자비용 ××× (대) 보통예금 등 ××× • 자 본 화 : (차) 건설중인자산 ××× (대) 보통예금 등 ×××

기출문제 연습1

다음 중 유형자산 취득시 회계처리와 관련한 설명으로 틀린 것은?

① 유형자산을 취득하는 과정에서 국·공채 등을 불가피하게 매입하는 경우 해당 채권의 실제 매입가액과 채권의 공정가치의 차액은 해당 유형자산의 취득원가에 포함한다.
② 건물을 증여로 취득한 경우 취득원가를 계상하지 않는다.
③ 건물을 신축하기 위하여 사용중인 기존 건물을 철거하는 경우 철거비용은 전액 당기비용으로 처리한다.
④ 정부보조금으로 자산 취득시 해당 정부보조금은 해당 자산의 취득원가에서 차감하는 형식으로 기재한다.

풀이

② 증여, 기타 무상으로 취득한 자산은 공정가치를 취득원가로 한다.

기출문제 연습2

다음은 일반기업회계기준에 따른 유형자산의 취득원가에 대한 설명이다. 가장 잘못된 것은?

① 유형자산의 취득에 사용된 차입금에 대하여 당해 자산의 취득완료시점까지 발생한 이자비용은 자산의 취득원가에 가산함을 원칙으로 한다.
② 유형자산이 정상적으로 작동되는지 여부를 시험하는 과정에서 발생하는 원가는 취득부대비용으로 보아 취득원가에 가산한다.
③ 현물출자, 증여, 기타 무상으로 취득한 자산은 공정가치를 취득원가로 한다.
④ 국고보조금 등에 의해 유형자산을 공정가액보다 낮은 대가로 취득한 경우에도 그 유형자산의 취득원가는 취득일의 공정가액으로 한다.

풀이

① 차입원가는 기간비용 처리함을 원칙으로 한다. 자본화대상자산에 해당될 경우 취득원가에 산입할 수 있다.

기출문제 연습3

유형자산의 취득원가 구성항목으로 옳지 않은 것은?

① 유형자산 취득과 관련하여 불가피하게 매입하는 국공채의 매입가액
② 설치장소 준비를 위한 지출
③ 취득과 직접 관련이 있는 제세공과금
④ 취득시 소요되는 운반비용

풀이

① 불가피하게 취득한 국공채의 경우에는 매입가액과 공정가치와의 차액이 취득원가에 가산된다.

(3) 유형자산 취득 후의 지출

① 개요

유형자산을 취득한 이후에 수선 및 증설 등과 같이 추가로 지출이 발생할 수 있는데, 지출의 성격에 따라 자본적지출과 수익적지출로 구분한다.
자본적지출은 해당 자산의 원가에 포함되고, 수익적지출은 당기 비용(수선비)으로 처리한다.

② 자본적지출

자본적지출이란, 자산의 가치를 증가시키거나, 내용연수를 연장시키는 지출을 말하는데, 지출 시 유형자산의 원가에 가산한다.
자본적지출의 예로는 생산능력 증대, 내용연수 연장, 상당한 원가절감, 품질향상, 엘리베이터 및 냉난방기설치 등이 있다.

거래	본사 건물의 가치증진 및 내용연수 연장을 위한 증설비용 5,000,000원을 보통예금에서 이체하여 지급하다.
분개	(차) 건물　　　　5,000,000　　(대) 보통예금　　　　5,000,000

③ 수익적지출

수익적지출이란, 자산의 원상회복 또는 능률유지를 위한 지출을 말하는데, 지출 시 당기 비용(수선비, 차량유지비 등)으로 처리한다.
수익적지출의 예로는 수선유지, 외벽도장, 파손된 유리 교체 등이 있다.

거래	건물 외벽의 도장비용 2,000,000원을 현금으로 지급하였다.
분개	(차) 수선비　　　　2,000,000　　(대) 현금　　　　2,000,000

【자본적지출과 수익적지출】

자본적지출	수익적지출
가치증진・수명 연장・생산증대 등	원상회복・능률유지(수선)
엘리베이터・피난시설・냉난방시설 설치 등	파손유리 대체, 수리, 외벽도장 등
해당 자산의 취득원가에 산입	수선비(비용)로 처리

기출문제 연습

자본적지출로 처리하여야 할 것을 수익적지출로 잘못 회계처리한 경우 재무제표에 미치는 영향으로 옳지 않은 것은?
① 당기순이익이 과소 계상된다.
② 현금 유출액에는 영향을 미치지 않는다.
③ 자산이 과소계상 된다.
④ 자본이 과대계상 된다.

풀이
④ 정액법에 대한 설명이다.

(4) 유형자산의 감가상각

① 감가상각의 개념

개념	수익·비용 대응의 원칙에 의하여 내용연수 동안 합리적이고 체계적인 방법에 의하여 유형자산의 취득원가를 비용으로 배분하는 것
성질	유형자산은 영업활동에 사용되면서 수익창출에 기여하고, 시간이 지남에 따라 가치가 감소되는데, 가치의 감소분을 비용(감가상각비)으로 인식하면 수익·비용 대응의 원칙에 부합하게 된다.

② 감가상각의 3요소 : 취득원가, 잔존가치, 내용연수

취득원가	매입가액에 취득부대비용을 더한 것(자본적지출액 포함)
잔존가치	내용연수 종료시점에 기대되는 가치(처분가액에서 처분비용을 차감)
내용연수	영업활동에 사용될 것으로 기대되는 예상 사용기간

③ 감가상각 대상

감가상각은 해당 유형자산이 사용가능한 때부터 시작해서 그 내용연수가 종료되는 시점까지 한다. 다만, 다음의 유형자산은 감가상각하지 않는다.

• 토지	• 건설중인자산	• 사용을 중단한 자산 중 처분 예정인 것

> **기출문제 연습**
>
> 다음 중 감가상각대상 자산이 아닌 것은?
> ① 일시적으로 사용중지 상태인 기계장치
> ② 금융리스로 이용 중인 차량운반구
> ③ 할부로 구입하여 사용 중인 비품
> ④ 사옥으로 이용하기 위해 건설 중인 건물
>
> **풀이**
> ④ 건설중인 자산은 완공시까지 감가상각을 할 수 없다.

④ 감가상각 방법

감가상각 방법으로 정액법과 정률법을 많이 사용하고, 업종에 따라서는 연수합계법과 생산량비례법 등의 방법을 사용한다.

ⓐ 정액법

정액법은 감가상각 대상금액을 매년 동일한 금액으로 배분하여 감가상각비로 인식한다(정액상각, 균등상각). 정액법에 의한 감가상각비는 다음과 같이 계산한다.

$$\text{정액법 감가상각비} = (\text{취득원가} - \text{잔존가치}) \div \text{내용연수}$$

ⓑ 정률법

정률법은 미상각잔액, 장부잔액(취득원가 - 감가상각누계액)에 정률을 곱한 금액을 감가상각비로 인식한다.

정률법은 내용연수 초기에 감가상각비가 많이 계상되고 갈수록 적어지므로 가속상각방법의 일종이다. 정률법에 의한 감가상각비는 다음과 같이 계산한다.

$$\text{정률법 감가상각비} = (\text{취득원가} - \text{감가상각누계액}) \times \text{정률}$$

ⓒ 연수합계법

연수합계법은 감가상각대상 금액에 잔여내용연수를 곱하고 내용연수의 합계를 나눈 금액을 감가상각비로 인식한다.

내용연수 초기에 감가상각비가 많이 계상되고 갈수록 적어지므로 가속상각방법의 일종이다. 연수합계법에 의한 감가상각비는 다음과 같이 계산한다.

$$\text{연수합계법 감가상각비} = (\text{취득원가} - \text{잔존가치}) \times \frac{\text{잔여 내용연수}}{\text{내용연수의 합계}}$$

ⓓ 생산량비례법

생산량비례법은 감가상각 대상금액에 총생산 가능량에 대한 실제 생산량의 비율을 곱한 금액을 감가상각비로 인식한다.

$$생산량비례법 \ 감가상각비 = (취득원가 - 잔존가치) \times \frac{당기 \ 실제 \ 생산량}{추정 \ 총생산량}$$

【감가상각 방법 정리】

정액법(균등상각)	(취득원가 − 잔존가치) ÷ 내용연수
정률법(가속상각)	(취득원가 − 감가상각누계액) × 정률
연수합계법(가속상각)	(취득원가 − 잔존가치) × $\frac{잔여 \ 내용연수}{내용연수 \ 합계}$
생산량비례법	(취득원가 − 잔존가치) × $\frac{당기 \ 실제 \ 생산량}{추정 \ 총생산량}$

⑤ 감가상각의 회계처리

회계기말에 감가상각비를 계산한 후 다음과 같이 차변에 감가상각비, 대변에 감가상각누계액으로 회계처리 한다.

(차) 감가상각비	×××	(대) 감가상각누계액	×××

유형자산의 감가상각비는 일반적으로 판매비와관리비로 분류되지만, 제조공정에서 사용되는 유형자산의 감가상각비는 제조원가로 분류된다.

⑥ 감가상각누계액 및 장부가액

감가상각누계액	감가상각누계액은 매기 인식한 감가상각비의 누계액이다. 감가상각누계액은 해당 유형자산의 차감적 평가계정이므로 재무상태표의 관련 자산에서 차감하는 형식으로 표시한다.
장부가액	취득가액에서 감가상각누계액을 차감한 금액을 장부가액이라 한다. 예를 들면, 취득원가 5,000,000원, 감가상각누계액 4,200,000원인 기계장치의 장부가액은 800,000원이며, 재무상태표에 다음과 같이 표시된다. 기계장치　　　　5,000,000 감가상각누계액　(4,200,000)　800,000

⑦ 회계연도 중에 취득한 경우 감가상각

현실적으로 유형자산을 연초에 취득하는 경우 보다는 연중에 취득하는 경우가 많다. 유형자산을 연중에 취득하는 경우에는 월 단위로 감가상각 하는데 이를 월할상각이라 한다.

거 래	취득가액 1,000,000원(잔존가치 100,000원, 내용연수 5년, 취득일 2024. 9. 1.)인 기계장치의 2024년 감가상각비를 정액법과 정률법(정률 0.3)으로 계산하시오.
정액법 감가상각비	$(1,000,000 - 100,000) \div 5 \times \dfrac{4개월}{12개월} = 60,000원$
정률법 감가상각비	$1,000,000 \times 0.3 \times \dfrac{4개월}{12개월} = 100,000원$

기출문제 연습

다음 중 유형자산의 감가상각방법에 대한 설명으로 틀린 것은?
① 정액법은 매년 동일한 금액만큼 가치가 감소하는 것으로 가정하고 회계처리한다.
② 가속상각법(체감상각법)은 내용연수 초기에 감가상각비를 과대 계상하는 방식이다.
③ 생산량비례법은 생산량에 비례하여 가치가 감소하는 것으로 본다.
④ 초기 감가상각비의 크기는 정률법보다 정액법이 더 크다.

풀이 ④ 초기 감가상각비의 크기는 정률법이 정액법보다 더 크다.

(5) 유형자산의 처분

유형자산의 취득원가와 감가상각누계액을 제거하고 처분손익을 인식한다.

유형자산처분이익	장부가액이 처분가액보다 적은 경우(장부가액<처분가액)
유형자산처분손실	장부가액이 처분가액보다 큰 경우(장부가액>처분가액)

처분이익	거래	취득가액 1,000,000원(감가상각누계액 800,000원)인 기계장치를 현금 300,000원을 받고 매각하였다.
	분개	(차) 현금　　　　　　　300,000　　(대) 기계장치　　　　　　1,000,000 　　　감가상각누계액　　800,000　　　　유형자산처분이익　　100,000
처분손실	거래	취득가액 1,000,000원(감가상각누계액 800,000원)인 기계장치를 현금 50,000원을 받고 매각하였다.
	분개	(차) 현금　　　　　　　　50,000　　(대) 기계장치　　　　　　1,000,000 　　　감가상각누계액　　800,000 　　　유형자산처분손실　150,000

실전문제연습

01 다음 중 유형자산으로 분류되지 않는 항목은?
① 시세차익 목적 보유부동산 ② 제조공장의 부지
③ 건설중인 제조공장의 건물 ④ 기계장치

02 다음은 모두 업무에 사용 중인 자산이다. 다음 중 유형자산으로 분류되지 않은 것은?
① 건물 ② 상표권 ③ 구축물 ④ 기계장치

03 다음 중 유형자산의 취득원가에 대한 설명으로 틀린 것은?
① 유형자산을 외부구입한 경우 취득시 부대비용은 유형자산의 취득원가에 가산한다.
② 토지 취득과 관련하여 취득세가 발생한 경우 이는 토지의 취득원가가 아닌 세금과공과로 처리한다.
③ 유형자산 취득과 관련하여 국·공채 등을 불가피하게 매입한 경우 당해 채권의 매입금액과 현재가치와의 차액도 유형자산의 취득원가에 포함한다.
④ 유형자산 설계와 관련하여 전문가에게 지급하는 수수료도 유형자산의 취득원가로 처리한다.

04 다음 중 유형자산의 취득원가에 포함되는 요소를 모두 고른 것은?

| ㄱ. 설계와 관련하여 전문가에게 지급하는 수수료 |
| ㄴ. 매입관련 운송비 |
| ㄷ. 설치장소 준비를 위한 지출 |
| ㄹ. 취득세 |
| ㅁ. 재산세 |

① ㄴ, ㄷ, ㅁ ② ㄱ, ㄴ, ㄷ, ㄹ
③ ㄴ, ㄷ, ㄹ, ㅁ ④ ㄱ, ㄴ, ㄷ, ㄹ, ㅁ

05 ㈜전주는 업무용 기계장치를 구입하고 다음과 같은 금액을 지출하였다. 이때 기계장치의 취득원가는?

> • 기계장치 구입가액 : 9,000,000원 • 기계장치 배송료 : 200,000원
> • 기계장치 설치비 : 300,000원

① 10,200,000원 ② 8,700,000원
③ 9,500,000원 ④ 8,000,000원

06 다음은 유형자산의 취득원가에 관한 설명이다. 가장 잘못된 것은?

① 유형자산의 취득과 관련된 운송비와 설치비용은 취득원가에 가산한다.
② 유형자산의 취득과 관련된 중개인 수수료는 취득원가에 가산한다.
③ 유형자산의 보유와 관련된 재산세는 취득원가에 가산한다.
④ 유형자산의 취득과 관련된 취득세는 취득원가에 가산한다.

07 다음 중 유형자산에 대한 설명으로 가장 옳지 않은 것은?

① 유형자산의 취득원가는 당해 자산의 제작원가 또는 매입가액에 취득부대비용을 가산한 가액으로 한다.
② 새로운 건물을 신축하기 위하여 사용 중이던 기존건물을 철거하는 경우에는 기존건물의 장부가액은 새로운 건물의 취득원가에 가산한다.
③ 유형자산의 감가상각은 감가상각 대상금액을 그 자산의 내용연수 동안 합리적이고 체계적인 방법으로 각 회계기간에 배분하는 것이다.
④ 제조설비의 감가상각비는 제조원가를 구성하고, 연구개발 활동에 사용되는 유형자산의 감가상각비는 무형자산의 인식조건을 충족하는 자산이 창출되는 경우 무형자산의 취득원가에 포함된다.

08 다음 중 유형자산에 대한 설명으로 틀린 것은?

① 유형자산 처분시 장부금액보다 처분금액이 큰 경우 유형자산처분이익으로 회계처리한다.
② 정액법은 취득원가에서 잔존가치를 차감한 금액을 내용연수에 걸쳐 균등하게 배분하는 감가상각방법이다.
③ 유형자산의 내용연수를 증가시키는 자본적지출이 발생하는 경우에는 당기의 비용으로 처리한다.
④ 유형자산을 외부로부터 구입시 발생하는 취득부대비용은 취득원가에 가산한다.

09 다음은 일반기업회계기준상 유형자산의 교환에 대한 내용이다. 틀린 것은?

① 이종자산간 교환하는 경우에는 교환으로 취득한 유형자산의 취득가액은 취득자산의 공정가치로 측정한다.
② 자산의 교환에 있어 현금수수액이 있는 경우에는 그 현금수수액을 반영하여 취득원가를 결정한다.
③ 동종자산의 교환인 경우에는 제공한 자산의 장부가액을 취득한 자산의 취득가액으로 할 수 있다.
④ 동종자산과의 교환시에 교환에 포함된 현금 등의 금액이 유의적이라면 동종자산의 교환으로 보지 않는다.

10 다음은 일반기업회계기준에 의한 유형자산 손상에 대한 회계처리에 대한 설명이다. 이중 가장 옳지 않은 것은?

① 유형자산의 사용강도나 사용방법의 현저한 변화가 있거나, 심각한 물리적 변형이 오면 손상차손을 검토하여야 한다.
② 유형자산의 사용 및 처분으로부터 기대되는 미래의 현금흐름 총액의 추정액 및 순공정가치가 장부가액에 미달할 경우에는 손상차손을 인식한다.
③ 유형자산의 회수가능가액은 순매각가액과 사용가치 중 큰 금액을 말한다.
④ 손상차손누계액은 재무상태표의 부채로 표시한다.

11 수익적지출로 처리하여야 할 것을 자본적지출로 잘못 회계처리한 경우 재무제표에 미치는 영향이 아닌 것은?

① 당기순이익이 과대 계상된다.
② 현금 유출액이 과대 계상된다.
③ 자본이 과대 계상된다.
④ 자산이 과대 계상된다.

12 수익적지출 항목을 자본적지출로 잘못 회계처리한 경우 재무제표에 미치는 영향으로 틀린 것은?

① 당기순이익이 과대계상 된다.
② 현금유출액에는 영향을 미치지 않는다.
③ 자산이 과대계상 된다.
④ 자본이 과소계상 된다.

13 다음은 자본적 지출과 수익적 지출에 대한 설명이다. 틀린 것은?

① 엘리베이터 설치 등 자산 가치를 증대시키는 지출은 자본적지출로 처리한다.
② 증축, 개축 등 자산의 내용연수를 연장시키는 지출은 자본적지출로 처리한다.
③ 파손된 유리 교체 등 자산의 원상복구를 위한 지출은 수익적지출로 처리한다.
④ 건물의 도색 등 자산의 현상유지를 위한 지출은 자본적 지출로 처리한다.

14 다음 중 유형자산의 감가상각에 관한 설명으로 틀린 것은?

① 유형자산의 감가상각대상금액은 내용연수에 걸쳐 합리적이고 체계적인 방법으로 배분한다.
② 유형자산의 감가상각은 자산을 구입한 때부터 즉시 시작한다.
③ 유형자산의 감가상각방법은 자산의 경제적효익이 소멸되는 형태를 반영한 합리적인 방법이어야 한다.
④ 유형자산의 내용연수는 자산으로부터 기대되는 효용에 따라 결정된다.

15 유형자산의 감가상각방법 중 정액법, 정률법 및 연수합계법 각각에 의한 3차년도 말 감가상각비가 큰 금액부터 나열한 것은?

- 기계장치 취득원가 : 1,000,000원(1월 1일 취득)
- 내용연수 : 5년
- 잔존가치 : 취득원가의 10%
- 정률법 상각률 : 0.4

① 정률법 〉 정액법 = 연수합계법
② 정률법 〉 연수합계법 〉 정액법
③ 연수합계법 〉 정률법 〉 정액법
④ 연수합계법 = 정액법 〉 정률법

16 다음 중 감가상각 대상자산이 아닌 것은?

① 일시적으로 사용중지 상태인 기계장치
② 할부로 구입한 차량운반구
③ 사옥으로 이용하기 위해 건설중인 건물
④ 정부보조금으로 취득한 기계장치

실전문제연습 해답

01 ① 시세차익 목적을 부동산은 투자부동산으로 투자자산으로 분류된다.
02 ② 상표권은 무형자산이다.
03 ② 토지 취득과 관련하여 취득세가 발생하면 이는 토지의 취득원가로 처리한다.
04 ② 유형자산의 취득원가는 매입원가 또는 제작원가와 자산을 사용할 수 있도록 준비하는데 직접적으로 관련된 지출 등으로 구성이 된다. 재산세는 취득과 관련되어 발생한 지출이 아니라 보유와 관련된 지출이므로 기간비용으로 처리한다.
05 ③ 기계장치 취득원가 = 구입가액 + 택배배송료 + 설치비
06 ③ 당기비용처리
07 ② 새로운 건물을 신축하기 위하여 사용 중이던 기존건물을 철거하는 경우 기존건물의 장부가액은 제거하여 처분손실로 반영하고, 철거비용은 전액 당기비용으로 처리한다.
08 ③ 자본적지출은 감가상각을 통해 내용연수 동안 비용처리 한다.
09 ① 이종자산간의 교환시에 취득자산의 원가는 제공한 자산의 공정가치로 측정한다.
10 ④ 손상차손누계액은 유형자산의 취득가액에서 차감하는 형태로 표시한다.
11 ② 비용을 자산으로 계상하게 되면 자산과 당기순이익이 과대 계상되고 자본이 과대 계상된다. 그러나 현금 유출액에는 영향을 미치지 않는다.
12 ④ 비용을 자산으로 계상하게 되면 자산과 당기순이익이 과대 계상되고, 자본이 과대 계상된다. 현금 유출액에는 영향을 미치지 않는다.
13 ④ 건물의 도색 등 자산의 현상유지를 위한 지출은 수익적 지출로 처리한다.
14 ② 유형자산의 감가상각은 자산이 사용가능한 때부터 시작한다. 즉, 경영진이 의도하는 방식으로 자산을 가동하는 데 필요한 장소와 상태에 이른 때부터 시작한다.
15 ④ 정률법 : 144,000원 = (1,000,000원 - 400,000원 - 240,000원) × 0.4
연수합계법 : 180,000원 = (1,000,000원 - 100,000원) × 3/15
정액법 : 180,000원 = (1,000,000원 - 100,000원) × 1/5
16 ③ 감가상각은 자산이 사용 가능한 때부터 하기 때문에, 건설중인자산은 완공 시까지 감가상각을 할 수 없다.

6. 무형자산 및 기타비유동자산

(1) 무형자산의 개념 및 종류

① 무형자산의 개념

무형자산이란, 기업이 사용할 목적으로 보유하면서 물리적 형체는 없지만 식별가능하고 기업이 통제하고 있으며 미래 경제적 효익이 있는 자산을 말한다.

• 물리적 실체가 없지만 식별 가능 • 기업이 통제 • 미래 경제적 효익

② 영업권 : 외부 구입만 인정

영업권이란, 기업의 우수한 경영진, 숙련된 기술, 특유의 제조기법, 탁월한 입지조건 등으로 인하여 나타나는 장점 또는 초과수익력을 말한다.

영업권은 외부에서 구입한 경우(합병 등)에만 인정된다.

즉, 내부적으로 창출한 영업권(자가창설 영업권)은 인정되지 않는다.

③ 개발비 : 내부적으로 창출된 무형자산

개발비란, 신제품, 신기술 등의 개발과 관련하여 발생한 지출을 말하며, 내부적으로 창출된 무형자산에 해당된다.

연구개발과 관련된 지출은 연구단계와 개발단계로 구분해야 하여야 하는데, 연구단계와 개발단계 중 어느 단계에서 지출하는지에 따라 다음과 같이 회계 상 취급이 달라진다.

연구단계 지출	연구비(판매비와관리비)
개발단계 지출	• 무형자산 인식요건 충족 : 개발비(무형자산) • 무형자산 인식요건 미충족 : 경상개발비(판매비와관리비)
구분 불가	연구단계 지출인지 개발단계 지출인지 구분할 수 없는 경우 : 연구비(판매비와관리비)

무형자산의 정의를 충족하면서, 미래의 경제적 효익이 유입될 가능성이 높고, 개발단계에서 발생한 지출을 신뢰성 있게 측정할 수 있으면 무형자산 인식요건이 충족된 것이다.

무형자산 원가의 인식기준을 최초로 충족시킨 이후 이미 비용으로 인식한 지출은 무형자산의 원가로 인식할 수 없다.

> **기출문제 연습**
>
> 다음 중 무형자산의 인식요건이 아닌 것은?
> ① 식별가능성 ② 검증가능성
> ③ 통제가능성 ④ 미래의 경제적 효익의 유입가능성
>
> **풀이**
> ② 무형자산의 인식요건은 식별가능성, 통제가능성, 미래의 경제적 효익의 유입가능성이다.

④ 산업재산권 등 기타 무형자산

산업재산권	• 일정기간 동안 독점적, 배타적으로 이용할 수 있는 권리 • 특허권, 실용신안권, 의장권, 상표권, 상호권, 상품명 등
기 타	라이선스, 프랜차이즈, 저작권, 컴퓨터소프트웨어, 임차권리금, 어업권 등

(2) 무형자산의 상각

① 무형자산의 잔존가액과 내용연수

잔존가액	무형자산의 잔존가액은 원칙적으로 없는 것으로 하며, 무형자산의 잔존가액은 원칙적으로 '0'원임
내용연수	법령이나 계약에 정한 경우를 제외하고는 20년을 초과할 수 없음
상각 시점	무형자산은 사용가능한 때부터 매기말에 상각한다.

② 무형자산의 상각방법

정액법, 정률법, 연수합계법, 생산량비례법 등을 사용한다.

합리적인 방법 선택 가능	정액법, 정률법, 연수합계법, 생산량비례법 등 합리적인 방법을 선택해서 사용
합리적인 방법을 정할 수 없는 경우	정액법만 사용

③ 무형자산의 회계처리 방법

직접법과 간접법 중에 선택해서 사용한다. 유형자산은 간접법(상각누계액 사용)을 사용하지만 무형자산은 직접법과 간접법을 모두 인정한다.

직접법	• 상각액을 해당 무형자산에서 직접 차감하는 방법 　(차) 무형자산상각비　×××　(대) 개발비　×××
간접법	• 상각누계액을 사용하는 방법 　(차) 무형자산상각비　×××　(대) 무형자산상각누계액　×××

기출문제 연습

일반기업회계기준상 무형자산에 대한 설명으로 잘못된 것은?
① 무형자산으로 분류되기 위해서는 식별가능성, 자원에 대한 통제, 미래 경제적 효익의 유입가능성을 충족해야 한다.
② 무형자산에 대한 상각은 관련 법령이나 계약에 의한 경우를 제외하고는 원칙적으로 20년을 초과할 수 없다.
③ 무형자산의 상각은 당해 자산이 사용가능한 때부터 시작한다.
④ 무형자산 원가의 인식기준을 최초로 충족시킨 이후 이미 비용으로 인식한 지출도 무형자산의 원가로 인식할 수 있다.

풀이
④ 이미 비용으로 인식한 지출은 무형자산의 원가로 인식할 수 없다.

(3) 기타 비유동자산

기타 비유동자산에는 다음과 같은 것이 있다.

구 분	개 념
임차보증금	월세를 지급하는 조건으로 타인의 부동산 등을 사용하기 위하여 임차인이 지급하는 보증금
전 세 권	월세를 지급하지 않고 타인의 부동산 등을 사용하기 위하여 임차인이 지급하는 보증금
장기매출채권	외상매출금 또는 받을어음의 만기가 결산일로부터 1년 이후에 도래하는 매출채권(장기외상매출금 또는 장기받을어음)
장기미수금	만기가 1년 이후에 도래하는 미수금
부도어음과 수표	부도어음이란 어음의 만기가 도래하여 어음금액의 지급을 청구할 때 지급이 거절된 어음을 말하며, 부도 발생 시 받을어음을 부도어음과수표로 대체함 　　(차) 부도어음과수표　　×××　　(대) 받을어음　　×××

객관식 문제연습

01 다음 중 무형자산에 해당하는 것으로 볼 수 없는 것은?
① 산업재산권
② 특허권
③ 내부적으로 창출한 영업권
④ 내부 프로젝트의 개발단계에서 발생한 지출로서 자산인식요건을 모두 충족하는 개발비

02 다음 중 무형자산에 대한 설명으로 틀린 것은?
① 무형자산을 창출하기 위한 내부 프로젝트를 연구단계와 개발단계로 구분할 수 없는 경우에는 그 프로젝트에서 발생한 지출은 모두 연구단계에서 발생한 것으로 본다.
② 무형자산의 공정가치가 증가하면 그 공정가치를 반영하여 상각한다.
③ 합리적인 상각방법을 정할 수 없는 경우에는 정액법을 사용한다.
④ 무형자산의 잔존가치는 없는 것을 원칙으로 한다.

03 무형자산에 대한 설명으로 틀린 것은?
① 무형자산의 상각기간은 독점적·배타적 권리를 부여하고 있는 관계 법령이나 계약에 정해진 경우를 제외하고는 20년을 초과할 수 없다.
② 내부적으로 창출한 영업권의 경우, 미래경제적 효익을 창출할 수 있다면 자산으로 인식할 수 있다.
③ 무형자산의 합리적인 상각방법을 정할 수 없는 경우에는 정액법을 사용한다.
④ 무형자산의 잔존가치는 없는 것을 원칙으로 한다.

04 다음은 일반기업회계기준상 무형자산에 대한 설명이다. 옳지 않은 것은?
① 연구단계에서 발생한 지출은 무형자산으로 인식할 수 없고 발생한 기간의 비용으로 인식한다.
② 무형자산의 취득 후의 지출로서 일정한 요건을 충족하는 경우에는 자본적 지출로 처리한다.
③ 특허권, 영업권, 실용신안권, 연구비는 무형자산에 포함된다.
④ 무형자산의 상각기간은 관계법령이나 계약에 정해진 경우를 제외하고는 20년을 초과할 수 없다.

05 다음 중 무형자산에 대한 설명으로 틀린 것은?

① 무형자산의 상각방법에는 정액법, 유효이자율법, 정률법, 연수합계법, 생산량비례법 등이 있다.
② 내부적으로 창출한 영업권은 무형자산으로 인식할 수 없다.
③ 무형자산에 대한 지출로서 과거 회계연도에 비용으로 인식한 지출은 그 후의 기간에 무형자산의 원가로 인식할 수 없다.
④ 무형자산의 상각대상금액은 그 자산의 추정내용연수동안 체계적인 방법에 의하여 비용으로 배분한다.

06 다음 중 무형자산에 대한 설명으로 틀린 것은?

① 기업회계기준에서는 사업 결합 등 외부에서 취득한 영업권만 인정하고, 내부에서 창출된 영업권은 인정하지 않는다.
② 무형자산은 인식기준을 충족하지 못하면 그 지출은 발생한 기간의 비용으로 처리 한다.
③ 무형자산을 개별적으로 취득한 경우에는 매입가격에 매입 부대비용을 가산한 금액을 취득원가로 한다.
④ 무형자산의 합리적인 상각방법을 정할 수 없는 경우에는 정률법을 사용한다.

07 다음 중 일반기업회계기준상 무형자산에 관한 설명으로 옳지 않은 것은?

① 무형자산으로 인식하기 위한 요건으로 식별가능성, 기업의 통제, 미래의 경제적 효익의 발생으로 분류한다.
② 무형자산의 내용연수가 독점적·배타적 권리를 부여하고 있는 관계 법령에 따라 20년을 초과하는 경우에도 상각기간은 20년을 초과할 수 없다.
③ 무형자산의 잔존가치는 없는 것을 원칙으로 한다.
④ 내부적으로 창출한 브랜드, 고객목록 및 이와 유사한 항목에 대한 지출은 무형자산으로 인식하지 않는다.

08 다음 무형자산의 상각과 관련한 설명 중 옳지 않은 것은?

① 무형자산의 상각방법에는 정액법, 체감잔액법(정률법 등), 연수합계법, 생산량비례법 등이 있다.
② 무형자산을 사용하는 동안 내용연수에 대한 추정이 적절하지 않다는 것이 명백해진다 할지라도 상각기간은 변경할 수 없다.
③ 무형자산의 잔존가치는 없는 것을 원칙으로 한다.
④ 중소기업기본법에 의한 중소기업의 경우 무형자산의 내용연수 및 잔존가치의 결정을 법인세법의 규정에 따를 수 있다.

09 다음 중 자산에 속하지 않는 계정과목은?

① 개발비　　　　　　　　　　② 선급비용
③ 미수수익　　　　　　　　　④ 선수수익

10 다음 중 당좌자산 계정과목이 아닌 것은?

① 선급비용　　　　　　　　　② 임차보증금
③ 단기투자자산　　　　　　　④ 매출채권

객관식 문제연습 해답

01 ③ 내부적으로 창출한 영업권은 원가를 신뢰성 있게 측정할 수 없을 뿐만 아니라 기업이 통제하고 있는 식별가능한 자원도 아니기 때문에 자산으로 인식하지 않는다.
02 ② 무형자산의 공정가치가 증가하더라도 상각은 취득원가에 기초한다.
03 ② 내부적으로 창출한 영업권은 원가를 신뢰성 있게 측정할 수 없을 뿐만 아니라 기업이 통제하고 있는 식별가능한 자원도 아니기 때문에 자산으로 인식하지 않는다.
04 ③ 연구비는 무형자산이 아닌 발생한 기간의 비용으로 인식한다.
05 ① 유효이자율법은 상각방법이 아니다.
06 ④ 정액법을 사용한다.
07 ② 관계 법령에 정해진 경우에는 20년을 초과할 수 있다.
08 ② 추정이 적절하지 않다는 것이 명백해지는 경우에는 상각기간의 변경이 가능하다.
09 ④ 선수수익은 부채항목이다.
10 ② 임차보증금은 기타비유동자산이다.

7. 부 채

(1) 부채의 개념

부채의 개념	과거의 거래나 사건의 결과로서 현재 기업실체가 부담하고 그 이행에 자원의 유출이 예상되는 현재시점의 의무
유동부채와 비유동부채	• 상환기간이 결산일로부터 1년 이내면 유동부채 • 정상적인 영업주기 내에 소멸할 것으로 예상되는 매입채무 및 미지급비용은 1년 기준을 적용하지 않고 항상 유동부채 • 유동부채가 아닌 부채는 비유동부채

(2) 유동부채

① 매입채무(외상매입금, 지급어음)

영업활동(일반적 상거래)과 관련하여 발생한 채무를 말하며, 매입채무에는 외상매입금과 지급어음이 있다.

② 미지급금

일반적 상거래 이외의 거래에서 발생한 외상대금 또는 어음으로 지급한 채무를 말한다. 신용카드로 결제한 경우에도 일반적 상거래가 아닌 경우에는 미지급금 계정을 사용한다.

③ 미지급비용

당기에 발생하였지만 기말 결산 시 아직 지급기일이 도래하지 않은 것(미지급이자, 미지급급여, 미지급임차료 등)을 말한다.

④ 선수금

계약할 때 수령하는 계약금을 말한다. 선수금은 유동성의 개념과는 차이가 있지만, 유동부채로 분류한다. 계약할 때 지급하는 계약금은 선급금이다.

⑤ 선수수익

수취한 수익금액 중에서 차기의 수익에 해당되는 부분을 말한다.

⑥ 단기차입금

금융기관에서 발생한 당좌차월과 1년 이내에 상환하여야 하는 차입금을 말한다. 보고기간 종료일부터 1년 이후에 상환하여야 하는 차입금은 장기차입금으로 분류한다.

⑦ 예수금

소득을 지급하는 자가 지급하는 금액에서 세금 등을 일시적으로 원천징수하여 보관하고 있는 경우 그 금액을 말한다. 급여를 지급하면서 소득세 등을 원천징수하여 일시적으로 보관하는 경우에 주로 사용된다.

⑧ 가수금

금전 등을 수취하였으나 수취한 원인이 확인되지 않아서 특정 계정과목을 사용하기 어려울 때 사용하는 가계정이다. 원인이 확인되면 해당 계정과목으로 대체하여야 한다.

⑨ 유동성장기부채

장기차입금 중에서 상환기간이 결산일로부터 1년 이내에 도래하는 것은 이를 유동성장기부채로 대체한다.

구분	내용
차입	2023년 11월 20일 20개월 후 상환조건으로 2,000,000원을 차입하여 보통예금 계좌에 입금하다. (차) 보통예금 2,000,000 (대) 장기차입금 2,000,000
결산	2024년 12월 31일 결산 시 유동성장기부채로 대체하다. (차) 장기차입금 2,000,000 (대) 유동성장기부채 2,000,000
상환	만기가 되어 2,000,000원을 보통예금에서 이체하여 상환하다. (차) 유동성장기부채 2,000,000 (대) 보통예금 2,000,000

⑩ 기타 유동부채

구 분	개 념
미지급세금	아직 납부하지 않은 세금
미지급배당금	배당 결의된 현금배당 중 지급되지 않은 배당금
부가세예수금	거래상대방으로부터 거래징수한 부가가치세(부가가치세 매출세액)로써 납부하거나 부가세대급금과 상계할 금액

기출문제 연습

다음 중 부채의 유동성에 따른 분류가 다른 것은?

① 선수금 ② 퇴직급여충당부채
③ 사채 ④ 장기차입금

풀이
① 선수금은 유동부채로 분류한다.

(3) 비유동부채

보고기간말부터 만기가 1년 이후에 도래하는 부채를 말한다.

① 사채

기업이 자금을 조달하기 위하여 발행하는 채무증권(채권)을 말한다. 사채는 일반대중으로부터 자금을 빌리는 수단으로 사용되는데, 사채권에는 원금과 이자율 및 상환일 등이 명시되어 있다.

사채권에 표시되어 있는 액면이자율과 시장에서 통용되는 시장이자율의 크기를 비교하여 액면발행, 할인발행, 할증발행이 결정 된다

구 분	개 념
액면발행 (평가발행)	• 액면이자율 = 시장이자율 • 액면이자율과 시장이자율이 같은 경우에 사채의 가치는 액면금액과 동일하므로 액면발행 한다.
할인발행	• 액면이자율 〈 시장이자율 • 액면이자율이 시장이자율보다 낮은 경우에는 사채의 가치가 낮아져서 사채를 할인하여 발행한다.
할증발행	• 액면이자율 〉시장이자율 • 액면이자율이 시장이자율보다 큰 경우에는 사채의 가치가 높아져서 사채를 할증하여 발행한다.

사채를 할인발행하는 경우에는 사채할인발행차금, 할증발행하는 경우에는 사채할증발행차금 계정을 사용한다.

ⓐ 사채발행비가 없는 경우

액면 발행	액면 500,000원인 사채(액면이자율 8%, 시장이자율 8%)를 500,000원에 액면발행하면서 보통예금에 입금하다.			
	(차) 보통예금	500,000	(대) 사채	500,000
할인 발행	액면 500,000원인 사채(액면이자율 8%, 시장이자율 10%)를 400,000원에 발행하면서 보통예금에 입금하다.			
	(차) 보통예금 　　 사채할인발행차금	400,000 100,000	(대) 사채	500,000
할증 발행	액면 500,000원인 사채(액면이자율 8%, 시장이자율 6%)를 600,000원에 발행하면서 보통예금에 입금하다.			
	(차) 보통예금	600,000	(대) 사채 　　 사채할증발행차금	500,000 100,000

ⓑ 사채발행비가 있는 경우

사채를 발행할 때 사채액면의 인쇄비용 또는 법률비용 등 비용이 발생하는데 이 비용을 사채발행비라 한다. 사채발행비가 있는 경우에 그 금액은 사채할인발행차금 및 사채할증발행차금에 반영한다.

액면 발행	액면 500,000원인 사채를 500,000원에 액면발행하면서 사채 발행과 관련된 비용 10,000원을 제외한 잔액을 보통예금에 입금하다. (차) 보통예금　　　　　490,000　　(대) 사채　　　　　　　　500,000 　　　사채할인발행차금　 10,000
할인 발행	액면 500,000원인 사채를 400,000원에 발행하면서 사채 발행과 관련된 비용 10,000원을 제외한 잔액을 보통예금에 입금하다. (차) 보통예금　　　　　390,000　　(대) 사채　　　　　　　　500,000 　　　사채할인발행차금　110,000
할증 발행	액면 500,000원인 사채를 600,000원에 발행하면서 사채 발행과 관련된 비용 10,000원을 제외한 잔액을 보통예금에 입금하다. (차) 보통예금　　　　　590,000　　(대) 사채　　　　　　　　500,000 　　　　　　　　　　　　　　　　　　　사채할증발행차금　　 90,000

사채할인발행차금과 사채할증발행차금은 유효이자율법에 따라 매기 상각하게 되는데, 상각되는 금액은 매년 증가한다.

② **사채발행차금의 회계처리**

할인발행	할인발행 시 액면금액과 발행가액의 차이 금액은 사채할인발행차금으로 처리하여 사채 액면금액에서 차감하는 형식으로 재무상태표에 표시하고, 이자지급 시 유효이자율법으로 상각하여 이자비용에 가산한다.
할증발행	할증발행 시 액면금액과 발행가액의 차이 금액은 사채할증발행차금으로 처리하여 사채 액면금액에 가산하는 형식으로 재무상태표에 표시하고, 이자지급 시 유효이자율법으로 환입한다.

【유효이자율법 적용시 할인발행 할증발행 증감액 비교】

구 분	사채장부금액	액면이자	이자비용	상각(환입)액	순이익
할인발행	증가	일정	증가	증가	감소
할증발행	감소	일정	감소	증가	증가

> **기출문제 연습**
>
> 다음 중 사채에 대한 설명으로 틀린 것은?
> ① 사채발행비용은 사채의 발행가액에서 차감한다.
> ② 유효이자율법 적용시 사채할증발행차금 상각액은 매년 증가한다.
> ③ 유효이자율법 적용시 사채할인발행차금 상각액은 매년 감소한다.
> ④ 사채할인발행차금은 당해 사채의 액면가액에서 차감하는 형식으로 기재한다.
>
> **풀이**
> ③ 유효이자율법 적용시 사채할증발행차금 상각액과 사채할인발행차금 상각액 모두 매년 증가한다.

③ 사채의 조기상환

사채의 만기가 도래하기 전에 사채를 상환하는 것을 조기상환이라 하는데, 조기상환하는 경우에 상환금액과 장부금액이 다르다면 상환손익이 발생한다.

조기상환하는 시점의 시장이자율을 적용하여 상환가액을 산정하고, 상환가액과 장부금액을 비교하여 상환손익을 계산한다. 따라서 상환손익의 발생은 시장이자율에 의하여 결정된다.

상환가액이 장부금액보다 크면 상환손실, 상환가액이 장부금액보다 작으면 상환이익이 발생한다.

⊙ 상환이익	• 시장이자율이 상승하면 사채의 가치가 하락하므로 낮은 금액으로 상환할 수 있다. • 사채발행시 시장이자율보다 상환시 시장이자율이 상승하면 장부금액보다 상환가액이 낮아져서 사채상환이익이 발생한다. 발행시 시장이자율 〈 상환시 시장이자율 → 상환이익
ⓒ 상환손실	• 시장이자율이 하락하면 사채의 가치가 상승하므로 상환시 높은 금액을 지불해야 한다. • 사채발행시 시장이자율보다 상환시 시장이자율이 하락하면 장부금액보다 상환가액이 높아져서 사채상환손실이 발생한다. 발행시 시장이자율 〉 상환시 시장이자율 → 상환손실

④ 충당부채

금액 및 시기 등 구체적인 사항은 불확실하지만 다음 요건을 모두 충족하여 부채로 인식할 수 있는 것을 말한다.

- 과거의 사건이나 거래의 결과로 현재의 의무가 존재함
- 그 의무를 이행하기 위하여 자원이 유출될 가능성이 매우 높음
- 그 의무를 이행하기 위하여 소요될 금액을 신뢰성 있게 추정할 수 있음

※ 퇴직급여충당부채 또는 제품보증충당부채 등이 여기에 해당한다.

ⓐ 충당부채와 우발부채

충당부채와 우발부채를 비교하면 다음과 같다.

충당부채	• 발생가능성이 매우 높고, 금액을 신뢰성 있게 추정할 수 있음 • 재무제표에 부채로 인식함
우발부채	• 어느 정도 발생가능성이 있으나, 금액을 신뢰성 있게 추정할 수 없음 • 재무제표 본문에 인식하지 않고, 주석으로 공시하고, 발생가능성이 거의 없는 경우에는 주석으로도 공시하지 않음

※ 우발자산은 자산으로 인식하지 않고 자산의 유입가능성이 매우 높은 경우에만 주석으로 기재한다.

ⓑ 퇴직급여충당부채

퇴직급여충당부채는 퇴직금추계액과 매년 말 퇴직급여충당부채 잔액을 비교하여 부족분을 퇴직급여충당부채로 추가 설정한다. 이 때 추가로 설정하는 것을 전입이라 한다.

> 퇴직급여충당부채 전입액 = 퇴직금 추계액 − 퇴직급여충당부채 잔액

- 퇴직금 추계액 : 기말에 전 임직원이 일시에 퇴사할 경우 지급할 퇴직금 상당액
- 퇴직급여충당부채 잔액 = 퇴직급여충당부채 기초잔액 − 당기 퇴직금지급액

퇴직금을 지급할 때 퇴직급여충당부채 잔액이 있는 경우에는 퇴직급여충당부채를 먼저 감소시키고, 퇴직급여충당부채 잔액이 없으면, 퇴직급여 계정을 사용한다.

- 퇴직금추계액이 1,000,000원이고 퇴직급여충당부채 잔액이 800,000원인 경우
  (차) 퇴직급여(판관비)   200,000   (대) 퇴직급여충당부채   200,000
- 퇴직급여충당부채 잔액이 500,000원 있는데, 퇴직금으로 현금 700,000원을 지급한 경우
  (차) 퇴직급여충당부채   500,000   (대) 현금   700,000
      퇴직급여   200,000

기출문제 연습

다음 중 충당부채, 우발부채 및 우발자산에 대한 설명으로 틀린 것은?
① 우발부채는 부채로 인식하지 않으나 우발자산은 자산으로 인식한다.
② 우발부채는 자원 유출 가능성이 아주 낮지 않는 한, 주석에 기재한다.
③ 충당부채는 자원의 유출가능성이 매우 높은 부채이다.
④ 충당부채는 그 의무 이행에 소요되는 금액을 신뢰성 있게 추정할 수 있다.

풀이
① 우발자산은 자산으로 인식하지 않는다.

⑤ 퇴직연금제도

구 분	확정급여형 퇴직연금(DB형)	확정기여형 퇴직연금(DC형)
개 념	퇴직연금 적립금 운용의 책임과 권한이 모두 회사에게 있음	퇴직연금 적립금 운용의 책임과 권한이 모두 종업원에게 있음
납 입	(차) 퇴직연금운용자산 ××× (대) 현금 ×××	(차) 퇴직급여 ××× (대) 현금 ×××
지 급	(차) 퇴직급여 ××× (대) 퇴직연금운용자산 ×××	회계처리 없음

⑥ 장기차입금 및 임대보증금

장기차입금	보고기간말을 기준으로 만기가 1년 이후이면 장기차입금으로 분류하고, 장기차입금 중에서 만기가 1년 이내인 것은 유동성장기부채로 분류한다.
임대보증금	임대인(건물주)이 임차인(세입자)과 임대차계약을 체결하고, 임대인이 임차인으로부터 받는 보증금을 말하며, 추후 돌려줘야 하는 금액이고, 일반적으로 계약기간이 1년 이상이므로 비유동부채에 해당된다.

기출문제 연습

다음 중 부채에 대한 설명으로 틀린 것은?
① 부채는 과거의 거래나 사건의 결과로 현재 기업실체가 부담하고 있고 미래에 자원의 유출 또는 사용이 예상되는 의무이다.
② 부채의 정의를 만족하기 위해서는 금액이 반드시 확정되어야 한다.
③ 일반적으로 기업실체가 자산을 이미 인수하였거나 자산을 취득하겠다는 취소불능계약을 체결한 경우 현재의 의무가 발생한다.
④ 기업실체가 현재의 의무를 이행하기 위해서는 일반적으로 미래에 경제적 효익의 희생이 수반된다.

풀이
② 금액이 반드시 확정되어야 함을 의미하는 것은 아니다.

객관식 문제연습

01 다음 중 부채에 대한 설명으로 옳지 않은 것은?
① 부채는 원칙적으로 1년을 기준으로 유동부채와 비유동부채로 분류한다.
② 일반기업회계기준에는 단기차입금, 매입채무 그리고 사채를 유동부채항목으로 분류하고 있다.
③ 충당부채는 과거 사건이나 거래의 결과에 의한 현재의무로서 자원이 유출될 가능성이 매우 높아야 한다.
④ 우발부채는 부채로 인식하지 않고 주석으로 기재한다.

02 다음 중 유동자산 또는 유동부채가 아닌 것은?
① 기업의 정상적인 영업주기 내에 실현될 것으로 예상되거나 판매목적 또는 소비목적으로 보유하고 있는 자산
② 보고기간종료일로부터 1년 이내에 상환되어야 하는 단기차입금 등의 부채
③ 보고기간종료일로부터 1년 이내에 상환기일이 도래하더라도, 기존의 차입약정에 따라 보고기간종료일로부터 1년을 초과하여 상환할 수 있고 기업이 그러한 의도가 있는 경우의 차입금
④ 사용의 제한이 없는 현금및현금성자산

03 다음 사례의 회계처리를 할 경우 대변의 빈칸에 적절한 계정과목은?

관리부문 직원의 6월 급여 2,500,000원을 지급하면서 원천세 등 공제항목 250,000원을 제외한 나머지 금액 2,250,000원을 보통예금으로 지급하였다.
(차변) 급 여   2,500,000원   (대변) (   )   250,000원
보통예금   2,250,000원

① 예수금   ② 가수금   ③ 선수금   ④ 미지급금

04 다음 중 충당부채에 대한 내용으로 올바르지 않은 것은?

① 보고기간말 현재 최선의 추정치를 반영하여 증감조정한다.
② 과거사건으로 인해 현재의무가 존재할 가능성이 매우 높고 인식기준을 충족하는 경우에는 충당부채로 인식한다.
③ 명목금액과 현재가치의 차이가 중요한 경우에는 의무를 이행하기 위하여 예상되는 지출액의 현재가치로 평가한다.
④ 최초의 인식시점에서 의도한 목적과 용도 외에도 사용할 수 있다.

05 다음은 충당부채 및 우발부채에 관한 설명이다. 잘못된 것은?

① 충당부채로 인식하기 위해서는 현재의무가 존재하여야 할 뿐만 아니라, 그 의무의 이행을 위한 자원의 유출 가능성이 매우 높아야 한다.
② 충당부채의 명목금액과 현재가치의 차이가 중요한 경우에는 의무를 이행하기 위하여 예상되는 지출액의 현재가치로 평가한다.
③ 우발부채는 부채로 인식하여야 한다.
④ 현재의무를 이행하기 위하여 소요되는 지출 금액에 영향을 미치는 미래사건이 발생할 것이라는 충분하고 객관적인 증거가 있는 경우에는, 그러한 미래사건을 감안하여 충당부채 금액을 추정한다.

06 다음 중 일반기업회계기준상 충당부채 인식기준에 해당되지 않는 것은?

① 과거사건이나 거래의 결과로 현재의무가 존재할 것
② 당해 의무를 이행하기 위하여 자원이 유출될 가능성이 매우 높을 것
③ 거래상대방이 명확하고, 손해에 대한 구상권을 행사할 수 있을 것
④ 그 의무의 이행에 소요되는 금액을 신뢰성 있게 추정할 수 있을 것

07 다음 중 사채에 대한 설명으로 틀린 것은?

① 사채할인발행차금은 재무상태표에 사채의 발행금액에서 차감하는 형식으로 표기한다.
② 유효이자율법 적용시 할인발행차금 상각액은 매기 증가한다.
③ 사채발행비용은 사채발행시점의 발행가액에서 직접 차감한다.
④ 액면이자율보다 시장이자율이 더 작으면 할증발행된다.

08 다음 중 사채에 대한 설명으로 틀린 것은?

① 사채의 액면이자율이 시장이자율보다 더 크면 사채는 할증발행된다.
② 사채발행시 발생한 비용은 발행가액에서 직접 차감한다.
③ 사채할증발행차금은 자본잉여금에 해당한다.
④ 사채할인발행시에 유효이자율법 적용시 기간이 경과함에 따라 사채의 장부가액은 증가한다.

09 다음 중 사채와 관련된 설명으로 잘못된 것은?

① 사채의 발행가액은 사채의 미래현금흐름을 발행 당시 해당 사채의 시장이자율(유효이자율)로 할인한 가치인 현재가치로 결정된다.
② 사채발행차금은 유효이자율법에 의하여 상각(또는 환입)하도록 되어 있다.
③ 사채가 할인발행되면 매년 인식하는 이자비용은 감소한다
④ 사채가 할증발행되면 매년 인식하는 이자비용은 감소한다.

10 사채가 할인발행되고 유효이자율법이 적용되는 경우 다음의 설명 중 틀린 것은?

① 사채할인발행차금 상각액은 매기 감소한다.
② 매기간 계상되는 총사채 이자비용은 초기에는 적고 기간이 지날수록 금액이 커진다.
③ 사채의 장부가액은 초기에는 적고 기간이 지날수록 금액이 커진다.
④ 사채발행시점에 발생한 사채발행비는 즉시 비용으로 처리하지 않고, 사채의 만기 동안의 기간에 걸쳐 유효이자율법을 적용하여 비용화한다.

11 (주)마산은 3년 만기의 사채를 할증발행 하였으며, 사채이자는 매년 기말시점에 현금으로 지급하기로 하였다. 유효이자율법을 적용할 경우 이에 대한 내용으로 옳지 않은 것은?

① 사채의 액면이자율이 시장이자율보다 크다.
② 투자자의 입장에서 인식되는 이자수익은 매년 증가한다.
③ 사채발행자의 입장에서 사채할증발행차금 상각액은 매년 증가한다.
④ 투자자에게 현금으로 지급되는 이자비용은 매년 동일하다.

객관식 문제연습 해답

01 ② 사채는 비유동부채로 분류된다.
02 ③ 비유동부채로 분류한다.
03 ①
04 ④ 충당부채는 최초의 인식시점에서 의도한 목적과 용도에만 사용하여야 한다.
05 ③ 우발부채는 부채로 인식하지 아니한다. 의무를 이행하기 위하여 자원이 유출될 가능성이 아주 낮지 않는 한, 우발부채를 주석에 기재한다.
06 ③
07 ① 사채할인발행차금은 사채의 액면금액에서 차감하는 형식으로 표기한다.
08 ③ 사채할증발행차금은 사채의 액면가액에 부가하는 형식으로 기재한다.
09 ③ 사채가 할인발행되면 매년 인식하는 이자비용은 증가한다.
10 ① 유효이자율법에 의해 계산된 사채할인발행차금 상각액은 매기 증가한다.
11 ② 사채의 장부가액이 매년 감소하므로 투자자의 이자수익은 매년 감소한다.

8. 자 본(자산 – 부채)

(1) 자본의 개념 및 분류

① 자본의 개념

자본은 자산에서 부채를 차감한 금액(자산 – 부채)을 말하며, 기업의 순자산, 소유주 지분 또는 소유주의 잔여청구권이라고도 한다.

② 자본의 분류

• 자본금 • 자본잉여금 • 자본조정 • 기타포괄손익누계액 • 이익잉여금

구 분	개 념
자본금	• 기업이 발행한 주식의 액면금액의 합계액 　　자본금 = 발행 주식수 × 1주 액면가액 • 보통주자본금과 우선주자본금은 구분표시 한다. • 우선주는 배당금 지급 시 보통주보다 우선 배당받을 수 있는 권리를 가지지만 의결권이 없다.
자본잉여금	• 자본거래에서 발생하는 자본을 증가시키는 잉여금 • 주식발행초과금, 감자차익, 자기주식처분이익 등
자본조정	• 자본거래에 해당하지만 자본 또는 자본잉여금으로 볼 수 없으면서 자본에 가산 또는 차감되는 항목 • 자기주식, 주식할인발행차금, 감자차손, 자기주식처분손실, 미교부주식배당금
기타포괄손익 누계액	• 당기손익에 해당되지 않아서 손익계산서에 계상할 수 없는 손익 • 매도가능증권평가이익(손실), 해외사업환산이익(손실)
이익잉여금	• 손익거래에서 발생한 이익으로 사외에 유출되지 않고 사내에 유보된 금액 • 법정적립금(이익준비금 포함), 임의적립금, 미처분이익잉여금

기출문제 연습1　자본의 분류 중 자본조정에 해당하지 않는 것은?
① 자기주식　　　　　　　　② 주식할인발행차금
③ 감자차손　　　　　　　　④ 주식발행초과금

풀이
④ 주식발행초과금은 자본잉여금 구성항목이다.

기출문제 연습2	다음 중 자본에 대한 설명으로 틀린 것은? ① 자본은 자본금, 자본잉여금, 자본조정, 기타포괄손익누계액, 이익잉여금으로 구성된다. ② 이익준비금은 자본잉여금에 속한다. ③ 자기주식처분손실은 자본조정에 속한다. ④ 주식배당이 진행되어도 자본총계에는 변화가 없다. **풀이** ② 이익준비금은 이익잉여금에 속한다.

(2) 주식 발행(유상증자)

법인 설립 후 자금이 필요한 경우에 자금조달의 방법으로 주식을 발행하여 자본을 증가시키는 경우가 있는데 이를 유상증자라 한다.

① 주식 발행(신주발행비가 없는 경우)

주식을 액면가액 그대로 발행하면 액면발행, 액면가액보다 낮게 발행하면 할인발행, 액면가액보다 높게 발행하면 할증발행이다.

㉠ 액면발행(액면가액 = 발행가액)

거 래	액면금액 1,000원인 주식 1,000주를 주당 1,000원에 발행하고 대금은 보통예금에 입금하다.
분 개	(차) 보통예금　　　　1,000,000　　(대) 자본금　　　　1,000,000

㉡ 할인발행(액면가액 〉 발행가액)

거 래	액면금액 1,000원인 주식 1,000주를 주당 900원에 발행하고 대금은 보통예금에 입금하였다.
분 개	(차) 보통예금　　　　900,000　　(대) 자본금　　　　1,000,000 　　　주식할인발행차금　100,000

㉢ 할증발행(액면가액 〈 발행가액)

거 래	액면금액 1,000원인 주식 1,000주를 주당 1,100원에 발행하고 대금은 보통예금에 입금하였다.
분 개	(차) 보통예금　　　　1,100,000　　(대) 자본금　　　　1,000,000 　　　　　　　　　　　　　　　　수식발행초과금　100,000

② 주식 발행(신주발행비가 있는 경우)

주식을 발행할 때는 광고비 또는 법률비용 등 각종 비용을 지출하게 되는데, 이 비용을 신주발행비라고 한다. 신주발행비는 주식발행초과금에서 차감하거나, 주식할인발행차금에 가산한다.

㉠ 액면발행 시 신주발행비가 있는 경우

거래	액면금액 1,000원인 주식 1,000주를 주당 1,000원에 발행하고, 대금은 신주발행비 100,000원을 제외한 잔액이 보통예금에 입금되다.			
분개	(차) 보통예금 　　주식할인발행차금	900,000 100,000	(대) 자본금	1,000,000

㉡ 할인발행 시 신주발행비가 있는 경우

거래	액면금액 1,000원인 주식 1,000주를 주당 900원에 발행하고, 대금은 신주발행비 100,000원을 제외한 잔액이 보통예금에 입금되다.			
분개	(차) 보통예금 　　주식할인발행차금	800,000 200,000	(대) 자본금	1,000,000

㉢ 할증발행 시 신주발행비가 있는 경우

거래	액면금액 1,000원인 주식 1,000주를 주당 1,100원에 발행하고, 대금은 신주발행비 50,000원을 제외한 잔액이 보통예금에 입금되다.			
분개	(차) 보통예금	1,050,000	(대) 자본금 　　주식발행초과금	1,000,000 50,000

③ 현물출자

주식을 발행한 대가를 금전이 아닌 물건(현물)으로 받는 것을 말한다. 이때 현물출자 받은 자산의 취득가액은 해당 자산의 공정가치로 하고, 이 금액은 주식의 발행금액이 된다.

거래	주식 100주(액면 10,000원)을 발행하면서 공정가치 1,200,000원의 토지를 현물출자 받았다.			
분개	(차) 토지	1,200,000	(대) 자본금 　　주식발행초과금	1,000,000 200,000

④ 부채의 출자전환

주식을 발행한 대가로 금전 등을 받는 것이 아니라 부채를 감소시키는 것을 말한다. 즉, 부채를 자본으로 전환하는 것이다.

거래	장기차입금 2,200,000원을 출자전환하면서 주식 200주(액면 10,000원)를 발행하여 교부하였다.			
분개	(차) 장기차입금	2,200,000	(대) 자본금 　　주식발행초과금	2,000,000 200,000

⑤ 주식발행초과금과 주식할인발행차금의 상계처리

㉠ 주식발행초과금 발생 시

주식발행초과금이 발생하면 기존에 주식할인발행차금 계정의 잔액이 있는지 살펴봐야 한다. 만약 기존에 주식할인발행차금 잔액이 있다면 그 잔액을 먼저 상계하고, 주식할인발행차금 잔액을 초과하는 금액만 주식발행초과금으로 계상한다.

거 래	주당 액면 10,000원인 주식 100주를 주당 12,000원에 발행하고 전액 보통예금에 입금하였다.(장부에 주식할인발행차금 120,000원이 있다)			
분 개	(차) 보통예금	1,200,000	(대) 자본금	1,000,000
			주식할인발행차금	120,000
			주식발행초과금	80,000

㉡ 주식할인발행차금 발생 시

주식할인발행차금이 발생하면 기존에 주식발행초과금 계정 잔액이 있는지 살펴봐야 한다. 만약 기존에 주식발행초과금 잔액이 있다면 그 잔액을 먼저 상계하고, 주식발행초과금 잔액을 초과하는 금액만 주식할인발행차금으로 계상한다.

거 래	주당 액면 10,000원인 주식 100주를 주당 7,000원에 발행하고 전액 보통예금에 입금하였다.(장부에 주식발행초과금 200,000원이 있다)			
분 개	(차) 보통예금	700,000	(대) 자본금	1,000,000
	주식발행초과금	200,000		
	주식할인발행차금	100,000		

(3) 잉여금의 자본전입(무상증자)

① 무상증자의 개념

자본잉여금 또는 이익잉여금 중에서 배당이 불가능한 법정적립금(이익준비금 등)을 자본금으로 대체(전입)하고 주식을 발행하여 자본금을 증가시키는 것을 말한다.

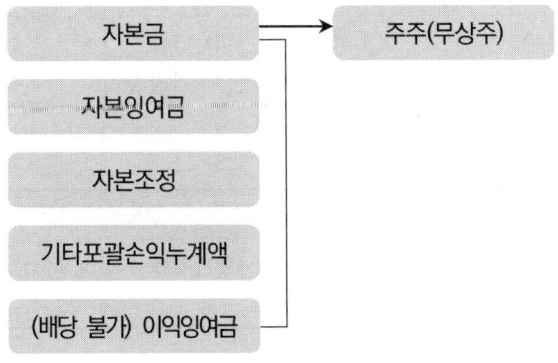

따라서, 자본 전체의 금액은 변동이 없으나, 자본금은 증가하고 자본잉여금 등은 감소한다. 즉, 법인의 순자산 총액의 변동이 없다. 이때 법인의 자본금이 증가하므로 주주는 그에 따른 주식을 배정받아서 수령하게 된다.

② 회계처리

무상증자를 한 법인은 자본금을 대변에 기록해서 증가시키고, 차변에는 무상증자의 재원이 되는 이익준비금 등을 기록해서 감소시킨다.

거 래	이익준비금 1,000,000원을 자본에 전입하기로 결의하고 주주에게 신주를 무상으로 발행하다.
분 개	(차) 이익준비금　　　　1,000,000　　(대) 자본금　　　　　　1,000,000

③ 무상증자로 인하여 신주를 배정받은 주주의 회계처리

무상증자를 하면 무상증자를 한 법인은 순자산의 변동이 없으므로, 신주를 배정받은 주주의 입장에서는 아무런 이익이 없다.

무상증자로 인하여 주주가 신주를 배정받은 경우에 받는 주식을 무상주라고 하는데, 주주가 무상주를 수령하는 경우에 주주는 회계처리를 하지 않고, 관련 장부에 주식수가 증가된 것을 기록한다.

(4) 자본의 감소(감자)

① 유상감자(실질적인 자본 감소)

회사가 발행한 주식을 유상으로 매입하여 소각함으로써 회사의 자본금과 자산을 실질적으로 감소시키는 것을 말한다.

매입금액이 액면금액보다 작으면 감자차익이 발생하고, 매입금액이 액면금액보다 크면 감자차손이 발생한다. 감자차익은 자본잉여금으로 분류되고, 감자차손은 자본조정으로 분류된다.

㉠ 감자차익(매입금액 < 액면금액) → 자본잉여금

거 래	자사의 주식 100주(주당 액면 10,000원)를 주당 8,000원에 현금으로 매입하여 소각하였다.
분 개	(차) 자본금　　　　1,000,000　　(대) 현금　　　　　　　800,000 　　　　　　　　　　　　　　　　　　감자차익　　　　　200,000

㉡ 감자차손(매입금액 > 액면금액) → 자본조정

거 래	자사의 주식 100주(주당 액면 10,000원)를 주당 12,000원에 현금으로 매입하여 소각하였다.
분 개	(차) 자본금　　　　1,000,000　　(대) 현금　　　　　　1,200,000 　　　감자차손　　　　200,000

② **무상감자(형식적인 자본 감소)**

회사의 계속적인 경영악화로 결손금이 누적된 경우에 이 결손금을 처리(보전)하기 위한 방법으로 결손금을 자본금과 상계하는 것을 말한다.

회사가 무상감자를 하면 자본금과 결손금이 동시에 감소할 뿐 회사의 순자산에는 변화가 없으므로 자본 총액은 변하지 않는다.

거래	회사는 누적된 결손금을 보전하기 위하여 주식 1,000주(액면 1,000원)를 무상감자하기로 주주총회에서 결의하였다.
분개	(차) 자본금　　　　　1,000,000　　(대) 이월결손금　　　　　1,000,000

(5) 자기주식

① **자기주식의 개념**

회사가 자신이 발행한 주식을 스스로 매입하여 보유하는 것을 말한다. 상법에서는 자기주식을 취득하는 것을 원칙적으로 금지하고 있지만 예외적으로 취득을 허용하는 경우가 있다. 자기주식은 자본조정으로 분류된다.

② **자기주식 취득**

거래	자기주식 1,000주(주당 액면 1,000원)를 주당 12,000원에 현금으로 매입하다.
분개	(차) 자기주식　　　12,000,000　　(대) 현금　　　　　12,000,000

③ **자기주식 처분**

처분시 장부가액이 처분금액보다 작으면 자기주식처분이익, 장부가액이 처분금액보다 크면 자기주식처분손실이 발생한다. 자기주식처분이익은 자본잉여금으로, 자기주식처분손실은 자본조정으로 분류된다.

㉠ 자기주식처분이익(장부가액 < 처분금액) → 자본잉여금

거래	주당 장부가액 12,000원인 자기주식 1,000주를 주당 13,000원에 처분하고 현금을 수령하였다.
분개	(차) 현금　　　13,000,000　　(대) 자기주식　　　　　12,000,000 　　　　　　　　　　　　　　　　자기주식처분이익　　1,000,000

㉡ 자기주식처분손실(장부가액 > 처분금액) → 자본조정

거래	주당 장부가액 12,000원인 자기주식 1,000주를 주당 11,000원에 처분하고 현금을 수령하였다.
분개	(차) 현금　　　　　11,000,000　　(대) 자기주식　　　　　12,000,000 　　　자기주식처분손실　1,000,000

④ 자기주식처분이익과 자기주식처분손실의 상계처리

㉠ 자기주식처분이익 발생 시

자기주식처분이익이 발생하는 경우에는 기존에 자기주식처분손실 잔액이 있다면 그 금액을 먼저 상계하고, 남는 금액을 자기주식처분이익으로 계상한다.

거 래	주당 장부가액 12,000원인 자기주식 100주를 주당 14,000원에 처분하고 현금을 수령하다. 장부에 자기주식처분손실 180,000원이 있다.
분 개	(차) 현금　　　　　　　1,400,000　　(대) 자기주식　　　　　　　1,200,000 　　　　　　　　　　　　　　　　　　　　자기주식처분손실　　　　180,000 　　　　　　　　　　　　　　　　　　　　자기주식처분이익　　　　 20,000

㉡ 자기주식처분손실 발생 시

자기주식처분손실이 발생하는 경우에는 기존에 자기주식처분이익 잔액이 있다면 이 금액을 먼저 상계하고, 남는 금액을 자기주식처분손실로 계상한다.

거 래	주당 장부가액 12,000원인 자기주식 100주를 주당 11,000원에 처분하고 현금을 수령하였다. 장부에 자기주식처분이익 30,000원이 있다.
분 개	(차) 현금　　　　　　　1,100,000　　(대) 자기주식　　　　　　　1,200,000 　　　자기주식처분이익　　 30,000 　　　자기주식처분손실　　 70,000

⑤ 자기주식 소각(유상감자)

감자 차익	거 래	주당 장부가액 800원(액면 1,000원)인 자기주식 1,000주을 소각하다.
	분 개	(차) 자본금　　　　　　1,000,000　　(대) 자기주식　　　　　　　800,000 　　　　　　　　　　　　　　　　　　　　감자차익　　　　　　　200,000
감자 차손	거 래	주당 장부가액 1,200원(액면 1,000원)인 자기주식 1,000주을 소각하다.
	분 개	(차) 자본금　　　　　　1,000,000　　(대) 자기주식　　　　　　1,200,000 　　　감자차손　　　　　 200,000

⑥ 감자차익과 감자차손의 상계처리

㉠ 감자차익 발생 시

감자차익이 발생하는 경우에는 기존에 감자차손 잔액이 있다면 그 금액을 먼저 상계하고, 감자차손 잔액을 초과하는 금액을 감자차익으로 계상한다.

거 래	주당 장부가액 800원(액면 1,000원)인 자기주식 1,000주을 소각하다. 장부에 감자차손 잔액 50,000원이 있다.
분 개	(차) 자본금　　　　　1,000,000　　(대) 자기주식　　　　　800,000 　　　　　　　　　　　　　　　　　　　　감자차손　　　　　　50,000 　　　　　　　　　　　　　　　　　　　　감자차익　　　　　 150,000

ⓒ 감자차손 발생 시

감자차손이 발생하는 경우에는 기존에 감자차익 잔액이 있다면 그 금액을 먼저 상계하고, 감자차익 잔액을 초과하는 금액을 감자차손으로 계상한다.

거 래	주당 장부가액 1,200원(액면 1,000원)인 자기주식 1,000주을 소각하다. 장부에 감자차익 잔액 50,000원이 있다.
분 개	(차) 자본금　　　　　1,000,000　　(대) 자기주식　　　　1,200,000 　　　감자차익　　　　　　50,000 　　　감자차손　　　　　150,000

> **기출문제 연습**
>
> 다음 중 자본거래에 관한 설명으로 가장 틀린 것은?
> ① 자기주식은 취득원가를 자기주식의 과목으로 하여 자본조정으로 회계처리한다.
> ② 자기주식을 처분하는 경우 처분금액이 장부금액보다 크다면 그 차액을 자기주식처분이익으로 하여 자본조정으로 회계처리한다.
> ③ 처분금액이 장부금액보다 작다면 그 차액을 자기주식처분이익의 범위내에서 상계처리하고, 미상계된 잔액이 있는 경우에는 자본조정의 자기주식처분손실로 회계처리한다.
> ④ 이익잉여금(결손금) 처분(처리)로 상각되지 않은 자기주식처분손실은 향후 발생하는 자기주식처분이익과 우선적으로 상계한다.
>
> **풀이**
> ② 자기주식을 처분하는 경우 처분금액이 장부금액보다 크다면 그 차액을 자기주식처분이익으로 하여 자본잉여금으로 회계처리한다.

(6) 배당과 적립(이익잉여금 처분)

① 이익잉여금의 변동

손익계산서에서 계산되는 당기순이익은 재무상태표의 이익잉여금으로 대체되어서 매년 합산되고, 당기순손실이 발생하는 경우에는 이익잉여금에서 차감된다.

이익잉여금은 주주들에게 배당되거나 여러 가지 사업을 위한 적립금 등으로 처분된다. 이익잉여금을 배당하거나 적립하는 등 처분에 관한 사항은 이익잉여금처분계산서에서 확인할 수 있다.

② **현금배당**

주주총회에서 주주들에게 현금으로 배당할 것을 결의하면 미처분이익잉여금을 미지급배당금(유동부채)으로 대체하는 분개를 한다.

주주총회에서 현금배당을 결의한 때에는 현금배당액의 1/10 이상을 자본금의 1/2에 달할 때까지 이익준비금으로 적립하여야 한다. **이익준비금**은 이익잉여금의 제1법정적립금으로 분류된다. 자본전입 및 결손보전에 사용할 수 있다.

㉠ 현금배당 결의

거 래	주주총회에서 미처분이익잉여금 중 100,000원을 현금배당하고, 배당액의 10%를 이익준비금으로 적립하기로 결의하다.
분 개	(차) 이월이익잉여금　　110,000　　(대) 미지급배당금　　100,000 　　　　　　　　　　　　　　　　　　　　이익준비금　　　10,000

㉡ 현금배당 지급

거 래	현금배당 100,000원을 보통예금에서 이체하여 지급하다.
분 개	(차) 미지급배당금　　100,000　　(대) 보통예금　　100,000

> **기출문제 연습**
>
> 자본에 대한 설명 중 틀린 것은?
> ① 주식발행비용은 주식발행초과금에서 차감하거나 주식할인발행차금에 가산한다.
> ② 자기주식처분이익은 자본잉여금에 해당한다.
> ③ 이익준비금은 금전 배당금의 20% 이상을 자본금의 1/2에 달할 때까지 적립하여야 한다.
> ④ 해외사업환산손익은 기타포괄손익누계액에 해당한다.
>
> **풀이**
> ③ 10% 이상을 자본금의 1/2에 달할 때까지 적립하여야 한다.

③ **주식배당**

주주총회에서 주주들에게 주식으로 배당할 것을 결의하면 미처분이익잉여금을 미교부주식배당금(자본조정)으로 대체하는 분개를 한다. 주식배당을 할 때는 이익준비금을 적립할 필요가 없다.

주주총회에서 결의한 주식배당을 실제로 지급할 때는 대변에 자본금 계정을 기록해서 자본금을 증가시킨다.

㉠ 주식배당 결의

거 래	주주총회에서 미처분이익잉여금 100,000원을 주식배당하기로 결의하다.
분 개	(차) 이월이익잉여금　　100,000　　(대) 미교부주식배당금　　100,000

㉡ 주식배당 지급

거 래	주주총회에서 결의한 주식배당 100,000원의 주식을 발행하여 교부하다.
분 개	(차) 미교부주식배당금　　100,000　　(대) 자본금　　100,000

④ 현금배당과 주식배당 비교

현금 배당	• 주주에게 현금을 지급함 • 기업의 순자산(현금)이 외부로 유출됨 • 자본총액 감소, 자본금 불변(이익잉여금 감소, 현금 감소) • 주주 : 배당금수익 발생 [(차) 현금 ×××　　(대) 배당금수익 ×××]
주식 배당	• 주주에게 주식을 지급함 • 기업의 순자산이 외부로 유출되지 않음 • 자본총액 변동 없고, 자본금 증가(이익잉여금 감소, 자본금 증가) • 주주 : 주식 수 증가, 주식 단위당 가액 하락 → 회계처리 없음

⑤ 임의적립금 적립

법정적립금 이외에 기업이 임의로 적립하는 것을 임의적립금이라 한다. 여기에는 사업확장적립금, 배당평균적립금 등이 있다.

거 래	정기 주주총회에서 미처분이익잉여금 중 400,000원을 사업확장적립금으로 적립하기로 결의하였다.
분 개	(차) 이월이익잉여금　　400,000　　(대) 사업확장적립금　　400,000

⑥ 주식분할, 주식병합, 주식배당, 무상증자

주식분할 · 주식병합 · 주식배당 · 무상증자 모두 순자산(자본총액)의 변동이 없으므로 주주 입장에서 이익이 아니다. 따라서 주주는 회계처리하지 않는다. 각각의 개념과 성질은 다음과 같다.

- 주식분할 : 기존의 주식을 여러 개로 나누는 것
- 주식병합 : 여러 개의 주식을 하나로 합치는 것
- 주식배당 : 배당가능이익을 현금이 아닌 주식으로 주주에게 배당하는 것
- 무상증자 : 자본잉여금 등 배당 불가능한 잉여금을 자본에 전입하고 신주를 주주에게 교부하는 것

구 분	주식배당	무상증자	주식분할	주식병합
자본총액	불변	불변	불변	불변
자 본 금	증가	증가	불변	불변
잉 여 금	감소	감소	불변	불변
주당 액면가액	불변	불변	감소	증가
발행주식수	증가	증가	증가	감소

기출문제 연습

배당에 관한 설명으로 잘못된 것은?
① 주식배당은 순자산의 유출이 없이 배당효과를 얻을 수 있다.
② 주식배당 후에도 자본의 크기는 변동이 없다.
③ 미교부주식배당금이란 이익잉여금처분계산서상의 주식배당액을 말하며 주식교부시에 자본금계정과 대체된다.
④ 주식배당 후에도 발행주식수는 변동이 없다.

풀이
④ 주식배당 후에는 발행주식수가 증가한다.

실전문제연습

01 다음의 분류 항목 중 기업이 주주와의 거래(자본거래)에서 발생한 사항이 아닌 것은?

① 이익잉여금　　② 자본잉여금　　③ 자본조정　　④ 자본금

02 다음 중 자본에 대한 설명으로 틀린 것은?

① 자본은 자본금, 자본잉여금, 자본조정, 기타포괄손익누계액, 이익잉여금으로 구성된다.
② 미교부주식배당금은 자본잉여금이다.
③ 주식할인발행차금은 자본조정이다.
④ 무상증자가 진행 되도 자본총계의 변화가 없다.

03 주식발행회사의 입장에서 주식배당 결의와 동시에 주식배당을 즉시 실시하였다고 가정하였을 경우에 발생되는 효과로써 가장 적절한 것은?

① 미지급배당금만큼 부채가 증가한다.
② 자본총액이 주식배당액만큼 감소한다.
③ 자본금은 증가하지만 이익잉여금은 감소한다.
④ 주식배당은 배당으로 인한 회계처리가 불필요하므로 자본항목 간의 변동도 없다.

04 배당에 관한 설명으로 옳지 않은 것은?

① 배당은 항상 이익잉여금에서 지급되어야 한다.
② 주식배당 후에는 발행주식수가 증가한다.
③ 현금배당 후에도 자본의 크기는 변동이 없다.
④ 상법상의 중간배당은 회계연도 중 1회에 한하여 정관으로 정하여 진행할 수 있다.

05 다음의 회계처리가 재무제표에 미치는 영향은?

> 3월 2일 : 주주총회에서 주주에게 현금배당금을 지급하기로 결의하고 같은 날에 경리부서에서 현금으로 지급하였다.

	자산	부채	자본
①	불변	증가	감소
②	감소	불변	감소
③	불변	증가	감소
④	감소	감소	불변

06 다음은 자본에 관한 설명이다. 잘못된 것은?

① 주식을 이익으로 소각하는 경우에는 소각하는 주식의 취득원가에 해당하는 이익잉여금을 감소시킨다.
② 기업이 주주에게 순자산을 반환하지 않고 주식의 액면금액을 감소시키거나 주식 수를 감소시키는 경우에는 감소되는 액면금액 또는 감소되는 주식 수에 해당하는 액면금액을 감자차손으로 하여 자본조정으로 회계처리한다.
③ 기업이 이미 발행한 주식을 유상으로 재취득하여 소각하는 경우에 주식의 취득원가가 액면금액보다 작다면 그 차액을 감자차익으로 하여 자본잉여금으로 회계처리한다.
④ 이익잉여금(결손금) 처분(처리)으로 상각되지 않은 감자차손은 향후 발생하는 감자차익과 우선적으로 상계한다.

07 다음 중 자본거래에 대한 설명으로 가장 옳지 않은 것은?

① 유상증자시 발행되는 주식은 반드시 액면금액으로 발행할 필요는 없다.
② 무상증자의 경우 자본금의 증가를 가져온다.
③ 주식할인발행차금은 주식발행초과금의 범위내에서 상계처리하고 잔액은 자본조정으로 회계처리한다.
④ 자기주식처분이익과 자기주식처분손실은 자본조정으로 회계처리한다.

08 일반기업회계기준에 따른 자본의 표시에 대한 설명으로 옳지 않은 것은?

① 자본금은 보통주자본금과 우선주자본금으로 구분하여 표시한다.
② 자본잉여금은 주식발행초과금과 기타자본잉여금으로 구분하여 표시한다.
③ 자본조정 중 자기주식은 별도 항목으로 구분하여 표시한다.
④ 기타포괄손익누계액은 법정적립금, 임의적립금 및 미처분이익잉여금(또는 미처리결손금)으로 구분하여 표시한다.

09 다음 중 재무제표상의 순자산을 증감시키는 회계거래가 아닌 것은?

① 자산의 증가와 수익의 발생
② 자산의 감소와 부채의 감소
③ 자산의 감소와 비용의 발생
④ 자산의 증가와 자본의 증가

10 재무상태표상의 자본에 대한 설명으로 틀린 것은?

① 자본금은 법정 납입자본금으로서 발행주식수에 발행가액을 곱한 금액을 말한다.
② 자본잉여금은 증자나 감자 등 주주와의 거래에서 발생하여 자본을 증가시키는 잉여금이다.
③ 자본조정은 당해 항목의 성격으로 보아 자본거래에 해당하나 최종 납입된 자본으로 볼 수 없거나 자본의 가감 성격으로 자본금이나 자본잉여금으로 분류할 수 없는 항목이다.
④ 이익잉여금은 손익계산서에 보고된 손익과 다른 자본항목에서 이입된 금액의 합계액에서 배당 등으로 처분된 금액을 차감한 잔액이다.

11 다음 중 자본의 실질적인 감소를 초래하는 것을 모두 묶은 것은?

> 가. 주주총회의 결의에 의하여 주식배당을 실시하다.
> 나. 주주총회의 결의에 따라 주당 8,000원으로 50,000주를 유상증자하다.
> 다. 이사회 결의에 의하여 중간배당으로 현금배당을 실시하다.
> 라. 결손금 보전을 위해 이익준비금을 자본금에 전입하다.
> 마. 만기보유증권을 매도가능증권으로 재분류에 따른 평가손실이 발생하다.

① 가, 나　　② 나, 다　　③ 다, 라　　④ 다, 마

12 다음의 거래 중에서 실질적으로 자본이 증가되는 경우가 아닌 것은?

① 액면가액 100만원 주식을 10만원에 유상증자하였다.
② 100만원으로 인식된 자기주식을 30만원에 처분하였다.
③ 감자를 위하여 액면가액 100만원 주식을 10만원에 취득 후에 소각하였다.
④ 10만원 상당한 특허권을 취득하고 그 대가로 액면가액 100만원의 주식을 새로이 발행하여 지급하였다.

13 다음 중 자본에 관한 내용으로 틀린 것은?

① 미교부주식배당금은 주식배당을 받는 주주들에게 주식을 교부해야하므로 부채로 계상한다.
② 자본잉여금은 증자나 감자 등 주주와의 거래에서 발생하여 자본을 증가시키는 잉여금이다.
③ 주식할인발행차금은 주식발행초과금의 범위 내에서 상계처리한다.
④ 자기주식은 자본에서 차감되는 항목이며, 자기주식처분이익은 자본에 가산되는 항목이다.

14 ㈜한국의 2024년 1월 1일 자본금은 30,000,000원(주식수 30,000주, 액면가액 1,000원)이다. 2024년 7월 1일에 주당 1,200원에 10,000주를 유상증자하였다. 2024년 기말 자본금은 얼마인가?

① 12,000,000원
② 40,000,000원
③ 50,000,000원
④ 62,000,000원

15 다음은 ㈜법전의 2024년도 말 재무상태표에서 추출한 자본과 관련된 자료이다. 이익잉여금의 합계를 계산한 금액으로 옳은 것은?

- 자본금 : 50,000,000원
- 이익준비금 : 400,000원
- 감자차익 : 250,000원
- 자기주식 : 1,000,000원
- 임의적립금 : 150,000원
- 주식발행초과금 : 500,000원

① 400,000원
② 550,000원
③ 800,000원
④ 1,050,000원

실전문제연습 해답

01 ① 이익잉여금은 손익거래(영업활동)의 결과로 발생한다.
02 ② 미교부주식배당금은 자본조정에 해당된다.
03 ③ 주식배당 결의일에 (차)미처분이익잉여금 XXX (대)자본금 XXX 회계처리를 하므로 자본금은 증가하고 이익잉여금은 감소한다.
04 ③ 현금배당 후에는 자본의 크기가 감소한다.
05 ② 이익배당결의와 동시에 현금배당시 현금(자산)의 감소와 동시에 이익잉여금(자본)이 감소된다.
06 ② 감자차익에 대한 설명이며, 감자차익은 자본잉여금으로 분류된다.
07 ④ 자기주식처분이익은 자본잉여금, 자기주식처분손실은 자본조정이다.
08 ④ 기타포괄손익누계액이 아닌 이익잉여금에 대한 설명이다.
09 ② 순자산의 변동이 없다.
10 ① 자본금은 법정 납입자본금으로서 발행주식수에 액면가액을 곱한 금액을 말한다.
11 ④ '가', '라'는 자본의 변동은 없다. '나'는 자본이 증가한다.
12 ③ 자본의 증가는 유상증자(①의 경우), 자기주식의 처분(②의 경우), 현물출자(④의 경우) 등이 있다. 유상감자(③의 경우)의 경우에는 자본이 감소하게 된다.
13 ① 미교부주식배당금은 자본으로 계상한다.
14 ② 기말 자본금 : (30,000주+10,000주)×1,000원=40,000,000원
15 ② 이익준비금(400,000원)+임의적립금(150,000원)을 합한 550,000원이다.

9. 수익과 비용

수익과 비용은 손익계산서에 표시된다. 손익계산서의 구성은 다음과 같다.

	Ⅰ. 순매출액	총매출액 – 매출할인, 매출환입, 매출에누리
–	Ⅱ. 매출원가	기초재고 + 당기순매입액 또는 제품제조원가 – 기말재고
=	**Ⅲ. 매출총손익**	순매출액 – 매출원가
–	Ⅳ. 판매비와관리비	매출원가 외에 판매관리활동에서 발생하는 비용
=	**Ⅴ. 영업손익**	매출총손익 – 판매비와관리비
+	Ⅵ. 영업외수익	주된 영업활동이 아닌 활동으로부터 발생한 수익
–	Ⅶ. 영업외비용	주된 영업활동이 아닌 활동으로부터 발생한 비용
=	**Ⅷ. 법인세차감전순손익**	영업손익 + 영업외수익 – 영업외비용
–	Ⅸ. 법인세비용	세법에 따른 법인세 등
=	**Ⅹ. 당기순손익**	법인세차감전순이익 – 법인세비용

(1) 수 익

① 수익의 개념

수익이란, 재화의 판매 또는 용역의 제공 등에 대한 대가로 발생하는 자산의 유입 또는 부채의 감소를 말한다. 손익계산서에서 대표적인 수익은 매출액이며, 매출액 외에 영업외수익이 있다.

② 재화의 판매로 인한 수익인식

재화의 판매로 인한 수익은 다음 조건이 모두 충족될 때 인식한다.

> ㉠ 재화의 소유에 따른 유의적인 위험과 보상이 구매자에게 이전된다.
> ㉡ 판매자는 판매한 재화에 대하여 소유권이 있을 때 통상적으로 행사하는 정도의 관리나 효과적인 통제를 할 수 없다.
> ㉢ 수익금액을 신뢰성 있게 측정할 수 있다.
> ㉣ 경제적 효익의 유입 가능성이 매우 높다.
> ㉤ 거래와 관련하여 발생했거나 발생할 원가를 신뢰성 있게 측정할 수 있다.

③ 용역의 제공으로 인한 수익 인식

용역의 제공으로 인한 수익은 용역제공거래의 성과를 신뢰성 있게 추정할 수 있을 때 진행기준에 따라 인식한다. 다음 조건이 모두 충족되는 경우에는 용역제공거래의 성과를 신뢰성 있게 추정할 수 있다고 본다.

㉠ 거래 전체의 수익금액을 신뢰성 있게 측정할 수 있다.
㉡ 경제적 효익의 유입 가능성이 매우 높다.
㉢ 진행률을 신뢰성 있게 측정할 수 있다.
㉣ 이미 발생한 원가 및 거래의 완료를 위하여 투입하여야 할 원가를 신뢰성 있게 측정할 수 있다.

> **기출문제 연습**
> 다음 중 일반기업회계기준에 따른 재화의 판매로 인한 수익을 인식하기 위하여 충족되어야 하는 조건이 아닌 것은?
> ① 재화의 소유에 따른 유의적인 위험과 보상이 구매자에게 이전된다.
> ② 진행률을 신뢰성 있게 측정할 수 있다.
> ③ 경제적 효익의 유입 가능성이 매우 높다.
> ④ 수익금액을 신뢰성 있게 측정할 수 있다.
>
> **풀이**
> ② 용역의 제공으로 인한 수익인식기준이다.

④ **유형별 수익인식 시점**

구 분	개 념
할부판매	제품 또는 상품 인도 시(일반매출, 외상매출, 할부매출 동일)
상품권판매	상품권을 사용하여 제품 또는 상품 구입시(상품권 판매 시 아님)
시용판매	구매자가 구매의사를 표시한 때
위탁판매	수탁자가 판매한 때
반품조건판매	반품금액을 신뢰성 있게 추정할 수 있을 때
광고수익	방송사의 광고수익 : 광고를 대중에게 전달하는 때 광고제작사의 수익 : 제작기간 동안 진행기준으로 인식
교 환	동종의 재화나 용역을 교환하는 경우 : 수익을 인식하지 않음 이종의 재화나 용역을 교환하는 경우 : 판매기준으로 수익 인식
배당금수익	배당금을 받을 권리와 금액이 확정되는 때
이자수익	발생기준에 따라 수익 인식
공연입장료	행사가 개최되는 때
정기간행물	간행물의 구독기간에 걸쳐 정액법으로 수익 인식

> **기출문제 연습** 다음의 거래형태별 수익 인식기준 중 옳지 않은 것은?
> ① 위탁판매 : 위탁자가 수탁자에게 물건을 인도하는 시점
> ② 시용판매 : 고객이 구매의사를 표시한 시점
> ③ 상품권 판매 : 상품권을 회수하고 재화를 인도하는 시점
> ④ 할부판매 : 장·단기 구분 없이 재화를 고객에게 인도하는 시점
>
> **풀이**
> ① 위탁판매는 수탁자가 위탁품을 판매하는 시점에 수익을 인식한다..

⑤ 매출액

매출액은 기업의 주된 영업활동에서 발생하는 주된 수익을 말한다. 총매출액에서 매출환입, 매출에누리, 매출할인을 차감한 금액을 순매출액이라 하는데, 순매출액을 일반적으로 매출액이라 한다.

> 매출액(순매출액) = 총매출액 - 매출환입 - 매출에누리 - 매출할인

⑥ 총매출액에서 차감하는 것 : 매출환입, 매출에누리, 매출할인

⊙ 매출환입 및 에누리

매출환입	매출한 상품(제품)이 파손 등의 이유로 반품된 것
매출에누리	불량 등의 이유로 매출액을 감액시켜주는 것

ⓒ 매출할인

외상매출액을 조기에 회수하여 약정에 따라 매출액을 할인해 주는 것을 말한다.

⑦ 영업외수익

주된 영업활동 이외의 활동에서 발생한 수익을 말한다. 대표적인 영업외수익에는 이자수익, 단기매매증권평가이익, 매도가능증권처분이익 등이 있는데, 비용 파트에서 영업외비용과 같이 설명한다.

(2) 비용

① 비용의 개념

재화의 판매 또는 용역의 제공 등에 따라 발생하는 자산의 유출이나 사용 또는 부채의 증가를 말한다. 비용에는 매출원가, 판매비와관리비, 영업외비용 등이 있다.

② 비용의 인식

비용은 원칙적으로 관련 수익이 인식되는 회계기간에 인식하는데, 이를 수익·비용대응원칙이라 한다. 여기에는 직접대응과 간접대응이 있다.

직접대응		• 비용이 수익과 직접적인 인과관계가 있는 경우에 그 인과관계에 따라 수익과 같이 비용을 인식하는 것 • 매출원가, 판매수수료, 매출운임 등
간접대응	체계적이고 합리적인 배분	• 수익과 직접적인 관계는 없지만 해당 자산이 수익창출에 기여하는 기간 동안 비용을 배분하는 것 • 감가상각비, 무형자산상각비
	기간비용	• 수익과 직접적인 관계가 없고, 미래의 경제적 효익의 가능성이 불확실한 경우에 비용으로 인식하는 것 • 광고선전비, 도서인쇄비, 소모품비 등

③ 매출원가

매출에 직접 대응되는 비용을 말하며, 다음과 같이 계산한다.

- 매출원가 = 기초재고액 + 당기상품매입액(또는 제품제조원가) – 기말재고액
- 당기상품매입액 = 총매입액 + 매입부대비용 – 매입할인 – 매입환출 – 매입에누리

기말재고액이 결정되면 기초재고와 당기매입액을 더한 금액에서 기말재고를 차감한 금액을 매출원가로 회계처리 한다.

④ 도·소매업과 제조업의 손익계산서

매출총이익은 매출액에서 매출원가를 차감해서 계산한다. 여기서 업종에 따라 재고자산의 당기 증가액을 다르게 표시하는데, 재고자산의 당기 증가액으로 도소매업에서는 당기상품매입액을, 제조업에서는 당기제품제조원가를 사용한다.

도소매업 손익계산서		제조업 손익계산서	
Ⅰ. 순매출액	×××	Ⅰ. 순매출액	×××
Ⅱ. 매출원가	×××	Ⅱ. 매출원가	×××
1. 기초상품재고액	×××	1. 기초제품재고액	×××
2. 당기상품순매입액	×××	2. 당기제품제조원가	×××
3. 기말상품재고액	(–×××)	3. 기말제품재고액	(–×××)
Ⅲ. 매출총손익	×××	Ⅲ. 매출총손익	×××

⑤ 판매비와관리비(영업비용)

판매비와관리비는 제품, 상품 등의 판매활동과 기업의 관리활동에서 발생하는 비용으로서 매출원가에 속하지 아니하는 모든 영업비용을 말한다. 판매비와관리비는 당해 비용을 표시하는 적절한 항목으로 구분하여 표시하거나 일괄 표시할 수 있다.

㉠ 급여	㉕ 기업업무추진비	㉙ 차량유지비	㉝ 무형자산상각비	㉠' 경상연구개발비
㉡ 상여금	㉖ 수도광열비	㉚ 운반비	㉞ 수수료비용	㉡' 소모품비
㉢ 복리후생비	㉗ 세금과공과	㉛ 수선비	㉟ 보험료	㉢' 광고선전비
㉣ 퇴직급여	㉘ 감가상각비	㉜ 교육훈련비	㉠ 대손상각비	㉣' 잡급
㉤ 여비교통비	㉔ 임차료	㉕' 도서인쇄비	㉡ 연구비	㉤' 잡비 등

㉠ 급여

급 여	판매 및 관리직원의 급료
임 금	생산직원의 급료
잡 급	일용직 근로자에게 지급하는 일당
상여금	직원에게 지급하는 보너스 등
퇴직급여	직원의 퇴직시 지급하는 퇴직금. 퇴직급여충당부채 잔액이 있으면 이를 먼저 상계함

㉡ 소모품비

업무용으로 사용하는 사무용품 등 소모품에 대한 비용을 말하는데, 지출할 때 비용으로 처리하는지 또는 자산으로 처리하는지에 따라 기말결산분개가 달라진다.

거 래	복사용지를 100,000원 구입하면서 신용카드로 결제하다.
분 개	• 비용으로 처리하는 경우(결산시 : 미사용액으로 분개) 　　(차) 소모품비　　　　　100,000　　(대) 미지급금　　　　　100,000 • 비용으로 처리한 소모품 100,000원 중에서 기말에 20,000원 남아 있는 경우 　　(차) 소모품　　　　　　20,000　　(대) 소모품비　　　　　20,000 • 자산으로 처리하는 경우(결산시 : 사용액으로 분개) 　　(차) 소모품　　　　　100,000　　(대) 미지급금　　　　　100,000 • 자산으로 처리한 소모품 100,000원 중에서 기말에 20,000원 남아 있는 경우 　　(차) 소모품비　　　　　80,000　　(대) 소모품　　　　　　80,000

㉢ 복리후생비

종업원의 식대, 경조사비, 음료수비, 회식비, 야유회비, 체육대회비, 근무복비 등 직원의 복리후생을 위해서 지출하는 비용을 말한다.

신용카드로 결제하면 다음 달에 대금이 인출되므로 상거래가 아닌 경우에는 미지급금 계정을 사용한다. 신용카드로 결제하는 경우에도 일반적 상거래에 해당되면 외상매입금 계정을 사용한다.

ⓔ 기업업무추진비

거래처 등에 대한 영업목적으로 지출한 경조사비, 선물비, 식대 등을 말한다.
같은 식대 지출액이라 하더라도 우리 회사 직원들끼리 먹은 식대는 복리후생비이고, 거래처 직원과의 식대는 기업업무추진비에 해당된다.

ⓜ 여비교통비

직원이 출장 가서 사용한 교통비, 숙박비, 주차료, 식대 등 경비를 말한다.

ⓗ 운반비

상품이나 제품 등의 매출 시 운반에 소요되는 비용을 말하는데, 매출할 때의 운반비는 '운반비' 계정을 사용해서 판매비와관리비로 분류하지만, 매입할 때 운반비는 관련 자산의 매입부대비용으로 해당 자산의 취득원가에 가산한다.

ⓐ 기타 판매비와 관리비

수도광열비	• 수도료, 전기사용료, 가스사용료, 난방비 등 • 난방용 석유 8,000원치를 구입하면서 신용카드로 결제하다. 　　(차) 수도광열비　　　8,000　　(대) 미지급금　　　8,000
임 차 료	• 토지, 건물 등을 임차하여 사용하면서 사용료로 지출하는 비용 • 사무실 월세 300,000원을 보통예금에서 이체하다. 　　(차) 임차료　　　300,000　　(대) 보통예금　　　300,000
세금과공과	• 세금, 공과금, 과태료, 협회비(공식적인 협회, 단체) 등 • 협회비 100,000원을 현금으로 지출하다. 　　(차) 세금과공과　　　100,000　　(대) 현금　　　100,000
도서인쇄비	• 서적 구입비, 신문 구독료, 명함 인쇄비 등 • 영업사원의 명함 제작비 50,000원을 보통예금에서 이체하다. 　　(차) 도서인쇄비　　　50,000　　(대) 보통예금　　　50,000

기출문제 연습1　다음 중 판매비와 관리비 항목이 아닌 것은?
① 급여　　　　　　　　　② 복리후생비
③ 접대비　　　　　　　　④ 기타의 대손상각비

풀이
④ 기타의 대손상각비는 판매비와 관리비가 아닌 영업외비용 중 하나이다.

기출문제 연습2	다음 중 손익계산서상 영업이익에 영향을 미치는 설명은 어떤 것인가? ① 유형자산의 처분으로 인한 처분손익 ② 지정기부금의 지출 ③ 사채상환이익 ④ 매출채권에 대한 대손상각비 **풀이** ④ 매출채권에 대한 대손상각비는 판관비이므로 영업손익에 영향을 미친다.

⑥ 영업외손익(영업외비용 및 영업외수익)

영업외비용	회사의 주된 영업활동 이외의 활동에서 발생한 비용
영업외수익	회사의 주된 영업활동 이외의 활동에서 발생한 수익

【영업외수익】

ⅰ. 이자수익 : 대여금 또는 은행예금에서 발생하는 이자
ⅱ. 배당금수익 : 주식(지분증권)에서 발생하는 배당액(주식배당액은 제외)
ⅲ. 임대료 : 임대업이 주업이 아닌 경우에 부동산 등을 임대하고 받는 수익
ⅳ. 단기매매증권처분이익 : 단기매매증권을 장부가액보다 높은 금액으로 처분할 때 발생하는 이익
ⅴ. 단기매매증권평가이익 : 단기매매증권을 기말 평가할 때 기말 공정가액이 장부가액보다 높은 경우에 발생하는 이익
ⅵ. 외환차익 : 외화자산 회수 또는 외화부채 상환시 환율차이로 인하여 발생하는 이익
ⅶ. 외화환산이익 : 결산시 외화자산·부채를 원화로 환산하면서 발생하는 이익
ⅷ. 대손충당금 환입 : 대손충당금 잔액이 대손추산액보다 적은 경우 대손충당금을 감소시킴
ⅸ. 자산수증이익 : 회사가 주주 등으로부터 자산을 무상으로 증여받은 이익
ⅹ. 채무면제이익 : 회사가 주주 등으로부터 채무를 면제받는 이익
ⅺ. 유형자산처분이익 : 유형자산을 처분할 때 처분가액이 장부가액보다 큰 경우의 이익
ⅻ. 보험금수익 : 화재 등 보험사고 발생시 수령하는 보험금
ⅹⅲ. 잡이익 : 금액이 중요하지 않은 이익

【영업외비용】

 i. 이자비용 : 차입금 및 당좌차월에서 발생하는 이자
 ii. 기부금 : 업무와 무관하게 대가없이 자산을 기증하는 것
 iii. 재고자산감모손실 : 재고자산이 도난, 파손 등의 사유로 비정상적으로 부족한 것
 iv. 단기매매증권처분손실 : 단기매매증권을 장부가액보다 낮은 금액으로 처분할 때 발생하는 손실
 v. 단기매매증권평가손실 : 단기매매증권을 기말 평가할 때 기말 공정가액이 장부가액보다 낮은 경우에 발생하는 손실
 vi. 외환차손 : 외화자산 회수 또는 외화부채 상환시 환율차이로 인하여 발생하는 손실
 vii. 외화환산손실 : 결산시 외화자산·부채를 원화로 환산하면서 발생하는 손실
 viii. 기타의 대손상각비 : 상거래 이외의 거래에서 발생한 채권(미수금 등)에 대한 대손금액 또는 결산시 추가로 계상하는 대손충당금에 대한 비용
 ix. 매출채권처분손실 : 매출채권을 만기 전에 은행에 할인하는 경우에 발생하는 수수료 등에 대한 비용
 x. 유형자산처분손실 : 유형자산을 처분할 때 처분가액이 장부가액보다 적은 경우의 손실
 xi. 재해손실 : 화재나 도난 및 천재지변 등으로 인하여 발생한 손실
 xii. 잡손실 : 금액이 중요하지 않은 손실

㉠ 자산수증이익·채무면제이익

자산수증이익	대주주로부터 공정가액 7,000,000원인 건물을 증여받다. (차) 건물　　　　　　　7,000,000　　(대) 자산수증이익　　　7,000,000
채무면제이익	거래처로부터 외상매입금 7,000,000원의 상환을 면제받다. (차) 외상매입금　　　　7,000,000　　(대) 채무면제이익　　　7,000,000

㉡ 재해손실·보험금수익

재해 발생	화재가 발생하여 상품 800,000원이 소실되었고, 이에 관련된 보험금을 청구하다. (차) 재해손실　　　　　800,000　　(대) 상품(적요 : 8)　　　　800,000
보험금 결정	보험회사는 화재에 대하여 보험금 700,000을 지급하기로 결정하다. (차) 미수금　　　　　　700,000　　(대) 보험금수익　　　　　700,000
보험금 수령	보험회사로부터 보험금 700,000을 보통예금으로 수령하다. (차) 보통예금　　　　　700,000　　(대) 미수금　　　　　　　700,000

㉢ 외화환산이익·외화환산손실·외환차익·외환차손

외화자산 또는 외화부채가 발생할 때는 발생시의 환율로 평가하고, 기말결산시에는 결산시의 기준환율로 환산하고, 회수 또는 상환시에는 상환시의 기준환율을 적용한다.

발 생	거래 발생일의 기준환율로 평가
기 말	결산일의 기준환율로 평가 → 외화환산이익, 외화환산손실
환 산	환산 시 환율로 평가 → 외환차익, 외환차손

실전문제연습

01 다음 중 손익계산서에 반영될 영업이익에 영향을 미치지 않는 경우는?
① 무형자산으로 인식하고 있는 개발비에 대한 상각비의 인식
② 재산세 납부로 인한 세금과공과 계상
③ 종업원의 직무능력 향상을 위한 교육훈련비의 지급
④ 단기시세차익 목적으로 보유한 단기매매증권의 평가손실

02 기부금을 영업외비용이 아닌 판매비와 관리비로 회계처리 한 경우 나타나는 현상으로 틀린 것은?
① 매출총이익은 불변이다.
② 영업이익은 불변이다.
③ 법인세차감전순이익은 불변이다.
④ 매출원가는 불변이다.

03 다음 중 손익계산서에 반영될 영업이익에 영향을 미치지 않는 경우는?
① 유형자산으로 인식하고 있는 건물의 감가상각비의 인식
② 판매사원 인건비의 지급
③ 매출채권의 대손상각비의 인식
④ 유형자산으로 인식하고 있는 기계장치의 처분으로 발생한 처분손실

04 다음 자료를 이용하여 영업이익을 구하시오.

- 매출액 : 30,000,000원
- 임원급여 : 2,000,000원
- 감가상각비 : 800,000원
- 세금과공과 : 200,000원
- 이자비용 : 300,000원
- 매출원가 : 20,000,000원
- 직원급여 : 2,000,000원
- 접대비 : 500,000원
- 이자수익 : 100,000원

① 10,000,000원
② 6,000,000원
③ 4,500,000원
④ 4,300,000원

05 다음 자료를 이용하여 영업외이익(＝영업외수익 – 영업외비용)을 구하시오.

- 임원급여 : 3,000,000원
- 받을어음의 대손상각비 : 700,000원
- 외환차익 : 1,500,000원
- 감가상각비 : 500,000원
- 유형자산처분손실 : 200,000원
- 광고선전비 : 600,000원
- 기부금 : 300,000원
- 접대비 : 100,000원
- 이자수익 : 400,000원

① 800,000원　　　　　　　　② 1,000,000원
③ 1,400,000원　　　　　　　　④ 1,600,000원

06 일반기업회계기준상 수익인식에 대한 설명으로 틀린 것은?
① 용역의 제공으로 인한 수익은 용역제공거래의 성과를 신뢰성 있게 추정할 수 있을 때 완성기준에 따라 인식한다.
② 이자수익은 원칙적으로 유효이자율을 적용하여 발생기준에 따라 인식한다.
③ 배당금수익은 배당금을 받을 권리와 금액이 확정되는 시점에 인식한다.
④ 매출에누리와 할인 및 환입은 수익에서 차감한다.

07 수익에 대한 다음 설명 중 잘못된 것은?
① 수익은 재화의 판매, 용역의 제공이나 자산의 사용에 대하여 받았거나 또는 받을 대가의 공정가치로 측정한다.
② 용역제공거래의 성과를 신뢰성 있게 추정할 수 없고 발생한 원가의 회수가능성이 낮은 경우 발생한 비용의 범위 내에서만 수익을 인식한다.
③ 이자수익은 원칙적으로 유효이자율을 적용하여 발생기준에 따라 인식한다.
④ 성격과 가치가 유사한 재화나 용역간의 교환은 수익을 발생시키는 거래로 보지 않는다.

08 다음 자료를 이용하여 순매출액을 계산하는데 있어 차감하면 안 될 항목은?
① 매출운임　　② 매출에누리　　③ 매출환입　　④ 매출할인

09 수익인식에 대한 내용으로 옳지 않은 것은?

① 경제적 효익의 유입 가능성이 매우 높은 경우에만 인식한다.
② 수익금액을 신뢰성 있게 측정할 수 있는 시점에 인식한다.
③ 거래 이후에 판매자가 관련 재화의 소유에 따른 유의적인 위험을 부담하는 경우 수익을 인식하지 않는다.
④ 관련된 비용을 신뢰성 있게 측정할 수 없어도 수익을 인식할 수 있다.

10 당사는 기계설비제조업을 영위하고 있다. 거래처로부터 2월 1일에 설비납품주문을 받았고, 2월 20일에 납품하여 설치하였다. 계약조건대로 5일간의 시험가동 후 2월 25일에 매입의사표시를 받았으며, 2월 28일에 대금을 수취하였다. 이 설비의 수익 인식시기는 언제인가?

① 2월 1일 ② 2월 20일
③ 2월 25일 ④ 2월 28일

11 수정분개를 하기 전의 당기순이익은 500,000원이었다. 당기순이익을 계산할 때 선급비용 10,000원을 당기의 비용으로 계상하였고, 미수수익 6,000원이 고려되지 않았다. 수정분개를 반영한 정확한 당기순이익은 얼마인가?

① 484,000원 ② 496,000원
③ 504,000원 ④ 516,000원

12 ㈜나라는 2024년 4월 1일 다음의 조건으로 10,000,000원을 차입하였으며, 차입일에는 이자비용에 대한 회계처리를 하지 않았다. 2024년 12월 31일 이자비용에 대한 결산분개를 누락한 경우 재무제표에 미치는 영향으로 올바른 것은?

- 만기일 : 2025년 3월 31일
- 연이자율 : 12%
- 원금 및 이자 : 만기일에 전액 상환

① 자산 300,000원 과소 계상 ② 부채 900,000원 과소 계상
③ 자본 300,000원 과대 계상 ④ 비용 900,000원 과대 계상

13 다음 중 사례의 회계처리에 관한 설명으로 가장 틀린 것은?

> 2024년 3월 1일 : $10,000 상당의 제품을 해외에 외상으로 판매하였다.
> (적용환율 : 1,000원/1$)
> 2024년 3월 31일 : $10,000의 외상매출금이 보통예금에 입금되었다.
> (적용환율 : 1,050원/1$)

① 2024. 3. 1. 차변에 외상매출금을 계정과목으로 한다.
② 2024. 3. 1. 대변에 제품매출을 계정과목으로 한다.
③ 2024. 3. 31. 차변에 보통예금을 계정과목으로 한다.
④ 2024. 3. 31. 대변에 외상매출금의 감소와 외화환산이익의 발생이 나타난다.

14 (주)마산의 회계담당자가 결산시 미수 임대료 4,000,000원을 다음과 같이 판매비와 관리비로 잘못 회계처리 하였다. 이러한 회계처리 오류가 손익계산서상 당기순이익에 미치는 영향에 대해 올바르게 나타내고 있는 것은?

(차) 임차료	4,000,000원	(대) 미지급비용	4,000,000원

① 4,000,000원 과소계상　　② 4,000,000원 과대계상
③ 8,000,000원 과소계상　　④ 8,000,000원 과대계상

15 손익계산서의 당기순이익이 500,000원이었으나, 결산시 다음 사항이 누락된 것을 발견하였다. 누락사항을 반영할 경우 당기순이익은 얼마인가?

> • 당기발생 미지급 자동차 보험료 : 200,000원
> • 외상매출금의 보통예금 수령 : 100,000원

① 200,000원　　② 300,000원
③ 400,000원　　④ 500,000원

실전문제연습 해답

01 ④ 단기시세차익 목적으로 보유한 단기매매증권의 평가손실은 영업외비용으로 영업이익에 영향을 미치지 아니한다.

02 ② 기부금은 영업외비용에 해당한다. 영업외비용을 판매비과 관리비로 처리하면, 영업이익이 과소계상 된다. 하지만 매출총이익, 매출원가, 법인세차감 전 순이익에는 변화가 없다.

03 ④ 유형자산의 처분손실은 영업외비용으로 영업이익에 영향을 미치지 아니한다.

04 ③ 30,000,000 - 20,000,000 - 2,000,000 - 2,000,000 - 800,000 - 500,000 - 200,000 = 4,500,000원

05 ③ 1,500,000 + 400,000 - 300,000 - 200,000 = 1,400,000원

06 ① 용역제공 수익인식은 진행기준으로 인식한다.

07 ② 수익을 인식하지 않는다.

08 ① 매출운임은 판매하는 과정에서 발생되는 판매비용이므로 판매비와 관리비의 운반비 계정으로 계상된다.

09 ④ 수익과 관련 비용은 대응하여 인식한다.

10 ③ 조건부판매의 경우 조건이 성취되면 수익을 인식한다.

11 ④ 500,000 + 10,000 + 6,000 = 516,000원

12 ② [(차) 이자비용 900,000 (대) 미지급비용 900,000]의 결산분개가 누락
→ 비용 900,000원 및 부채 900,000원이 과소계상

13 ④ 외화환산이익의 발생이 아닌 외환차익의 발생이 나타난다.

2024.3.1. (차) 외상매출금	10,000,000	(대) 제품매출	10,000,000
2024.3.31. (차) 보통예금	10,500,000	(대) 외상매출금	10,000,000
		외환차익	500,000

14 ③ 올바른 회계처리 : (차) 미수수익 4,000,000 (대) 임대료 4,000,000
→ 임차료 4,000,000원 비용 과대계상분과 임대료 수익 누락분 4,000,000원을 포함하여 당기순이익이 8,000,000원 과소계상 되어 있다.

15 ② 500,000 - 200,000 = 300,000원

10. 회계변경과 오류수정

(1) 회계변경

① 회계변경의 개념 및 성질

회계변경의 개념	회계변경이란 과거에 기업이 적용하였던 회계정책 또는 회계추정을 새로운 것으로 변경하는 것을 말한다.
회계변경의 성질	회계정책 또는 회계추정을 변경하게 되면 계속성의 원칙을 위배하여 비교가능성을 저해할 수 있으나, 기업의 환경과 여건에 어울리게 변경하게 되면 회계정보의 유용성을 증대시킬 수 있다.

② 회계변경의 사유

회계변경은 그 회계변경이 정당한 다음의 경우에만 가능하다.

> ㉠ 합병, 사업양수도 등 기업환경의 중대한 변화에 의하여 종전의 회계정책을 적용할 경우 재무제표가 왜곡되는 경우
> ㉡ 동종산업의 대부분의 기업이 채택한 회계정책 또는 추정방법으로 변경함에 있어서 종전보다 더 합리적인 방법으로 변경하는 경우
> ㉢ 일반기업회계기준의 제정, 개정 또는 새로운 해석에 따라 회계변경을 하는 경우

* 위 ㉠과 ㉡의 경우에는 회사가 그 정당성을 입증해야 한다.
* 세법의 변경은 정당한 사유가 될 수 없다.

③ 회계정책의 변경과 회계추정의 변경

㉠ 회계정책의 변경

회계처리에 적용하던 정당한 회계정책을 다른 정당한 회계정책으로 바꾸는 것을 말한다.

정당한 회계정책 → 다른 정당한 회계정책

회계정책의 변경은 다음과 같은 것들이 있다.

> ㉠ 재고자산 단가산정 방법을 선입선출법을 평균법으로 변경함
> ㉡ 유형자산 평가모형을 원가모형에서 재평가모형으로 변경함
> ㉢ 유가증권 단가산정방식을 총평균법에서 이동평균법으로 변경함

* 회계정책의 변경은 일반기업회계기준 또는 관련법규의 개정이 있거나, 새로운 회계정책을 적용함으로써 회계정보의 유용성을 향상시킬 수 있는 경우에 한하여 허용한다.

ⓒ 회계추정의 변경

새로운 정보의 획득, 새로운 상황의 전개 등에 따라 지금까지 사용해오던 회계적 추정치를 바꾸는 것을 말한다. 예를 들면 다음과 같다.

> ㉠ 채권에 대한 대손율 추정
> ㉡ 재고자산 진부화 판단
> ㉢ 감가상각자산의 내용연수 및 잔존가액 추정의 변경, 감가상각 방법 변경
> ㉣ 제품보증충당부채 추정치 변경

④ 추정치의 변경

추정의 근거가 되었던 상황의 변화, 새로운 정보의 획득, 추가적인 경험의 축적 등으로 인하여 새로운 추정이 요구되는 경우에는 과거에 합리적이라고 판단했던 추정치라도 이를 변경할 수 있다.

⑤ 오류수정과 회계 변경

오류수정은 회계추정의 변경과 구별된다. 회계추정의 변경은 추가적인 정보를 입수함에 따라 기존의 추정치를 수정하는 것을 말한다. 예를 들면, 우발부채로 인식했던 금액을 새로운 정보에 따라 보다 합리적으로 추정한 금액으로 수정하는 것은 오류수정이 아니라 회계추정의 변경이다.

⑥ 회계정책 변경과 회계추정 변경의 구분이 불가능한 경우

회계변경의 속성상 그 효과를 회계정책의 변경효과와 회계추정의 변경효과로 구분하기가 불가능한 경우에는 이를 회계추정의 변경으로 본다.

⑦ 회계변경으로 보지 않는 경우

> ㉠ 중요성의 판단에 따라 일반기업회계기준과 다르게 회계처리 하던 항목들의 중요성이 커지게 되어 일반기업회계기준을 적용하는 경우. 예를 들면, 품질보증비용을 지출연도의 비용으로 처리하다가 중요성이 증대됨에 따라 충당부채 설정법을 적용하는 경우
> ㉡ 과거에는 발생한 경우가 없는 새로운 사건이나 거래에 대하여 회계정책을 선택하거나 회계추정을 하는 경우

기출문제 연습1	다음 중 회계추정의 변경사항이 아닌 것은? ① 금융자산의 공정가치의 변경 ② 재고자산 단가결정방법의 변경 ③ 감가상각자산의 내용연수 및 잔존가치의 변경 ④ 매출채권에 대한 대손설정비율의 변경 **풀이** ② 재고자산 단가결정방법의 변경은 회계정책의 변경이고, 나머지는 회계추정의 변경 사항이다.

⑧ 회계변경 회계처리

회계변경의 회계처리 방식에는 다음과 같이 소급법, 당기일괄처리법, 전진법이 있다.

소급법	• 회계변경에 따른 누적효과를 반영하여 전기의 재무제표를 재작성 • 전기재무제표와 당기재무제표의 비교가능성이 높아짐 • 전기재무제표를 재작성 하므로 신뢰성 저하, 복잡함
당기일괄처리법	• 회계변경에 따른 누적효과를 당기손익으로 인식함 • 전기재무제표를 재작성하지 않으므로 신뢰성이 유지됨 • 회계정책 및 추정의 변경으로 비교가능성 저하 및 이익조작가능성 발생
전진법	• 회계변경의 누적효과를 계산하지 않고 당기 이후에만 변경사항 적용 • 전기재무제표를 재작성하지 않으므로 신뢰성이 유지됨, 간편함 • 비교가능성 저하, 회계변경의 효과 파악 어려움

⑨ 회계처리 방식 선택

회계정책의 변경	회계정책의 변경은 원칙적으로 소급법을 적용하는데, 회계변경의 누적효과를 계산할 수 없을 때는 전진법을 적용한다.
회계추정의 변경	회계추정의 변경은 전진법을 적용한다.
기 타	회계정책의 변경과 회계추정의 변경이 동시에 일어나는 경우에는 회계정책의 변경을 먼저 소급 적용한 후에 회계추정의 변경을 전진적으로 적용한다.

(2) 오류수정

① 오류수정의 개념

잘못된 회계처리를 올바른 회계처리로 수정하는 것을 말한다. 새로운 사건의 발생으로 인한 추가적인 정보를 바탕으로 과거의 추정치를 변경하는 것은 오류수정이 아니라 회계추정의 변경에 해당한다.

② 당기순이익에 영향을 미치지 않는 오류

계정과목을 잘못 분류하는 경우의 오류가 여기에 해당되는데, 이러한 오류는 오류가 발생한 당기의 재무제표를 왜곡할 수 있으나, 차기 이후의 재무제표를 왜곡하지는 않는다.

따라서, 해당 계정과목을 적절하게 수정하기만 하면 된다.

③ 당기순이익에 영향을 미치는 오류

재무상태표와 손익계산서에 동시에 영향을 미치는 오류를 말한다. 재고자산의 과대(과소)계상, 감가상각비 과대(과소)계상 등 자산·부채 계정과 수익·비용 계정에 동시에 오류가 발생하는 경우가 여기에 해당된다.

여기에는 자동 조정적 오류와 비자동 자정적 오류가 있다.

자동 조정적 오 류	• 두 회계기간에 걸쳐서 자동으로 오류가 조정됨 • 오류가 발생한 연도의 다음 연도에 정확히 정 반대의 오류가 발생하여 서로 상쇄됨 • (예) 재고자산 과대(과소)계상, 선수수익, 선급비용, 미수수익, 미지급비용 등에 관련된 오류
비자동 조정적 오 류	• 두 회계기간이 지나도 오류가 자동으로 조정되지 않고, 이후 연도에 영향을 미치는 오류 • 주로 비유동자산 또는 비유동부채와 관련됨 • (예) 감가상각비 과대(과소)계상, 자본적지출과 수익적지출 분류오류 등

④ 회계처리

오류수정의 경우 그 오류가 중대한 경우에는 소급법을 적용하여 과거 재무제표를 수정 작성하고, 중대하지 않은 경우에는 전기오류수정손익 계정을 사용하여 당기 손익계산서에 오류사항을 반영(당기일괄처리법)한다.

여기서 중대한 오류란 재무제표의 신뢰성을 심각하게 손상할 수 있는 매우 중요한 오류를 말한다.

> ㉠ 회계정책의 변경 : 소급법
> ㉡ 회계추정의 변경 : 전진법
> ㉢ 오류수정 : 당기일괄처리법(중대한 경우에는 소급법)

객관식 문제연습

01 다음 중 회계추정의 변경에 대한 설명으로 틀린 것은?
① 회계추정의 변경효과는 변경 전에 사용하였던 손익계산서 항목과 동일한 항목으로 처리한다.
② 감가상각방법의 변경은 회계추정의 변경에 해당한다.
③ 회계추정의 변경은 전진적으로 처리하여 그 효과를 당기와 당기 이후 기간에 반영한다.
④ 회계변경이 회계정책의 변경인지 회계추정의 변경인지 구분하기가 어려운 경우에는 이를 회계정책의 변경으로 본다.

02 다음 중 오류수정에 대한 설명으로 가장 옳지 않은 것은?
① 당기에 발견한 전기 또는 그 이전 기간의 중대하지 않은 오류는 당기 손익계산서에 영업외손익 중 전기오류수정손익으로 반영한다.
② 전기 또는 그 이전 기간에 발생한 중대한 오류의 수정은 전기이월이익잉여금에 반영하고 관련 계정잔액을 수정한다.
③ 비교재무제표를 작성하는 경우 중대한 오류의 영향을 받는 회계기간의 재무제표 항목은 재작성한다.
④ 충당부채로 인식했던 금액을 새로운 정보에 따라 보다 합리적으로 추정한 금액으로 수정한 것도 오류수정에 해당한다.

03 다음 중 회계변경에 관한 설명으로 옳지 않은 것은?
① 일반기업회계기준에서 회계정책의 변경을 요구하는 경우 회계정책을 변경할 수 있다.
② 회계정책의 변경을 반영한 재무제표가 더 신뢰성 있고 목적적합한 정보를 제공하는 경우 회계정책을 변경할 수 있다.
③ 회계추정의 변경은 소급하여 적용하며, 전기 또는 그 이전의 재무제표를 비교 목적으로 공시할 경우 소급적용에 따른 수정사항을 반영하여 재작성 한다.
④ 회계변경의 속성상 그 효과를 회계정책의 변경효과와 회계추정의 변경효과로 구분하기 불가능한 경우 이를 회계추정의 변경으로 본다.

04 다음 중 일반기업회계기준의 회계정책 또는 회계추정의 변경과 관련한 설명으로 잘못된 것은?

① 일반 기업회계기준에서 회계정책의 변경을 요구하는 경우 회계정책을 변경할 수 있다.
② 변경된 회계정책은 원칙적으로 소급하여 적용한다.
③ 회계정책의 변경과 회계추정의 변경이 동시에 이루어지는 경우 회계정책의 변경에 의한 누적효과를 먼저 계산한다.
④ 세법과의 차이를 최소화하기 위해 세법의 규정을 따르기 위한 회계변경도 정당한 회계변경이다.

05 다음 중 회계변경과 오류수정에 대한 내용으로 틀린 것은?

① 변경된 새로운 회계정책은 소급하여 적용한다.
② 회계추정 변경의 효과는 당해 회계연도 종료일부터 적용한다.
③ 전기 이전기간에 발생한 중대한 오류의 수정은 자산, 부채 및 자본의 기초금액에 반영한다.
④ 비교재무제표를 작성하는 경우 중대한 오류의 영향을 받는 회계기간의 재무제표항목은 재작성한다.

06 다음 중 회계변경과 오류수정에 대한 설명으로 옳지 않은 것은?

① 원칙적으로 변경된 새로운 회계정책은 소급하여 적용한다.
② 회계추정의 변경은 전진법으로 처리하여 그 효과를 당기와 당기 이후의 기간에 반영한다.
③ 전기 이전기간에 발생한 중대한 오류의 수정은 당기 영업외손익 중 전기오류수정손익으로 보고한다.
④ 회계정책의 변경효과와 회계추정의 변경효과로 구분하기가 불가능한 경우 회계추정의 변경으로 본다.

07 회계변경에 대한 다음의 설명 중 틀린 것은?

① 매출채권의 대손추정률을 변경하는 것은 회계추정의 변경에 해당한다.
② 회계정책의 변경과 회계추정의 변경이 동시에 이루어지는 경우는 회계정책의 변경에 의한 누적효과를 먼저 적용한다.
③ 회계정책의 변경과 회계추정의 변경을 구분하기가 불가능한 경우에는 이를 회계정책의 변경으로 본다.
④ 이익조정을 주된 목적으로 한 회계변경은 정당한 회계변경으로 보지 아니한다.

08 회계변경과 관련한 다음 설명 중 잘못된 것은?

① 회계추정은 기업환경의 불확실성 하에서의 미래의 재무적 결과를 사전적으로 예측하는 것이다.
② 유가증권 취득단가 산정방법의 변경은 회계추정 변경에 해당한다.
③ 회계정책 변경을 전진적으로 처리하는 경우에는 그 변경의 효과를 당해 회계연도 개시일부터 적용한다.
④ 회계정책의 변경과 회계추정의 변경이 동시에 이루어지는 경우에는 회계정책의 변경에 의한 누적효과를 먼저 계산한다.

09 일반기업회계기준의 회계정책 또는 회계추정의 변경과 관련한 다음 설명 중 잘못된 것은 어느 것인가?

① 일반 기업회계기준에서 회계정책의 변경을 요구하는 경우 회계정책을 변경할 수 있다.
② 변경된 회계정책은 원칙적으로 소급하여 적용한다.
③ 회계정책의 변경과 회계추정의 변경이 동시에 이루어지는 경우 회계정책의 변경에 의한 누적효과를 먼저 계산한다.
④ 세법과의 마찰을 최소화하기 위해 세법의 규정을 따르기 위한 회계변경도 정당한 회계변경으로 본다.

10 일반기업회계기준의 회계정책 또는 회계추정의 변경과 관련한 다음 설명 중 잘못된 것은?

① 일반 기업회계기준에서 회계정책의 변경을 요구하는 경우 회계정책을 변경할 수 있다.
② 감가상각방법의 변경은 회계정책의 변경에 해당한다.
③ 회계정책의 변경과 회계추정의 변경이 동시에 이루어지는 경우 회계정책의 변경에 의한 누적효과를 먼저 계산한다.
④ 재고자산의 진부화 여부에 대한 판단과 평가는 회계추정의 변경에 해당한다.

객관식 문제연습 해답

01 ④ 회계변경이 회계정책의 변경인지 회계추정의 변경인지 구분하기가 어려운 경우에는 이를 회계추정의 변경으로 본다.
02 ④ 오류수정이 아니라 회계추정의 변경이다.
03 ③ 회계추정의 변경은 전진법을 적용하므로 전기 이전의 재무제표를 수정하지 않는다.
04 ④ 세법을 따르기 위한 회계변경은 정당한 회계변경으로 보지 않는다.
05 ② 회계추정 변경의 효과는 당해 회계연도 개시일부터 적용한다.
06 ③ 전기 이전에 발생한 중대한 오류의 수정은 자산·부채·자본의 기초금액에 반영한다.
07 ③ 회계정책의 변경과 회계추정의 변경을 구분하기가 불가능한 경우에는 이를 회계추정의 변경으로 본다.
08 ② 회계정책의 변경에 해당된다.
09 ④ 세법의 규정을 따르기 위한 회계변경은 정당한 회계변경으로 보지 아니함.
10 ② 회계추정의 변경에 해당된다.

Part. 2
원가회계

Chapter 1
원가회계 개요

1. 원가회계의 의의

(1) 원가와 원가회계의 기본개념

구 분	개 념
원가회계	제품생산에 소비된 원가에 관한 정보를 경영자에게 제공하기 위한 회계(원가회계, 관리회계, 원가관리회계)
원 가	생산을 위해 사용 또는 소비되는 경제적 가치(제조원가)
비 용	생산이 아닌 판매 및 관리 등에 사용되는 자원(비제조원가-판매비와관리비)

공장·생산·제조와 관련된 지출은 제조원가로, 그 이외의 지출은 비용(비제조원가, 판매비와관리비)으로 분류한다.

(2) 원가회계의 목적

- 재무제표작성 : 손익계산서의 제품매출원가 결정을 위해 제품원가계산 필요
- 원가관리 및 통제 : 원가관리 및 원가통제를 위해 원가자료를 집계하고 관리
- 의사결정 : 신제품 가격결정 등 경영의사결정에 필요한 원가정보 제공
- 업적평가 : 제품별 또는 판매원별 업적평가 등에 필요한 정보제공

재무회계	외부 보고용 → 투자자, 채권자, 관공서 등에게 보고
원가회계	내부 보고용 → 경영자, 관리자, 대표자 등에게 보고

2. 원가의 분류

(1) 원가 형태별 분류(원가의 3요소)

원가는 주로 재료비, 노무비, 제조경비로 크게 분류할 수 있다.

- 재료비 : 주요재료비, 보조재료비, 부분품 등
- 노무비 : 임금, 제수당 등
- 제조경비 : 재료비와 노무비를 제외한 원가

(2) 추적가능성에 따른 분류

발생한 원가를 제품별로 추적이 가능하면 직접원가, 추적이 불가능하면 간접원가로 분류한다.

직접원가(직접비)	간접원가(간접비)
제품별로 직접 추적이 가능한 원가	제품별로 추적할 수 없는 원가
직접재료비, 직접노무비, 직접경비 등	간접재료비, 간접노무비, 간접제조경비 등

(3) 원가행태(行態)에 따른 분류

원가행태란, 조업도의 변화에 따라 원가가 변동하는 현상을 말한다. 조업도는 매출액·생산량·고객수 등에 따라 다양하게 나타난다.

구 분	원 가 행 태
변동원가 (변동비)	• 조업도가 증가하면 총변동원가는 증가하고, 조업도가 감소하면 총원가는 감소함(재료비, 노무비 등) • 단위당 변동원가는 조업도의 증감에 관계없이 일정
고정원가 (고정비)	• 조업도와 관계없이 고정원가총액은 일정(보험료, 임차료, 감가상각비 등) • 조업도가 증가하면 단위당 고정원가는 감소
혼합원가 (준변동비)	• 고정비(기본요금)와 변동비(사용료)가 동시에 존재함 • 택시비, 전화요금, 전기요금 등
준고정원가 (계단원가)	• 일정한 범위(관련범위) 내의 조업도에서는 일정한 금액이 발생하지만, 관련범위를 벗어나면, 원가총액이 갑자기 증가 또는 감소 • 공장감독 급여 등

① 변동원가(총변동원가 증가, 단위당변동원가 일정)

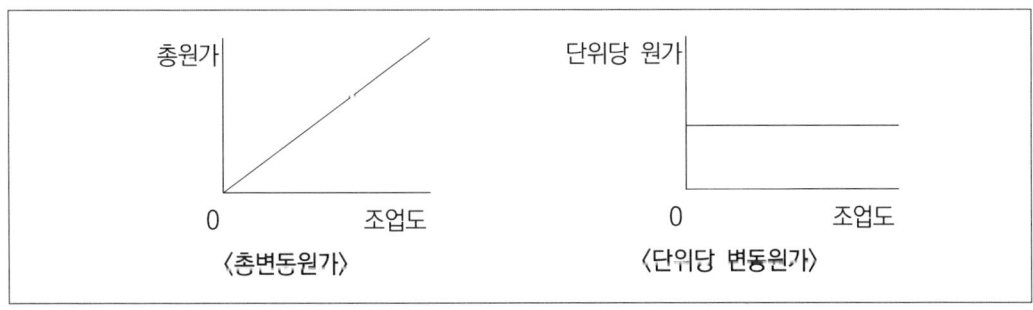

〈총변동원가〉 〈단위당 변동원가〉

② 고정원가(총고정원가 일정, 단위당 고정원가 감소)

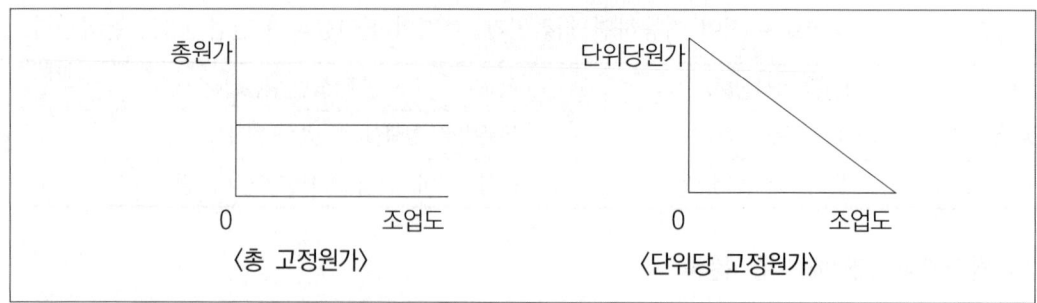

③ 조업도가 증가하는 경우 변동원가와 고정원가의 행태

조업도 증가시	변동원가	고정원가
총원가	증가	일정
단위당 원가	일정	감소

④ 준변동원가(고정원가 + 변동원가)

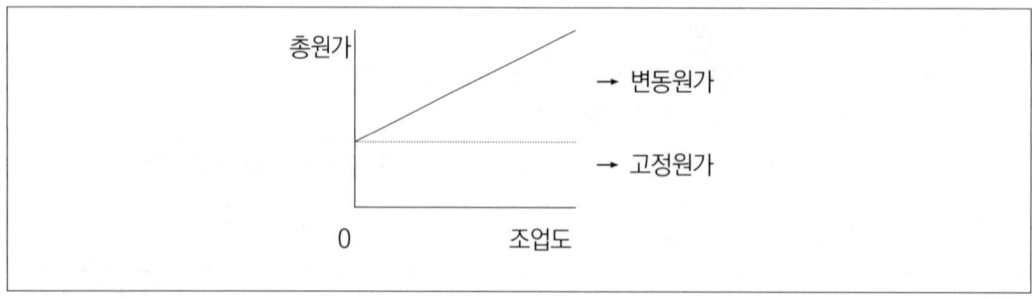

⑤ 준고정원가(계단원가)

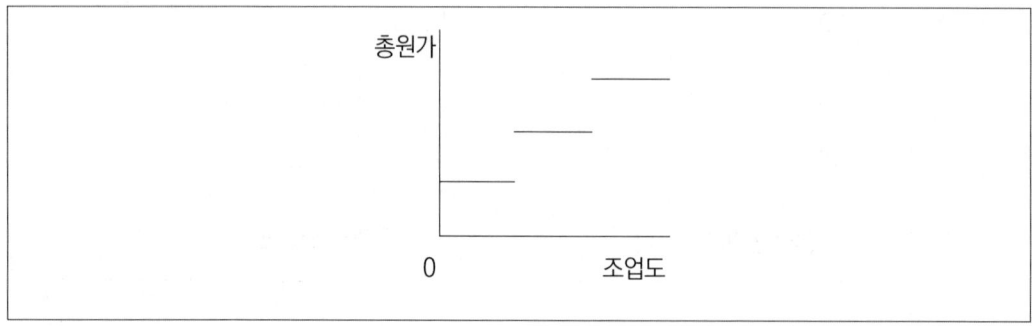

(4) 기타 원가의 분류

구 분	개 념
매몰원가	과거에 발생하여 현재 의사결정에 영향을 미치지 않는 원가
기회비용	최선의 한 대안을 선택함으로 인하여 포기된 차선의 대안에서 얻을 수 있는 최대 효익
관련원가	현재 의사결정에 필요한 원가(의사결정에 필요하지 않은 과거 원가는 비관련원가)
회피가능원가	회피가 가능한 원가(피할 수 없는 원가는 회피불가능원가)

기출문제 연습1 원가행태에 따른 다음의 설명에 해당되는 것은 무엇인가?

> 관련범위 내에서 인형 1,000개를 생산할 때와 2,000개 생산할 때의 총원가는 동일하다.
> 관련범위 내에서 조업도가 증가하는 경우, 단위당 원가는 감소한다.

① 준고정비 ② 고정비
③ 변동비   ④ 준변동비

풀이
② 관련범위 내에서 고정비 총원가는 일정, 조업도 증가에 따라 단위당 원가는 감소

기출문제 연습2 다음 중 원가의 개념이 가장 잘못 연결된 것은?

① 기회원가 : 과거에 발생한 원가로서 의사결정에 고려되어서는 안되는 원가
② 가공원가 : 직접노무비와 제조간접비를 합한 금액
③ 통제가능원가 : 특정부문의 경영자가 원가의 발생을 관리할 수 있으며, 부문경영자의 성과평가의 기준이 되는 원가
④ 변동원가 : 조업도의 변동에 관계없이 단위당 원가는 일정하고, 총원가는 조업도의 변동에 비례하여 변하는 원가

풀이
① 과거에 발생한 원가로서 의사결정에 고려되어서는 안되는 원가는 매몰원가이다.

3. 원가의 구성

(1) 원가의 구성

제품원가를 구성하는 각 원가요소는 여러 단계를 거쳐 판매가격을 구성한다. 직접노무비는 직접원가와 가공원가에 모두 해당된다.

구 분	구 성	개 념
직접원가	직접재료비 + 직접노무비	제품별 원가추적 가능
가공원가	직접노무비 + 제조간접비	직접재료비를 제외한 원가
제조간접비	간접재료비 + 간접노무비 + 간접제조경비	제품별 원가추적 불가능
총제조원가	직접재료비 + 직접노무비 + 제조간접비	원가의 합계(직접비 + 간접비)
판매원가	제조원가 + 판매비와관리비	판매관리비가 포함됨
판매가격	총원가 + 이익	소비자 판매가격

- 직접원가, 기본원가, 기초원가는 동의어로 사용된다.
- 가공원가는 전환원가와 동의어로 사용된다.
- 제조경비는 대부분 간접제조경비로 구분하며, 제조간접비로 나타낸다.
- 직접제조경비는 외주가공비, 특정제품의 설계비 등이 있으나 시험에는 거의 안 나옴.

(2) 원가와 판매가격의 관계

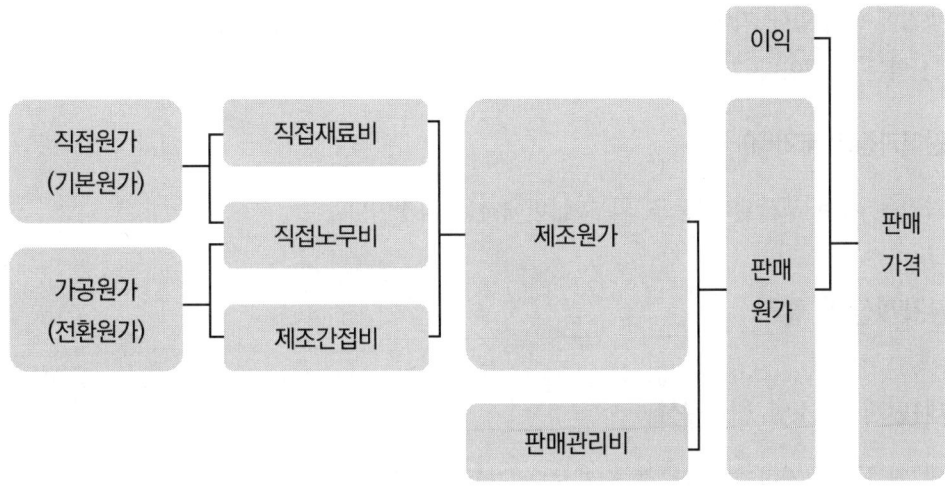

4. 제조기업의 경영활동

상기업의 경영활동은 구매과정과 판매과정으로 이루어지는 것이 보통이지만, 제조기업의 경영활동은 대체로 구매과정·제조과정·판매과정으로 이루어진다.

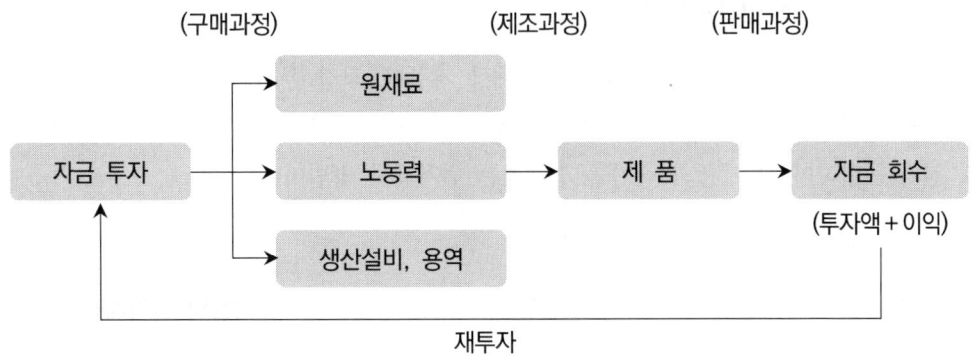

(1) 구매과정(외부거래)

제품생산을 위하여 원재료를 구입하고 이것을 가공하는 데 필요한 노동력과 기계·공구기·건물 등의 여러 가지 설비와 수도·토지·전기·가스 등과 같은 모든 용역을 외부로부터 구입하여 제조활동의 준비를 하는 과정이다.

(2) 제조과정(내부거래)

구매과정에서 구입한 각종시설을 이용하고, 노동력을 소비하여 원재료를 가공함으로서 제품을 생산하는 과정이다.

(3) 판매과정(외부거래)

제조과정을 거쳐 생산된 제품을 외부에 판매하는 과정이다.

5. 원가계산의 절차

(1) 제1단계 : 요소별 원가계산

제품의 원가를 집계하기 위한 첫 단계로 원가를 발생형태에 따라 재료비, 노무비, 제조경비의 세 가지 원가요소로 분류하여 집계하는 원가계산 방법이다.

(2) 제2단계 : 부문별 원가계산

요소별 원가계산에서 집계된 원가 중 간접원가를 그 발생장소인 원가부문별로 구분하여 집계하는 원가계산 방법이다.

(3) 제3단계 : 제품별 원가계산

요소별 원가계산에서 집계한 제조직접비를 해당 제품에 직접 부과하는 동시에 부문별원가계산에서 집계한 제조간접비를 일정한 기준에 따라 각 제품별로 배부하고, 마지막으로 두 가지 원가를 합하여 각 제품의 원가를 집계하는 원가계산 방법이다.

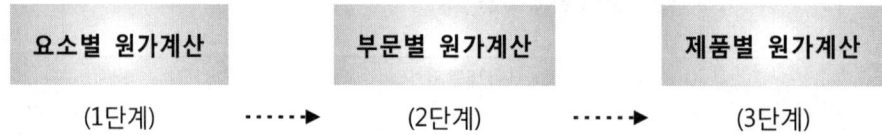

실전문제연습

01 관련범위 내에서 단위당 변동원가의 행태에 대한 설명으로 옳은 것은?

① 각 조업도수준에서 일정하다.
② 각 조업도수준에서 감소한다.
③ 조업도가 증가함에 따라 단위당 원가는 증가한다.
④ 조업도가 증가함에 따라 단위당 원가는 감소한다.

02 다음 표에 보이는 원가형태와 관련한 설명으로 가장 옳지 않는 것은?

조업도(시간)	총원가(원)
100	3,000,000
200	3,000,000
300	3,000,000

① 조업도가 증가해도 단위당 원가부담액은 일정하다.
② 위와 같은 원가행태를 보인 예로 임차료가 있다.
③ 조업도 수준에 상관없이 관련범위 내에서 원가총액은 일정하다.
④ 제품 제조과정에서 가공비로 분류한다.

03 제조원가 중 원가행태가 다음과 같이 나타나는 경우로 보기 어려운 것은?

조업도	100시간	500시간	1,000시간
총원가	10,000원	10,000원	10,000원

① 공장재산세　　　　　　　　② 전기요금
③ 정액법에 의한 감가상각비　　④ 임차료

04 조업도가 '0(영)'일시라도 일정한 원가가 발생하고, 조업도가 증가할수록 비례적으로 원가가 발생하는 형태를 지닌 원가는?

① 준고정비　　② 고정비　　③ 변동비　　④ 준변동비

149

05 회사는 생산능력이 100단위인 생산설비를 임차하여 사용하고 있다. 매년 수요량이 증가함에 따라 그때마다 생산설비를 추가 임차하고 있다. 생산설비 1대당 임차료는 500,000원이다. 이 설명에 맞는 그래프는 어느 것인가?

①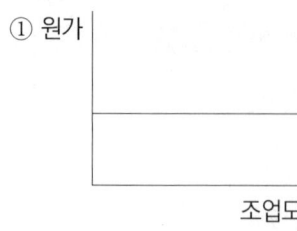

②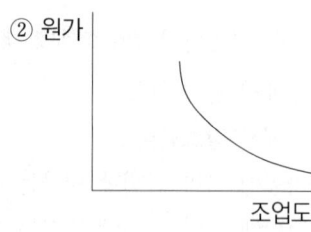

③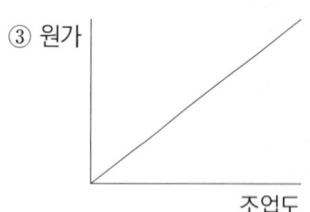

④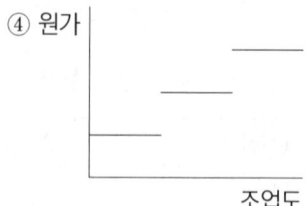

06 다음에서 설명하는 원가행태로 맞는 것은?

> 정부는 중·장기대책으로 이동통신음성데이터를 이용할 수 있는 '보편요금제'를 출시하도록 하는 방안을 추진키로 했다. 보편요금제는 월 요금 2만원에 기본 음성 200분, 데이터 1GB, 문자무제한 등을 이용할 수 있다. 음성·데이터 초과분에 대한 분당 요금은 이동통신사가 정하기로 했다.

① 변동비 ② 고정비 ③ 준변동비 ④ 준고정비

07 다음 중 원가행태에 따른 분류로 볼 수 없는 것은?

① 고정비 ② 직접비 ③ 변동비 ④ 준고정원가

08 원가에 대한 설명 중 가장 옳지 않은 것은?

① 직접재료비는 조업도에 비례하여 총원가가 증가한다.
② 조업도가 무한히 증가할 때 단위당 고정비는 1에 가까워진다.
③ 관련 범위내 변동비는 조업도의 증감에 불구하고 단위당 원가가 일정하다.
④ 제품원가는 조업도가 증가하면 고정비요소로 인하여 단위당 원가는 감소하나 단위당 변동비 이하로는 감소할 수 없다.

09 다음의 그래프는 조업도에 따른 원가의 변화를 나타낸 것이다. 변동원가에 해당하는 그래프만 짝지은 것은?

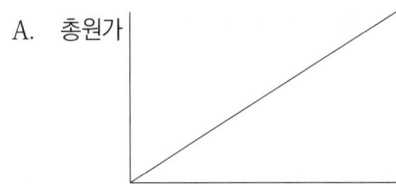
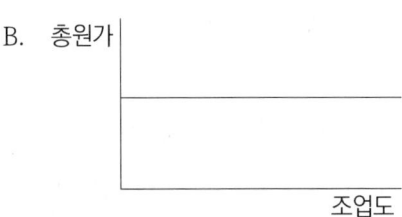
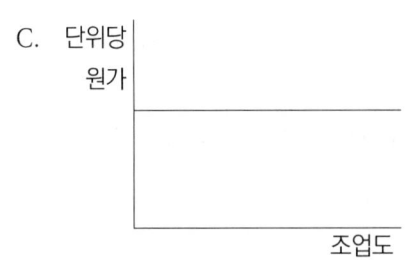
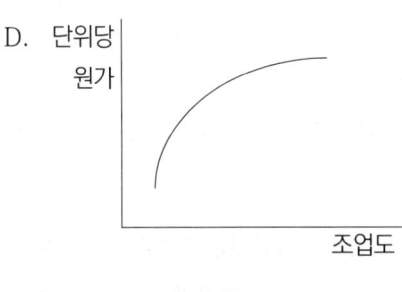

① A, C   ② A, D   ③ B, C   ④ B, D

10 다음 중 제품의 제조원가를 구성하지 않는 것은?
① 공장직원의 식사대
② 제품 홍보책자 인쇄비
③ 원재료 매입거래처에 대한 접대비
④ 공장건물의 화재보험료

11 다음 중 원가에 대한 설명으로 틀린 것은?
① 직접재료비와 직접노무비는 기초원가에 해당한다.
② 특정제품 또는 특정부문에 직접적으로 추적가능한 원가를 직접비라 하고 추적불가능한 원가를 간접비라 한다.
③ 변동비 총액은 조업도에 비례하여 증가한다.
④ 가공비란 직접재료비와 직접노무비를 합계한 원가를 말한다.

12 다음 중 원가에 대한 설명으로 옳은 것은?
① 특정 원가대상에 명확하게 추적이 가능한 원가를 직접원가라 한다.
② 기회비용은 특정의사결정에 고려할 필요가 없는 원가이다.
③ 총원가가 조업도의 변동에 비례하여 변하는 원가를 고정원가라 한다.
④ 가공원가에는 직접재료비와 직접노무비가 있다.

13 다음 중 원가의 추적가능성에 따른 분류로 가장 맞는 것은?

① 직접원가와 간접원가　　　　　② 고정원가와 변동원가
③ 실제원가와 표준원가　　　　　④ 제조원가와 비제조원가

14 다음 중 원가에 대한 설명으로 가장 틀린 것은?

① 직접재료비는 기초원가에 포함되지만 가공원가에는 포함되지 않는다.
② 직접노무비는 기초원가와 가공원가 모두에 해당된다.
③ 기회비용(기회원가)은 현재 이 대안을 선택하지 않았을 경우 포기한 대안 중 최소 금액 또는 최소 이익이다.
④ 제조활동과 직접 관련없는 판매관리활동에서 발생하는 원가를 비제조원가라 한다.

15 다음 중 원가의 개념설명이 옳지 않은 것은?

① 통제가능원가 : 경영자가 원가 발생액에 대하여 영향을 미칠 수 있는 원가
② 매몰원가 : 과거의 의사결정으로 이미 발생한 원가로 의사결정에 고려되어서는 안 되는 원가
③ 기회원가 : 재화·용역 또는 생산설비를 특정용도 이외의 다른 대체적인 용도로 사용한 경우에 얻을 수 있는 최대 금액
④ 관련원가 : 여러 대안 사이에 차이가 나는 원가로서 의사결정에 간접적으로 관련되는 원가

16 다음 자료에 의한 기초재공품 수량은?

• 기초제품수량 : 100개	• 기말제품수량 : 50개
• 당기매출수량 : 1,000개	• 당기착수수량 : 800개
• 기말재공품 수량 : 0개	

① 100개　　　② 130개　　　③ 140개　　　④ 150개

17 2024년 기간에 사용한 원재료는 1,000,000원이다. 2024년 12월 31일 원재료재고액은 2024년 1월 1일 원재료 재고액보다 200,000원이 더 많다. 2024년 기간의 원재료매입액은 얼마인가?

① 1,200,000원　　　　　② 800,000원
③ 1,400,000원　　　　　④ 1,100,000원

실전문제연습 해답

01 ① 각 조업도수준에서 단위당 변동원가는 일정하다.
02 ① 조업도가 증가할수록 단위당 원가부담액은 감소한다.
03 ② 조업도가 변화하더라도 총원가가 일정한 경우는 고정비이며, 전기료의 경우 혼합원가(준변동비)에 해당한다.
04 ④ 준변동비(또는 혼합원가)
05 ④
06 ③ 준변동비는 고정원가와 변동원가가 혼합된 원가를 말한다.
07 ② 직접비는 원가의 추적가능성에 따른 분류 중 하나에 해당한다.
08 ② 조업도가 무한히 증가할 때 단위당 고정비는 0에 가까워진다.
09 ① B는 고정원가의 총원가 그래프이고, D는 변동원가와 고정원가에 해당하지 않는 그래프이다.
10 ② 제품 홍보책자 인쇄비는 판매관리비에 해당하므로 제조원가를 구성하지 않는다.
11 ④ 가공비는 직접재료비를 제외한 모든 원가를 말한다.
12 ① (②는 매몰원가, ③은 변동원가, ④은 직접원가에 관한 설명이다.)
13 ① 추적가능한 원가인 직접원가와 추적가능하지 않은 원가인 간접원가로 나뉜다.
14 ③ 기회비용(기회원가)은 현재 이 대안을 선택하지 않았을 경우 포기한 대안 중 최대 금액 또는 최대 이익이다.
15 ④ 여러 대안 사이에 차이가 나는 원가로서 의사결정에 직접적으로 관련되는 원가
16 ④

재공품(수량)				제 품(수량)			
기초	150	제 품	950	기초	100	매출원가	1,000
당월착수	800	차월이월	0	재 공 품	950	차월이월	50
	950		950		1,050		1,050

17 ① 기초원재료 : X

기말원재료 : X + 200,000

원재료 당기 매입액 : Y

X + Y = X + 200,000 + 1,000,000

따라서 Y = 1,200,000원

Chapter 2
요소별 원가계산과 원가흐름

1. 원가요소

(1) 원가요소와 당기총제조원가

원가요소에는 재료비, 노무비, 제조경비(제조간접비)가 있는데, 당기에 발생한 직접재료비, 직접노무비, 제조간접비를 합하면 당기총제조원가가 된다.

> 당기총제조원가 = 직접재료비 + 직접노무비 + 제조간접비

(2) 원재료(재고자산) – 재료비

직접재료비란, 특정제품의 제조에 사용된 재료원가를 말한다. 한편, 간접재료비는 여러 제품 제조에 공통으로 사용된 재료원가를 말하며, 제조간접비로 분류된다.
다음 직접재료 계정에서 당기재료소비액이 직접재료비에 해당된다.

원재료(재고자산)			
기초원재료재고액	×× ×	재료비 소비액	×× ×
당기원재료매입액	×× ×	기말원재료재고액	×× ×

> 당기 재료 소비액 = 기초재료재고액 + 당기재료매입액 – 기말재료재고액

(3) 임금(500번대) – 노무비

직접노무비란 특정제품의 제조에 투입된 직원의 인건비를 말한다. 한편 간접노무비란 여러 제품의 제조에 투입된 직원의 인건비를 말하며 제조간접비로 분류된다.

임 금			
당기임금지급액	×× ×	전기임금미지급액	×× ×
당기임금 미지급액	×× ×	노무비 소비액	×× ×

> 당기 직접노무비 = 당기지급액 + 당기분 미지급액 – 전기 미지급액

(4) 제조경비(500번대) - 제조간접비

제조간접비란, 직접재료비와 직접노무비를 제외한 나머지 원가(제조경비등)를 말하는데, 제조경비에는 수선비, 임차료, 전력비 등이 여기에 해당된다.

제조경비(500번대)			
전기 선급액	×××	제조경비 소비액	×××
당기 지급액	×××	당기 선급액	×××

> 당기 제조경비 소비액 = 전기 선급액 + 당기 지급액 - 당기 선급액

제조간접비			
간접 재료비	×××	재공품으로 대체	×××
간접 노무비	×××		
간접 제조경비	×××		

- 간접재료비와 간접노무비는 제조간접비에 해당됨
- 변동제조간접비와 고정제조간접비로 나눌 수 있음
- 제조간접비 전액은 재공품계정 차변으로 대체된다.

(5) 재공품(재고자산)

제조과정 중에 있는 미완성 제품을 말하며, 재공품계정은 제품을 제조하는 과정에서 소비되는 모든 제조원가를 기록하는 집합계정으로서 완성품 제조원가가 표시되는 재고자산 계정이다.

당기제품제조원가는 제품계정으로 대체된다.

재공품(재고자산)			
기초재공품재고액	×××	당기제품제조원가	×××
직접재료비	×××	기말재공품재고액	×××
직접노무비	×××		
제소간섭비	×××		

> 당기제품제조원가 = 기초재공품재고액 + 당기총제조원가 - 기말재공품재고액
> 당기총제조원가 = 직접재료비 + 직접노무비 + 제조간접비

(5) 제품(재고자산)

제조공정을 완전히 마친 완성품으로, 제품계정에는 완성된 제품의 원가와 판매된 제품매출원가가 표시되는 재고자산 계정이다.

제 품(재고자산)			
기초제품재고액	×××	제품매출원가	×××
당기제품제조원가	×××	기말제품재고액	×××

기출문제 연습1 다음 자료에 의하여 제조원가에 포함될 금액은 얼마인가?

- 간접 재료비 : 250,000원
- 제조 공장장 급여 : 85,000원
- 제조 기계 감가상각비 : 75,000원
- 제조 공장 임차료 : 120,000원
- 제조 공장 화재보험료 : 50,000원
- 영업부 건물 화재보험료 : 80,000원
- 영업부 여비 교통비 : 20,000원
- 영업부 사무실 임차료 : 100,000원

① 495,000원   ② 580,000원
③ 600,000원   ④ 660,000원

풀이
② 250,000 + 50,000 + 85,000 + 75,000 + 120,000 = 580,000원

2. 제조원가의 흐름

(1) 제조원가의 흐름 기본개념

원가요소가 모여서 당기총제조원가를 이루고 당기총제조원가 중에서 제품으로 완성된 부분은 당기제품제조원가가 되고, 제품이 외부로 판매되면 판매된 것의 원가를 매출원가라 한다.

원가요소 → 당기총제조원가 → 당기제품제조원가 → 제품매출원가

원재료	
전기이월액	당기소비액
당기매입액	차기이월액

재료비	
당기소비액	직접재료비
	간접재료비

재공품	
전기이월액	당기제품 제조원가 (제품)
직접재료비	
직접노무비	
직접제조경비	
제조간접비 배부액	차기이월액

임 금	
당기지급액	전기미지급액
당기미지급액	당기소비액

노무비	
당기소비액	직접노무비
	간접노무비

각종경비항목	
전기선급액	당기소비액
당기지급액	당기선급액

제조경비	
당기소비액	직접제조경비
	간접제조경비

제조간접비	
간접재료비	제조간접비 배부액 (재공품)
간접노무비	
간접제조경비	

제 품	
전기이월액	제품매출원가
당기제품 제조원가	차기이월액

매출원가	
제품매출품 제조원가	연차손익

월차손익	
매출원가	매출액
각종경비 항 목	

구 분	개 념
당기총제조원가	당기에 발생된 원가요소(직접재료비, 직접노무비, 제조간접비)는 모두 합하여 당기총제조원가를 구성하며, 재공품 계정 차변으로 대체된다.
당기제품제조원가	당기총제조원가와 기초재공품 중 제품으로 완성된 것은 당기제품제조원가가 되고, 미완성분은 기말재공품이 된다.
제품매출원가	당기제품제조원가와 기초제품 중에서 매출된 것은 매출원가가 되고, 매출되지 않은 것은 기말제품으로 남는다.

(2) 주요 산식

제조원가의 흐름에 관한 주요 산식은 다음과 같다. 이 산식은 위의 원가의 흐름 도형을 산식으로 나타낸 것이다. 이 산식을 암기하기 보다는 위의 원가의 흐름을 이해하여야 한다.

- 직접재료비 = 기초재료재고액 + 당기재료매입액 – 기말재료재고액
- 당기총제조원가 = 직접재료비 + 직접노무비 + 제조간접비
- 당기제품제조원가 = 기초재공품재고액 + 당기총제조원가 – 기말재공품재고액
- 제품매출원가 = 기초제품재고액 + 당기제품제조원가 – 기말제품재고액

(3) 제조원가명세서(재공품)

제조원가명세서는 원가요소를 집계하고 제품제조원가를 계산하기 위한 명세서를 말한다. 직접재료비 계정과 재공품 계정에서 표시되는 내용과 유사하다.

```
              제조원가명세서
     Ⅰ. 직접재료비            ×××
        1. 기초재료재고액      ×××
        2. 당기재료매입액      ×××
        3. 기말재료재고액     (×××)
     Ⅱ. 직접노무비             ×××
     Ⅲ. 제조간접비             ×××
     Ⅳ. 당기총제조원가         ×××
     Ⅴ. 기초재공품재고액       ×××
     Ⅵ. 합        계          ×××
     Ⅶ. 기말재공품재고액      (×××)
     Ⅷ. 당기제품제조원가       ×××
```

▸ 당기제품제조원가는 손익계산서의 제품매출원가 산출 과정에 대체된다.

기출문제 연습

다음 중 재공품계정의 대변에 기입되는 사항은?
① 제조간접비 배부액　　② 직접재료비 소비액
③ 당기 제품제조원가　　④ 재공품 전기이월액

풀이

③ 당기제품제조원가 재공품계정 대변, 당기총제조원가는 재공품계정 차변

실전문제연습

01 다음 중 재공품 및 제품에 관한 설명으로 틀린 것은?
① 당기제품제조원가는 재공품계정의 대변에 기입한다.
② 매출원가는 제품계정의 대변에 기입한다.
③ 기말재공품은 손익계산서에 반영된다.
④ 직접재료비, 직접노무비, 제조간접비의 합계를 당기총제조원가라고 한다.

02 다음 자료에 의한 제조간접비는 얼마인가?

- 직접재료비 : 300,000원
- 직접노무비 : 650,000원
- 기계감가상각비 : 25,000원
- 공장임차료 : 450,000원
- 영업부사무실임차료 : 300,000원
- 판매수수료 : 80,000원
- 공장전력비 : 180,000원

① 1,215,000원   ② 1,165,000원   ③ 655,000원   ④ 435,000원

03 ㈜세무의 당기 발생한 제조원가와 관련된 자료는 다음과 같다. 당기의 제조간접원가와 기말재공품 재고액은 얼마인가?

- 직접재료원가 : 5,000원
- 직접노무원가 : 3,000원
- 제조간접원가 : ?
- 당기총제조원가 : 10,000원
- 기초재공품 : 1,500원
- 당기제품제조원가 : 9,000원

① 2,000원, 2,500원   ② 2,000원, 1,500원
③ 1,000원, 1,500원   ④ 1,000원, 2,500원

04 다음 자료를 이용하여 당기 원재료매입액을 계산하면 얼마인가?

- 기초 원재료 재고액 : 4,000,000원
- 기말 원재료 재고액 : 5,000,000원
- 당기 노무비 발생액 : 10,000,000원
- 당기 제조경비 발생액 : 5,000,000원
- 당기총제조원가는 가공원가의 200%이다.

① 13,000,000원   ② 14,000,000원
③ 15,000,000원   ④ 16,000,000원

05 다음 자료에 의한 직접재료비는 얼마인가?

- 기초재공품 : 1,000,000원
- 제조간접비 : 당기제품제조원가의 40%
- 기말재공품 : 2,000,000원
- 당기제품제조원가 : 5,500,000원
- 직접노무비 : 제조간접비의 1.2배

① 1,200,000원 ② 1,550,000원
③ 1,660,000원 ④ 1,860,000원

06 삼일㈜는 악기를 제조하고 있는 회사로써 당기 원가는 다음과 같다. 당기말 제품재고액은 얼마인가?

1. 재무상태표 금액

구 분	전기말	당기말
원재료	0원	0원
재공품	150,000원	110,000원
제품	130,000원	( )

2. 제조원가명세서와 손익계산서상의 금액
- 직접노무비 : 100,000원
- 직접재료비 : 160,000원
- 제조간접비 : 50,000원
- 제품매출원가 : 280,000원

① 160,000원 ② 180,000원
③ 200,000원 ④ 220,000원

07 다음 자료를 이용하여 당기제품제조원가를 구하면 얼마인가?

- 기초원재료 재고액 : 100,000원
- 기중원재료 매입액 : 150,000원
- 제조간접비 : 200,000원
- 기말재공품 재고액 : 150,000원
- 기말제품 재고액 : 200,000원
- 기말원재료 재고액 : 30,000원
- 직접노무비 : 200,000원
- 기초재공품 재고액 : 10,000원
- 기초제품 재고액 : 80,000원

① 340,000원 ② 360,000원
③ 480,000원 ④ 490,000원

08 다음은 제조원가 및 재고자산에 관한 자료이다. 매출원가는 얼마인가?

구 분	기초재고	기말재고
재공품	500,000원	2,000,000원
제 품	1,000,000원	2,000,000원
당기총제조원가는 10,500,000원이다.		

① 6,000,000원 ② 7,000,000원 ③ 8,000,000원 ④ 9,000,000원

09 다음의 자료를 이용하여 당기 말 제품 재고액을 계산하면 얼마인가?

- 당기 말 재공품은 전기와 비교하여 45,000원이 증가하였다.
- 전기 말 제품 재고는 620,000원이었다.
- 직접재료비 360,000원
- 직접노무비 480,000원
- 제조간접비 530,000원
- 당기 손익계산서상 매출원가는 1,350,000원이다.

① 640,000원 ② 595,000원 ③ 540,000원 ④ 495,000원

10 다음 자료를 이용하여 당기총제조원가를 계산하면 얼마인가?

- 기초재공품재고 : 10,000원
- 기초제품재고 : 60,000원
- 매출원가 : 270,000원
- 기말재공품재고 : 20,000원
- 기말제품재고 : 30,000원

① 250,000원 ② 240,000원 ③ 220,000원 ④ 200,000원

11 다음 자료를 이용하여 매출원가를 계산하면 얼마인가?

- 기초재공품재고액 : 500,000원
- 당기총제조원가 : 2,000,000원
- 기말제품재고액 : 450,000원
- 기말재공품재고액 : 1,000,000원
- 기초제품재고액 : 400,000원

① 1,450,000원 ② 1,500,000원 ③ 1,550,000원 ④ 1,600,000원

실전문제연습 해답

01 ③ 기말재공품은 재무상태표에 반영된다.
02 ③ 25,000 + 450,000 + 180,000 = 655,000원
03 ① • 당기총제조원가 = 직접재조원가 + 직접노무원가 + 제조간접원가
   • 당기제품제조원가 = 기초재공품 + 당기총제조원가 - 기말재공품
   • 제조간접원가 = 10,000원 - 5,000원 - 3,000원 = 2,000원
   • 기말재공품 = 1,500원 + 10,000원 - 9,000원 = 2,500원
04 ④ 당기총제조원가 = (10,000,000 + 5,000,000) × 2 = 30,000,000원
   30,000,000 = 4,000,000 + 10,000,000 + 5,000,000 + X - 5,000,000
   X = 16,000,000원
05 ③ 제조간접비 : 5,500,000 × 40% = 2,200,000원
   직접노무비 : 2,200,000 × 1.2 = 2,640,000원
   당기총제조원가 : 5,500,000 + 2,000,000 - 1,000,000 = 6,500,000원
   직접재료비 : 6,500,000 - 2,200,000 - 2,640,000 = 1,660,000원
06 ③ 당기제품제조원가 : 150,000 + 160,000 + 100,000 + 50,000 - 110,000 = 350,000원
   기말제품재고액 : 130,000 + 350,000 - 280,000 = 200,000원
07 ③ 원재료 사용액 : 100,000 + 150,000 - 30,000 = 220,000원
   당기총제조원가 : 220,000 + 200,000 + 200,000 = 620,000원
   당기제품제조원가 : 10,000 + 620,000 - 150,000 = 480,000원
08 ③ 당기제품제조원가 : 500,000 + 10,500,000 - 2,000,000 = 9,000,000원
   매출원가 : 1,000,000 + 9,000,000 - 2,000,000 = 8,000,000원
09 ② 당기제품제조원가 : (360,000 + 480,000 + 530,000) - 45,000 = 1,325,000원
   기말재고액 : (620,000 + 1,325,000) - 1,350,000 = 595,000원
10 ① 당기총제조원가 : 20,000 + 240,000 - 10,000 = 250,000원
   당기제품제조원가 : 30,000 + 270,000 - 60,000 = 250,000원
11 ① 당기제품제조원가 : 500,000 + 2,000,000 - 1,000,000 = 1,500,000원
   매출원가 : 400,000 + 1,500,000 - 450,000 = 1,450,000원

Chapter 3
부문별 원가계산

1. 부문별 원가계산의 개념

(1) 부문별 원가계산의 개념

원가(제조간접비)를 각 부문별로 계산하는 것를 말한다. 제조부문을 보조하는 역할을 하는 보조부문의 원가를 일정한 기준에 의해 제조부문에 배부해서 제품의 원가를 계산한다.

(2) 제조부문과 보조부문

제조부문과 보조부문의 개념과 종류는 다음과 같다.

제조부문	보조부문
• 직접 생산을 담당하는 부문	• 제조부문의 활동을 지원하는 부문
• 주조부문, 절단부문, 조립부문 등	• 동력부문, 수선부문, 공장사무부문 등

(3) 배부기준

제조간접비는 비용의 발생과 인과관계가 있는 배부기준을 정하여 배부하는데 일반적으로 원가별 배부기준은 다음과 같다.

원 가	배부기준	원 가	배부기준
건물 감가상각비	건물 면적	전기료	사용시간
기계 감가상각비	기계 사용시간	복리후생비	종업원 수
건물 임차료	건물 면적	수선비	수선작업시간

기출문제 연습

제조간접원가를 각 부문에 배부하는 기준으로 가장 적합하지 않은 것은?
① 건물관리부문 : 사용면적
② 노무관리부문 : 종업원 수
③ 검사부문 : 검사수량, 검사시간
④ 구매부문 : 기계시간

풀이
④ 구매부문은 주문횟수, 주문수량으로 배부하는 것이 합리적이다.

2. 부문별 원가계산의 배부 방법

(1) 부문별 원가계산의 종류

부문별 원가계산에서 보조부문원가를 제조부문에 배부하는 방법은 다음과 같다.

| • 직접배부법 • 단계배부법 • 상호배부법 |

(2) 직접배부법

각 보조부문 간의 용역수수 관계를 완전히 무시하는 배부 방법이다. 가장 간단하고 단순하며, 가장 부정확하다.

(3) 단계배부법

각 보조부문 간의 용역수수 관계를 일부만 고려하는 배부 방법이다. 가장 먼저 배부되는 보조부문의 원가는 모든 부분에 배분하고, 후순위로 배분되는 보조부문의 원가는 선순위 보조부문에 배분하지 않는다. 따라서 보조부문의 배부 순서가 중요하며, 배부 순서에 따라 제조간접비의 배부액이 달라진다.

직접배부법 보다 우수하지만, 배부 순서를 잘못 선정하는 경우에는 직접배부법 보다 부정확한 결과를 초래할 수도 있다.

(4) 상호배부법

각 보조부문 간의 용역수수 관계를 완전히 고려하는 배부 방법이다. 가장 정확하지만, 비용이 많이 들고, 복잡하다.

【배부 방법 요약】

구 분	개념 및 특성
직접배부법	• 보조부문간의 용역수수를 무시한다. • 보조부문비를 제조부문에만 배부한다. • 가장 단순하고 비용이 낮으며, 부정확하다.
단계배부법	• 보조부문간의 용역수수를 일부만 고려한다. • 보조부문의 배부순서가 중요하다. • 보조부문의 배부순서에 따라 배부액이 달라진다.
상호배부법	• 보조부문간의 용역수수를 모두 고려한다. • 가장 정확하고 비용이 높으며, 복잡하다.

기출문제 연습1

다음의 부문별 원가계산에 관한 설명 중 옳지 않은 것은?
① 단계배부법은 보조부문 상호 간의 용역수수를 완전히 반영한다는 점에서 직접배부법보다 우수하다.
② 직접배부법은 계산이 간단하여 비용이 적게 든다.
③ 상호배부법은 원가배분절차가 복잡하여 정확한 자료를 얻으려면 많은 시간과 비용이 소요된다.
④ 단계배부법은 배분순서에 따라 원가계산 결과가 다르게 나타날 수 있다.

풀이
① 단계배부법은 보조부문 상호간의 용역수수를 완전히 반영하지 못한다.

기출문제 연습2

보조부문 원가를 제조부문에 배부하는 방법에 대한 설명으로 틀린 것은?
① 직접배부법을 사용하는 경우에는 특정 보조부문 원가가 다른 보조부문에 배부되지 않는다.
② 단계배부법을 사용하는 경우에는 가장 먼저 배부되는 보조부문 원가는 다른 보조부문에 배부되지 않는다.
③ 상호배부법을 사용하는 경우에는 배부순서에 따라 특정 제조부문에 대한 배부액이 달라지지 않는다.
④ 상호배부법은 보조부문 상호간의 용역수수관계를 완전히 고려하는 방법이다.

풀이
② 단계배부법을 사용하는 경우에는 가장 먼저 배부되는 보조부문 원가는 다른 보조부문에 배부된다.

기출문제 연습3

다음은 보조부문비의 배분방법에 대한 설명이다. 틀린 것은?
① 직접배부법은 보조부문간 용역수수관계를 일부 고려하는 배부방법이다.
② 상호배부법은 보조부문간 용역수수관계를 완전히 고려하는 배부방법이다.
③ 상호배부법은 다른 배분방법에 비해 정확한 원가배분이 가능하나, 많은 시간과 비용이 소요되는 단점이 있다.
④ 단계배부법 적용 시 가장 많은 부문에 용역을 제공하는 보조부문부터 상대적으로 적은 부문에 용역을 제공하는 보조부문 순으로 보조부문비를 배분한다.

풀이
① 직접배부법은 보조부문간 용역수수관계를 전혀 고려하지 않는다.

실전문제연습

01 보조부문원가를 제조부문에 배부하는 기준으로 가장 적절한 것은 무엇인가?
① 구매부 : 근무시간
② 수선유지부 : 매출액
③ 전력부 : 전력사용량
④ 인사부 : 점유면적

02 다음 중 부문별 원가계산에 대하여 옳게 설명한 것은?
① 직접배부법은 보조부문 상호간 용역수수를 가장 잘 반영한다.
② 단계배부법은 상호배부법 보다는 우수하지만 주관적 판단에 따라 결과가 달라지는 단점이 있다.
③ 제조공장 임차료를 각 부문에 배부하는 기준으로는 각 부문의 작업인원 수가 가장 적당하다.
④ 직접배부법, 단계배부법, 상호배부법의 차이는 보조부문 상호간 용역수수 반영정도의 차이라고 할 수 있다.

03 보조부문에서 발생한 원가도 생산과정에서 반드시 필요한 원가이므로 제품원가에 포함시키기 위하여 제조부문에 배분되어야 한다. 이때 보조부문 원가 행태에 따른 배분방법으로는 단일배분율법과 이중배분율법이 있다. 다음 중에서 이중배분율법의 장점만 짝지은 것은?

> A. 원가 배분절차가 복잡하지 않아 비용과 시간이 절약된다.
> B. 원가부문 활동에 대한 계획과 통제에 더 유용한 정보를 제공할 수 있다.
> C. 원가발생액과 원가대상 사이의 인과관계가 더 밀접해질 수 있다.
> D. 배분과정에서 발생할 수 있는 불공정성이 감소하기 때문에 더 공정한 성과평가가 이루어질 수 있다.

① A, B, C
② A, C, D
③ B, C, D
④ A, B, C, D

04 당사는 단계배부법을 이용하여 보조부문 제조간접비를 제조부문에 배부하고자 한다. 각 부문별 원가발생액과 보조부문의 용역공급이 다음과 같을 경우 수선부문에서 조립부문으로 배부될 제조간접비는 얼마인가?(단, 전력부문부터 배부한다고 가정함)

구 분	제조부문		보조부문	
	조립부문	절단부문	전력부문	수선부문
자기부문 제조간접비	600,000원	500,000원	300,000원	450,000원
전력부문 동력공급(kw)	300	400	-	300
수선부문 수선공급(시간)	40	50	10	-

① 200,000원 ② 240,000원
③ 250,000원 ④ 300,000원

05 ㈜학동은 단계배분법을 사용하여 원가배분을 하고 있다. 아래의 자료를 이용하여 조립부문에 배분될 보조부문의 원가는 얼마인가?(단, 전력부문을 먼저 배분할 것)

구 분	보조부문		제조부문	
	전력부문	관리부문	조립부문	절단부문
배분전원가	200,000원	700,000원	3,000,000원	1,500,000원
배분전원가	-	10%	50%	40%
전력부문배분율	10%	-	30%	60%

① 300,000원 ② 340,000원
③ 350,000원 ④ 400,000원

06 직접배부법을 이용하여 보조부문 제조간접비를 제조부문에 배부하고자 한다. 보조부문 제조간접비를 배분한 후 절단부문의 총원가는 얼마인가?

구 분	보 조 부 문		제 조 부 문	
	수선부문	전력부문	조립부문	절단부문
전력부문 공급(kw)	60	-	500	500
수선부문 공급(시간)	-	100	600	200
자기부문원가(원)	400,000	200,000	600,000	500,000

① 600,000원 ② 700,000원
③ 800,000원 ④ 900,000원

07 수선부문과 동력부문에 각각 600,000원, 630,000원의 부문원가가 집계되어 있을 경우 아래의 자료를 바탕으로 성형부문에 배부될 원가는 얼마인가?(직접원가배부법을 사용하는 것으로 가정한다.)

구 분	제조부문		보조부문		합 계
	성 형	조 립	수 선	동 력	
수 선	800시간	400시간	-	600시간	1,800시간
동 력	9,100kW	3,500kW	7,000kW	-	19,600kW

① 820,000원 ② 840,000원
③ 855,000원 ④ 875,000원

실전문제연습 해답

01 ③ 전력부는 전력사용량을 기준으로 배부하는 것이 가장 적절하다.
02 ④ 상호간 용역수수를 가장 잘 반영한 방법은 상호배부법이고, 상호배부법이 단계배부법보다 더 우수하다. 공장 임차료를 배부할 때는 각 부문의 점유면적으로 배부하는 것이 가장 적당하다.
03 ③ 이중배분율법은 원가 배분절차가 복잡하여 비용과 시간이 절약되지는 않는다.
04 ② 수선부문에 300,000×300kw/(300+400+300)kw=90,000원을 배분.
540,000원(450,000원+90,000원)을 제주부문에 배부
∴ 540,000원×40/(40+50)=240,000원
05 ② 100,000원+240,000원=340,000원

배분전원가	보조부문		제조부문	
	전력부문	관리부문	조립부문	절단부문
배분전원가	200,000원	700,000원	3,000,000원	1,500,000원
전력부문배분율	-200,000원	20,000원	100,000원	80,000원
관리부문배분율		-720,000원	240,000원	480,000원

06 ② 수선부문이 절단부문에 배분한 금액 : 400,000×[200/800]=100,000원
전력부문이 절단부문에 배분한 금액 : 200,000×[500/1,000]=100,000원
절단부문 총원가 : 100,000원+100,000원+500,000원=700,000원
07 ③ 수선 → 성형 배부 : 600,000×800÷1,200=400,000원
동력 → 성형 배부 : 630,000×9,100÷12,600=455,000원
∴ 400,000+455,000=855,000원

Chapter 4
개별원가계산

1. 개별원가계산의 의의

(1) 개별원가계산의 개념

개별 제품별로 제조지시서에 의하여 원가를 계산하는 원가계산방식을 말한다.

각 제품별로 계산되므로 원가계산이 정확하지만 비용이 많이 들고 계산이 느린 단점이 있다. 따라서 개별원가계산은 고가의 제품을 개별 주문제작 방식으로 제조하는 제조업에 주로 적용된다. 조선업, 건설업, 항공기제조업, 인쇄업 등이 여기에 해당된다.

개별원가계산에서는 제조원가를 직접비와 제조간접비로 분류한다.

(2) 제조지시서 및 작업원가표

제조지시서	주문받은 제품의 제조를 위하여 작업현장에서 지시하는 문서
작업원가표	개별 작업에서 발생하는 직접재료원가, 직접노무원가, 제조간접원가 등 제조원가를 작업별로 집계하기 위해 사용되는 표

(3) 배부율과 배부

제조간접비를 특정 제품에 배부하기 위해서는 제조간접비와 제품 간의 인과관계를 잘 나타내 줄 수 있는 배부기준을 선정해서 배부율을 구한 뒤 특정 제품에 배부한다.

- 제조간접비 배부율 = $\dfrac{\text{총제조간접원가}}{\text{총배부기준}}$
- 제품에 배부하는 금액 = 배부기준 × 제조간접비 배부율

기출문제 연습1 다음 중 개별원가계산에 가장 적합한 업종은?
① 건설업　　　　　　　　② 휴대폰
③ 필기류　　　　　　　　④ 냉장고

풀이
① 개별원가계산은 기업외부의 주문이나 계약에 따라 이루어지는 작업에 이용된다.

기출문제 연습2 다음 중 개별원가계산에 대한 설명으로 틀린 것은?
① 제품을 비반복적으로 생산하는 업종에 적합한 원가계산제도이다.
② 조선업, 건설업 등 주문생산에 유리하다.
③ 공장전체 제조간접비 배분율을 적용하는 것이 제조부문별 제조간접비 배분율을 적용하는 것보다 더 정확한 원가배분방법이다.
④ 제조간접비는 일정한 배분기준에 따라 배부하게 된다.

풀이
③ 부문별 제조간접비 배분율을 적용하는 것이 더 정확한 원가배분방법이다.

기출문제 연습3 개별원가계산의 특징이 아닌 것은?
① 다품종소량생산, 주문생산에 적합하다.
② 제조지시서를 통하여 개별제품별로 제조를 지시한다.
③ 작업원가표를 통하여 개별제품별로 제조원가가 집계된다.
④ 제조원가는 각 공정별로 집계된다.

풀이
④ 종합원가계산에 대한 설명이다.

2. 실제개별원가계산과 정상개별원가계산

(1) 실제배부와 예정배부

제조간접비 배부는 실제발생액을 산정한 다음, 실제배부기준에 따라 제조간접비 배부액을 제조지시서에 배부한다. 이 방법을 실제배부법이라 한다.

그러나, 실무에서는 적용상의 어려움(신속한 원가계산이 곤란 등)때문에 예정배부를 하는 경우가 많다. 예정배부의 경우는 제조간접비 예산총액을 예정배부기준총계로 나누어 예정배부율을 구한다.

(2) 실제개별원가계산과 예정개별원가계산(정상원가계산)

실제개별원가계산은 실제 배부율을 사용하고, 정상개별원가계산에서는 예정배부율을 사용한다. 주의할 것은 배부할 때는 모두 실제 조업도를 사용한다는 것이다.

구 분	실제 개별원가계산	정상 개별원가계산
개 념	실제 발생한 원가를 기초로 원가배분	제조간접비 예산을 기초로 원가배분
배부율	$\dfrac{\text{실제 발생 제조간접비}}{\text{실제 조업도}}$	$\dfrac{\text{제조간접비 예산}}{\text{예정 조업도}}$
배 부	실제 조업도 × 실제 배부율	**실제 조업도 × 예정 배부율**
특 징	• 정확한 원가계산 • 계산결과가 늦게 나옴 • 계절별 또는 주기별 원가변동 가능	• 빠른 원가계산(부정확) • 실제 발생원가와의 배부차이가 발생하므로 이 차이를 조정해야함

풀어보기

직접노동시간을 기준으로 제조간접비를 예정배부하는 해당 기업의 1월 중 제조간접비 예정배부액과 1월 중 총제조원가를 계산하라.

- 연간 제조간접원가 : 50,000원
- 연간 직접노동시간 : 5,000시간
- 1월 중 발생원가

| 직접재료비 10,000원 | 직접노무비 4,000원 직접노동시간 400시간 |

풀이

- 제조간접비 예정배부액 : 배부기준(실제조업도) × 제조간접비 배부율
- 총제조원가 : 직접재료비 + 직접노무비 + 제조간접비
- 제조간접비 배부율 = $\dfrac{50{,}000원}{5{,}000시간}$ = 10(시간당 10원)
- 1월 중 제조간접비 예정배부액 : 400시간 × 10원 = 4,000원
- 1월 중 총제조원가 : 10,000 + 4,000 + 4,000 = 18,000원

> 이 문제에서 제조간접비 예정배부액이 4,000원이므로, 만약 실제 발생한 제조간접비가 5,000원이었다면 1,000원을 과소배부(5,000 – 4,000)한 것이고, 반대로 실제 발생한 제조간접비가 3,000원이었다면 1,000원을 과대배부(4,000 – 3,000)한 것이다.

(3) 제조간접비 배부차이

정상개별원가계산시 제조간접비를 예정배부하면 실제 발생액과의 차이가 발생하는데 이 차이를 제조간접비 배부차이라 한다. 과소배부 또는 과대배부가 있다.

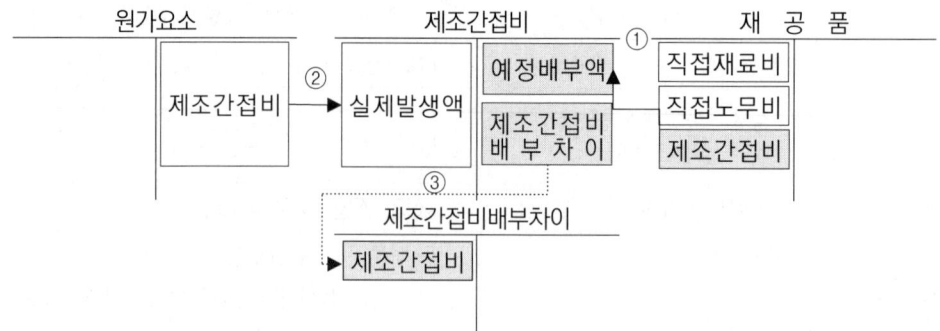

제조간접비 배부차이 = 제조간접비 실제발생액 − 예정배부액

- 실제발생액 〉 예정배부액 → 과소배부
- 실제발생액 〈 예정배부액 → 과대배부

위의 배부차이를 조정하여 예정배부된 제조간접비를 실제발생원가로 전환해야 하는데 이를 차이조정이라 한다.

과소배부 된 금액은 해당 계정에 가산하고, 과대배부 된 금액은 차감한다. 다음의 방법으로 조정할 수 있다.

영업외손익법	배부차이를 모두 영업외손익으로 처리
매출원가 조정법	배부차이를 모두 매출원가로 처리
총원가 비례배분법	배부차이를 기말재공품, 기말제품, 매출원가 총액의 비율에 따라 배분
원가요소별 비례배분법	배부차이를 기말재공품, 기말제품, 매출원가에 포함된 제조간접비의 비율에 따라 배분

기출문제 연습 다음은 실제개별원가계산과 정상개별원가계산에 대한 설명이다. 틀린 것은?
① 실제개별원가계산과 정상개별원가계산 모두 직접재료비와 직접노무비는 실제발생액을 개별작업에 직접 부과한다.
② 실제개별원가계산은 일정기간 동안 실제 발생한 제조간접비를 동일기간의 실제 배부기준 총수로 나눈 실제배부율에 의하여 개별제품에 배부한다.
③ 정상개별원가계산은 개별작업에 직접 부과할 수 없는 제조간접비를 예정배부율을 이용하여 배부한다.
④ 원가계산이 지연되는 문제를 해결하고자 실제개별원가계산이 도입되었다.

풀이
④ 정상개별원가계산에 대한 설명이다.

실전문제연습

01 다음 중 개별원가계산과 가장 관련이 있는 것은?
① 작업원가표 ② 완성품환산량
③ 선입선출법 ④ 가중평균법

02 개별원가계산에 대한 설명으로 가장 옳지 않는 것은?
① 다양한 품종을 생산한다.
② 주문생산형태로 제품을 제작한다.
③ 개별 제품의 제작원가가 비교적 크다.
④ 동일한 종류의 제품을 대량으로 생산하고 있다.

03 다음 중 개별원가계산에 대한 특징으로 틀린 것은?
① 조선업, 건설업 등 주문생산에 유리하다.
② 실제원가나 예정원가를 사용할 수 있다.
③ 개별적인 원가계산으로 인해 제조간접비 배분이 중요하지 않다.
④ 제품별로 손익분석 및 계산이 용이하다.

04 다음 중 개별원가계산에 대한 설명이 아닌 것은?
① 원가의 집계가 공정별로 이뤄지기 때문에 개별작업별로 작업지시서를 작성할 필요는 없다.
② 동종 대량생산형태보다는 다품종 소량 주문생산 형태에 적합하다.
③ 제조간접비의 배분이 중요한 의미를 갖는다.
④ 월말재공품의 평가문제가 발생하지 않는다.

05 다음 중 개별원가계산에 대한 설명이 아닌 것은?
① 기말재공품의 평가문제가 발생하지 않는다
② 제조간접비의 배분이 중요한 의미를 갖는다.
③ 동종 대량생산형태보다는 다품종 소량주문생산형태에 적합하다.
④ 공정별로 원가 집계를 하기 때문에 개별작업별로 작업지시서를 작성할 필요는 없다.

06 다음 중 개별원가계산에 대한 설명으로 옳지 않은 것은?

① 개별원가계산에서는 개별작업별로 원가를 집계하므로 제조직접비와 제조간접비의 구분이 중요하다.
② 실제개별원가계산에서는 제조간접비를 기말 전에 배부할 수 있으므로 제품원가계산이 신속하다.
③ 정상개별원가계산에서는 월별·계절별로 제품단위원가가 변동하게 되는 것을 극복할 수 있다.
④ 제조간접비 배부차이 처리방법 중 매출원가조정법은 재고자산에 배분하지 않는 방법이다.

07 개별원가계산시 배부율 및 배부액을 산정하는 산식 중 올바르지 않은 것은?

① 실제제조간접비 배부율 = $\dfrac{\text{실제제조간접비 합계액}}{\text{실제조업도(실제배부기준)}}$

② 예정제조간접비 배부율 = $\dfrac{\text{예정제조간접비 합계액}}{\text{예정조업도(예정배부기준)}}$

③ 실제제조간접비 배부액 = 실제조업도(실제배분기준) × 제조간접비 실제배부율
④ 예정제조간접비 배부액 = 예정조업도(예정배분기준) × 제조간접비 예정배부율

08 개별원가계산은 개별제품 또는 작업별로 원가를 집계하여 제품원가를 계산하는 방법을 말한다. 개별원가계산과 관련된 설명으로 가장 틀린 것은?

① 일반적으로 제품 생산 단위당 원가가 낮다.
② 다품종 소량생산방식이나 주문제작하는 경우에 적합하다.
③ 개별제품별로 원가를 계산하기 때문에 개별제품별 원가계산과 손익분석이 용이하다.
④ 다른 원가계산에 비해 상대적으로 정확한 원가계산이 가능하다.

09 ㈜서림은 제조간접비를 직접노동시간을 기준으로 배부한다. 2023년 제조간접비 예상액은 6,000,000원, 예상 직접노동시간은 40,000시간이다. 2023년 말 실제로 발생한 제조간접비는 5,860,000원, 실제 발생 직접노동시간은 39,000시간이라고 할 때, 제조간접비 배부차이는 얼마인가?

① 10,000원 과대배부 ② 10,000원 과소배부
③ 140,000원 과대배부 ④ 140,000원 과소배부

10 ㈜여수는 제조간접비를 직접노무시간을 기준으로 배부하고 있다. 당해 제조간접비의 배부차이는 100,000원(과대배부)였으며 당기말 제조간접비 실제발생액은 400,000원이였다면 제조간접비 예정배부율은 얼마인가?(단, 실제 직접노무시간은 10,000시간이다.)

① 50원/시간당 ② 40원/시간당 ③ 30원/시간당 ④ 20원/시간당

11 ㈜구미제지의 제조간접비 예정배부율은 작업시간당 2,500원이다. 예정작업시간이 4,000시간, 실제작업시간이 5,000시간이고 제조간접비 배부차이가 300,000원 과대배부라면, 실제 제조간접비 발생액은 얼마인가?

① 9,700,000원 ② 10,300,000원 ③ 12,200,000원 ④ 12,800,000원

12 ㈜대전의 제조간접비 예정배부율은 작업시간당 10,000원이다. 실제작업시간이 500시간이고, 제조간접비 배부차이가 1,000,000원 과소배부라면, 실제제조간접비 발생액은?

① 6,000,000원 ② 5,000,000원 ③ 4,000,000원 ④ 7,000,000원

13 다음 자료에 의한 기계작업시간당 제조간접비 예정배부율은 얼마인가?

- 제조간접비 실제발생액 : 25,000,000원
- 제조지시서의 실제 기계작업시간 : 500시간
- 제조간접비 실제배부율 : 기계작업시간당 50,000원
- 제조간접비 과소배부액 : 1,000,000원

① 기계작업시간당 47,000원 ② 기계작업시간당 48,000원
③ 기계작업시간당 50,000원 ④ 기계작업시간당 52,000원

14 기초원가를 기준으로 제조간접비를 배부한다고 할 때 다음 자료에 의하여 작업지시서 NO.1에 배부할 제조간접비는 얼마인가?(기초 및 기말재고는 없다)

구 분	공장전체 발생	작업지시서 NO.1
직 접 재 료 비	1,000,000원	500,000원
직 접 노 무 비	4,000,000원	1,500,000원
당기총제조비용	12,000,000원	-

① 2,000,000원 ② 2,800,000원 ③ 3,000,000원 ④ 4,800,000원

실전문제연습 해답

01 ① 작업원가표는 개별원가계산에 사용되는 방식이다. 완성품환산량, 선입선출법, 가중평균법 등은 모두 종합원가계산과 관련이 있다.

02 ④ 대량생산이 가능할 경우에는 종합원가계산 방식이 적합하다.

03 ③ 개별원가계산의 경우에는 제조간접비의 배분이 매우 중요하다.

04 ① 종합원가계산에 대한 설명이다.

05 ④ 종합원가계산에 대한 설명이다.

06 ② 실제개별원가계산에서는 제조간접비를 기말 전에 배부할 수 없으므로 제품원가계산이 지연된다.

07 ④ 예정제조간접비 배부액 = 실제조업도 × 제조간접비 예정배부율

08 ① 단위당 원가가 일반적으로 크다.

09 ② • 제조간접비 배부율 : 6,000,000원 ÷ 40,000시간 = 150원/시간
　　• 배부차이 : 5,860,000원 − (150원 × 39,000시간) = 10,000원(과소배부)

10 ① 50원/시간당 = [400,000원(실제발생액) + 100,000원(과대배부)] / 10,000시간.

11 ③ 예정배부액 : 5,000시간 × 2,500 = 12,500,000원
　　예정배부액이 300,000원 과대배부된 경우라면 실제발생액은 12,200,000원이다.

12 ① 10,000원 × 500시간 + 1,000,000 = 6,000,000원

13 ② 예정배부액 : 25,000,000원 − 1,000,000원 = 24,000,000원
　　예정배부율 : 24,000,000원 ÷ 500시간 = @48,000원

14 ② 배부율 = 2,000,000원(작업지시서NO.1) ÷ 5,000,000원(공장전체) = 40%
　　배부액 = (12,000,000원 − 5,000,000원) × 40% = 2,800,000원

Chapter 5
종합원가계산

1. 종합원가계산의 의의

(1) 종합원가계산의 개념

연속적인 제조공정을 통해 동일 종류의 제품을 연속대량 생산하는 업종에 적용하기에 적당한 원가계산방법이며, 공정별로 생산하는 업종에 유용하다. 주로 화학공업, 정유업, 제분업 등에 사용된다.

(2) 종합원가계산의 방법

종합원가계산에서는 제조원가를 재료비와 가공비로 분류하며, 직접재료비·직접노무비·제조간접비로 분류하지 않으므로 제조간접비의 배부 문제가 중요하지 않다.
종합원가계산 기초재공품의 취급방법에 따라 평균법과 선입선출법으로 나뉜다.

(3) 평균법과 선입선출법

평균법은 모든 원가가 당기에 투입된다고 가정하고, 선입선출법은 기초재공품이 먼저 완성된 후 당기에 착수한 물량이 나중에 완성된다고 가정한다.

종합원가계산 5단계	평균법	선입선출법
㉠ 물량의 흐름	완성된 제품 중 기초재공품을 구분하지 않음	완성된 제품 중 기초재공품을 구분함
㉡ 완성품환산량	기말재공품의 완성도만 반영	기초재공품과 기말재공품의 완성도를 모두 반영
㉢ 원가발생액 요약	기초재공품의 원가를 구분하지 않고 당기발생원가와 합산함	기초재공품의 원가를 구분함
㉣ 완성품환산량 단위당원가	원가발생액을 완성품환산량으로 나눔	당기 원가발생액을 완성품환산량으로 나눔
㉤ 완성품과 기말재공품	완성품환산량과 완성품환산량 단위당 원가를 곱함	완성품환산량과 완성품환산량단위당 원가를 곱한 후 완성품원가에 기초재공품원가를 합산

평균법과 선입선출법은 기초재공품의 취급방법에 따른 구분이므로 기초재공품이 없는 경우에는 평균법과 선입선출법의 계산결과가 동일하다.

> **기출문제 연습**
>
> 종합원가계산에서 선입선출법과 평균법에 대한 설명 중 가장 옳지 않은 것은?
> ① 선입선출법은 평균법보다 실제물량흐름을 반영하며 원가통제 등에 더 유용한 정보를 제공한다.
> ② 평균법은 완성품환산량 계산시 순수한 당기발생작업량만으로 계산한다.
> ③ 기초재공품원가에 대하여 평균법은 기말재공품에 배부하지만, 선입선출법은 기말재공품에 배부하지 아니한다.
> ④ 기초재공품이 없다면 선입선출법과 평균법의 결과는 차이를 보이지 않는다.
>
> **풀이**
> ② 평균법은 완성품환산량 계산시 기초재공품도 당기에 착수하여 완성한 것으로 가정하여 계산한다.

(4) 완성품 환산량

종합원가계산에서는 제조원가를 완성품과 기말재공품에 배분하기 위하여 완성도의 개념과 완성품환산량의 개념을 사용한다.

완성품 환산량이란 한 단위의 완성품을 생산하는 데 필요한 투입량(작업량)을 의미한다.

완성도(진척도)란 공정에 투입되어 현재 생산이 진행 중에 있는 제품이 어느 정도 완성되었는가를 나타내는 수치로서 30% 또는 70%와 같이 표현 된다.

① 평균법 완성품환산량 구하는 방법
  ▶ 완성품환산량 = 완성품수량 + 기말재공품수량(환산량)

② 선입선출법 완성품환산량 구하는 방법
  ▶ 완성품환산량 = 완성품수량 - 기초재공품수량(환산량) + 기말재공품수량(환산량)

구 분	환산량
재료비가 제조착수(공정초기)시 투입되는 경우	환산하지 않는다.
재료비가 제조진행에 따라 투입되는 경우	환산한다.
가공비가 제조진행에 따라 투입되는 경우	환산한다.

예) 기말재공품 수량 100개(완성도 70%) : 환산하면 70개, 환산하지 않으면 100개

> **기출문제 연습**
>
> 다음 자료를 이용하여 평균법과 선입선출법의 재료비와 가공비 완성품 환산량을 계산하시오. 재료비는 공정초기에 전량 투입하고, 가공비는 공정 전반에 걸쳐 균등 발생)
> - 기초재공품수량 : 500개(완성도 30%)
> - 당기완성품수량 : 1,000개
> - 당기착수수량 : 600개
> - 기말재공품수량 : 100개(완성도 50%)
>
> **풀이**
> 재료비는 공정초기에 투입했으므로 환산하지 않고, 가공비는 환산한다.
> 평균법 ▶ 재료비 : 1,000개 + 100개 = 1,100개
>   ▶ 가공비 : 1,000개 + 50개 = 1,050개
> 선입선출법 ▶ 재료비 : 1,000개 - 500개 + 100개 = 600개
>   ▶ 가공비 : 1,000개 - 150개 + 50개 = 900개

(4) 개별원가계산과 종합원가계산의 비교

원가계산방법을 개별원가계산과 종합원가계산 중 선택하는 것이 중요한데, 방법의 선택은 해당 기업의 업종 및 생산방법(발생된 원가를 제품별로 집계하는 방법) 등 여러 가지 조건에 따라 선택된다.

구 분	개별원가계산	종합원가계산
생산방법	소량 주문생산	동일제품 반복대량생산 (공정별 생산)
적용 업종	조선, 항공, 건설업 등	식품, 화학, 제분, 정유업 등
원가집계	개별제품(개별 제조지시서)	기간단위 생산량
원가구분	직접비・간접비(제조간접비 배부, 원가계산표 작성)	직접재료비・가공비(완성품환산량 단위원가에 의해 제품에 배부)
장 점	정확한 원가계산 및 손익계산 효율적인 통제 가능	쉽고 단순함 공정별 책임중심점이 명확함
단 점	복잡하고 비용이 많이 듦	제품별 원가집계가 어려움

> **기출문제 연습** 종합원가계산과 개별원가계산에 대한 설명으로 옳지 않은 것은?
> ① 개별원가계산은 다품종 소량생산형태에 적합한 원가계산방법이다.
> ② 종합원가계산은 소품종 대량생산형태에 적합한 원가계산방법이다.
> ③ 개별원가계산은 직접비와 간접비의 구분이 중요하다.
> ④ 종합원가계산은 개별작업별로 원가를 집계한다.
>
> **풀이**
> ④ 개별작업별로 원가를 집계하여 정확한 원가계산을 하는 것이 개별원가계산이다.

2. 종합원가계산의 종류

(1) 단일 종합원가계산(단순종합원가계산)

단일제품을 단일공정을 통하여 연속적으로 대량생산하는 형태의 원가계산 방법이다. (예 : 얼음제조업, 소금제조업, 기와제조업 등)

(2) 공정별 종합원가계산

동일 종류의 제품을 두 개 이상의 제조공정을 거쳐 연속 대량생산하는 형태의 원가계산 방법이다.(예 : 제지업, 제당업 등)

(3) 조별 종합원가계산

단일 종류가 아닌 여러 종류의 제품을 연속적으로 대량생산하는 경우에 제품의 종류마다 조를 설정하여 조별로 생산하는 형태의 원가계산 방법이다.(예 : 통조림제조업, 자동차제조업 등)

(4) 등급별 종합원가계산

동일한 공정에서 동일한 재료를 사용하여 연속적으로 동일한 제품을 생산하였으나, 품질, 모양, 크기, 무게 등이 서로 다른 제품을 생산하는 형태의 원가계산 방법이다.(예 : 양조업, 제화업, 정유업 등)

3. 선입선출법과 평균법

(1) 선입선출법(first-in first-out method)

선입선출법은 기초재공품을 먼저 가공하여 제품으로 완성한 후 당기투입분을 가공하여 제품과 기말재공품으로 원가를 배분하는 방법을 말한다.

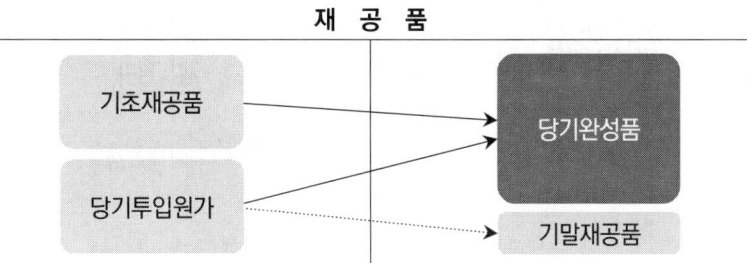

종합원가계산은 단일제품을 연속적으로 생산하여 생산즉시 판매가 일어나기 때문에 제품이 회사 내에는 남아 있지 않게 되는 것이다.
- 현재 제조진행 중에 있는 기말재공품은 회사내에 남아 있으므로 기말재공품을 계산할 수 있다면 총원가에서 기말재공품을 차감하여 당기 완성품제조원가를 산출할 수 있게 된다.
- 선입선출법은 기초재공품원가는 이미 모두 완성되었다는 전제아래 당기완성품을 계산하여야 하므로 현재 제조과정에 있는 당기투입원가를 중심으로 하여 기말재공품원가를 계산하여야 한다. 기말재공품원가는 다음과 같은 순서에 의하여 구할 수 있다.

① 당기총제조비용(1단계)
　당기총제조비용 = 직접재료비 + 직접노무비 + 제조간접비
② 당기완성품환산량(2단계)
　당기완성품환산량 = 완성품수량 − 기초재공품환산량 + 기말재공품환산량
③ 완성품환산량 단위당 원가(3단계)

$$당기투입원가 \times \frac{기말재공품수량(환)}{완성품수량 - 기초재공품수량(환) + 기말재공품수량(환)}$$

④ 기말재공품원가(4단계)
　기말재공품원가 = 완성품환산량단위당원가 × 기말재공품환산량

(2) 평균법(weighted average method)

평균법은 기초재공품과 당기착수 물량이 특정한 순서로 가공되는 것이 아니라 무작위로 추출하여 가공되는 생산흐름을 가정한다. 평균법은 결국 기초재공품과 당기착수 물량을 하나의 집단으로 통합한 후 이를 완성품과 기말재공품에 평균적으로 배분하는 것을 의미한다.

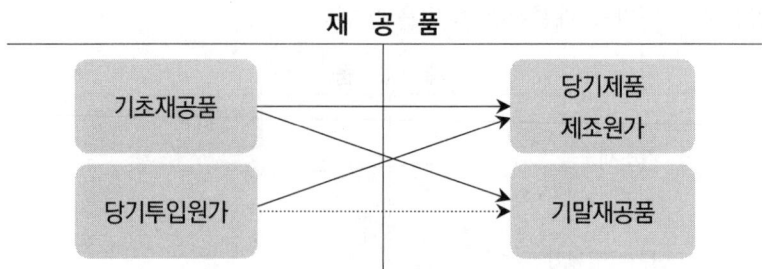

① 당기총제조비용(1단계)
    당기총제조비용 = 직접재료비 + 직접노무비 + 제조간접비
② 당기완성품환산량(2단계)
    당기완성품환산량 = 완성품수량 + 기말재공품환산량
③ 총원가(기초재공품원가 + 당기투입원가)를 원가요소별로 요약한다.
④ 완성품환산량단위당원가(3단계)

$$당기총제조원가(기초재공품 포함) \times \frac{기말재공품수량(환)}{완성품수량 + 기말재공품수량(환)}$$

⑤ 기말재공품원가(4단계)
    기말재공품원가 = 완성품환산량단위당원가 × 기말재공품환산량

4. 공손

(1) 공손의 개념

공손이란, 불량품을 말하는데, 정상범위 내에서 발생하는 공손을 정상공손, 정상범위를 초과하는 것을 비정상공손이라 한다.

정상공손은 원가로 분류하여 완성품 또는 기말재공품에 배분하고, 비정상공손은 영업외비용으로 처리한다.

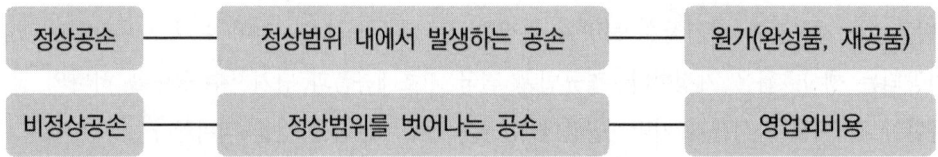

(2) 정상공손 원가의 배분

원가로 분류된 정상공손을 완성품과 기말재공품 중에 어디로 배분할지의 문제가 발생하는

데, 기말재공품의 작업진행률이 검사시점을 통과한 후라면 완성품과 기말재공품에 나누어서 배분하고, 검사시점을 통과하기 전이라면 완성품에만 배분한다.

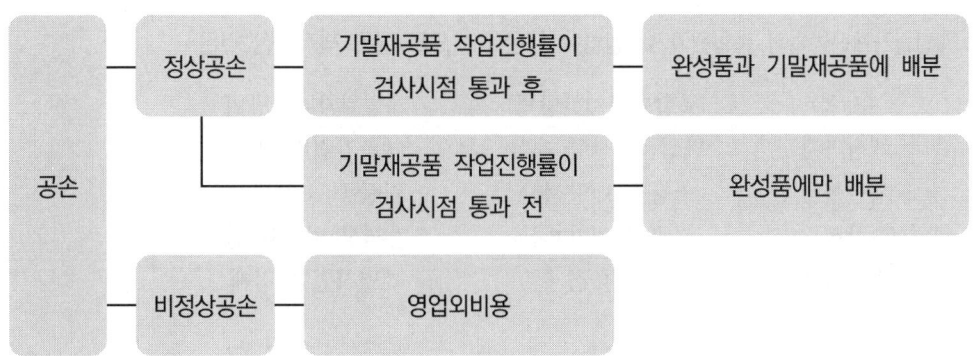

(3) 작업폐물

작업폐물은 원재료에서 발생하는 찌꺼기 등 가치가 적은 것을 말하는데 이는 공손과는 다른 개념이다.

> **기출문제 연습**
> 다음 중 종합원가계산에서 공손품 회계에 대한 설명으로 틀린 것은?
> ① 공손품의 의미는 재작업이 불가능한 불합격품을 의미한다.
> ② 공손품의 검사시점이 기말재공품의 완성도 이전인 경우에 공손품원가를 모두 완성품에만 부담시킨다.
> ③ 비정상공손원가는 영업외비용으로 처리한다.
> ④ 정상공손은 생산과정에서 불가피하게 발생하는 공손이다.
>
> **풀이**
> ② 완성품과 기말재공품에 안분하여 부담시킨다.

실전문제연습

01 개별원가계산방법과 종합원가계산방법에 대한 내용으로 잘못 짝지어진 것은?

	구 분	종합원가계산방법	개별원가계산방법
①	핵심과제	완성품환산량 계산	제조간접비 배부
②	생산형태	소품종 대량생산	다품종 소량생산
③	장점	정확한 원가계산	경제성 및 편리함
④	원가집계	공정별 집계	개별작업별 집계

02 다음 중 개별원가계산과 종합원가계산에 대한 설명으로 틀린 것은?

① 개별원가계산은 제품을 비반복적으로 생산하는 업종에 적합하다.
② 종합원가계산은 직접비와 간접비의 구분이 중요하다.
③ 개별원가계산은 조선업, 건설업 등의 업종에 적합하다.
④ 종합원가계산이란 단일 종류의 제품을 연속적으로 대량 생산하는 경우 적합하다.

03 다음 중 종합원가계산에서 재료비와 가공비를 구분하는 의미가 없는 경우는?

① 재료비와 가공비의 제조과정에 투입시점이 같을 때
② 제조과정에 투입되는 재료비와 가공비의 금액이 같을 때
③ 제조과정에 투입되는 재료비와 가공비의 물량이 같을 때
④ 재료비와 가공비의 기말잔액이 같을 때

04 선입선출법에 의한 종합원가계산 과정에서 완성품환산량 단위당 원가를 다음과 같이 계산하는 경우 '㉠'에 해당하는 것은?

$$\text{선입선출법에 의한 완성품환산량 단위당 원가} = \frac{㉠}{\text{완성품 환산량}}$$

① 기초재공품원가
② 당기투입원가
③ 당기투입원가 - 기초재공품원가
④ 기초재공품원가 + 당기투입원가

05 종합원가계산방법 중 선입선출법에 대한 설명으로 틀린 것은?

① 실제 물량흐름을 반영 한다.
② 전기 작업분을 포함한 평균개념이다.
③ 당기 작업분만 포함한 당기 단가개념이다.
④ 기초재공품 원가는 먼저 완성품원가를 구성하는 것으로 가정한다.

06 종합원가계산의 흐름을 바르게 나열한 것은?

> 가. 물량의 흐름을 파악한다.
> 나. 완성품과 기말재공품 원가를 계산한다.
> 다. 재료원가와 가공원가의 완성품환산량 단위당 원가를 구한다.
> 라. 재료원가와 가공원가의 기초재공품원가와 당기총제조원가를 집계한다.
> 마. 재료원가와 가공원가의 완성품환산량을 계산한다.

① 가 → 나 → 다 → 라 → 마
② 가 → 마 → 라 → 다 → 나
③ 가 → 라 → 마 → 다 → 나
④ 나 → 가 → 다 → 라 → 마

07 다음 중 공손에 대한 설명으로 틀린 것은?

① 공손은 작업공정에서 발생한 불합격품을 의미한다.
② 공손은 정상공손과 비정상공손으로 구분할 수 있다.
③ 정상공손과 비정상공손은 제조원가에 포함시킨다.
④ 정상공손은 원가성이 있다.

08 다음 중 공손품에 대한 설명으로 옳지 않은 것은?

① 공손품은 폐기되거나 정규가격 이하로 판매되는 품질표준 미달의 불합격 생산물을 말한다.
② 정상공손은 능률적인 작업조건하에서도 발생되는 공손을 말한다.
③ 비정상공손은 제조활동을 효율적으로 수행하면 방지할 수 있는 공손을 말한다.
④ 비정상공손의 허용한도는 품질검사를 기준으로 하여 품질검사에 합격한 합격품의 일정 비율로 정한다.

09 다음 자료를 이용하여 비정상공손 수량을 계산하면 얼마인가?(단, 정상공손은 당기 완성품의 5%로 가정한다)

- 기초재공품 : 200개
- 당기착수량 : 800개
- 기말재공품 : 50개
- 당기완성량 : 900개

① 5개   ② 6개   ③ 8개   ④ 10개

10 다음 자료를 이용하여 정상공손 수량과 비정상공손 수량을 계산했을 때 옳은 것은?(단, 정상공손은 당기 완성품의 5%로 가정한다)

- 기초재공품 : 200개
- 당기착수량 : 900개
- 기말재공품 : 150개
- 당기완성량 : 800개

① 정상공손 40개, 비정상공손 100개   ② 정상공손 40개, 비정상공손 110개
③ 정상공손 50개, 비정상공손 100개   ④ 정상공손 50개, 비정상공손 110개

11 다음 자료에 따른 평균법에 의한 재료비와 가공비의 완성품환산량은 얼마인가? 원재료는 공정 30% 시점에 전량 투입되며, 가공비는 공정기간동안 균등하게 투입된다고 가정한다.

- 기초재공품 : 3,000개(완성도 40%)
- 착수량 : 7,000개
- 기말재공품 : 2,000개(완성도 20%)
- 완성품 : 8,000개

	재료비	가공비		재료비	가공비
①	8,000개	10,000개	②	8,000개	8,400개
③	10,000개	8,400개	④	10,000개	10,000개

12 다음의 자료에 의하여 종합원가계산에 의한 가공비의 완성품환산량을 계산하시오.(단, 가공비는 가공 과정 동안 균등하게 발생한다고 가정한다)

- 기초 재공품 : 200개(완성도 30%)
- 당기 완성량 : 600개
- 당기 착수량 : 800개
- 기말 재공품 : 400개(완성도 70%)

	평균법	선입선출법		평균법	선입선출법
①	880개	820개	②	800개	820개
③	880개	800개	④	820개	820개

13 다음 자료를 통해 종합원가계산을 이용하는 기업의 가공비 완성품환산량을 계산하면 얼마인가?

- 기초재공품 : 2,000개(완성도 40%)
- 당기착수량 : 8,000개
- 당기완성품 : 7,000개
- 기말재공품 : 3,000개(완성도 30%)
- 모든 제조원가는 공정 전반에 걸쳐 균등하게 투입된다.
- 원가흐름에 대한 가정으로 선입선출법을 사용하고 있다.

① 7,100개　　② 7,200개　　③ 7,400개　　④ 7,500개

14 거제㈜는 종합원가계산을 채택하고 있다. 재료비는 공정초기에 전량 투입되며, 가공비는 공정기간 동안 균등하게 투입이 될 경우에 선입선출법에 의하여 완성품환산량을 구하면 얼마인가?

구 분	물 량	완성도	구 분	물 량	완성도
기초재공품	300개	70%	완성품	1,300개	-
당기투입	1,500개	-	기말재공품	500개	40%
계	1,800개	-	계	1,800개	-

	재료비	가공비		재료비	가공비
①	1,800개	1,290개	②	1,800개	1,410개
③	1,500개	1,290개	④	1,500개	1,410개

15 기초재공품은 10,000개(완성도 20%), 당기완성품수량은 190,000개, 기말재공품은 8,000개(완성도 40%)이다. 평균법과 선입선출법의 가공비에 대한 완성품 환산량의 차이는 얼마인가?(단, 재료는 공정 초에 전량 투입되고, 가공비는 공정 전반에 걸쳐 균등하게 투입됨)

① 2,000개　　② 5,000개　　③ 6,000개　　④ 7,000개

16 다음 자료에 의하여 선입선출법에 의한 재료비 완성품환산량을 계산하면 얼마인가?

- 딩사는 종합원가계산시스템을 도입하여 원가계산을 하고 있다.
- 재료비는 공정의 초기에 전량 투입, 가공비는 공정 진행에 따라서 균일발생
- 기초재공품 : 400개(가공비 완성도 40%)
- 당기착수분 : 5,000개
- 기말재공품 : 2,000개(가공비 완성도 50%)

① 3,000개　　② 4,000개　　③ 4,600개　　④ 5,000개

실전문제연습 해답

01 ③ 종합원가계산의 장점은 경제성 및 편리함, 개별원가계산은 장점은 정확한 원가계산이다.

02 ② 종합원가계산은 직접비와 간접비의 구분이 필요 없는 대신 직접재료비와 가공비로 분류하게 된다.

03 ① 종합원가계산에서 재료비와 가공비로 구분하는 이유는 재료비와 가공비의 투입시점이 틀리기 때문이다. 따라서 재료비와 가공비의 투입시점이 같다면 굳이 재료비와 가공비를 구분하는 실익이 없다.

04 ② 선입선출법 : 당기투입원가 ÷ 완성품환산량
   평균법 : (기초재공품원가+당기투입원가) ÷ 완성품환산량

05 ② 평균법은 전기 작업분을 포함한 평균개념이다.

06 ② 가 → 마 → 라 → 다 → 나

07 ③ 비정상공손은 영업외비용 제조원가에 포함 시키지 않는다.

08 ④ 정상공손의 허용한도에 대한 설명이다.

09 ① 정상공손량 : 900개×5%=45개
   비정상공손량 : (200개+800개) - (900개+50개) - 45개 = 5개

10 ② 정상공손량 : 800개×5%=40개
   비정상공손량 : (200개+900개) - (800개+150개) - 40개 = 110개

11 ② 재료비 : 8,000+0=8,000개,
   가공비 : 8,000+2,000×20%=8,400개

12 ① 평균법 : 600개+400개×70%=880개
   선입선출법 : 200개×70%+400개+400개×70%=820개

13 ① (7,000개 - 2,000개×40%)+3,000×30%=7,100개

14 ③ 재료비 : 1,000개+500개=1,500개
   가공비 : 300개×30%+1,000개+500개×40%=1,290개

15 ① 평균법 완성품환산량 : 190,000+(8,000×0.4)=193,200개
   선입선출법 완성품환산량 : 190,000+(8,000×0.4) - (10,000×0.2)=191,200개
   193,200개 - 191,200개=2,000개

16 ④ 기초재공품 완성품환산량 : 400개×0%=0개
   당기착수분 완성품환산량 : 3,000개×100%=3,000개
   기말재공품 완성품환산량 : 2,000개×100%=2,000개
   완성품환산량 : 3,000+2,000=5,000개

Chapter 6
결합원가계산

1. 개념 정리

결합제품	동일한 공정에서 여러 가지 제품이 생산되는 경우가 있는데, 이 때 생산되는 제품을 결합제품(또는 연산품)이라 한다.
사 례	• 정유회사에서 석유를 정제할 때 등유, 경유, 휘발유가 생산됨 • 원유에서 우유, 버터, 치즈 등이 생산됨
결합원가	결합제품 제조시 결합제품이 분리되는 시점까지 투입되는 원가
부산물	결합제품 중에서 상대적으로 가치가 높은 것을 주산물이라 하고, 상대적으로 가치가 낮은 것을 부산물이라 한다. 부산물은 주산물과 구분하여 원가배분을 할 수도 있고, 주산물의 원가에서 차감하여 처리할 수도 있다.

2. 결합원가를 결합제품에 배분하는 기준

결합원가는 일정한 기준에 의해서 개별 결합제품에 배분하는데 다음과 같은 기준이 있다.

물량기준법	결합제품의 물량(생산량, 무게, 면적 등)을 기준으로 배분
균등이익률법	결합제품의 매출총이익률이 같아지도록 배분
상대적 판매가치법	분리점에서의 판매가치(생산량×판매단가)를 기준으로 배분
순실현가치법	결합제품의 순실현가치(판매가격 – 추가가공비 – 판매비)를 기준으로 배분

※ 결합제품 A, B, C를 생산하는데 결합원가 1,000,000원이 투입되었을 때의 물량과 원가의 흐름은 다음과 같다. 각 결합제품을 추가가공해야 하는 경우에는 개별 제품에 추가가공원가가 발생한다.

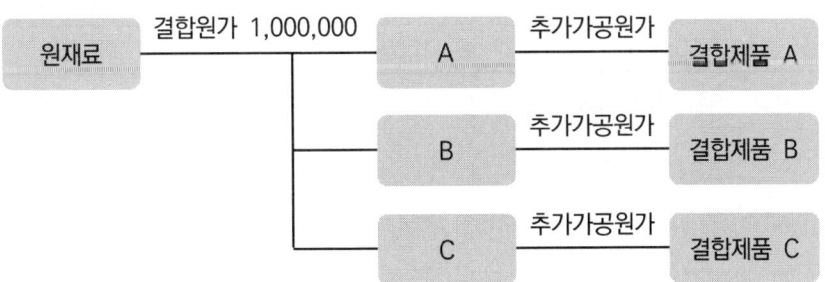

풀어보기

연산품 A,B,C에 대한 결합원가 1,000,000원을 물량(생산량)기준법, 상대적 판매가치법, 순실현가치기준법에 의하여 배부하는 경우 각 제품에 배부될 결합원가를 구하라.

제품	생산량(KG)	판매단가(원/KG)	추가가공원가(원)
A	200	2,000	40,000
B	300	1,000	60,000
C	500	1,000	100,000

풀이

- 물량기준법

제품	생산량(KG)	생산량 비율	결합원가 배분
A	200	20% (200÷1,000)	200,000 (1,000,000×20%)
B	300	30% (300÷1,000)	300,000 (1,000,000×30%)
C	500	50% (500÷1,000)	500,000 (1,000,000×50%)
합계	1,000	100%	1,000,000

각 제품의 생산량에 대한 비율을 구한 뒤 결합원가(1,000,000원)를 그 비율에 따라 배분한다.

- 상대적 판매가치법

제품	상대적 판매가치	판매가치 비율	결합원가 배분
A	200×2,000 = 400,000	33.3% (400,000÷1,200,000)	333,000 (1,000,000×33.3%)
B	300×1,000 = 300,000	25.0% (300,000÷1,200,000)	250,000 (1,000,000×25.0%)
C	500×1,000 = 500,000	41.7% (500,000÷1,200,000)	417,000 (1,000,000×41.7%)
합계	1,200,000	100%	1,000,000

분리점에서의 판매가격과 생산량에 대한 비율을 구한 뒤 그 비율에 따라 결합원가를 배분한다.

• 순실현가치법

제품	순실현가치	순실현가치 비율	결합원가 배분
A	200×2,000 − 40,000 = 360,000	36% (360,000÷1,000,000)	360,000 (1,000,000×36%)
B	300×1,000 − 60,000 = 240,000	24% (240,000÷1,000,000)	240,000 (1,000,000×24%)
C	500×1,000 − 100,000 = 400,000	40% (400,000÷1,000,000)	400,000 (1,000,000×40%)
합계	1,000,000	100%	1,000,000

제품별 순실현가치의 비율을 구한 뒤 그 비율에 따라 결합원가를 배분한다.
순실현가치 = 판매가격 × 생산량 − 추가가공원가 − 판매비

기출문제 연습

다음 부산물과 공통원가 배부에 대한 설명 중 틀린 것은?
① 부산물이란 주산물의 제조과정에서 필연적으로 파생하는 물품을 말한다.
② 주산물과 부산물을 동시에 생산하는 경우 발생하는 공통원가는 각 제품을 분리하여 식별할 수 있는 시점이나 완성한 시점에서 개별 제품의 상대적 판매가치를 기준으로 하여 배부한다.
③ 주산물과 부산물의 공통원가는 생산량기준 등을 적용하는 것이 더 합리적이라고 판단되는 경우 그 방법을 적용할 수 있다.
④ 중요하지 않은 부산물이라 하더라도 순실현가능가치를 측정하여 반드시 주요제품과 구분하여 회계처리하여야 한다.

풀이
④ 중요하지 않은 부산물은 순실현가능가치를 측정하여 동 금액을 주요 제품의 원가에서 차감하여 처리할 수 있다.

Part. 3
부가가치세

Chapter 1
부가가치세 개요

1. 개요

(1) 부가가치세의 개념

부가가치세란, 재화 또는 용역의 각 거래단계에서 증가되는 가치에 대하여 부과되는 세금(10%)을 말한다.

(2) 전단계세액공제법

부가가치세의 계산방법으로는 전단계세액공제법과 전단계거래액공제법이 있는데, 우리나라는 전단계세액공제법을 채택하고 있다.

전단계세액공제법	부가가치세 = 매출세액 – 매입세액 = 매출액×세율 – 매입액×세율
전단계거래액공제법	부가가치세 = (매출액 – 매입액)×세율

▶ 매출세액에서 매입세액을 차감한 금액이 (+)이면 부가가치세를 납부하고, (-)이면 환급 받을 수 있다.

(3) 부가가치세의 성격(특징)

㉠ 소비형 부가가치세	소비지출에 해당하는 부가가치만을 과세대상으로 함
㉡ 일반소비세	원칙적으로 모든 재화·용역에 과세함(면세대상은 제외)
㉢ 국 세	과세권이 국가에 있음
㉣ 간접세	담세자 = 최종소비자, 납세자 = 사업자, 담세자 ≠ 납세자
㉤ 다단계거래세	모든 거래단계에서 과세되는 다단계거래세
㉥ 전단계세액공제법	매출세액 – 매입세액 = 납부세액
㉦ 소비지국과세원칙	재화 등을 소비하는 나라에서 과세함
㉧ 물 세	인격체가 아닌 물건을 중심으로 과세함
㉨ 비례세	단일 비례세율(10%)을 적용함
㉩ 역진성(불공평성)	저소득층과 고소득층이 동일하게 10%의 세율이 적용됨

(4) 부가가치세의 구조

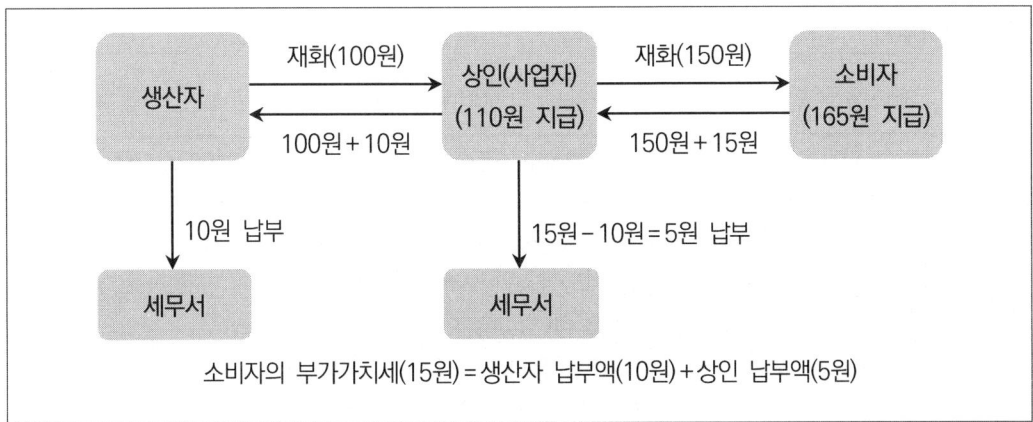

결과적으로 생산자와 상인(사업자)이 납부한 부가가치세는 모두 소비자가 부담하는 것이고, 생산자와 상인은 소비자로부터 부가가치세를 받아서 납부만 하는 것이다.

일반적으로 생산자와 상인은 사업자이다. 따라서 납세자는 사업자이지만, 담세자는 최종소비자인 것이다.

납세자·담세자	납세자 = 사업자, 담세자 = 소비자
간접세	담세자와 납세자가 다른 조세, 담세자 ≠ 납세자

(5) 거래징수

공급하는 자가 공급받는 자로부터 부가가치세를 징수하는 것을 거래징수라 한다. 부가가치세 과세사업자가 과세대상 재화·용역을 공급하는 경우에는 공급받는 자가 과세사업자이건 면세사업자이건 또는 비사업자이건 불문하고 거래징수 한다.

거래징수	공급하는 사업자가 공급받는 자로부터 부가가치세를 징수하는 것 ▸ 거래징수 의무자 : 사업자 ▸ 거래징수 대상자 : 소비자
공급받는 자	공급받는 자가 과세사업자·면세사업자·비사업자 불문

기출문제연습 다음 중 우리나라의 부가가치세법의 특징이 아닌 것은?
① 개별소비세 ② 소비형 부가가치세
③ 간접세 ④ 전단계세액공제법

풀이
① 개별소비세가 아니라 일반소비세이다.

2. 납세의무자 · 납세지 · 사업자등록

(1) 납세의무자

사업자 및 재화를 수입하는 자는 부가가치세 납세의무가 있다.

사 업 자 (납세의무자 요건)	사업목적이 영리이든 비영리이든 관계없이 사업상 계속적, 독립적으로 재화 또는 용역을 공급하는 자를 말한다. ㉮ 영리목적의 유무와는 무관하다.(비영리법인도 납세의무를 진다) ㉯ 사업성을 갖추어야 한다.(계속, 반복적으로 재화 또는 용역을 공급하는 것을 말한다) ㉰ 사업상 독립적이어야 한다.(고용된 지위의 종사자는 제외) ㉱ 과세 대상인 재화 또는 용역을 공급하여야 한다. 　　(면세대상인 재화 또는 용역의 공급은 제외된다)
재화를 수입하는 자	재화를 수입하는 자는 사업자가 아니더라도 납세의무자에 해당 됨

(2) 납세의무자에 관한 기타

국가 등	납세의무자에는 개인, 법인 또는 기타 단체뿐만 아니라 국가·지방자치단체·지방자치단체조합도 포함된다. 다만, 국가 등의 경우 대부분 면세로 규정되어 실제로 부가가치세를 납부하지는 않는다.
종업원	사업자는 사업상 독립적이어야 하므로 기존 사업자에게 종속된 종업원의 입장에서 재화·용역을 공급하는 자는 사업자가 아니다.

(3) 사업자의 종류

과세사업자	일반과세자 및 간이과세자
간이과세자	직전연도 공급대가가 8,000만원에 미만인 개인사업자
면세사업자	부가가치세법상 납세의무가 없음(부가가치세법상 사업자가 아님)

(4) 납세지

납세지란, 사업자(납세의무자)가 신고·납부 등 의무를 이행하고, 과세관청이 부과·징수권을 행사하는 기준이 되는 장소를 말한다. 사업장 소재지가 부가가치세 납세지에 해당되고, 사업장 마다 신고납부를 하는 것이 원칙이다.

(5) 사업장

사업장이란, 사업자 또는 그 사용인이 상시 주재하여 거래의 전부 또는 일부를 행하는 장소를 말하는데, 사업장의 판정기준은 다음과 같다.

㉠ 광 업	광업사무소의 소재지
㉡ 제조업	최종제품을 완성하는 장소(따로 포장만 하거나 충전만 하는 장소는 제외)
㉢ 건설업·운수업·부동산매매업	• 법인 : 법인의 등기부상 소재지 • 개인 : 업무를 총괄하는 장소
㉣ 부동산임대업	그 부동산의 등기부상 소재지
㉤ 무인자동판매기로 공급하는 사업	업무를 총괄하는 장소
㉥ 사업장을 설치하지 아니한 경우	사업자의 주소 또는 거소

위 사업장 이외에도 사업자의 신청에 의하여 추가로 사업장을 등록할 수 있다. 단, 무인판매기로 공급하는 사업은 신청할 수 없다.

기출문제 연습

다음 중 사업장의 범위에 대한 설명으로 옳지 않은 것은?
① 제조업 : 최종제품을 완성하는 장소
② 건설업 : 법인인 경우 법인의 등기부상 소재지
③ 부동산매매업 : 개인인 경우 사업에 관한 업무를 총괄하는 장소
④ 부동산임대업 : 사업에 관한 업무를 총괄하는 장소

풀이
④ 부동산임대업 : 부동산의 등기부상 소재지

(6) 하치장·임시사업장·직매장

하치장	재화를 관리 보관하는 곳(사업장이 아님)
임시사업장	박람회 등 행사를 위해 개설되는 임시매장(기존 사업장에 포함됨)
직매장	재화를 직접 판매하기 위한 장소(사업장에 해당 됨)

(7) 사업자등록 신청과 사업자등록증 발급

사업자등록신청은 사업개시 20일 이내 해야 한다. 단, 신규사업자는 사업개시 전에도 신청이 가능하다. 사업자등록신청을 받은 세무서장은 신청일부터 2일 이내(조사 등의 필요가 있는 경우 5일 이내)에 사업자등록증을 발급하여야 한다.

- 사업자등록신청 : 사업개시일로부터 20일 이내
- 사업자등록증 발급 : 2일(또는 5일) 이내

사업자등록은 원칙적으로 각 사업장 마다 해야 한다. 단, 사업자 단위과세의 경우 본점 또는 주사무소에서 한다.

(8) 사업자등록 직권거부 및 직권등록 등

직권 거부	사업개시 전 등록신청 시 세무서장이 직권으로 등록거부 가능
직권 등록	세무서장이 직권으로 사업자등록 가능

(9) 사업자등록 정정신고

다음 어느 하나에 해당하는 때에는 지체 없이 사업자등록 정정신고를 하여야 한다. 신고를 받은 세무서장은 재발급기한 내에 사업자등록증을 정정하여 재발급하여야 한다.

사업자등록 정정사유	재발급기한
㉠ 상호를 변경하는 때 ㉡ 통신판매업자가 사이버몰의 명칭 또는 인터넷 도메인이름을 변경하는 때	신청일 당일
㉢ 법인(또는 1거주자로 보는 단체)의 대표자를 변경하는 때 ㉣ 사업의 종류에 변동이 있는 때 ㉤ 사업장을 이전하는 때 ㉥ 상속으로 인하여 사업자의 명의가 변경되는 때 ㉦ 공동사업자의 구성원 또는 출자지분의 변경이 있는 때 ㉧ 임대인, 임대차 목적물·그 면적, 보증금, 차임 또는 임대차기간의 변경이 있거나 새로이 상가건물을 임차한 때 ㉨ 사업자단위과세사업자가 사업자단위과세적용사업장을 변경하거나 종된 사업장을 신설(이전, 휴업, 폐업)할 때	신청일부터 2일 이내

주의할 것은 법인의 대표자변경은 사업자등록 정정사유이지만, 개인사업자의 대표자 변경은 정정사유가 아니라 폐업사유(상속 제외)에 해당한다.

(10) 사업자등록을 하지 않을 경우 불이익

매입세액불공제	사업자등록 전의 매입세액은 공제받지 못한다. 다만, 공급시기가 속하는 과세기간이 끝난 후 20일 이내에 등록을 신청한 경우 등록신청일부터 공급시기가 속하는 과세기간 기산일까지 역산한 기간 내의 것은 공제받을 수 있다.
미등록가산세	사업개시 20일 이내에 사업자 등록신청을 하지 않거나 허위로 등록하고 사업을 영위하는 경우에는 해당 기간 동안 미등록 또는 허위등록가산세(공급가액×1%)가 부과된다.

(11) 주사업장총괄납부 및 사업자단위과세

주사업장총괄납부와 사업자단위과세는 사업장별 신고·납부 원칙의 예외에 해당된다. 주사업장총괄납부는 납부(또는 환급)만 주사업장에서 총괄한다.

주사업장총괄납부	• 2 이상의 사업장이 있는 경우 국세청장에 신청을 하여 주된 사업장에서 총괄하여 납부할 수 있다. • 납부(환급)만 주사업장에서 총괄 • 주된 사업장은 법인의 본점 또는 지점, 개인사업자는 주사무소
사업자단위과세	• 2 이상의 사업장이 있는 경우, 사업자등록도 본점 등의 등록번호로 단일화하고, 세금계산서도 하나의 사업자등록번호로 발급한다. • 사업자등록, 세금계산서, 납부(환급) 등 모두 주사업장에서 총괄 • 주된 사업장은 법인의 본점, 개인사업자는 주사무소

▶ 주사업장총괄납부 또는 사업자단위과세를 신청하거나 포기하려면 해당 과세기간의 개시일 20일 전까지 관할세무서장에게 신고서를 제출하여야 한다.

3. 과세기간

(1) 원칙적인 과세기간

세법에 의하여 국세의 과세표준의 계산에 기초가 되는 기간을 의미한다.

사업자에 대한 부가가치세의 과세기간은 다음과 같이 6개월 단위로 제1기 과세기간과 제2기 과세기간으로 나누어져 있다.

제1기	1월 1일 ~ 6월 30일 → 7월 25일까지 신고납부
제2기	7월 1일 ~ 12월 31일 → 다음 해 1월 25일까지 신고납부

(2) 과세기간 요약

구분	과세기간	예정/확정 과세기간		신고납부기한
제1기	1월 1일 ~ 6월 30일	예정 과세기간	1/1 ~ 3/31	4/25까지
		확정 과세기간	4/1 ~ 6/30	7/25까지
제2기	7월 1일 ~ 12월 31일	예정 과세기간	7/1 ~ 9/30	10/25까지
		확정 과세기간	10/1 ~ 12/31	익년 1/25까지

▶ 법인사업자 : 예정 - 신고납부, 확정 - 신고납부

- 개인사업자 : 예정 – 고지납부, 확정 – 신고납부
- 간이과세자 : 1기 – 고지납부, 2기 – 신고납부
- 예정고지액이 50만원 미만이면 예정고지 납부액은 없다.

(3) 기타 과세기간

간이과세자	1월 1일 ~ 12월 31일(1년)
신규사업자	사업개시일 ~ 과세기간 종료일(단, 사업개시일 전 등록한 경우에는 그 등록일로부터 그 날이 속하는 과세기간의 종료일)
폐업사업자	과세기간 개시일 ~ 폐업일
합병으로 인한 소멸법인	과세기간 개시일 ~ 합병등기일

4. 신고와 납부

(1) 법인사업자의 예정신고 납부 의무

법인사업자는 각 예정신고기간에 대한 과세표준과 납부세액(환급세액)을 그 예정신고기간의 종료 후 25일 이내에 관할세무서장에게 신고·납부하여야 한다.

제1기	1월 1일부터 3월 31일까지(4월 25일까지 신고납부)
제2기	7월 1일부터 9월 30일까지(10월 25일까지 신고납부)

(2) 개인사업자와 소규모 법인사업자에 대한 예정신고납부의무 면제

다음의 사업자는 예정신고의무가 면제되고, 관할세무서장이 직전 과세기간 납부세액의 50%를 결정하여 징수한다(예정고지징수).

- 개인사업자
- 직전 과세기간의 공급가액이 1억 5천만원 미만인 법인사업자

다음의 경우에는 예정고지 징수하지 아니한다.

- 징수금액이 50만원 미만인 경우
- 간이과세자에서 일반과세자로 변경된 경우
- 납세자가 재난·도난·사업에 현저한 손실·동거가족의 질병이나 중상해 또는 상중(喪中)인 경우 등의 사유로 납부할 수 없다고 인정되는 경우

(3) 개인사업자와 소규모 법인사업자가 예정신고 납부할 수 있는 경우

다음의 경우에는 개인사업자와 소규모 법인사업자가 예정신고 납부할 수 있다. 이 경우에는 관할세무서장이 결정하여 고지한 것은 무효가 된다.

> • 휴업이나 사업부진 등으로 예정신고기간의 공급가액 또는 납부세액이 직전과세기간의 1/3에 미달할 때
> • 예정신고기간분에 대하여 조기환급을 받고자 할 때

(4) 확정 신고납부

제1기 과세기간 및 제2기 과세기간이 끝난 후 25일(폐업시는 폐업일이 속한 달의 다음달 25일) 이내에 확정신고 납부를 하여야 한다.

예정신고 또는 조기환급 신고 시 신고한 것은 확정 신고 시 신고하지 아니하며, 예정신고 시 미환급세액 등은 확정 신고 시 공제한다.

5. 환 급

(1) 환급기한

일반적인 환급은 신고기한 경과 후 30일 이내에, 조기환급은 조기환급 신고기한 경과 후 15일 이내에, 경정으로 환급세액이 발생한 경우에는 지체 없이 환급한다.

> • 일반환급 : 30일 이내   • 조기환급 : 15일 이내   • 경정시 환급 : 지체없이

주의할 것은 '신고기한'이 지난 후 30일(또는 15일) 이내에 환급한다는 것이다. 제1기 신고기간은 1월부터 6월말까지이고, 그 신고기한은 7월 25일까지이다. 환급은 7월 26일부터 30일 이내인 8월 24일 이내에 이루어진다.

(2) 조기환급

일반적인 부가가치세 환급보다 빠른 시기에 환급해 주는 것을 조기환급이라 한다.

소기환급 대상	• 영세율이 적용되는 경우 • 사업설비를 신설, 취득, 확장, 증축하는 경우 • 재무구조개선계획을 이행 중인 경우
조기환급 기간	예정신고기간, 확정신고기간, 매월 또는 매 2월을 대상으로 조기환급 신고를 할 수 있다. 따라서, 1월 또는 2월을 각각 조기환급 대상으로 할 수도 있고, 1월과 2월을 묶어서 할 수도 있다.

실전문제연습

01 다음 중 부가가치세법상 주사업장 총괄납부제도에 대한 설명으로 틀린 것은?

① 사업장이 둘 이상 있는 경우에는 주사업장 총괄납부를 신청하여 주된 사업장에서 부가가치세를 일괄하여 납부하거나 환급받을 수 있다.
② 주된 사업장은 법인의 본점(주사무소를 포함한다) 또는 개인의 주사무소로 한다. 다만, 법인의 경우에는 지점(분사무소를 포함한다)을 주된 사업장으로 할 수 있다.
③ 주된 사업장에 한 개의 등록번호를 부여한다.
④ 납부하려는 과세기간 개시 20일 전에 주사업장 총괄 납부 신청서를 주된 사업장의 관할 세무서장에게 제출하여야 한다.

02 다음은 부가가치세법상 사업자 단위 과세제도에 대한 설명이다. 틀린 것은?

① 사업장이 둘 이상 있는 경우에는 사업자 단위과세제도를 신청하여 주된 사업장에서 부가가치세를 일괄하여 신고와 납부, 세금계산서 수수를 할 수 있다.
② 주된 사업장은 법인의 본점(주사무소를 포함한다) 또는 개인의 주사무소로 한다. 다만, 법인의 경우에는 지점(분사무소를 포함한다)을 주된 사업장으로 할 수 있다.
③ 주된 사업장에 한 개의 사업자등록번호를 부여한다.
④ 사업장 단위로 등록한 사업자가 사업자 단위 과세 사업자로 변경하려면 사업자 단위 과세 사업자로 적용받으려는 과세기간 개시 20일 전까지 변경등록을 신청하여야 한다.

03 다음은 부가가치세법상 사업자등록에 대한 설명이다. 가장 틀린 것은?

① 사업자는 원칙적으로 사업장마다 사업개시일부터 20일 이내에 사업자등록을 신청하여야 한다.
② 신규로 사업을 시작하려는 자는 사업개시일 전에 사업자등록을 신청할 수 없다.
③ 사업장이 둘 이상인 사업자는 사업자 단위로 해당 사업자의 본점 또는 주사무소 관할 세무서장에게 등록을 신청할 수 있다.
④ 사업자 단위로 등록신청을 한 경우에는 원칙적으로 사업자 단위 과세 적용 사업장에 한 개의 등록번호가 부여된다.

04 다음은 ㈜대한의 법인등기부등본상의 기재사항들이다. 부가가치세법상 사업자등록 정정사유가 아닌 것은?

① ㈜대한에서 ㈜민국으로 상호변경
② ㈜대한의 대표이사를 A에서 B로 변경
③ ㈜대한의 자본금을 1억원에서 2억원으로 증자
④ ㈜대한의 사업종류에 부동산 임대업을 추가

05 다음 중 부가가치세법에 대한 설명으로 잘못된 것은?

① 재화란 재산 가치가 있는 물건과 권리를 말하며, 역무는 포함되지 않는다.
② 사업자란 사업 목적이 영리이든 비영리이든 관계없이 사업상 독립적으로 재화 또는 용역을 공급하는 자를 말한다.
③ 재화 및 용역을 일시적·우발적으로 공급하는 자는 부가가치세법상 사업자에 해당하지 않는다.
④ 간이과세자란 직전 연도의 공급대가 합계액이 5,000만원 미만인 사업자를 말한다.

실전문제연습 해답

01 ③ 사업자단위과세제도에 대한 설명이다.
02 ② 법인의 경우 본점만 주된 사업장이 가능하다.
03 ② 신규로 사업을 시작하려는 자는 사업 개시일 이전이라도 사업자등록을 신청할 수 있다 (부가가치세법 제8조 제1항 단서).
04 ③ 법인의 자본금 변동사항은 사업자등록을 정정해야할 사항은 아니고 법인등기부등본만 변경하면 된다.
05 ④ 간이과세자란 직전 연도의 공급대가가 8,000만원 미만인 사업자를 말한다.

Chapter 2
과세대상과 공급시기

1. 부가가치세의 과세 대상

(1) 원칙적인 부가가치세 과세 대상

부가가치세는 재화·용역의 공급 또는 재화의 수입에 대하여 과세된다. 용역의 수입은 부가가치세 과세대상이 아니다.

· 재화의 공급 · 용역의 공급 · 재화의 수입

(2) 재화의 공급

재화란, 재산적 가치가 있는 모든 유체물과 무체물을 말한다.
유체물과 무체물의 개념은 다음과 같다.

유체물	상품·제품·원료·기계·건물과 기타 모든 유형적 물건 포함
무체물	동력·열 기타 관리할 수 있는 자연력 및 권리 등으로서 재산적 가치가 있는 유체물 이외의 모든 것 포함(전기도 재화의 범위에 포함됨)

(3) 용역의 공급

용역이란, 재화 외의 재산가치가 있는 모든 역무 및 그 밖의 행위를 말한다. 용역의 공급에는 역무를 제공하는 것 또는 권리·재화·시설물을 사용하게 하는 것으로써 건설업, 부동산임대업 등이 있다.
다음 어느 하나에 해당하는 것은 용역의 공급으로 본다.

가공무역	자기가 주요자재를 전혀 부담하지 아니하고 상대방으로부터 인도받은 재화를 단순히 가공만 해 주는 것
건설업	건설업의 경우 건설업자가 건설자재의 전부 또는 일부를 부담하는 것도 용역의 공급으로 봄
지식 등	산업상·상업상 또는 과학상의 지식·경험 또는 숙련에 관한 정보를 제공하는 것

임대업 중에서 전·답·과수원·목장용지, 염전 등은 부가가치세 과세대상이 아니다.
또한 용역의 무상공급 및 근로관계는 다음과 같이 원칙적으로 공급으로 보지 않으므로 부가가치세가 과세되지 않는다.

용역의 무상공급	사업자가 용역을 무상으로 공급한 경우에는 용역의 공급으로 보지 않으므로 과세하지 않는다. 다만, 특수관계인에게 사업용 부동산임대용역을 무상으로 공급하는 것은 용역의 공급으로 본다.
고용관계	고용관계로 근로를 제공하는 것은 용역의 공급으로 보지 아니한다.

(4) 재화의 수입

재화의 수입이란, 다음 물품을 국내로 반입하는 것을 말한다.

> ㉠ 외국에서 우리나라에 도착 된 물품으로서 수입신고가 수리되기 전의 것
> ㉡ 수출신고가 수리된 물품

재화의 공급과 용역의 공급은 공급자가 반드시 사업자인 경우에 과세된다. 하지만 재화를 수입하는 경우에는 수입하는 자가 사업자인지의 여부와 관계없이 과세대상이 된다.

2. 재화의 실지공급 및 공급으로 보지 않는 경우 등

(1) 재화의 실지공급

재화의 공급은 다음과 같이 계약상 또는 법률상의 모든 원인에 따라 재화를 인도하거나 양도하는 것으로 한다.

㉠ 판 매	현금판매, 외상판매, 할부판매, 조건부 판매, 위탁판매 등에 따라 재화를 인도하거나 양도하는 것
㉡ 가공계약	자기가 주요자재의 전부 또는 일부를 부담하고 상대방으로부터 인도받은 재화를 가공하여 새로운 재화를 만드는 가공계약에 따라 재화를 인도하는 것
㉢ 교환계약	재화의 인도 대가로서 다른 재화를 인도받거나 용역을 제공받는 교환계약에 따라 재화를 인도하거나 양도하는 것
㉣ 경매 등	경매, 수용, 현물출자와 그 밖의 계약상 또는 법률상의 원인에 따라 재화를 인도하거나 양도하는 것

기타 재화의 범위에 포함되거나 포함되지 않는 것은 다음과 같다.

물·흙 등	물·흙·퇴비 등도 재산가치가 있으면 재화의 범위에 포함
유가증권	수표·어음·상품권 등의 화폐대용증권, 지분증권(주식 등) 및 채무증권(공채·사채)은 재화로 보지 않음

(2) 재화의 공급으로 보지 아니하는 경우

다음 어느 하나에 해당하는 경우에는 실제로 공급이 아니거나, 조세정책적인 목적 등의 이유로 재화의 공급으로 보지 아니한다.

㉠ 담보 제공	질권, 저당권 또는 양도담보의 목적으로 동산, 부동산 및 부동산상의 권리를 제공하는 경우
㉡ 사업의 포괄적 양도	사업에 관한 모든 권리와 의무를 포괄적으로 승계시키는 경우(미수금, 미지급금, 해당 사업과 관련 없는 토지 또는 건물에 관한 것은 승계하지 않아도 됨)
㉢ 조세의 물납	사업용 자산을 상속세 및 증여세법, 지방세법, 종합부동산세법에 따라 물납하는 경우
㉣ 공매·경매	공매 또는 강제경매에 의하여 인도·양도하는 경우
㉤ 수용	도시 및 주거환경정비법 등 법률에 따라 토지 등이 수용되는 경우

3. 재화의 간주공급

(1) 간주공급의 개념

재화를 실제로 공급하지 않아도 공급한 것으로 간주하여 부가가치세를 과세하는 경우가 있는데, 이를 간주공급이라 한다.
간주공급에는 자가공급·개인적공급·사업상증여·폐업시 잔존재화 등이 있다.

(2) 자가공급

사업자가 자기의 사업과 관련하여 생산하거나 취득한 재화를 자기의 사업을 위하여 직접 사용하거나 소비하는 것을 의미한다.

면세사업전용	과세사업과 면세사업을 겸영하는 사업자가 과세사업과 관련하여 생산·취득한 재화를 자신의 면세사업을 위해 사용하는 것
비영업용 소형승용차	사업자가 자기가 생산·취득한 재화를 매입세액공제가 되지 아니하는 승용차(1,000cc 초과)로 사용·소비하거나 그 자동차의 유지를 위하여 사용·소비하는 것
판매목적 타사업장 반출	2 이상의 사업장이 있는 사업자가 자기사업과 관련하여 생산·취득한 재화를 판매할 목적으로 다른 사업장에 반출하는 것(직매장 반출) 원가로 세금계산서를 발행한다.

(3) 개인적 공급(복리후생비 등)

자기 사업과 관련하여 생산·취득한 재화를 자신 또는 사용인의 개인적 목적 등에 사용·소비하는 것을 말한다. 단, 작업복, 작업모, 작업화, 직장체육비, 직장연예비와 관련된 재화는 제외한다.
또한, <u>1인당 연간 10만원 이내의 경조사·명절·기념일 등과 관련된 재화는 개인적 공급에서 제외</u>한다.

(4) 사업상 증여(접대비 등)

자기 사업과 관련하여 생산·취득한 재화를 자기의 고객이나 불특정 다수인에게 증여하는 것을 말한다.
단, <u>광고선전물, 견본품, 특별재난지역 구호품을 지급하는 것은 제외</u>한다.

(5) 폐업시 잔존재화

사업자가 사업을 폐업하는 경우 남아 있는 재화(시가)를 말한다.

(6) 당초에 매입세액공제를 받을 것

판매목적 타사업장반출 이외의 간주공급은 매입세액공제를 받지 않은 경우에는 간주공급으로 보지 않는다.
따라서, 판매목적 타사업장반출은 매입 시 해당 재화에 대한 매입세액공제를 받았는지 여부와 상관없이 간주공급에 해당된다.

(7) 용역의 간주공급

용역의 경우에는 간주공급에 관한 규정이 없으므로 용역에 대해서는 간주공급을 적용하지 않는다.

【간주공급 요약】

자가 공급	• 과세사업 관련 재화를 면세사업에 전용 • 비영업용 소형승용차와 그 유지를 위한 재화 • 판매를 목적으로 타 사업장에 반출하는 재화
개인적 공급	사업관련 재화를 자신이나 사용인을 위해 사용하는 것
사업상 증여	사업관련 재화를 고객이나 불특정 다수인에게 지급하는 것
폐업시 잔존재화	폐업시 사업장에 남아있는 재화

기출문제 연습1 다음 중 부가가치세법상 재화의 간주공급에 해당하지 않는 경우는?(단, 사업자가 자기생산, 취득시 매입세액을 공제받았다.)
① 면세사업을 위하여 직접 사용 또는 소비하는 경우
② 고객에게 무상으로 공급하는 경우(광고선전 목적이 아닌 경우)
③ 개인적 목적으로 사용 또는 소비하는 경우
④ 사업을 위하여 대가를 받지 아니하고 다른 사업자에게 인도하거나 양도하는 견본품

풀이
④ 사업을 위하여 대가를 받지 아니하고 다른 사업자에게 인도하거나 양도하는 견본품의 경우에는 재화의 공급으로 보지 아니한다.

기출문제 연습2 다음 중 부가가치세법상 재화의 공급에 해당하는 것은?
① 자기의 다른 사업장에서 원료로 사용하기 위해 반출하는 경우
② 판매용 휘발유를 대표자의 개인용 차량에 사용하는 경우
③ 수선비로 대체하여 사용하는 경우
④ 광고선전을 위해 자기의 다른 사업장으로 반출하는 경우

풀이
② 개인적공급에 해당되며, 나머지는 모두 재화의 공급에 해당되지 않는 경우임

4. 공급시기

(1) 재화의 공급시기

원칙적인 재화의 공급시기는 다음과 같다.

> ㉠ 재화의 이동이 필요한 경우 : 재화가 인도되는 때
> ㉡ 재화의 이동이 필요하지 아니한 경우 : 재화가 이용 가능하게 되는 때
> ㉢ 위 ㉠, ㉡을 적용할 수 없는 경우 : 재화의 공급이 확정되는 때

거래형태별로 재화의 공급시기는 다음에 따른다. 다만, 폐업 전에 공급한 재화의 공급시기가 폐업일 이후에 도래하는 경우에는 폐업일을 공급시기로 본다.

거래 형태	공급 시기
㉠ 현금판매・외상판매・할부판매	인도되거나 이용가능하게 되는 때
㉡ 상품권 등을 판매한 후 해당 상품권 등이 현물과 교환되는 경우	재화가 실제로 인도되는 때

거래 형태	공급 시기
ⓒ 장기할부판매	대가의 각 부분을 받기로 한 때
㉢ 반환조건부판매·동의조건부판매 기타 조건부 및 기한부 판매	그 조건이 성취되거나 기한이 경과되어 판매가 확정되는 때
㉤ 완성도기준지급 또는 중간지급조건부로 재화를 공급하거나 전력 기타 공급단위를 구획할 수 없는 재화를 계속적으로 공급하는 경우	대가의 각 부분을 받기로 한 때
㉥ 재화의 공급으로 보는 가공	가공된 재화를 인도하는 때
㉦ 재화의 간주공급	재화가 사용 또는 소비되는 때 (폐업시 잔존재화는 폐업하는 때)
㉧ 무인판매기를 이용하여 재화를 공급하는 경우	무인판매기에서 현금을 꺼내는 때
㉨ 내국물품을 외국으로 반출하거나 중계무역방식의 수출	수출재화의 선(기)적일
㉩ 원양어업 및 위탁판매수출	수출재화의 공급가액이 확정되는 때
㉪ 위탁가공무역방식의 수출·외국인도수출	외국에서 해당 재화가 인도되는 때
㉫ 보세구역 내에서 보세구역 이외의 국내에 재화를 공급하는 경우	당해 재화가 수입재화에 해당하는 때에는 수입 신고수리일
㉬ 기타의 경우	재화가 인도되거나 인도가능한 때

(2) 장기할부 판매와 중간지급조건부 판매의 개념

장기할부판매	대가를 2회 이상으로 분할하여 받고, 재화 인도일의 다음날부터 최종의 할부금 지급기일까지 1년 이상일 것
중간지급 조건부 판매	재화의 인도(또는 이용가능) 전, 또는 용역제공완료 전에 계약금 이외의 대가를 분할하여 지급 받고, 계약금 지급 약정일부터 인도일 까지 6개월 이상일 것

(3) 용역의 공급시기

용역의 공급시기는 역무가 제공되거나 재화·시설물 또는 권리가 사용되는 때로 하며, 구체적인 공급시기는 다음에 의한다.

용역 형태	공급 시기
㉠ 통상적인 공급의 경우	역무의 제공이 완료되는 때
㉡ 완성도 기준지급·중간지급·장기할부 또는 기타 조건부로 용역을 공급하거나 그 공급단위를 구획할 수 없는 용역을 계속적으로 공급하는 경우	대가의 각 부분을 받기로 한 때

용역 형태	공급 시기
ⓒ 부동산임대용역을 공급하고 전세금 또는 임대보증금을 받는 경우 간주임대료	예정신고기간 또는 과세기간의 종료일
ⓓ 둘 이상의 과세기간에 걸쳐 부동산임대용역을 공급하고 그 대가를 선불 또는 후불로 받는 경우 해당 금액을 계약기간의 월수로 나눈 임대료	예정신고기간 또는 과세기간의 종료일
ⓔ 위 규정을 적용할 수 없는 경우	역무의 제공이 완료되고 그 공급가액이 확정되는 때

▶ 폐업 전에 공급한 용역의 공급시기가 폐업일 이후에 도래하는 경우에는 그 폐업일을 공급시기로 본다.

(4) 거래 장소

재 화	• 이동이 필요한 경우 : 이동이 개시되는 장소 • 이동이 필요하지 않은 경우 : 공급시기에 재화가 소재하는 장소
용 역	• 일반적인 경우 : 역무가 제공되거나 재화·시설물·권리가 사용되는 장소 • 비거주자·외국법인의 국제운송용역 : 여객탑승 장소 또는 화물적재 장소

기출문제 연습1

다음 중 재화 및 용역의 공급시기에 대한 설명으로 옳지 않은 것은?
① 완성도기준지급조건부 : 대가의 각 부분을 받기로 한 때
② 폐업시 잔존재화 : 폐업하는 때
③ 내국물품 외국반출(직수출) : 수출재화의 공급가액이 확정되는 때
④ 부동산 전세금에 대한 간주임대료 : 예정신고기간의 종료일 또는 과세기간의 종료일

풀이
③ 내국물품 외국반출(직수출) : 수출재화의 선(기)적일

기출문제 연습2

다음 중 부가가치세법상 공급시기가 잘못된 것은?
① 폐업시 잔존재화의 경우 : 재화가 사용 또는 소비되는 때
② 장기할부판매의 경우 : 대가의 각 부분을 받기로 한 때
③ 무인판매기로 재화를 공급하는 경우 : 무인판매기에서 현금을 꺼내는 때
④ 외상판매의 경우 : 재화가 인도되거나 이용가능하게 되는 때

풀이
① 폐업시 잔존재화는 의제공급에 해당하는 것으로 공급시기는 폐업하는 때로 한다.

실전문제연습

01 다음 중 부가가치세법상 재화의 간주공급에 해당하지 않은 것은?(단, 아래의 모든 재화, 용역은 매입시에 매입세액 공제를 받은 것으로 가정한다.)
① 제조업을 운영하던 사업자가 폐업하는 경우 창고에 보관된 판매용 재화
② 직원의 결혼 선물로 시가 50만원 상당액의 판매용 재화를 공급한 경우
③ 자기의 과세사업을 위하여 구입한 재화를 자기의 면세사업에 사용한 경우
④ 주유소를 운영하는 사업자가 사업용 트럭에 연료를 무상으로 공급하는 경우

02 다음 중 부가가치세법상 재화공급의 특례에 해당하지 않는 것은?(단, 아래의 보기에서는 모두 구입 시 정상적으로 매입세액공제를 받았다고 가정한다.)
① 자기의 과세사업을 위하여 구입한 재화를 자기의 면세사업에 사용하는 경우
② 직접 제조한 과세재화(1인당 연간 10만원 이내)를 직원 생일선물로 제공하는 경우
③ 과세사업자가 사업을 폐업할 때 잔존하는 재화
④ 특정거래처에 선물로 직접 제조한 과세재화를 제공하는 경우

03 다음 중 부가가치세법상 과세대상인 재화의 공급으로 보는 것은?
① 공장건물이 국세징수법에 따라 공매된 경우
② 자동차운전면허학원을 운영하는 사업자가 구입 시 매입세액공제를 받은 개별소비세과세대상 소형승용차를 업무목적인 회사 출퇴근용으로 사용하는 경우
③ 에어컨을 제조하는 사업자가 원재료로 사용하기 위해 취득한 부품을 동 회사의 기계장치 수리에 대체하여 사용하는 경우
④ 컨설팅회사를 운영하는 사업자가 고객에게 대가를 받지 않고 컨설팅용역을 제공하는 경우

04 다음 중 부가가치세법상 과세거래인 것은?
① 질권, 저당권 또는 양도담보 목적으로 동산, 부동산 및 부동산상의 권리를 제공하는 경우
② 사업자가 사업을 폐업하는 때 사업장에 잔존하는 재화
③ 상속세 및 증여세법, 지방세법, 종합부동산세법에 따라 조세를 물납하는 경우
④ 임치물을 수반하지 않는 창고증권의 양도

05 다음 중 부가가치세법상 용역의 공급에 해당하지 않는 것은?
① 상표권의 양도 ② 부동산임대업의 임대
③ 특허권의 대여 ④ 건설업의 건설용역

06 다음 중 부가가치세법상 재화 또는 용역의 공급으로 보지 않는 것은?
① 법률에 따라 조세를 물납하는 경우
② 사업자가 폐업할 때 당초매입세액이 공제된 자기생산·취득재화 중 남아있는 재화
③ 사업자가 당초 매입세액이 공제된 자기생산·취득재화를 사업과 직접적인 관계없이 자기의 개인적인 목적으로 사용하는 경우
④ 특수관계인에게 사업용 부동산 임대용역을 무상으로 제공하는 경우

07 다음 중 부가가치세법상 재화의 공급시기에 대한 내용이다. 틀린 것은?
① 원양어업 및 위탁판매수출 : 수출재화의 공급가액이 확정되는 때
② 위탁가공무역방식의 수출 : 위탁재화의 공급가액이 확정되는 때
③ 외국인도수출 : 외국에서 해당재화가 인도되는 때
④ 내국물품을 외국으로 반출하는 경우 : 수출재화의 선적일 또는 기적일

08 다음 중 부가가치세법상 재화와 용역의 공급시기에 대한 연결이 옳은 것은?
① 사업상 증여 : 증여한 재화를 사용, 소비하는 때
② 전세금 또는 임대보증금을 받는 경우 : 예정신고기간 또는 과세기간 종료일
③ 무인판매기를 이용하여 재화를 공급하는 경우 : 재화가 인도되는 때
④ 판매목적으로 타사업장 반출시 : 반출된 재화가 고객에게 인도되는 때

09 다음 중 부가가치세법상 공급시기가 잘못된 것은?
① 상품권 등을 현금 또는 외상으로 판매한 후 해당 상품권 등이 현물과 교환되는 경우 : 재화가 실제로 인도되는 때
② 중간지급조건부로 재화를 공급하는 경우 : 재화가 인도되거나 이용 가능하게 되는 때
③ 현금판매, 외상판매, 할부판매의 경우 : 재화가 인도되거나 이용 가능하게 되는 때
④ 직수출 및 중계무역방식의 수출의 경우 : 수출재화의 선(기)적일

10 재화 또는 용역의 공급시기에 대한 설명으로 옳지 않은 것은?

① 재화의 이동이 필요한 경우에는 재화가 인도되는 때가 재화의 공급시기이다.

② 상품권을 현금으로 판매하고 그 후 그 상품권 등이 현물과 교환되는 경우에는 재화가 실제로 인도되는 때가 재화의 공급시기이다.

③ 사업자가 폐업할 때 자기생산·취득재화 중 남아 있는 재화는 그 재화가 실제 판매될 때가 재화의 공급시기이다.

④ 중간지급조건부로 용역을 공급하는 경우에는 대가의 각 부분을 받기로 한 때를 용역의 공급시기로 본다.

실전문제연습 해답

01 ④ 개별소비세 과세대상 자동차가 아닌 사업 관련 트럭에 주유를 무상으로 하는 것은 간주공급(자가공급)에 해당되지 않는다.

02 ② 1인당 연 10만원 이내의 경조사 관련 재화는 간주공급에 해당하지 않는다.

03 ② 개인적공급에 해당됨

04 ② 폐업 시 잔존재화에 해당됨

05 ① 상표권의 양도는 재화의 공급이다.

06 ① 법률에 따라 조세를 물납하는 것은 재화의 공급으로 보지 아니한다.

07 ② 위탁가공무역방식의 수출은 외국에서 해당 재화가 인도되는 때

08 ②

09 ② 중간지급조건부로 재화를 공급하는 경우에는 대가의 각 부분을 받기로 한 때이다.

10 ③ 폐업일을 재화의 공급시기로 본다.

Chapter 3
영세율과 면세

1. 영세율

(1) 영세율의 개념

영세율이란, 매출세액 계산시 영(0)의 세율(0%)을 적용하는 것을 말한다. 이 경우 매출세액이 0원이므로 매입세액이 있는 경우 부가가치세를 환급받을 수 있다.(완전면세)

(2) 영세율의 효과

완전 면세	매출세액이 0원이므로 매입세액이 전액 환급된다. 따라서 부가가치세를 완전히 면제하는 효과가 있다. 이와 대비되어 면세는 불완전면세라고 한다.
국제적 이중과세 방지	국내생산 재화에 부가가치세 효과를 완전히 없애고, 재화를 소비하는 외국에서 과세하므로 소비지국과세원칙을 실현하게 된다. 결과적으로 국제적 이중과세를 방지하는 효과가 있다.
수출 지원	주로 수출하는 기업에 영세율을 적용하여 부가가치세가 환급되므로 수출을 지원하는 효과가 있다.

(3) 면세사업자 및 간이과세자의 영세율

면세사업자	면세사업자가 영세율을 적용받기 위해서는 면세를 포기해야 한다.
간이과세자	간이과세자는 영세율 적용이 가능 하지만 환급을 받을 수 없다.

(4) 영세율 적용 대상

영세율 적용 대상은 다음과 같이 수출 등 외화획득과 관련된 사업이다. 이 중에서 직수출은 세금계산서 발급의무가 없지만, 내국신용장 및 구매확인서에 의한 공급 등 국내거래에 해당되는 경우에는 세금계산서 발급의무가 있다.

수출 재화	• 내국물품의 외국반출(직수출) • 내국신용장 또는 구매확인서에 의한 공급 • 중계무역수출, 위탁판매수출, 외국 인도수출 등
국외제공용역	국외에서 공급하는 용역

국외항행용역	선박 또는 항공기가 국내에서 국외로, 국외에서 국내로, 또는 국외에서 국외로 운송하는 용역
기타 외화획득	수출은 아니지만 실질이 수출과 유사하거나, 기타 외화획득을 위한 재화 또는 용역의 공급

(5) 세금계산서 발급의무

직수출의 경우에는 세금계산서 발급의무가 없지만, 내국신용장·구매확인서에 의한 공급 등 국내거래인 경우에는 영세율 거래임에도 세금계산서 발급의무가 있다.

> **기출문제 연습**
> 다음 중 부가가치세법상 영세율 적용대상이 아닌 것은?
> ① 사업자가 내국신용장 또는 구매확인서에 의하여 공급하는 수출용 재화
> ② 수출업자와 직접 도급계약에 의한 수출재화임가공용역
> ③ 국외에서 공급하는 용역
> ④ 수출업자가 타인의 계산으로 대행위탁수출을 하고 받은 수출대행수수료
>
> **풀이**
> ④ 수출업자가 타인의 계산으로 대행위탁수출을 하고 받은 수출대행수수료는 세금계산서를 교부하여야 함, 영세율 아닌 일반세율(10%) 적용

2. 면 세

(1) 면세의 의의

부가가치세의 역진성 완화를 위하여 생활필수품 등에 부가가치세를 면세한다. 영세율과 달리 불완전면세이며, 면세사업자는 부가가치세 신고납부 의무가 없다.

(2) 면세 대상

분 류	면세 대상
㉠ 기초생활필수품	• 미가공식료품(국산·외국산 불문) • 국내 생산 비식용 미가공 농산물, 축산물, 수산물과 임산물 • 수돗물(생수는 과세) • 연탄과 무연탄(유연탄, 갈탄은 과세) • 여성용 생리처리 위생용품 • 여객운송용역(항공기·전세버스·택시·특수자동차·특종선박·고속철도, 우등고속은 과세, 시내버스·고속버스·지하철 등 면세)

분류	면세 대상
	• 주택과 부수 토지 임대용역(상가임대는 과세) • 공동주택 어린이집 임대용역(공동주택 관리규약에 따른 복리시설)
ⓒ 국민후생 및 문화	• 의료보건용역(수의사의 용역 포함)과 혈액(건강보험요양급여 제외대상인 미용목적 성형 등은 제외) • 교육용역(무도학원·운전학원은 과세, 무허가 학원 등은 과세) • 도서(도서대여 용역 포함)·신문·잡지·관보·뉴스통신(광고는 과세) • 예술창작품(골동품 제외), 예술·문화행사, 아마추어 운동경기 • 도서관·과학관·박물관·미술관·동물원 또는 식물원에의 입장
ⓒ 부가가치 생산요소	• 토지의 공급 • 금융보험용역 • 저술가·작곡가 등이 직업상 제공하는 인적용역
ⓔ 조세 정책	• 우표(수집용 우표는 과세), 인지, 증지, 복권, 공중전화 • 일정한 담배 • 종교, 자선, 학술, 구호, 그 밖의 공익을 목적으로 하는 단체가 공급하는 일정한 재화 또는 용역 • 국가 등이 공급하는 일정한 재화 또는 용역 • 국가 등 또는 공익단체에 무상으로 공급하는 재화 또는 용역

(3) 토지와 건물

토지의 공급은 부가가치세를 면세한다. 하지만 토지의 임대는 과세한다. 단, 주택부수토지의 임대는 면세한다.

주택을 제외한 건물의 임대 및 공급은 원칙적으로 과세한다.

토지의 공급	면세
토지의 임대	과세(단, 주택부수토지의 임대는 면세)
건물의 공급 및 임대	과세(단, 국민주택의 공급 및 주택의 임대는 면세)

(4) 면세 포기

일정한 경우에는 면세사업자가 면세를 포기하고 과세사업자로 전환할 수 있다. 주로 영세율 적용을 위해서 면세를 포기하는 경우가 있다.

면세포기의 대상	• 영세율의 적용대상이 되는 것 • 학술연구단체 등의 학술연구 등과 관련된 것
면세포기의 기한	정해진 기한이 없으므로 언제라도 포기 가능

승인여부	관할세무서의 승인을 얻을 필요도 없음(신청만 하면 됨)
면세로 다시 전환	면세포기 후 3년간 면세사업자로 다시 전환할 수 없음

기출문제 연습1

다음 중 부가가치세법상 면세 대상 재화나 용역에 해당하지 않는 것은?
① 가공되지 아니한 식료품
② 시내버스에 의한 여객운송용역
③ 성형수술을 위한 의료보건용역
④ 정부의 인허가를 받은 학원 등에서 제공하는 교육용역

풀이
③ 미용목적의 진료용역은 면세대상 의료보건 용역에서 제외한다.

기출문제 연습2

다음 중 부가가치세법상 과세대상 재화에 해당하는 것으로 가장 적절한 것은?
① 무연탄   ② 토지
③ 도서   ④ 영업권

풀이
④ 영업권만 과세대상 재화이고 나머지는 면세대상 재화에 해당한다.

【영세율과 면세 비교】

구 분	영세율	면 세
취 지	소비지국 과세원칙 실현	부가가치세의 역진성 완화
성 격	완전면세(환급)	부분면세(환급 없음)
의 무	일반과세자의 모든 의무 이행	부가가치세법상 의무 없음(매입처별세금계산서 제출의무 등 협력의무만 있음)
적용대상	• 수출재화 • 국외제공용역 • 선박·항공기의 외국항행 용역 • 기타 외화획득 재화·용역	• 기초생필품 • 국민후생·문화 • 부가가치 생산요소 • 기타 정책목적
포 기	포기제도 없음	포기 가능

실전문제연습

01 다음 중 부가가치세법상 과세대상인 재화가 아닌 것끼리 짝지은 것은?

| ㉠ 지상권 | ㉡ 영업권 | ㉢ 특허권 |
| ㉣ 선하증권 | ㉤ 상품권 | ㉥ 주식 |

① ㉠, ㉡   ② ㉢, ㉥   ③ ㉤, ㉥   ④ ㉡, ㉣

02 다음 중 부가가치세법상 과세 대상인 것은?
① 국내생산 비식용 미가공인 농·축·수·임산물
② 국민주택규모를 초과한 주택과 그 부수토지의 임대용역
③ 우표, 인지, 증지, 복권
④ 고속철도에 의한 여객운송용역

03 다음 중 부가가치세법상 면세대상이 아닌 것은?
① 국내에서 생산된 애완용 돼지
② 산후조리용역
③ 국민주택규모를 초과하는 주택의 임대
④ 상가부수토지의 임대용역

04 다음 중 부가가치세법상 과세여부에 대한 설명으로 맞는 것은?
① 국가, 지방자치단체, 지방자치단체조합 또는 대통령령으로 정하는 공익단체에 유상으로 공급하는 재화 또는 용역 : 과세
② 전기 : 면세
③ 국민주택 규모 초과 주택의 임대 : 과세
④ 수돗물 : 과세

05 다음 중 부가가치세법상 면세포기에 관한 설명으로 잘못된 것은?

① 영세율 적용대상인 재화 또는 용역을 공급하는 면세사업자도 면세포기를 함으로써 매입세액을 공제받을 수 있다.
② 면세의 포기를 신고한 사업자는 신고한 날로부터 3년간 면세 재적용을 받지 못한다.
③ 면세포기는 과세기간 종료일 20일 전에 면세포기신고서를 관할세무서장에게 제출하여야 한다.
④ 면세사업관련 매입세액은 공제받지 못할 매입세액으로 매입원가에 해당한다.

06 다음은 부가가치세법상 영세율에 대한 설명이다. 가장 틀린 것은?

① 영세율제도는 소비지국 국가에서 과세하도록 함으로써 국제적인 이중과세를 방지하고자 하기 위한 제도이다.
② 국외에서 공급하는 용역에 대해서는 영세율을 적용하지 아니한다.
③ 비거주자나 외국법인에 대해서는 영세율을 적용하지 아니함을 원칙으로 하되, 상호주의에 따라 영세율을 적용한다.
④ 국내거래도 영세율 적용 대상이 될 수 있다.

07 다음 중 부가가치세법상 영세율 적용 대상거래가 아닌 것은?

① 재화의 수출
② 국내사업자의 용역의 국외공급
③ 내국신용장에 의해서 공급하는 수출재화임가공용역
④ 국가·지방자치단체·지방자치단체조합이 공급하는 재화 또는 용역

08 다음 중 부가가치세법상 영세율과 면세에 대한 설명으로 잘못된 것은?

① 면세제도는 세부담의 누진성을 완화하기 위하여 주로 기초생활필수품 등에 적용하고 있다.
② 선박 또는 항공기에 의한 외국항행용역의 공급에 대하여는 영세율을 적용한다.
③ 영세율은 완전면세제도이고, 면세는 불완전면세제도이다.
④ 국내거래라도 영세율이 적용되는 경우가 있다.

09 부가가치세법상 영세율과 면세제도에 관한 설명으로 옳지 않은 것은?

① 국내거래도 영세율 적용대상이 될 수 있다.
② 면세사업자는 재화의 매입으로 부담한 매입세액을 환급받을 수 없다.
③ 면세의 포기를 신고한 사업자는 신고한 날부터 3년간 부가가치세를 면제받지 못한다.
④ 면세사업자가 영세율과 면세를 동시에 적용할 수 있는 재화를 공급하는 경우에는 영세율을 적용한다.

10 다음은 부가가치세법상 영세율과 면세에 대한 설명이다. 옳지 않은 것은?

① 재화의 공급이 수출에 해당하면 영의 세율을 적용한다.
② 면세사업자는 부가가치세법상 납세의무가 없다.
③ 간이과세자가 영세율을 적용 받기 위해서는 간이과세를 포기하여야 한다.
④ 토지를 매각하는 경우에는 부가가치세가 면제된다.

실전문제연습 해답

01 ③ 화폐대용증권(수표・어음 등), 지분증권(주식, 출자지분), 채무증권(회사채, 국공채), 상품권은 과세대상 재화로 보지 않는다.
02 ④ 고속철도(KTX 등)는 과세
03 ④ 토지의 공급은 면세, 토지의 임대용역은 과세
04 ① 국가 등에 유상으로 공급하면 과세 대상임. 전기는 과세대상임
05 ③ 면세포기는 과세기간 중 언제라도 할 수 있으며 승인을 요하지 아니한다.
06 ② 국외에서 공급하는 용역에 대해서는 영세율을 적용한다.
07 ④ 국가・지방자치단체・지방자치단체조합이 공급하는 재화 또는 용역은 면세대상에 해당한다.
08 ① 면세 제도는 세부담의 역진성을 완화하기 위함이다.
09 ④ 영세율의 적용 대상이 되는 부가가치세 면세 재화는 면세포기 절차에 의해서 영세율을 적용할 수 있다.
10 ③ 간이과세자도 기본적으로 영세율을 적용 받을 수 있으므로 간이과세를 포기해야만 영세율을 적용받는 것은 아니다.

Chapter 4
과세표준과 매입세액

1. 과세표준

(1) 과세표준의 개념

세액산출의 기초가 되는 과세대상의 수량 또는 가액을 말하는데, 재화·용역의 공급에 대한 부가가치세 과세표준은 공급가액의 합계 금액이다.

- 공급가액 : 부가가치세가 제외된 금액(일반과세자의 과세표준)
- 공급대가 : 공급가액에 부가가치세가 포함된 금액(공급가액 + 부가가치세)

(2) 과세표준 금액

㉠ 금전으로 대가를 받는 경우 : 그 대가(부가가치세 제외 금액)
㉡ 금전 외의 대가(현물)를 받는 경우 : 자기가 공급한 재화·용역의 시가
㉢ 특수관계자 간의 거래 : 자기가 공급한 재화·용역의 시가

유형별 구체적인 과세표준은 다음과 같다.

외상판매·할부판매	공급한 재화의 총 가액
장기할부판매·완성도기준지급 중간지급조건부 공급 및 계속적으로 재화·용역을 공급하는 경우	계약에 따라 받기로 한 대가의 각 부분

(3) 과세표준에 포함되는 것과 포함되지 않는 것

포 함	㉠ 장기할부판매 또는 할부판매 경우의 이자상당액 ㉡ 대가의 일부로 받는 운송보험료·산재보험료·운송비·포장비·하역비 등
불포함	㉠ 매출에누리액, 매출환입된 재화의 가액, 매출할인액 ㉡ 공급받는 자에게 도달하기 전에 파손·훼손·멸실된 재화의 가액 ㉢ 재화·용역의 공급과 직접 관련되지 않은 국고보조금·공공보조금 ㉣ 공급 대가의 지급이 지연되어 받는 연체이자 ㉤ 반환조건부로 제공되는 포장용기 또는 포장비용 ㉥ 대가와 구분하여 받는 종업원의 봉사료

> **기출문제 연습1** 다음 중 부가가치세 공급가액에 포함되지 않는 것은?
> ① 할부판매 및 장기할부판매의 이자상당액
> ② 대가의 일부로 받은 운송보험료
> ③ 특수관계인에게 공급하는 재화 또는 부동산임대 용역
> ④ 공급받는 자에게 도달하기 전에 공급자의 귀책사유로 인하여 파손, 훼손 또는 멸실된 재화의 가액
>
> **풀이**
> ④ 도착 전에 파손·훼손·멸실된 재화는 공급가액에 포함되지 않는다.

> **기출문제 연습2** 다음 중 부가가치세 과세표준에 포함하는 항목이 아닌 것은?
> ① 재화의 수입에 대한 관세, 개별소비세, 주세, 교육세, 농어촌특별세 상당액
> ② 할부판매, 장기할부판매의 경우 이자 상당액
> ③ 공급대가의 지급 지연으로 인하여 지급받는 연체이자
> ④ 대가의 일부로 받은 운송보험료, 산재보험료
>
> **풀이**
> ③ 대가의 지급 지연으로 받은 연체이자는 공급가액에 포함하지 않는다.

(4) 과세표준에서 공제하지 않는 것

대손금	대손금이 발생하는 경우에는 이를 부가가치세 과세표준에서 공제하지 못한다. 다만, 대손세액공제를 받을 수 있다.
판매장려금	판매장려금은 과세표준에서 공제하지 아니하며, 판매 장려물품은 사업상증여(간주공급)로 과세한다.
하자보증금	하자의 보증을 위하여 공급받는 자가 보관하는 하자보증금은 과세표준에서 공제하지 아니한다.

(5) 외화환산 시 과세표준

대가를 외화로 받아 환가할 때에는 다음과 같은 금액을 과세표준으로 한다.

> ㉠ 공급시기 도래 전에 지급받아서 환가하는 경우 : 환가한 금액
> ㉡ 공급시기 이후에 외화로 보관하거나 지급받는 경우
> : 공급시기의 기준환율 또는 재정환율로 계산한 금액

(6) 세액이 표시되지 않은 경우의 과세표준

공급하고 받은 금액에 세액이 별도 표시되어 있지 않거나 부가가치세가 포함되어 있는지 불분명한 경우에는 다음 금액을 과세표준으로 한다.

$$과세표준 = 거래금액(또는 영수액) \times \frac{100}{110}$$

즉, 거래 금액에 부가가치세가 포함되어 있는 것으로 보고 공급가액을 계산한다.

(7) 특수관계자와의 저가 또는 무상거래(부당행위계산의 부인)

사업자가 특수관계자와의 거래에서 저가로 공급하거나, 대가를 받지 아니하는 경우에는 시가를 과세표준으로 한다.

용역의 무상공급은 과세대상이 아니지만, 특수관계자에게 사업용 부동산 임대용역을 무상으로 공급하는 경우에는 시가로 과세한다.

특수관계자 거래	재화의 공급	• 저가공급 및 무상공급 모두 공급한 재화의 시가
	용역의 공급	• 저가공급 : 공급한 용역의 시가 • 무상공급 : 사업용 부동산 임대용역만 시가

(8) 재화의 간주공급 시 과세표준

원 칙	시가(감가상각 자산은 간주시가)
예 외	판매목적 타사업장 반출은 취득원가(단, 취득가액에 일정액을 더하여 타사업장으로 반출하는 경우에는 공급가액)
간주시가	감가상각 자산은 다음 산식으로 계산한 간주시가를 과세표준으로 한다. • 간주시가 = 취득가액 × (1 - 체감률 × 경과된 과세기간 수) • 체감률 : 건물 및 구축물은 5%, 기타 25%

> **기출문제 연습**
>
> 부가가치세법상 간주공급(공급의제)의 과세표준 산출시 감가상각자산에 적용하는 상각률을 5%로 적용해야 하는 것은?
> ① 건물 ② 차량운반구
> ③ 비품 ④ 기계장치
>
> **풀이**
> ① 건물은 5%, 그 외는 25% 적용한다.

(9) 재화의 수입 시 과세표준

재화를 외국에서 수입할 때는 다음을 모두 합한 금액이 과세표준이다.

> 관세의 과세가격 + 관세 + 개별소비세 · 주세 + 교육세 · 농어촌특별세 + 교통 · 에너지 · 환경세

(10) 마일리지 결제시 과세표준

재화·용역을 공급하고 대가의 전부 또는 일부를 적립된 마일리지 등으로 결제한 경우의 과세표준은 다음과 같다.

자기적립마일리지로 결제한 경우	마일리지 결제액 외의 결제액
자기적립마일리지 외의 마일리지로 결제한 경우	다음 ㉠과 ㉡을 합한 금액 ㉠ 마일리지 결제액 외의 결제액 ㉡ 마일리지를 적립해준 사업자에게 보전 받은 금액

마일리지에 관한 용어를 정리하면 다음과 같다.

자기적립마일리지	당해 재화·용역을 공급하는 사업자가 스스로 적립한 마일리지
자기적립마일리지 외의 마일리지	당해 재화·용역을 공급하는 사업자가 아닌 다른 사업자가 적립한 마일리지

(11) 부동산임대용역의 과세표준(간주임대료 이자율 3.5%)

부동산임대용역의 과세표준은 임대료, 간주임대료 및 관리비를 모두 합한 금액이다.

임 대 료	임차인으로부터 지급받는 임대료는 당연히 과세표준에 포함된다.
간주임대료	간주임대료란 임대인이 받는 임대보증금에 다음 산식을 적용해서 계산한 금액을 부가가치세 과세표준으로 보고 과세하는 것을 말한다. 월세와 보증금의 과세형평성을 위해 과세한다. $$간주임대료 = 임대보증금 \times \frac{과세기간의 임대일 수}{365일(윤년 366일)} \times 정기예금이자율$$
관 리 비	임대인이 임차인으로부터 받는 관리비는 과세표준에 포함된다. 단, 임차인이 부담하는 수도료·전기료 등 공과금을 관리비에 포함해서 징수하는 경우에 그 금액은 제외한다.

(12) 대손세액 공제

상대방의 파산 등으로 매출채권 등이 회수불능 되는 것을 대손이라 한다. 이 때 대손이 확정된 세액을 매출세액에서 차감할 수 있는데 이를 대손세액공제라 한다.

공제액	대손세액공제액 = 대손금액 × $\dfrac{10}{110}$
대손사유	• 소멸시효가 완성된 채권, 경매가 취소된 압류채권 • 채권자가 사망, 실종, 행방불명 등 • 부도발생일로부터 6개월 경과한 부도발생일 이전의 수표 또는 어음채권(채무자의 재산에 대하여 저당권을 설정하고 있는 경우는 제외) • 부도발생일로부터 6개월 경과한 중소기업의 외상매출금(부도발생일 이전) • 6개월 이상 경과 채권 중 채무자별 채권합계 30만원 이하 소액채권 • 회수기일 2년 이상 경과한 중소기업의 외상매출금 및 미수금(특수관계인과의 거래 제외)
신고 시기	확정신고 시에만 적용함(예정신고 시는 안 됨)
공제기한	재화・용역을 공급한 날부터 10년이 경과한 날이 속하는 과세기간에 대한 확정신고기한까지
회수액	대손세액공제를 받은 후 대손금의 전부 또는 일부를 회수한 경우에는 회수액에 포함된 부가가치세를 회수일이 속하는 과세기간의 매출세액에 가산함

2. 매입세액

(1) 매입세액의 종류

매입세액은 사업을 위하여 사용할 목적으로 공급받은 재화・용역 또는 재화의 수입에 대한 부가가치세액이며, 다음과 같은 것이 있다.

> ㉠ 세금계산서를 수취한 매입세액
> ㉡ 매입자 발행 세금계산서 매입세액
> ㉢ 신용카드매출전표・현금영수증・직불카드영수증 등 수령분 매입세액
> ㉣ 의제매입세액 등

(2) 의제매입세액공제

과세사업자가 면세되는 농・축・수・임산물을 원료로 하여 제조・가공한 재화・용역이 과세되는 경우에 면세되는 농・축・수・임산물의 매입가액에서 일정한 공제율을 곱한 금액을 매입세액으로 공제하는 제도를 말한다.

> 의제매입세액 공제액 = 면세되는 농・축・수・임산물의 매입가액 × 공제율

【의제매입세액 공제율】

음식점업	• 개인 : $\frac{8}{108}$ 법인 : $\frac{6}{106}$ • 연매출액 4억원 이하 개인 : $\frac{9}{109}$ • 과세유흥장소 : $\frac{2}{102}$
제조업·기타	• 중소기업 : $\frac{4}{104}$ • 개인사업자인 과자점, 도정업, 제분업 등 : $\frac{6}{106}$ • 기타업종 : $\frac{2}{102}$

【의제매입세액공제와 관련된 기타 사항】

부대비용	면세 농·축·수·임산물의 매입가액에 운반비 등 부대비용은 포함하지 않는다.
공제시점	농산물 등의 구입시점(예정신고 기간 및 확정신고 기간)에 공제한다.
적격증빙	반드시 계산서, 신용카드매출전표, 현금영수증 등 적격증빙을 수취해야 의제매입세액공제를 받을 수 있다. 다만, 제조업자가 농어민으로부터 직접 구입한 경우에는 이러한 증빙이 없어도 무방하다.
미사용시	의제매입세액공제를 받은 면세농산물 등을 과세대상 재화·용역에 사용하지 않고, 그대로 양도하거나 면세사업에 사용하는 경우에는 공제한 의제매입세액공제를 추징한다.
간이과세자	간이과세자는 의제매입세액공제를 받지 못한다.

기출문제 연습

다음 중 부가가치세법상 의제매입세액공제에 관한 내용으로 틀린 것은?
① 간이과세자는 의제매입세액공제를 받을 수 없다.
② 일반과세자인 음식점은 정규증빙 없이 농어민으로부터 구입시 의제매입세액공제를 받을 수 없다.
③ 의제매입세액의 공제대상이 되는 면세농산물 등의 매입가액은 운임 등의 부대비용을 포함하지 않는다.
④ 유흥주점 외 법인음식점의 의제매입세액 공제율은 8/108로 한다.

풀이
④ 유흥주점 외 법인음식점의 의제매입세액 공제율은 6/106이다.

(3) 공제받지 못할 매입세액

㉠ 세금계산서 미수취 또는 부실기재분		세금계산서 미수취 또는 필요적 기재사항 중 일부 누락했거나 사실과 다르게 기재된 경우. 단, 착오로 잘못 기재된 것이 확인된 경우에는 공제가능
㉡ 매입처별 세금계산서합계표 미제출·부실기재분		매입처별 세금계산서 합계표 미제출 또는 기재사항 중 거래처별 등록번호와 공급가액 미기재의 경우. 단, 착오로 잘못 기재된 것이 확인된 경우에는 공제가능
㉢ 사업자등록신청 전 매입세액		사업자등록신청 전의 매입세액. 단, 공급시기가 속하는 과세기간이 끝난 후 20일 이내에 등록신청한 경우 등록신청일부터 공급시기가 속하는 과세기간 기산일까지는 공제가능
㉣ 토지 또는 면세사업 관련 매입세액		토지의 취득원가를 구성하는 지출과 관련된 매입세액 또는 면세사업과 관련된 매입세액
㉤ 사업과 직접 관련 없는 매입세액		사업과 직접 관련된 지출만 공제대상이 됨
㉥ 비영업용 소형승용차 구입·임차·유지 관련 매입세액 개별소비세법 제1조제2항제3호		비영업용 소형승용차는 사업과 직접 관련 없다고 봄(택시 및 렌트카 등 영업용은 매입세액공제 가능)-개별소비세법
㉦ 기업업무추진비 관련 매입세액		기업업무추진비 및 이와 유사한비용
㉧ 간이과세자로부터 매입		세금계산서를 발급할 수 없는 간이과세자(4,800만원 미만)로부터 매입한 매입세액

(4) 공통매입세액 안분계산과 정산

과세사업과 면세사업에 공통으로 사용하는 재화·용역에 대한 매입세액을 공통매입세액이라 한다.

공통매입세액 중에서 면세사업에 사용되는 만큼 매입세액불공제한다. 예정신고시 공통매입세액을 안분계산하고 확정신고시 이를 정산한다.

공통매입세액 안분계산	면세사업에 사용되는 부분에 대한 매입세액은 다음 산식으로 계산하여 매입세액불공제한다. 공동매입세액 × $\dfrac{\text{해당 과세기간의 면세 공급가액}}{\text{해당 과세기간의 총공급가액}}$
공통매입세액 정 산	예정신고시 안분계산한 공통매입세액은 확정신고시 다음 산식으로 정산하여 해당 과세기간의 매입세액불공제액을 계산한다. 공통매입세액 × $\dfrac{\text{해당 과세기간의 면세 공급가액}}{\text{해당 과세기간의 총공급가액}}$ - 기 불공제 된 매입세액

다음 어느 하나에 해당하는 경우에는 해당 재화 또는 용역의 매입세액은 안분계산 없이 전액 매입세액공제 한다.

> ㉠ 해당 과세기간의 총공급가액 중 면세공급가액이 5퍼센트 미만인 경우의 공통매입세액. 다만, 공통매입세액이 5백만원 이상인 경우는 제외한다.
> ㉡ 해당 과세기간 중의 공통매입세액이 5만원 미만인 경우의 매입세액
> ㉢ 신규사업자가 해당 과세기간에 공급(매각)한 공통사용재화인 경우

기출문제 연습

부가가치세법상 공통매입세액 안분계산의 배제사유에 해당하지 않는 것은?
① 공통매입세액이 500만원이면서 면세공급가액 비율이 3%인 경우
② 해당 과세기간 중의 공통매입세액이 5만원 미만인 경우
③ 해당 과세기간에 신규로 사업을 시작한 사업자가 해당 과세기간에 공급한 공통사용재화인 경우
④ 해당 과세기간의 공통매입세액이 500만원 미만이면서 면세공급가액 비율이 5% 미만인 경우

풀이
① 해당 과세기간의 총공급가액 중 면세공급가액이 5% 미만인 경우는 안분계산을 배제한다. 다만, 공통매입세액이 500만원이상인 경우는 제외한다.

(5) 납부세액의 재계산

매입 시 공통매입세액을 안분계산 하였던 감가상각자산의 면세사용비율이 5% 이상 변동되는 경우에는 당초에 안분한 매입세액을 다시 계산하여 납부세액에 가감하는데 이를 납부세액의 재계산이라 한다.

계산	공통매입세액×[1 − (체감률×경과된 과세기간의 수)]×변동된 면세비율 • 체감률 : 25%(건물·구축물은 5%) • 경과된 과세기간의 수 : 취득하는 과세기간 불포함, 신고하는 과세기간 포함
요건	다음 요건을 모두 충족하는 경우에만 재계산한다. • 당초에 공통매입세액 안분계산으로 매입세액공제 받은 감가상각자산일 것 • 직전에 재계산 또는 안분계산한 면세비율보다 5% 이상 변동되었을 것

(6) 전자신고 세액공제(분개시 잡이익)

부가가치세 확정신고시 납세자가 직접 전자신고하는 경우에는 납부세액에서 1만원을 공제하거나 환급세액에 가산한다. 예정신고시에는 적용하지 않는다.

(7) 신용카드매출전표등 발행 공제

개인사업자인 일반과세자 및 간이과세자 중 영수증발급 대상 사업자가 부가가치세 과세대상 재화·용역을 공급하고 신용카드매출전표 등을 발급하거나 전자적 결제수단에 의하여 결제받는 경우에는 다음 금액을 납부세액에서 공제한다.

> 공제받는 금액 : MIN(㉠, ㉡)
> ㉠ 발급금액 또는 결제금액×1%(우대 1.3%)
> ㉡ 연간 한도 500만원(우대 연1,000원)

▸ 개인사업자 중 직전연도 과세 공급가액이 10억원을 초과하는 사업자 및 법인사업자는 신용카드매출전표등 발행세액공제를 받을 수 없다.

(8) 전자세금계산서 발급에 대한 세액공제

직전연도 공급가액이 3억원 미만인 개인사업자가 전자세금계산서 또는 전자계산서를 발급하고 발급일의 다음날까지 국세청장에게 전송한 경우 다음 금액을 부가가치세액 또는 소득세액에서 공제한다.

> 공제받는 금액 : MIN(㉠, ㉡)
> ㉠ 전자세금계산서(또는 전자계산서) 발급 건수×200원
> ㉡ 연간 한도 100만원

▸ 간이과세자는 2023. 07.01. 이후 공급분부터 적용(개정세법 2023)

실전문제연습

01 다음은 부가가치세법상 과세표준에 대한 설명이다. 틀린 것은?

① 부가가치세 포함여부가 불분명한 대가의 경우 110분의 100을 곱한 금액을 공급가액(과세표준)으로 한다.
② 상가를 임대하고 받은 보증금에 대하여도 간주임대료를 계산하여 과세표준에 포함하여야 한다.
③ 대가의 지급지연으로 받는 연체이자도 과세표준에 포함한다.
④ 대가를 외국환으로 받고 받은 외국환을 공급시기 이전에 환가한 경우 환가한 금액을 과세표준으로 한다.

02 ㈜장유는 제품을 외국에 수출하는 업체이다. 당사 제품 $50,000를 수출하기 위하여 2024년 11월 20일에 선적하고 대금은 2024년 12월 10일에 수령하였다. 수출관련 과세표준은 얼마인가?

11월 20일 기준환율	1,000원/$	12월 10일 기준환율	1,100원/$
11월 20일 대고객매입율	1,050원/$	12월 10일 대고객매입율	1,200원/$

① 50,000,000원 ② 55,000,000원
③ 50,500,000원 ④ 60,000,000원

03 당기에 면세사업과 과세사업에 공통으로 사용하던 업무용 트럭 1대를 매각하였다. 다음 중 공급가액의 안분계산이 필요한 경우는?

	공통사용재화 공급가액	직전과세기간 총공급가액	직전과세기간 면세공급가액	당기과세기간 총공급가액	당기과세기간 면세공급가액
①	490,000원	100,000,000원	50,000,000원	150,000,000원	10,000,000원
②	45,000,000원	신규사업개시로 없음		200,000,000원	150,000,000원
③	35,000,000원	300,000,000원	14,000,000원	500,000,000원	41,000,000원
④	55,000,000원	200,000,000원	9,000,000원	150,000,000원	20,000,000원

04 다음은 2024년 2기 확정신고기간의 자료이다. 부가가치세 과세표준은 얼마인가?

구 분	금 액	비 고
세금계산서 발급 제품매출	100,000,000원 (공급가액)	• 할부판매, 장기할부판매 이자 상당액 2,000,000원 포함 • 현금 지급한 판매장려금 1,000,000원 불포함 • 제품으로 지급한 판매장려금 시가 1,000,000원(공급가액) 불포함

① 99,000,000원   ② 100,000,000원
③ 101,000,000원   ④ 102,000,000원

05 다음은 부가가치세법에 따른 대손세액공제를 설명한 것이다. 틀린 것은?

① 재화나 용역을 공급한 후 그 공급일로부터 5년이 지난 날이 속하는 과세기간에 대한 확정신고기한까지 대손이 확정되어야 한다.
② 채무자의 파산·강제집행·사업의 폐지, 사망·실종·행방불명으로 인하여 회수할 수 없는 채권은 대손사유 요건을 충족하여 대손세액공제를 적용받을 수 있다.
③ 대손세액공제는 일반과세자에게만 적용되고 간이과세자는 적용하지 아니한다.
④ 부가가치세 확정신고서에 대손세액공제(변제)신고서와 대손사실 등을 증명하는 서류를 첨부하여 관할세무서장에게 제출하여야 한다.

06 다음 중 부가가치세법상 신용카드 매출전표 발행에 따른 세액공제에 대한 설명으로 잘못된 것은?

① 음식점업 또는 숙박업을 하는 간이과세자의 경우 발급금액 또는 결제금액에 2.6퍼센트를 곱한 금액을 납부세액에서 공제한다.
② 신용카드매출전표 등 발행 세액공제의 각 과세기간별 한도는 500만원이다.
③ 직전연도의 재화 또는 용역의 공급가액의 합계액이 사업장을 기준으로 10억원을 초과하는 개인사업자는 신용카드매출전표 등 발행 세액공제를 적용할 수 없다.
④ 법인사업자는 신용카드매출전표 등 발행 세액공제를 적용받을 수 없다.

07 다음 중 부가가치세 납부세액 계산시 공제대상 매입세액에 해당되는 것은?

① 사업과 무관한 부가가치세 매입세액
② 공장부지 및 택지의 조성 등에 관련된 부가가치세 매입세액
③ 자동차판매업의 영업에 직접 사용되는 8인승 승용자동차 부가가치세 매입세액
④ 거래처 체육대회 증정용 과세물품 부가가치세 매입세액

08 다음 중 부가가치세 매입세액공제가 가능한 경우는?

① 토지의 취득에 관련된 매입세액
② 관광사업자의 비영업용 소형승용자동차(5인승 2,000cc) 취득에 따른 매입세액
③ 음식업자가 계산서를 받고 면세로 구입한 축산물의 의제매입세액
④ 소매업자가 사업과 관련하여 받은 영수증에 의한 매입세액

09 다음 설명 중 맞는 것은?

① 부가가치세 예정신고기간에 대손요건을 갖춘 경우 예정신고시 반드시 대손세액공제 신고를 하여야 한다.
② 비영업용 소형승용차의 구입비용은 매입세액공제가 안되지만, 사업에 직접 사용이 입증된 임차와 유지비용은 매입세액공제 대상이다.
③ 사업에 직접 사용이 입증된 기업업무추진비는 매입세액공제 대상이다.
④ 토지의 조성 등을 위한 자본적 지출과 관련된 매입세액은 매입세액을 공제받지 못한다.

10 부가가치세법상 일반과세사업자가 다음과 같이 과세사업용으로 수취한 매입세액 중 매입세액이 공제되지 않는 것은?

① 일반과세사업자로부터 컴퓨터를 구입하고 법인카드로 결제한 후 공급가액과 세액을 별도로 기재한 신용카드매출전표를 받았다.
② 면세사업자로부터 소모품을 매입하고 공급가액과 세액을 별도로 기재한 사업자지출증빙용 현금영수증을 발급받았다.
③ 원재료를 6월 30일에 구입하고 공급가액과 세액을 별도로 기재한 세금계산서(작성일자 6월 30일)를 수취하였다.
④ 공장의 사업용 기계장치를 수리하고 수리비에 대하여 공급가액과 세액을 별도로 기재한 전자세금계산서를 받았다.

11 부가가치세법상 납부세액 계산 시 공제대상 매입세액에 해당되는 것은?

① 대표자의 개인적인 구입과 관련된 부가가치세 매입세액
② 공장부지 및 택지의 조성 등에 관련된 부가가치세 매입세액
③ 렌트카업의 영업에 직접 사용되는 승용자동차 부가가치세 매입세액
④ 거래처 체육대회 증정용 과세물품 부가가치세 매입세액

12 다음 중 부가가치세법상 공제되는 매입세액이 아닌 것은?

① 전자세금계산서 의무발급 사업자로부터 발급받은 전자세금계산서로서 국세청장에게 전송되지 아니하였으나 발급한 사실이 확인되는 경우 당해 매입세액
② 매입처별세금계산서합계표를 경정청구나 경정시에 제출하는 경우 당해 매입세액
③ 예정신고시 매입처별 세금계산서합계표를 제출하지 못하여 해당 예정신고기간이 속하는 과세기간의 확정신고시에 제출하는 경우 당해 매입세액
④ 공급시기 이후에 발급받은 세금계산서로서 해당 공급시기가 속하는 과세기간에 대한 확정신고기한 이 지난 후 발급받은 경우 당해 매입세액

13 컴퓨터를 제조하여 판매하는 ㈜무학의 다음 자료를 이용하여 부가가치세법상 납부세액을 계산하면 얼마인가?

- 매출처별세금계산서합계표상 공급가액은 10,000,000원이다.
- 매입처별세금계산서합계표상 공급가액은 5,000,000원이다. 이중 개별소비세 과세대상 소형 승용자동차 렌트비용 관련 공급가액은 100,000원이다.
- 모든 자료 중 영세율 적용 거래는 없다.

① 410,000원 ② 490,000원
③ 500,000원 ④ 510,000원

실전문제연습 해답

01 ③ 대가의 지급지연으로 받는 연체이자는 과세표준에 포함하지 않는다.
02 ① 공급시기 이후에 외화 대금 수령 시 공급시기(선적일)의 기준환율 적용
03 ④ 해당 공통사용재화의 공급가액이 5천만원 이상인 경우에는 직전과세기간의 면세공급가액이 총공급가액의 5% 미만이라 하더라도 안분계산한다.
04 ③ 제품매출 100,000,000원 + 1,000,000원 = 101,000,000원
05 ① 5년이 아니고 10년이다.
06 ② 연간 한도액은 500만원(우대 연 1,000만원)이다.
07 ③ 자동차판매업의 영업에 직접 사용되는 승용자동차는 매입세액공제대상이다.
08 ③ 음식업자는 과세사업자이므로 면세로 구입한 재화는 의제매입세액된다.
09 ④ 대손세액공제는 확정신고 시에만 적용 된다. 비영업용 소형승용차의 구입 및 유지 비용, 기업업무추진비는 매입세액공제를 받지 못한다.
10 ② 면세사업자로부터 매입한 물품은 매입세액공제를 받을 수 없다.
11 ③ 렌트카업의 영업에 직접 사용되는 승용자동차는 매입세액공제대상이다.
12 ④ 공급시기 이후에 발급받은 세금계산서로서 해당 공급시기가 속하는 과세기간의 확정신고 기한까지 발급받은 경우 당해 매입세액은 공제 가능하다.
13 ④ 매출세액 : 1,000,000
　　매입세액 : 500,000 - 10,000 = 490,000
　　납부세액 : 1,000,000 - 490,000 = 510,000

Chapter 5
세금계산서

1. 세금계산서의 의의

(1) 세금계산서의 개념

사업자가 재화 또는 용역을 공급하면서 거래상대방으로부터 부가가치세를 받아서 납부하는데 이를 거래징수라 한다. 사업자는 거래징수를 통하여 부가가치세를 거래상대방에게 전가한다. 세금계산서는 거래징수를 증명하는 증빙이다.

세금계산서는 다음과 같은 기능을 한다.

> 송장, 영수증, 청구서, 상호대사를 통한 오류검증, 과세증빙 등

(2) 세금계산서의 필요적 기재사항

> ㉠ 공급하는 사업자의 등록번호와 성명 또는 명칭
> ㉡ 공급받는 자의 등록번호(고유번호 또는 주민등록번호)
> ㉢ 공급가액과 부가가치세액
> ㉣ 작성 연월일(공급 연월일이 아님)

필요적 기재사항 중 하나라도 누락하거나 사실과 다를 경우에는 세금계산서의 효력이 인정되지 않으므로, 세금계산서를 발급받은 자는 매입세액공제를 받을 수 없고, 이를 발급한 자는 세금계산서 불성실가산세를 부담하게 된다.

기출문제 연습 다음 중 세금계산서의 필요적 기재사항이 아닌 것은?
① 공급하는 자의 상호 또는 성명
② 공급기액과 부가가치세
③ 공급받는 자의 사업자등록번호
④ 공급연월일

풀이
④ 공급연월일이 아니라 작성연월일이 필요적 기재사항에 해당한다.

(3) 세금계산서 발급의무자

일반과세자 등	다음의 사업자가 재화·용역을 공급할 때 작성하여 거래 상대방에게 세금계산서를 발급하여야 한다. • 사업자등록을 한 일반과세자 • 영세율사업자(내국신용장·구매확인서 등에 의한 공급) • 직전연도 공급대가가 4,800만원 이상인 간이과세자
세관장의 수입세금계산서	세관장은 수입된 재화에 대한 세금계산서(수입세금계산서)를 수입하는 자에게 발급하여야 한다.

영세율사업자도 세금계산서 발급의무가 있지만, 외국으로 직수출하는 경우 등 세금계산서 발급의무가 면제되는 경우가 있다. 내국신용장·구매확인서로 공급하는 경우 등 국내거래인 경우에는 영세율세금계산서를 발급 한다.

(4) 세금계산서를 발급할 수 없는 자

비사업자 · 면세사업자	사업자등록을 하지 않은 자(비사업자), 또는 면세사업자
간이과세자 중 일부	간이과세자 중 신규사업자 및 직전 사업연도의 공급대가가 4,800만원 미만인 자

(5) 세금계산서의 발급시기

① 세금계산서의 발급시기 원칙

> 세금계산서는 원칙적으로 공급시기에 발급한다.

② 세금계산서의 발급시기 특례(공급시기 전에 세금계산서 발급)

> ⓐ 공급시기 전에 대가의 전부 또는 일부를 받고 세금계산서 발급 시 발급하는 때를 공급시기로 봄
> ⓑ 공급시기 전에 세금계산서를 발급하고 발급일로부터 7일 이내에 대가를 지급받으면 발급시기를 공급시기로 봄(단, 일정 요건 충족 시에는 7일 경과 후에 대가를 지급하더라도 세금계산서 발급시기를 공급시기로 봄)
> ⓒ 장기할부판매 등 일정한 경우에는 공급시기 전에 세금계산서 발급 시 발급한 때를 공급시기로 봄

③ 세금계산서의 발급시기 특례(공급시기 후에 세금계산서 발급)

위의 규정에도 불구하고 다음 어느 하나에 해당하는 경우에는 재화 또는 용역의 공급일이 속하는 달의 다음달 10일까지 세금계산서를 발급할 수 있다. (월합계세금계산서)

> ⓐ 거래처별로 1역월의 공급가액을 합하여 해당 달의 말일을 작성 연월일로 하여 세금계산서를 발급하는 경우
> ⓑ 거래처별로 1역월 이내에서 사업자가 임의로 정한 기간의 공급가액을 합하여 그 기간의 종료일을 작성 연월일로 하여 세금계산서를 발급하는 경우
> ⓒ 관계 증명서류 등에 따라 실제거래사실이 확인되는 경우로서 해당 거래일을 작성 연월일로 하여 세금계산서를 발급하는 경우

2. 전자세금계산서

(1) 전자세금계산서 발급의무자

법인사업자(무조건 전자 발급)와 개인사업자 중 일정 요건을 갖춘 경우 전자세금계산서를 발급하여야 한다.

【개인사업자의 전자세금계산서 발급의무】

구 분	공급가액(과세 + 면세)	발급의무 기간
2022년 기준	1억원 이상	2023. 07. 01 ~ 2024. 06. 30.
2023년 기준	8천만원 이상	2024. 07. 01 ~ 2025. 06. 30.

(2) 전송의무 및 혜택

전 송	전자세금계산서를 발급하였을 때에는 발급일의 다음날까지 전자세금계산서 발급명세서를 국세청장에게 전송하여야 한다.
혜 택	전자세금계산서 발급 시 다음과 같은 혜택이 있다. • 예정신고 및 확정신고 시 세금계산서 합계표 제출의무 면제 • 종이세금계산서는 5년간 보관해야 하지만 전자세금계산서 발급 시 보관의무 면제

3. 매입자발행세금계산서

(1) 매입자발행세금계산서의 의의

일반과세자가 재화·용역의 공급시 세금계산서를 발급하지 아니한 경우에 공급받는 사업자(면세사업자 포함)가 관할세무서장의 확인을 받아 발급하는 세금계산서를 매입자발행세금계산서라 한다.

(2) 발급대상

해당 재화·용역의 공급시기가 속하는 과세기간 종료일부터 12개월 이내에 관할세무서장에게 확인을 받아서 발급하며, 거래 건당 공급대가가 5만원이상 이어야 한다.

4. 세금계산서 등 발급 의무 면제

(1) 영수증 발급 대상 업종

소매업 등	• 공급받는 자가 요구하는 경우에는 세금계산서 발급해야 한다. • 소매업, 음식점업, 숙박업, 양복점, 부동산중개업 등
미용업 등	• 공급받는 자가 요구해도 세금계산서 발급 불가 • 미용·목욕탕 및 유사서비스업, 자동차운전학원 등

(2) 증빙 발급의무 면제

다음의 업종은 세금계산서뿐만 아니라 영수증도 발급의무가 면제된다.

> ㉠ 택시, 노점, 무인판매기
> ㉡ 재화의 간주공급(판매목적 타사업장 반출 제외)
> ㉢ 간주임대료 및 직수출
> ㉣ 미용·목욕탕 및 유사서비스업, 소매업(공급받는 자가 요구하는 경우에는 발급하여야 함)

(3) 간이과세자, 면세사업자

공급대가 4,800만원 미만인 간이과세자는 세금계산서를 발급할 수 없으며, 면세사업자는 세금계산서가 아닌 계산서를 발급할 수 있다. 다만, 신용카드매출전표·현금영수증 등은 모두 발급할 수 있다.

기출문제 연습

다음 중 세금계산서 발급의무의 면제 대상이 아닌 것은?
① 택시운송 사업자가 공급하는 재화 또는 용역
② 미용, 목욕탕 및 유사 서비스업을 경영하는 자가 공급하는 재화 또는 용역
③ 내국신용장 또는 구매확인서에 의하여 공급하는 수출용 재화
④ 부동산임대용역 중 간주임대료

풀이
③ 국내거래이므로 세금계산서 발급의무가 면제되지 않는다.

5. 세금계산서의 수정발급

세금계산서 발급 후 세금계산서의 내용을 정정해야 할 사유가 발생한 경우에는 다음과 같이 세금계산서를 수정해서 발급할 수 있다.

사유	내용
㉠ 공급한 재화가 환입된 경우	• 작성일 : 환입된 날 • 비고란에 처음 세금계산서 작성일을 덧붙여 적은 후 붉은색 글씨로 쓰거나 음의 표시를 하여 발급
㉡ 계약의 해제로 재화·용역이 공급되지 아니한 경우	• 작성일 : 계약해제일 • 비고란에 처음 세금계산서 작성일을 덧붙여 적은 후 붉은색 글씨로 쓰거나 음의 표시를 하여 발급
㉢ 공급가액에 추가되거나 차감되는 금액이 발생한 경우	• 작성일 : 증감 사유가 발생한 날 • 추가되는 금액은 검은색 글씨로 쓰고, 차감되는 금액은 붉은색 글씨로 쓰거나 음의 표시를 하여 발급
㉣ 공급 후 공급시기가 속하는 과세기간 종료 후 25일 이내에 내국신용장 등이 개설된 경우	• 작성일 : 처음 세금계산서 작성일(당초 작성일) • 비고란에 내국신용장 개설일 등을 덧붙여 적어 영세율 적용분은 검은색 글씨로 세금계산서를 작성하여 발급하고, 추가하여 처음에 발급한 세금계산서의 내용대로 세금계산서를 붉은색 글씨로 또는 음의 표시를 하여 작성하고 발급
㉤ 필요적 기재사항 등이 착오로 잘못 적힌 경우	• 작성일 : 처음 세금계산서 작성일(당초 작성일) • 처음 발급한 세금계산서의 내용대로 세금계산서를 붉은색 글씨로 쓰거나 음의 표시를 하여 발급하고, 수정하여 발급하는 세금계산서는 검은색 글씨로 작성하여 발급
㉥ 착오로 전자세금계산서를 이중으로 발급한 경우	• 작성일 : 처음 세금계산서 작성일(당초 작성일) • 처음에 발급한 세금계산서의 내용대로 음의 표시를 하여 발급
㉦ 세율을 잘못 적용하여 발급한 경우	• 작성일 : 처음 세금계산서 작성일(당초 작성일) • 처음 발급한 세금계산서의 내용대로 세금계산서를 붉은색 글씨로 쓰거나 음의 표시를 하여 발급하고, 수정하여 발급하는 세금계산서는 검은색 글씨로 작성하여 발급

* 세금계산서의 필요적 기재사항을 잘못 기재한 경우에는 공급시기가 속하는 과세기간의 확정신고기한 다음날부터 1년 이내에 수정하여 발급할 수 있다.

실전문제연습

01 다음 중 세금계산서의 필요적 기재사항이 아닌 것은?
① 작성연월일
② 공급가액
③ 공급받는 자의 등록번호
④ 공급품목

02 다음 재화의 간주공급 중 세금계산서의 발급이 가능한 경우는 어느 것인가?
① 직매장(타사업장)반출
② 개인적공급
③ 사업상증여
④ 폐업시 잔존재화

03 수정(전자)세금계산서 발급사유와 발급절차에 관한 설명으로 잘못된 것은?
① 상대방에게 공급한 재화가 환입된 경우 수정(전자)세금계산서의 작성일은 재화가 환입된 날을 적는다.
② 계약의 해제로 재화·용역이 공급되지 않은 경우 수정(전자)세금계산서의 작성일은 계약해제일을 적는다.
③ 계약의 해지 등에 따라 공급가액에 추가 또는 차감되는 금액이 발생한 경우 수정(전자)세금계산서의 작성일은 증감사유가 발생한 날을 적는다.
④ 재화·용역을 공급한 후 공급시기가 속하는 과세기간 종료 후 25일 이내에 내국신용장이 개설된 경우 수정(전자)세금계산서의 작성일은 내국신용장이 개설된 날을 적는다.

04 부가가치세법상 수정(전자)세금계산서 작성일을 적고자 한다. 다음 중 작성일을 소급하여 처음에 발급한 (전자)세금계산서의 작성일을 적어야 하는 것은?
① 계약의 해제로 공급가액에 감소되는 금액이 발생한 경우
② 처음에 공급한 재화가 환입된 경우
③ 세율을 잘못 적용한 경우
④ 계약의 해제로 재화가 공급되지 아니한 경우

05 다음은 수정세금계산서 또는 수정전자세금계산서의 발급사유 및 발급절차를 설명한 것이다. 가장 틀린 것은?

① 계약의 해제로 재화나 용역이 공급되지 아니한 경우 : 계약이 해제된 때에 그 작성일은 계약해제일로 적고 비고란에 처음 세금계산서 작성일을 덧붙여 적은 후 붉은색 글씨로 쓰거나 음(陰)의 표시를 하여 발급한다.
② 면세 등 발급대상이 아닌 거래 등에 대하여 발급한 경우 : 처음에 발급한 세금계산서의 내용대로 붉은색 글씨로 쓰거나 음(陰)의 표시를 하여 발급한다.
③ 처음 공급한 재화가 환입된 경우 : 처음 세금계산서를 작성한 날을 작성일로 적고 비고란에 재화가 환입된 날을 덧붙여 적은 후 붉은색 글씨로 쓰거나 음(陰)의 표시를 하여 발급한다.
④ 착오로 전자세금계산서를 이중으로 발급한 경우 : 처음에 발급한 세금계산서의 내용대로 음(陰)의 표시를 하여 발급한다.

06 부가가치세법에 따른 수정세금계산서에 대한 다음의 설명 중 옳은 것은?

① 수정세금계산서는 반드시 전자로 발급하여야 한다.
② 과세표준 또는 세액을 경정할 것을 미리 알고 있는 경우는 적법한 수정세금계산서의 발급사유에 해당하지 않는다.
③ 계약의 해제로 인한 발급의 경우 그 작성일은 처음 세금계산서 작성일로 한다.
④ 일반과세자에서 간이과세자로 과세유형이 전환되기 전에 공급한 재화 또는 용역에 수정발급 사유가 발생하는 경우의 작성일은 그 사유가 발생한 날을 작성일로 한다.

07 다음 중 세금계산서를 발급해야 하는 거래인 것은?

① 소매업자가 공급하는 재화로서 상대방이 세금계산서 발급을 요구하지 않는 경우
② 판매목적 타사업장 반출을 제외한 재화의 간주공급
③ 국내사업장이 있는 비거주자 또는 외국법인에게 공급하는 외화획득용역
④ 부동산 임대에서 발생한 간주임대료에 대한 부가가치세를 임대인이 부담 하는 경우

08 다음 중 부가가치세법상 세금계산서 발급의무 면제 대상이 아닌 것은?

① 국외제공용역
② 보세구역내에서 국내업체 간의 재화공급
③ 무인판매기를 이용하여 재화를 공급하는 자
④ 부동산임대용역 중 전세금 또는 임대보증금에 대한 간주임대료

09 다음 중 부가가치세법에서 정한 재화 또는 용역의 공급시기에 공급받는자가 사업자등록증을 제시하고 세금계산서 발급을 요구하는 경우에도 세금계산서를 발급할 수 없는 사업자는?

① 소매업 ② 음식점업
③ 전세버스운송사업 ④ 항공여객운송사업

10 부가가치세법상 재화 또는 용역의 공급이 아래와 같을 경우 세금계산서 발급 대상에 해당하는 공급가액의 합계액은 얼마인가?

- 내국신용장에 의한 수출 : 25,000,000원
- 외국으로의 직수출액 : 15,000,000원
- 부동산임대보증금에 대한 간주임대료 : 350,000원
- 견본품 무상제공(장부가액 : 4,000,000원, 시가 : 5,000,000원)

① 25,000,000원 ② 25,350,000원
③ 30,000,000원 ④ 30,350,000원

11 부가가치세법에 따른 세금계산서 발급의무의 면제에 해당하지 않는 것은?

① 재화를 직접수출
② 미용업을 경영하는 자가 공급하는 재화나 용역
③ 구매확인서에 의해 수출업자에게 재화를 공급
④ 공급의제에 해당하는 사업상 증여

12 다음은 부가가치세법상 전자세금계산서에 대한 설명이다. 틀린 것은?

① 전자세금계산서는 원칙적으로 발급일의 다음날까지 국세청에 전송해야 한다.
② 후발급 특례가 적용되는 경우 재화나 용역의 공급일이 속하는 달의 다음달 10일까지 세금계산서를 발급할 수 있다.
③ 전자세금계산서 발급대상 사업자가 적법한 발급기한 내에 전자세금계산서 대신에 종이세금계산서를 발급한 경우 공급가액의 1%의 가산세가 적용된다.
④ 당해 연도의 사업장별 재화와 용역의 공급가액의 합계액이 3억원 이상인 개인사업자는 반드시 전자로 세금계산서를 발행하여야 한다.

실전문제연습 해답

01 ④ 공급품목은 임의적 기재사항이다.
02 ① 간주공급 중 직매장(타사업장)반출의 경우 세금계산서를 발급한다.
03 ④ 공급시기가 속하는 과세기간 종료 후 25일 이내에 내국신용장이 개설된 경우 당초 세금계산서 작성일을 기입한다.
04 ③ 계약 해지 시 해지일, 환입시 환입일
05 ③ 재화가 환입된 날을 작성일로 기록함
06 ② 종이세금계산서도 가능하다. 계약 해제로 인한 발급 시 작성일은 계약해제일이며, 과세유형이 전환 전에 공급한 재화나 용역의 수정발급의 경우는 당초 세금계산서 작성일을 수정발급의 작성일로 한다.
07 ③ 국외제공용역은 용역을 제공받는 자가 국내에 사업장이 없는 비거주자 또는 외국법인인 경우에 한하여 세금계산서 발급의무가 면제된다.
08 ② 보세구역 내에서의 재화공급은 국내거래이므로 세금계산서를 발행 하여야 한다.
09 ④ 항공운송사업 중 여객운송 사업은 세금계산서를 발급할 수 없다.
10 ① 외국으로의 직수출과 간주임대료는 세금계산서 발급 면제이고, 견본품의 제공은 재화의 공급으로 보지 아니한다.
11 ③ 내국신용장·구매확인서에 의한 공급은 세금계산서 발급대상에 해당한다.
12 ④ 당해 연도가 아니고 직전 연도

Chapter 6
신고 · 납부 · 환급

1. 신고와 납부

(1) 법인사업자의 예정신고납부의무

법인사업자는 각 예정신고기간에 대한 과세표준과 납부세액(환급세액)을 그 예정신고기간의 종료 후 25일 이내에 관할세무서장에게 신고·납부하여야 한다.

제1기	1월 1일 ~ 3월 31일까지(4월 25일까지 신고납부)
제2기	7월 1일 ~ 9월 30일까지(10월 25일까지 신고납부)

(2) 개인사업자와 소규모 법인사업자에 대한 예정신고 납부의무 면제

다음의 사업자는 예정신고의무가 면제되고, 관할세무서장이 직전 과세기간 납부세액의 50%를 결정하여 징수한다(예정고지징수).

- 개인사업자
- 직전 과세기간의 공급가액이 1억 5천만원 미만인 법인사업자

다만, 다음의 경우에는 예정고지 징수하지 아니한다.

- 징수금액이 50만원 미만인 경우
- 간이과세자에서 일반과세자로 변경된 경우
- 납세자가 재난·도난·사업에 현저한 손실·동거가족의 질병이나 중상해 또는 상중(喪中)인 경우 등의 사유로 납부할 수 없다고 인정되는 경우

(3) 개인사업자와 소규모 법인사업자가 예정신고 납부할 수 있는 경우

다음의 경우에는 개인사업자와 소규모 법인사업자가 예정신고 납부할 수 있다. 이 경우에는 관할세무서장이 결정하여 고지한 것은 무효가 된다.

- 휴업이나 사업부진 등으로 예정신고기간의 공급가액 또는 납부세액이 직전과세기간의 1/3에 미달할 때
- 예정신고기간분에 대하여 조기환급을 받고자 할 때

(4) 확정 신고납부

제1기 과세기간 및 제2기 과세기간이 끝난 후 25일(폐업시는 폐업일이 속한 달의 다음달 25일) 이내에 확정 신고납부를 하여야 한다.

예정신고 또는 조기환급 신고시 신고한 것은 확정신고 시 신고하지 아니하며, 예정신고 시 미환급세액 등은 확정신고시 공제한다.

예정신고 또는 조기환급 신고시 이미 제출한 첨부서류는 확정신고시 제출하지 않아도 된다.

(5) 과세기간 요약

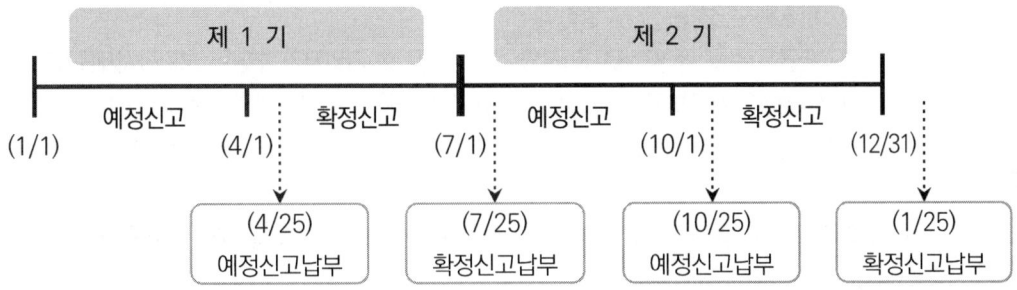

2. 환급

(1) 개념

매입세액이 매출세액을 초과하거나, 과세관청의 경정결과 초과 납부한 세액 등이 있는 경우에는 납세자가 부가가치세를 환급 받는다.

(2) 환급기한

일반적인 환급은 신고기한 경과 후 30일 이내에, 조기환급은 조기환급 신고기한 경과 후 15일 이내에, 경정으로 환급세액이 발생한 경우에는 지체없이 환급한다.

주의할 것은 '신고기한'이 지난 후 30일(또는 15일) 이내에 환급한다는 것이다. 제1기 신고기간은 1월부터 6월말까지고, 그 신고기한은 7월 25일까지 이다. 환급은 7월 26일부터 30일 이내인 8월 24일 이내에 이루어진다.

(3) 조기환급

일반적인 부가가치세 환급보다 빠른 시기에 환급해 주는 것을 조기환급이라 한다.
조기환급의 대상 및 기간은 다음과 같다.

조기환급 대상	• 영세율이 적용되는 경우 • 사업설비를 신설, 취득, 확장, 증축하는 경우 • 재무구조개선 계획을 이행 중인 경우
조기환급 기간	예정신고기간, 확정신고기간, 매월 또는 매 2월을 대상으로 조기환급 신고를 할 수 있다. 따라서, 1월 또는 2월을 각각 조기환급 대상으로 할 수도 있고, 1월과 2월을 묶어서 할 수도 있다.

기출문제 연습1

다음 중 부가가치세법상 환급과 관련한 설명 중 틀린 것은?

① 일반환급은 환급세액을 확정신고한 사업자에게 확정신고기한이 속한 달의 말일부터 30일 이내에 환급하는 것을 말한다.
② 조기환급은 수출 등 영세율사업자와 설비투자를 한 사업자가 부담한 부가가치세를 조기에 환급하여 자금부담을 덜어주고 수출과 투자를 촉진하는데 그 목적이 있다.
③ 조기환급기간은 예정신고기간 중 또는 과세기간 최종 3개월 중 매월 또는 매2월의 기간을 말한다.
④ 예정신고기간에 대한 조기환급은 예정신고기한 경과 후 15일 내에 환급한다.

풀이

① 확정신고한 사업자는 확정신고기한 경과 후 30일 이내에 환급한다.

기출문제 연습2

부가가치세법상 조기환급기간이라 함은 예정신고기간 중 또는 과세기간 최종 3개월 중 매월 또는 매 2월을 말한다. 다음 중 조기환급기간으로 적절하지 않은 것은?

① 2024년 7월
② 2024년 7월 ~ 2024년 8월
③ 2024년 9월 ~ 2024년 10월
④ 2024년 11월

풀이

③ 예정신고기간에 해당하는 2024년 9월과 확정신고에 해당하는 2024년 10월에 대하여 함께 조기환급 신고를 할 수 없다.

기출문제 연습3

다음 중 부가가치세법상 환급에 대한 설명으로 틀린 것은?

① 일반환급은 확정신고기한 경과 후 30일 이내에 환급하여야 한다.
② 재화 및 용역의 공급에 영세율이 적용되는 경우에는 조기환급이 가능하다.
③ 고정자산매입 등 사업설비를 신설하는 경우 조기환급이 가능하다.
④ 영세율 등 조기환급기간별로 당해 조기환급신고기한 경과 후 25일 이내에 환급해야 한다.

풀이

④ 15일 이내에 환급해야 한다.

Chapter 7
간이과세

1. 간이과세자 적용기준

개인사업자 중 직전연도 공급대가의 합계액이 8,000만원에 미만인 사업자이다.
따라서, 법인사업자는 간이과세자가 될 수 없으며, 간이과세가 배제되는 경우는 다음과 같다.

- 법인사업자
- 간이과세가 적용되지 않는 다른 사업장을 보유한 자
- 둘 이상의 사업장이 있는 사업자가 그 둘 이상의 사업장의 공급대가의 합계액이 8,000만원 이상인 경우
- 광업, 제조업, 도매업, 부동산매매업, 변호사·세무사 등 전문직 사업자, 일정한 과세유흥장소 등 간이과세 배제업종을 영위하는 경우

기출문제 연습

다음 중 부가가치세법상 간이과세자 적용배제 업종이 아닌 것은?
① 음식점업
② 광업
③ 도매업(재생용 재료수집 및 판매업 제외)
④ 부동산매매업

풀이
① 음식점업은 부가가치세법상 간이과세 적용배제 업종에 해당하지 않는다.

2. 간이과세자의 부가가치세액 계산

공급대가 × 부가가치율 × 10%	• 공급대가 : 공급가액 + 부가가치세 • 부가가치율 : 업종별로 다르게 적용(15%~40%)
= 납부세액	• 납부세액 : 공급대가 × 부가가치율 × 10%
− 공제 + 가산세	• 세금계산서 매입액 × 0.5%, 신용카드매출전표 발행액 × 1%(우대1.3%)
= 자진납부세액	• 마이너스(−) 금액이 나와도 환급받을 수 없음

▶ 간이과세자는 의제매입세액공제 및 대손세액공제를 받을 수 없다.
▶ 매출액(공급대가) × 업종별 부가가치율 × 10% − 공제세액 = 납부세액

3. 신고·납부

간이과세자의 원칙적인 부가가치세 과세기간은 1월 1일부터 12월 31일까지이다. 1월1일부터 6월 30일까지는 예정부과기간이므로 관할세무서장이 예정고지를 원칙으로 한다.

과세 기간	• 원칙 : 1월 1일 ~ 12월 31일(다음 해 1월 25일까지 신고납부) • 개업 시 : 사업개시일 부터 12월 31일까지. • 폐업 시 : 1월 1일부터 폐업일 까지
예정 고지	• 원칙 : 관할세무서장이 1월부터 6월까지를 예정부과기간으로 납세고지 • 예정고지 : 직전 과세기간 납부세액의 50%를 고지 • 소액부징수 : 예정고지 시 50만원 미만은 징수하지 않는다.
예정신고·납부	• 세금계산서를 발급한 간이과세자는 예정부과기간(1월~6월)에 대하여 7월 25일까지 예정신고·납부를 하여야 한다. • 공급가액이 직전 예정부과기간의 3분의1 미달 시 예정신고·납부할 수 있다.

4. 간이과세 포기

포기 신고	간이과세를 포기하고 일반과세자가 되기를 원하는 경우는 일반과세를 적용받으려는 달의 전달 마지막 날까지 간이과세 포기신고를 하여야 한다.
간이과세 회복	간이과세 포기신고를 한 사업자는 일반과세를 적용받는 달의 1일부터 3년이 되는 날이 속하는 과세기간까지는 간이과세 규정을 적용받지 못한다. 단, 직전연도 공급대가의 합계액이 4,800만원 이상 8,000만원 미만에 해당하면, 간이과세자 재적용을 신청할 수 있다.

5. 간이과세자의 납세의무 면제

공급대가	간이과세자의 해당 과세기간 공급대가의 합계액이 4,800만원 미만이면 납부의무를 면제한다.
가산세	납세의무가 면제되는 경우에도 신고의무는 있으며, 재고납부세액과 미등록가산세가 있는 경우에는 재고납부세액과 미등록가산세가 부과된다.

6. 신규사업자의 경우

개인사업자가 사업을 시작할 때 해당 연도의 공급대가가 8,000만원에 미달될 것으로 예상되는 경우에는 사업자등록 시 간이과세 적용신고서를 관할세무서장에게 제출하면 간이과세를 적용받을 수 있다.

【일반과세와 간이과세 비교】

구 분	일반 과세	간이 과세
계산구조	매출세액 – 매입세액	공급대가×업종별 부가율×10%
매입세액공제	매입액의 10% 공제	매입액(공급대가)×0.5% 공제
대상 업종	모든 사업자	배제업종 이외의 업종
과세기간	1기(1/1~6/30), 2기(7/1~12/31)	1/1 ~ 12/31
포기제도	없음	포기가능
세금계산서	발급가능	발급가능 (공급대가 4,800만원 미만 발급불가)
의제매입세액공제	업종제한 없이 적용 가능	적용 불가
대손세액공제	적용 가능	적용 불가
납부의무 면제	면제제도 없음	공급대가 4,800만원 미만 면제
영세율 적용	적용가능	적용가능하나, 환급받을 수 없다.

※ 참고 : 임대사업자는 공급대가 4,800만원 미만이면 간이과세자이다.

기출문제 연습1

다음 중 부가가치세법상 간이과세를 적용받을 수 있는 사업자는? 단, 보기 외의 다른 소득은 없다.

① 당기에 사업을 개시한 패션 악세사리(재생용 아님) 도매 사업자 김정수씨
② 직전년도의 임대료 합계액이 3,000만원인 부동산 임대사업자 장경미씨
③ 직전년도의 공급대가가 8,000만원에 해당하는 의류 매장을 운영하는 박민철씨가 사업확장을 위하여 당기에 신규로 사업을 개시한 두 번째 의류 매장
④ 직전년도의 공급가액이 7,500만원(부가가치세 750만원 별도)인 한식당을 운영하는 이영희씨

풀이

② 임대사업자는 직전 연도의 공급대가(부가가치세 포함)가 4,800만원에 미달하는 경우에는 간이과세 적용대상자가 된다.

기출문제 연습2

다음은 부가가치세법상 간이과세제도에 대한 설명이다. 틀린 것은?

① 간이과세를 포기하고 일반과세자에 관한 규정을 적용받으려는 경우에는 일반과세를 적용받고자 하는 달의 전달 마지막 날까지 '간이과세포기신고서'를 제출하여야 한다.
② 간이과세를 포기하고 일반과세자가 되더라도 언제든지 간이과세자에 관한 규정을 적용받을 수 있다.
③ 당해 과세기간 공급대가가 4,800만원에 미달하는 경우 납부의무를 면제한다.
④ 간이과세자는 세금계산서를 발행할 수 있으나, 직전사업연도 공급가액이 4,800만원 미만인 경우에는 세금계산서를 발행할 수 없다.

풀이
② 간이과세자를 포기한 날부터 3년이 되는 날이 속하는 과세기간까지는 간이과세를 적용받지 못한다.

기출문제 연습3

다음 중 일반과세자와 간이과세자의 비교 설명으로 틀린 것은?

① 일반과세자의 과세표준은 공급가액이다.
② 간이과세자의 과세표준은 공급대가이다.
③ 일반과세자는 매입세액이 매출세액보다 클 경우 환급세액이 발생할 수도 있다.
④ 간이과세자는 공제세액이 매출세액보다 클 경우 환급세액이 발생할 수도 있다.

풀이
④ 일반과세자와 달리 간이과세자는 환급세액이 발생하지 않는다.

Part. 4

소득세(원천징수)

Chapter 1
소득세 개요

1. 개요

소득세는 개인의 소득에 대하여 과세하는 조세이며, 인세이고, 개인단위로 과세된다. 따라서, 부부나 가족 단위로 합산하지 않는다.

소득세는 다음과 같은 8가지 소득으로 구성되어 있다.

> 이자소득 · 배당소득 · 사업소득 · 근로소득 · 연금소득 · 기타소득 · 퇴직소득 · 양도소득

(1) 소득세의 과세 방식

소득세는 종합과세, 분리과세, 분류과세의 형태로 과세 된다.

종합과세	다음의 6가지 소득은 합산하여 종합소득으로 과세한다. 이자소득 · 배당소득 · 사업소득 · 근로소득 · 연금소득 · 기타소득
분리과세	일부 소득은 종합과세 되지 않고, 원천징수로 과세가 종결된다.
분류과세	퇴직소득 · 양도소득

분리과세란, 2천만원 이하인 금융소득(이자,배당소득), 일용근로소득, 복권당첨소득 등에 대하여 원천징수 함으로써 납세의무가 종결되는 것을 말한다.

(2) 원천징수

소득을 지급하는 자가 소득을 지급하면서 그 소득에 대한 세금을 차감하고 지급하는 것을 말하며, 원천징수 세액은 다음달 10일까지 신고/납부하여야 한다.

원천징수에는 예납적 원천징수와 완납적 원천징수가 있다.

예납적 원천징수	원천징수 후 종합소득에 합산하여 신고하여야 하는 것 → 종합과세
완납적 원천징수	원천징수만으로 모든 납세의무가 종결되는 것 → 분리과세

(3) 분류과세

퇴직소득과 양도소득은 장기간에 걸쳐서 축적된 소득이 한꺼번에 현실화 되는 경향이 있으므로 이를 종합소득에 합산하지 않고 별도로 분류하여 과세한다.

(4) 소득원천설(열거주의)

소득세법은 원칙적으로 소득원천설에 의한 열거주의를 채택하고 있다.
반면에 법인세법은 순자산증가설에 의한 포괄주의를 채택하고 있다.

열거주의	• 세법에 열거된 것은 과세하고 열거되지 않은 것은 과세하지 않는 것 • 소득세법(이자소득과 배당소득은 유형별 포괄주의)
포괄주의	• 세법에 열거되지 않더라도 증가한 모든 재산 가치에 과세하는 것 • 법인세법

(5) 신고납부방식

소득세는 원칙적으로 납세자의 신고에 의하여 과세표준과 세액이 확정되는 신고납부방식의 조세이다. 신고를 하지 않았거나, 신고에 오류가 있는 경우에는 정부에서 확정한다.

【우리나라 소득세의 성격(특징)】

구 분	개 념
국 세	과세권이 국가에게 있음 ↔ 지방세
직접세	세금을 부담하는 자(담세자)와 납부하는 자(납세자)가 동일함 ↔ 간접세
소득세	소득에 대하여 과세함 ↔ 소비세
보통세	특정 목적에 의해 부과되는 것이 아님 ↔ 목적세
종가세	화폐단위를 기준으로 부과됨 ↔ 종량세
누진세	원칙적으로 6% ~ 45% 초과누진세율 구조임 ↔ 비례세
인 세	인격체를 중심으로 과세함(인적공제 등 가능) ↔ 물세

2. 납세의무자

(1) 거주자와 비거주자

소득세법상 납세의무자는 개인인데, 개인은 거주자와 비거주자로 나뉜다.

거 주 자	• 국내에 주소 또는 183일 이상 거소를 둔 개인 • 국내외 모든 소득에 대하여 납세의무(무제한적 납세의무)
비거주자	• 거주자가 아닌 개인 • 국내 원천소득에 대하여만 납세의무(제한적 납세의무)

▶ 주소는 국내에서 생계를 같이 하는 가족 및 국내에 소재하는 자산의 유무 등 생활관계의 객관적 사실에 따라 판정한다.

▶ 거소는 주소지 외의 장소 중 상당기간에 걸쳐 거주하는 장소로서 주소와 같이 밀접한 일반적 생활관계가 형성되지 아니한 장소를 말한다.

(2) 거주자로 보는 경우와 비거주자로 보는 경우

거주자로 보는 경우	• 183일 이상 계속 국내에 거주할 것을 통상 필요로 하는 직업을 가진 때 • 국내에 생계를 같이하는 가족이 있고, 그 직업 및 자산상태에 비추어 계속하여 183일 이상 국내에 거주할 것으로 인정되는 때
비거주자로 보는 경우	국외에 거주 또는 근무하는 자가 외국국적을 가졌거나 외국법령에 의하여 그 외국의 영주권을 얻은 자로서, 국내에 생계를 같이하는 가족이 없고 그 직업 및 자산상태에 비추어 다시 입국하여 주로 국내에 거주하리라고 인정되지 아니하는 때

(3) 기타 거주자 판정

외국항행 승무원	외국을 항행하는 선박·항공기의 승무원의 경우, 생계를 같이하는 가족이 거주하는 장소 또는 근무기간 외의 기간 중 통상 체재하는 장소가 국내에 있으면 거주자로 보고, 국외에 있으면 비거주자 본다.
국외근무자	거주자 및 내국법인의 국외사업장 또는 해외현지법인(내국법인이 발행주식총수 또는 출자지분의 100%를 직접 또는 간접 출자한 경우에 한정한다) 등에 파견된 임원 또는 직원이나 국외에서 근무하는 공무원은 거주자로 본다.
주한외교관	대한민국 국민이 아닌 주한외교관과 그 외교관의 세대에 속하는 가족은 주소여부 또는 거주기간에 불구하고 비거주자로 본다.

3. 과세기간

사 례	과세 기간
원칙적인 과세기간	1월 1일 ~ 12월 31일까지
사망한 경우	1월 1일 ~ 사망한 날까지
주소 등 국외 이전으로 비거주자가 되는 경우	1월 1일 ~ 출국한 날까지
외국에서 입국하는 경우	입국일 다음날 ~ 12월 31일

▶ 소득세의 과세기간은 개업이나 폐업 등과 무관하고, 과세기간을 임의로 변경할 수 없다.

4. 납세지

거주자의 납세지	• 원칙 : 주소지 • 예외 : 주소지가 없는 경우에는 거소지
비거주자의 납세지	• 원칙 : 국내사업장의 소재지 • 국내사업장이 둘 이상 있는 경우 : 주된 국내사업장의 소재지 • 국내사업장이 없는 경우 : 국내원천소득이 발생하는 장소
상속 등	피상속인·상속인 또는 납세관리인의 주소지나 거소지 중 신고하는 장소
납세관리인을 둔 경우	비거주자가 납세관리인을 둔 경우에 국내사업장의 소재지 또는 그 납세관리인의 주소지나 거소지 중 신고하는 장소

▶ 국세청장 등은 사업소득이 있는 거주자가 사업장 소재지를 납세지로 신청한 경우에는 사업장 소재지를 납세지로 지정할 수 있다.

▶ 납세지가 변경된 경우에는 변경된 날부터 15일 이내에 변경 후의 납세지 관할 세무서장에게 신고하여야 한다.

【종합소득세의 계산구조】

총수입금액	비과세소득과 분리과세소득이 제외된 금액
(−)필요경비	이자소득과 배당소득 : 필요경비 없음 배당소득 : 귀속법인세를 가산함 사업소득 : 필요경비 차감 근로소득 : 근로소득공제(필요경비 없음) 연금소득 : 연금소득공제(필요경비 없음) 기타소득 : 필요경비 차감
➡ 종합소득금액	이자소득, 배당소득, 사업소득, 근로소득, 연금소득, 기타소득 합산 (분리과세 되는 부분 제외)
(−)종합소득공제	인적공제, 연금보험료공제, 특별소득공제 등
➡ 종합소득과세표준	
(×)세율	기본세율 : 6% ~ 45%(초과누진세율)
➡ 종합소득산출세액	
(−)세액감면·공제	세액감면 ➡ 이월공제 불가 세액공제 ➡ 이월공제 가능 세액공제
➡ 종합소득결정세액	
(+)가산세	
➡ 종합소득총결정세액	
(−)기납부세액	중간예납세액, 원천납부세액, 수시부과세액, 예정신고납부세액
➡ 종합소득차감납부세액	

실전문제연습

01 다음 소득세법상 납세의무자에 대한 설명 중 옳지 않은 것은?

① 소득세법상 거주자는 국내에 주소를 두거나 1년 이상 거소를 두어야 한다.
② 거주자는 국내외원천 소득에 대한 납세의무가 있다.
③ 비거주자는 국내원천 소득에 대한 납세의무가 있다.
④ 비거주자는 국외원천 소득에 대한 납세의무가 없다.

02 다음은 소득세법상 납세의무자에 관한 설명이다. 가장 틀린 것은?

① 외국을 항행하는 선박 또는 항공기 승무원의 경우 생계를 같이하는 가족이 거주하는 장소 또는 승무원이 근무기간 외의 기간 중 통상 체재하는 장소가 국내에 있는 때에는 당해 승무원의 주소는 국내에 있는 것으로 본다.
② 국내에 거소를 둔 기간은 입국하는 날의 다음날부터 출국하는 날까지로 한다.
③ 거주자란 국내에 주소를 두거나 183일 이상의 거소를 둔 개인을 말한다.
④ 영국의 시민권자나 영주권자의 경우 무조건 비거주자로 본다.

03 다음 중 소득세의 특징으로 옳지 않은 것은?

① 소득세는 납세자와 담세자가 동일한 직접세에 해당한다.
② 소득세는 개인소득을 기준으로 과세하는 개인단위과세 제도를 원칙으로 한다.
③ 소득세의 과세방법에는 종합과세, 분리과세, 분류과세가 있다.
④ 소득세는 소득금액과 관계없이 단일세율을 적용한다.

04 다음 중 소득세법상 거주자의 종합소득에 해당하지 않는 것은?

① 배당소득　　　　　　　② 사업소득
③ 기타소득　　　　　　　④ 퇴직소득

05 다음 중 소득세법에 대한 설명으로 옳지 않은 것은?

① 소득세 과세대상은 종합소득과 퇴직소득 및 양도소득이다.
② 소득세법상 납세의무자는 개인으로 거주자와 비거주자로 구분하여 납세의무의 범위를 정한다.
③ 소득세법은 열거주의 과세방식이나 이자소득, 배당소득, 연금소득 등은 유형별 포괄주의를 채택하고 있다.
④ 종합소득은 원칙적으로 종합과세하고 퇴직소득과 양도소득은 분리과세 한다.

06 다음 중 소득세법상 과세기간에 대한 설명으로 틀린 것은?

① 일반적인 소득세의 과세기간은 1월 1일부터 12월 31일까지 1년으로 한다.
② 거주자가 사망한 경우의 과세기간은 1월 1일부터 사망한 날까지로 한다.
③ 신규사업자의 사업소득의 과세기간은 사업개시일부터 12월 31일까지로 한다.
④ 거주자가 주소 또는 거소를 국외로 이전하여 비거주자가 되는 경우의 과세기간은 1월 1일부터 출국한 날까지로 한다.

07 다음 중 소득세법상 과세기간에 대한 설명으로 틀린 것은?

① 일반적인 소득세의 과세기간은 1월 1일부터 12월 31일까지 1년으로 한다.
② 거주자가 사망한 경우의 과세기간은 1월 1일부터 사망한 날까지로 한다.
③ 폐업사업자의 사업소득의 과세기간은 1월 1일부터 폐업일까지로 한다.
④ 거주자가 주소 또는 거소를 국외로 이전하여 비거주자가 되는 경우의 과세기간은 1월 1일부터 출국한 날까지로 한다.

08 다음 중 소득세법에 관한 설명으로 옳지 않은 것은?

① 소득세의 과세기간은 1/1~12/31 원칙으로 하며, 사업자의 선택에 의하여 이를 변경할 수 없다.
② 사업소득이 있는 거주자의 소득세 납세지는 주소지로 한다.
③ 소득세법은 종합과세제도이므로 거주자의 모든 소득을 합산하여 과세한다.
④ 소득세의 과세기간은 사업개시나 폐업의 영향을 받지 않는다.

실전문제연습 해답

01 ① 국내에 주소를 두거나 183일 이상의 거소를 둔 개인을 거주자라 한다.
02 ④ 비거주자란 거주자가 아닌 개인을 말한다.
03 ④ 소득세는 단일세율이 아니라 초과누진세율이다.
04 ④ 퇴직소득은 거주자의 종합소득에 해당하지 않는다.
05 ④ 퇴직소득과 양도소득은 분류과세 한다.
06 ③ 소득세의 과세기간은 사업개시나 폐업에 의하여 영향을 받지
07 ③ 소득세의 과세기간은 사업개시나 폐업에 의하여 영향을 받지 않는다.
08 ③ 모든 소득을 합산과세 하지는 않는다. 분리과세 또는 분류과세가 있다.

Chapter 2
이자소득 · 배당소득

1. 이자소득

(1) 이자소득의 범위

> ㉠ 예금·적금 등의 이자 : 국내외에서 받는 예금·적금 등의 이자
> ㉡ 채권·증권의 이자와 할인액 : 국가·지방자치단체·내국법인·외국법인·외국법인의 국내지점 등에서 발행한 채권·증권의 이자와 할인액
> ㉢ 채권 또는 증권의 환매조건부 매매차익
> ㉣ 저축성 보험의 보험차익 : 보험계약기간 10년 미만인 저축성 보험의 보험차익
> ㉤ 직장공제회 초과반환금 : 직장에 재직시 직장공제회에 납부하고 퇴직시 돌려받는 금액 중에서 납부액을 초과하는 금액
> ㉥ 비영업대금의 이익 : 일시적으로 금전을 빌려주고 받는 이자
> ㉦ 위와 유사한 소득으로서 금전 사용에 따른 대가의 성격이 있는 것(유형별 포괄주의)
> ㉧ 파생금융상품의 배당

▶ 저축성보험이란, 보험료 납입액보다 만기 보험금수령액이 더 큰 보험을 말한다. 보험료 납입액과 보험금수령액의 차이를 이자로 보는 것이다.
▶ 저축성보험차익 중 보험계약기간이 10년 이상이고 일정 요건을 갖추면 비과세 된다.

(2) 이자소득에서 제외되는 것

연체이자	외상매출금 등의 회수지연 또는 지급기일 연장으로 받는 연체이자는 사업소득으로 본다. 다만, 그 외상매출금 등을 소비대차로 전환함에 따라 받는 이자는 이자소득이다.
손해배상금 법정이자	일반적인 손해배상금의 법정이자는 과세하지 않는다. 다만, 위약 또는 해약으로 받는 손해배상금 법정이자는 기타소득으로 과세한다.

(3) 이자소득금액

> 이자소득금액 = 이자소득 총수입금액(비과세·분리과세 제외)

▶ 이자소득 총수입금액은 이자소득금액과 같다. 필요경비를 차감하지 않는다.

(4) 이자소득의 수입시기

이자소득의 수입시기는 일반적인 개인이 받는 이자소득의 경우 현금주의(지급받은 날)를 기본적으로 적용하되, 권리의무 확정주의(약정일)를 가미하고 있다.

㉠ 채권 등의 이자와 할인액	• 무기명 채권 등 : 그 지급받은 날 • 기명 채권 등 : 약정에 의한 지급일
㉡ 보통예금, 정기예금, 적금, 부금의 이자	• 원칙 : 실제로 이자를 지급받은 날 • 원본에 전입하는 특약이 있는 경우 : 원본전입일 • 해약으로 인하여 지급되는 이자 : 그 해약일 • 계약기간을 연장하는 경우 : 그 연장하는 날
㉢ 통지예금의 이자	인출일
㉣ 채권·증권의 환매조건부 매매차익	• 원칙 : 약정에 의한 환매수일 또는 환매도일 • 기일 전에 환매수·환매도하는 경우 : 환매수·환매도일
㉤ 저축성 보험의 보험차익	• 원칙 : 보험금 또는 환급금의 지급일 • 기일 전에 해지하는 경우 : 그 해지일
㉥ 직장공제회 초과반환금	약정에 의한 공제회반환금의 지급일
㉦ 비영업대금의 이익	• 원칙 : 약정에 의한 이자지급일 • 이자지급일의 약정이 없거나, 약정에 의한 이자지급일 전에 이자를 지급받는 경우, 또는 총수입금액 계산에서 제외하였던 이자를 지급받는 경우 : 그 이자지급일
㉧ 이자소득이 발생하는 재산이 상속·증여되는 경우	상속개시일 또는 증여일

(5) 이자소득 원천징수

이자소득을 지급할 때 지급액에서 다음의 세율만큼 원천징수 한다.

㉠ 일반적인 경우(은행이자·채권이자 등) : 14%
㉡ 비영업대금의 이익 : 25%
㉢ 비실명 이자소득 : 42%(금융실명제 위반의 경우에는 90%)
㉣ 직장공제회 초과반한금 : 소득세 기본세율

▶ 비영업대금의 이익 : 금융업자가 아닌 거주자의 금전 대여로 인한 이익으로 일반적으로 사채이자를 말한다.

기출문제 연습1

다음 중 소득세법상 이자소득으로 볼 수 없는 것은?

① 사채이자
② 연금계좌에서 연금외 수령한 소득 중 운용수익
③ 채권, 증권의 환매조건부 매매차익
④ 비영업대금의 이익

풀이

② 기타소득 또는 퇴직소득이다.

기출문제 연습2

다음 중 소득세법상 이자소득 총수입금액의 수입시기(귀속시기)에 대한 설명으로 가장 옳지 않은 것은?

① 저축성 보험의 보험차익은 보험금 또는 환급금의 지급일이며, 다만 기일 전에 해지하는 경우에는 그 해지일이다.
② 비영업대금의 이익은 약정일 이후 실제 이자지급일이 원칙이다.
③ 채권의 이자와 할인액은 무기명채권은 실제 지급받은 날, 기명채권의 이자와 할인액은 약정에 의한 지급일이다.
④ 금전의 사용에 따른 대가의 성격이 있는 이자와 할인액은 약정에 따른 상환일이다. 다만, 기일 전에 상환하는 때에는 그 상환일이다.

풀이

② 비영업대금의 이익은 원칙적으로 약정에 의한 이자지급일이다.

기출문제 연습3

다음 중 이자소득의 원칙적인 수입시기에 관한 설명으로 맞는 것은?

① 보통예금의 수입시기는 이자를 지급받기로 한 날이다.
② 통지예금의 이자는 통지한 날을 수입시기로 한다.
③ 정기적금의 이자는 실제로 이자를 지급받는 날을 수입시기로 한다.
④ 비영업대금의 이자는 실제로 이자를 지급받는 날을 수입시기로 한다.

풀이

③ 보통예금은 실제로 이자를 지급 받는날, 통지예금은 인출일, 비영업대금의 이익은 약정에 따른 이자지급일

2. 배당소득

(1) 배당소득의 범위

> ㉠ 일반 배당 : 내국법인 또는 외국법인 또는 법인으로 보는 단체로부터 받는 이익이나 잉여금의 배당 또는 분배금
> ㉡ 의제배당 : 피투자회사의 합병·분할·감자 등으로 받는 의제배당과 잉여금의 자본전입으로 인한 의제배당이 있음
> ㉢ 인정배당 : 법인세법에 따라 배당으로 처분된 금액
> ㉣ 국내외에서 받는 일정한 집합투자기구로부터의 이익
> ㉤ 간주배당 : 국제조세조정에 관한 법률에 따라 배당받은 것으로 간주된 금액
> ㉥ 공동사업에서 발생한 소득금액 중 출자공동사업자의 손익분배비율에 해당하는 금액
> ㉦ 위와 유사한 소득으로서 수익분배의 성격이 있는 것(유형별 포괄주의)
> ㉧ 파생금융상품의 배당
>   → 외환·예금·채권·주식 등과 같은 기초자산으로부터 파생된 금융상품.

(2) 배당소득금액

> 배당소득금액 = 배당소득 총수입금액(비과세·분리과세 제외) + 배당가산액

- 배당가산액은 법정 요건을 충족하는 일정한 배당소득에 10%를 곱한 금액이다.
- 필요경비를 차감하지 않는다.

(3) 법인세와 소득세의 이중과세조정(Gross-up 후 세액공제)

개인이 법인으로부터 배당을 받을 때 배당받는 금액은 이미 법인세가 과세된 금액인데, 이 금액을 배당소득으로 과세하면 동일한 재원에 이중과세되는 결과가 발생한다.

이러한 이중과세를 제거하기 위해 배당소득금액 계산시 이미 과세된 법인세액에 상당하는 금액(배당가산액 10%, 법인세최저세율 9%))을 배당소득에 합산하고, 추후 세액계산시 배당세액공제를 통해 이미 과세된 법인세 상당액을 제거하는 방법으로 과세한다.

소득금액 계산시	→	세액 계산시
배당가산액(10%) 가산		배당세액공제

▶ 배당가산액을 '귀속법인세'라고도 한다.
▶ 배당가산액을 가산하는 제도를 'Gross-up'이라 한다.

이중과세조정 대상이 되는 배당소득은 다음 요건을 모두 충족하는 배당이어야 한다.

> ㉠ 내국법인으로부터 받을 것
> ㉡ 배당을 지급한 법인단계에서 법인세가 과세된 재원으로 배당한 것일 것
> ㉢ 종합과세 되는 배당일 것
> ㉣ 기본세율이 적용되는 배당일 것

(4) 배당소득의 수입시기

㉠ 일반적인 배당	• 무기명주식의 이익이나 배당 : 지급받는 날 • 잉여금 처분에 의한 배당 : 잉여금처분결의일 • 법인세법에 의해 처분된 배당(인정배당) : 결산확정일
㉡ 의제배당	• 잉여금의 자본전입 : 자본전입 결정일 • 감자·퇴사·탈퇴 등 : 감자결의일, 퇴사·탈퇴일 • 해산 : 잔여주식가액확정일 • 합병·분할 : 합병등기일, 분할등기일
㉢ 집합투자기구로부터의 이익	집합투자기구로부터 이익을 지급받은 날(원본에 전입하는 특약이 있을 때는 원본에 전입되는 날)
㉣ 출자공동사업자의 배당	과세기간 종료일
㉤ 기타 배당 또는 분배금	실제 지급받은 날

(5) 이자소득, 배당소득 원천징수

이자, 배당소득을 지급할 때 지급액에서 다음의 세율만큼 원천징수한다.

> ㉠ 일반적인 경우 : 14%
> ㉡ 비영업대금이익, 출자공동사업자의 배당소득 : 25%
> ㉢ 비실명 이자, 배당소득 : 45%

기출문제 연습

다음 중 소득세법상 배당소득 중 Gross-up 적용 대상이 아닌 것은?
① 내국법인으로부터 받는 배당
② 감자·해산·합병·분할로 인한 의제배당
③ 법인세법에 따라 배당으로 처분된 금액
④ 주식발행액면초과액을 재원으로 한 의제배당

풀이

④ 주식발행액면초과액은 법인세가 과세되지 않기 때문에 이를 재원으로 한 의제배당은 Gross-up 적용 대상이 아니다.

3. 금융소득의 과세방법

이자소득과 배당소득을 합하여 금융소득이라 한다. 금융소득은 분리과세와 종합과세가 혼합해서 사용된다.

(1) 금융소득의 분류

무조건 종합과세	• 원천징수 되지 않은 금융소득(원천징수 되지 않는 국외금융소득 등) • 출자공동사업자의 배당소득
무조건 분리과세	• 비실명 금융소득 • 직장공제회 초과반환금 • 법원에 납부하는 보증금 등에서 발생하는 이자
조건부 종합과세	무조건 종합과세 및 무조건 분리과세 이외의 금융소득

(2) 금융소득 종합과세

금융소득 중 무조건 종합과세 금융소득과 조건부 종합과세 금융소득의 합계액이 연 2,000만원을 초과하는 경우에는 조건부 종합과세 금융소득을 타 소득과 합산하여 종합과세 하는 것을 말한다.

조건부 금융소득의 과세방법은 다음과 같다.

> ㉠ 무조건 종합과세 + 조건부 종합과세 > 2,000만원 : 종합과세
> ㉡ 무조건 종합과세 + 조건부 종합과세 ≤ 2,000만원 : 분리과세

▶ 2,000만원을 '금융소득종합과세 기준금액'이라고도 한다.
▶ 무조건 종합과세 항목은 2,000만원 초과 여부와 무관하게 언제나 종합과세 한다.
▶ 무조건 분리과세 항목은 2,000만원 초과 여부와 무관하게 언제나 분리과세 한다.

Chapter 3
사업소득

1. 개요

(1) 사업소득의 개념

사업소득은 영리를 목적으로 자기의 계산과 책임 하에 계속적·반복적인 활동을 통해서 발생하는 소득을 말한다. 광업·제조업·운수업·숙박업·음식업 등 많은 업종에서 계속적·반복적으로 발생하는 소득은 사업소득이다.

(2) 사업소득으로 보지 않는 것

다음의 경우에는 사업소득으로 보지 않으므로, 과세 되지 않는다.

> ㉠ 농업 중 곡물 및 기타식량재배업
> ㉡ 연구·개발업(단, 계약에 따라 대가를 받으면서 행해지는 것은 과세)
> ㉢ 유치원, 초중등교육법 및 고등교육법에 의한 학교, 직업능력개발훈련시설, 노인학교
> ㉣ 아동수용복지시설, 성인수용복지시설, 장애인수용복지시설 등 복지사업

공익사업과 관련된 지상권과 지역권 대여소득은 기타소득으로 과세한다.

(3) 비과세 사업소득

다음에서 열거하는 것은 소득세가 과세되지 않는다.

논·밭 임대	논·밭을 작물생산에 이용하게 함으로써 발생하는 소득(논·밭을 주차장으로 이용하게 함으로써 발생하는 소득은 과세 됨)
주택임대	1개의 주택(부수토지 포함)을 소유하는 자의 주택임대소득(단, 기준시가가 12억을 초과하는 고가주택과 국외소재주택의 임대소득은 과세한다)
농가부업	농어민이 부업으로 영위하는 축산, 양어, 민박, 특산물제조 등으로 소득금액이 연 3,000만원 이하인 것(단, 농가부업규모의 축산에서 발생하는 소득은 전액 비과세) 연근해어업·내수면어업에서 발생한 5천만원 이하의 어로어업 소득금액
전통주 제조	전통주를 수도권 밖의 읍·면지역에서 제조함으로써 발생하는 소득으로 소득금액의 합계액이 연 1,200만원 이하인 것

임지 · 임목	조림기간 5년 이상인 임지의 임목의 벌채 또는 양도로 발생하는 소득으로서 소득금액의 합계액이 연 600만원 이하인 것
작물재배업	작물재배업(식량작물재배업 제외)에서 발생하는 소득으로서 총수입금액의 합계액이 연 10억원 이하인 것

2. 사업소득금액

(1) 사업소득금액 계산

> 사업소득금액 = 사업소득 총수입금액(비과세 제외) − 필요경비

(2) 사업소득 총수입금액

총수입금액 산입 및 불산입 되는 항목의 예를 들면 다음과 같다.

총수입금액 산 입	㉠ 매출액(할인, 에누리, 환입 제외) ㉡ 사업관련 자산수증이익 · 채무면제이익(결손보전분은 총수입금액 불산입) ㉢ 거래상대방으로부터 받는 장려금 ㉣ 관세환급금 등 필요경비 산입된 세액의 환입액 ㉤ 재고자산을 가사용으로 소비하거나 타인에게 지급한 경우 시가 ㉥ 사업과 관련하여 생긴 보험차익(퇴직연금운용자산)
총수입금액 불산입	㉠ 이자, 배당(이자소득, 배당소득으로 과세) ㉡ 자산 평가차익(평가차손은 필요경비 불산입) ㉢ 전년도에서 이월된 소득금액 ㉣ 부가가치세 매출세액 ㉤ 자기가 생산한 제품 등을 타 제품의 원재료로 사용한 것 ㉥ 소득세 및 지방소득세(소득분) 환급액 및 환급이자 ㉦ 총수입금액에 따라 납부하는 개별소비세, 교통 · 에너지 · 환경세, 주세

【고정자산처분이익】

㉠ 복식부기의무자의 사업용 유형고정자산(부동산 제외) 처분이익 : 사업소득 총수입금액 산입(처분시 장부가액은 필요경비 산입)
㉡ 간편장부대상자의 사업용 유형고정자산 처분이익 : 사업소득 총수입금액 불산입
㉢ 부동산(토지, 건물)의 처분이익 : 양도소득으로 과세(사업소득 총수입금액 불산입)
㉣ 광업권, 어업권, 산업재산권 등 처분이익 : 기타소득으로 과세(사업소득 총수입금액 불산입)

▶ 간편장부대상자 : 업종별로 수입금액이 일정 규모 미만인 사업자를 간편장부대상자라 하고, 간편장부 대상자 이외의 자를 복식부기의무자라 한다.

(3) 사업소득 필요경비

사업과 관련된 경비는 필요경비 산입 된다.
필요경비 산입 및 불산입 되는 항목의 예를 들면 다음과 같다.

필요경비 산입	㉠ 매출원가 및 판매부대비용 ㉡ 국민건강보험법·노인장기요양법 등에 따라 사용자가 부담하는 보험료 및 사용자 본인의 건강보험료 등 ㉢ 거래상대방에게 지급하는 장려금 ㉣ 감가상각비, 기업업무추진비, 기부금 등(한도를 초과하면 필요경비 불산입)
필요경비 불산입	㉠ 대표자의 인건비(종업원의 인건비 및 실제로 종사하는 대표자 가족의 인건비는 필요경비 산입) ㉡ 소득세 및 지방소득세 소득분 ㉢ 업무무관경비(가사관련경비 등) ㉣ 일정한 지급이자 및 접대비, 기부금, 감가상각비, 대손충당금 한도초과액 ㉤ 비일반기부금(동창회, 새마을금고 등에 지출), 벌금, 과태료 등 ㉥ 개별소비세, 주세, 교통·에너지·환경세 ㉦ 부가가치 매입세액(매입세액 불공제된 것은 필요경비 산입)

3. 사업소득의 과세 방법

(1) 일반적인 경우

사업소득은 일반적으로 원천징수 없이 전액 종합과세 한다. 단, 일정한 경우에는 원천징수 후 종합과세 하는 경우도 있다.

(2) 원천징수하는 사업소득

다음의 인적용역은 소득을 지급하는 자가 지급시 3% 또는 5%를 원천징수한 후 종합과세 한다.

> ㉠ 부가가치세 면세대상 의료보건용역 및 인적용역 : 3%
> ㉡ 특정 봉사료 : 5%

※ 특정 봉사료란 다음 3가지 요건을 모두 충족하는 봉사료를 말한다.
　① 사업자가 세금계산서 등에 봉사료를 구분 기재할 것
　② 구분기재한 봉사료가 공급가액(간이과세자는 공급대가)의 20%를 초과할 것
　③ 사업자가 봉사료를 자기의 수입금액에 포함시키지 않을 것

(3) 연말 정산하는 사업소득

다음에 해당하는 인적용역 중 간편장부 대상자에게 사업소득을 지급하는 자는 해당 사업소득에 대하여 다음 해 2월에 연말정산 한다.

㉠ 보험모집인　㉡ 방문판매원　㉢ 음료배달원

▶ 연말정산하는 사업소득만 있는 자는 종합소득세 확정신고를 하지 않아도 된다.
▶ 위의 인적용역 중 간편장부 대상자는 직전연도 수입금액이 7,500만원 미만인 자를 말한다.

(4) 분리 과세하는 사업소득

주택임대소득의 수입금액이 2천만원 이하인 경우에는 14% 세율로 분리과세 선택이 가능하다.

4. 사업소득의 수입시기

㉠ 상품·제품 등 재고자산의 판매 : 인도한 날 ㉡ 위 ㉠ 이외의 자산의 매매 : 대금청산일, 소유권이전등기일, 사용 수익일 중 빠른 날 ㉢ 시용판매 : 구매자가 구입의사를 표시한 날 ㉣ 위탁판매 : 수탁자가 위탁품을 판매한 날 ㉤ 장기할부판매 : 인도한 날 또는 회수기일이 도래한 날 ㉥ 용역의 제공 : 용역의 제공을 완료한 날 ㉦ 무인판매기에 의한 판매 : 무인판매기에서 현금을 꺼낸 날(인취한 날)

실전문제연습

01 소득세법상 사업소득의 수입시기 중 바르게 연결된 것은?

① 상품, 제품 또는 그 밖의 생산품의 판매 : 상대방이 구입의사를 표시한 날
② 무인 판매기에 의한 판매 : 그 상품을 수취한 날
③ 인적 용역의 제공 : 용역대가를 지급받기로 한 날 또는 용역의 제공을 완료한 날 중 빠른 날
④ 상품 등의 위탁 판매 : 그 상품 등을 수탁자에게 인도한 날

02 개인사업자 이영희는 인터넷쇼핑몰을 경영한 결과 당해 손익계산서상 당기순이익이 10,000,000원으로 확인되었다. 다음의 세무조정 사항을 반영하여 소득세법상 사업소득금액을 계산하면 얼마인가?

- 총수입금액 산입 세무조정항목 : 1,000,000원
- 필요경비 불산입 세무조정항목 : 9,000,000원
- 필요경비 산입 세무조정항목 : 8,000,000원
- 총수입금액 불산입 세무조정항목 : 6,000,000원

① 5,000,000원　　　　　　　　② 6,000,000원
③ 11,000,000원　　　　　　　　④ 16,000,000원

03 다음 중 소득세법상 소득세가 과세되는 것은?

① 논·밭을 작물 생산에 이용하게 함으로써 발생하는 소득
② 고용보험법에 따라 받는 육아휴직급여
③ 연 1천만원의 금융소득(국내에서 받는 보통예금이자)
④ 고용보험법에 따라 받는 실업급여

04 다음 중 소득세법상 수입시기로 옳지 않은 것은?

① 잉여금의 처분에 의한 배당소득의 수입시기는 법인의 당해 사업연도 종료일이다.
② 비영업대금의 이익의 수입시기는 약정에 의한 이자지급일이다.
③ 무인판매기에 의한 판매의 경우에는 무인판매기에서 현금을 꺼낸 날이다.
④ 퇴직소득의 수입시기는 퇴직한 날로 한다.

05 다음 중 소득세법상 사업소득금액 계산시 필요경비에 산입되는 항목은?
① 면세사업자가 부담하는 부가가치세 매입세액
② 업무와 관련하여 고의 또는 중대한 과실로 타인의 권리를 침해한 경우에 지급되는 손해배상금
③ 초과인출금에 대한 지급이자
④ 선급비용

06 사업소득의 총수입금액에 대한 설명이다. 가장 틀린 것은?
① 환입된 물품의 가액과 매출에누리는 해당 과세기간의 총수입금액에 산입하지 아니한다.
② 부가가치세의 매출세액은 해당 과세기간의 소득금액을 계산할 때 총수입금액에 산입하지 아니한다.
③ 관세환급금등 필요경비에 지출된 세액이 환급되었거나 환입된 경우에 그 금액은 총수입금액에 이를 산입한다.
④ 거래상대방으로부터 받는 장려금 기타 이와 유사한 성질의 금액은 총수입금액에 이를 산입하지 아니한다.

07 소득세법에 따른 사업소득 필요경비에 해당하지 않는 것은?
① 해당 사업에 직접 종사하고 있는 사업자의 배우자 급여
② 판매한 상품 또는 제품의 보관료, 포장비, 운반비
③ 운행기록을 작성비치한 업무용승용차 관련비용 중 업무사용 비율에 해당하는 금액(복식부기의무자)
④ 새마을금고에 지출한 기부금

실전문제연습 해답

01 ③
  ①은 인도한 날
  ②는 무인판매기에서 현금을 인출한 날
  ④는 수탁자가 위탁품을 판매한 날
02 ② 10,000,000 + 10,000,000 − 14,000,000 = 6,000,000원
03 ③ 금융소득이 2천만원 이하인 경우에는 분리과세 된다.
04 ① 잉여금의 처분에 의한 배당소득의 수입시기는 당해 법인의 잉여금 처분결의일이다.
05 ① 부가가치세법상 매입세액이 불공제된 부가가치세 매입세액은 소득세법상 필요경비에 산입함을 원칙으로 한다.
06 ④ 거래상대방으로부터 받는 장려금 등은 총수입금액에 산입한다.
07 ④ 새마을금고에 지출한 기부금은 비일반기부금에 해당하여 필요경비 불산입이다.

# Chapter 4
근로소득

1. 개요

(1) 근로소득의 범위

근로소득이란 고용계약 등의 계약에 의하여 비독립적으로 근로를 제공하고 그 대가로 지급받는 소득을 말하는데, 급여·상여·급료 등이 이에 해당된다.
근로소득은 해당 과세기간에 발생한 다음의 소득으로 한다.

> ㉠ 근로를 제공함으로써 받는 봉급·급료·보수·세비·임금·상여·수당과 이와 유사한 성질의 급여
> ㉡ 법인의 주주총회·사원총회 또는 이에 준하는 의결기관의 결의에 따라 상여로 받는 소득(잉여금 처분에 의하여 받는 상여)
> ㉢ 법인세법에 따라 상여로 처분된 금액(인정상여)
> ㉣ 퇴직함으로써 받는 소득으로서 퇴직소득에 속하지 아니하는 소득
> ㉤ 발명진흥법에 따른 직무발명보상금 중 연 700만원 초과액

(2) 근로소득에 포함되는 것과 포함되지 않는 것

포함	㉠ 기밀비·교제비 등 업무를 위하여 사용된 것이 분명하지 아니한 급여 ㉡ 사택을 제공받음으로써 얻는 이익. 다만, 비출자 임원(소액주주인 임원 포함)과 종업원이 사택을 제공받는 경우를 제외한다. ㉢ 종업원(중소기업의 종업원 제외)이 주택(부수토지 포함)의 구입·임차에 소요되는 자금을 저리 또는 무상으로 대여 받음으로써 얻는 이익 ㉣ 임직원이 법인으로부터 부여받은 주식매수선택권을 해당 법인에 재직 중에 행사함으로써 얻는 이익(퇴직 후에 행사하면 기타소득)
불포함	㉠ 사회 통념상 타당하다고 인정되는 경조금 ㉡ 비출자임원(소액주주인 임원 포함)과 종업원이 사택을 제공받음으로써 얻는 이익 ㉢ 사용자가 부담하는 단체순수보장성보험과 단체환급부 보장성보험의 보험료 중 1인당 연 70만원 이하의 금액

2. 비과세 근로소득

(1) 실비변상적 급여

㉠ 일직료·숙직료 또는 여비로서 실비변상 정도의 금액
㉡ 종업원이 소유 또는 본인 명의로 임차한 차량을 종업원이 직접 운전하여 업무에 이용하고 소요된 실제 여비를 받는 대신에 지급기준에 따라 받는 금액(자가운전보조금) 중 월 20만원 이내의 금액
㉢ 일정한 교원 또는 연구원 등이 받는 연구보조비 또는 연구활동비 중 월 20만원 이내의 금액
㉣ 취재수당이나 벽지근무수당 중 월 20만원 이내의 금액
㉤ 천재지변 기타 재해로 인하여 받는 급여
㉥ 지방으로 이전하는 기관 종사자 등에게 지급하는 이주수당 중 월 20만원 이내의 금액

(2) 식대 및 출산보육비

㉠ 사내급식 또는 이와 유사한 방법으로 제공받는 식사 기타 음식물
㉡ 식사 기타 음식물을 제공받지 아니하는 자가 받는 월 20만원 이하의 식사대
㉢ 근로자 또는 그 배우자의 출산이나 6세 이하 자녀의 보육과 관련하여 사용자로부터 받는 급여로서 월 20만원 이내의 금액

(3) 생산직근로자가 받는 야간근로수당·연장근로수당

월정급여액 210만원 이하이고, 직전 과세기간의 총급여액이 3,000만원 이하로서 공장·광산 등에서 일하는 생산직 근로자가 시간외근무·야간근무 등으로 통상 임금에 더하여 받는 급여는 다음의 금액을 한도로 비과세 한다.
㉠ 광산근로자 및 일용근로자 : 한도 없이 전액 비과세
㉡ 기타 생산직 및 어업에 종사하는 근로자 : 연 240만원을 한도로 비과세

(4) 국외 또는 북한

㉠ 국외 또는 북한지역에서 근로를 제공하고 받는 보수 중 월 100만원 이내의 금액(원양어업선박, 국외건설현장 등에서 근로하고 받는 보수는 월 500만원 이내의 금액)
㉡ 공무원 등이 국외 또는 북한지역에서 근무하고 받는 수당 중 해당 근로자가 국내에서 근무할 경우에 지급받을 금액 상당액을 초과하여 받는 금액

(5) 기타 비과세 근로소득

> ㉠ 복무중인 병(兵)이 받는 급여(2024년 기준 : 병장 125, 상병 100, 일병 80, 이병 64)
> ㉡ 법률에 따라 동원된 사람이 그 동원된 직장에서 받는 급여
> ㉢ 실업급여·육아휴직급여·산전후 휴가급여·배우자 출산휴가급여·육아기 근로시간 단축급여 등
> ㉣ 국민건강보험법 등에 따라 사용자가 부담하는 보험료 등
> ㉤ 「발명진흥법」상 직무발명보상금으로서 7백만원 이하의 보상금
> ㉥ 기업의 규칙 등으로 정해진 근로자 본인의 업무관련 학자금(교육기간이 6개월 이상인 경우 해당 교육기간을 초과하여 근무하지 않을 경우 해당 학자금 반납 조건)

3. 근로소득금액 및 수입시기

(1) 근로소득금액 계산

> 근로소득금액 = 총급여액(비과세·분리과세 제외) − 근로소득공제

· 근로소득공제[연 2천만원 한도, 근로기간이 1년 미만이라도 월할계산하지 않음]

총급여액	근로소득공제액
500만원 이하	총급여액×70%
500만원 초과 1,500만원 이하	350만원+500만원을 초과하는 금액×40%
1,500만원 초과 4,500만원 이하	750만원+1,500만원을 초과하는 금액×15%
4,500만원 초과 1억원 이하	1,200만원+4,500만원을 초과하는 금액× 5%
1억원 초과	1,475만원+1억원을 초과하는 금액× 2% (2천만원 한도)

(2) 수입시기

구 분	개 념
급 여	근로를 제공한 날
잉여금처분에 의한 상여	당해 법인의 잉여금 처분 결의일
인정상여	해당 사업연도 중의 근로를 제공한 날
임원 퇴직소득 한도초과액	지급받거나 지급받기로 한 날
주식매수선택권	주식매수선택권을 행사한 날

4. 근로소득의 과세방법

(1) 일반적인 경우

매월 급여지급시 원천징수한 후 다음 해 2월분 급여 지급시 연말정산을 통하여 정산된다.

【근로소득이 과세되는 과정】

구 분	개 념
매월 급여 지급시	급여 지급 시 간이세액표에 의해 원천징수(다음달 10일까지 납부)
다음해 2월 연말정산	1년분 급여에 대하여 연말정산(근로소득만 있는 경우에는 연말정산으로 납세의무 종결)
다음해 5월 확정신고	• 근로소득 이외의 소득이 있는 경우에는 확정신고시 다른 소득과 합산하여 신고 • 근로소득만 있는 경우에도 확정신고 가능

(2) 일용근로자의 경우

일용근로자란, 근로를 제공한 날 또는 시간에 따라 근로대가를 받는 사람으로서 동일한 고용주에게 3개월(건설공사 종사자는 1년)이상 계속하여 고용되어 있지 아니한 사람을 말한다.

일용근로자의 소득은 종합소득에 합산하지 않고 다음에 의해 계산된 세액을 원천징수하는 것으로 납세의무가 종결된다(완납적 분리과세).

과세표준	과세표준 : 급여액(일당) – 소득공제(150,000원)
(×) 세율	세 율 : 6%
➡ 산출세액	산출세액 : (일당 – 150,000원)×6%
(–) 세액공제	세액공제 : 산출세액×55%

▶ 일용근로자의 소득공제액은 하루에 150,000원이고 원천징수세율은 6%이다.
▶ 실무에서는 15만원 초과금액×2.97%(지방소득세 포함) = 납부세액(원천징수)

(3) 기타

외국기관 등에서 받는 근로소득 등 원천징수 대상이 아닌 것은 원천징수하지 않고 종합과세 한다.

5. 연말정산

(1) 개념

근로소득을 지급할 때 근로소득 간이세액표에 의해 일정액을 원천징수하여 세금으로 납부한 후, 다음 해 2월 급여 지급 시 1년간 지급한 총 근로소득에 대해서 정확한 세금을 계산하여 추가납부 또는 환급하는 절차를 연말정산이라 한다.

매월급여 지급 시		다음 해 2월
매월 원천징수 다음달 10일까지 신고납부	→	연말정산 (추가납부 또는 환급)

(2) 연말정산 하는 소득

- ㉠ 근로소득
- ㉡ 공적연금소득
- ㉢ 연말정산 대상 사업소득(간편장부 대상인 보험모집인·방문판매원·음료배달원)

▶ 공적연금소득은 다음 해 1월에 연말정산하고, 다른 소득은 다음 해 2월에 연말정산한다.

6. 근로소득 원천징수 시기

원 칙	매월 급여 지급 시 원천징수 하고, 다음 달 10일까지 신고납부
반기별 납부	직전연도 상시고용인원 20인 이하인 경우에는 6개월씩 모아서 반기별 납부 가능(1월~6월, 7월~12월)
지급시기 의제	• 1월부터 11월까지 급여를 지급하지 않은 경우에는 12월 31일에 지급한 것으로 보고 원천징수한다. • 12월 급여를 지급하지 않은 경우에는 다음 해 2월말에 지급한 것으로 보고 원천징수한다. • 법인이 잉여금의 처분에 따라 지급해야 할 상여를 처분결정일부터 3개월까지 지급하지 아니한 때에는 그 3개월이 되는 날에 상여를 지급한 것으로 보아 원천징수한다.

객관식 문제연습

01 다음 중 소득세법상 비과세 근로소득에 해당하지 않는 것은?
① 고용보험법에 의한 육아휴직수당
② 근로기준법에 의한 연차수당
③ 국민연금법에 따라 받는 사망일시금
④ 국민건강보험법에 따라 사용자가 부담하는 건강보험료

02 다음 중 비과세 근로소득의 설명이다. 가장 틀린 것은?
① 자가운전보조금 - 월 20만원 이하의 금액
② 근로자가 제공받는 식대 - 식사를 제공받지 않으며 월 20만원 이하의 금액
③ 출산·보육수당 - 월 30만원 이하의 금액
④ 직무발명보상금 - 연 700만원 이하의 금액

03 다음 중 과세되는 근로소득으로 보지 않는 것은?
① 여비의 명목으로 받은 연액 또는 월액의 급여
② 법인세법에 따라 상여로 처분된 금액
③ 사업자가 그 종업원에게 지급한 경조금 중 사회통념상 타당하다고 인정되는 범위 내의 금액
④ 중소기업이 아닌 기업의 임원·사용인이 주택의 구입·임차에 소요되는 자금을 저리 또는 무상으로 대여 받음으로써 얻는 이익

04 다음의 근로소득 중 소득세법상 비과세 대상이 아닌 것은?
① 근로자가 제공받는 월 20만원 상당액의 현물식사
② 고용보험법에 따라 받는 실업급여, 육아휴직급여, 출산 전·후 휴가급여
③ 근로자가 6세 이하 자녀보육과 관련하여 받는 급여로서 월 20만원 이내의 금액
④ 본인차량을 소유하지 않은 임직원에게 지급된 자가운전보조금으로서 월 20만원 이내의 금액

05 다음 중 소득세법상 근로소득의 범위에 해당하지 않는 것은?

① 법인의 주주총회의 결의에 따라 상여로 받는 소득
② 법인세법에 따라 상여로 처분된 금액
③ 근로자가 회사로부터 주택의 구입·임차에 소요되는 자금을 무상으로 대여받는 이익
④ 법인의 임직원이 고용관계에 따라 부여받은 주식매수선택권을 퇴사 후에 행사함으로 얻은 이익

06 다음 중 근로소득으로 보지 않는 것은?

① 단체순수보장성보험과 단체환급부 보장성보험의 보험료 중 1인당 연 70만원 이하의 금액
② 법인의 주주총회·사원총회 또는 이에 준하는 의결기관의 결의에 따라 상여로 받는 소득
③ 퇴직 전에 지급받는 직무발명보상금 중 700만원 초과금액
④ 근로를 제공함으로써 받는 봉급·급료·보수·세비·임금·상여·수당과 이와 유사한 성질의 급여

07 다음 중 소득세법상 근로소득으로 보지 않는 금액은?

① 법인세법에 의해 상여로 처분된 금액
② 종업원에게 지급하는 통근수당
③ 종업원이 사택을 제공받음으로써 얻는 이익
④ 종업원이 회사로부터 주택의 구입에 소요되는 자금을 무상으로 대여받음으로써 얻는 이익

08 소득세법상 근로소득 원천징수시기의 특례에 대한 내용으로 틀린 것은?

① 법인의 이익 또는 잉여금의 처분에 따라 지급하여야 할 상여를 그 처분을 결정한 날로부터 3개월이 되는 날까지 지급하지 아니한 경우에는 그 3개월이 되는 날에 그 상여를 지급한 것으로 보아 소득세를 원천징수 한다.
② 원천징수의무자가 12월분의 근로소득을 다음 연도 2월 말일까지 지급하지 아니한 경우에는 그 근로소득을 다음 연도 2월 말일에 지급한 것으로 보아 소득세를 원천징수한다.
③ 원천징수의무자가 1월부터 11월까지의 근로소득을 해당 과세기간의 12월 31일까지 지급하지 아니한 경우에는 그 근로소득을 다음 연도 1월 말일에 지급한 것으로 보아 소득세를 원천징수 한다.
④ 법인의 이익 또는 잉여금의 처분이 11월 1일부터 12월 31일까지의 사이에 결정된 경우에 다음 연도 2월 말일까지 그 상여를 지급하지 아니한 경우에는 그 상여를 다음 연도 2월 말일에 지급한 것으로 보아 소득세를 원천징수 한다.

실전문제연습 해답

01 ② 연차수당은 소득세가 과세되는 근로소득에 해당한다.
02 ③ 출산·보육수당 – 월 20만원 이하의 금액
03 ③ 사회통념상 타당하다고 인정되는 범위의 경조금은 근로소득으로 보지 아니한다.
04 ④ 본인차량을 소유하지 않은 임직원에게 지급된 자가운전보조금은 과세대상에 해당함
05 ④ 고용관계 없이 부여받은 주식매수선택권의 행사 또는 퇴사 후에 행사하여 얻은 이익에 대하여는 기타소득으로 과세한다.
06 ① 근로소득으로 보지 않는 항목임
07 ③ 소액주주임원·비출자 임원·종업원이 사택을 제공받음으로써 얻는 이익은 근로소득으로 보지 않는다.
08 ③ 원천징수의무자가 1월부터 11월까지의 근로소득을 해당 과세기간의 12월 31일까지 지급하지 아니한 경우에는 그 근로소득을 12월 31일에 지급한 것으로 보아 소득세를 원천징수한다.

Chapter 5
연금소득

1. 개요

연금소득은 공적연금(국민연금 등)과 사적연금(연금저축 등)이 있다. 연금을 납일 할 때에는 소득공제 또는 세액공제를 받고, 이를 수령할 때 과세된다.

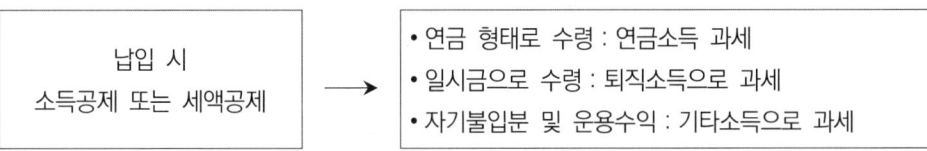

(1) 연금소득의 범위

공적 연금소득	공적연금 관련법(국민연금법, 공무원연금법, 군인연금법 등)에 따라 받는 각종 연금 (2001. 12. 31. 이전 불입분에 대해서 연금 수령시 과세대상이 아님)
사적 연금소득	연금저축계좌 또는 퇴직연금 계좌에서 일정한 연금 형태로 인출하는 연금

(2) 비과세 연금소득

㉠ 공적연금 관련법(국민연금법 등)에 따라 받는 유족연금, 장애연금, 장해연금, 상이연금, 연계노령유족연금 또는 연계퇴직유족연금
㉡ 산업재해보상보험법에 따라 받는 각종 연금
㉢ 국군포로의 송환 및 대우 등에 관한 법률에 따른 국군포로가 받는 연금

2. 연금소득 과세

(1) 연금소득금액 계산

> 연금소득금액 = 총연금액(비과세 · 분리과세 제외) - 연금소득공제(900만원 한도)

▶ 연금소득공제 : 연금액 구간별로 일정한 비율을 적용하며, 900만원을 한도로 한다.

(2) 과세방법

	연금소득 간이세액표에 의한 원천징수 후 연말정산
공적연금	• 납입 시 전액 소득공제 • 일시금으로 수령시 퇴직소득으로 과세 • 연금형태로 수령시 지급하는 자가 간이세액표에 따라서 원천징수하고 다음달 10일까지 납부한 후 다음해 1월에 연말정산 • 종합과세하는 것이 원칙이지만 공적연금소득만 있는 경우에는 연말정산으로 과세 종결(종합소득세신고 하지 않아도 됨)
	원천징수 후 선택적 분리과세
사적연금	• 지급시 원천징수세율 　㉠ 69세 이하 → 5%, 　㉡ 70세 이상 ~ 79세 이하 → 4%, 　㉢ 80세 이상 → 3% • 1,500만원 이하 → 분리과세(3~5%) 또는 종합과세 • 1,500만원 초과 → 종합과세 하거나 15% 분리과세를 선택할 수 있다.

(3) 연금소득의 수입시기

㉠ 공적연금소득 : 지급받기로 한 날
㉡ 연금계좌에서 연금 수령한 연금소득 : 수령한 날
㉢ 기타 연금소득 : 지급받은 날

Chapter 6
기타소득

1. 기타소득의 범위

기타소득은 이자소득, 배당소득, 사업소득, 근로소득, 연금소득, 양도소득, 퇴직소득에 속하지 않는 소득으로서 세법에 열거된 것을 말한다.

(1) 일시적 인적용역 제공 소득

> ㉠ 고용관계 없이 다수인에게 강연을 하고 강연료 등 대가를 받는 용역
> ㉡ 라디오·텔레비전 등을 통한 해설·계몽·연기심사 등을 하고 대가를 받는 용역
> ㉢ 변호사, 공인회계사, 세무사 등이 지식 등을 활용하여 대가를 받고 제공하는 용역
> ㉣ 기타 고용관계 없이 수당 또는 대가를 받고 제공하는 용역

(2) 권리 등의 양도 또는 대여로 인한 소득

> ㉠ 저작자·음반제작자 등 외의 자가 저작권 등을 양도하거나 대여하고 받는 금품
> ㉡ 광업권·어업권·산업재산권 등을 양도하거나 대여하고 그 대가로 받는 금품
> ㉢ 물품 또는 장소를 일시적으로 대여하고 사용료로서 받는 금품
> ㉣ 공익사업과 관련하여 지역권·지상권 등을 설정하거나 대여하고 받는 금품

(3) 상금 등

> ㉠ 상금·현상금·포상금·보로금 또는 이에 준하는 금품
> ㉡ 복권, 경품권, 그 밖의 추첨권에 당첨되어 받는 금품
> ㉢ 승마투표권, 승자투표권 등의 구매자가 받는 환급금
> ㉣ 슬롯머신 등의 당첨금품 및 배당금품 등
> ㉤ 계약의 위약 또는 해약으로 인하여 받는 위약금과 배상금
> ㉥ 유실물의 습득 또는 매장물의 발견으로 인하여 보상금을 받거나 새로 소유권을 취득하는 경우 그 보상금 또는 자산
> ㉦ 소유자가 없는 물건의 점유로 소유권을 취득하는 자산

(4) 기타

- ㉠ 특수관계인이 받는 경제적 이익으로서 급여·배당·증여로 보지 아니하는 금품
- ㉡ 문예·학술·미술·음악 등 창작품에 대한 원작자가 받는 원고료 등(일시적인 것)
- ㉢ 재산권 알선수수료
- ㉣ 사례금
- ㉤ 법인세법에 따라 기타소득으로 처분된 소득
- ㉥ 뇌물
- ㉦ 알선수재 및 배임수재에 의하여 받는 금품
- ㉧ 개당 양도가액 6,000만원 이상인 일정한 서화·골동품의 양도로 발생하는 소득(생존해 있는 국내원작자의 작품은 제외)
- ㉨ 연금계좌에서 연금외 수령한 일정한 소득
- ㉩ 퇴직 전에 부여받은 주식매수 선택권을 퇴직 후에 행사하거나 고용관계 없이 주식매수선택권을 부여받아 이를 행사함으로써 얻는 이익
- ㉪ 종교인소득(근로소득으로 신고하는 경우 제외)
- ㉫ 종업원 등이 퇴직한 후 지급받는 직무발명보상금(700만원 이하는 비과세)

▶ 일시적·우발적이면 기타소득으로 분류되고, 사업성(계속성·반복성)이 있는 경우에 사업소득으로 분류되는 것과 대조적이다.

【기타소득의 판정기준】

종류	개념
저작권	저작권이 저작자 본인에게 귀속되면 사업소득, 저작자 이외의 자에게 귀속(상속 등)되면 기타소득이다. 또한 저작에 사업성이 없으면 저작자 본인에게 귀속되더라도 기타소득이다.
강연료	고용관계가 있는 자가 강연하는 강연료는 근로소득이며, 고용관계가 없는 자가 일시적으로 강연하고 받는 강연료는 기타소득이다.
원고료	근로자가 받는 원고료 등은 근로소득이지만, 업무와 관계없이 독립된 자격으로 원고를 게재하고 받는 대가는 기타소득이다.
영업권	영업권을 사업용 고정자산과 함께 양도하면 양도소득이지만, 영업권만 양도하면 기타소득이다.
손해배상이자	일반적인 손해배상금의 법정이자는 과세하지 않지만, 계약의 위약 또는 해약으로 받는 법정이자는 기타소득으로 과세한다.
직무발명보상금	재직 중에 받으면 근로소득, 퇴직 후에 받으면 기타소득이다.

【비과세 기타소득】

- ㉠ 국가유공자가 받는 보훈급여금·학습보조비 등
- ㉡ 국가보안법 및 상훈법에 따라 받는 상금·보로금·부상
- ㉢ 종업원 등이 퇴직 후에 받는 직무발명보상금 중 700만원 이하의 금액
- ㉣ 국군포로가 받는 정착금과 그 밖의 금품
- ㉤ 국가지정문화재로 지정된 서화·골동품의 양도로 인한 소득
- ㉥ 서화·골동품을 박물관 또는 미술관에 양도함으로써 발생하는 소득
- ㉦ 종교인소득 중 일정한 금액

※ 보로금 : 국가 보안법에 규정된 죄를 범한 자를 수사하여 정보기관에 통보하였을 때, 압수물이 있는 경우에 체포한 사람에게 상금과 함께 지급하는 돈

2. 기타소득금액

> 기타소득금액 = 기타소득 총수입금액(비과세·분리과세 제외) – 필요경비

3. 필요경비

(1) 최소한 80%(또는 60%)를 필요경비로 인정하는 경우

다음의 경우에는 받은 금액의 80%(또는 60%)의 필요경비를 인정하고, 실제 경비가 80%(또는 60%)를 초과하는 경우에는 그 초과액도 필요경비로 인정한다.

80%	㉠ 공익법인이 주무관청의 승인을 받아 시상하는 상금·부상 ㉡ 다수가 순위 경쟁하는 대회에서 입상자가 받는 상금·부상 ㉢ 위약금과 배상금 중 주택입주 지체상금 ㉣ 서화·골동품의 양도로 발생하는 소득(양도가액 1억원 이하 또는 보유기간 10년 이상은 필요경비 90% 적용)
60%	㉠ 공익사업과 관련하여 지역권·지상권 등을 설정하거나 대여하고 받는 금품 ㉡ 무형자산(광업권·어업권·산업재산권) 등을 양도하거나 대여하고 그 대가로 받는 금품 ㉢ 원작자의 원고료, 인세, 미술, 음악 또는 사진에 속하는 창작품에 대하여 받는 대가 ㉣ 일시적인 인적용역을 제공하고 받는 소득(강연료, 심사료 등) ㉤ 통신판매중개를 하는 자를 통하여 물품 또는 장소를 대여하고 500만원 이하의 사용료로 받는 금품 등

(2) 종교인 소득 등 필요경비

종교인소득	종교관련 종사자가 받은 금액에 따라 20%~80%의 필요경비를 인정한다. 단, 실제 경비가 이를 초과하는 경우에는 그 초과액도 필요경비로 인정한다.
승마투표권 등	승마투표권·승자투표권 등의 구매자가 받는 환급금에 대하여는 그 구매자가 구입한 적중된 투표권의 단위투표금액을 필요경비로 한다.
슬롯머신 등	슬롯머신 등의 당첨금품 등에 대하여는 그 당첨금품 등의 당첨 당시에 슬롯머신 등에 투입한 금액을 필요경비로 한다.
복권, 경품권 등	복권, 경품권, 기타 추첨권에 의하여 받는 당첨금품은 실제발생경비로 한다.

4. 기타소득의 과세 방법

(1) 종합과세와 분리과세

무조건 분리과세	• 연금계좌에서 연금 외 수령한 기타소득 • 서화 또는 골동품의 양도로 발생하는 소득 • 복권, 승마투표권, 슬롯머신 등의 환급금 또는 당첨금품 등
무조건 종합과세	• 뇌물 또는 알선수재 및 배임수재에 의하여 받는 금품 • 계약의 위약·해약으로 계약금이 위약금·배상금으로 대체되는 경우
선택적 분리과세	무조건 분리과세와 무조건 종합과세 이외의 기타소득금액이 300만원 이하인 경우에는 분리과세와 종합과세 중에서 선택할 수 있다.

(2) 원천징수 세율

- 일반적인 경우 : 20%
- 복권, 승마투표권 등의 환급금 : 20%(3억원 초과분은 30%)
- 연금계좌에서 연금 외 수령한 기타소득 : 15%

(3) 원천징수하지 않고 종합과세 하는 것

- 뇌물 또는 알선수재 및 배임수재에 의하여 받는 금품
- 계약의 위약·해약으로 계약금이 위약금·배상금으로 대체되는 경우

(4) 원천징수 방법 : 기타소득금액 × 원천징수 세율

기타소득 총수입금액에서 필요경비를 차감한 기타소득금액에 세율을 곱한 금액을 원천징수하여 다음달 10일까지 납부한다.

60%의 필요경비가 인정되는 일시적 인적용역 제공소득인 강연료 1,000,000원을 지급하는 경우에는 1,000,000원에서 60%의 필요경비를 차감한 소득금액에 원천징수세율(20%)을 적용하여 다음과 같은 소득세를 원천징수한다.

> 소득세 원천징수액 = [1,000,000 − (1,000,000 × 60%)] × 20% = 80,000원

(5) 과세최저한 : 다음의 경우 과세하지 않는다.

> ㉠ 승마투표권·승자투표권 등의 구매자가 받는 환급금 중 건별로 권면액의 합계액이 10만원 이하이고 다음 어느 하나에 해당되는 경우
>   • 환급금이 단위투표금액의 100배 이하이면서 개별 환급금이 200만원 이하인 경우
>   • 적중한 개별투표당 환급금이 10만원 이하인 경우
> ㉡ 슬롯머신 등의 당첨금품이 건별로 200만원 이하인 경우
> ㉢ 위 ㉠,㉡ 이외의 기타소득금액이 건별로 5만원 이하인 경우

일시적인 문예창작소득(필요경비 60%) 120,000원을 지급하는 경우에 기타소득금액은 다음과 같이 계산되며, 기타소득금액이 50,000원 이하이므로 원천징수 없이 전액 지급한다.

> 기타소득금액 = [120,000 − (120,000 × 60%)] = 48,000원

• 기타소득금액 = 총수입금액 − 필요경비

5. 기타소득의 수입시기

> • 일반적인 경우 : 지급받은 날(현금주의)
> • 법인세법에 의해 처분된 기타소득 : 당해 법인의 사업연도의 결산확정일
> • 광업권, 어업권 등 양도·대여하고 받은 기타소득 : 인도일과 사용수익일 중 빠른 날

【결손금과 이월결손금】

> 필요경비가 총수입금액을 초과하는 경우 그 초과하는 금액을 결손금이라 하고, 결손금이 발생연도 이후의 연도로 이월되는 경우에 이를 이월결손금이라 한다. 결손금은 사업소득과 양도소득에서만 발생한다.

(1) 결손금의 공제

일반적인 결손금	부동산임대업 이외의 사업소득에서 결손금이 발생한 경우, 부동산임대업의 사업소득금액이 있다면 부동산임대업의 사업소득금액에서 먼저 공제한 후, 다음의 순서에 따라 다른 소득금액에서 공제한다. 근로소득금액→연금소득금액→기타소득금액→이자소득금액→배당소득금액
부동산임대업의 결손금	사업소득 중 부동산임대업에서 발생한 결손금은 다른 소득금액에서 공제하지 않고 이후의 과세기간으로 이월시킨다.

중소기업의 사업소득은 결손금의 소급공제가 가능하다. 단, 부동산임대업에서 발생한 결손금은 소급공제할 수 없다. 소급공제란, 결손금을 다음 과세기간의 소득에서 공제하는 것이 아니라 직전 과세기간의 소득에서 공제하여 세금을 환급받는 것이다.

(2) 이월결손금의 공제

이월결손금은 해당 결손금이 발생한 과세기간의 종료일부터 15년(2019.12.31. 이전 발생분은 10년) 이내에 끝나는 과세기간의 소득금액 계산 시 공제한다.

이때, 부동산임대업에서 발생한 이월결손금은 부동산임대업에서 발생한 소득금액에서만 공제하고, 부동산임대업 이외의 사업소득에서 발생한 이월결손금은 다음 순서에 따라 공제한다.

> 사업소득금액→근로소득금액→연금소득금액→기타소득금액→이자소득금액→배당소득금액

- 이월결손금이 있는데 결손금이 발생한 경우에는 결손금을 먼저 공제한다.
- 먼저 발생한 이월결손금부터 순차적으로 먼저 공제한다.
- 소득금액을 추계신고하거나 추계에 의해 결정하는 경우에는 이월결손금을 공제할 수 없다. 단, 천재지변 등의 사유로 추계하는 경우에는 공제할 수 있다.

실전문제연습

01 다음 중 소득세법상의 소득구분으로 틀린 것은?
① 공익사업관련 지역권 이외의 지역권을 설정하고 받는 금품 또는 소득 - 사업소득
② 일용근로자가 근로를 제공하고 받는 대가 - 근로소득
③ 주식출자임원(소액주주인 임원제외)이 사택을 제공받음으로써 얻는 이익 - 배당소득
④ 계약위반·해약등으로 인한 손해배상금 - 기타소득

02 거주자 고우진이 교육청에서 주관한 1 : 100 퀴즈 대회에서 우승하여 그 원천징수세액이 40만원인 경우(지방세 제외) 소득세법상 기타소득총수입금액은 얼마인가?
① 1,000만원   ② 200만
③ 400만원   ④ 800만원

03 다음 중 소득세법상 총수입금액과 소득금액이 동일한 것은?
① 사업소득   ② 기타소득
③ 근로소득   ④ 이자소득

04 다음 중 소득세법상 소득의 구분이 다른 하나는 무엇인가?
① 공장재단의 대여   ② 사무실용 오피스텔의 임대
③ 상가의 임대   ④ 산업재산권의 대여

05 다음의 기타소득 중 과세방법이 다른 하나는?
① 뇌물, 알선수재 및 배임수재에 의하여 받는 금품
② 복권당첨소득
③ 승마 투표권의 환급금
④ 연금계좌에서 연금 외 수령한 기타소득

06 ㈜제조라는 제조기업이 2024년 4월 15일에 외부강사를 초빙하여 임직원을 위한 특강을 하고 강사료를 2024년 4월 20일에 200만원을 지급하였다. 그 대가를 지급하면서 원천징수할 세액은 얼마인가?(단, 초빙강사의 강사료소득은 기타소득으로 보며, 지방소득세는 제외한다.)

① 400,000원 ② 80,000원
③ 160,000원 ④ 20,000원

07 다음 중 소득세법상 종합과세대상이 아닌 소득은?

① 국외에서 받은 이자소득(원천징수대상이 아님)이 1,200만원 있는 경우
② 로토에 당첨되어 받은 3억원의 복권당첨금
③ 소득세법상 성실신고대상사업자가 업무용 차량을 매각하고 200만원의 매각차익이 발생한 경우
④ 회사에 근로를 제공한 대가로 받은 급여 2,000만원

08 소득세법상 다음 자료에 의한 소득만 있는 거주자 김영민의 종합소득금액을 계산하면 얼마인가?(단, 이월결손금은 전기에 부동산임대업을 제외한 사업소득금액에서 이월된 금액이다.)

• 부동산임대 이외의 사업소득금액 : 25,000,000원
• 근로소득금액 : 10,000,000원
• 부동산임대 사업소득금액 : 15,000,000원
• 이월결손금 : 40,000,000원

① 10,000,000원 ② 15,000,000원
③ 20,000,000원 ④ 25,000,000원

09 다음은 소득세법상 결손금과 이월결손금에 관한 설명이다. 가장 틀린 것은?

① 해당 과세기간의 소득금액에 대하여 추계신고를 하거나 추계조사 결정하는 경우에는 예외 없이 이월결손금공제규정을 적용하지 아니한다.
② 사업소득의 이월결손금은 사업소득, 근로소득, 연금소득, 기타소득, 이자소득, 배당소득의 순서로 공제한다.
③ 주거용 건물 임대 외의 부동산임대업에서 발생한 이월결손금은 타소득에서는 공제할 수 없다.
④ 결손금 및 이월결손금을 공제할 때 해당 과세기간에 결손금이 발생하고 이월결손금이 있는 경우에는 그 과세기간의 결손금을 먼저 소득금액에서 공제한다.

10 다음 중 소득세법상 결손금과 이월결손금에 관한 내용으로 옳은 것은?

① 사업소득의 이월결손금은 해당 이월결손금이 발생한 과세기간의 종료일부터 15년 이내에 끝나는 과세기간의 소득금액을 계산할 때 최근에 발생한 과세기간의 이월결손금부터 순서대로 공제한다.
② 사업소득의 이월결손금은 사업소득→근로소득→기타소득→연금소득→이자소득→배당소득의 순서로 공제한다.
③ 주거용 건물 임대 외의 부동산임대업에서 발생한 이월결손금은 타소득에서는 공제할 수 없다.
④ 결손금 및 이월결손금을 공제할 때 해당 과세기간에 결손금이 발생하고 이월결손금이 있는 경우에는 이월결손금을 먼저 소득금액에서 공제한다.

11 다음 중 소득세법상 원천징수대상 소득이 아닌 것은?

① 프리랜서 저술가 등이 제공하는 500,000원의 인적용역소득
② 일용근로자가 지급받은 200,000원의 일급여
③ 은행으로부터 지급받은 1,000,000원의 보통예금 이자소득
④ 공무원이 사업자로부터 받은 10,000,000원의 뇌물로서 국세청에 적발된 경우의 기타소득

실전문제연습 해답

01 ③ 출자임원이 주택을 제공받음으로써 얻는 이익은 근로소득에 해당한다. 지역권·지상권의 설정·대여 소득은 사업소득으로 과세한다.

02 ① (X - 0.8X) × 0.2 = 400,000원, X = 10,000,000원

03 ④ 이자소득은 필요경비가 없으므로 총수입금액과 소득금액이 동일하다.

04 ④ 산업재산권의 대여, 점포임차권의 양도, 영업권의 대여 등은 기타소득이고, 공장재단의 대여, 상가 및 사무실용 오피스텔의 임대는 사업소득이다.

05 ① 뇌물, 알선수재 및 배임수재에 의한 금품은 무조건 종합과세 대상이며, 나머지는 무조건 분리과세 대상이다.

06 ③ 2,000,000 - 1,200,000 = 800,000원
   원천징수 세액 : 800,000 × 20% = 160,000원

07 ② 복권당첨금의 소득은 분리과세 된다.

08 ① 25,000,000 + 10,000,000 + 15,000,000 - 40,000,000 = 10,000,000원
   부동산임대업을 제외한 사업소득에서 발생한 이월결손금은 모든 종합소득에서 통산한다.

09 ① 추계하는 경우에는 이월결손금을 공제하지 않는다. 단, 천재지변 등 불가항력으로 장부가 멸실 된 경우에는 그러하지 아니한다.

10 ③ 먼저 발생한 이월결손금부터 순차적으로, 사근연기이배 순서로 공제하고 결손금과 이월결손금이 동시에 있는 경우에는 결손금부터 공제한다.

11 ④ 기타소득 중 뇌물 또는 알선수재 및 배임수재에 의하여 받는 금품은 원천징수소득에서 제외한다.

Chapter 7
종합소득공제 및 세액공제

종합소득금액(이자·배당·사업·근로·연금·기타)에서 종합소득공제를 차감하여 종합소득 과세표준을 계산한다.

> 종합소득 과세표준 = 종합소득금액 − 종합소득공제

1. 인적공제(기본공제 + 추가공제)

(1) 기본공제(1인당 150만원)

기본공제 대상자는 다음에 해당되는 자를 말하며, 종합소득이 있는 거주자는 기본공제 대상자 1인당 150만원을 종합소득금액에서 공제한다.

본 인		소득요건과 나이요건 모두 미적용(무조건 기본공제 대상)	
배우자		소득이 없어야 하며	나이요건 미적용
부양 가족	직계존속	소득 없음의 범위	나이요건(60세 이상)
	직계비속·입양자	▶ 총급여 500만원 이하	나이요건(20세 이하)
	형제자매	▶ 근로소득금액 150만원 이하	나이요건(20세 이하, 60세 이상)
	위탁아동	▶ 금융소득 2,000만원 이하	나이요건(18세 미만)*
	기초생활수급자	▶ 일용근로소득, 복권당첨	나이요건 미적용
		▶ 기타소득금액 300만원 이하	
	장애인	▶ **소득금액 100만원 이하	나이요건 미적용

* 위탁아동은 과세기간 6개월이상 직접 양육한 경우에 해당(보호기간이 연장된 경우에는 20세 이하)한다.
* 당해 연도에 이혼한 배우자에 대해서는 배우자에 대한 기본공제를 받지 못한다.
* 배우자가 당해 연도 중에 사망한 경우에는 배우자에 대한 기본공제를 받을 수 있다.
* 법적인 배우자인 경우에만 기본공제가 가능하며, 사실혼인 경우는 기본공제가 안 된다. 마찬가지로 직계존속이 재혼한 경우에도 법적인 배우자인 경우에는 기본공제가 가능하다.

부양가족은 본인뿐만 아니라 배우자의 부양가족도 포함된다. 따라서, 배우자의 직계존속인 장인·장모·시부모 뿐만 아니라, 배우자의 형제자매도 기본공제 대상자가 될 수 있으나, 단, 형제자매의 부양가족은 기본공제 대상에서 제외한다.

기본공제 대상자가 되기 위해서는 나이요건 및 소득요건을 충족해야 하며, 소득금액 계산 시 비과세·분리과세·과세제외 소득은 제외하고, 양도소득금액과 퇴직소득금액은 포함한다.

따라서, 소득요건은 종합소득금액·퇴직소득금액·양도소득금액을 모두 합산한 금액이 100만원 이하인 경우에 충족된다.

> 소득요건 : 100만원 ≧ 종합소득금액 + 양도소득금액 + 퇴직소득금액

기본공제 대상자가 되기 위해서는 주민등록표상의 동거가족으로 현실적으로 생계를 같이하여야 한다. 단, 다음의 경우에는 언제나 생계를 같이하는 것으로 본다.

> ㉠ 배우자, 직계비속, 입양자
> ㉡ 취학·요양·근무상·사업상 형편 등으로 일시적으로 퇴거한 경우
> ㉢ 거주자 또는 배우자의 직계존속이 주거형편에 따라 별거하고 있는 경우(직계비속이 유학을 목적으로 해외에 거주하는 경우는 포함되지만, 직계존속이 해외에 거주하는 경우는 제외)

부양가족 등이 공제대상에 해당하는지 여부는 과세기간 종료일 현재의 상황에 따른다.
단, 다음의 경우에는 예외로 본다.

> ㉠ 사망하거나, 장애가 치유된 사람은 사망일 또는 치유일의 전날 상황에 따른다.
>   → 1월1일 사망하거나, 장애가 치유되면 당해연도는 기본공제 대상이 되지 않는다.
> ㉡ 적용대상 나이가 정해진 공제항목은 과세기간 중에 그 나이에 해당되는 날이 있는 경우에 공제대상자로 본다.(예, 경로우대공제 → 생일 전에 사망하면 경로우대공제 안된다.)

2) 추가공제

기본공제 대상자가 다음 어느 하나에 해당되는 경우에는 1인당 해당 금액을 추가로 공제한다.

장애인공제 (200만원)	기본공제 대상자가 장애인인 경우
경로우대공제 (100만원)	기본공제 대상자가 70세 이상인 경우
한부모공제 (100만원)	배우자가 없고, 기본공제 대상인 직계비속 또는 입양자가 있는 세대주
부녀자공제 (50만원)	다음 중 하나에 해당하고, 종합소득금액이 3천만원 이하인 경우 ㉠ 배우자가 있는 여성 ㉡ 배우자가 없고, 기본공제대상 부양가족이 있는 세대주인 여성

추가공제는 여러 개의 항목에 해당되는 경우 원칙적으로 중복하여 공제받을 수 있다. 단, 한부모공제와 부녀자공제가 동시에 적용되는 경우에는 한부모공제만 적용한다.

3) 자녀세액공제

자녀 수	8세 이상의 기본공제대상 자녀가 있는 경우에는 다음 금액을 세액공제한다. • 1명 : 15만원(첫째) • 2명 : 20만원(둘째) • 3명 이상 : 30만원(셋째 이상)
출산·입양	출산(입양)시 다음 금액을 세액공제한다. • 첫째 30만원 • 둘째 50만원 • 셋째부터는 1인당 70만원

기출문제 연습1

소득세법상 종합소득공제 중 기본공제에 대한 설명으로 가장 옳지 않은 것은?

① 종합소득이 있는 거주자(자연인만 해당)에 대해서는 기본공제대상자 1명당 연 100만원을 곱하여 계산한 금액을 그 거주자의 해당 과세기간의 종합소득금액에서 공제한다.
② 거주자의 배우자로서 해당 과세기간의 소득금액 합계액이 100만원 이하인 사람은 기본공제대상자에 해당한다.
③ 거주자의 배우자로서 해당 과세기간에 총급여액 500만원 이하의 근로소득만 있는 배우자는 기본공제대상자에 해당한다.
④ 거주자의 형제자매(장애인 아님)가 기본공제 대상자에 해당하기 위해서는 형제자매의 나이가 20세 이하이거나 60세 이상이어야 한다.

풀이

① 기본공제대상자 1명당 연 150만원이다.

기출문제 연습2

소득세법상 인적공제대상 여부의 판정에 대한 내용으로 옳지 않은 것은?

① 거주자의 추가공제대상자가 다른 거주자의 추가공제대상자에 해당하는 때에는 기본공제를 하는 거주자와 추가공제를 하는 거주자가 달라질 수 있다.
② 과세기간 종료일 전에 사망한 경우 사망일 전일의 상황에 따라 공제여부을 판정한다.
③ 거주자의 공제대상 배우자가 다른 거주자의 공제대상 부양가족에 해당하는 경우 공제대상 배우자로 한다.
④ 직계비속은 항상 생계를 같이하는 부양가족으로 본다.

풀이

① 거주자의 추가공제대상자가 다른 거주자의 추가공제대상자에 해당하는 때에는 기본공제를 하는 거주자의 추가공제대상자로 한다.

2. 기타 소득공제

(1) 연금보험료 소득공제

종합소득이 있는 거주자가 원천징수한 공적연금(국민연금, 공무원연금, 군인연금 등) 전액을 납입한 과세기간의 종합소득금액에서 공제한다.

(2) 주택담보 노후연금 이자비용 소득공제

연금소득이 있는 거주자가 주택담보 노후연금을 받은 경우 해당 과세기간에 발생한 이자비용 상당액과 연금소득금액 중 작은 금액을 200만원을 한도로 소득공제 한다. 따라서 다음 셋 중 작은 금액을 소득공제하는 것이다.

| ㉠ 이자비용 상당액 | ㉡ 연금소득금액 | ㉢ 200만원 |

(3) 특별소득공제 : 보험료소득공제 + 주택자금소득공제

보험료 소득공제	근로소득이 있는 거주자가 원천징수한 건강보험료·고용보험료·노인장기요양보험료 전액 - 자동계산
주택자금 소득공제	㉠ 주택마련저축(납입액의 40% 공제) ㉡ 주택임차 차입금 원리금 상환액(상환액의 40% 공제) ㉢ 장기주택 저당 차입금 이자 상환액(이자 상환액 공제)

【주택자금 소득공제】

㉠ 주택청약저축	총급여액 7,000만원 이하인 무주택 근로자(세대주)가 청약저축 또는 주택청약종합저축에 납입한 금액(연 납입액 300만원 한도, 납입액의 40% 공제)	㉠+㉡ 한도 연 600만원
㉡ 주택임차차입금 원리금 상환액	무주택 근로자(세대주)가 국민주택규모의 주택을 임차하고 지출한 차입금의 원리금 상환(상환액의 40% 공제)	
㉢ 장기주택 저당차입금 이자 상환액	무주택이거나 1주택 소유자(근로자, 세대주)가 기준시가 6억원 이하의 주택을 취득하기 위하여 저당권을 설정하고 차입한 차입금의 이자 상환액	㉠+㉡+㉢ 한도 연 600~2,000만원

주택청약저축은 특별소득공제로 분류되지 않지만, 한도 규정이 같이 적용되기 때문에 같이 서술하였다.

(4) 신용카드 등 사용 소득공제(본인 및 소득이 없는 부양가족, 형제자매 제외)

근로소득이 있는 자 및 소득이 없는 자(나이와 무관)가 <u>총급여액의 25%</u>를 초과하여 신용카드 등을 사용한 경우 그 사용액에서 일정액을 소득공제 한다.

신용카드 등	신용카드, 직불카드, 현금영수증, 기명식 선불카드, 제로페이 등
공제 대상	• 본인 및 기본공제 대상자의 신용카드 등 사용액 • 기본공제 대상자에서 형제자매 사용액 제외 • 기본공제 대상자 요건 중 나이요건은 적용하지 않음(소득요건만 적용)
공제 제외	• 국외사용금액 및 면세점사용액, 회사의 비용으로 계상한 금액 • 보험료, 공교육비, 기부금, 월세, 전기료, 가스료, 아파트관리비, 세금납부 • 취득세가 부과되는 재산의 구입(중고자동차는 구입금액의 10% 공제) • 비정상적인 카드 사용행위(가공매출, 위장가맹점) • 상품권 및 유가증권 구입비, 리스료(자동차대여료 포함) • 소득세법에 따라 소득공제를 적용받는 월세액

【신용카드 등 소득공제 공제율】

㉠ 전통시장·대중교통 사용분 : 40%
㉡ 직불카드·현금영수증·제로페이 사용분 : 30%
㉢ 도서·공연·박물관·신문·미술관 등 사용분 : 30%
㉣ 일반 신용카드 사용분 : 15%

▶ 도서, 공연 등 사용분은 총급여액 7천만원 이하인 경우에만 적용한다.

【신용카드 등 소득공제 한도】

• 기본한도 : Min[총급여액 × 20%, 300만원]
• 총급여액 7천만원 초과 ~ 1억 2천만원 이하 : 250만원
• 총급여액 1억 2천만원 초과 : 200만원

• 한도를 초과하는 경우에 다음 분류 별로 각 100만원 한도로 추가 공제한다.

㉠ 전통시장사용   ㉡ 대중교통사용   ㉢ 도서·공연 등 사용(총급여 7천만원 이하)

> **【신용카드 등 소득공제 중복적용】**
>
> ㉠ 의료비를 신용카드로 결제한 경우에는 의료비세액공제와 신용카드소득공제를 중복해서 적용할 수 있다.
> ㉡ 중고생의 교복구입비, 취학 전 아동에 대한 학원비 및 체육시설수강료를 신용카드로 결제한 경우에는 교육비세액공제와 신용카드소득공제를 동시에 적용할 수 있다.
> ㉢ 초, 중, 고등학생의 학원비를 신용카드로 결제한 경우에는 신용카드소득공제만 적용하고 교육비세액공제는 적용하지 않는다.

(5) 개인연금저축 소득공제(본인만 공제 가능)

거주자가 본인 명의로 개인연금저축에 가입한 경우에는 불입액의 40%와 72만원 중 적은 금액을 소득공제 한다(2000. 12. 31. 이전 가입분에 한함).

(6) 소득공제 종합한도 : 2,500만원

소득세법상 특별소득공제(보험료 소득공제 제외), 조특법상 청약저축 등 소득공제, 신용카드 등 소득공제 등의 합계액이 2,500만원을 초과하는 경우 초과액은 없는 것으로 한다.

3. 세액계산

과세표준에 세율을 곱하면 산출세액이 계산된다. 종합소득세율은 다음과 같이 6%부터 45%까지 8단계 초과누진세율이다.

과세표준	세 율
1,400만원 이하	과세표준의 6%
1,400만원 초과 ~ 5,000만원 이하	84만원 + 1,400만원 초과 금액×15%
5,000만원 초과 ~ 8,800만원 이하	624만원 + 5,000만원 초과 금액×24%
8,800만원 초과 ~ 1억5천만원 이하	1,536만원 + 8,800만원 초과 금액×35%
1억5천만원 초과 ~ 3억원 이하	3,706만원 + 1억5천만원 초과금액×38%
3억원 초과 ~ 5억원 이하	9,406만원 + 3억원 초과금액×40%
5억원 초과 ~ 10억원 이하	1억 7,406만원 + 5억원 초과액×42%
10억원 초과 ~	3억 8,406만원 + 10억원 초과액×45%

	종합소득과세표준	
(×)	세율	기본세율 : 6% ~ 45%(초과누진세율)
=	종합소득산출세액	
(−)	세액감면·공제	세액감면 → 이월공제 불가 세액공제 → 이월공제 가능 세액공제
=	종합소득결정세액	
(+)	가산세	
=	종합소득총결정세액	
(−)	기납부세액	중간예납세액, 원천납부세액, 수시부과세액
=	종합소득차감납부세액	

4. 세액공제

(1) 보장성보험료 세액공제(기본공제 대상자만 공제 가능)

개 념	부양가족 중 기본공제대상자(나이, 소득 모두 조건이 맞아야 함)를 피보험자로 하는 보장성보험료를 납입한 경우에 납입액의 12%(장애인 보험은 15%)를 종합소득세액에서 공제함. (종신보험, 질병보험, 장기간병보험, 상해보험, 어린이보험, 손해보험 등)
공제액	• 일반보장성보험 납입액(100만원 한도)×12% • 장애인전용보장성보험 납입액(100만원 한도)×15% • 저축성보험, 연금보험, 교육보험 등은 공제 안됨.

(2) 의료비 세액공제(기본공제와 상관없이 직계존비속(형제자매) 모두 공제가능)

개 념	부양가족(나이요건, 소득요건 불문)을 위해 의료비를 지출한 경우에는 일정액을 종합소득세액에서 공제함. 총급여×3% 초과시 그 초과액을 의료비 공제한다.
공제 대상	㉠ 진찰, 진료, 입원비, 건강검진비, 라식, 라섹 등(미용목적의 성형수술비 제외) ㉡ 치료목적의 의약품(한약 포함) 구입비(건강보조식품 및 영양제 제외) ㉢ 의사, 한의사 등의 처방에 따른 의료기 구입 및 임차료 ㉣ 안경 및 콘택트렌즈 구입비 - 1인당 연 50만원 한도 ㉤ 장애인보장구 구입 및 임차료, 보청기 구입비 ㉥ 산후조리원비(200만원 한도) ㉦ 간병인비, 국외지출의료비 등은 공제대상에서 제외
구 분	㉠ 전액공제의료비 : 본인, 장애인, 경로자(65세 이상), 중증질환자의 의료비 및 난임시술비, 6세이하 부양가족 등 ㉡ 일반의료비(700만원 한도) : 전액공제 의료비 이외의 의료비

의료비를 신용카드 등으로 결제한 경우에는 '신용카드공제'와 '의료비공제'를 중복적용

(3) 교육비 세액공제(나이와 상관없이, 소득이 없는 배우자, 직계비속, 형제자매)

개 념	부양가족 중 기본공제대상자(나이요건 불문, 소득이 없어야 함)를 위해 교육비를 지출한 경우에는 일정액을 종합소득세액에서 공제함
공제 대상	㉠ 근로자 본인은 대학원 등록금까지 전액 공제 가능 ㉡ 대학교 : 등록금, 학자금대출 원리금 상환액, 수능원서비 ㉢ 초·중·고 : 급식비, 방과후 수업료 및 재료비(교재비), 체험학습비(30만원 한도), 중·고 교복구입비(50만원 한도) ㉣ 취학전아동 : 원비, 급식비, 방과후 수업료 및 재료비, 학원비, 체육관비 ㉤ 외국 유학비(학력이 인정되는 경우) ㉥ 중·고 교복구입비, 취학전아동의 학원비, 체육관비 - 신용카드등 이중공제
공제 제외	㉠ 직계존속의 교육비(직계존속의 장애인특수교육비는 공제됨) ㉡ 배우자 및 부양가족의 대학원등록금(대학원등록금은 본인만 공제됨) ㉢ 국외 어학연수비 ㉣ 학원비, 체육관비(취학전아동은 공제됨) ㉤ 취학전아동의 원복구입비, 체험학습비
공제액	MIN[㉠, ㉡]×15% ㉠ 교육비 - 장학금 ㉡ 한도 : ▶대학생 1인당 900만원 　　　　▶취학전아동 및 초·중·고등학생 1인당 300만원 　　　　▶본인교육비 및 장애인특수교육비(소득과 무관)는 한도 없이 전액공제 가능

(4) 기부금 세액공제(나이와 상관없이 소득이 없는 직계존비속(형제자매) 공제)

개 념	부양가족 중 기본공제대상자(나이는 상관없고, 소득이 없어야 함)가 기부금을 지출한 경우에는 일정액을 종합소득세액에서 공제함
분 류	㉠ 특례기부금 　• 국가 또는 지방자치단체에 기부, 사회복지공동모금회에 기부 　• 천재지변에 의한 이재민에게 기부, 대한적십자사에 기부 　• 국방헌금과 위문금품 　• 사립학교, 국립대병원, 서울대병원 시설비, 교육비, 장학금, 연구비 등 　♣ 본인이 지출한 정치자금(10만원 이하의 금액은 정치자금 세액공제, 10만원을 초과하는 　　 금액은 특례기부금으로 세액공제) 등 – 본인 지출분만 공제 가능 　♣ 고향사랑기부금(10만원 세액공제) 　• 특별재난지역 자원 봉사 용역의 가액(1일 8시간기준 8만원+재료비 포함) ㉡ 일반기부금 　• 사회복지시설, 학술연구단체, 장학단체, 불우이웃돕기성금, 노동조합비 등 ㉢ 종교기부금
공제액	㉠ 한도 내의 기부금×15% (1천만원 초과 15%, 3천만원 초과 40%–24년까지) ㉡ 한도 : 특례기부금은 소득금액 100% 　　　　 일반기부금은 소득금액의 30%(종교단체기부금은 10%)

▸ 향우회, 동창회, 종친회 등에 기부한 금액은 기부금공제 대상이 아님
▸ 기부금 한도를 초과한 경우와 기부금세액공제를 받지 못한 경우에는 10년간 이월하여 공제할 수 있다.
▸ 본인의 정치자금기부금 중 10만원 이하의 금액×(100/110)을 정치자금기부금으로 세액공제하고, 10만원을 초과하는 금액은 특례기부금으로 처리한다.

【연말정산 입력시 반드시 알고 갑시다.】

→ 부양가족의 범위 : 본인, 배우자, 직계존속, 직계비속, 형제자매 등
→ 부양가족의 나이요건(20세 이하, 60세 이상)
→ 부양가족이 소득요건(소득금액 100만원 이하, 근로소득 500만원 이하)
→ 분리과세 대상이면 소득이 없는 것으로 본다.
→ 장애인은 나이와 상관없이 소득이 없으면 기본공제 가능
→ 기본공제 가능자에 한해서 추가공제 가능

㉠ 보장성 보험료 세액공제 : 나이요건, 소득요건 모두 적용(장애인은 나이요건 없음)
㉡ 의료비 세액공제 : 나이요건, 소득요건 모두 적용하지 않음
㉢ 교육비 세액공제 : 나이요건은 적용하지 않고, 소득요건만 적용
　　　　　　　　(장애인특수교육비는 소득요건 없고, 직계존속도 가능, 한도 없다.)
㉣ 기부금 세액공제 : 나이요건은 적용하지 않고, 소득요건만 적용
㉤ 신용카드 등 소득공제 : 나이요건은 적용하지 않고, 소득요건만 적용, 형제자매 제외.

【특별세액 공제】

① 보장성보험료 세액공제, ② 의료비 세액공제, ③ 교육비 세액공제,
④ 기부금 세액공제를 합해서 특별세액 공제라 한다.

특별소득 공제와 특별세액 공제를 신청하지 않은 자는 아래와 같이 표준세액공제를 적용한다.

【표준세액 공제】

근로소득이 있는 거주자	근로소득이 없는 거주자
13만원	7만원(성실사업자는 12만원)

기출문제 연습

다음 중 소득세법상 특별세액공제에 대한 설명으로 가장 틀린 것은?
① 의료비는 총급여액의 3%를 초과하지 않는 경우에도 의료비세액공제를 적용받을 수 있는 경우가 있다.
② 일반보장성보험료 납입액과 장애인전용보장성보험료 납입액의 공제한도는 각각 100만원이다.
③ 직계존속의 장애인 특수교육비 세액공제는 교육비세액공제 대상이 아니다.
④ 근로소득이 있는 거주자가 항목별 특별소득공제・항목별 특별세액공제・월세세액공제를 신청하지 않은 경우 연 13만원의 표준세액공제를 적용한다.

풀이
③ 장애인특수교육비는 직계존속의 교육비도 세액공제 대상이 된다.

(5) 월세 세액공제

공제대상	총급여액 8,000만원 이하(종합소득금액 6,000만원 초과하는 경우 제외)인 무주택 세대주(근로자)가 국민주택규모(25.7평, 85㎡) 이하의 주택(고시원 및 오피스텔 포함) 또는 기준시가 4억원 이하 주택을 임차하고 지급하는 월세액
공 제 액	MIN[월세액, 1,000만원]×15% (총급여액 5,500만원 이하인 경우에는 17%)

(6) 자녀 세액공제

자녀 수	8세 이상의 기본공제대상 자녀가 있는 경우에는 다음 금액을 세액공제 한다. • 1명 : 15만원(첫째) • 2명 : 20만원(둘째) • 3명 이상 : 30만원(셋째 이상)
출산·입양	출산(입양)시 다음 금액을 세액공제 한다. • 첫째 30만원 • 둘째 50만원 • 셋째부터는 1인당 70만원

(7) 연금계좌 세액공제

개 념	거주자가 연금계좌에 납입한 금액이 있는 경우 일정액을 세액공제 함
공제액	아래 ㉠ 또는 ㉡ 금액×12%(종합소득금액 4천만원 이하 또는 근로소득만 있는 경우 총급여액 5천5백만원 이하는 15%) ㉠ 종합소득금액 1억원(근로소득만 있는 경우 총급여액 1억2천만원) 초과시 • MIN[연금저축 납입액, 300만원] + 퇴직연금계좌 납입액 • 한도 700만원 ㉡ 위 ㉠ 이외의 경우 • MIN[연금저축 납입액, 400만원] + 퇴직연금계좌 납입액 • 한도 700만원

① 연금계좌 세액공제	퇴직연금을 입력하는데, 근로자퇴직급여보장법에 따른 근로자 부담금이 있는 경우에 입력한다.
② 연금계좌 세액공제	개인연금저축과 연금저축 불입액을 입력한다.
③ 주택마련저축 공제	청약저축 또는 주택청약종합저축이 있는 경우에 입력한다.

(8) 기타 세액공제

근로소득세액공제	근로소득자의 산출세액에서 다음을 공제함(일정 한도 있음) • 산출세액 130만원 이하 : 55% • 산출세액 130만원 초과 : 715,000원 + (산출세액 − 130만원) × 30%
외국납부세액공제	국외원천소득이 있는 경우에는 외국에서 납부한 세액 상당액을 세액공제 함
배당세액공제	법인세와 소득세의 이중과세방지를 위하여 배당소득금액에 배당가산액이 합산된 경우 일정액을 세액 공제함
기장세액공제	사업소득이 있는 간편장부의무자가 복식부기로 기장한 경우 산출세액의 20%를 공제함 (한도 100만원)
재해손실세액공제	재해로 인하여 사업용 자산의 20% 이상 소실된 경우 산출세액에서 재해상실비율만큼 세액공제함
정치자금세액공제	본인의 정치자금기부금 중 10만원 이하의 금액×(100/110). 10만원을 초과하는 금액은 특례기부금

기출문제 연습

소득세법상 근로소득자와 사업소득자(다른 종합소득이 없는 자)에게 공통으로 적용될 수 있는 공제항목을 나열한 것은?

> 가. 부녀자공제
> 나. 자녀세액공제
> 다. 연금계좌 세액공제
> 라. 기부금세액공제
> 마. 신용카드소득공제

① 가, 나, 마
② 가, 라, 마
③ 나, 다, 마
④ 가, 나, 다

풀이

④ 기부금세액공제의 경우 근로자만 적용받을 수 있으며, 사업소득이 있는 자는 기부금을 필요경비에 산입할 수 있다. 신용카드소득공제는 근로자에게만 적용된다.

Chapter 8
신고 · 납부

1. 중간예납

관할세무서장은 종합소득이 있는 자에 대하여 중간예납기간(1월 1일부터 6월 30일까지)에 대한 소득세를 결정하여 징수하여야 한다. 원칙적으로 직전 과세기간에 납부한 세액의 50%를 결정하여 징수한다.

(1) 중간예납 의무자

사업자는 중간예납의무가 있지만, 사업자 중에서도 다음은 중간예납의무가 없다.

> ㉠ 신규사업자
> ㉡ 다음의 소득만 있는 사업자
>   • 사업소득 중 속기, 타자 등 사무지원 서비스업에서 발생하는 소득
>   • 수시 부과하는 사업소득
>   • 방문판매원 등 연말정산대상 사업소득으로서 원천징수의무자가 연말정산을 한 경우
>   • 납세조합이 그 조합원의 소득을 매달 원천징수하여 납부한 경우

(2) 중간예납 관련 규정

중간예납 기간	1/1 ~ 6/30
중간예납 고지액	직전과세기간 소득세×50% (일정한 경우 신고납부)
중간예납고지·징수	고지(11/1~11/15), 징수(11/30까지)
중간예납 신고기한	11/1 ~ 11/30 • 중간예납기간의 소득세액이 전년도 납부세액의 30% 미만인 경우에는 중간 예납 추계액을 신고 납부할 수 있다(임의규정). • 전년도 납부세액이 없는 경우에는 중간예납 신고납부 하여야 한다(강제규정). • 신고 납부한 경우에는 중간예납고지는 없는 것으로 본다.
소액부징수	중간예납세액이 50만원 미만인 경우에는 징수하지 않는다.

중간예납세액은 종합소득세 확정신고시 기납부 세액으로 차감된다.

2. 원천징수

거주자 · 비거주자 · 내국법인 · 외국법인의 국내지점 등 원천징수대상 소득을 지급하는 자는 지급시 원천징수하여 신고 · 납부해야 한다.

(1) 이자소득 및 배당소득 원천징수

이자소득	• 일반적인 이자소득 : 14% • 비영업대금이익 : 25% • 장기채권이자 분리과세 신청분 : 30% • 비실명 이자소득 : 45%(또는 90%) • 직장공제회 초과반환금 : 기본세율
배당소득	• 일반적인 배당소득 : 14% • 비실명 배당소득 : 45%(또는 90%) • 출자공동사업자의 배당소득 : 25%

금융소득(이자소득+배당소득) 2,000만원 이하시 원천징수 – 분리과세,
초과 시 종합과세

(2) 기타 원천징수

사업소득	• 일반적으로 원천징수하지 않지만 다음의 경우 원천징수한다. 　- 부가가치세가 면세되는 의료보건용역 및 인적용역 : 3% 　- 봉사료 : 5%
근로소득	• 원칙 : 간이세액표에 의하여 원천징수 후 연말정산(다음 해 2월) • 일용근로자 : 6%
연금소득	• 공적연금 : 간이세액표에 의하여 원천징수 후 연말정산(다음 해 1월) • 사적연금 : 3%, 4%, 5%
기타소득	• 일반 : 20% • 복권당첨소득 중 3억원 초과금액 : 30% • 연금계좌에서 연금외수령(일시금) : 15%

(3) 원천징수 신고 · 납부 : 원천징수이행상황신고서 제출

> • 원칙 : 원천징수한 달의 다음달 10일까지 신고납부
> • 반기별 신고 · 납부 : 상시고용인원 20인 이하인 경우에는 반기(1월~6월, 7월~12월)별로 신고납부 가능

• 소액부징수 : 원천징수세액이 1천원 미만일 때는 원천징수하지 않는다(이자소득 제외).

3. 확정신고

종합소득금액·퇴직소득금액·양도소득금액이 있는 거주자는 그 종합소득 과세표준을 그 과세기간의 다음 연도 5월 1일부터 5월 31일까지(성실사업자는 6월 30일까지) 관할세무서장에게 신고하여야 한다. 과세표준이 없거나 결손금이 있는 때에도 동일하게 신고한다.

(1) 확정신고 면제

다음에 해당되는 자는 확정신고를 하지 않을 수 있다.

> ㉠ 근로소득만 있는 자
> ㉡ 퇴직소득만 있는 자
> ㉢ 공적연금소득만 있는 자
> ㉣ 연말정산 되는 사업소득만 있는 자(보험모집인·방문판매원·음식배달원)
> ㉤ 근로소득과 퇴직소득만 있는 자
> ㉥ 퇴직소득과 공적연금소득만 있는 자
> ㉦ 퇴직소득과 위 ㉣의 소득만 있는 자
> ㉧ 분리과세이자소득, 분리과세배당소득, 분리과세연금소득, 분리과세기타소득만 있는 자
> ㉨ 위 ㉠~㉦에 해당하면서 ㉧에 해당하는 자

(2) 분납과 물납

분 납 (중간예납과 동일)	세액이 1천만원을 초과하면 2개월 이내에 분납 가능 • 세액 1천만원 초과 2천만원 이하 : 1천만원 초과액을 분납 • 세액 2천만원 초과 : 세액의 50%를 분납
물 납	양도소득세는 물납이 가능한데, 물납이란 세금을 금전으로 납부하지 않고 물건으로 납부하는 것을 말한다.

(3) 제출 서류

사업자 중에서 복식부기의무자는 확정신고 시 과세표준 확정신고시 재무상태표, 손익계산서와 그 부속서류, 합계잔액시산표 및 조정계산서를 첨부하지 아니하면 무신고로 본다.

4. 지급명세서 등

(1) 지급명세서 제출의무

소득세 납세의무가 있는 개인에게 국내에서 소득을 지급하는 자는 개인별 연간 지급액을 기록한 지급명세서를 다음의 기한까지 제출하여야 한다.

일반적인 경우	다음 해 2월 말일까지
근로소득, 퇴직소득, 원천징수대상 사업소득	다음 해 3월 10일까지
일용근로소득	지급일의 다음달 말일까지
폐업시	폐업일이 속하는 달의 다음다음 달 말일까지

(2) 간이지급명세서 제출의무

원천징수대상 사업소득	지급일의 다음달 말일까지
근로소득	지급일이 속하는 반기의 마지막달의 말일까지 (1월~6월 지급분은 7월말, 7월~12월 지급분은 1월말)

(3) 사업장현황신고

개인사업자 중 면세사업자는 해당 과세연도의 수입금액을 다음해 2월 10일까지 관할세무서장에게 신고해야 하는데 이를 사업장현황신고라 한다.

(4) 소액부징수

- 중간예납세액이 50만원 미만인 경우
- 원천징수세액이 1천원 미만인 경우(이자소득 제외)
- 납세조합의 징수세액이 1천원 미만인 경우

실전문제연습

01 다음 중 소득세법상 일반적인 지급명세서 제출시기가 다른 소득은?
① 근로소득(일용근로소득 제외)   ② 이자소득
③ 원천징수 대상 사업소득   ④ 퇴직소득

02 다음 중 소득세법상 다음연도 5월 31일까지 반드시 종합소득 과세표준 확정신고를 해야하는 자는 누구인가?
① 근로소득금액 7,000만원과 복권당첨소득 1억원이 있는 자
② 퇴직소득금액 5,000만원과 양도소득금액 8,000만원이 있는 자
③ 국내 정기예금 이자소득금액 2,400만원과 일시적인 강연료 기타소득금액 330만원이 있는 자
④ 일용근로소득 1,500만원과 공적연금소득 1,000만원이 있는 자

03 다음 중 소득세법상 과세표준 확정신고를 하여야 하는 경우는?
① 퇴직소득만 있는 경우
② 근로소득과 퇴직소득이 있는 경우
③ 근로소득과 보통예금이자 150만원(14% 원천징수세율 적용대상)이 있는 경우
④ 근로소득과 사업소득이 있는 경우

04 다음 중 소득세법상 신고 및 납부에 대한 설명으로 가장 옳지 않은 것은?
① 소득세법상 중간예납은 원칙적으로 직전 과세기간의 실적을 기준으로 관할 세무서장이 납세고지서를 발급하여 징수한다.
② 소득세법상 분할납부는 납부할 세액이 1천만원을 초과하는 경우 중간예납과 확정신고시 모두 적용된다.
③ 모든 사업자는 과세표준확정신고시 재무상태표, 손익계산서와 그 부속서류, 합계잔액시산표 및 조정계산서를 첨부하지 아니하면 무신고로 본다.
④ 원천징수세액(이자소득 제외)이 1천원 미만인 경우와 중간예납시 중간예납세액이 50만원 미만인 경우에는 해당 소득세를 징수하지 아니한다.

05 다음 중 소득세법상 중간예납에 대한 설명으로 옳지 않은 것은?

① 과세기간 중 신규로 사업을 시작한 자는 중간예납 대상자가 아니다.
② 중간예납에 대한 고지를 받은 자는 11월 30일까지 고지된 세액을 납부하여야 한다.
③ 중간예납은 관할 세무서장의 고지에 따라 납부하는 것이 원칙이다.
④ 중간예납추계액이 중간예납기준액의 50%에 미달하는 경우 중간예납추계액을 중간예납 세액으로 한다.

06 거주자 방탄남씨의 소득이 다음과 같을 경우 종합소득금액은 얼마인가?

• 양도소득금액 : 20,000,000원	• 근로소득금액 : 30,000,000원
• 배당소득금액 : 22,000,000원	• 퇴직소득금액 : 2,700,000원

① 30,000,000원
② 52,000,000원
③ 54,700,000원
④ 74,700,000원

07 다음 중 소득세법상 원천징수대상소득과 원천징수 세율이 잘못 짝지어진 것은?

① 비영업대금의 이익 : 14%
② 일용근로자 : 6%
③ 복권당첨소득 중 3억 초과분 : 30%
④ 퇴직소득 : 기본세율(6%~45%)

08 다음 중 소득세법상 원천징수 신고납부절차에 대한 설명 중 옳지 않은 것은?

① 원천징수의무자는 원천징수한 소득세를 그 징수일이 속하는 달의 다음달 10일까지 신고 납부하여야 한다.
② 반기별 납부를 하는 소규모사업자는 해당 반기의 마지막 달의 다음달 10일까지 원천징수한 세액을 신고 납부할 수 있다.
③ 법인세법에 따라 처분된 배당, 상여, 기타소득에 대한 원천징수세액은 반기별 납부에서 제외된다.
④ 과세미달 또는 비과세로 인하여 납부할 세액이 없는 자는 원천징수이행상황신고서에 포함하지 않는다.

09 다음 중 소득세법상 원천징수에 대한 설명으로 틀린 것은?

① 원천징수의무자는 원칙적으로는 원천징수대상 소득을 지급하는 자이다.
② 모든 이자소득의 원천징수세율은 14%이다.
③ 신고기한 내에 원천징수이행상황신고를 못했더라도 신고불성실가산세는 없다.
④ 원천징수세액은 원천징수의무자가 납부한다.

10 다음 중 소득세법상 원천징수대상소득이 아닌 것은?(단, 거주자의 소득으로 한정한다.)

① 기타소득　　　　　　　　② 퇴직소득
③ 근로소득　　　　　　　　④ 양도소득

11 다음 소득 중 원천징수 세액(지방소득세액을 제외함)이 가장 낮은 것부터 순서대로 나열한 것은?

> 가. 비영업대금의 이익 : 1,000,000원
> 나. 상장법인의 대주주로서 받은 배당 : 2,500,000원
> 다. 원천징수대상 사업소득에 해당하는 봉사료 수입금액 : 6,000,000원
> 라. 복권 당첨소득 : 1,000,000원

① 가 - 라 - 나 - 다　　　　② 나 - 가 - 라 - 다
③ 다 - 라 - 가 - 나　　　　④ 라 - 가 - 다 - 나

실전문제연습 해답

01 ② 이자소득은 다음연도 2월말, 나머지 소득은 다음연도 3월 10일
02 ③ 국내 정기예금 이자소득은 2천만원 초과인 경우 종합과세하고, 일시적인 강연료 기타소득금액은 300만원 초과인 경우 종합과세 한다.
03 ④ 근로소득과 사업소득이 있는 경우 확정신고 해야 한다.
04 ③ 사업자 중에 복식부기의무자가 과세표준확정신고시 재무상태표, 손익계산서와 그 부속서류 등을 첨부하지 아니하면 무신고로 보지만, 간편장부대상자의 경우에는 간편장부소득금액 계산서를 제출하면 된다.
05 ④ 중간예납 기준액의 30%에 미달하는 경우
06 ② 양도소득과 퇴직소득은 분류과세 되는 소득이다.
07 ① 비영업대금의 이익 : 25%
08 ④ 원천징수이행상황신고서에는 원천징수하여 납부할 세액이 없는 자에 대한 것도 포함하여야 한다.
09 ② 경우에 따라 여러 가지 세율이 적용된다.
10 ④ 거주자의 양도소득은 원천징수대상 소득이 아니다.
11 ④ 가. 비영업대금의 이익 1,000,000원 × 25% = 250,000원
　　 나. 상장법인의 대주주로서 받은 배당소득 2,500,000원 × 14% = 350,000원
　　 다. 사업소득에 해당하는 봉사료 수입금액 6,000,000원 × 5% = 300,000원
　　 라. 복권 당첨소득 1,000,000원 × 20% = 200,000원

Part. 5
기출 분개 연습 100선

Part. 5
기출 분개 연습 100선

[01~50] 일반전표입력 문제

01 하나은행에 예치된 정기적금이 만기가 되어 원금 30,000,000원과 이자 900,000원 중 이자소득세 138,600원이 원천징수 되어 차감 잔액인 30,761,400원이 보통예금계좌로 입금되었다.(단, 원천징수세액은 자산으로 처리할 것)

02 투자목적으로 토지를 ㈜제일건업으로부터 88,000,000원에 취득하면서 이에 대한 취득세 4,048,000원은 현금으로 납부하였다. 토지매매 취득대금 중 80,000,000원은 당일에 보통예금으로 지급하였으며 나머지 잔액인 8,000,000원은 다음달 10일에 지급하기로 하였다.

03 1월 21일에 3개월 후 상환조건으로 ㈜중급상사에 외화로 단기 대여한 $3,000에 대하여 만기가 도래하여 회수한 후 원화로 환전하여 보통예금계좌에 이체하였다.(대여 시 환율은 $1당 1,000원, 회수 시 환율은 1$당 1,100원이다)

04 직원이 업무용으로 사용하던 자동차를 ㈜인성에 판매하기로 계약하고 계약금 5,000,000원을 만기가 3개월인 ㈜인성에서 발행한 약속어음으로 수령하였다.

05 영업부직원 김사랑의 결혼 시 경조사비 지급규정에 의해 축의금 200,000원을 보통예금에서 이체하였다.

06 신축 중인 공장의 건설자금으로 사용한 특정차입금의 이자비용 2,200,000원을 당좌수표를 발행하여 지급하였다. 동 이자비용은 자본화대상이며, 공장은 내년에 준공예정이다.

07 회사는 액면가액이 1주당 5,000원인 보통주 1,000주를 1주당 5,500원에 발행하고 전액 보통예금으로 납입 받았으며, 주식발행에 관련된 법무사수수료 100,000원은 현금으로 지급하였다.(주식할인발행차금 잔액은 없고, 하나의 전표로 입력하시오)

08 단기매매목적으로 보유 중인 주식회사 삼삼의 주식(장부가액 30,000,000원)을 전부 40,000,000원에 매각하였다. 주식처분 관련비용 30,000원을 차감한 잔액이 보통예금계좌로 입금되었다.

09 제품을 매출하고 광주상사로부터 수취한 약속어음 2,200,000원이 부도처리되었다는 것을 거래처 주거래은행으로부터 통보받았다.

10 전기(7기) 부가가치세 제2기 확정분에 대한 납부세액 599,000원(미지급세금으로 반영되어 있음)을 보통예금에서 전자납부하였다.

11 직원 김민수에 대해 지급한 5월분 급여에 대한 급여명세서는 다음과 같으며, 공제 후 차감지급액에 대해서는 당사 보통예금 계좌에서 이체하였다.

2024년 5월 급여명세서					
부서명 : 경영기획팀				성 명 : 김 민 수	
				급여지급일자 : 2024년 5월 31일(단위 : 원)	
지급내역	기 본 급	3,000,000	공제내역	소 득 세	72,300
	직책수당	50,000		지방소득세	7,230
	월차수당	70,000		국민연금	144,900
	근속수당	100,000		건강보험	98,530
	식 대	100,000		장기요양	6,400
	기 타			고용보험	20,930
	급 여 계	3,320,000		공 제 계	350,290
			지급총액		2,969,710
				귀하의 노고에 감사드립니다.	

12 당사는 1주당 발행가액 4,000원, 주식수 20,000주의 유상증자를 통해 보통예금 통장으로 80,000,000원이 입금되었으며, 증자일 현재 주식발행초과금은 10,000,000원이 있다.(1주당 액면가액은 5,000원이며, 하나의 거래로 입력할 것)

13 미지급세금으로 계상되어 있는 지방소득세 10,000,000원을 법인카드인 비씨카드로 결제하였다.

14 ㈜능력에 6,000,000원을 6개월 후 회수조건으로 대여하기로 하고 보통예금 계좌에서 이체하였다.

15 가지급금 700,000원은 생산직 근로자인 정찬호의 출장비로 다음과 같이 정산되었다.(단 가지급금에 대하여 거래처 입력은 생략하고 하나의 전표로 처리할 것)

출장비정산내역	• 정찬호의 출장비(여비교통비) : 850,000원 • 부족분 150,000원은 현금으로 지급하였다.

16 정기예금(예치기간 : 2024.01.01.~2024.09.16.)이 만기가 되어 10,000,000원(원금 9,000,000원, 이자 1,000,000원) 중 이자소득에 대한 원천징수세액이 차감된 잔액이 보통예금에 입금되었다. (이자소득에 대한 원천징수세율을 15.4%로 가정하며, 원천징수세액은 자산계정으로 처리하며, 하나의 전표로 입력할 것)

17 전기에 대손처리한 ㈜우현물산의 외상매출금 3,200,000원이 보통예금으로 회수되었다.(단, 전기에 대손처리시 부가가치세법상 대손세액공제는 받지 아니하였다)

18 을미상사에 대한 외상매입금 5,000,000원에 대하여 ㈜갑동에서 제품판매 대금으로 받은 4,000,000원의 받을어음을 배서양도로 결제하고, 나머지 금액인 1,000,000원은 당좌수표를 발행하여 지급하였다.(하나의 전표로 입력할 것)

19 주주총회의 승인을 얻어 당사의 보통주 1,000주(주당 액면가액 5,000원)를 소각하기 위하여 주당 5,500원에 매입하고 현금을 지급하였다. 취득한 주식은 전액을 즉시 소각하였다.(하나의 전표로 입력할 것)

20 회사는 부족한 운영자금 문제를 해결하기 위해 ㈜해일기업으로부터 제품 판매대금으로 받은 약속어음 30,000,000원을 대박은행에 할인하고 할인비용 300,000원을 제외한 금액을 현금으로 수령하였다.(약속어음의 할인은 매각거래에 해당함.)

21 원재료를 매입하기 위해 ㈜빙고전자와 계약하고, 계약금 7,000,000원은 당사발행 약속어음(만기 2개월)으로 지급하였다.

22 보유중인 자기주식(취득가액 9,500,000원)을 ㈜다현물산에게 9,000,000원에 매각하고, 대금은 다음 달에 받기로 하였다. 단, 재무상태표에 자본잉여금 항목을 고려하여 자기주식처분이익(300,000원)은 자기주식처분손실과 즉시 상계하기로 하고 하나의 전표로 입력할 것.

23 영업부 사원에 대해 확정기여형 퇴직연금 상품을 가입하고, 3,000,000원을 보통예금 계좌에서 이체하다.

24 ㈜발산실업에게 지급해야할 외상매입금 10,000,000원 중에서 50%는 당사발행 당좌수표로 지급하였고 나머지 50%는 채무를 면제받았다.

25 영업부서에서는 판매 활성화를 위해 인터넷쇼핑몰 통신판매업 신고를 하면서 등록면허세 40,500원을 보통예금으로 지급하였다.

26 액면가액 10,000,000원(3년 만기)인 사채를 9,700,000원에 할인발행 하였으며, 대금은 전액 보통예금으로 입금되었다.

27 캘리미디어의 외상매출금 $40,000(외상매출금 인식 당시 적용환율은 1$당 1,200원임)이 전액 외화로 보통예금에 입금 되었다. 입금시점의 적용환율은 1$당 1,100원이다.

28 ㈜미남상사의 제품 외상매출금 11,000,000원에 대하여 조기회수에 따른 매출할인액(할인율 : 외상매출금의 3%)을 차감한 나머지 금액이 보통예금으로 입금되었다. 다만, 매출할인액에 대하여는 매입매출전표에 반영되었음.

29 ㈜소영물산에 대한 장기대여금 11,000,000원이 소멸시효가 완성되어 대손처리를 하였다. 단, 대손충당금 잔액은 없다고 가정한다.

30 1월 11일에 ㈜한성자동차에서 구입한 법인 업무용차량에 대한 미지급금 33,000,000원 중 20,000,000원은 법인 보통예금에서 이체하고, 잔액은 한아름은행과의 신용대출 조건(1년이내 상환 조건)에 따른 차입금으로 전액 지급하였다.(하나의 전표로 입력할 것)

31 전자제품 제조공장 관련 토지를 유시진으로부터 구입하고 9월 29일에 지급한 계약금 10,000,000원을 제외한 나머지 잔금인 90,000,000원과 토지취득 관련 취득세 3,000,000원을 보통예금에서 이체하였다. 단, 당일 토지의 소유권 등기는 완료하였으며, 하나의 전표로 입력할 것.

32 대박상사로부터 매출대금으로 받아 두었던 받을어음 1,100,000원의 대손이 확정되어 대손처리 하였다. 단, 현재 대손충당금 잔액은 800,000원이 있다.

33 회사는 공장직원에 대해 확정기여형 퇴직연금(DC형)에 가입하고 있으며, 당월 불입액인 5,000,000원을 보통예금에서 이체하였다.

34 당사의 대주주 이부자에게 차입하였던 단기차입금 5,000,000원을 전액 면제받았다.

35 9월분 전자제품 소매판매에 따른 신용카드 매출액(외상매출금) 1,000,000원 중 심한카드사 수수료 50,000원을 제외한 잔액 950,000원이 보통예금 통장으로 입금되었다.

36 제품을 매출하고 인천상사로부터 수취한 어음 3,300,000원이 부도처리 되었다는 것을 거래처 주거래은행으로부터 통보받았다.

37 투자 목적으로 토지를 50,000,000원에 현금으로 매입하였고, 취득 과정에서 취득세 3,000,000원을 현금으로 납부하였다.

38 영업부 김흥국 차장은 부산출장에서 돌아와 출장 전 현금으로 지급된 출장비 500,000원(지급시 선급금 처리)에 대한 지출내역을 다음과 같이 제출하였다. 모든 비용에 대해 적격증빙을 첨부하였으며, 잔액 50,000원은 현금으로 반환하였다.(단, 부가가치세는 고려하지 않으며 선급금의 거래처입력은 생략한다

| • KTX 승차권 구입 : 100,000원 • 현지 택시비 : 50,000원 • 거래처 미팅시 식대 : 300,000원 |

39 사업축소를 위하여 당사의 주식 2,000주(액면 @5,000원)를 1주당 4,000원에 매입 후 즉시 소각 하고 대금은 현금으로 지급하였다.

40 액면가액 10,000,000원의 사채를 발행하여 12,000,000원이 보통예금 계좌로 입금되었다. 사채 발행 관련 수수료 2,500,000원은 현금으로 지급하였다.(하나의 전표로 입력하시오)

41 사무직원 김용남씨의 5월분 급여 내역은 다음과 같으며 공제금액을 차감하고, 현금지급 하였다.

- 급여 2,000,000원(비과세 식대 100,000원 포함)
- 사회보험 내역(김용남씨와 회사부담액은 반반이라고 가정하되, 산재보험은 전액 회사부담)
  - 국민연금 90,000원   • 건강보험 140,000원
  - 고용보험 20,000원   • 산재보험 10,000원
- 소득세 20,000원, 지방소득세 2,000원

42 업무용 화물차량을 구입하면서 취득세 600,000원을 현금으로 납부하고, 국채(액면가액 300,000원, 공정가치 250,000원)도 액면가액으로 현금구입한 후 등록을 완료하였다. 단, 국채는 단기매매증권으로 처리한다.

43 1년 이내 처분할 목적으로 주식시장에 상장되어 있는 (주)세무의 주식을 주당 12,000원의 가격으로 1,000주를 매입하였으며, 이 매입과정에서 대한증권에 주당 100원의 수수료가 발생하였다. 주식 매입과 관련된 모든 대금은 보통예금에서 이체하였다(단, 수수료는 영업외비용으로 처리한다).

44 전기요금 800,000원(본사관리부 300,000원, 공장 500,000원)이 보통예금 통장에서 자동 인출되었다.(하나의 전표로 입력할 것)

45 당사는 매출거래처인 ㈜역삼에 선물을 하기 위해 ㈜홍삼에서 홍삼을 250,000원에 구입하고, 전액 당사의 비씨카드로 결제하였다.

46 뉴욕은행으로부터 차입한 외화장기차입금 $10,000와 이자 $200를 보통예금에서 상환하였다. 전기말 적용환율은 $1당 1,000원이며, 상환시 적용환율은 $1당 1,100원이다. 단, 뉴욕은행에 대한 차입금은 외화장기차입금 계정과목으로 반영하며 하나의 전표로 입력할 것.

47 신축 중인 공장의 공사대금으로 사용한 차입금의 이자비용 1,250,000원을 보통예금으로 지급하였다. 동 이자비용은 자본화대상이며, 공장은 2025년 1월 30일 완공예정이다.

48 ㈜선우상사에게 제품을 매출한 후 외상매출금 5,000,000원에 대하여 조기회수에 따른 매출할인액(할인율 : 외상매출금의 3%)을 차감한 나머지 금액이 당좌예금으로 입금되었다. 부가가치세는 고려하지 마시오.

49 매출처 직원과 오피스식당에서 식사를 하고 식대 120,000원을 법인 신용카드(KB카드)로 결제하였다.

50 다음의 정기적금이 만기가 되어 이자를 포함하여 전액 정기예금으로 이체되었다.(원천징수세액은 자산으로 처리할 것)(3점)
(정기적금 원금 12,000,000원, 적금이자 500,000원, 원천납부세액 77,000원)

[51~100] 매입매출전표입력 문제

51 경리팀에서 사용할 복사용지를 베스트모아에서 현금 800,000원(부가가치세별도) 매입하고, 현금영수증을 받았다.(복사용지는 자산계정으로 회계처리할 것)

52 회사에서 사용할 정수기 2대(1대당 1,000,000원, 부가가치세 별도)를 ㈜맑음으로부터 구입하고 신용카드(현대카드)로 결제하였다.(정수기는 비품으로 회계처리할 것)

53 영국의 벤허사로부터 수입한 상품과 관련하여 인천세관으로부터 공급가액 20,000,000원(부가가치세별도)의 수입전자세금계산서를 수취하고 관련 부가가치세는 보통예금에서 이체하였다.(재고자산의 회계처리는 생략할 것)

54 소비자 김철수에게 비품을 330,000원(부가가치세 포함)에 판매하고 대금을 전액 현금으로 수령한 후 소득공제용 현금영수증을 발급하였다. 비품 판매 직전의 장부가액은 취득원가 1,200,000원, 감가상각누계액 1,000,000원이다. 하나의 전표로 입력할 것.

55 세준상사에 전자제품 1,000개(단위당 단가 80,000원)를 외상으로 매출하고, 전자세금계산서를 발급하였다.

56 ㈜날자로부터 구매확인서에 의해 상품 10,000,000원을 매입하고 영세율전자세금계산서를 발급받았다. 대금 중 5,000,000원은 즉시 보통예금에서 이체하고 나머지 금액은 다음 달 10일에 지급하기로 하였다.

57 업무용 승용차를 ㈜파이낸셜코리아로부터 운용리스조건으로 3,000,000원에 리스하여 영업팀에서 사용하고 전자계산서를 발급받았으며, 대금은 다음 달에 지급하기로 함.

58 회사는 제조공장에서 사용하는 지게차의 주요 부품을 교체(해당 부품 교체로 지게차의 내용연수가 연장되는 것으로 판명됨)한 후 부품 교체비용 2,200,000원(부가가치세 포함)에 대한 전자세금계산서를 ㈜을지로부터 수취하고, 대금은 전액 다음 달 말일에 지급하기로 하였다. 지게차는 구입 당시에 차량운반구로 회계처리하였다.

59 ㈜한가락에서 8월 5일 구입한 기계장치에 하자가 있어 반품하고 수정전자세금계산서(공급가액 -30,000,000원, 부가가치세 -3,000,000원)를 발급받고 대금은 전액 미지급금과 상계처리하였다.

60 공장에서 사용하던 기계장치(취득원가 10,000,000원, 감가상각누계액 4,000,000원)를 ㈜둘리상사에 5,500,000원(부가가치세 포함)에 매각하고 전자세금계산서를 발급하였다. 판매대금은 다음 달 말일에 받기로 하였다.(단, 당기의 감가상각비는 고려하지 말고 하나의 전표로 입력할 것)

61 매출거래처인 고려전자에게 보낼 추석선물세트를 ㈜한국백화점에서 구매하고 전자세금계산서(공급가액 : 1,500,000원 부가가치세 : 150,000원)를 발급받았다. 대금은 전액 9월 말일에 결제하기로 하였다.

62 ㈜신흥에 제품을 공급하고 전자세금계산서(공급가액 5,000,000원, 세액 500,000원)를 발급하였다. 대금은 8월 20일에 계약금으로 받은 1,000,000원을 제외한 나머지 전액을 이달 말일에 받기로 하였다.

63 ㈜송도에 판매한 제품의 배송을 위하여 운수회사 ㈜가나운송에 운송비 330,000원(부가가치세 포함)을 보통예금에서 이체하고 현금영수증(지출증빙용)을 수취하였다.

64 미국 ABC사에 제품을 $20,000에 직수출(수출신고일 : 7월 19일, 선적일 : 7월 24일)하고, 수출대금 전액을 7월 31일에 미국달러화로 받기로 하였다. 수출과 관련된 내용은 다음과 같다.

일자	7월 19일	7월 24일	7월 31일
기준환율	1,150원/1$	1,100원/1$	1,200원/1$

65 ㈜예가물산에서 원재료 100,000,000원(부가가치세 별도) 매입하면서 전자세금계산서를 수취하고, 대금 중 50%는 당좌수표를 발행하여 지급하고 잔액은 다음 달에 지급하기로 하였다.

66 ㈜소망은 마케팅 부서의 업무용 리스차량(9인승 승합차, 3,000cc)의 월 운용 리스료 660,000원을 보통예금에서 지급하고, 아주캐피탈로부터 전자계산서를 수취하였다. (임차료 계정과목을 사용할 것)

67 비사업자인 권나라에게 제품을 판매하고, 판매대금 330,000원(부가가치세 포함)을 전액 보통예금으로 수령하였다. 해당 거래에 대하여 별도의 세금계산서나 현금영수증을 발급하지 않았으며 간이영수증만 발급하였다.

68 제조현장에서 사용할 화물용 트럭에 사용하기 위하여 더케이주유소에서 경유 165,000원(부가가치세 포함)을 구입하고 법인카드(카드사 : 롯데카드)로 결제하였다.

69 제품을 최공유에게 10,000,000원(부가가치세 별도)에 판매하고, 전자세금계산서를 발급하였으며 판매대금은 전액 현금으로 수취하였다.

70 영국 소재 버킹궁사에게 제품을 $50,000에 직수출(선적일 : 7월 10일)하고 대금 중 $30,000은 당일에 보통예금으로 입금되었으며 남은 잔액은 8월 31일에 받기로 하였다. 적용 환율은 다음과 같다.

날짜	적용 환율
7월 10일	1$당 1,100원
8월 31일	1$당 1,200원

71 판매거래처인 ㈜동해에 선물할 목적으로 수건 200장(한장당 3,000원)을 송화타월에서 구입하고 대금은 현금 600,000원(부가가치세 별도)을 지급하고 종이세금계산서를 수취하였다.

72 공장에서 사용하던 다음의 화물트럭을 ㈜호랑전자에 매각하면서 전자세금계산서를 발급하였다. (취득원가 30,000,000원, 감가상각누계액 21,000,000원)

전자세금계산서(공급자 보관용)						승인번호	20240507 - 000011111 - 952		
공급자	사업자등록번호	105 - 81 - 33130	종사업장번호		공급받는자	사업자등록번호	130 - 81 - 55668	종사업장번호	
	상호(법인명)	㈜청용	성명(대표자)	한수빈		상호(법인명)	㈜호랑전자	성 명	정쌍룡
	사업장주소	서울특별시 마포구 동교로 203				사업장주소	서울 강남구 역삼로 1504 - 20		
	업태	제조	종목	전자제품		업태	도소매	종목	전자제품
	이메일					이메일			
작성일자	공급가액		세액		수정사유				
2024 - 05 - 07	10,000,000		1,000,000						
비고									
월	일	품 목	규격	수량	단 가	공 급 가 액	세 액	비 고	
5	7	화물차				10,000,000	1,000,000		
합 계 금 액	현 금	수 표	어 음	외상미수금	이 금액을 영수/청구 함				
11,000,000	10,000,000			1,000,000					

73 수출업체인 ㈜한류에 제품 5,000,000원을 구매확인서에 의해 납품하고, 영세율 전자세금계산서를 발급하였다. 대금은 전액 보통예금으로 받았다.

74 영업부서에서는 제품광고료 110,000원(부가가치세 포함)을 힘겨레신문사에 전액 보통예금에서 이체하고 지출증빙용 현금영수증을 수취하였다.

75 일본 거래처인 혼마에서 상품 22,000,000원(부가가치세 별도)을 수입하면서 통관절차에 따라 부산세관으로부터 수입전자세금계산서를 수취하고 부가가치세를 보통예금계좌에서 이체하여 납부하였다.

76 생산부서 직원들의 명절선물로 굴비 20상자(1상자당 50,000원)를 구입하면서, 롯데마트로부터 전자계산서를 수취하였으며, 대금은 보통예금에서 500,000원을 이체하고, 잔액은 다음달 말일에 지급하기로 하였다.

77 김갑순에게 제품 550,000원(부가가치세 포함)을 판매하고 판매대금은 전액 보통예금으로 입금되었고, 현금영수증을 발급하였다.

78 프랑스 뉴월드사에 수출할 제품 $20,000를 2월 8일에 선적 완료하였다. 2월 1일에 선적지인도조건으로 수출계약을 체결하였고, 대금은 전액 2월 13일에 받기로 하였다. 환율은 다음과 같다. (공급시기의 회계처리만 할 것)

| 2월 1일 : 1,000원/$ | 2월 8일 : 1,100원/$ | 2월 13일 : 1,200원/$ |

79 매출거래처인 ㈜대진에 선물할 명절선물용으로 ㈜파란마을로부터 선물세트 20,000,000원(부가가치세 별도)을 구입하고, 전자세금계산서를 수취한 후 15,000,000원은 당사 보통예금에서 이체하였고, 나머지 대금은 일주일 후에 지급하기로 하였다.

80 (주)태양에서 구매확인서에 의해 원재료 15,000,000원을 매입하고, 영세율전자세금계산서를 발급받았으며, 4,000,000원은 현금으로 지급하고 잔액은 외상으로 하다.

81 공장부지로 사용할 목적으로 취득한 토지에 대한 자문료로 법무사 수수료 2,200,000원(부가가치세 포함)을 김안양 법무사사무소에 현금으로 지불하고 종이 세금계산서를 수취하였다.

82 에스주유소(일반과세자)에서 공장에서 사용하는 트럭에 주유한 후 110,000원(공급대가)을 삼성카드로 결제하였다.

83 공장직원들의 회식비로 현금 330,000원(부가가치세 포함)을 세원식당(일반과세자)에 지불하고 현금영수증을 발급받았다.

84 제품제조에 사용하던 기계장치를 알파상사에 다음과 같이 매각하고 전자세금계산서를 발급하였다. 관련 매각대금은 전액 1개월 후에 받기로 하였다.

- 공급가액 : 8,000,000원(부가가치세 별도)
- 취득가액 : 5,000,000원(감가상각누계액 1,500,000원)

85 (주)노원에 제품을 5,100,000원(부가가치세 별도)에 공급하고 전자세금계산서를 발급하였다. 2,400,000원은 (주)노원의 당좌수표로 수령하고, 나머지는 (주)노원이 (주)강북으로부터 받은 받을어음으로 수취하였다.

86 기계장치(취득가액 50,000,000원, 감가상각누계액 35,700,000원)를 ㈜전주에 15,000,000원(부가가치세 별도)에 매각하고 전자세금계산서를 발급하였다. 10,000,000원은 보통예금으로 수령하였으며, 나머지는 ㈜전주에서 발행한 어음으로 수령하였다.

87 ㈜바로캐피탈로부터 영업부 업무용 승용차(계약일 3월 2일, 리스조건 : 운용리스, 2년 약정, 1,000,000원/월)의 3월분 리스료에 대한 전자계산서를 교부 받았으며 대금은 다음 달 말일에 지급하기로 하였다.(리스료에 대한 계정은 판매관리비 중 임차료 계정과목을 사용하기로 한다)

88 비사업자인 이상경(거래처 등록)에게 제품을 판매하고 대금은 보통예금으로 1,100,000원(공급대가)을 수령하면서 현금영수증을 발급하였다.

89 수지상사에 외상 판매하였던 제품 중 10개(1개당 공급가액 80,000원, 부가가치세 별도)가 불량품이 있어 반품 전자세금계산서를 발급하였다. 대금은 외상매출금과 상계처리하기로 하였다.

90 제품 70,000,000원(부가가치세 별도)을 세현상사에 매출하고, 대금 중 30,000,000원 6개월 만기 어음으로 받고, 잔액은 3개월 후에 받기로 하고, 전자세금계산서를 발급하다.

91 영업부 사무실에서 사용할 목적으로 사무용품점 (주)오피스코리아에서 필기구 세트를 현대카드로 공급가액 30,000원(부가가치세 별도)을 구입하였다(사무용품비로 처리하시오).

92 매출거래처에 선물할 목적으로 (주)왕갑으로 부터 노트북을 1,500,000원(부가가치세 별도)에 구입하였고 대금은 현금으로 지급한 후 전자세금계산서를 발급받았다.

93 ㈜판촉에 제품 광고료(공급가액 3,000,000원, 부가가치세 별도)를 다음달 말일에 지급하기로 하고 전자세금계산서를 발급받았다.

94 수출업체인 ㈜한중에 제품용 가구 6,000,000원을 동 날짜로 받은 구매확인서에 의해 납품하고 전자영세율세금계산서를 발급한 후 대금은 전액 현금으로 받았다.

95 한글상회에 제품(공급가액 10,000,000원, 부가가치세 별도)을 판매하고 전자세금계산서를 발급하였다. 판매대금은 6월 30일에 수령한 계약금 2,000,000원을 제외한 잔액을 한글상회 발행어음(만기 2024.2.28.)으로 받았다.

96 영업부 직원의 야간 식대로 미스피자에 피자 44,000원(부가가치세 포함)을 현금으로 구입하고 현금영수증(지출증빙용)을 수취하였다.

97 공장에 설치 중인 기계장치의 성능을 시험해 보기로 하고 시운전을 위하여 KS주유소에서 휘발유 200리터를 330,000원(부가가치세 포함)에 구입하고 전자세금계산서를 수취하였다. 대금은 현금으로 지급하였다.

98 출판사업부에서 사용할 기계장치를 ㈜수림에게서 20,000,000원(부가가치세 별도)에 전액 외상으로 구입하고 전자세금계산서를 수취하였다. 당사의 출판사업부에서 발생한 매출액은 전액 면세매출이다.

99 ㈜동행에 Local L/C에 근거하여 제품 10,000단위(단위당 원가 10,000원)를 판매하고, 영세율 전자세금계산서를 발급하였다. 7월 15일에 ㈜동행으로부터 계약금 10,000,000원을 미리 수령한 상태이며 나머지는 ㈜동행이 발행한 약속어음(만기 3개월)으로 지급받았다.

100 ㈜서현과 제품판매계약을 하고 7월 1일 전자세금계산서를 발급하였으나, 계약해지로 인해 공급가액 10,000,000원(부가가치세 별도)에 대하여 수정전자세금계산서를 발급하였으며, 외상대금과 상계하기로 하다.

기출 분개 연습 100선 해답

번호	차 변		대 변	
01	선 납 세 금 보 통 예 금	138,600 30,761,400	정 기 적 금 이 자 수 익	30,000,000 900,000
02	투 자 부 동 산	92,048,000	보 통 예 금 미 지 급 금 현 금	80,000,000 8,000,000 4,048,000
03	보 통 예 금	3,300,000	단 기 대 여 금 외 환 차 익	3,000,000 300,000
04	미 수 금	5,000,000	선 수 금	5,000,000
05	복 리 후 생 비	200,000	보 통 예 금	200,000
06	건 설 중 인 자 산	2,200,000	당 좌 예 금	2,200,000
07	보 통 예 금	5,500,000	자 본 금 현 금 주 식 발 행 초 과 금	5,000,000 100,000 400,000
08	보 통 예 금	39,970,000	단 기 매 매 증 권 단기매매증권처분이익	30,000,000 9,970,000
09	부 도 어 음	2,200,000	받 을 어 음	2,200,000
10	미 지 급 세 금	599,000	보 통 예 금	599,000
11	급 여	3,320,000	예 수 금 보 통 예 금	350,290 2,969,710
12	보 통 예 금 주 식 발 행 초 과 금 주 식 할 인 발 행 차 금	80,000,000 10,000,000 10,000,000	자 본 금	100,000,000
13	미 지 급 세 금	10,000,000	미 지 급 금	10,000,000
14	단 기 대 여 금	6,000,000	보 통 예 금	6,000,000
15	여 비 교 통 비 (제)	850,000	가 지 급 금 현 금	700,000 150,000
16	선 납 세 금 보 통 예 금	154,000 9,846,000	정 기 예 금 이 자 수 익	9,000,000 1,000,000
17	보 통 예 금	3,200,000	외 상 대 손 충 당 금	3,200,000
18	외 상 매 입 금	5,000,000	받 을 어 음 당 좌 예 금	4,000,000 1,000,000
19	자 본 금 감 자 차 손	5,000,000 500,000	현 금	5,500,000
20	매출채권처분손실 현 금	300,000 29,700,000	받 을 어 음	30,000,000
21	선 급 금	7,000,000	지 급 어 음	7,000,000

번호	차 변		대 변	
22	미 수 금 자기주식처분이익 자기주식처분손실	9,000,000 300,000 200,000	자 기 주 식	9,500,000
23	퇴 직 급 여	3,000,000	보 통 예 금	3,000,000
24	외 상 매 입 금	10,000,000	당 좌 예 금 채무면제이익	5,000,000 5,000,000
25	세 금 과 공 과	40,500	보 통 예 금	40,500
26	보 통 예 금 사채할인발행차금	9,700,000 300,000	사 채	10,000,000
27	보 통 예 금 외 환 차 손	44,000,000 4,000,000	외 상 매 출 금	48,000,000
28	보 통 예 금	10,670,000	외 상 매 출 금	10,670,000
29	기타의대손상각비	11,000,000	장 기 대 여 금	11,000,000
30	미 지 급 금	33,000,000	보 통 예 금 단 기 차 입 금	20,000,000 13,000,000
31	토 지	103,000,000	선 급 금 보 통 예 금	10,000,000 93,000,000
32	받을대손충당금 대 손 상 각 비	800,000 300,000	받 을 어 음	1,100,000
33	퇴 직 급 여 (제)	5,000,000	보 통 예 금	5,000,000
34	단 기 차 입 금	5,000,000	채무면제이익	5,000,000
35	수 수 료 비 용 보 통 예 금	50,000 950,000	외 상 매 출 금	1,000,000
36	부도어음과수표	3,300,000	받 을 어 음	3,300,000
37	투 자 부 동 산	53,000,000	현 금	53,000,000
38	여 비 교 통 비 기업업무추진비 현 금	150,000 300,000 50,000	선 급 금	500,000
39	자 본 금	10,000,000	현 금 감 자 차 익	8,000,000 2,000,000
40	보 통 예 금 사채할인발행차금	12,000,000 500,000	사 채 현 금	10,000,000 2,500,000
41	급 여	2,000,000	예 수 금 현 금	147,000 1,853,000
42	차 량 운 반 구 단 기 매 매 증 권	650,000 250,000	현 금	900,000
43	단 기 매 매 증 권 수 수 료 비 용	12,000,000 100,000	보 통 예 금	12,100,000

번호	차 변		대 변	
44	수 도 광 열 비 전 력 비 (제)	300,000 500,000	보 통 예 금	800,000
45	기 업 업 무 추 진 비	250,000	미 지 급 금	250,000
46	외 화 장 기 차 입 금 이 자 비 용 외 환 차 손	10,000,000 220,000 1,000,000	보 통 예 금	11,220,000
47	건 설 중 인 자 산	1,250,000	보 통 예 금	1,250,000
48	매 출 할 인 당 좌 예 금	150,000 4,850,000	외 상 매 출 금	5,000,000
49	기 업 업 무 추 진 비	120,000	미 지 급 금	120,000
50	정 기 예 금 선 납 세 금	12,423,000 77,000	정 기 적 금 이 자 수 익	12,000,000 500,000

번호	유형	차 변		대 변	
51	매입현과	소 모 품 부 가 세 대 급 금	800,000 80,000	현 금	880,000
52	매입카과	비 품 부 가 세 대 급 금	2,000,000 200,000	미 지 급 금	2,200,000
53	매입수입	부 가 세 대 급 금	2,000,000	보 통 예 금	2,000,000
54	매출현과	비품감가상각누계액 현 금	1,000,000 330,000	비 품 부 가 세 예 수 금 유형자산처분이익	1,200,000 30,000 100,000
55	매출과세	외 상 매 출 금 (또는 받을어음)	88,000,000	제 품 매 출 부 가 세 예 수 금	80,000,000 8,000,000
56	매입영세	상 품	10,000,000	보 통 예 금 외 상 매 입 금	5,000,000 5,000,000
57	매입면세	임 차 료	3,000,000	미 지 급 금	3,000,000
58	매입과세	차 량 운 반 구 부 가 세 대 급 금	2,000,000 200,000	미 지 급 금	2,200,000
59	매입과세	기 계 장 치 부 가 세 대 급 금 미 지 급 금	-30,000,000 -3,000,000 33,000,000	또는 미지급금	-33,000,000
60	매출과세	기계감가상각누계액 미 수 금 유형자산처분손실	4,000,000 5,500,000 1,000,000	기 계 장 치 부 가 세 예 수 금	10,000,000 500,000
61	매입불공	기 업 업 무 추 진 비	1,650,000	미 지 급 금	1,650,000
62	매출과세	선 수 금 외 상 매 출 금	1,000,000 4,500,000	제 품 매 출 부 가 세 예 수 금	5,000,000 500,000

번호	유형	차 변		대 변	
63	매입현과	운 반 비 부 가 세 대 급 금	300,000 30,000	보 통 예 금	330,000
64	매출수출	외 상 매 출 금	22,000,000	제 품 매 출	22,000,000
65	매입과세	원 재 료 부 가 세 대 급 금	100,000,000 10,000,000	당 좌 예 금 외 상 매 입 금	55,000,000 55,000,000
66	매입면세	임 차 료	660,000	보 통 예 금	660,000
67	매출건별	보 통 예 금	330,000	제 품 매 출 부 가 세 예 수 금	300,000 30,000
68	매입카과	차 량 유 지 비 (제) 부 가 세 대 급 금	150,000 15,000	미 지 급 금	165,000
69	매출과세	현 금	11,000,000	제 품 매 출 부 가 세 예 수 금	10,000,000 1,000,000
70	매출수출	보 통 예 금 외 상 매 출 금	33,000,000 22,000,000	제 품 매 출	55,000,000
71	매입불공	기 업 업 무 추 진 비	660,000	현 금	660,000
72	매출과세	차량감가상각누계액 현 금 미 수 금	21,000,000 10,000,000 1,000,000	차 량 운 반 구 부 가 세 예 수 금 유형자산처분이익	30,000,000 1,000,000 1,000,000
73	매출영세	보 통 예 금	5,000,000	제 품 매 출	5,000,000
74	매입현과	광 고 선 전 비 부 가 세 대 급 금	100,000 10,000	보 통 예 금	110,000
75	매입수입	부 가 세 대 급 금	2,200,000	보 통 예 금	2,200,000
76	매입면세	복 리 후 생 비 (제)	1,000,000	보 통 예 금 미 지 급 금	500,000 500,000
77	매출현과	보 통 예 금	550,000	제 품 매 출 부 가 세 예 수 금	500,000 50,000
78	매출수출	외 상 매 출 금	22,000,000	제 품 매 출	22,000,000
79	매입불공	기 업 업 무 추 진 비	22,000,000	보 통 예 금 미 지 급 금	15,000,000 7,000,000
80	매입영세	원 재 료	15,000,000	현 금 외 상 매 입 금	4,000,000 11,000,000
81	매입불공	토 지	2,200,000	현 금	2,200,000
82	매입카과	차 량 유 지 비 (제) 부 가 세 대 급 금	100,000 10,000	미 지 급 금	110,000
83	매입현과	복 리 후 생 비 (제) 부 가 세 대 급 금	300,000 30,000	현 금	330,000
84	매출과세	기계감가상각누계액 미 수 금	1,500,000 8,800,000	기 계 장 치 부 가 세 예 수 금 유형자산처분이익	5,000,000 800,000 4,500,000

번호	유형	차 변		대 변	
85	매출과세	현 금 받 을 어 음	2,400,000 3,210,000	제 품 매 출 부 가 세 예 수 금	5,100,000 510,000
86	매출과세	기계감가상각누계액 보 통 예 금 미 수 금	35,700,000 10,000,000 6,500,000	기 계 장 치 부 가 세 예 수 금 유형자산처분이익	50,000,000 1,500,000 700,000
87	매입면세	임 차 료	1,000,000	미 지 급 금	1,000,000
88	매출현과	보 통 예 금	1,100,000	제 품 매 출 부 가 세 예 수 금	1,000,000 100,000
89	매출과세	외 상 매 출 금	-880,000	제 품 매 출 부 가 세 예 수 금	-800,000 -80,000
90	매출과세	받 을 어 음 외 상 매 출 금	30,000,000 47,000,000	제 품 매 출 부 가 세 예 수 금	70,000,000 7,000,000
91	매입카과	사 무 용 품 비 부 가 세 대 급 금	30,000 3,000	미 지 급 금	33,000
92	매입불공	기 업 업 무 추 진 비	1,650,000	현 금	1,650,000
93	매입과세	광 고 선 전 비 부 가 세 대 급 금	3,000,000 300,000	미 지 급 금	3,300,000
94	매출영세	현 금	6,000,000	제 품 매 출	6,000,000
95	매출과세	선 수 금 받 을 어 음	2,000,000 9,000,000	제 품 매 출 부 가 세 예 수 금	10,000,000 1,000,000
96	매입현과	복 리 후 생 비 부 가 세 대 급 금	40,000 4,000	현 금	44,000
97	매입과세	기 계 장 치 부 가 세 대 급 금	300,000 30,000	현 금	330,000
98	매입불공	기 계 장 치	22,000,000	미 지 급 금	22,000,000
99	매출영세	선 수 금 받 을 어 음	10,000,000 90,000,000	제 품 매 출	100,000,000
100	매출과세	외 상 매 출 금	-11,000,000	제 품 매 출 부 가 세 예 수 금	-10,000,000 -1,000,000

Part. 6

부가가치세 및 원천징수 실무연습

Chapter 1
부가가치세신고서 및 부속서류

※ 부가가치세신고서 및 부속명세서 입력 연습시 기출문제 111회 ㈜대동산업(코드번호 : 1112)을 불러내어 입력 연습하고, 이미 입력되어 있는 부가가치세 관련 자료는 무시(삭제)한다.

1. 부가가치세 신고서 작성

부가가치세신고서는 각 신고기간에 대한 부가가치세 과세표준과 납부세액 또는 환급세액 등을 기입하여 관할세무서에 신고하는 부가가치세법에 규정된 서식이다.

【2기 확정 신고기간(10/1~12/31)의 부가가치세신고서 화면】

전산세무 2급 시험에 반드시 출제되며, 입력해야 할 칸이 많고 복잡해 보이지만 전체적으로 단순하다. 부가가치세신고서의 전체적인 내용을 이해해야 부가가치세 부속서류와의 관계도 이해가 된다.

(1) 과세표준 및 매출세액

구분				정기신고금액		
				금액	세율	세액
과세표준및매출세액	과세	세금계산서발급분	1		10/100	
		매입자발행세금계산서	2		10/100	
		신용카드·현금영수증발행분	3		10/100	
		기타(정규영수증외매출분)	4			
	영세	세금계산서발급분	5		0/100	
		기타	6		0/100	
	예정신고누락분		7			
	대손세액가감		8			
	합계		9		㉮	

① 과세

세금계산서 발급분[1]	과세분 세금계산서 발급분 매출액을 입력한다. 금액에는 공급가액을, 세액에는 부가가치세액을 입력한다. 매입매출전표에서 [11.과세]로 입력한 것을 자동으로 불러온다.
매입자 발행 세금계산서[2]	매입자 발행 세금계산서의 금액을 입력한다.
신용카드·현금영수증 발행분[3]	과세대상 신용카드 등 발행 금액을 입력한다. 매입매출전표에서 [17.카과], [22.현과]로 입력한 것을 자동으로 불러온다.
기 타[4]	과세대상 매출이지만 적격증빙을 발행하지 않은 것 또는 간주공급, 간주임대료 금액을 입력한디. 매입매출전표에서 [14.건별]로 입력한 것을 자동으로 불러온다.

② 영세

세금계산서 발급분[5]	영세율 매출 중 세금계산서를 발급한 것을 입력한다. 매입매출전표에 [12.영세]로 입력한 것을 자동으로 불러온다.
기 타[6]	영세율 매출 중 세금계산서를 발급하지 않은 것을 입력한다. 매입매출전표에 [16.수출]로 입력한 것을 자동으로 불러온다.

③ 예정신고 누락분·대손세액 가감

예정신고 누락분[7]	여기에는 입력되지 않는다. 화면 오른쪽에 입력한다. 예정신고 시 누락한 매출은 확정신고 시 입력한다. 이 경우 가산세가 있다
대손세액 가감[8]	대손세액공제를 받을 때는 마이너스(-)로 입력하여 세액을 감소시키고, 대손금액을 회수했을 때는 (+)금액으로 입력하여 추가납부 한다.

(2) 매입세액

매입세액	세금계산서 수취분	일반매입	10		
		수출기업수입분납부유예	10-1		
		고정자산매입	11		
	예정신고누락분		12		
	매입자발행세금계산서		13		
	그 밖의 공제매입세액		14		
	합계(10)-(10-1)+(11)+(12)+(13)+(14)		15		
	공제받지못할매입세액		16		
	차감계 (15-16)		17	㉯	

① 세금계산서 수취분

일반매입[10]	일반적인 매입내용을 입력한다. 매입매출전표에 [51.과세], [52.영세], [54.불공], [55.수입]으로 입력한 것을 자동으로 불러온다.
고정자산매입[11]	매입액 중에서 고정자산과 관련된 것은 일반매입에 입력하지 않고 고정자산매입에 입력한다.

② 기타

예정신고 누락분[12]	여기에는 입력되지 않는다. 화면 오른쪽에 입력한다. 예정신고 시 누락한 매입은 확정신고 시 입력한다.
매입자 발행 세금계산서[13]	매입자 발행 세금계산서의 금액을 입력한다.
그 밖의 공제매입세액[14]	여기에는 입력이 안된다. 오른쪽 하단의 [14. 그 밖의 공제매입세액]에 자세한 사항을 입력한다. 시험에는 주로 신용카드매출수령금액합계표의 금액을 입력한다. 14.그 밖의 공제매입세액 신용카드매출 수령금액합계표 / 일반매입 41 고정매입 42
공제받지 못할 매입세액[16]	여기를 클릭하면 화면 오른쪽이 바뀐다. 오른쪽 [16. 공제받지 못할 매입세액]에 입력한다. 세금계산서 수취분에 입력된 내용 중 매입세액불공제 대상인 것을 여기 입력한다. 매입매출전표에 [54.불공]으로 입력한 것을 자동으로 불러온다. 16.공제받지못할매입세액 공제받지못할 매입세액 50 공통매입세액면세등사업분 51 대손처분받은세액 52

(3) 기타

경감공제세액	그 밖의 경감·공제세액	18		
	신용카드매출전표등 발행공제등	19		
	합계	20	㉣	
소규모 개인사업자 부가가치세 감면세액		20	㉤	
예정신고미환급세액		21	㉥	
예정고지세액		22	㉦	
사업양수자의 대리납부 기납부세액		23	㉧	
매입자 납부특례 기납부세액		24	㉨	
신용카드업자의 대리납부 기납부세액		25	㉩	
가산세액계		26	㉪	
차가감하여 납부할세액(환급받을세액)㉮-㉯-㉰-㉱-㉲-㉳-㉴-㉵+㉪			27	
총괄납부사업자가 납부할 세액(환급받을 세액)				

① 그 밖의 경감·공제세액 등

그 밖의 경감·공제세액[18]	화면 오른쪽 [18. 그 밖의 경감 공제세액]에 입력한다. 몇 가지 공제되는 항목들이 있지만 시험에서는 주로 전자신고세액공제가 출제된다. 사업자가 홈택스에서 직접 신고하는 경우에 10,000원을 공제한다. 18.그 밖의 경감·공제세액 전자신고세액공제 54 전자세금계산서발급세액공제 55 택시운송사업자경감세액 56 대리납부세액공제 57 현금영수증사업자세액공제 58 기타 59 합계 60
신용카드매출전표 등 발행세액공제[19]	개인사업자(직전연도 공급가액 10억 초과 제외)가 신용카드매출전표를 발행한 경우 1% 세액공제(연간 한도 500만원) 한다. 전산세무 2급은 법인사업자로 출제되므로 여기에 입력할 일은 없다.
예정신고 미환급 세액[21]	예정신고 시 환급받지 않은 세액이 있는 경우 입력한다.
예정고지세액[22]	예정신고시 고지된 세액이 있는 경우 입력한다.

② 가산세

화면 오른쪽에 입력한다.

가산세 계산이 어렵다면 부가가치세신고서 오른쪽 상단에 글자를 클릭해서 작성하면 공식을 쉽게 알수 있다.

[F1] 작성방법켜기

(4) 가산세

① 사업자등록 불성실 가산세

적 용	• 사업개시 후 20일 이내에 사업자등록을 하지 않은 경우 • 타인 명의로 사업자등록을 한 경우
가산세율	• 미등록 또는 타인명의등록 기간의 공급가액×1%

② 세금계산서 관련 가산세

미발급	공급시기가 속하는 과세기간에 대한 확정신고기한까지 세금계산서를 발급하지 않는 경우	공급가액×2%
지연발급	세금계산서 발급시기가 지난 후 공급시기가 속하는 과세기간에 대한 확정신고기한 내에 세금계산서를 발급하는 경우	공급가액×1%
부실기재	발급한 세금계산서의 필요적 기재사항 중 전부 또는 일부가 미기재 또는 사실과 다르게 기재된 경우(나머지 기재사항으로 거래사실이 확인되는 경우에는 제외)	공급가액×1%
위장발급	실제 명의자가 아닌 다른 자의 명의로 세금계산서·신용카드매출전표 등을 발급하거나 발급받은 경우	공급가액×2%
과다기재	공급가액을 과다하게 기재하여 세금계산서·신용카드매출전표 등을 발급하거나 발급받은 경우	공급가액×2%
거짓발급	재화·용역을 공급하지 않고 세금계산서·신용카드매출전표 등을 발급하거나 발급받은 경우	공급가액×3%
지연수취	재화·용역을 매입하고 세금계산서 발급기한 후 공급시기가 속하는 과세기간에 대한 확정신고기한 내에 세금계산서를 발급받는 경우 → 공급받는 자에게 적용	공급가액×0.5%

③ 전자세금계산서 관련 가산세

발급명세 지연전송	전자세금계산서 발급명세를 전송기한(발급일의 다음날) 경과 후 확정신고기한(7/25, 1/25)까지 전송한 경우	공급가액×0.3%
발급명세 미전송	전자세금계산서 발급명세를 확정신고기한(7/25, 1/25)까지 전송하지 않은 경우	공급가액×0.5%
종이세금계산서	전자세금계산서 발급의무자가 종이세금계산서를 발급한 경우	공급가액×1%

④ 매출처별 세금계산서합계표 관련 가산세

미제출	매출처별 세금계산서합계표를 제출하지 않은 경우	공급가액×0.5%
지연제출	예정신고시 제출해야 할 매출처별 세금계산서합계표를 확정신고시 제출한 경우	공급가액×0.3%
부실기재	거래처별 등록번호 또는 공급가액이 사실과 다르게 기재된 경우	공급가액×0.5%

⑤ 매입처별 세금계산서합계표 관련 가산세

경정시	매입처별 세금계산서합계표를 미제출 또는 부실기재한 경우로서 경정시 경정기관의 확인을 거쳐 매입세액공제를 받는 경우	공급가액×0.5%
부실기재	공급가액이 과다하게 기재된 경우	공급가액×0.5%

- 매입처별 세금계산서합계표 관련 가산세가 부과되는 경우는 모두 매입세액공제를 받는 경우에 해당된다.
- 매입처별 세금계산서합계표를 제출하지 않으면 매입세액공제를 받을 수 없다. 매입세액공제를 받지 못하는 것이 가산세보다 더 큰 불이익이므로 매입처별 세금계산서합계표의 미제출 또는 지연제출에 대하여는 가산세가 없다.

⑥ 신고·납부 관련 가산세

무신고 가산세	무신고 납부세액×20%(부정행위시 40%)
과소신고·초과환급 가산세	과소신고 또는 초과환급세액×10%(부정행위시 40%)
영세율과세표준 불성실 가산세	무신고·과소신고한 영세율 과세표준×0.5%
납부지연·초과환급 가산세	미납세액·초과환급세액×미납일수 × $\frac{2.2}{10,000}$

영세율과세표준 불성실 가산세는 영세율이 적용되는 과세표준을 신고하지 않았을 때 뿐만 아니라 영세율 첨부서류를 제출하지 않았을 때도 적용한다.

⑦ 수정신고 시 신고불성실 가산세 감면

당초에 신고한 내용을 수정신고하는 경우에 과소신고·초과환급 가산세 및 영세율과세표준 불성실 가산세에 대해서 다음의 감면을 적용한다.

법정신고기간 경과 후 기간	감면율
1개월 이내 신고	90% 감면 [10% 납부]
1개월 초과 3개월 이내 신고	75% 감면 [25% 납부]
3개월 초과 6개월 이내 신고	50% 감면 [50% 납부]
6개월 초과 1년 이내 신고	30% 감면 [70% 납부]
1년 초과 1년 6개월 이내 신고	20% 감면 [80% 납부]
1년 6개월 초과 2년 이내 신고	10% 감면 [90% 납부]

⑧ 기한후신고 시 무신고 가산세 감면

법정신고기한 내에 신고하지 않고(무신고), 법정신고기한 경과 후 신고하는 경우에 무신고 가산세에 대해서 다음의 감면을 적용한다.

법정신고기간 경과 후 기간	감면율
1개월 이내 신고	50% 감면 [50% 납부]
1개월 초과 3개월 이내 신고	30% 감면 [70% 납부]
3개월 초과 6개월 이내 신고	20% 감면 [80% 납부]

⑨ 가산세의 중복적용 배제

㉠ 미등록가산세 적용시 배제되는 가산세

- 세금계산서 지연발급·부실기재 가산세(1%)
- 매출처별 세금계산서합계표 관련 가산세(0.5%, 0.3%)
- 전자세금계산서 발급명세 지연전송·미전송 가산세(0.5%, 1%)

세금계산서 미발급 가산세(2%)는 배제되지 않고 적용됨

㉡ 세금계산서 미발급·위장발급·과다기재·허위발급시 배제되는 가산세

- 사업자등록 불성실 가산세(1%)
- 매출처별 세금계산서합계표 관련 가산세(0.5%, 0.3%)
- 매입처별 세금계산서합계표 관련 가산세(0.5%)

ⓒ 기타

세금계산서 지연발급·부실기재, 전자세금계산서 발급명세 미전송·지연전송시 배제되는 가산세	매출처별 세금계산서합계표 관련 가산세(0.5%, 0.3%)
세금계산서 미발급·지연발급 가산세 적용시 배제되는 가산세	• 세금계산서 부실기재 가산세(1%) • 전자세금계산서 지연전송·미전송 가산세(0.5%, 1%)
세금계산서 부실기재 가산세 적용시 배제되는 가산세	전자세금계산서 지연전송·미전송 가산세(0.5%, 1%)
세금계산서 위장발급가산세 적용시 배제되는 가산세	세금계산서 미발급 가산세(2%)

기본문제 연습

다음은 ㈜대동산업(1112)의 제2기 확정신고기간(10월~12월)의 부가가치세신고서(과세표준명세는 생략)를 작성하시오. 단, 매입매출분개입력 및 구비서류 작성은 생략한다. (기존 입력된 데이터가 있으면 무시하고 작성한다.)

[1] 매출자료

거래 내용	공급가액	비 고
9월 15일 제품 매출에 대한 예정신고 누락분 확정신고시 반영 분	5,000,000	전자세금계산서의 발급과 전송은 9월 15일 처리됨
제품 외상 매출	45,000,000	전자세금계산서 발급
제품 소매 신용카드 매출	2,500,000	전자세금계산서 미발급
거래처에 견본품 제공	3,000,000	시가
현금영수증 매출	2,000,000	전자세금계산서 미발급
신용장에 의한 매출	1,500,000	영세율전자세금계산서 발급
하치장 반출액	5,000,000	원가
비사업자에 대한 정규영수증 외 매출	880,000	부가가치세 포함
제품 직수출액(외상매출)	10,000,000	전자세금계산서 미발급
거래처에 제품 무상증정	5,000,000(원가)	7,800,000(시가)

[2] 매입자료

거래 내용	공급가액	비 고
원재료 매입에 대한 예정신고 누락분 확정신고시 반영	4,000,000	전자세금계산서 수취
원재료 외상매입	20,000,000	전자세금계산서 수취
내국신용장에 의한 원재료 매입	1,500,000	영세율전자세금계산서 수취
사업과 관련 없는 일반 매입	2,000,000	전자세금계산서 수취
사업과 관련 없는 일반 매입	1,000,000	신용카드 매입분
영업용 비품 구입	2,000,000	신용카드 매입분
비영업용(2,000cc) 승용차 구입	15,000,000	전자세금계산서 수취
화물자동차 유류대 지급	500,000	신용카드 매입분

[3] 기타사항

① 제2기 예정신고시(2024년 10월 25일) 위 예정신고 누락분 이외의 사항은 정상적으로 신고 및 납부하였다.
② 2024년 제2기 예정신고 시 미환급된 세액 2,000,000원이 있다.

③ 확정신고시 홈텍스로 전자신고할 예정이다.
④ 2024년 2기 부가가치세 확정신고 및 자진납부시기는 2025년 1월 25일로 한다.

해설

㉠ 입력사항 확인 : 제2기 확정신고(10월~12월) 부가가치세신고서 작성
㉡ 거래처에 견본품 제공과 하치장 반출액은 재화의 공급이 아니므로 입력하지 않는다.
㉢ 거래처 제품 무상증정은 간주공급(사업상증여) 이므로 4.기타(건별)에 시가를 입력한다.
㉣ 내국신용장에 의한 원재료 매입은 영세율이므로 10.일반매입에 공급가액만 입력하고 세액은 입력하면 안된다.
㉤ 사업과 관련 없는 일반 매입(전자세금계산서)는 10.일반매입에 입력하고, 16번에 클릭하여 오른쪽 화면 상단에 16번 50번에도 입력을 해야 한다.
㉥ 사업과 관련 없는 일반 매입(신용카드)은 불공의 요건(세금계산서)이 충족하지 않으므로 일반전표에 입력을 해야 한다.
㉦ 비영업용(2,000cc) 승용차 구입은 고정자산매입(11)에 입력하고, 16번에 클릭하여 오른쪽 화면 상단에 16번 50번에도 입력을 해야 한다.
㉧ 예정신고 누락분은 납부세액이 있으므로 가산세를 계산해야 하는데, 가산세는 26.가산세액을 클릭하고, 오른쪽 화면 신고불성실의 71.과소·초과환급(일반)에 납부세액인 100,000원 입력하고 세액란에 2,500원을 입력하면 되고, 납부지연(73) 가산세는 금액(납부세액)에 100,000원을 입력하고, 세액란에 2,024원을 입력하면 된다.
→ 납부세액 : 매출 예정 누락세액 500,000원 - 매입 예정 누락세액 400,000원
= 100,000원
→ 71번 가산세 : 납부세액×10%×25%(3개월 이내 신고납부 75% 감면)
100,000원×10%×25% = 2,500원
→ 73번 가산세 : 납부세액×미납일수×2.2 ÷ 10,000
100,000원×92일×2.2 ÷ 10,000 = 2,024원
→ 미납일수 계산 : 2기 예정 신고일(2024. 10/25), 2기 확정 신고일(2025년. 1/25)
10월 : 6일, 11월 : 30일, 12월 : 31일, 1월 : 25일 = 총92일
㉨ 전자신고세액공제 : 부가가치세신고를 홈텍스에서 직접 신고하면 10,000원을 전자신고세액공제함. 그 밖의 경감공제세액[18]에 해당하며, 화면 오른쪽 전자신고세액공제[54]에 입력

[부가가치세신고서 입력 화면]

일반과세 / 간이과세

조회기간: 2024년 10월 1일 ~ 2024년 12월 31일 신고구분: 1.정기신고 신고차수: __ 부가율: 62.46 확정

정기신고금액

	구분		금액	세율	세액
과세표준및매출세액	과세	세금계산서발급분	1	45,000,000	10/100	4,500,000
		매입자발행세금계산서	2		10/100	
		신용카드·현금영수증발행분	3	4,500,000	10/100	450,000
		기타(정규영수증외매출분)	4	8,600,000		860,000
	영세	세금계산서발급분	5	1,500,000	0/100	
		기타	6	10,000,000	0/100	
	예정신고누락분		7	5,000,000		500,000
	대손세액가감		8			
	합계		9	74,600,000	㉮	6,310,000
매입세액	세금계산서수취분	일반매입	10	23,500,000		2,200,000
		수출기업수입분납부유예	10-1			
		고정자산매입	11	15,000,000		1,500,000
	예정신고누락분		12	4,000,000		400,000
	매입자발행세금계산서		13			
	그 밖의 공제매입세액		14	2,500,000		250,000
	합계(10)-(10-1)+(11)+(12)+(13)+(14)		15	45,000,000		4,350,000
	공제받지못할매입세액		16	17,000,000		1,700,000
	차감계 (15-16)		17	28,000,000	㉯	2,650,000
납부(환급)세액(매출세액㉮-매입세액㉯)						3,660,000
경감·공제세액	그 밖의 경감·공제세액		18			10,000
	신용카드매출전표등 발행공제등		19			
	합계		20		㉰	10,000
소규모 개인사업자 부가가치세 감면세액			20-1		㉱	
예정신고미환급세액			21		㉲	
예정고지세액			22		㉳	2,000,000
사업양수자의 대리납부 기납부세액			23		㉴	
매입자 납부특례 기납부세액			24		㉵	
신용카드업자의 대리납부 기납부세액			25		㉶	
가산세액계			26		㉷	4,524
차가감하여 납부할세액(환급받을세액)㉮-㉯-㉰-㉱-㉲-㉳-㉴-㉵-㉶+㉷			27			1,654,524
총괄납부사업자가 납부할 세액(환급받을 세액)						

	구분		금액	세율	세액
7.매출(예정신고누락분)					
예정누락분	과세	세금계산서	33	5,000,000	10/100	500,000
		기타	34		10/100	
	영세	세금계산서	35		0/100	
		기타	36		0/100	
	합계		37	5,000,000		500,000
12.매입(예정신고누락분)					
	세금계산서		38	4,000,000		400,000
	그 밖의 공제매입세액		39			
예정누락분	합계		40	4,000,000		400,000
	신용카드매출	일반매입				
	수령금액합계	고정매입				
	의제매입세액					
	재활용폐자원등매입세액					
	과세사업전환매입세액					
	재고매입세액					
	변제대손세액					
	외국인관광객에대한환급세액					
	합계					
14.그 밖의 공제매입세액					
신용카드매출	일반매입		41	500,000		50,000
수령금액합계표	고정매입		42	2,000,000		200,000
의제매입세액			43		뒤쪽	
재활용폐자원등매입세액			44		뒤쪽	
과세사업전환매입세액			45			
재고매입세액			46			
변제대손세액			47			
외국인관광객에대한환급세액			48			
합계			49	2,500,000		250,000

구분		금액	세율	세액
16.공제받지못할매입세액				
공제받지못할 매입세액	50	17,000,000		1,700,000
공통매입세액면세등사업분	51			
대손처분받은세액	52			
합계	53	17,000,000		1,700,000
18.그 밖의 경감·공제세액				
전자신고 및 전자고지 세액공제	54			10,000
전자세금계산서발급세액공제	55			
택시운송사업자경감세액	56			
대리납부세액공제	57			
현금영수증사업자세액공제	58			
기타	59			
합계	60			10,000

25.가산세명세					
사업자미등록등		61		1/100	
세금계산서	지연발급 등	62		1/100	
	지연수취	63		5/1,000	
	미발급 등	64		뒤쪽참조	
전자세금발급명세	지연전송	65		3/1,000	
	미전송	66		5/1,000	
세금계산서합계표	제출불성실	67		5/1,000	
	지연제출	68		3/1,000	
신고불성실	무신고(일반)	69		뒤쪽	
	무신고(부당)	70		뒤쪽	
	과소·초과환급(일반)	71	100,000	뒤쪽	2,500
	과소·초과환급(부당)	72		뒤쪽	
납부지연		73	100,000	뒤쪽	2,024
영세율과세표준신고불성실		74		5/1,000	
현금매출명세서불성실		75		1/100	
부동산임대공급가액명세서		76		1/100	
매입자 납부특례	거래계좌 미사용	77		뒤쪽	
	거래계좌 지연입금	78		뒤쪽	
신용카드매출전표등수령명세서미제출·과다기재		79		5/1,000	
합계		80			4,524

Part 6. 부가가치세 및 원천징수 실무연습

기출문제 연습

다음 자료를 이용하여 ㈜대동산업(1112)의 제1기 확정신고기간(4.1.~6.30.)에 대한 부가가치세 신고서를 작성하시오. 단, 부가가치세 신고서 이외의 부속서류 및 과세표준명세 입력은 생략하며(신고서 작성을 위한 전표입력도 생략), 세부담이 최소화되도록 작성하시오.

구분	내 역	공급가액(원)	VAT(원)	비 고
매출자료	제품매출	200,000,000	20,000,000	전자세금계산서 발급
	신용카드로 결제한 제품 매출	60,000,000	6,000,000	전자세금계산서 미발급
	내국신용장에 의한 재화 공급	50,000,000	0	영세율전자세금계산서 발급
	재화의 직수출액	120,000,000	0	영세율, 전자세금계산서 미발급
	대손확정된 매출채권	20,000,000	2,000,000	대손세액공제 요건 충족
매입자료	원재료 매입	150,000,000	15,000,000	전자세금계산서 수취
	법인카드로 구입한 원재료 매입	8,000,000	800,000	세금계산서 미수취, 매입세액공제 요건 충족
	거래처 접대용 선물세트 매입	7,700,000	770,000	전자세금계산서 수취, 고정자산 아님
	원재료 매입	9,000,000	900,000	예정신고 누락분이며, 전자세금계산서는 정상적으로 수취
기타	• 부가가치세 신고는 홈택스에서 전자신고 하기로 한다. • 전자세금계산서 발급 시 국세청 전송도 정상적으로 이뤄졌다.			

해설

㉠ 입력사항 확인 : 제1기 확정신고(4월~6월) 부가가치세신고서 작성

㉡ 가산세 : 없음(예정신고 매입세액공제 누락분을 확정신고 시 공제받을 때는 가산세 없다)

㉢ 대손 확정된 매출채권 : 대손세액가감[8]에 마이너스(-) 금액으로 입력

㉣ 법인카드로 구입한 원재료 : 그 밖의 공제매입세액이며, 오른쪽 하단에 신용카드매출수령금액합계표의 일반매입[41]에 입력

㉤ 거래처 접대용 선물세트 매입 : 일반매입과 합산하여 일반매입[10]에 입력 후 이 금액을 따로 공제받지 못할 매입세액[16]에 입력

㉥ 원재료 매입 예정신고 누락분 : 오른쪽 중간의 매입 예정누락분 세금계산서[38]에 입력

㉦ 전자신고세액공제 : 부가가치세신고를 홈택스에서 직접 신고하면 10,000원을 전자신고

세액공제 함. 그 밖의 경감공제세액[18]에 해당하며, 화면 오른쪽 전자신고세액공제[54]에 입력

■ 부가가치세신고서 작성(10월~12월)

구분			금액	세율	세액
과세표준및매출세액	과세	세금계산서발급분	1	200,000,000	10/100	20,000,000
		매입자발행세금계산서	2		10/100	
		신용카드·현금영수증발행분	3	60,000,000	10/100	6,000,000
		기타(정규영수증외매출분)	4			
	영세	세금계산서발급분	5	50,000,000	0/100	
		기타	6	120,000,000	0/100	
	예정신고누락분		7			
	대손세액가감		8			-2,000,000
	합계		9	430,000,000	㉚	24,000,000
매입세액	세금계산서수취분	일반매입	10	157,700,000		15,770,000
		수출기업수입분납부유예	10-1			
		고정자산매입	11			
	예정신고누락분		12	9,000,000		900,000
	매입자발행세금계산서		13			
	그 밖의 공제매입세액		14	8,000,000		800,000
	합계(10)-(10-1)+(11)+(12)+(13)+(14)		15	174,700,000		17,470,000
	공제받지못할매입세액		16	7,700,000		770,000
	차감계 (15-16)		17	167,000,000	㉯	16,700,000
납부(환급)세액(매출세액㉚-매입세액㉯)					㉰	7,300,000
경감공제세액	그 밖의 경감·공제세액		18			10,000
	신용카드매출전표등 발행공제등		19	66,000,000		
	합계		20		㉱	10,000
예정신고미환급세액			21		㉲	
예정고지세액			22		㉳	
사업양수자의 대리납부 기납부세액			23		㉴	
매입자 납부특례 기납부세액			24		㉵	
신용카드업자의 대리납부 기납부세액			25		㉶	
가산세액계			26		㉷	
차가감하여 납부할세액(환급받을세액)(㉰-㉱-㉲-㉳-㉴-㉵-㉶+㉷)			27			7,290,000
총괄납부사업자가 납부할 세액(환급받을 세액)						

구분		금액	세율	세액
7.매출(예정신고누락분)				
예정누락분	과세 세금계산서	33		10/100	
	기타	34		10/100	
	영세 세금계산서	35		0/100	
	기타	36		0/100	
	합계	37			
12.매입(예정신고누락분)				
	세금계산서	38	9,000,000		900,000
	그 밖의 공제매입세액	39			
	합계	40	9,000,000		900,000
예정누락분	신용카드매출 일반매입				
	수령금액합계 고정매입				
	의제매입세액				
	재활용폐자원등매입세액				
	과세사업전환매입세액				
	재고매입세액				
	변제대손세액				
	외국인관광객에대한환급				
	합계				
14.그 밖의 공제매입세액				
	신용카드매출 일반매입	41	8,000,000		800,000
	수령금액합계표 고정매입	42			
	의제매입세액	43		뒤쪽	
	재활용폐자원등매입세액	44		뒤쪽	
	과세사업전환매입세액	45			
	재고매입세액	46			
	변제대손세액	47			
	외국인관광객에대한환급세액	48			
	합계	49	8,000,000		800,000

▶ 신용카드매출전표 등 발행공제 등[19]에 입력된 66,000,000원은 매출 중에서 신용카드 등으로 결제한 공급가액(부가가치세 포함)을 입력된 것이다. 법인은 신용카드매출전표 등 발행세액공제를 받을 수 없으므로 이 금액은 입력해도 되고 입력하지 않아도 된다.

- 공제받지못할 매입세액 및 전자신고세액공제(화면 오른쪽)

구분		금액	세율	세액
16.공제받지못할매입세액				
공제받지못할 매입세액	50	7,700,000		770,000
공통매입세액면세등사업분	51			
대손처분받은세액	52			
합계	53	7,700,000		770,000
18.그 밖의 경감·공제세액				
전자신고세액공제	54			10,000
전자세금계산서발급세액공제	55			
택시운송사업자경감세액	56			
대리납부세액공제	57			
현금영수증사업자세액공제	58			
기타	59			
합계	60			10,000

2. 부가가치세 부속명세서 작성

부가가치세신고와 관련되어 출제되는 부속명세서는 다음과 같은 것이 있다.

1. 공제받지 못할 매입세액 명세서
2. 대손세액공제 신고서
3. 부동산 임대 공급가액 명세서
4. 수출실적 명세서
5. 의제매입세액 공제 신고서
6. 재활용 폐자원 세액공제 신고서
7. 건물 등 감가상각자산 취득 명세서
8. 신용카드 매출전표 등 수령 명세서(매입자)
9. 신용카드 매출전표 등 발행 집계표(매출자)

※ 부가가치세신고서 및 부속명세서 입력 연습시 기출문제 111회 ㈜대동산업(코드번호 : 1112)을 불러내어 입력하고, 이미 입력되어 있는 부가가치세 관련 자료는 무시(삭제)한다.

부가가치세신고서 관련 메뉴는 상단의 부가가치 탭 클릭 후 나타나는 메뉴의 왼쪽에 나열되어 있다.

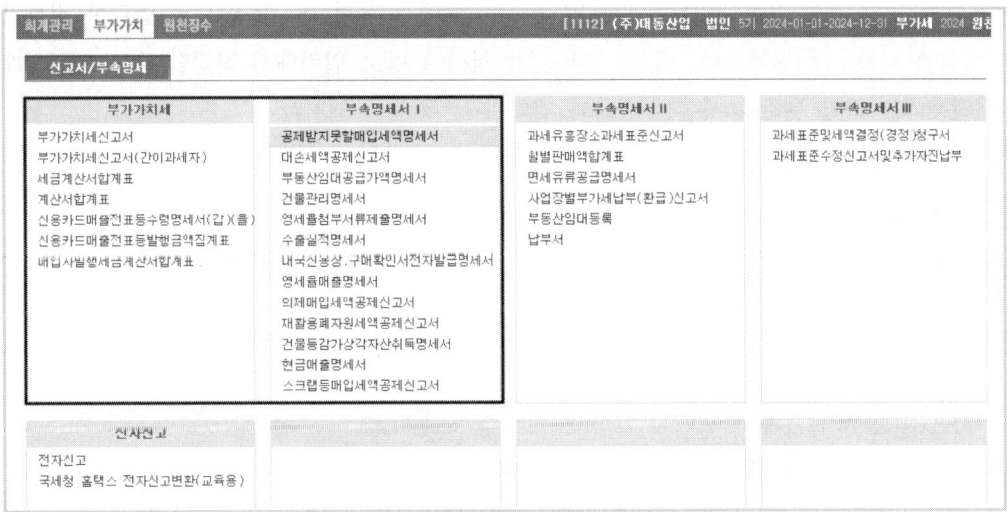

(1) 공제받지 못할 매입세액 명세서

공제받지 못할 매입세액 명세서에는 다음과 같이 4가지 탭이 있다.

```
공제받지못할매입세액명세서
[→종료    @코드  ⊗삭제  🖶인쇄  😃조회 ▾
F4 불러오기  F8 신고일  F11저장
조회기간 :    년  ∨ 월  ~    년  ∨ 월       구분 :
공제받지못할매입세액내역 | 공통매입세액안분계산내역 | 공통매입세액의정산내역 | 납부세액또는환급세액재계산
```

▶ 공제받지 못할 매입세액 명세서 내역은 다음과 같다.

공제받지 못할 매입세액 내역	위의 매입세액공제를 받지 못하는 사유에 해당되는 내역을 정리한다.
공통 매입세액 안분계산 내역	과세사업과 면세사업을 겸영하는 사업자가 과세와 면세에 공통으로 사용하는 재화·용역을 매입한 경우 매입세액불공제 되는 면세사용분을 계산한다.
공통 매입세액 정산 내역	예정신고 시 안분계산한 공통매입세액은 확정신고 시 이 서식을 통해 정산하여 해당 과세기간의 매입세액불공제액을 계산한다.
납부세액 또는 환급세액 재계산	매입시 공통매입세액을 안분계산 하였던 감가상각자산의 면세사용비율이 5% 이상 변동되는 경우에는 당초에 안분한 매입세액을 다시 계산하여 납부세액에 가감한다.

① 공제받지 못할 매입세액 내역(반드시, 세금계산서가 있어야 불공 처리)

[공제받지 못할 매입세액 내역] 탭에는 매입매출전표에서 유형 [54.불공]으로 입력한 정보가 이 서식에 자동으로 집계되며, 해당 내역을 이 서식에 바로 입력해서 작성할 수도 있다. 매입세액공제를 받지 못하는 사유는 다음과 같다.

1. 세금계산서의 필요적 기재사항 누락 등
2. 사업과 직접 관련 없는 지출
3. 비영업용 소형승용자동차(배기량 1,000cc 초과, 8인승 이하) 구입·유지 및 임차
4. 접대비 및 이와 유사한 비용 관련
5. 면세사업 등 관련
6. 토지의 자본적 지출 관련
7. 사업자등록 전 매입세액
8. 금·구리 스크랩 거래계좌 미사용 관련 매입세액

▶ 공제받지 못할 사유는 맞는데 증빙이 세금계산서가 아닌, 신용카드영수증이나 현금영수증이면 일반전표에 입력해야 한다.(불공처리하면 안 된다)

기출문제연습

다음은 ㈜대동산업(1112)의 제2기 예정신고기간(7월~9월)에 발생한 매입자료이다. 기존에 입력된 자료는 무시하고 다음의 자료를 토대로 부가가치세신고서의 부속서류인 '공제받지 못할 매입세액 명세서'를 작성하시오.(3점)

> 가. 상품(공급가액 3,000,000원, 부가가치세 300,000원)을 구입하고 세금계산서를 수취하였으나, 세금계산서에 공급받는자의 상호 및 공급받는자의 대표자 성명이 누락되는 오류가 있었다.
> 나. 대표이사가 사업과 상관없이 개인적으로 사용할 노트북을 1,000,000원(부가가치세 별도)에 구입하고, 전자세금계산서를 교부 받았다.
> 다. 회사의 업무용으로 사용하기 위하여 차량(배기량 2,500cc, 5인용 승용차)을 21,500,000원 (부가가치세 별도)에 구입하고 전자세금계산서를 받았다.
> 라. 매출 거래처에 선물용으로 공급하기 위해서 우산(단가 10,000원, 수량 200개, 부가가치세 별도)을 구입하고, 전자세금계산서를 교부받았다.

해설

가. 공급받는자의 상호 및 성명은 필요적 기재사항이 아니므로 매입세액공제가 가능하다.
나. 대표이사의 개인 사용분은 매입세액공제가 안 된다.
다. 1,000cc 초과 업무용(비영업용) 승용차는 매입세액공제가 안 된다.
라. 거래처에 선물하는 것은 접대비이므로 매입세액공제가 안 된다.

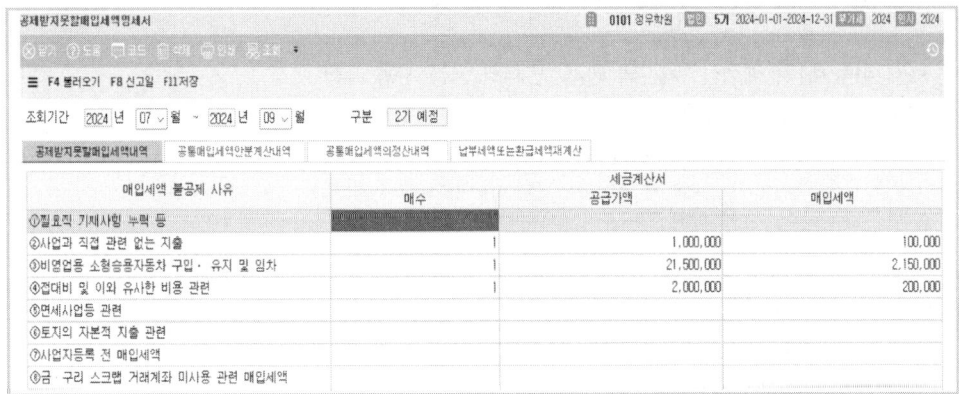

② 공통매입세액 안분 계산 내역(예정기간에 작성)

과세사업과 면세사업에 공통으로 사용하는 재화·용역에 대한 매입세액을 공통매입세액이라 한다. 공통매입세액 중에서 면세사업에 사용되는 만큼 다음 산식으로 안분계산하여 매입세액불공제 한다.

$$공통매입세액 \times \frac{해당\ 예정\ 과세기간의\ 면세\ 공급가액}{해당\ 예정\ 과세기간의\ 총공급가액}$$

다음 어느 하나에 해당하는 경우에는 해당 재화 또는 용역의 매입세액은 안분계산 없이 전액 매입세액공제 한다.

㉠ 해당 과세기간의 총공급가액 중 면세공급가액이 5% 미만인 경우의 공통매입세액. 다만, 공통매입세액이 5백만원 이상인 경우는 제외한다.
㉡ 해당 과세기간 중의 공통매입세액이 5만원 미만인 경우의 매입세액
㉢ 신규사업자가 해당 과세기간에 공급(매각)한 공통사용 재화인 경우

기출문제 연습

다음의 자료를 이용하여 ㈜대동산업(1112)의 제1기 예정신고기간(1월~3월)에 공제받지못할매입세액명세서 중 [공통매입세액안분계산내역] 탭을 작성하고, 3월 31일 불공제매입세액의 회계처리를 입력하시오.(기존 입력된 데이터는 무시할 것.)

- 2024년 제1기 예정신고기간의 과세, 면세의 공통 사용 재화
  원재료 매입액 70,000,000원(부가가치세 7,000,000원)
- 동 기간의 공급가액 : 과세 40,000,000원, 면세 60,000,000원

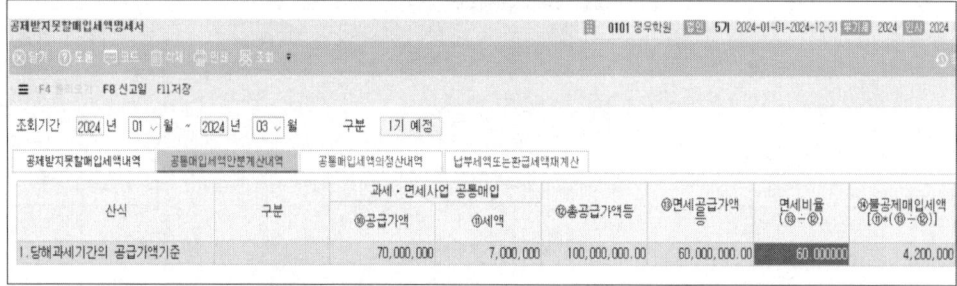

▶ 3/31. 일반전표입력 : 원재료(적요 : 9번) 4,200,000 / 부가세대급금 4,200,000

실전문제 연습

다음의 자료를 이용하여 ㈜대동산업(1112)의 제2기 예정신고기간(7월~9월)에 공제받지못할매입세액명세서 중 [공통매입세액안분계산내역] 탭을 작성하라. 단, 아래의 매출과 매입은 모두 관련 세금계산서 또는 계산서를 적정하게 수수한 것이며, 과세분 매출과 면세분 매출은 모두 공통매입분과 관련된 것이다.

구 분		공급가액	세 액	합 계 액	매수
매출내역	과세분	40,000,000	4,000,000	44,000,000	7
	면세분	60,000,000	-	60,000,000	3
	합 계	100,000,000	4,000,000	104,000,000	10
매입내역	과세분	30,000,000	3,000,000	33,000,000	6
	공통분	50,000,000	5,000,000	55,000,000	3
	합 계	80,000,000	8,000,000	88,000,000	9

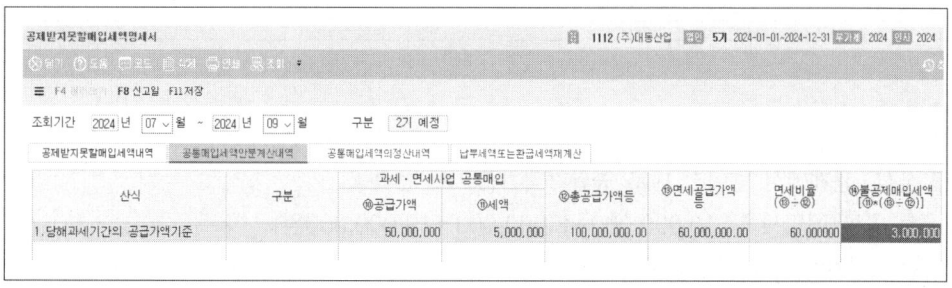

③ 공통매입세액 정산 내역(확정기간에 작성)

예정신고 시 안분계산한 공통매입세액은 확정신고 시 다음 산식으로 정산하여 해당 과세기간의 매입세액불공제액을 계산한다.

$$\text{공통매입세액} \times \frac{\text{해당 과세기간의 면세 공급가액}}{\text{해당 과세기간의 총공급가액}} - \text{기 불공제 된 매입세액}$$

기출문제 연습

다음의 자료를 이용하여 ㈜대동산업(1112)의 제1기 확정신고기간(4월~6월)에 공제받지못할매입세액명세서 중 [공통매입세액의정산내역] 탭을 작성하시오.

- 과세와 면세사업을 겸영하는 사업자이고, 아래 제시된 자료만 있는 것으로 가정한다.
- 1기 예정신고 시 반영된 공통매입세액 불공제분은 3,750,000원이다.
- 공통매입세액 안분계산은 공급가액기준으로 한다.
- 1기 과세기간의 공급가액은 다음과 같다.

구 분		1기 예정신고기간(1월~3월)		1기 확정신고기간(4월~6월)	
		공급가액	부가가치세	공급가액	부가가치세
공통매입세액		100,000,000	10,000,000	80,000,000	8,000,000
매출	과세	250,000,000	25,000,000	200,000,000	20,000,000
	면세	150,000,000	–	150,000,000	–

해설

㉠ 산식 : 문제에서 주어진 대로 공급가액기준으로 선택
㉡ 총 공통 매입세액 : 10,000,000 + 8,000,000 = 18,000,000원
㉢ 총 공급가액 : 250,000,000 + 150,000,000 + 200,000,000 + 150,000,000 = 750,000,000원
㉣ 면세 공급가액 : 150,000,000 + 150,000,000 = 300,000,000원
㉤ 면세비율과 불공제 매입세액 총액 : 자동계산
㉥ 기불공제 매입세액 : 문제에서 주어진 대로 3,750,000원
㉦ 가산 또는 공제되는 매입세액 : 자동계산 → 저장 후 종료

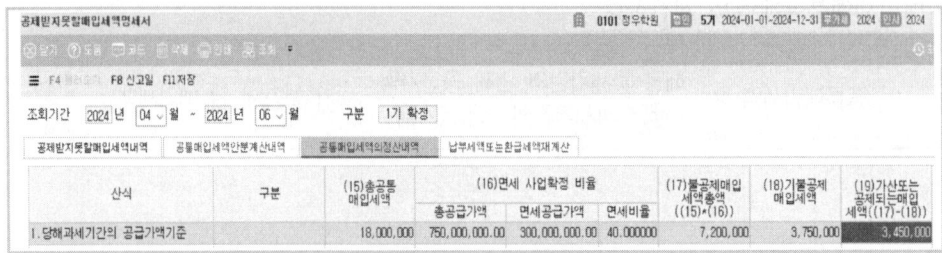

Part 6. 부가가치세 및 원천징수 실무연습

기출문제 연습

다음 자료를 이용하여 과세 및 면세사업을 영위하는 겸영사업자인 ㈜대동산업(1112)의 제2기 부가가치세 확정신고기간에 대한 [공제받지못할매입세액명세서] 중 [공통매입세액의 정산내역] 탭을 입력하시오.

2기 예정(7월~9월)	과세매출 : 공급가액	6,000,000	세액 600,000
	면세매출 : 공급가액	4,000,000	
	공통매입세액 : 공급가액	6,000,000	세액 600,000
2기 확정(10월~12월)	과세매출 : 공급가액	20,000,000	세액 2,000,000
	면세매출 : 공급가액	8,000,000	
	공통매입세액 : 공급가액	14,000,000	세액 1,400,000

2기 예정신고서에 반영된 공통매입세액 불공제분은 240,000원이고, 공급가액 기준으로 안분계산 하며, 불러온 데이터 값은 무시한다)(3점)

해설

㉠ 산식 : 문제에서 주어진 대로 공급가액기준으로 선택
㉡ 총 공통 매입세액 : 600,000 + 1,00,000 = 2,000,000원
㉢ 총 공급가액 : 6,000,000 + 4,000,000 + 20,000,000 + 8,000,000 = 38,000,000원
㉣ 면세 공급가액 : 4,000,000 + 8,000,000 = 12,000,000원
㉤ 면세비율과 불공제 매입세액 총액 : 자동계산
㉥ 기불공제 매입세액 : 문제에서 주어진 대로 240,000원
㉦ 가산 또는 공제되는 매입세액 : 자동계산 → 저장 후 종료

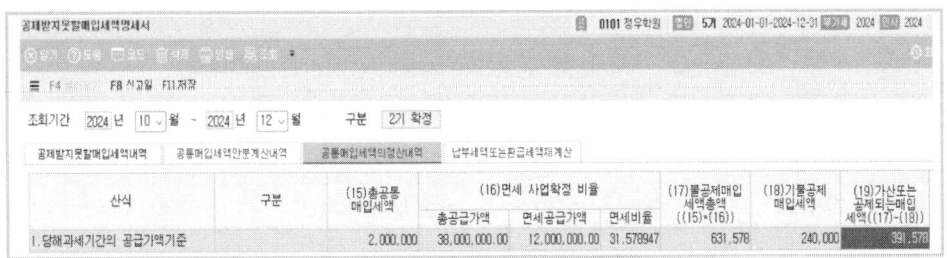

④ **납부세액 또는 환급세액 재계산(감가상각 자산만 해당된다)**

매입 시 공통매입세액을 안분계산 하였던 감가상각자산의 면세사용비율이 5% 이상 변동되는 경우에는 당초에 안분한 매입세액을 다시 계산하여 납부세액에 가감하는데 이를 납부세액의 재계산이라 한다.

산 식	공통매입세액×[1−(체감률×경과된 과세기간의 수)]×변동된 면세비율 • 체감률 : 25%(건물·구축물은 5%) • 경과된 과세기간의 수 : 취득하는 과세기간 불포함, 신고하는 과세기간 포함
요 건	다음 요건을 모두 충족하는 경우에만 재계산한다. • 당초에 공통매입세액 안분계산으로 매입세액공제 받은 감가상각자산일 것 • 직전에 재계산 또는 안분계산한 면세비율보다 5% 이상 변동되었을 것

공통매입세액 안분계산·공통매입세액 정산·납부(환급)세액 재계산의 관계는 다음과 같다.

공통매입세액 안분 [예정신고]	공통매입세액 정산 [확정신고]	납부(환급)세액 재계산 [취득 과세기간 이후]
겸영하는 사업자가 예정신고 시 공통사용 재화 등을 매입한 경우 면세사용분을 안분계산하여 불공제	예정신고 시 안분계산한 공통매입세액을 확정신고 시 정산	매입 시 공통매입세액 안분계산하였던 감가상각자산의 면세사용비율 변동 시 변동된 비율로 재계산

기출문제 연습

㈜대동산업(1112)은 과세사업과 면세사업을 영위하는 겸업사업자이다. 다음 자료를 보고 제1기 확정 부가가치세 신고기간에 대한 [공제받지 못할 매입세액 명세서] 중 [납부세액 또는 환급세액 재계산] 탭을 작성하시오.(단, 제시된 자료 이외에 공통으로 사용되는 자산은 없고, 각 과세기간마다 명세서를 적절히 작성했다고 가정한다.

〈과세사업과 면세사업에 공통으로 사용되는 자산의 취득내역〉

자산내역	취득일자	공급가액	세 액
건 물	2023.02.08.	200,000,000원	20,000,000원
원재료	2023.05.24.	3,000,000원	300,000원

〈공급가액 내역〉

구분	2023년 1기	2023년 2기	2024년 1기
과세사업	300,000,000원	300,000,000원	600,000,000원
면세사업	200,000,000원	300,000,000원	200,000,000원
합계액	500,000,000원	600,000,000원	800,000,000원

해설

㉠ 자산 : 감가상각대상 자산만 해당 됨.
㉡ 해당 재화의 매입세액 : 20,000,000원
㉢ 취득년월 : 2023. 2.
㉣ 체감률·경과과세기간·경감률 : 자동입력
㉤ 당기 총공급 : 800,000,000원
㉥ 당기 면세공급 : 200,000,000원
㉦ 직전 총공급 : 600,000,000원
㉧ 직전 면세공급 : 300,000,000원
㉨ 증가율 및 가산 또는 공제되는 매입세액 : 자동계산 → 저장 후 종료

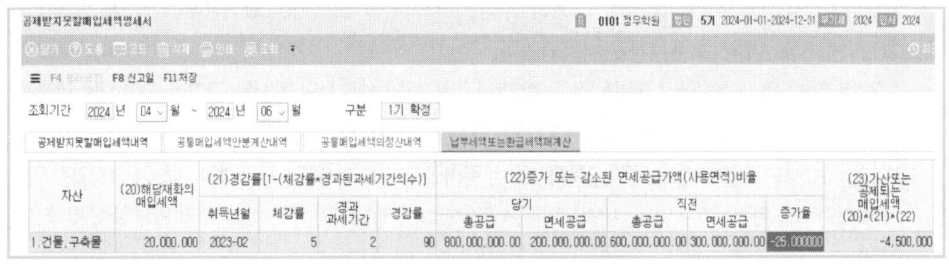

(2) 대손세액공제신고서

상대방의 파산 등으로 매출채권 등을 못 받게 되는 것을 대손이라 한다. 이 때 대손이 확정된 세액을 매출세액에서 차감할 수 있는데 이를 대손세액공제라 한다.

공제액	대손세액공제액 = 대손금액 × $\dfrac{10}{110}$
대손사유	• 소멸시효가 완성된 채권, 경매가 취소된 압류채권 • 채권자가 사망, 실종, 행방불명 등 • 부도발생일로부터 6개월 경과한 부도발생일 이전의 수표 또는 어음채권(채무자의 재산에 대하여 저당권을 설정하고 있는 경우는 제외) • 부도발생일로부터 6개월 경과한 중소기업의 외상매출금(부도발생일 이전) • 6개월 이상 경과 채권 중 채무자별 채권합계 30만원 이하 소액채권 • 회수기일 2년 이상 경과한 중소기업의 외상매출금 및 미수금(특수관계인과의 거래 제외)
시기	확정신고 시에만 적용함(예정신고 시는 안 됨)
공제기한	재화·용역을 공급한 날부터 10년이 경과한 날이 속하는 과세기간에 대한 확정신고기한까지
회수액	대손세액공제를 받은 후 대손금의 전부 또는 일부를 회수한 경우에는 회수액에 포함된 부가가치세를 회수일이 속하는 과세기간의 매출세액에 가산함

기출문제 연습

다음 자료를 이용하여 ㈜대동산업(1112)의 제1기 부가가치세 확정신고 시 대손세액공제신고서를 작성하시오.

1. 2022년 7월 27일 당사에서 사용하던 비품(냉난방기)을 침산가든에 3,300,000원(공급대가)에 대한 세금계산서를 발급하고 외상으로 판매하였다. 2024년 6월 1일 현재 침산가든의 대표자가 실종되어 비품(냉난방기) 대금을 회수할 수 없음이 객관적으로 확인되었다.
2. 2021년 3월 15일 ㈜명당에 제품을 판매한 매출채권 11,000,000원(공급대가)을 받기 위해 법률상 회수 노력을 하였으나 회수하지 못하고 2024년 3월 15일자로 상기 매출채권의 소멸시효가 완성 되었다.
3. 2024년 1월 9일 ㈜한라상사에 판매하고 받은 약속어음 22,000,000원(부가가치세 포함)이 2024년 6월 11일 최종 부도 처리되었다.
4. 2023년 2월 5일 매출하였던 매출채권이 2023년 7월 27일 채무자의 파산을 근거로 하여 대손세액공제를 받았던 ㈜에코에 대한 매출채권 77,000,000원(부가가치세 포함) 중 23,100,000원(부가가치세 포함)을 2024년 5월 31일 보통예금통장으로 수령하였다. 당사는 해당 채권액에 대하여 2023년 제2기 부가가치세 확정신고 시 대손세액공제를 적용받았다. (대손사유는 "7. 대손채권 일부회수"로 직접 입력)

해설

㉠ 대손발생 탭에 입력한다.
㉡ 대손확정일 : 실종일, 소멸시효완성일 등 확정일
㉢ 대손금액 : 부가가치세가 포함된 공급대가
㉣ 거래처 : 'F2'를 눌러서 검색해서 입력해도 되고 직업 입력해도 된다.
㉤ 대손사유 : 각 대손사유를 입력하고, 대손사유가 없는 경우에는 [7. 직접입력]을 클릭해서 타이핑한다.

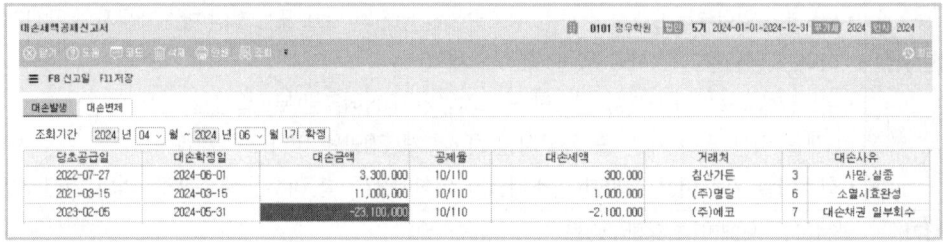

▶ ㈜한라상사의 약속어음은 부도발생일로부터 6개월이 경과되지 않아 대손세액공제를 받을 수 없으므로 입력하지 않는다.

기출문제 연습

다음의 자료에 근거하여 중소기업에 해당하는 ㈜대동산업(1112)의 제2기 부가가치세 확정신고시 제출하여야 할 대손세액공제신고서를 작성하시오.

채 권	거래일자	대손금액 (VAT포함)	거래처	비 고
받을어음	2023.7.31	7,700,000	제임스사	부도발생일 2024.4.29.
외상매출금	2023.5.31	5,500,000	㈜이레테크	2024.10.1.에 법원으로부터 파산 확정판결을 받음
미수금 (비품 판매대금)	2023.7.10	8,800,000	랜덤기업	회수기일은 거래일로부터 1개월 후이며, 특수관계자와의 거래임

해설

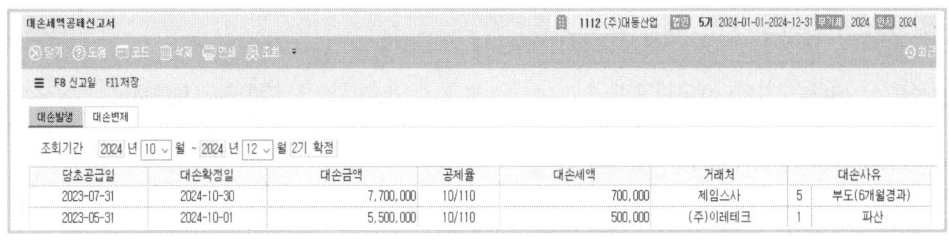

▶ 랜덤기업의 미수금은 특수관계자와의 거래이므로 대손세액공제를 받을 수 없다.

(3) 부동산임대 공급가액 명세서

부동산임대 사업자는 부동산의 임대내역에 대해서 부동산임대 공급가액 명세서를 작성해서 신고해야 한다. 부동산임대 공급가액 명세서는 과세표준 및 간주임대료를 표시하고 계산하는 서식이다.

[부동산임대 사업자의 과세표준]

과세표준 = 임대료 + 간주임대료 + 관리비

임대료	임차인으로부터 지급받는 임대료는 당연히 과세표준에 포함된다.
간주임대료	간주임대료란 임대인이 받는 임대보증금에 일정한 산식을 적용해서 계산한 금액을 부가가치세 과세표준으로 보고 과세하는 것을 말한다. 월세와 보증금의 과세형평성을 위해 과세한다.
관리비	임대인이 임차인으로부터 받는 관리비는 과세표준에 포함된다. 단, 임차인이 부담하는 수도료·전기료 등 공과금을 관리비에 포함해서 징수하는 경우에 그 금액은 제외한다.

【간주임대료 회계처리】

간주임대료는 다음의 산식으로 계산한다.

$$\text{간주임대료} = \text{임대보증금} \times \text{정기예금 이자율}(3.5\%) \times \frac{\text{과세대상기간의 일수}}{365(\text{윤년은 } 366)}$$

임대인은 위의 산식에 의해 계산된 간주임대료를 부가가치세 과세표준에 포함시키는데, 매입매출전표 입력 시 간주임대료의 10%를 [14.건별]로 다음과 같이 분개한다.
(임대인이 간주임대료 부담시)

| 매입매출전표 6/30. 매출건별 (차) 세금과공과 ××× (대) 부가세예수금 ××× |

간주임대료는 세금계산서 교부의무가 면제된다. 따라서 부가세신고서에는 과세표준 및 매출세액의 과세 - 기타(정규영수증외 매출분) 4번 란에 입력된다.
(임차인이 간주임대료 부담시)

| 일반전표 6/30. (차) 세금과공과 ××× (대) 부가세예수금 ××× |

(임차인으로부터 간주임대료를 받으면)

| 매입매출전표 6/30. 매출건별 (차) 보통예금 ××× (대) 부가세예수금 ××× |

기출문제 연습

다음은 ㈜대동산업(1112)의 부동산 임대에 관련된 자료이다. 제1기 예정신고 시 부동산임대공급가액명세서를 작성하시오. ㈜명당 계약갱신일은 2024. 2. 1.이다.

단, 간주임대료의 부가가치세 분개도 하시오.(임대인이 부담)

임차인	동/층/호	면적	용도	임대기간	보증금(원)	월세(원)
상남상사	1/1/101	100㎡	점포	2024.1.1.~2025.12.31	50,000,000	2,000,000
㈜명당	1/2/201	90㎡	사무실	2022.2.1.~2024.1.31	20,000,000	1,000,000
				2024.2.1.~2026.1.31	40,000,000	1,000,000

해설

㉠ 코드에서 'F2'를 눌러서 거래처 검색해서 입력하면 거래처명과 사업자등록번호가 자동 입력 된다. 거래처 검색을 하지 않고 직접 입력해도 된다.
㉡ 동/층/호, 면적, 용도 : 직접 입력 한다.
㉢ 임대기간, 보증금, 월세 : 직접 입력 하는데, 문제와 같이 임대기간이 과세기간 중간에 만료되어 갱신되는 경우에는 계약이 갱신되는 기간에 계약 갱신일을 입력한다.

▶ 간주임대료의 부가가가치세 분개
3/31. 매입매출전표입력
　　　 (매출건별)　세금과공과　72,390　/ 부가세예수금 72,390

(4) 수출실적 명세서

외국으로 수출하는 경우에 영세율을 적용받기 위해서 신고하는 서식이다.

기출문제 연습

다음 자료를 보고 ㈜대동산업(1112)의 제1기 확정신고기간의 수출실적명세서를 작성하시오. (단, 거래처는 생략한다.)

국 가	수출신고번호	선적일	환가일 (대금화수일)	통 화	수출액	기준환율	
						선적일	환가일
일 본	13041-20 -044589X	2024.04.06	2024.04.15	JPY	¥300,000	994/¥100	997/¥100
미 국	13055-10 -011460X	2024.05.18	2024.05.12	USD	$60,000	1,040/$	1,080/$
영 국	13064-25 -147041X	2024.06.30	2024.07.08	GBP	£75,000	1,110/£	1,090/£

해설

㉠ 수출신고번호, 선적일 : 주어진 그대로 입력(수출신고번호에서 '-'는 입력하지 않는다)
㉡ 통화코드 : 국가명을 타이핑해서 입력해도 되고, 'F2'를 눌러서 검색 후 입력해도 됨
㉢ 환율 : 선적일과 환가일 중 빠른 날의 환율 입력(일본은 ¥100당 994원이므로 994÷100 으로 계산해서 9.94로 입력)
㉣ 외화 : 수출액을 그대로 입력
㉤ 거래처코드 : 문제에서 거래처가 있는 경우에는 입력하고, 없으면 비워둔다.
㉥ 상단의 건수, 외화금액, 원화금액은 자동입력

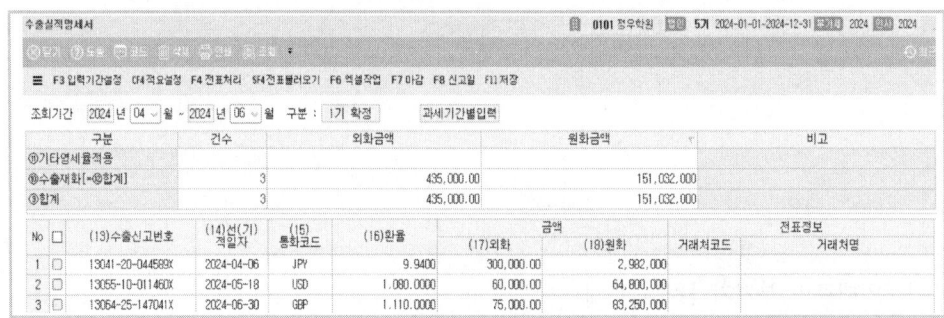

(5) 의제매입세액공제 신고서

과세사업자가 면세되는 농·축·수·임산물을 원료로 하여 제조·가공한 재화·용역이 과세되는 경우에 면세되는 농·축·수·임산물의 매입가액에서 일정한 공제율을 곱한 금액을 매입세액으로 공제하는 제도를 말한다.

> 의제매입세액공제액 = 면세되는 농·축·수·임산물의 매입가액 × 공제율

간이과세자는 의제매입세액공제를 받을 수 없다.

【의제매입세액 공제율】

구 분	공 제 율
음식점업 (요식업)	• 개인 : $\frac{8}{108}$ 법인 : $\frac{6}{106}$ • 연매출액 4억억원 이하 개인 : $\frac{9}{109}$ • 과세유흥장소 : $\frac{2}{102}$
제조업·기타	• 중소기업 : $\frac{4}{104}$ • 개인사업자인 과자점, 도정업, 제분업 등 : $\frac{6}{106}$ • 일반기업, 기타 업종 : $\frac{2}{102}$

【의제매입세액공제와 관련된 기타 사항】

부대비용	면세 농·축·수·임산물의 매입가액에 운반비 등 부대비용은 포함하지 않는다.
공제시점	농산물 등의 구입시점(예정신고기간 및 확정신고기간)에 공제한다.
적격증빙	반드시 계산서, 신용카드매출전표, 현금영수증 등 적격증빙을 수취해야 의제매입세액공제를 받을 수 있다. 다만, 제조업자가 농어민으로부터 직접 구입한 경우에는 이러한 증빙이 없어도 무방하다.
미사용시	의제매입세액공제를 받은 면세농산물 등을 과세대상 재화·용역에 사용하지 않고, 그대로 양도하거나 면세사업에 사용하는 경우에는 공제한 의제매입세액공제를 추징한다.
의제매입으로 인정되지 않는 것	• 요식업(음식점)의 경우 농어민으로부터 매입분은 공제 대상에서 제외 • 제조와 직접 연관 없는 지출액(예 : 쓰레기봉투 등)

기출문제 연습

㈜대동산업(1112)은 과일인 사과와 복숭아를 가공하여 통조림을 제조하는 중소기업으로 가정한다. 다음 자료를 이용하여 제1기 확정신고(4월~6월) 의제매입세액공제 신고서를 작성하시오.(단, 전표 입력은 생략하고 원단위 미만은 절사하며, 불러오는 자료는 무시하고 직접 입력하시오)

1. 매입자료

공급자	매입일	물품명	수량	매입가격	증빙서	건수
일진상사	2024.05.31.	사과	1,000	10,000,000원	계산서	1
제임스사	2024.06.10.	복숭아	500	5,000,000원	신용카드	1

2. 제1기 예정시 과세표준은 15,000,000원이며, 확정시 과세표준은 20,000,000원(기계공급가액 5,000,000원은 제외한 것임)이다.
3. 예정신고시(1월~3월) 의제매입세액 180,000원을 공제받았다.

해설

㉠ 요건 확인 : 농산물을 매입하면서 증빙을 갖추었으므로 매입세액공제를 받을 수 있다.
㉡ 공급자 : 'F2'를 누르고 검색해서 입력해도 되고, 타이핑해서 입력해도 된다.
㉢ 취득일자, 구분, 물품명, 수량 매입가액 : 문제 그대로 입력
㉣ 공제율 : 제조업을 영위하는 중소기업이므로 4/104 적용
㉤ 하단의 [면세농산물 등] 탭 : 과세표준(예정, 확정), 이미 공제받은 금액 등 문제에서 주어진 정보를 해당 란에 입력

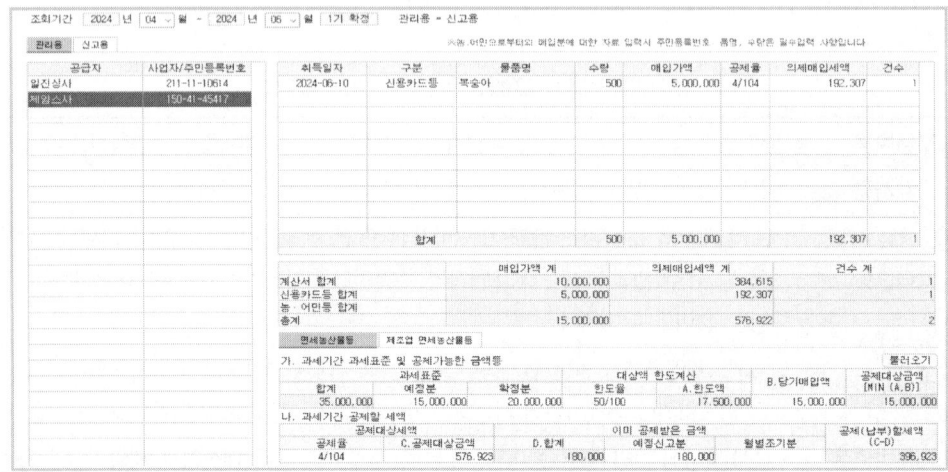

▶ 의제매입세액을 분개하라고 하면 일반전표입력에서 분개 입력하면 된다.
6/30. 부가세대급금 396,923 / 원재료(적요 : 8) 396,923

기출문제 연습

㈜대동산업(1112)은 요식업을 영위하는 법인으로 가정한다. 다음 중 의제매입세액공제 대상이 되는 자료로 제2기 확정신고기간의 의제매입세액공제신고서를 작성하시오.(2기 확정 신고기간의 매출 공급가액은 330,000,000원이고, 예정분 매출 등은 없는 것으로 가정한다)

일 자	품 목	상 호	수 량	총매입가격	증 빙
10/30	마늘	일진상사	50kg	600,000원	계약서
11/11	음식물 쓰레기봉투	㈜이레테크	10장	10,000원	현금영수증
12/23	사과	㈜명당	20kg	212,000원	전자계산서

해설

㉠ 요건 확인 : 계약서는 적격증빙이 아니고, 음식물 쓰레기 봉투는 매입세액공제 대상이 아니므로, 마늘과 음식물 쓰레기봉투는 입력하지 않는다.

㉡ 공제율 : 음식업을 영위하는 법인이므로 6/106 적용

(6) 재활용폐자원 세액공제 신고서

재활용폐자원 및 중고자동차 사업자가 부가가치세 과세사업을 영위하지 않는 자 및 영수증발행 대상 간이과세자 등으로부터 재활용폐자원 및 중고자동차를 취득하여 제조·가공·공급을 하는 경우 다음 금액을 부가가치세에서 세액공제해 주는 제도이다.

> 재활용폐자원매입세액공제액 = 공제대상 매입액 × 3/103 [중고자동차는 10/110]

▶ 계산서뿐만 아니라 영수증 수취분도 재활용폐자원 세액공제 대상이 된다.

기출문제 연습

㈜대동산업(1112)은 재활용폐자원을 수집하는 사업자이다. 다음 자료에 의하여 제2기 확정신고기간의 재활용폐자원세액공제 신고서를 작성하시오. 단, 공제(납부)할 세액까지 정확한 금액을 입력할 것.

거래 자료	공급자	거래일자	품명	수량(KG)	취득금액	증빙	건수
	침산가든	2024.10.6.	고철	200	4,650,000원	영수증	1

추가자료
- 침산가든은 간이과세사업자이다.
- 매입매출전표입력은 생략하며, 예정신고기간 중의 재활용폐자원 신고내역은 없다.
- 2기 과세기간 중 재활용관련 매출액과 세금계산서 매입액은 다음과 같다.

구분	매출액	매입공급가액(세금계산서)
예정분	58,000,000원	43,000,000원
확정분	63,000,000원	52,000,000원

해설

㉠ 공급자 : 'F2'를 눌러서 검색입력해도 되고, 타이핑해서 입력해도 된다.
㉡ 거래구분 : 영수증과 계산서 중에서 선택
㉢ 구분코드 : 중고자동차와 기타재활용폐자원 중에서 선택
㉣ 공제율 : 중고자동차가 아니므로 3/103
㉣ 하단 매출액 : 예정분과 확정분을 입력
㉤ 하단 당기매입액 : 세금계산서 매입액과 영수증 등 매입액(폐자원 매입) 입력

【참 고】

재활용폐자원 매입세액공제에서 공제대상 매입액은 다음 둘 중 적은 금액이다.

> ㉠ 취득가액[영수증 및 계산서 수취분 합계]
> ㉡ 공급가액×80% – 세금계산서 수취분 매입액

(7) 건물 등 감가상각자산 취득명세서

감가상각대상 자산을 취득하는 경우 조기환급을 받을 수 있는데, 이 때 건물 등 감가상각자산 취득명세서를 작성하여 제출해야 한다.

조기환급 대상은 영세율이 있는 경우, 사업설비를 신설, 취득, 확장, 증축하는 경우에 조기환급을 받을 수 있다.

▶ 건설중인자산과 비영업용(업무용) 승용차(1,000cc초과)도 입력해야 된다.

기출문제 연습

다음의 자료를 이용하여 ㈜대동산업(1112)의 제1기 확정신고기간에 대한 [건물등감가상각자산취득명세서]를 작성하시오.

일 자	내 역	공급가액	부가가치세	거래처
4/15	영업부의 업무용 승용차(2,000CC) 구입 (전자세금계산서 수취)	30,000,000	3,000,000	㈜칭칭상사
5/08	공장에서 사용할 포장용 기계구입 (전자세금계산서 수취)	25,000,000	2,500,000	㈜경남상사
6/25	영업부 환경개선을 위해 에어컨구입 (전자세금계산서 수취)	3,000,000	300,000	㈜세기상사

해설

㉠ 하단의 내용만 입력하면 상단은 자동입력 됨
㉡ 상호, 사업자등록번호 : 'F2'를 눌러서 검색 입력해도 되고, 직접 입력해도 된다.
㉢ 나머지 사항은 문제의 내용을 타이핑해서 입력한다.
㉣ 매입세액 불공제 대상인 업무용 승용차도 입력한다.

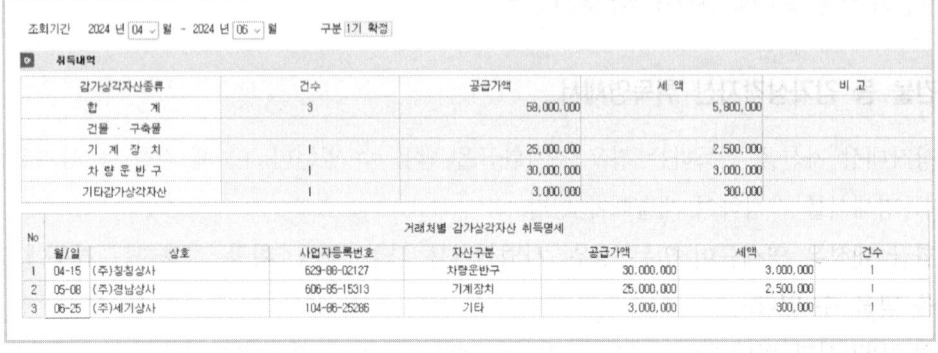

(8) 신용카드 매출전표 등 수령 명세서(매입자)

일반과세자 또는 세금계산서 발급대상 간이과세자(4,800만원초과 8,000만원 미만)로부터 신용카드 매출전표 등을 발급받은 경우에는 신용카드 매출전표 등 수령 명세서를 제출하면, 신용카드 등 수령액에 대한 매입세액공제가 가능하다.
실무적으로는 매입매출전표를 입력한 후에 자동으로 불러와서 서식을 작성할 수 있지만 전산세무 시험에서는 대부분 직접 입력하여 작성 한다.

세금계산서를 발급할 수 없는 사업자로부터 발급받은 경우 또는 매입세액 불공제 대상인 다음의 경우에는 매입세액공제가 되지 않으므로 이 서식에 입력하지 않는다.

세금계산서를 발급할 수 없는 사업자	• 직전연도 공급대가 4,800만원 미만인 간이과세자 • 면세사업자 • 목욕, 이발, 미용업 사업자 • 여객운송업 사업자(전세버스 제외) • 입장권을 발급하여 영위하는 사업
매입세액 불공제 (일반전표에 입력)	• 업무무관 지출 및 기업업무추진비 관련 지출 • 비영업용 소형승용차(1,000cc 초과) 관련 지출 • 면세사업 및 토지 관련 지출

▶ 세금계산서와 신용카드 매출전표를 동시에 수취한 경우에는 세금계산서로 매입세액공제를 받을 수 있으므로 이 서식에 입력하지 않는다.

기출문제 연습

다음의 자료를 이용하여 ㈜대동산업(1112)의 제2기 예정 신고기간의 신용카드매출전표등수령명세서(갑)을 작성하시오.

- 모든 거래는 일반과세자와의 거래이며, 매입매출전표입력은 생략한다.
- 현금지출은 사업자번호를 기재한 지출증빙용 현금영수증을 수령하였다.
- 사업용 신용카드는 우리카드(카드번호 : 8541 - 4121 - 2121 - 5418)를 사용한다.

일 자	증 빙	공급자	공급가액	부가가치세	내 용
7/25	현금영수증	회원상사	45,000	4,500	사무실 청소용품 구매
7/30	사업용신용카드	주식회사놀부	380,000	38,000	거래처 식사 접대 지출
8/10	현금영수증	㈜에코	150,000	15,000	놀이동산 입장권 (직원 야유회 목적) 구입
8/14	사업용신용카드	㈜본가	250,000	25,000	영업팀 회식비 지출
9/5	사업용신용카드	거제주유소	70,000	7,000	업무용자동차(2,000cc, 5인승), 주유비 결제

해설

㉠ 요건 확인
- 주식회사 놀부 : 기업업무추진비는 매입세액불공제이므로 입력하지 않는다.
- ㈜에코 : 입장권을 발행하는 사업이므로 입력하지 않는다.
- 거제주유소 : 매입세액불공제 승용차이므로 입력하지 않는다.

ⓒ 현금지출 : 현금영수증 수령분은 구분을 현금으로 입력한다.
ⓒ 하단을 입력하면 상단은 자동 입력된다.

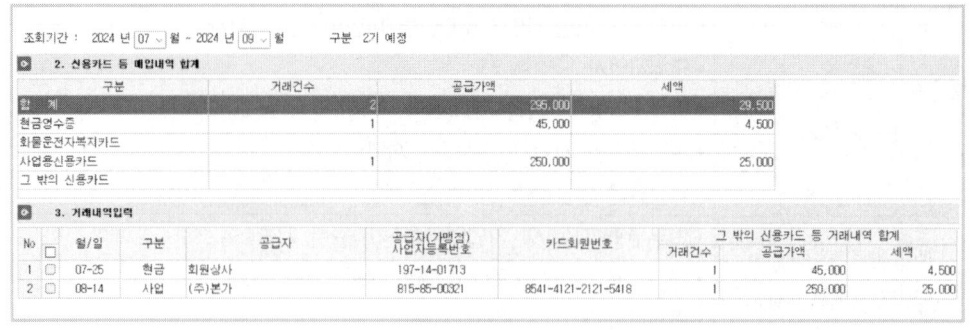

(9) 신용카드 매출전표 발행금액 집계표(매출자)

부가가치세가 과세되는 재화 또는 용역을 공급하고 신용카드매출전표 등을 발급한 경우에 개인사업자 중 아래에 해당되는 경우 신용카드 매출전표 발행금액 집계표를 제출하고 신용카드매출전표 발행 세액공제를 받을 수 있다.

▶ 개인사업자 중 직전연도 과세 공급가액이 10억 이하인 경우 신용카드 결제금액의 1%를 세액공제 받을 수 있다. (단, 한도는 500만원이다.)

기출문제 연습

다음 자료를 이용하여 ㈜대동산업(1112)의 제1기 확정기간의 신용카드매출전표등발행금액집계표를 작성하시오.(단, 아래의 거래 내역만 있고 전표입력은 생략할 것.)

일 자	거 래 내 역
4월 7일	㈜명당에 제품 6,600,000원(부가가치세 포함)을 공급하고 전자세금계산서를 발급하였다. 대금은 자금 사정으로 인해 10일 후에 국민카드로 결제를 받았다.
5월 13일	랜덤기업에 제품 880,000원(부가가치세 포함)을 판매하고 대금 중 절반은 신용카드로 결제를 받고 나머지 절반은 현금영수증을 발급하였다.

해설

ⓘ 중간의 과세매출분 : 합계금액을 입력
  - 신용카드 등 : 6,600,000 + (880,000 × 50%) = 7,040,000원
  - 현금영수증 : 880,000 × 50% = 440,000원
ⓒ 하단의 세금계산서 발급금액 : 신용카드매출전표를 발행한 금액 중에서 세금계산서를

발급한 금액 입력

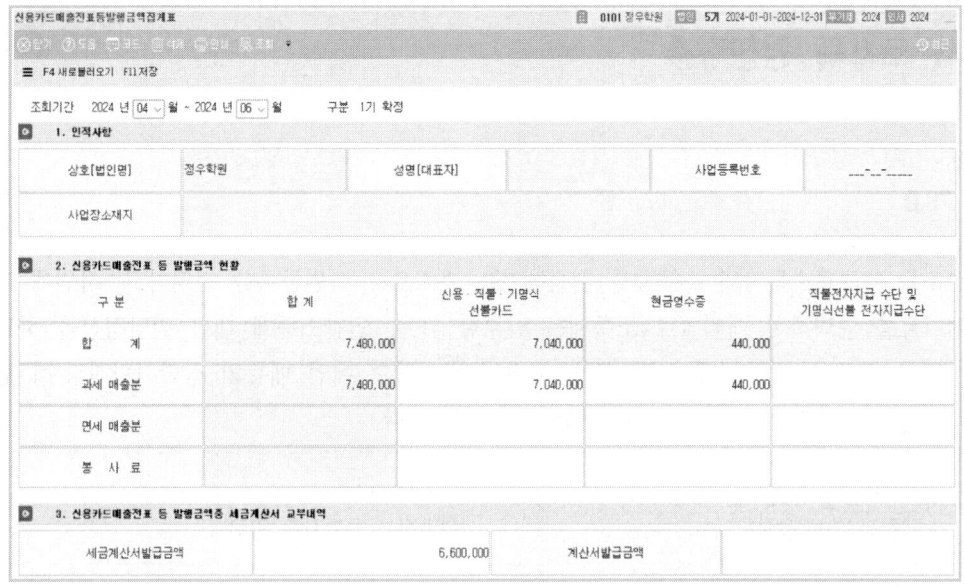

Chapter 2
근로소득 원천징수

1. 개요

근로소득은 근로소득자의 소득세를 계산해가는 과정으로 사원등록을 먼저하고, 사원에 대한 급여자료를 입력하여 매월별로 소득세를 납부한 다음, 연간소득에 대한 연말정산을 하도록 구성되어 있으며, 실무문제 5번으로 출제되는 원천징수 메인 메뉴의 상단 [원천징수] 탭을 클릭하면 나타난다. 주로 출제되는 메뉴는 다음과 같다.

- 사원등록
- 원천징수이행상황신고서
- 급여자료입력
- 연말정산 추가자료 입력

2. 사원등록

(1) 사원등록 기본사항 및 부양가족 명세

인사급여의 가장 기초가 되는 사원에 대한 정보를 입력하고, 사원정보관리, 급여계산, 연말정산, 퇴직소득 등 원천징수와 관련된 기본정보를 제공한다.

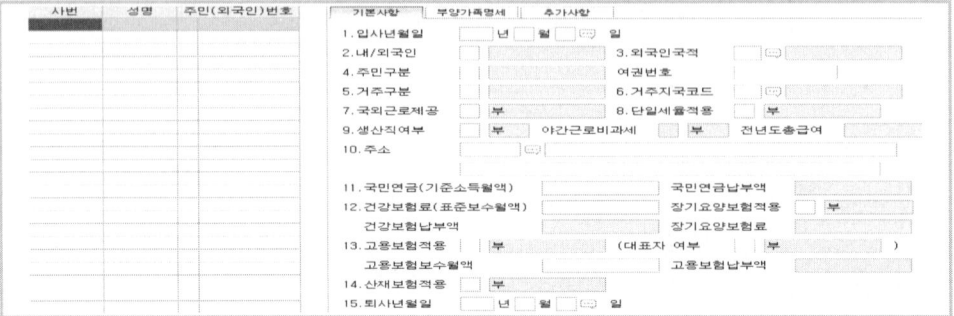

자격시험에는 [기본사항] 탭 옆에 있는 [부양가족명세] 탭을 클릭하면 다음의 화면이 나타난다. 이 화면에는 부양가족을 입력하고 각종 인적공제와 자녀세액공제(자동계산)에 해당 되는지를 판단하여 입력한다. 소득공제 중에서 인적공제 항목을 적용해서 입력한다.

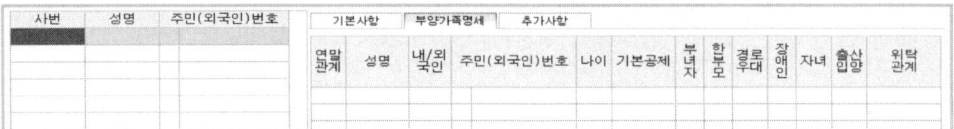

(2) 인적공제(기본공제 + 추가공제)

1) 기본공제(1인당 150만원)

기본공제 대상자는 다음에 해당되는 자를 말하며, 종합소득이 있는 거주자는 기본공제 대상자 1인당 150만원을 종합소득금액에서 공제한다.

본 인		소득요건과 나이요건 모두 미적용(무조건 기본공제 대상)	
배우자		소득이 없어야 하며 소득 없음의 범위	나이요건 미적용
부양 가족	직계존속	▶ 총급여 500만원 이하	나이요건(60세 이상)
	직계비속·입양자	▶ 근로소득금액 150만원 이하	나이요건(20세 이하)
	형제자매	▶ 금융소득 2,000만원 이하	나이요건(20세 이하, 60세 이상)
	위탁아동	▶ 일용근로소득, 복권당첨	나이요건(18세 미만)*
	기초생활수급자	▶ 기타소득금액 300만원 이하	나이요건 미적용
	장애인	▶ **소득금액 100만원 이하	나이요건 미적용

* 위탁아동은 과세기간 6개월이상 직접 양육한 경우에 해당(보호기간이 연장된 경우에는 20세 이하)한다.
* 당해 연도에 이혼한 배우자에 대해서는 배우자에 대한 기본공제를 받지 못한다.
* 배우자가 당해 연도 중에 사망한 경우에는 배우자에 대한 기본공제를 받을 수 있다.
* 법적인 배우자인 경우에만 기본공제가 가능하며, 사실혼인 경우는 기본공제가 안 된다. 마찬가지로 직계존속이 재혼한 경우에도 법적인 배우자인 경우에는 기본공제가 가능하다.

부양가족은 본인뿐만 아니라 배우자의 부양가족도 포함된다. 따라서 배우자의 직계존속인 장인·장모·시부모 뿐만 아니라, 배우자의 형제자매도 기본공제 대상자가 될 수 있으나, 단, 형제자매의 부양가족은 기본공제 대상에서 제외한다.

기본공제 대상자가 되기 위해서는 나이요건 및 소득요건을 충족해야 하며, 소득금액 계산시 비과세·분리과세·과세제외 소득은 제외하고, 양도소득금액과 퇴직소득금액은 포함한다. 따라서, 소득요건은 종합소득금액·양도소득금액·퇴직소득금액을 모두 합산한 금액이 100만원 이하인 경우에 충족된다.

> 소득요건 : 100만원 ≥ 종합소득금액 + 양도소득금액 + 퇴직소득금액

기본공제 대상자가 되기 위해서는 주민등록표상의 동거가족으로 현실적으로 생계를 같이하여야 한다. 단, 다음의 경우에는 언제나 생계를 같이하는 것으로 본다.

> ㉠ 배우자, 직계비속, 입양자
> ㉡ 취학·요양·근무상·사업상 형편 등으로 일시적으로 퇴거한 경우
> ㉢ 거주자 또는 배우자의 직계존속이 주거형편에 따라 별거하고 있는 경우(직계비속이 유학을 목적으로 해외에 거주하는 경우는 포함되지만, 직계존속이 해외에 거주하는 경우는 제외)

부양가족 등이 공제대상에 해당하는지 여부는 과세기간 종료일 현재의 상황에 따른다. 단, 다음의 예외가 있다.

> ㉠ 사망하거나, 장애가 치유된 사람은 사망일 또는 치유일의 전날 상황에 따른다.
>   → 1월1일 사망하거나, 장애가 치유되면 당해연도는 기본공제 대상이 되지 않는다.
> ㉡ 적용대상 나이가 정해진 공제항목은 과세기간 중에 그 나이에 해당되는 날이 있는 경우에 공제대상자로 본다.(예, 경로우대공제)

2) 추가공제

기본공제 대상자가 다음 어느 하나에 해당되는 경우에는 1인당 해당 금액을 추가로 공제한다.

장애인공제 (200만원)	기본공제 대상자가 장애인인 경우
경로우대공제 (100만원)	기본공제 대상자가 70세 이상인 경우
한부모공제 (100만원)	배우자가 없고, 기본공제 대상인 직계비속 또는 입양자가 있는 세대주
부녀자공제 (50만원)	다음 중 하나에 해당하고, 종합소득금액이 3천만원 이하인 경우 ㉠ 배우자가 있는 여성 ㉡ 배우자가 없고, 기본공제대상 부양가족이 있는 세대주인 여성

추가공제는 여러 개의 항목에 해당되는 경우 원칙적으로 중복하여 공제받을 수 있다. 단, 한부모공제와 부녀자공제가 동시에 적용되는 경우에는 한부모공제만 적용한다.

3) 자녀세액공제

자녀 수	8세 이상의 기본공제대상 자녀가 있는 경우에는 다음 금액을 세액공제 한다. • 1명 : 15만원(첫째) • 2명 : 20만원(둘째) • 3명 이상 : 30만원(셋째 이상)
출산·입양	출산(입양)시 첫째 30만원, 둘째 50만원, 셋째부터는 1인당 70만원 세액공제

기출문제 연습

㈜대동산업(1112)의 생산직 사원 나정우씨(입사일 2024년 05월 01일, 국내근무)의 사원등록(코드번호 1449)을 하고, 나정우씨의 부양가족을 부양가족명세서에 등록 후 세부담이 최소화되도록 공제여부를 입력하시오.

- 본인과 부양가족은 모두 거주자이며, 주민등록번호는 정확한 것으로 가정함.
- 기본공제 대상자가 아닌 경우 '부'로 표시하시오.

성명	주민등록번호	관계	동거여부	비 고
나정우	770226-1041318	본인	-	전년도 총급여액 2,400만원
정예쁨	801226-2056917	배우자	동거	사업소득금액 500만원
나최고	470912-1005618	직계존속	동거	무조건 분리과세 기타소득금액 200만원
전미인	491213-2055618	배우자의 직계존속	주거형편상 별거 중	양도소득금액 100만원
나장녀	150622-4061316	직계비속	동거	소득 없음. 장애인복지법상 장애인
나장남	170912-3061624	직계비속	동거	소득 없음
나입양	190101-4928325	직계비속	동거	2024년 입양(소득없음)
나로호	790926-1005616	남동생	동거	소득 없음. 장애인(중증환자)

해설

1. 사원등록

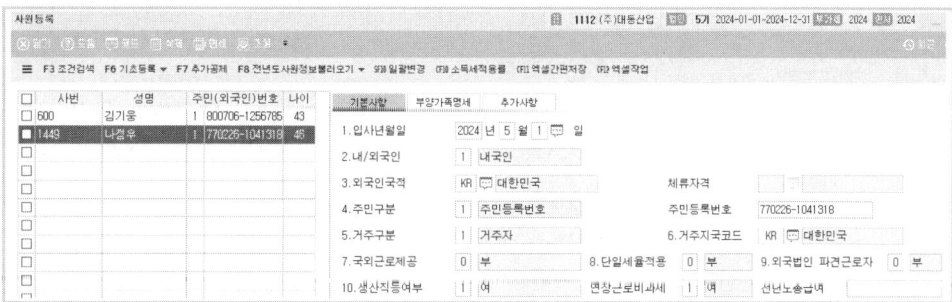

2. 문제 분석

㉠ 사원등록[사번 1449번]부터 한 후에 부양가족을 입력 한다.
㉡ 부양가족명세
 - 정예쁨 : 사업소득금액 100만원 초과하므로 공제대상이 아니다.

- 나최고 : 70세 이상이며, 기타소득금액 200만원이 있지만 분리과세이므로 기본공제 대상이며, 경로우대공제도 받을 수 있다.
- 전미인 : 70세 이상이며, 양도소득금액 100만원 이하이므로, 기본공제 대상이며, 경로우대공제도 받을 수 있다.
- 나장녀 : 소득이 없고, 20세 이하이며, 장애인이므로 기본공제와 장애인공제 대상이며, 8세 이상이므로 자녀세액공제도 받을 수 있다.
- 나장남 : 소득이 없고, 20세 이하이므로 기본공제 대상이지만, 7세 이하이므로 자녀세액공제는 받을 수 없다.
- 나입양 : 입양을 하게 되면 출산과 같이 입양출산에 첫째 체크하고, 소득이 없고, 20세 이하이므로 기본공제 대상이다.
- 나로호 : 소득이 없는 장애인이므로 나이에 상관없이 기본공제와 장애인공제 대상이다.

※ 주거형편상 별거(비동거)중인 직계존비속은 생계를 같이 하는 것으로 본다.

3. 부양가족명세

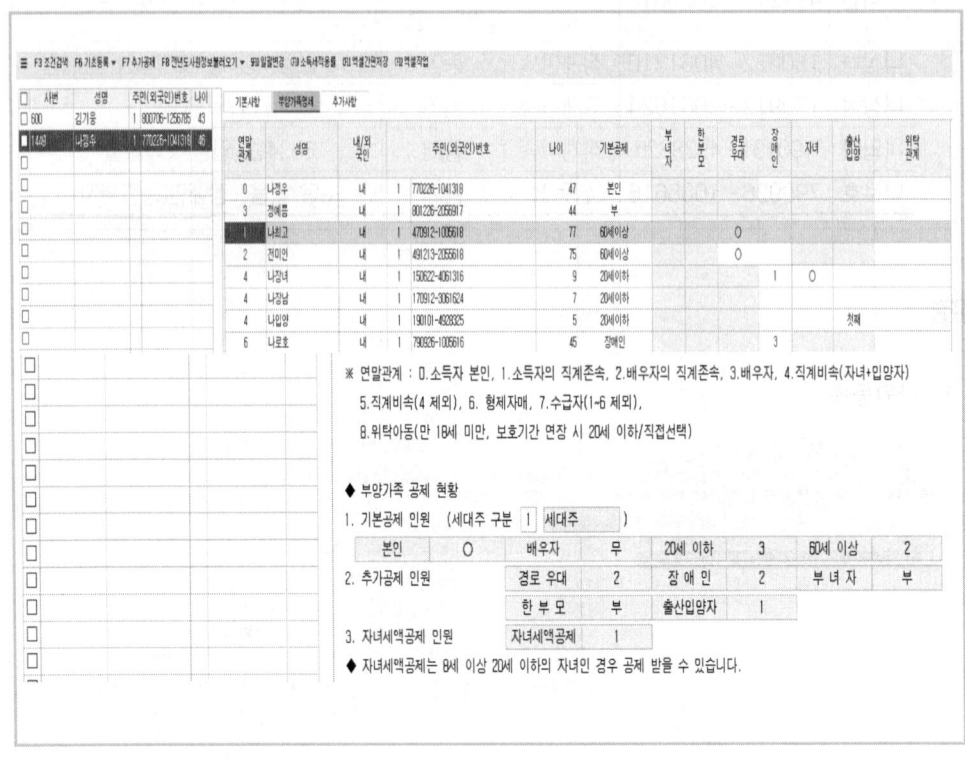

3. 급여입력 및 원천징수이행상황신고서 전자신고

(1) 급여자료 입력

급여자료입력 메뉴에는 수당·공제 항목을 등록하면서 과세되는 급여와 비과세 대상 급여를 구분하여 입력한다. 급여자료입력 메뉴를 클릭하면 다음과 같은 서식이 나타난다.

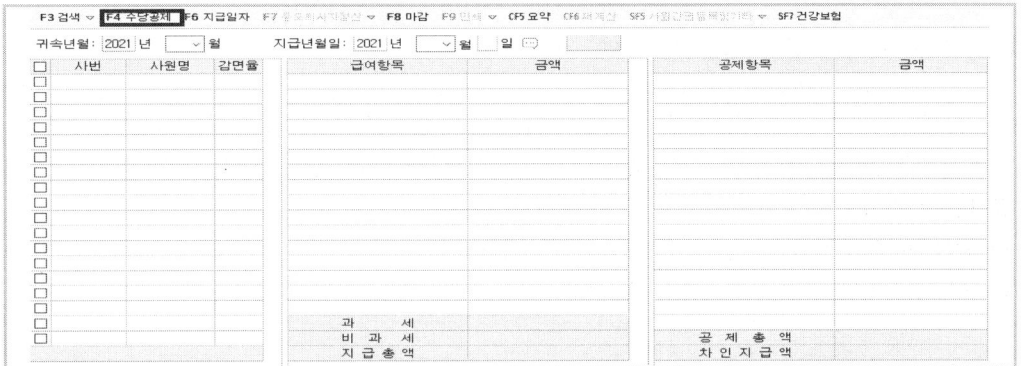

여기서 상단의 [F4수당공제]를 클릭하면 다음의 수당·공제 항목을 설정하는 화면이 나타나는데 이 화면에서 과세 및 비과세를 설정할 수 있다.

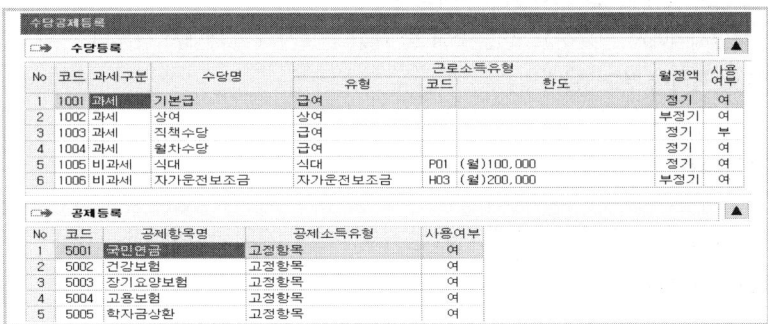

(2) 비과세 급여 요약

① 실비변상적 급여

- ㉠ 일직료·숙직료 또는 여비로서 실비변상정도의 금액
- ㉡ 종업원의 소유차량을 종업원이 직접 운전하여 업무에 이용하고 소요된 실제 여비를 받는 대신에 지급기준에 따라 받는 금액(자가운전보조금) 중 월 20만원 이내의 금액
- ㉢ 일정한 교원 또는 연구원 등이 받는 연구보조비 또는 연구활동비 중 월 20만원 이내의 금액
- ㉣ 취재수당이나 벽지근무수당 중 월 20만원 이내의 금액

② 식대 및 출산보육비

> ㉠ 사내급식 또는 이와 유사한 방법으로 제공받는 식사 및 기타 음식물
> ㉡ 식사 및 기타 음식물을 제공받지 아니하는 자가 받는 월 20만원 이하의 식사대
> ㉢ 근로자 또는 그 배우자의 출산이나 6세 이하 자녀의 보육과 관련하여 사용자로부터 받는 급여로서 월 20만원 이내의 금액

③ 생산직근로자가 받는 야간근로수당·연장근로수당

> 월정급여액 210만원 이하이고, 직전 과세기간의 총급여액이 3,000만원 이하로서 공장·광산 등에서 일하는 생산직 근로자가 시간외근무·야간근무 등으로 통상 임금에 더하여 받는 급여는 다음의 금액을 한도로 비과세 한다.
> ㉠ 광산근로자 및 일용근로자 : 한도 없이 전액 비과세
> ㉡ 기타 생산직 및 어업에 종사하는 근로자 : 연 240만원을 한도로 비과세

④ 국외 또는 북한

> ㉠ 국외 또는 북한지역에서 근로를 제공하고 받는 보수 중 월 100만원 이내의 금액(원양어업선박, 국외건설현장 등에서 근로하고 받는 보수는 월 500만원 이내의 금액)
> ㉡ 공무원 등이 국외 또는 북한지역에서 근무하고 받는 수당 중 해당 근로자가 국내에서 근무할 경우에 지급받을 금액 상당액을 초과하여 받는 금액

(3) 원천징수 이행상황 신고서

급여 등 인건비를 지출한 사업자는 지급한 달의 다음달 10일까지 지급한 내역을 기록한 원천징수 이행상황 신고서를 제출해야 한다.

기출문제 연습

㈜대동산업(1112)의 생산직 근로자인 나정우(사번 : 1449)의 5월분 급여 관련 자료이다. 아래 자료를 이용하여 5월분 [급여자료입력]과 [원천징수이행상황신고서]를 작성하시오(단, 전월미환급세액은 250,000원이며, 급여지급일은 매월 말일이다)

> ※ 사원등록에서 야간근로수당 생산직사원 여부를 먼저 입력하세요.
> ※ 수당등록 및 공제항목은 불러온 자료는 무시하고 아래 자료에 따라 입력사용하는 수당 및 공제 이외의 항목은 "부"로 체크하기로 한다.
> ※ 원천징수이행상황신고서는 매월 작성하며, 나정우의 급여내역만 반영하고 환급신청은 하기로 한다.
>
> 〈5월 급여내역〉
>
> | 이 름 | 나정우 | 지급일 | 5월 31일 |
> |---|---|---|---|
> | 기본급 | 1,900,000원 | 소득세 | 10,000원 |
> | 직책수당 | 300,000원 | 지방소득세 | 1,000원 |
> | 식 대 | 200,000원 | 국민연금 | 99,000원 |
> | 자가운전보조금 | 300,000원 | 건강보험 | 67,910원 |
> | 야간근로수당 | 200,000원 | 장기요양보험 | 8,330원 |
> | 교육보조금 | 100,000원 | 고용보험 | 17,600원 |
> | 육아수당 | 200,000원 | 경조사비 | 20,000원 |
> | 자격증수당 | 150,000원 | | |
> | **급여합계** | **3,350,000원** | **공제합계** | **223,840원** |
> | 귀하의 노고에 감사드립니다. | | **지급총액** | **3,126,160원** |
>
> (1) 식대 : 당 회사는 현물 식사를 별도로 제공하고 있다.
> (2) 자가운전보조금 : 당사는 본인 명의의 차량을 업무목적으로 사용한 직원에게만 비정기적으로 자가운전보조금을 지급하고 있으며, 실제 발생된 교통비를 별도로 지급하지 않는다.
> (3) 야간근로수당 : 생산직 근로자가 받는 야간근로수당으로서 비과세요건을 충족하고 있다.
> (4) 교육보조금 : 사규에 따라 초등학교 자녀교육비에 대하여 매월 지급하고 있다.
> (5) 육아수당 : 6세 이하의 자녀가 있는 사원에게 매월 지급
> (6) 나머지 수당은 해당자에게 지급하고 있다.

해설

1. 사원등록 수정 및 급여자료입력에서 수당공제를 입력한다.
   ㉠ 사원등록 메뉴에서 10.생산직여부에 아래와 같이 수정한다.

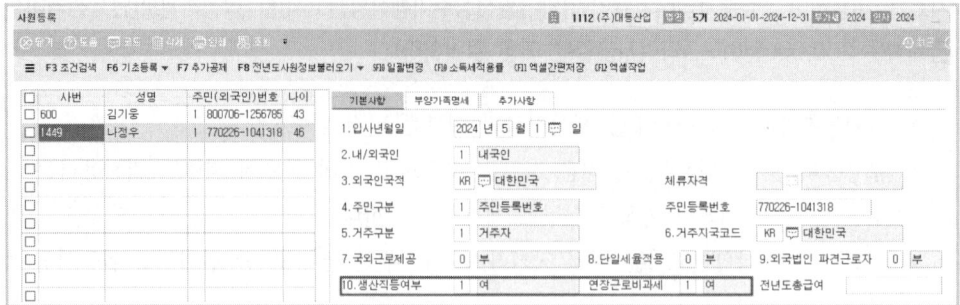

   ㉡ 급여자료입력 메뉴에서 수당공제를 먼저 입력후에 급여에 관한 금액을 입력한다.
   ㉢ 수당공제 메뉴에서 과세, 비과세를 구분 입력 한다.
   - 식대 : 현물식사를 제공하기 때문에 20만원 수당은 과세가 된다.
   - 자가운전보조금 : 실제 발생된 교통비를 별도로 받지 않기 때문에 비과세 된다.
   - 야간근로수당 : 생산직 비과세 요건을 충족하므로 비과세 된다.
   - 육아수당 : 비과세 요건을 충족하므로 20만원 비과세 된다.
   - 나머지 수당 : 모두 과세로 처리한다.

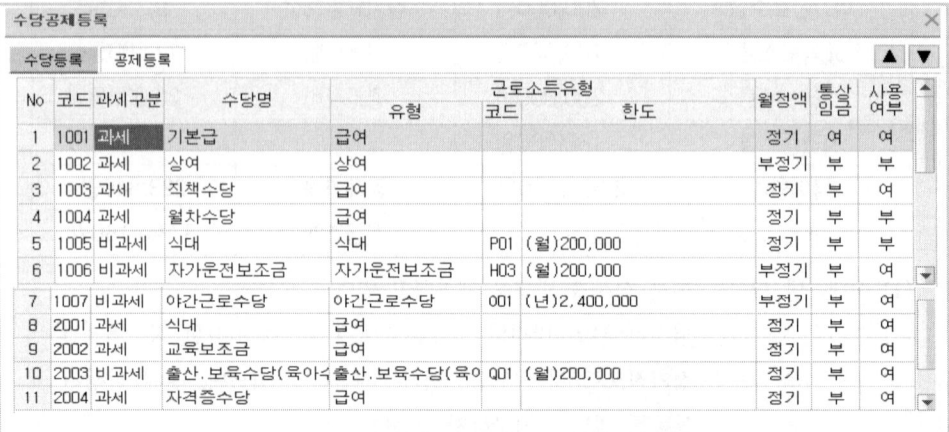

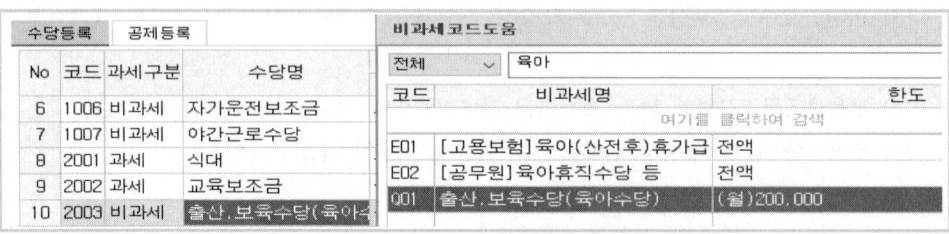

㉣ 공제등록을 클릭하여 경조사비를 입력한다.

2. 급여 입력(귀속년월 5월, 지급년월일 5월 31일)

3. 원천징수이행상황신고서
 - 귀속기간 : 5월에서 5월까지
 - 지급기간 : 5월에서 5월까지
 - 신고구분 : 정기신고
 - 왼쪽 아래 [12.전월미환급] : 250,000원 입력
 - 오른쪽 아래 [21.환급신청액] : 20.차기이월환급세액 240,000원을 21.환급신청액에 240,000원으로 입력한다.

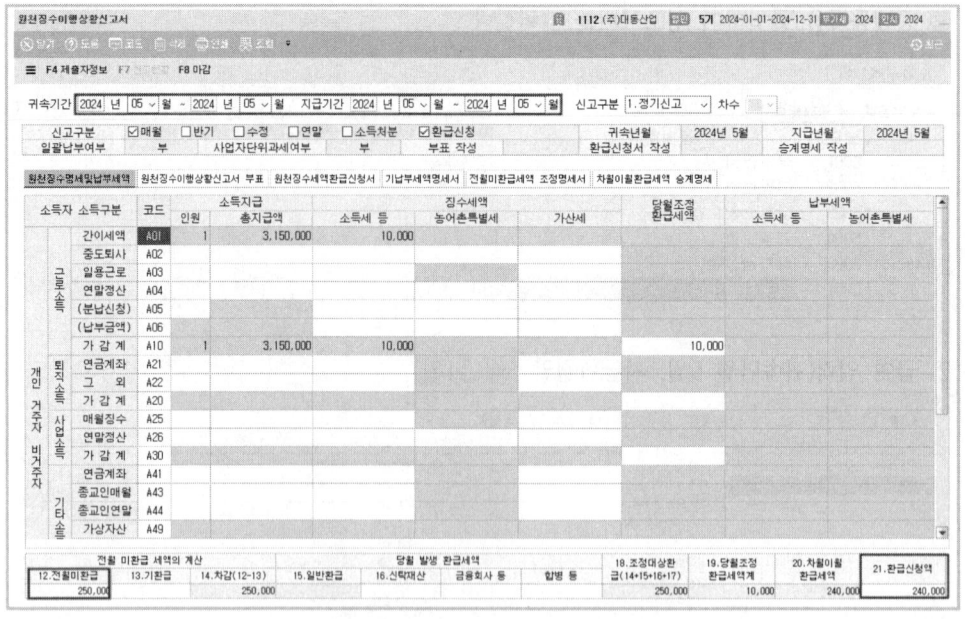

4. 연말정산

(1) 소득공제 및 세액공제

연말정산추가자료입력 메뉴에는 인적공제와 자녀세액공제, 원천징수한 사회보험료(자동 입력 되어 있음)를 제외한 소득공제와 세액공제를 입력한다. 연말정산추가자료입력 메뉴를 클릭하면 다음과 같은 화면이 나타난다.

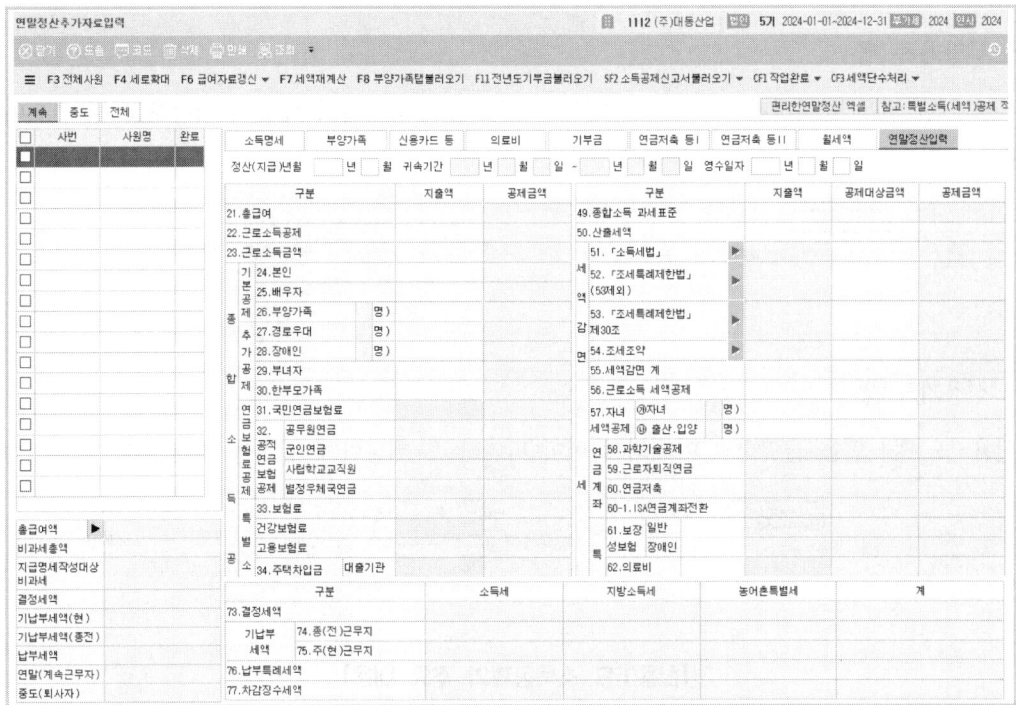

이 화면은 가장 오른쪽에 있는 [연말정산입력] 탭의 화면이다. 연말정산추가자료입력 메뉴를 클릭하면 [연말정산입력] 탭의 화면이 바로 나타난다.

실무에서나 시험 목적으로나 [연말정산입력] 탭이 가장 중요하다.

(2) 각 탭의 입력내용

① 소득명세 탭

가장 왼쪽에 있는 [소득명세] 탭을 클릭하면 다음 화면이 나타난다. 여기에는 [급여자료입력] 메뉴에 입력한 급여내용이 자동으로 나타나는데, 시험에서는 주로 가장 오른쪽에 있는 종전근무지를 입력하는 문제가 출제된다.

② 부양가족 탭

[부양가족] 탭을 클릭하면 [사원등록] 메뉴에 입력한 부양가족의 내용이 자동으로 나타나며, 여기서 직접입력 및 수정도 가능하다.

③ 신용카드 등

[신용카드 등] 탭을 클릭하면 아래의 화면이 나타나고, 해당란에 입력을 하면 된다.

【신용카드 소득공제의 주요 내용】

신용카드 등	신용카드, 직불카드, 현금영수증, 기명식 선불카드, 제로페이 등
공제 대상	• 본인 및 부양가족의 신용카드 등 사용액 • 부양가족 중에서 형제자매는 제외 • 기본공제 대상자 요건 중 나이는 상관없고, 소득이 없어야 한다.
공제 제외	• 국외사용금액, 면세점 및 회사의 비용으로 사용한 금액 • 보험료, 공교육비, 기부금, 월세, 수도광열비, 각종 세금납부 등 • 취득세가 부과되는 재산의 구입(중고자동차는 구입금액의 10% 공제) • 비정상적인 카드 사용행위
공제율	• 전통시장 : 40% • 대중교통 사용분 : 40% • 직불카드·현금영수증·제로페이 사용분 : 30% • 도서·공연·박물관·신문 등 사용분 : 30% (총급여 7천만원 이하) • 일반 신용카드 사용분 : 15%

【신용카드 등 소득공제 중복적용】

ⓐ 의료비를 신용카드 등으로 결제한 경우에는 의료비 세액공제와 신용카드 소득공제를 중복해서 적용할 수 있다.
ⓑ 중·고생의 교복구입비, 취학 전 아동에 대한 학원비 및 체육시설수강료를 신용카드로 결제한 경우에는 교육비 세액공제와 신용카드 소득공제를 중복해서 적용할 수 있다.
ⓒ 초·중·고등학생의 학원비를 신용카드로 결제한 경우에는 신용카드 소득공제만 적용하고 교육비 세액공제는 적용하지 않는다.

④ 의료비

[의료비] 탭을 클릭하면 아래의 화면이 나타나고, 해당란에 입력을 하면 된다.

【의료비 세액공제의 주요 내용】

개 념	부양가족(나이요건, 소득요건 불문)을 위해 의료비를 지출한 경우에는 일정액을 종합소득세액에서 공제함. 즉, 부양가족 중 기본공제 대상자가 아니어도 의료비 공제는 가능함. 총급여×3% 초과시 초과액을 의료비 공제한다.
공제 대상	ⓐ 진찰, 진료, 입원비, 건강검진비, 라식, 라섹 등(미용목적의 성형수술비 제외) ⓑ 치료목적의 의약품(한약 포함) 구입비(건강보조식품 및 영양제 제외) ⓒ 의사, 한의사 등의 처방에 따른 의료기 구입 및 임차료 ⓓ 안경 및 콘택트렌즈 구입비 - 1인당 연 50만원 한도 ⓔ 장애인보장구 구입 및 임차료, 보청기 구입비 ⓕ 산후조리원비(200만원 한도) ⓖ 간병인비, 국외지출의료비 등은 공제대상에서 제외
구 분	ⓐ 전액공제의료비 : 본인, 장애인, 경로자(65세 이상), 중증질환자의 의료비 및 난임시술비, 6세이하 부양가족 등 ⓑ 일반의료비(700만원 한도) : 전액공제 의료비 이외의 의료비

▶ 의료비를 신용카드 등으로 결제한 경우에는 '신용카드 등 소득공제'와 '의료비 세액공제'를 중복해서 적용받을 수 있다.

⑤ **기부금**

[기부금] 탭을 클릭하면 아래의 화면이 나타나고, 해당란에 입력을 하면 된다.

▸ 입력순서 : 기부금입력 → 기부금조정 → 공제금액계산 순으로 입력한다.

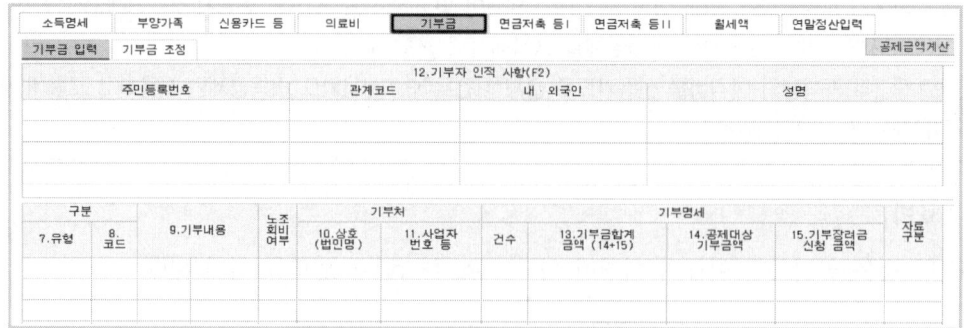

【기부금 세액공제의 주요 내용】

개 념	부양가족 중 기본공제대상자(나이는 상관없고, 소득이 없어야 함)가 기부금을 지출한 경우에는 일정액을 종합소득세액에서 공제함
분 류	㉠ 특례기부금 　• 국가 또는 지방자치단체에 기부, 사회복지공동모금회에 기부 　• 천재지변에 의한 이재민에게 기부, 대한적십자사에 기부 　• 국방헌금과 위문금품 　• 사립학교, 국립대병원, 서울대병원 시설비, 교육비, 장학금, 연구비 등 　♣ 본인이 지출한 정치자금(10만원 이하의 금액은 정치자금 세액공제, 10만원을 초과하는 　　 금액은 특례기부금으로 세액공제) 등 – 본인 지출분만 공제 가능 　♣ 고향사랑기부금(10만원 세액공제) 　• 특별재난지역 자원 봉사 용역의 가액(1일 8시간기준 8만원+재료비포함) ㉡ 일반기부금 　• 사회복지시설, 학술연구단체, 장학단체, 불우이웃돕기성금, 노동조합비 등 ㉢ 종교기부금
공제액	㉠ 한도 내의 기부금×15% (2천만원 초과분은 30%) ㉡ 한도 : 특례기부금은 소득금액 100% 　　　　　일반기부금은 소득금액의 30%(종교단체기부금은 10%)

▸ 향우회, 동창회, 종친회 등에 기부한 금액은 기부금공제 대상이 아님
▸ 기부금 한도를 초과한 경우와 기부금세액공제를 받지 못한 경우에는 10년간 이월하여 공제할 수 있다.
▸ 본인의 정치자금기부금 중 10만원 이하의 금액×(100/110)을 정치자금기부금으로 세액공제하고, 10만원을 초과하는 금액은 특례기부금으로 처리한다.

Part 6. 부가가치세 및 원천징수 실무연습

⑥ 연금저축 등 탭

[연금저축 등] 탭에는 Ⅰ과 Ⅱ가 있다. 시험에서는 주로 Ⅰ번 탭이 사용된다. [연금저축 등 Ⅰ] 탭을 클릭하면 다음과 같은 화면이 나오며, 해당란에 입력을 하면 된다.

▶ 이 화면에는 ①과 ②의 제목이 동일하게 연금계좌세액공제로 설정되어 있는데, 그 용도는 다르다.

▶ 개인연금저축 등은 본인 납입액만 공제 가능하며, 종합소득세액에서 공제한다.

① 연금계좌 세액공제	퇴직연금을 입력하는데, 근로자퇴직급여보장법에 따른 근로자 부담금이 있는 경우에 입력한다.
② 연금계좌 세액공제	개인연금저축과 연금저축 불입액을 입력한다.
③ 주택마련저축 공제	청약저축 또는 주택청약종합저축이 있는 경우에 입력한다.

⑦ 월세액 탭

[월세액] 탭을 클릭하면 다음의 화면이 나타난다. 주로 월세 세액공제를 입력하는 문제가 시험에 출제된다.

【월세 세액공제의 주요 내용】

공제대상	총급여액 8,000만원 이하(종합소득금액 6,000만원 초과하는 경우 제외)인 무주택 세대주(근로자)가 국민주택규모(25.7평, 85㎡) 이하의 주택(고시원 및 오피스텔 포함) 또는 기준시가 4억원 이하의 주택을 임차하고 지급하는 월세액
공 제 액	MIN[월세액, 1,000만원]×15% (총급여액 5,500만원 이하인 경우에는 17%)

⑧ **보장성보험료**

[부양가족] 탭을 클릭하여 아래에 있는 [보험료] 란에 아무글자나 숫자를 입력하면 화면이 바뀌고, 보험료 금액을 입력하는 란에서 해당금액을 입력하면 된다.

【보장성보험료 세액공제】

개 념	부양가족 중 기본공제대상자(나이, 소득 모두 조건이 맞아야 함)를 피보험자로 하는 보장성보험료를 납입한 경우에 납입액의 12%(또는 15%)를 종합소득세액에서 공제함. (종신보험, 질병보험, 장기간병보험, 상해보험, 어린이보험, 손해보험 등)
공제액	• 일반보장성보험 납입액(100만원 한도)×12% • 장애인전용보장성보험 납입액(100만원 한도)×15% • 저축성보험, 연금보험, 교육보험 등은 공제 안됨.

자료구분	국세청간소화	급여/기타	정산	공제대상금액
국민연금_직장		99,000		99,000
국민연금_지역				
합 계		99,000		99,000
건강보험료-보수월액		67,910		67,910
장기요양보험료-보수월액		8,330		8,330
건강보험료-소득월액(납부)				
기요양보험료-소득월액(납부)				
합 계		76,240		76,240
고용보험료		17,600		17,600
보장성보험-일반				
보장성보험-장애인				
합 계				

⑨ **교육비**

[부양가족] 탭을 클릭하여 아래에 있는 [교육비] 란에 해당금액을 입력하면 된다.

【교육비 세액공제의 주요 내용】

개 념	부양가족 중 기본공제대상자(나이요건 불문, 소득이 없어야 함)를 위해 교육비를 지출한 경우에는 일정액을 종합소득세액에서 공제함
공제 대상	㉠ 근로자 본인은 대학원 등록금까지 전액 공제 가능 ㉡ 대학교 : 등록금, 학자금대출 원리금 상환액, 수능원서비 ㉢ 초·중·고 : 급식비, 방과후 수업료 및 재료비(교재비), 체험학습비(30만원 한도), 중·고 교복구입비(50만원 한도) ㉣ 취학전아동 : 원비, 급식비, 방과후 수업료 및 재료비, 학원비, 체육관비 ㉤ 외국 유학비(학력이 인정되는 경우) ㉥ 중·고 교복구입비, 취학전아동의 학원비, 체육관비 – 신용카드등 이중공제
공제 제외	㉠ 직계존속의 교육비(직계존속의 장애인특수교육비는 공제됨) ㉡ 배우자 및 부양가족의 대학원등록금(대학원등록금은 본인만 공제됨) ㉢ 국외 어학연수비 ㉣ 학원비, 체육관비(취학전아동은 공제됨) ㉤ 취학전아동의 원복구입비, 체험학습비
공 제 액	MIN[㉠, ㉡]×15% ㉠ 교육비 – 장학금 ㉡ 한도 : ▶대학생 1인당 900만원 　　　　 ▶취학전아동 및 초·중·고등학생 1인당 300만원 　　　　 ▶본인교육비 및 장애인특수교육비(소득과 무관)는 한도 없이 전액공제 가능

⑩ **부양가족 탭 불러오기**

[연말정산입력] 탭을 마무리 하기 위해서 반드시, 상단에 있는 [부양가족 탭 불러오기] 탭을 클릭하여 마무리해야 정확한 연말정산이 이루어 진다.

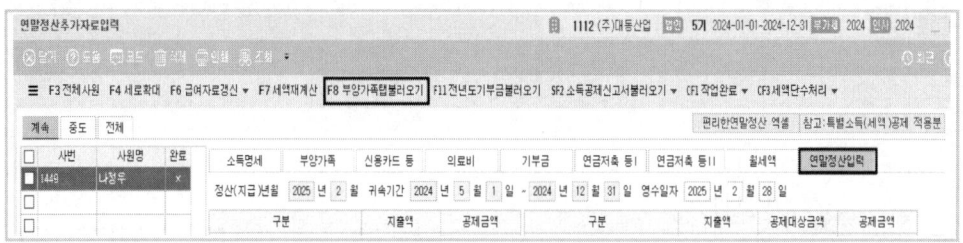

【연말정산 입력시 반드시 알고 갑시다.】

→ 부양가족의 범위 : 본인, 배우자, 직계존속, 직계비속, 형제자매 등
→ 부양가족의 나이요건(20세 이하, 60세 이상)
→ 부양가족의 소득요건(소득금액 100만원 이하, 근로소득 500만원 이하)
→ 분리과세 대상이면 소득이 없는 것으로 본다.
→ 장애인은 나이와 상관없이 소득이 없으면 기본공제 가능
→ 기본공제 가능자에 한해서 추가공제 가능

㉠ 보장성 보험료 세액공제 : 나이요건, 소득요건 모두 적용(장애인은 나이요건 없음)
㉡ 의료비 세액공제 : 나이요건, 소득요건 모두 적용하지 않음
㉢ 교육비 세액공제 : 나이요건은 적용하지 않고, 소득요건만 적용
　　　　　　　　　　(장애인특수교육비는 소득요건도 없음)
㉣ 기부금 세액공제 : 나이요건은 적용하지 않고, 소득요건만 적용
㉤ 신용카드 등 소득공제 : 나이요건은 적용하지 않고, 소득요건만 적용, 형제자매 제외.

기출문제 연습

당기 5월 1일 ㈜대동산업(1112)에 입사한 나정우(사원코드 : 1449)의 연말정산 관련자료를 [연말정산추가자료입력] 메뉴의 탭을 이용하여 종전근무지를 입력한 후 연말정산추가자료입력을 작성하시오. 단, 나정우는 무주택 세대주로 부양가족은 입력되어 있으며, 근로소득 이외에 다른 소득은 없으며, 모든 자료는 국세청 증빙이다.

연말정산자료	보험료	• 보장성보험료(피보험자 : 나정우) 70만원 • 보장성보험료(피보험자 : 정예쁨) 50만원 • 저축성보험료(피보험자 : 나장남) 100만원 • 장애인보장성보험료(피보험자 : 나장녀) 80만원
	의료비	• 정예쁨 : 피부미용성형수술비 200만원 • 나최고 : 질병치료비 70만원 • 전미인 : 한약(건강증진) 구입비 50만원 • 나로호 : 치료목적의 병원비 150만원 • 나입양 : 안경구입비 70만원
	교육비	• 나정우 : 대학원 수업료 400만원 • 정예쁨 : 대학교 등록금 500만원 • 나최고 : 노인대학 등록금 50만원 • 나입양 : 유치원 체험학습비 30만원 방과후 수업료 50만원, 컴퓨터학원비 100만원 • 나장녀 : 장애인특수교육비 350만원
	기부금	• 나정우 : 정치기부금 15만원 • 나최고 : 정치기부금 10만원 • 정예쁨 : 대한적십자 회비 5만원 • 전미인 : 성당 종교기부금 30만원 • 나로호 : 국군장병 위문금품 50만원
	개인연금저축	• 나정우 : 개인연금저축 납입금액 : 1,200,000원 농협중앙회 : 851 – 12 – 173757
	월세액	• 임대인 : 왕임대(사업자등록번호 : 213 – 32 – 12326) • 주택 유형 및 면적 : 아파트, 84㎡ • 임대주택 주소지 : 서울시 금천구 가산로 99 • 임대차 계약기간 . 2023. 7. 1. ~ 2025. 6. 30. • 매달 월세액 : 80만원(1년총액 960만원)

	신용카드등사용금액	• 본인 신용카드 사용액 : 850만원(의료비, 학원비 포함)
		  전통시장 100만원, 대중교통 30만원 포함
		• 전미인 : 직불카드 사용액 : 500만원
		  전기요금 20만원 포함, 한약구입비 포함

종전 근무지	• 근무처 : ㈜창원상사 (사업자번호 : 214-86-55210) • 근무기간 : 2024. 01. 01. ~ 2024. 04. 30 • 급여총액 : 45,000,000원 (비과세 급여, 상여, 감면소득 없음) • 국민연금 : 405,000원 　　　　• 건강보험료 : 300,150원 • 장기요양보험료 : 30,760원 　　• 고용보험료 : 351,000원 • 소득세 결정세액 : 3,000,000원(지방소득세 : 300,000원) • 소득세 기납부세액 : 2,000,000원(지방소득세 : 200,000원) • 소득세 차감징수세액 : 1,000,000원(지방소득세 : 100,000원)

해설

1. 소득명세 탭 → 종(전)

- 전 근무지의 입력은 왼쪽 상단에 있는 [소득명세] 탭에 오른쪽 상단 종(전)에서 내용을 입력하면 된다.

구분			합계	주(현)	납세조합	종(전) [1/2]
소득명세	9.근무처명			㈜대동산업		㈜창원상사
	9-1.종교관련 종사자			부		부
	10.사업자등록번호			211-87-10230	----- ------	214-86-55210
	11.근무기간			2024-05-01 ~ 2024-12-31	----- ~ -----	2024-01-01 ~ 2024-04-30
	12.감면기간			----- ~ -----	----- ~ -----	----- ~ -----
	13-1.급여(급여자료입력)		47,650,000	2,650,000		45,000,000
	13-2.비과세한도초과액		300,000	300,000		
	13-3.과세대상추가(인정상여추가)					
	14.상여					
	15.인정상여					
	15-1.주식매수선택권행사이익					
	15-2.우리사주조합 인출금					
	15-3.임원퇴직소득금액한도초과액					
	15-4.직무발명보상금					
	16.계		47,950,000	2,950,000		45,000,000
공제보험료명세	직장	건강보험료(직장)(33)	368,060	67,910		300,150
		장기요양보험료(33)	39,090	8,330		30,760
		고용보험료(33)	368,600	17,600		351,000
		국민연금보험료(31)	504,000	99,000		405,000
	공적연금보험료	공무원 연금(32)				
		군인연금(32)				
		사립학교교직원연금(32)				
		별정우체국연금(32)				
세액	기납부세액	소득세	3,010,000	10,000		3,000,000
		지방소득세	301,000	1,000		300,000
		농어촌특별세				

2. 부양가족 탭 → 보험료 → 일반보장성, 장애인전용

- 보장성보험료 입력은 상단 [소득명세] 탭에서 중간부분에 있는 보험료 노란색부분에서 키보드 글자나 숫자 중 아무거나 클릭하여 나온 화면에서 국세청간소화 - 보장성보험(일반) 및 보장성보험(장애인)에 해당 되는 금액을 입력하면 된다.
- 정예쁨의 보장성보험은 소득이 있어 기본공제가 안되므로 공제대상이 아니다.
- 나장남의 저축성보험은 공제대상이 아니다.

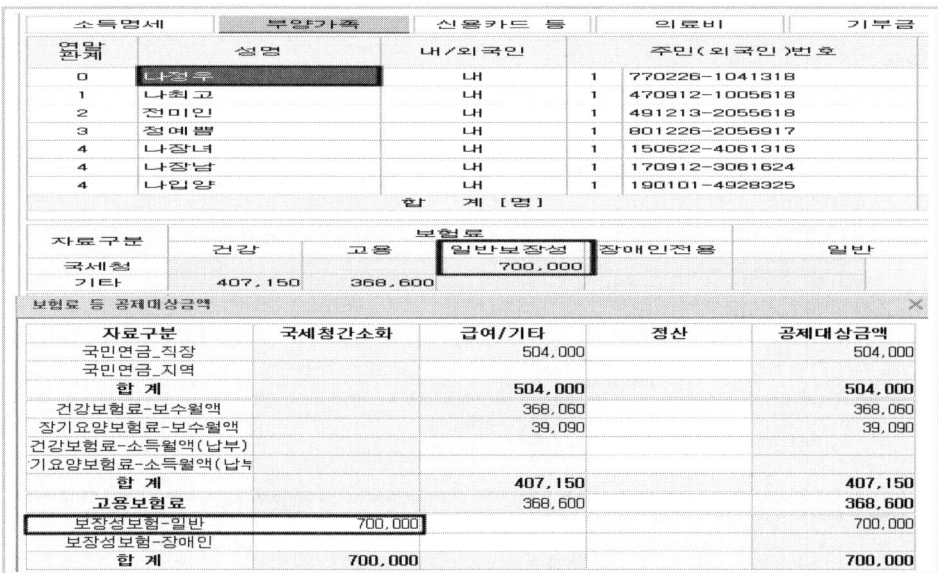

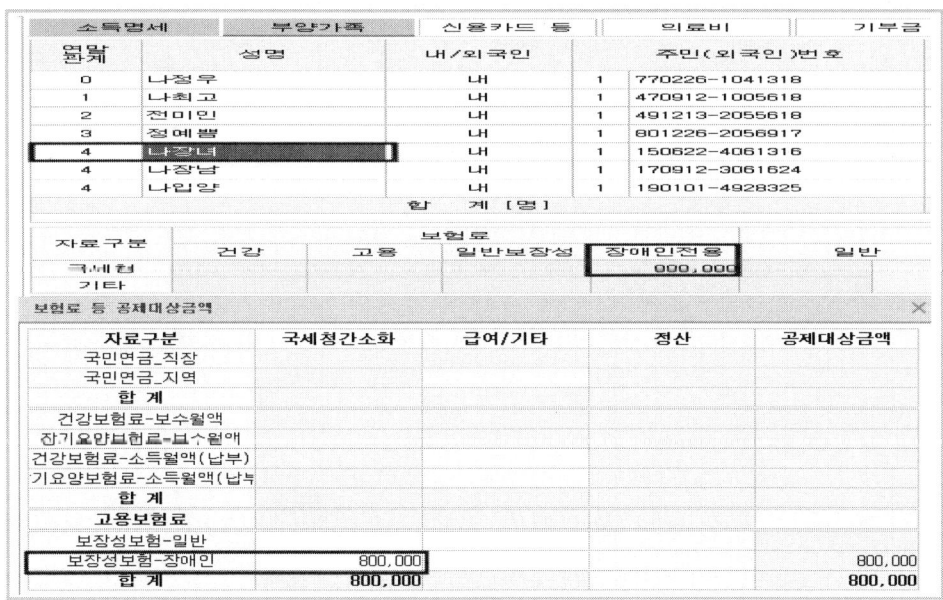

3. 의료비 탭

- 의료비공제 입력은 상단에 [의료비] 탭을 클릭하고, 하단 성명에서 F2 불러오기를 해서 해당자를 선택하여 입력을 하면 된다.
- 정예쁨은 소득과 상관없이 피부미용성형수술비는 공제 대상이 아니다.
- 전미인의 한약(건강증진) 구입비도 공제 대상이 아니다.
- 나입양의 안경구입비는 한도가 50만원이므로 70만원이 아닌 50만원을 입력한다.

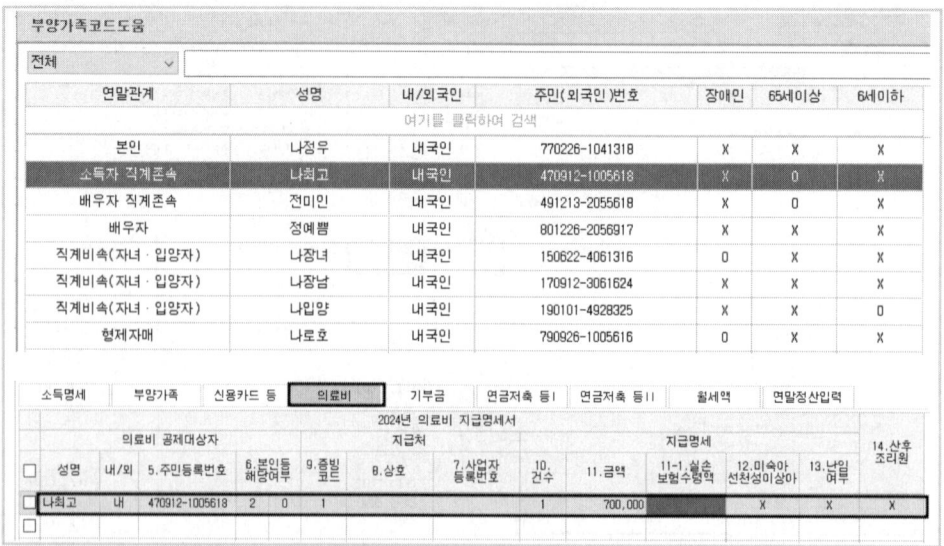

4. 부양가족 탭 → 교육비

- 교육비공제 입력은 상단에 [부양가족] 탭을 클릭하고, 하단에 교육비 대상자를 선택하여, 교육비란에서 입력을 하면 된다.
- 나정우 본인은 대학원까지 공제 가능하다.
- 정예쁨은 소득이 있어 교육비 공제가 안 된다.
- 나최고의 노인대학 등록금은 공제 대상이 아니다.
- 나입양의 유치원 체험학습비는 공제 대상이 아니다.

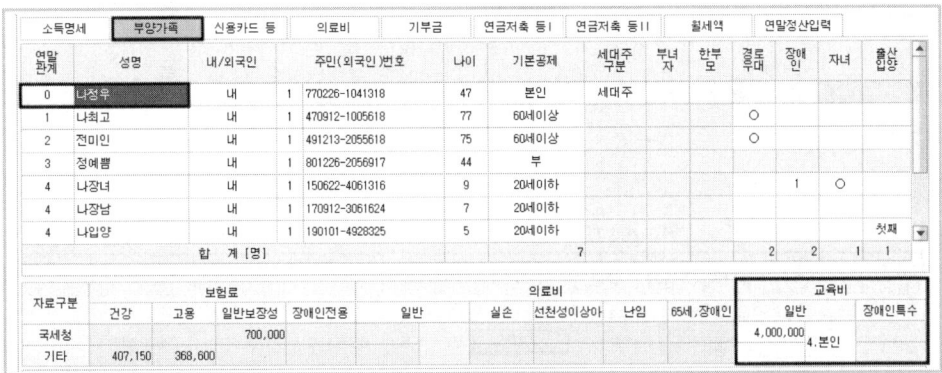

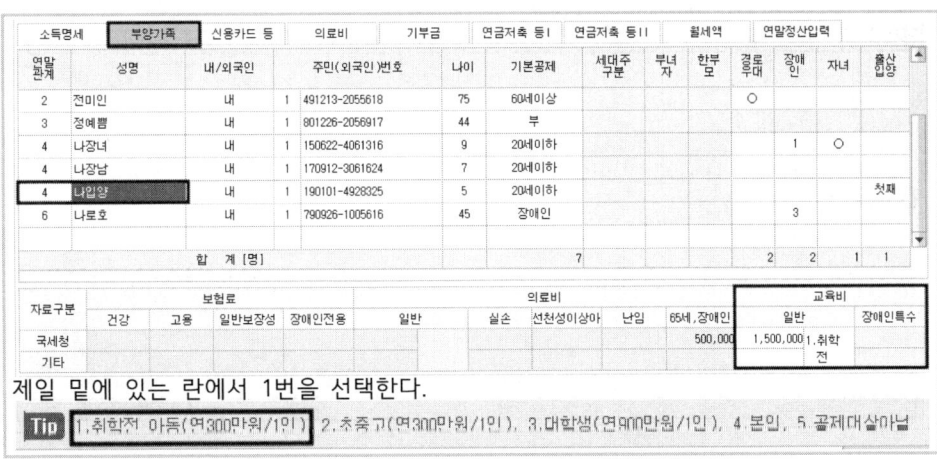

제일 밑에 있는 란에서 1번을 선택한다.

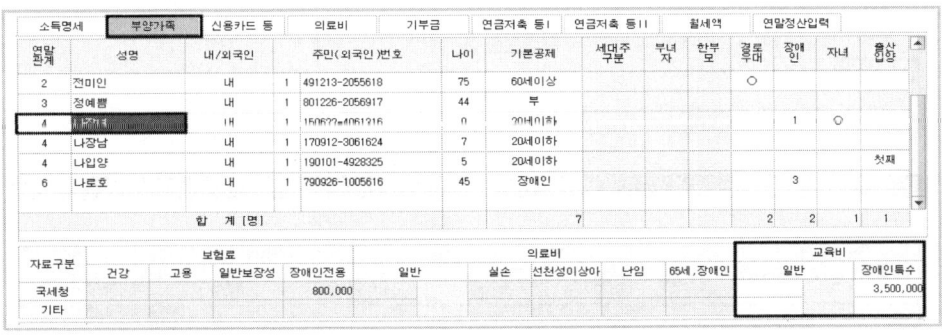

5. 기부금

- 기부금공제 입력은 상단에 [기부금] 탭을 클릭하고, 하단에 기부금 공제대상자 F2 불러오기 하여 해당 내용을 입력하면 된다.
- 정치기부금은 본인만 공제되고, 정예쁨은 소득이 있으므로 공제대상자가 아니다.
- 기부금 입력 방법 : [부양가족] 탭 → 기부금 입력 → 기부금 조정 → 공제금액계산 → 하단에 불러오기, 공제금액반영, 저장, 종료 순서대로 클릭하면 된다.

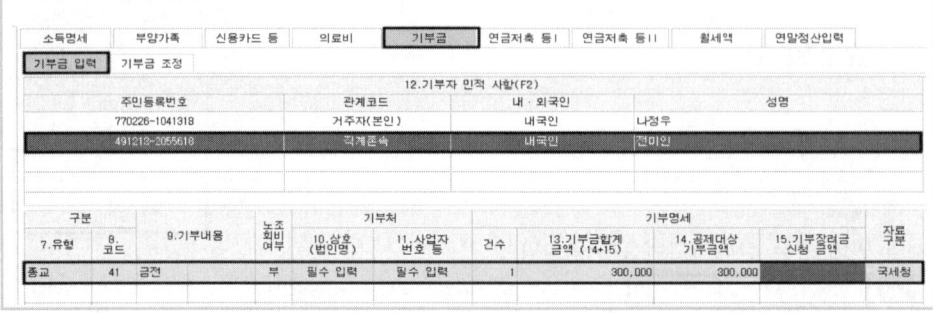

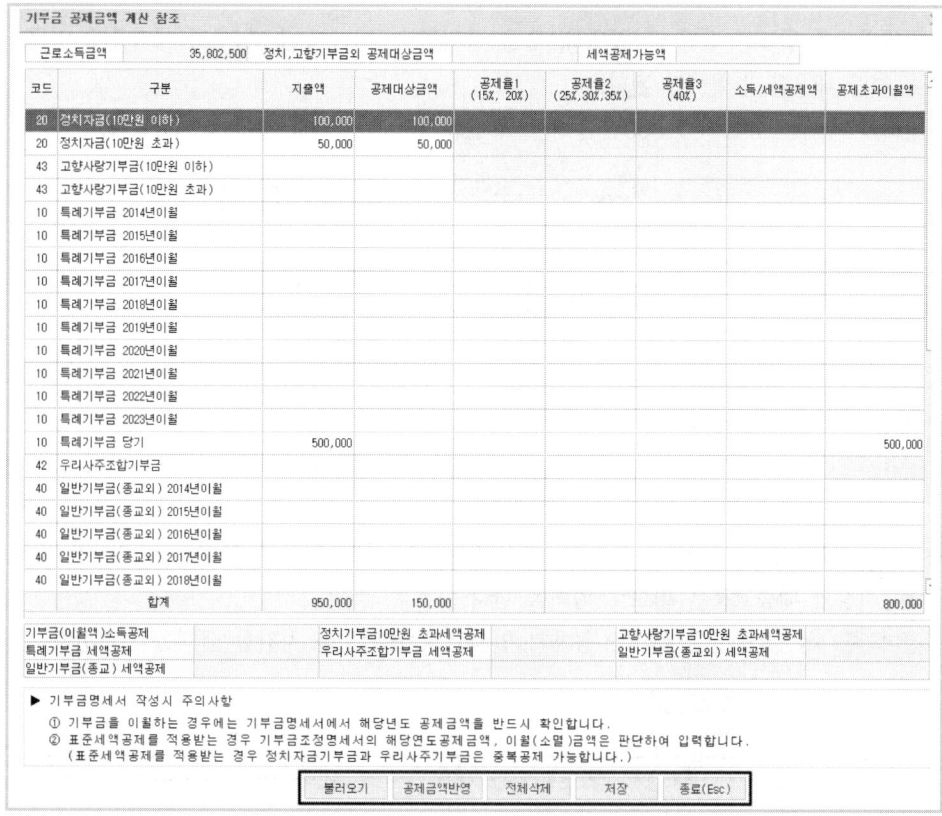

6. 개인연금저축

- 개인연금저축공제 입력은 상단에 [연금저축 등1] 탭을 클릭하고, 하단에 ② 연금계좌 세액공제란를 클릭하면 1.개인연금저축이 나오는데 여기에 해당내용을 입력하면 된다.
- 개인연금저축은 본인 납입액만 공제 가능하다.

7. 월세액

- 월세액공제 입력은 상단에 [월세액] 탭을 클릭하고, 하단에 ① 월세액 세액공제 명세란에 해당 내용을 입력하면 된다.
- 월세액 공제는 총급여 7,000만원 이하의 근로자가 무주택일 경우에 해당된다.

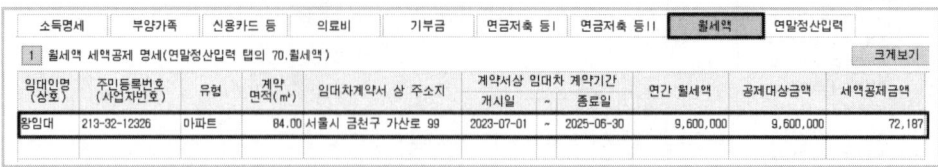

8. 신용카드 등 사용금액

- 신용카드 등 사용금액공제 입력은 상단에 [신용카드 등] 탭을 클릭하고, 하단에 공제대상자를 선택하여 해당 내용을 입력하면 된다.
- 본인 사용액 중 의료비와 유치원생 학원비는 이중공제 되므로 그대로 입력하면 되고, 전통시장과 대중교통은 별도로 입력을 한다.
- 전미인은 전기요금은 신용카드 공제가 안되므로 20만원을 차감한 금액을 입력한다.

9. 연말정산입력 전체화면

- 연말정산 입력을 다 입력한 다음 반드시, 상단에 있는 부양가족탭불러오기를 클릭하여 확인을 클릭하셔야 연말정산이 마무리 됩니다.

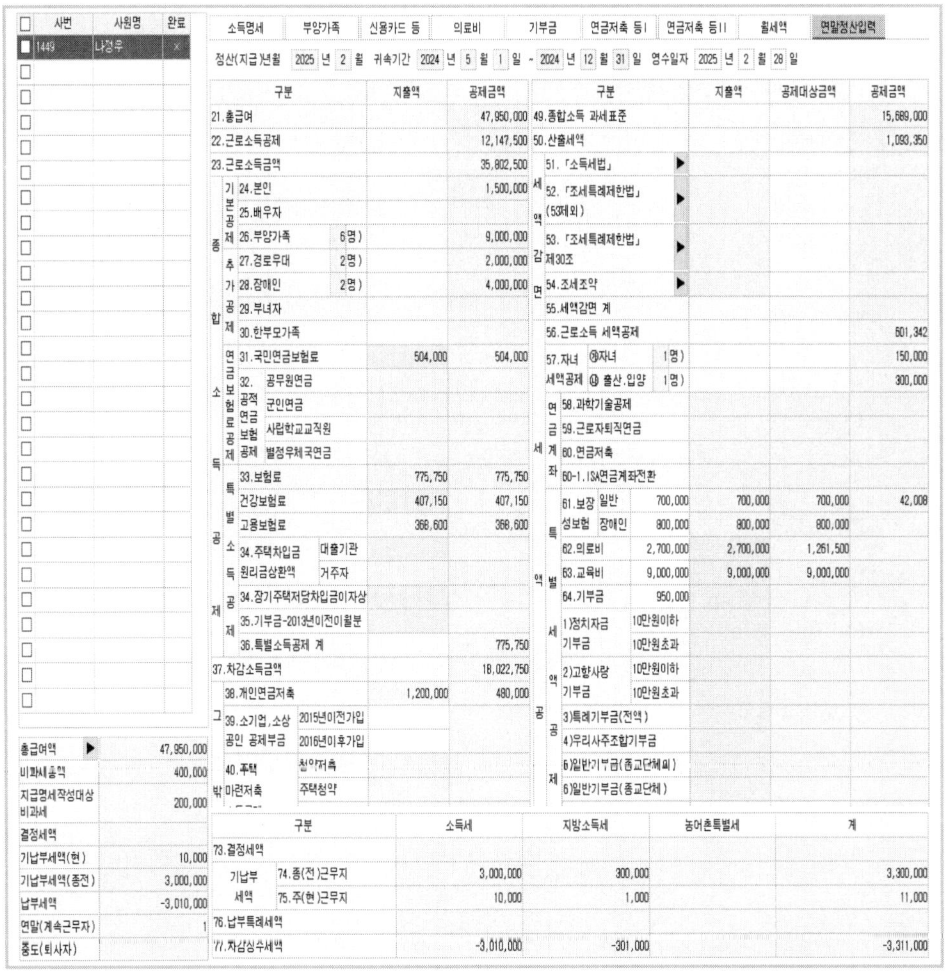

Part. 7
전산세무 2급 기출문제

【참고】

▶ 기출문제 연습시 백데이터 설치 방법

1. www.jw1449.com 접속

2. 전산세무 2급 백데이터 설치방법

   ① 강의자료실 → 회계 → 340번 다운로드 후 압축풀기

   ② 백데이터 설치 후 케이렙은 프로그램 실행 후 회사등록에서 회사코드재생성을 하여 회사를 선택하여 문제 풀면 된다.

3. TAT 2급 백데이터 설치방법

   ① 강의자료실 → 회계 → 343번 다운로드 후 압축풀기

   ② 압축을 풀고 프로그램을 실행하여 해당회사를 선택하여 문제 풀면 된다.

제102회 전산세무 2급 기출문제

㈜반도산업 (코드번호 : 1022)

▌이 론 시 험 ▐

1. 다음 자료를 이용하여 2024년 ㈜세무의 재고자산감모손실을 구하시오.

- 2024년 기초 재고자산 : 100,000원
- 2024년 중 매입 재고자산 : 650,000원
- 2024년 기말 실지재고액 : 130,000원
- 2024년 매출액 : 800,000원
- 매출총이익률 : 25%
- 기말재고의 판매가격은 원가 이상이다.

① 17,000원 ② 20,000원 ③ 50,000원 ④ 70,000원

2. 다음 중 부채에 관한 설명으로 옳은 것은?

① 부채는 보고기간 종료일로부터 1년 이내에 만기상환(결제)일이 도래하는지에 따라 유동부채와 비유동부채로 분류한다.
② 정상적인 영업주기 내에 소멸할 것으로 예상되는 매입채무와 미지급비용 등이 보고기간 종료일로부터 1년 이내에 결제되지 않으면 비유동부채로 분류한다.
③ 미지급금은 일반적으로 상거래에서 발생한 지급기일이 도래한 확정채무를 말한다.
④ 부채의 채무액이 현재 시점에서 반드시 확정되어 있어야 한다.

3. 다음 자료를 이용하여 유동부채에 포함될 금액을 구하시오.

- 단기차입금 100,000,000원
- 미지급비용 5,000,000원
- 퇴직급여충당부채 300,000,000원
- 장기차입금 200,000,000원
- 선급비용 20,000,000원

① 105,000,000원 ② 125,000,000원
③ 325,000,000원 ④ 625,000,000원

4. 다음 중 일반기업회계기준상 유형자산 교환에 관한 설명으로 옳지 않은 것은?

① 이종자산과의 교환으로 취득한 유형자산의 취득원가는 교환을 위하여 제공한 자산의 공정가치로 측정한다.
② 이종자산의 교환을 위하여 제공한 자산의 공정가치가 불확실한 경우에는 교환으로 취득한 자산의 공정가치를 취득원가로 할 수 있다.
③ 자산의 교환에 현금수수액이 있는 경우에는 현금수수액을 반영하여 취득원가를 결정한다.
④ 유형자산의 공정가치는 감정평가가격으로 한다.

5. 다음 중 재무제표의 기본가정이 아닌 것은?

① 기업실체의 가정 : 기업은 그 자체가 인격을 가진 하나의 실체로서 존재하며 기업실체의 경제적 현상을 재무제표에 보고해야 한다는 가정
② 계속기업의 가정 : 기업이 계속적으로 존재하지 않을 것이라는 반증이 없는 한 실체의 본래 목적을 달성하기 위하여 계속하여 존재한다는 가정
③ 발생주의의 가정 : 기업에 미치는 재무적 효과를 현금이 수취되거나 지급되는 기간에 기록하는 것이 아니라, 그 거래가 발생한 기간에 기록한다는 가정
④ 기간별 보고의 가정 : 기업의 지속적인 경제적 활동을 인위적으로 일정 기간 단위로 분할하여 각 기간마다 보고해야 한다는 가정

6. ㈜에코의 제조활동과 관련된 물량흐름(평균법을 가정함)은 다음과 같다. 아래의 자료에 대한 설명으로 틀린 것은?

• 기초재공품 2,000개	• 당기완성수량 9,000개
• 기말재공품 500개	• 당기착수량 8,000개

① 공손품이란 폐기처분 또는 매각처분 이외에는 용도가 없는 불합격품을 말한다.
② 정상공손품의 기준을 완성품의 3%로 가정할 경우 정상공손수량은 200개이다.
③ 정상공손품의 기준을 완성품의 5%로 가정할 경우 비정상공손수량은 50개이다.
④ 선입선출법과 평균법의 공손수량은 동일하다.

7. 다음은 ㈜부경의 제조원가와 관련된 자료이다. 당기제품제조원가는 얼마인가?

- 기초원재료 : 500,000원
- 당기원재료 매입 : 1,200,000원
- 제조간접비 : 2,000,000원
- 기말재공품재고 : 500,000원
- 당기매출원가 : 450,000원
- 기말원재료 : 50,000원
- 직접노무비 : 1,500,000원
- 기초재공품재고 : 400,000원
- 기초제품재고 : 150,000원

① 5,000,000원 ② 5,050,000원
③ 5,150,000원 ④ 5,500,000원

8. 다음 중 원가의 개념에 대한 설명으로 옳지 않은 것은?

① 기본원가에는 직접재료비와 직접노무비가 있다.
② 기회비용은 과거의 의사결정으로 이미 발생한 원가로써 특정 의사결정에 고려할 필요가 없는 원가이다.
③ 회피불능원가란 어떤 의사결정을 하더라도 절약할 수 없는 원가를 말한다.
④ 변동비의 총액은 조업도에 비례하여 증가한다.

9. 다음 중 제조원가명세서에 표시될 수 없는 것은?

① 기말 원재료 재고액
② 기말 제품 재고액
③ 제조공정의 노무비 발생액
④ 기말 재공품 재고액

10. 다음은 원가배부에 관한 내용이다. 무엇에 대한 설명인가?

보조부문들 간에 배분 순서를 정한 다음 그 배분 순서에 따라 보조부문원가를 배분하는 방법을 말한다. 우선순위로 특정 보조부문원가가 다른 보조부문에 배분된 후에는 다시 역으로 배분을 고려하지는 않는다.

① 상호배분법   ② 직접배분법   ③ 비례조정법   ④ 단계배분법

11. 다음 중 부가가치세법상 업종별 사업장에 대한 설명으로 옳지 않은 것은?

① 부동산임대업을 영위하는 개인은 그 부동산의 등기부상의 소재지를 사업장으로 한다.
② 제조업을 영위하는 개인은 최종 제품을 완성하는 장소를 사업장으로 한다(다만, 따로 제품의 포장만을 하는 장소는 제외).
③ 건설업을 영위하는 법인은 각 건설 현장 사무소를 사업장으로 한다.
④ 부동산매매업을 영위하는 법인은 법인의 등기부상 소재지를 사업장으로 한다.

12. 부가가치세법상 일반과세자와 간이과세자에 대한 설명으로 옳지 않은 것은?

① 간이과세자도 예정부과기간에 예정신고를 하여야 하는 경우가 있다.
② 일반과세자는 세금계산서 관련 가산세를 부담하지만, 간이과세자는 세금계산서 관련 가산세가 적용되는 경우가 없다.
③ 일반과세자는 법정요건이 충족되는 경우 면세 농산물 등에 대한 의제매입세액공제특례가 적용될 수 있으나, 간이과세자는 의제매입세액공제특례를 받을 수가 없다.
④ 일반과세자는 매입세액이 매출세액을 초과하면 환급세액이 발생하지만, 간이과세자는 매출세액이 공제세액보다 작아도 환급세액이 없다.

13. 다음 중 부가가치세법상 재화 및 용역의 공급시기에 대한 내용으로 옳지 않은 것은?

① 장기할부판매 : 대가의 각 부분을 받기로 한 때
② 현금판매, 외상판매, 할부판매 : 재화가 인도되거나 이용가능하게 되는 때
③ 완성도기준지급조건부 판매 : 완성되어 사용 또는 소비되는 때
④ 임대보증금 등에 대한 간주임대료 : 예정신고기간 종료일 또는 과세기간 종료일

14. 다음 중 소득세법상 기타소득이 아닌 것은?

① 종교 관련 종사자가 해당 과세기간에 받은 금액(원천징수하거나 과세표준을 확정신고한 경우는 제외)
② 연금계좌의 운용실적에 따라 증가 된 금액(연금 형태로 지급 받는 경우)
③ 계약의 위반, 해약으로 인하여 받는 손해배상금과 법정이자
④ 공익사업 관련하여 지역권, 지상권의 설정, 대여로 인한 소득

15. 다음 중 사업소득의 총수입금액에 대한 설명으로 옳지 않은 것은?

① 소득세 또는 개인 지방소득세를 환급받았거나 환급받을 금액 중 다른 세액에 충당한 금액은 총수입금액에 산입하지 아니한다.
② 관세환급금 등 필요경비로 지출된 세액이 환입되었거나 환입될 경우 그 금액은 총수입금액에 산입한다.
③ 거래상대방으로부터 받는 장려금 및 기타 이와 유사한 성질의 금액은 총수입금액에 산입한다.
④ 사업과 관련하여 해당 사업용 자산의 손실로 취득하는 보험차익은 총수입금액에 산입하지 아니한다.

실 무 시 험

㈜반도산업(회사코드 : 1022)은 제조 및 도·소매업을 영위하는 중소기업으로, 당기(제15기)의 회계기간은 2024.1.1.~2024.12.31.이다. 전산세무회계 수험용 프로그램을 이용하여 다음의 물음에 답하시오.

문제1 다음의 거래 자료를 [일반전표입력] 메뉴를 이용하여 입력하시오. (15점)

[1] 04월 29일 제1기 예정신고기간의 부가가치세 미납액 2,500,000원과 납부지연가산세 2,500원을 함께 우리은행 보통예금 계좌에서 이체하여 납부하였다(단, 부가가치세 미납액은 미지급세금으로, 납부지연가산세는 판매비와관리비 항목의 세금과공과로 처리할 것). (3점)

[2] 05월 23일 회사가 보유 중인 자기주식 전량을 10,000,000원에 처분하고 매각대금은 보통예금으로 입금되었다. 단, 처분 시점의 자기주식 장부가액은 8,000,000원이며, 자기주식처분손실 계정의 잔액은 1,300,000원이다. (3점)

[3] 11월 15일 하나은행으로부터 5년 후 상환조건으로 100,000,000원을 차입하고, 보통예금 계좌로 입금받았다. (3점)

[4] 11월 25일 ABC사의 외상매출금 $20,000를 회수하여 당사의 보통예금에 입금하였다. 환율은 다음과 같다. (3점)

- 2024년 7월 1일 외상매출금 인식 당시 기준환율 : 1,200원/$
- 2024년 11월 25일 기준환율 : 1,300원/$

[5] 12월 29일 영업부에서 매출거래처 직원과 식사를 하고 식사비용 100,000원을 법인카드(신한카드)로 결제하였다. (3점)

문제2 다음의 거래 자료를 [매입매출전표입력] 메뉴를 이용하여 입력하시오. (15점)

[1] 07월 30일 경영지원팀 직원들이 야근 식사를 하고 다음과 같은 종이세금계산서를 수취하였다. 제2기 부가가치세 예정신고 시 해당 세금계산서를 누락하여 제2기 확정신고 기간의 부가가치세신고서에 반영하려고 한다. 반드시 해당 세금계산서를 제2기 확정신고 기간의 부가가치세신고서에 반영할 수 있도록 입력 및 설정하시오(단, 외상대금은 미지급금으로 처리할 것). (3점)

세금계산서																								책번호		권		호	
																								일련번호			-		
공급자	사업자 등록번호	1	0	6	-	5	4	-	7	3	5	4	1		공급받는자	사업자 등록번호	1	3	7	-	8	1	-	8	7	7	9	7	
	상호(법인명)	남해식당			성명(대표자)			박미소								상호(법인명)	㈜반도산업			성명(대표자)			손흥민						
	사업장 주소	경기도 오산시 외삼미로 200														사업장 주소	경기도 오산시 외삼미로 104-12												
	업태	음식			종목			한식								업태	제조외			종목			전자제품						
작성				공급가액									세액											비고					
연	월	일	공란수	백	십	억	천	백	십	만	천	백	십	일	십	억	천	백	십	만	천	백	십	일					
2024	7	30	4				1	4	0	0	0	0	0				1	4	0	0	0	0							
월	일	품목		규격		수량		단가			공급가액				세액						비고								
07	30	야근식대				1					1,400,000원				140,000원														
합계금액		현금		수표			어음			외상미수금				이 금액을			청구			함								
1,540,000원										1,540,000원																			

[2] 08월 05일 진성부동산으로부터 공장건물 신축용 토지를 200,000,000원에 매입하고 전자계산서를 발급받았으며, 대금 200,000,000원은 당사 보통예금 계좌에서 이체하여 지급하였다. (3점)

[3] 09월 01일 영업부에서 사용할 컴퓨터를 ㈜전자상회에서 현금으로 구입하고, 지출증빙용 현금영수증을 발급받았다(단, 자산으로 처리할 것). (3점)

	㈜전자상회		
사업자번호 114-81-80641			남재안
서울시 송파구 문정동 101-2		TEL : 02-3289-8085	
홈페이지 http://www.kacpta.or.kr			
현금(지출증빙용)			
구매 2024/09/01/13 : 06		거래번호 : 0026-0107	
상품명	단가	수량	금액
컴퓨터	1,800,000원	2대	3,960,000원
	공급가액		3,600,000원
	부가가치세		360,000원
	합 계		3,960,000원
	받은금액		3,960,000원

[4] 09월 25일 회사는 ㈜로운캐피탈로부터 관리업무용 승용차(개별소비세 과세 대상 차량)를 렌트하고, 아래의 전자세금계산서를 발급받았다. 9월분 렌트료는 700,000원(공급가액)으로 대금은 10월 10일에 지급할 예정이다(단, 렌트료에 대해서는 임차료 계정과목 사용할 것). (3점)

전자세금계산서				승인번호	20240925-33000000-000000		
공급자	등록번호	778-81-35557	종사업장번호		등록번호	137-81-87797	종사업장번호	
	상호(법인명)	㈜로운캐피탈	성명	이로운	상호(법인명)	㈜반도산업	성명	손흥민
	사업장주소	서울 강남구 대사관로 120 (성북동)			사업장주소	경기도 오산시 외삼미로 104-12		
	업태	서비스	종목	렌트업	업태	제조 외	종목	전자제품
	이메일				이메일			
					이메일			
작성일자	공급가액		세액	수정사유		비고		
2024-09-25	700,000원		70,000원	해당 없음				
월	일	품목	규격	수량	단가	공급가액	세액	비고
9	25	승용차렌트				700,000원	70,000원	
합계금액		현금		수표	어음	외상미수금	위 금액을 **(청구)** 함	
770,000원						770,000원		

[5] 09월 30일 중앙상사에 8월 3일 외상으로 판매했던 제품 중 2대(대당 2,500,000원, 부가가치세 별도)가 제품 불량으로 인해 반품되었다. 이에 따라 수정전자세금계산서를 발급하고, 대금은 외상매출금과 상계처리하기로 하였다(분개는 (-)금액으로 회계처리할 것). (3점)

문제3 부가가치세 신고와 관련하여 다음 물음에 답하시오. (10점)

[1] 당해 문제에 한하여 당사는 돼지고기를 매입하여 소시지를 제조하는 법인으로 중소기업에 해당하지 아니한다고 가정한다. 2024년 제1기 확정신고 기간의 [의제매입세액공제신고서(관리용)]를 작성하시오. 단, 제1기 확정신고 기간의 매출 공급가액은 120,000,000원이고, 예정신고 기간의 매출액은 없으며, 매입액은 거래일에 현금으로 지급한 것으로 가정한다. (3점)

일 자	품 목	상 호	사업자번호	수 량	총매입가격	증 빙
4월 30일	돼지고기	고기유통㈜	210-81-62674	1,600kg	28,000,000원	전자계산서
5월 31일	식품포장재	㈜포장명가	222-81-27461	1,000장	5,000,000원	현금영수증
6월 30일	돼지창자	㈜창자유통	137-81-99992	1,000kg	3,000,000원	전자계산서

[2] 다음 자료를 이용하여 2024년 제2기 확정신고 기간(10.1.~12.31.)의 [부가가치세신고서]를 작성하시오. 부가가치세신고서 이외의 과세표준명세 등 기타 부속서류는 작성을 생략하고, 홈택스에서 기한 내에 직접 전자신고한 것으로 가정한다(단, 불러온 데이터는 무시한다). (5점)

1. 매출 자료
   - 전자세금계산서 발급 매출 : 공급가액 300,000,000원, 세액 : 30,000,000원
   - 신용카드매출액 : 공급대가 46,200,000원 (전자세금계산서 발급분 공급대가 11,000,000원 포함)
   - 외상매출금 중 1,650,000원(부가가치세 포함)이 2024년 5월 중 해당 거래처의 파산으로 대손이 확정되어 장부에 반영하였다.
   - 2024년 제2기 예정신고시 누락된 세금계산서 매출 : 공급가액 3,000,000원 (종이세금계산서 발급분)
   - 2024년 제2기 예정신고시 누락된 세금계산서 매입분은 없는 것으로 가정한다.
   - 부당과소신고가 아니며, 가산세 계산시 미납일수는 92일로 한다.
2. 매입 자료
   - 전자세금계산서 매입액 : 공급가액 120,000,000원, 세액 : 12,000,000원
   - 신용카드 매입액 : 공급대가 22,000,000원 (기계장치 구입비 2,750,000원(공급대가) 포함)

[3] 다음의 자료를 이용하여 제1기 부가가치세 예정신고 기간(1.1.~3.31.)의 [부가가치세신고서] 및 관련 부속서류를 전자신고 하시오. (2점)

1. 부가가치세신고서와 관련 부속서류는 마감되어 있다.
2. [전자신고] → [국세청 홈택스 전자신고변환(교육용)] 순으로 진행한다.
3. 전자신고용 전자파일 제작 시 신고인 구분은 2.납세자 자진신고로 선택하고, 비밀번호는 "12341234"로 입력한다.
4. 전자신고용 전자파일 저장경로는 로컬디스크(C :)이며, 파일명은 "enc작성연월일.101.v1378187797"이다.
5. 최종적으로 국세청 홈택스에서 [전자파일 제출하기]를 완료한다.

문제4 다음의 결산자료를 입력하여 결산을 완료하시오. (15점)

[1] 2024년 말 현재 마케팅팀에서 구입 시 전액 비용(소모품비)으로 처리한 소모품 중 미사용액이 5,300,000원이다(회사는 미사용액에 대하여 자산처리 함). (3점)

[2] 전기에 취득한 매도가능증권의 기말 현재 보유 현황은 다음과 같다. 단, 주어진 내용 이외의 거래는 고려하지 않는다. (3점)

- 발행회사 : ㈜세무통상
- 전기 말 공정가액 : 14,800,000원
- 취득가액 : 15,000,000원
- 기말 공정가액 : 15,500,000원

[3] 진성상사에 대여한 자금에 대하여 장부에 계상한 이자수익 중 360,000원은 차기에 해당하는 금액이다. (거래처 입력은 생략하고, 음수로 회계처리 하지 않는다.) (3점)

[4] 전기말 유동성장기부채로 대체한 중앙은행의 장기차입금 20,000,000원의 상환기간을 당사의 자금사정으로 인하여 2년 연장하기로 계약하였다(단 관련 회계처리 날짜는 결산일로 함). (3점)

[5] 다음의 유형자산에 대한 감가상각의 내역을 결산에 반영하시오. (3점)

계정과목	자산 사용 및 구입내역	당기 감가상각비
공구와기구	제조공장에서 사용	1,250,000원
차량운반구	영업부서 업무용으로 사용	3,500,000원

문제5 **2024년 귀속 원천징수자료와 관련하여 다음의 물음에 답하시오. (15점)**

[1] 아래 자료를 보고 대한민국 국적의 거주자인 영업부 팀장 윤영수(입사일자 : 2024년 4월 1일, 국내 근무)를 [사원등록](사번 107)하고, [부양가족명세]에 윤영수의 부양가족을 등록한 후 세부담이 최소화되도록 공제여부를 입력하시오. 비고란에 제시된 소득이 전부이고 이외의 소득은 없으며, 주민등록번호는 정확한 것으로 가정한다(단, 기본공제대상자가 아닌 경우 기본공제 여부에 '부'로 표시할 것). (5점)

성 명	관계	주민등록번호	내/외국인	동거여부	비 고
윤영수	본인	710122-1225667	내국인	세대주	연간 총급여 7,200만원
정이서	배우자	720325-2560127	내국인	동거	원고료 수입(기타소득) 300만원에 대하여 분리과세를 선택함.
송미란	모	501225-2013662	내국인	동거	양도소득금액 200만원 외 소득 없음. 배우자 없음.
윤혜서	딸	090205-4455196	내국인	동거	소득 없음.
윤민율	아들	110701-3998532	내국인	동거	소득 없음.
윤해수	형제	720317-1850520	내국인	질병관계로 별거	소득 없음, 장애인(장애인복지법)

[2] 이진원(사번 : 308, 입사일 : 2024년 1월 1일) 사원의 2024년 연말정산 관련된 자료는 다음과 같다. 아래의 자료를 이용하여 [연말정산추가자료입력] 메뉴의 [부양가족] 탭을 수정하고, [연말정산입력] 탭을 작성하시오. (10점)

1. 가족사항

관 계	성 명	주민 번호	소 득	비 고
본인	이진원	861119-1042927	총급여 5,000만원	세대주
배우자	정연주	880219-2052867	퇴직소득금액 300만원	
장모	김해수	580910-2054857	복권당첨액 100만원	
동생	이송원	890111-1024659	일용근로소득 300만원	장애인(장애인복지법)
딸	이연진	141111-4038460	소득없음	초등학생
아들	이주원	190811-3015340	소득없음	미취학아동

2. 보장성보험료 내역
   - 이진원 자동차종합보험료 : 800,000원
   - 이연진 보장성 보험료 : 600,000원
   - 이주원 보장성 보험료 : 550,000원

3. 교육비 내역
   - 이진원 사이버대학 교육비 : 1,200,000원
   - 이연진 태권도 체육관비 : 800,000원
   - 이주원 유치원 교육비 : 2,200,000원

4. 의료비 내역 : [부양가족] 탭에서 작성하고, 실손의료보험금을 반영할 것.
   - 이진원 본인질병 치료비 : 1,100,000원
     ([보험업법]에 따른 보험회사에서 실손의료보험금 600,000원을 지급받음)
   - 김해수 건강기능식품 구입 : 3,000,000원(의약품 아님)
   - 이연진 질병 치료비 : 1,500,000원

5. 기부금 내역
   - 김해수 종교단체 기부금 : 800,000원

6. 신용카드 등 사용내역
   - 이진원 신용카드 사용액 : 19,500,000원(전통시장/대중교통/도서 등 사용분 없음)
   - 이진원 현금영수증 사용액 : 3,500,000원(전통시장/대중교통/도서 등 사용분 없음)
   - 김해수 신용카드 사용액 : 6,180,000원(전통시장/대중교통/도서 등 사용분 없음)

7. 연금저축
   - 이진원 본인 연금저축계좌 : 2,000,000원(2024년도 납입분, 우리은행 계좌번호 : 1012-4588-200)

8. 기타사항
   - 근로자 본인의 세부담이 최소화 되도록 하고, 언급된 가족들은 모두 동거하며 생계를 같이 한다.
   - 제시된 자료 외의 다른 소득은 없다고 가정한다.
   - 위 모든 자료는 국세청 연말정산간소화서비스 자료이다.

제103회 전산세무 2급 기출문제

㈜로운상회 (코드번호 : 1032)

▮ 이 론 시 험 ▮

1. 다음 중 유형자산의 취득원가에 대한 설명으로 틀린 것은?

① 기존 건물이 있는 토지를 취득한 후 기존 건물의 즉시 철거비용은 토지의 취득원가에 포함한다.
② 기계장치를 구입 목적에 사용할 수 있을 때까지 발생한 설치비 및 시운전비는 취득원가에 가산한다.
③ 유형자산 취득과 관련하여 발생한 제세공과금은 유형자산의 취득원가에 가산한다.
④ 토지 등의 재산세 또는 종합부동산세가 발생한 경우 취득원가에 가산한다.

2. 다음 중 재무상태표상 자본과 관련된 설명으로 틀린 것은?

① 자기주식을 취득한 경우 자기주식(자본조정)으로 회계처리하고, 이를 처분할 때 이익이 발생한 경우 이는 자기주식처분이익(자본잉여금)으로 처리한다.
② 감자차손은 감자차익과 우선 상계하고 남은 잔액을 자본잉여금으로 분류한다.
③ 자본잉여금은 무상증자를 위해 자본금으로 전입시키는 경우에 사용되기도 한다.
④ 주식할인발행차금은 주식발행초과금과 우선하여 상계하고, 잔액이 남을 경우 자본조정 으로 분류한다.

3. 다음 중 일반기업회계기준상 현금및현금성자산에 포함되지 않는 것은?

① 미국달러화 지폐 $100
② 사용에 제한이 없는 보통예금 5백만원
③ 만기가 도래하여 현금 회수가 가능한 받을어음 1천만원
④ 상환일이 1년 내인 단기대여금 1천만원

4. 다음 자료를 이용하여 영업이익을 계산하면 얼마인가?

• 매출액 : 100,000,000원	• 차량유지비 : 1,000,000원
• 매출원가 : 50,000,000원	• 기부금 : 2,000,000원
• 접대비 : 5,000,000원	• 잡손실 : 1,000,000원

① 41,000,000원 ② 42,000,000원
③ 44,000,000원 ④ 49,000,000원

5. 다음 중 사채에 대한 설명으로 옳지 않은 것은?

① 사채발행비용은 사채의 발행가액에서 차감한다.
② 액면이자율보다 시장이자율이 클 경우 할증발행 한다.
③ 사채할인발행차금은 해당 사채의 액면가액에서 차감하여 기재한다.
④ 사채할인(할증)발행차금은 유효이자율법에 의하여 상각 또는 환입한다.

6. 다음의 자료는 ㈜하나의 제품인 비행기 제조와 관련하여 발생한 원가 자료이다. ㈜하나의 실제 당기 제조간접비는 1,200,000원이며, 회사는 직접재료비를 기준으로 제조간접비를 배부하고 있다. 비행기A의 당기총제조원가는 얼마인가?

구 분	비행기 A	비행기 B	합 계
직접재료비	600,000원	900,000원	1,500,000원
직접노무비	400,000원	600,000원	1,000,000원

① 1,480,000원 ② 1,500,000원
③ 2,500,000원 ④ 2,220,000원

7. 다음 자료는 종합원가계산에 대한 내용이다. 비정상공손 수량은 얼마인가?

• 기초재공품 : 3,000개	• 당기착수량 : 2,300개
• 공손품 : 200개	• 기말재공품 : 1,100개
• 단, 정상공손은 완성품수량의 3%이다.	

① 41개   ② 80개   ③ 120개   ④ 159개

8. ㈜세정은 정상개별원가계산제도를 사용하고 있다. 제조간접비 예정배부율은 직접노무시간당 10,000원, 예상 직접노무시간은 110시간, 실제 직접노무시간은 100시간이다. 실제 제조간접비 발생액은 1,400,000원인 경우 제조간접비 배부차이는 얼마인가?

① 300,000원 과소배부　　② 300,000원 과대배부
③ 400,000원 과소배부　　④ 400,000원 과대배부

9. 다음 중 공통부문원가를 각 부문에 배부하는 기준으로 가장 적합하지 않은 것은?

① 건물감가상각비 : 건물점유면적
② 종업원복리후생부문 : 각 부문의 종업원 수
③ 기계감가상각비 : 기계점유면적
④ 전력부문 : 전력사용량

10. 아래의 그래프는 조업도에 따른 원가의 변화를 나타낸 것이다. 다음 중 고정원가에 해당하는 그래프는 무엇인가?

① 총원가 (조업도에 따라 비례 증가)
② 총원가 (조업도와 무관하게 일정)
③ 단위당 원가 (조업도와 무관하게 일정)
④ 단위당 원가 (조업도에 따라 체감적으로 증가)

11. 다음 중 부가가치세법상 과세표준에 포함되는 것은?

① 할부판매의 이자상당액
② 매출에누리액
③ 환입된 재화의 가액
④ 재화를 공급한 후의 그 공급가액에 대한 할인액

12. 다음은 영세율에 대한 설명이다. 가장 틀린 것은?

① 영세율제도는 소비지국에서 과세하도록 함으로써 국제적인 이중과세를 방지하고자 하기 위한 제도이다.
② 국외에서 공급하는 용역에 대해서는 영세율을 적용하지 아니한다.
③ 비거주자나 외국법인의 국내 거래에 대해서는 영세율을 적용하지 아니함을 원칙으로 하되, 상호주의에 따라 영세율을 적용한다.
④ 국내 거래도 영세율 적용대상이 될 수 있다.

13. 다음 중 부가가치세법상 용역의 공급에 해당하지 않는 것은?

① 건설업의 경우 건설업자가 건설자재의 전부 또는 일부를 부담하는 것
② 자기가 주요 자재를 전혀 부담하지 아니하고 상대방으로부터 인도받은 재화를 단순히 가공만 하는 것
③ 상업상 또는 과학상의 지식·경험 또는 숙련에 관한 정보를 제공하는 것
④ 자기가 주요 자재의 전부 또는 일부를 부담하고 상대방으로부터 인도받은 재화를 가공하여 새로운 재화를 만드는 가공계약에 따라 재화를 인도하는 것

14. 다음 중 소득세법상 소득공제 및 세액공제 판단 시점에 관한 내용으로 틀린 것은?

① 인적공제 나이 판정 시 과세기간 종료일인 12월 31일의 상황으로 보는 것이 원칙이다.
② 과세기간 중 장애가 치유된 자에 대해서는 치유일 전날의 상황에 따른다.
③ 과세기간 중 사망한 자에 대해서는 사망일의 상황에 따른다.
④ 나이 판정 시 해당 과세기간 중에 요건을 충족하는 날이 하루라도 있으면 공제대상자로 한다.

15. 다음 중 소득세법상 종합소득금액에 대한 설명으로 옳은 것은?

① 종합소득금액은 이자소득, 배당소득, 사업소득, 근로소득, 퇴직소득, 기타소득, 연금소득을 모두 합산한 것을 말한다.
② 원천징수 된 소득은 종합소득금액에 포함될 수 없다.
③ 부가가치세법상 영세율 적용대상에서 발생하는 매출은 소득세법상 소득금액에서 제외한다.
④ 해당 연도 사업소득에서 발생한 결손금은 해당 연도 다른 종합소득금액에서 공제한다. 단, 부동산임대업을 영위하지 않았다.

▌실 무 시 험 ▌

㈜로운상회(회사코드 : 1032)는 제조 및 도·소매업을 영위하는 중소기업으로, 당기(14기)의 회계기간은 2024.1.1.~2024.12.31.이다. 전산세무회계 수험용 프로그램을 이용하여 다음의 물음에 답하시오.

문제1 다음의 거래 자료를 [일반전표입력] 메뉴를 이용하여 입력하시오. (15점)

[1] 01월 31일 생산부의 전직원(생산직 100명)에 대한 건강검진을 한국병원에서 실시하고, 건강검진비용 10,000,000원을 법인신용카드(하나카드)로 결제하였다(미지급금으로 회계처리할 것). (3점)

[2] 03월 03일 ㈜동국 소유의 건물로 사무실을 이전하고 임차보증금 15,000,000원 중 계약금 5,000,000원(02월 03일 지급)을 제외한 잔금 10,000,000원을 보통예금 계좌에서 지급하였다. (3점)

[3] 03월 31일 단기 시세차익을 목적으로 올해 03월 02일에 취득하여 보유하고 있던 ㈜미래의 주식 1,000주(주당 액면가액 5,000원, 주당 취득가액 8,000원)를 10,000,000원에 일괄처분하고, 대금은 보통예금 계좌로 입금받았다. (3점)

[4] 09월 21일 자금을 조달할 목적으로 유상증자를 하였다. 신주 2,000주를 1주당 7,500원(주당 액면가액 5,000원)에 발행하고, 주금은 보통예금 계좌로 입금받았다(단, 09월 21일 현재 주식할인발행차금 잔액은 없다). (3점)

[5] 10월 31일 기업은행에서 차입한 단기차입금 100,000,000원의 만기상환일이 도래하여 원금을 상환하고, 동시에 차입금이자 300,000원도 함께 보통예금 계좌에서 이체하여 지급하였다. (3점)

문제2 다음의 거래 자료를 [매입매출전표입력] 메뉴를 이용하여 입력하시오. (15점)

[1] 07월 28일 부품의 제작에 필요한 원재료를 수입하고 김해세관으로부터 수입전자세금계산서를 발급받았다. 부가가치세는 현금으로 지급하였다(단, 재고자산의 회계처리는 생략할 것). (3점)

수입전자세금계산서					승인번호	20240728-16565842-11125669		
세관명	등록번호	135-83-12412	종사업장번호		등록번호	121-86-23546	종사업장번호	
	세관명	김해세관	성명	김세관	상호(법인명)	㈜로운상회	성명	김로운
	세관주소	부산광역시 강서구 공항진입로			사업장주소	부산광역시 사상구 대동로 303		
	수입신고번호 또는 일괄발급기간(총건)				업태	제조,도소매	종목	컴퓨터 및 주변장치 외
납부일자		과세표준		세액	수정사유	비고		
2024-07-28		30,000,000원		3,000,000원	해당 없음			
월	일	품목	규격	수량	단가	공급가액	세액	비고
07	28	수입신고필증 참조				30,000,000원	3,000,000원	
합계금액					33,000,000원			

[2] 07월 30일 ㈜조아캐피탈로부터 영업부가 업무용으로 사용하기 위하여 9인승 승합차를 리스하기로 하였다. 리스는 운용리스이며, 매월 리스료 550,000원 지급 조건이다. 07월분 리스료에 대하여 다음과 같이 전자계산서를 수취하고 보통예금 계좌에서 이체하여 지급하였다(단, 임차료 계정을 사용할 것). (3점)

전자계산서				승인번호	20240730-09230211-11112		
공급자	등록번호	115-81-78435	종사업장번호		등록번호	121-86-23546	종사업장번호	
	상호(법인명)	㈜조아캐피탈	성명	나조아	상호(법인명)	㈜로운상회	성명	김로운
	사업장주소	서울 중구 퇴계로 125			사업장주소	부산광역시 사상구 대동로 303		
	업태	금융	종목	기타여신금융,할부금융,시설대여	업태	제조,도소매	종목	컴퓨터 및 주변장치 외
	이메일	joa@zmail.com			이메일	fhdns@never.net		
					이메일			
작성일자	공급가액		수정사유		비고			
2024-07-30	550,000원		해당 없음		19바3525			
월	일	품목		규격	수량	단가	공급가액	비고
07	30	월 리스료					550,000원	
합계금액	현금		수표		어음	외상미수금	위 금액을 (영수) 함	
550,000원	550,000원							

[3] 08월 12일 해외 매출처인 영국 ACE사에 제품을 직수출(수출신고일 : 08월 10일, 선적일 : 08월 12일)하고, 수출대금 $30,000는 08월 30일에 받기로 하였다. 일자별 기준환율은 다음과 같다(단, 수출신고번호는 고려하지 말 것). (3점)

일 자	8월 10일	8월 12일	8월 30일
기준환율	1,200원/$	1,150원/$	1,180원/$

[4] 09월 25일 당사가 생산한 제품(장부가액 2,000,000원, 시가 3,000,000원, 부가가치세 별도)을 생산부 거래처인 ㈜세무물산에 선물로 제공하였다(단, 제품과 관련된 부가가치세는 적정하게 신고 되었다고 가정한다). (3점)

[5] 09월 30일 ㈜혜민에 제품을 30,000,000원(공급가액)에 판매하고 아래 전자세금계산서를 발급하였다. 단, 07월 31일 계약금 10,000,000원을 보통예금 계좌로 입금받았으며, 나머지 잔액은 10월 30일에 받기로 하였다(하나의 전표로 입력할 것). (3점)

전자세금계산서					승인번호		20240930-100156-956214	
공급자	등록번호	121-86-23546	종사업장번호		공급받는자	등록번호	110-81-42121	종사업장번호
	상호(법인명)	㈜로운상회	성명	김로운		상호(법인명)	㈜혜민	성명	이혜민
	사업장주소	부산광역시 사상구 대동로 303				사업장주소	서울 강남구 테헤란로 50	
	업태	제조,도매	종목	컴퓨터 및 주변장치 외		업태	도소매	종목	전자제품
	이메일	fhdns@never.net				이메일		
						이메일		

작성일자	공급가액	세액	수정사유	비고
2024-09-30	30,000,000원	3,000,000원	해당 없음	

월	일	품목	규격	수량	단가	공급가액	세액	비고
09	30	전자제품		100	300,000원	30,000,000원	3,000,000원	

합계금액	현금	수표	어음	외상미수금	위 금액을 (영수) 함
33,000,000원	10,000,000원			23,000,000원	(청구)

문제3 부가가치세 신고와 관련하여 다음 물음에 답하시오. (10점)

[1] 다음의 자료만을 이용하여 2024년 제1기 부가가치세 확정신고기간(4/1~6/30)의 [부가가치세신고서]를 작성하시오(단, 기존에 입력된 자료 또는 불러온 자료는 무시하고, 부가가치세신고서 외의 부속서류 작성은 생략할 것). (5점)

> 1. 매출내역
>   (1) 전자세금계산서 발급분 매출 : 공급가액 500,000,000원, 부가가치세 50,000,000원
>   (2) 해외 직수출에 따른 매출 : 공급가액 50,000,000원
> 2. 매입내역
>   (1) 전자세금계산서 수취분 일반매입 : 공급가액 250,000,000원, 부가가치세 25,000,000원
>   - 위의 일반매입 중 공급가액 10,000,000원, 부가가치세 1,000,000원은 사업과 직접 관련이 없는 지출이다.
>   (2) 예정신고누락분 세금계산서 매입 : 공급가액 4,500,000원, 부가가치세 450,000원
> 3. 예정신고 미환급세액 : 1,000,000원
> 4. 당사는 부가가치세 신고 시 홈택스에서 직접 전자신고를 한다(세부담 최소화 가정).

[2] 다음은 2024년 제2기 확정신고기간(10.01.~12.31.)의 부가가치세 관련 자료이다. ㈜로운상회의 [신용카드매출전표등발행금액집계표]를 작성하시오(단, 전표입력은 생략한다). (3점)

- 10월 15일 : ㈜남산에 제품을 납품하고 세금계산서(공급가액 25,000,000원, 부가가치세액 2,500,000원)를 발급하고, 10월 30일에 ㈜남산의 법인카드로 결제받았다.
- 11월 30일 : 면세제품(공급가액 7,000,000원)을 ㈜해라산업에 납품하고 계산서를 발급하고, 12월 15일에 ㈜해라산업의 법인카드로 결제받았다.

[3] 제1기 부가가치세 예정신고기간의 부가가치세신고서와 관련 부속서류를 전자신고 하시오. (2점)

1. 부가가치세신고서와 관련 부속서류는 마감되어 있다.
2. [전자신고] → [국세청 홈택스 전자신고변환(교육용)] 순으로 진행한다.
3. 전자신고용 전자파일 제작 시 신고인 구분은 2.납세자 자진신고로 선택하고, 비밀번호는 "12341234"로 입력한다.
4. 전자신고용 전자파일 저장경로는 로컬디스크(C :)이며, 파일명은 "enc작성연월일.101.v1218623546"이다.
5. 최종적으로 국세청 홈택스에서 [전자파일 제출하기]를 완료한다.

문제4 다음의 결산자료를 입력하여 결산을 완료하시오. (15점)

[1] 외화매출채권인 AAPL.CO.LTD의 외상매출금과 관련된 자료는 다음과 같다. (3점)

- 07월 04일 : 제품을 $100,000에 직수출하기로 계약하였다.
- 07월 31일 : 수출하기로 한 제품의 선적을 완료하였으며, 대금은 전액 외상으로 하였다.
- 08월 30일 : 위 수출대금 중 일부인 $30,000를 회수하였다.
- 일자별 기준환율

07월 04일	07월 31일	08월 30일	12월 31일
2,120원/$	1,190원/$	1,190원/$	1,150원/$

[2] 04월 01일 영업부에서 사용하는 법인명의의 업무용 차량에 대한 자동차 보험료 1,200,000원(보험 기간 : 2024.04.01.~2025.03.31.)을 국민화재보험에 지급하고 전액 보험료로 계상하였다 (단, 보험료의 기간 배분은 월할계산하고, 회계처리 시 음수로 입력하지 말 것). (3점)

[3] 당사는 기말 현재 보유 중인 채권 등의 잔액에 대해서 1%의 대손충당금을 보충법으로 설정하고 있다(단, 원 단위 미만은 절사한다). (3점)

구 분	기말 잔액	설정 전 대손충당금 잔액
외상매출금	695,788,470원	5,150,000원
받을어음	157,760,000원	155,000원
단기대여금	90,000,000원	0원

[4] 당기말 현재 퇴직급여추계액이 다음과 같고, 회사는 퇴직급여추계액의 100%를 퇴직급여충당금으로 설정하고 있다. 퇴직급여충당부채를 설정하시오. (3점)

구 분	퇴직급여추계액	설정 전 퇴직급여충당부채 잔액
생산부	150,000,000원	100,000,000원
영업부	200,000,000원	100,000,000원

[5] 당사는 해당연도 결산을 하면서 법인세 12,000,000원(지방소득세 포함)을 확정하였다. 이자수익에 대한 원천징수세액 550,000원 및 법인세 중간예납세액 5,000,000원은 자산으로 계상되어 있다. (3점)

문제5 2024년 귀속 원천징수자료와 관련하여 다음의 물음에 답하시오. (15점)

[1] 다음은 ㈜로운상회의 생산직 근로자인 정희석(사번 : 101)의 5월분 급여 관련 자료이다. 아래 자료를 이용하여 5월분 [급여자료입력]과 [원천징수이행상황신고서]를 작성하시오(단, 전월미환급세액은 230,000원이며, 급여지급일은 매월 말일이다). (5점)

※ 수당등록 및 공제항목은 불러온 자료는 무시하고, 아래 자료에 따라 입력하며, 사용하는 수당 및 공제 이외의 항목은 "부"로 체크하기로 한다.
※ 원천징수이행상황신고서는 매월 작성하며, 정희석의 급여내역만 반영하고 환급신청은 하지 않기로 한다.

〈5월 급여내역〉

이 름	정희석	지급일	5월 31일
기본급	1,900,000원	소득세	25,950원
식 대	100,000원	지방소득세	2,590원
자가운전보조금	300,000원	국민연금	99,000원
야간근로수당	200,000원	건강보험	67,910원
교육보조금	100,000원	장기요양보험	8,330원
		고용보험	17,600원
급여합계	2,600,000원	공제합계	221,380원
귀하의 노고에 감사드립니다.		지급총액	2,378,620원

(1) 식대 : 당 회사는 현물 식사를 별도로 제공하고 있다.
(2) 자가운전보조금 : 당사는 본인 명의의 차량을 업무목적으로 사용한 직원에게만 비정기적으로 자가운전보조금을 지급하고 있으며, 실제 발생된 교통비를 별도로 지급하지 않는다.
(3) 야간근로수당 : 올해 5월부터 업무시간 외 추가로 근무를 하는 경우 야근수당을 지급하고 있으며, 생산직 근로자가 받는 시간외근무수당으로서 비과세요건을 충족하고 있다.
(4) 교육보조금 : 사규에 따라 초등학교 자녀교육비에 대하여 매월 지급하고 있다.

[2] 김영식 사원(사번 : 102, 입사일 : 2024년 07월 01일)의 2024년 귀속 연말정산과 관련된 자료는 다음과 같다. 아래의 자료를 이용하여 [연말정산추가자료입력] 메뉴의 [소득명세] 탭, [연금저축 등] 탭, [월세,주택임차] 탭, [연말정산입력] 탭을 작성하시오. 단, 김영식은 무주택 세대주로 부양가족이 없으며, 근로소득 이외에 다른 소득은 없다. (10점)

구분	내용
현근무지	• 급여총액 : 13,200,000원(비과세 급여, 상여, 감면소득 없음) • 소득세 기납부세액 : 155,700원(지방소득세 : 15,540원) • 이외 소득명세 탭의 자료는 불러오기 금액을 반영한다.
종전근무지	〈종전근무지 근로소득원천징수영수증상의 내용〉 • 근무처 : ㈜진성상사 (사업자번호 : 405-81-65449) • 근무기간 : 2024.01.01.~2024.06.20. • 급여총액 : 12,000,000원 (비과세 급여, 상여, 감면소득 없음) • 국민연금 : 540,000원 • 건강보험료 : 411,600원 • 장기요양보험료 : 47,400원 • 고용보험료 : 96,000원 • 소득세 결정세액 : 100,000원(지방소득세 : 10,000원) • 소득세 기납부세액 : 200,000원(지방소득세 : 20,000원) • 소득세 차감징수세액 : -100,000원(지방소득세 : -10,000원)
2024년도 연말정산자료	※ 연말정산 자료는 모두 국세청 홈택스 및 기타 증빙을 통해 확인된 자료임 | 항 목	내 용
보험료	• 일반 보장성 보험료 : 1,600,000원 • 저축성 보험료 : 2,400,000원
교육비	• 본인 대학원 교육비 : 6,000,000원
의료비(본인)	• 질병 치료비 : 1,500,000원(본인 신용카드 결제) • 시력보정용 안경 구입비 : 600,000원 (안경원에서 의료비공제용 영수증 수령) • 미용목적 피부과 시술비 : 1,000,000원 • 건강증진을 위한 한약 : 400,000원
신용카드 등 사용금액	• 본인신용카드 사용액 : 8,500,000원(질병 치료비 포함) • 직불카드 사용액 : 3,600,000원 • 현금영수증 사용액 : 50,000원 ※ 전통시장, 대중교통 사용분은 없음
월세액 명세	• 임대인 : 김서민(주민등록번호 : 771031-1028559) • 유형 : 다가구 • 계약면적 : 50㎡ • 임대주택 주소지 : 부산시 해운대구 우동 10번지 1동 202호 • 임대차기간 : 2024.1.1.~2026.12.31. • 매달 월세액 : 300,000원
개인연금저축	• 본인 개인연금저축 납입금액 : 1,200,000원 • KEB 하나은행, 계좌번호 : 243-610750-72208	

제104회 전산세무 2급 기출문제

㈜이천산업 (코드번호 : 1042)

■ 이 론 시 험 ■

1. 다음 중 재무제표의 작성과 표시에 관한 설명으로 가장 옳지 않은 것은?
   ① 재무제표를 작성할 때 계속기업으로서의 존속가능성을 평가해야 한다.
   ② 재무제표의 작성과 표시에 대한 책임은 경영진에게 있다.
   ③ 기업은 현금기준회계를 사용하여 재무제표를 작성한다.
   ④ 재무제표는 원칙적으로 사실에 근거한 자료만 나타내지만, 추정에 의한 측정치도 포함한다.

2. 다음 중 재고자산에 대한 설명으로 가장 옳지 않은 것은?
   ① 선적지인도조건으로 판매한 운송 중인 상품은 판매자의 재고자산이 아니다.
   ② 선입선출법은 기말재고자산이 가장 최근 매입분으로 구성되어 기말재고자산 가액이 시가에 가깝다.
   ③ 후입선출법에 의해 원가배분을 할 경우 기말재고는 최근에 구입한 상품의 원가로 구성된다.
   ④ 위탁매매계약을 체결하고 수탁자가 위탁자에게 받은 적송품은 수탁자가 제3자에게 판매하기 전까지 위탁자의 재고자산이다.

3. 다음 중 무형자산에 대한 설명으로 가장 옳지 않은 것은?
   ① 일반기업회계기준에서는 사업 결합 등 외부에서 취득한 영업권만 인정하고, 내부에서 창출된 영업권은 인정하지 않는다.
   ② 무형자산은 인식기준을 충족하지 못하면 그 지출은 발생한 기간의 비용으로 처리한다.
   ③ 무형자산의 잔존가치는 없는 것을 원칙으로 한다.
   ④ 무형자산의 공정가치가 증가하면 그 공정가치를 반영하여 감가상각 한다.

4. 다음 자료를 이용하여 자본잉여금에 해당하는 금액을 구하면 얼마인가?

- 주식발행초과금 500,000원
- 자기주식처분이익 1,000,000원
- 임의적립금 400,000원
- 매도가능증권평가이익 300,000원
- 이익준비금 1,000,000원
- 감자차익 700,000원

① 2,100,000원　② 2,200,000원　③ 2,500,000원　④ 3,500,000원

5. 다음 중 회계변경에 대한 설명으로 가장 옳지 않은 것은?

① 회계정책의 변경은 회계방법이 변경되는 것이며, 소급법을 적용한다.
② 회계정책의 변경에 따른 누적 효과를 합리적으로 결정하기 어려우면 전진법을 적용한다.
③ 세법개정으로 회계처리를 변경해야 하는 경우 정당한 회계변경의 사유에 해당한다.
④ 회계추정의 변경은 전진적으로 처리하여 그 효과를 당기와 당기 이후의 기간에 반영한다.

6. 다음 중 원가에 대한 설명으로 가장 옳지 않은 것은?

① 직접재료비는 조업도에 비례하여 총원가가 증가한다.
② 당기총제조원가는 당기에 발생한 기본원가와 제조간접원가의 합이다.
③ 관련 범위 내에서 변동비는 조업도의 증감에 불구하고 단위당 원가가 일정하다.
④ 제품생산량이 증가함에 따라 관련 범위 내에서 제품 단위당 고정원가는 일정하다.

7. 수선부문과 동력부문에 각각 800,000원, 760,000원의 보조부문원가가 집계되어 있을 경우, 아래의 자료를 바탕으로 조립부문에 배분될 보조부문원가 총액은 얼마인가? (단, 직접배분법을 사용하는 것으로 가정한다.)

구 분	제조부문		보조부문		합 계
	성 형	조 립	수 선	동 력	
수선부문	300시간	200시간	-	500시간	1,000시간
동력부문	4,500kW	3,500kW	12,000kW	-	20,000kW

① 293,000원　② 453,000원　③ 587,500원　④ 652,500원

8. 아래의 자료만을 참고하여 기말제품재고액을 구하면 얼마인가?

1. 재무상태표의 자료

구 분	기 초	기 말
재공품	100,000원	150,000원
제 품	210,000원	(?)

※ 기초 및 기말원재료재고액은 없음

2. 제조원가명세서와 손익계산서의 자료
   • 직접재료비 : 190,000원   • 제조간접비 : 150,000원
   • 직접노무비 : 100,000원   • 제품매출원가 : 200,000원

① 400,000원   ② 360,000원   ③ 280,000원   ④ 220,000원

9. 원가자료가 다음과 같을 때 당기의 직접재료비를 계산하면 얼마인가?

• 당기총제조원가는 2,300,000원이다.
• 제조간접비는 당기총제조원가의 20%이다.
• 제조간접비는 직접노무비의 80%이다.

① 0원   ② 1,035,000원   ③ 1,265,000원   ④ 1,472,000원

10. 다음 중 개별원가계산과 종합원가계산에 대한 설명으로 가장 옳지 않은 것은?

① 개별원가계산은 다품종소량생산, 종합원가계산은 소품종대량생산에 적합하다.
② 개별원가계산은 종합원가계산에 비해 상대적으로 부정확하다.
③ 개별원가계산은 종합원가계산에 비해 과다한 노력과 비용이 발생한다.
④ 종합원가계산은 대상 기간의 총제품제조원가를 총생산량으로 나누어 단위당 제품제조원가를 계산한다.

11. 다음 중 부가가치세법상 재화의 공급에 해당하지 않는 것은?

① 자가공급   ② 외상판매   ③ 사업상 증여   ④ 담보제공

12. 다음 중 부가가치세법상 영세율과 면세에 대한 설명으로 가장 옳지 않은 것은?

① 국내 거래에는 영세율이 적용되지 않는다.
② 면세의 취지는 부가가치세의 역진성을 완화하기 위함이다.
③ 국외에서 공급하는 용역에 대해서는 영세율을 적용한다.
④ 상가 부수 토지를 매각하는 경우에도 부가가치세가 면제된다.

13. 다음의 일시적·우발적 소득 중 소득세법상 기타소득이 아닌 것은?

① 복권당첨금
② 계약의 위약금
③ 상표권의 양도소득
④ 비영업대금의 이익

14. 다음 중 소득세법상 근로소득의 수입시기로 옳지 않은 것은?

① 인정상여 : 해당 사업연도 중의 근로를 제공한 날
② 급여 : 지급을 받기로 한 날
③ 잉여금 처분에 의한 상여 : 해당 법인의 잉여금처분결의일
④ 임원의 퇴직소득 한도 초과로 근로소득으로 보는 금액 : 지급받거나 지급받기로 한 날

15. 다음 중 소득세법상 납세의무자에 대한 설명으로 가장 옳지 않은 것은?

① 비거주자는 국내원천소득에 대해서만 과세한다.
② 거주자는 국내·외 모든 원천소득에 대하여 소득세 납세의무를 진다.
③ 거주자는 국내에 주소를 두거나 150일 이상 거소를 둔 개인을 말한다.
④ 거주자의 소득세 납세지는 주소지로 한다.

▌실 무 시 험 ▌

㈜이천산업(회사코드 : 1042)은 전자제품의 제조 및 도·소매업을 주업으로 영위하는 중소기업으로, 당기(15기)의 회계기간은 2024.1.1.~2024.12.31.이다. 전산세무회계 수험용 프로그램을 이용하여 다음 물음에 답하시오.

문제1 [일반전표입력] 메뉴를 이용하여 다음의 거래자료를 입력하시오. (15점)

[1] 03월 10일 전기에 회수불능 채권으로 대손처리 했던 외상매출금(거래처 입력 생략) 6,000,000원 중 절반을 현금으로 회수하다(단, 부가가치세법상 대손세액공제는 적용하지 않는다). (3점)

[2] 03월 15일 코스닥 상장주식인 ㈜에코전자의 주식 500주를 단기보유목적으로 주당 10,000원에 매입하고, 대금은 수수료 50,000원과 함께 보통예금 계좌에서 이체하다(단, 수수료는 영업외비용으로 처리할 것). (3점)

[3] 07월 07일 영업부가 사용하는 건물에 대한 재산세 1,260,000원과 생산부가 사용하는 건물에 대한 재산세 880,000원을 보통예금으로 납부하다. (3점)

[4] 07월 16일 세무교육 전문가인 한세법 씨를 초빙하여 생산부의 직원들을 대상으로 연말정산교육을 실시하고, 그 대가로 한세법 씨에게 1,000,000원 중 원천징수세액 33,000원을 제외한 금액을 보통예금 계좌에서 지급하다(단, 교육훈련비 계정과목으로 회계처리할 것). (3점)

[5] 08월 31일 정기예금의 만기가 도래하여 원금 10,000,000원과 정기예금이자(이자소득 400,000원, 원천징수세액 61,600원)의 원천징수세액을 제외한 나머지가 보통예금 계좌로 입금되다(단, 원천징수세액은 자산항목으로 처리한다). (3점)

문제2 [매입매출전표입력] 메뉴를 이용하여 다음의 거래자료를 입력하시오. (15점)

[1] 01월 22일 공장건물을 신축하기 위한 토지를 취득하면서 토지정지비용을 다음 달에 지급하기로 하고 아래의 전자세금계산서를 발급받다. (3점)

전자세금계산서					승인번호	20240122-15454645-58811888		
공급자	등록번호	126-51-03728	종사업장번호		공급받는자	등록번호	412-81-28461	종사업장번호	
	상호(법인명)	상진개발	성명	이상진		상호(법인명)	㈜이천산업	성명	곽노정
	사업장주소	경기도 이천시 부발읍 경충대로 20				사업장주소	서울시 관악구 관악산나들길 66		
	업태	건설업	종목	토목공사		업태	제조 외	종목	전자제품
	이메일					이메일	tax111@daum.net		
						이메일			

작성일자	공급가액	세액	수정사유	비고
2024-01-22	13,750,000원	1,375,000원	해당 없음	

월	일	품목	규격	수량	단가	공급가액	세액	비고
01	22	토지정지비용				13,750,000원	1,375,000원	

합계금액	현금	수표	어음	외상미수금	위 금액을 (청구) 함
15,125,000				15,125,000	

[2] 01월 31일 레고문구(일반과세자)에서 영업부가 사용할 문구류를 현금으로 매입하고 아래의 현금영수증을 받다(단, 문구류는 소모품비로 회계처리할 것). (3점)

현금영수증(지출증빙용)
CASH RECEIPT

사업자등록번호	215-16-85543
현금영수증 가맹점명	레고문구
대표자명	최강희
주 소	서울시 동작구 상도로 107
전화번호	02-826-6603

품 명	문구류	승인번호	062-83
거래일시	2024.01.31	취소일자	

단 위		백		천			원	
금액 AMOUNT			1	5	0	0	0	0
부가세 V.A.T				1	5	0	0	0
봉사료 TIPS								
합계 TOTAL			1	6	5	0	0	0

[3] 02월 28일 정상적인 구매확인서에 의하여 ㈜안건으로부터 원재료 30,000,000원을 매입하고 영세율전자세금계산서를 발급받았으며, 대금은 보통예금으로 지급하다. (3점)

[4] 03월 10일 사업자가 아닌 김명진(거래처 입력할 것) 씨에게 제품을 판매하고, 판매대금 1,320,000원(부가가치세 포함)은 보통예금 계좌로 입금되다(단, 간이영수증을 발행함). (3점)

[5] 03월 16일 영업부는 거래처 접대용 근조 화환을 주문하고, 다음의 전자계산서를 발급받다. (3점)

전자계산서				승인번호	20240316-15454645-58811886		
공급자	등록번호	134-91-72824	종사업장번호		등록번호	412-81-28461	종사업장번호	
	상호(법인명)	제일화원	성명	한만군	상호(법인명)	㈜이천산업	성명	곽노정
	사업장주소	서울특별시 동작구 여의대방로 28			사업장주소	서울시 관악구 관악산나들길 66		
	업태	도소매	종목	화훼, 식물	업태	제조 외	종목	전자제품
	이메일	tax000@naver.com			이메일	tax111@daum.net		
					이메일			

작성일자	공급가액	수정사유	비고
2024-03-16	90,000원	해당 없음	

월	일	품목	규격	수량	단가	공급가액	비고
03	16	근조화환		1	90,000원	90,000원	

합계금액	현금	수표	어음	외상미수금	위 금액을 (청구) 함
90,000원				90,000원	

문제3 부가가치세 신고와 관련하여 다음 물음에 답하시오. (10점)

[1] 다음의 자료를 이용하여 2024년 제2기 부가가치세 예정신고기간(7월~9월)의 [신용카드매출전표등수령명세서(갑)]를 작성하시오. 사업용 신용카드는 신한카드(1000-2000-3000-4000)를 사용하고 있으며, 현금지출의 경우 사업자등록번호를 기재한 지출증빙용 현금영수증을 수령하였다(단, 상대 거래처는 일반과세자라고 가정하며, 매입매출전표 입력은 생략함). (3점)

일자	내 역	공급가액	부가세액	상 호	사업자등록번호	증 빙
7/15	직원출장 택시요금	100,000원	10,000원	신성택시	409-21-73215	사업용신용카드
7/31	사무실 복합기 토너 구입	150,000원	15,000원	㈜오피스	124-81-04878	현금영수증
8/12	직원용 음료수 구입	50,000원	5,000원	이음마트	402-14-33228	사업용신용카드
9/21	직원야유회 놀이공원 입장권 구입	400,000원	40,000원	㈜스마트	138-86-01157	사업용신용카드

[2] 기존의 입력된 자료 또는 불러온 자료는 무시하고 아래의 자료만을 이용하여 2024년 제1기 확정신고기간(4월~6월)의 [부가가치세신고서]를 직접 입력하여 작성하시오. 단, 부가가치세신고서 외의 과세표준명세 등 기타 부속서류의 작성은 생략하며, 세액공제를 받기 위하여 전자신고를 할 예정이다. (5점)

매출자료	• 전자세금계산서 발급 과세 매출액 : 130,000,000원(부가가치세 별도) • 신용카드 과세 매출액 : 3,300,000원(부가가치세 포함) • 직수출액 : 12,000,000원 • 비사업자에 대한 정규영수증 외 과세 매출액 : 440,000원(부가가치세 포함) • 2024년 제1기 소멸시효가 완성된 외상매출금 1,100,000원(부가가치세 포함)은 대손세액공제를 받기로 하였다.
매입자료	• 세금계산서 수취분 매입액(일반매입) : 공급가액 55,000,000원, 세액 5,500,000원 - 이 중 접대물품 관련 매입액(공급가액 10,000,000원, 세액 1,000,000원)이 포함되어 있으며, 나머지는 과세 재고자산의 구입액이다. • 2024년 제1기 예정신고 시 미환급 된 세액 : 800,000원

[3] 다음의 자료를 이용하여 2024년 제2기 부가가치세 확정신고기간(10월 1일~12월 31일)의 [부가가치세신고서] 및 관련 부속서류를 전자신고 하시오. (2점)

1. 부가가치세신고서와 관련 부속서류는 마감되어 있다.
2. [전자신고] → [국세청 홈택스 전자신고변환(교육용)] 순으로 진행한다.
3. 전자신고용 전자파일 제작 시 신고인 구분은 2.납세자자진신고로 선택하고, 비밀번호는 "12345678"입력한다.
4. 전자신고용 전자파일 저장경로는 로컬디스크(C :)이며, 파일명은 "enc작성연월일.101.v사업자등록번호"이다.
5. 최종적으로 국세청 홈택스에서 [전자파일 제출하기]를 완료한다.

문제4 다음 결산자료를 입력하여 결산을 완료하시오. (15점)

[1] 1년간의 임대료(2024년 10월 1일~2025년 9월 30일) 24,000,000원을 일시에 수령하고 전액을 영업외수익으로 처리하였다(단, 임대료의 기간 배분은 월할계산하며, 회계처리 시 음수로 입력하지 말 것). (3점)

[2] 단기대여금 중에는 당기 중 발생한 LPL사에 대한 외화대여금 24,000,000원(발생일 기준환율 1,200원/$)이 포함되어 있다. 기말 현재 기준환율은 1,300원/$이다. (3점)

[3] 당기 중에 취득하여 기말 현재 보유 중인 유가증권의 내역은 다음과 같다. 기말 유가증권의 평가는 기업회계기순에 따라 저리하기로 한다(단, 단기매매목적으로 취득함). (3점)

구 분	주식수	1주당 취득원가	기말 1주당 공정가치
상장주식	8,000주	3,000원	2,500원

[4] 코로나로 인한 특별재난지역에 기부한 제품 15,000,000원에 대한 회계처리가 누락된 것을 기말제품재고 실사 결과 확인하였다. (3점)

[5] 기말 현재 보유하고 있는 영업부의 감가상각 자산은 다음과 같다. 감가상각비와 관련된 회계처리를 하시오(단, 제시된 자료 이외에 감가상각 자산은 없다고 가정하고, 월할 상각하며, 고정자산등록은 생략할 것). (3점)

계정과목	취득일자	취득원가	잔존가치	내용연수	상각방법	전기말 감가상각누계액
차량운반구	2023년 7월 1일	50,000,000원	0원	5년	정액법	5,000,000원

문제5 2024년 귀속 원천징수자료와 관련하여 다음의 물음에 답하시오. (15점)

[1] 다음은 총무부 사원 강지후(사번 : 105)의 부양가족 자료이다. 부양가족은 생계를 같이하고 있으며 부양가족공제는 요건이 충족되는 경우 모두 강지후 사원이 적용받기로 한다. 근로자 본인의 소득세가 최소화되도록 [사원등록] 메뉴의 [부양가족명세]를 작성하시오(단, 기본공제대상자가 아닌 경우에는 기본공제 "부"로 입력할 것). (5점)

성 명	관 계	주민등록번호	동거 여부	비 고
강지후	본 인	741213-1114524	세대주	
정혜미	배우자	751010-2845212	동 거	퇴직소득금액 200만원
김미자	본인의 모친	550203-2346311	동 거	일용근로소득 550만원
강지민	본인의 동생	791010-2115422	질병의 요양으로 일시적 퇴거	장애인(항시 치료를 요하는 중증환자), 양도소득금액 300만원
강지율	자 녀	070505-4842106	동 거	원고가 당선되어 받은 일시적인 원고료 100만원
강민율	자 녀	100705-3845722	국외 유학 중	소득 없음

[2] 다음은 영업부 사원 한기홍(사번 : 103, 세대주)의 연말정산 관련 자료이다. 근로자 본인의 소득세부담이 최소화되도록 [연말정산추가자료입력] 메뉴의 [부양가족] 탭을 수정하고, [연말정산입력] 탭과 [의료비지급명세서(의료비는 [부양가족] 탭을 사용할 것)]을 입력하시오. (10점)

1. 국세청 연말정산간소화서비스 조회 자료

항 목	내 용
보험료	• 본인 자동차보험료 납부액 : 750,000원 • 배우자 저축성보험료 납부액 : 1,000,000원 • 자녀 보장성보험료 납부액 : 150,000원
의료비	• 모친 질병 치료 목적 병원비 : 3,000,000원(한기홍의 신용카드로 결제) • 모친 보약 구입비(건강증진 목적) : 500,000원 • 배우자 허리디스크 수술비(치료 목적) : 1,200,000원 (실손의료보험금 500,000원 수령)
교육비	• 자녀 캐나다 현지 소재 초등학교(교육법에 따른 학교에 해당하는 교육기관) 수업료 : 20,000,000원
기부금	• 배우자 종교단체 기부금 : 500,000원
신용카드 등 사용액	• 본인 신용카드 : 10,000,000원 (모친 병원비 3,000,000원과 대중교통이용분 1,000,000원 포함) • 배우자 현금영수증 : 4,000,000원(전통시장사용분 500,000원 포함)
주택자금	• 장기주택저당차입금 이자상환액 : 2,000,000원(아래 추가자료 참고할 것)

2. 추가자료
  (1) 부양가족
    • 이슬비(배우자) : 소득 없음
    • 한기쁨(자녀) : 초등학생, 소득 없음
    • 김어른(모친) : 생계를 같이함, 총급여액 600만원, 장애인복지법상 장애인
  (2) 주택자금 관련 세부 내역
    • 한기홍 사원은 세대주이며, 국민주택규모의 1주택을 본인 명의로 소유하고 있다.
    • 장기저당주택차입금과 주택의 명의자는 한기홍이다.
    • 장기저당주택차입금의 차입일은 2014년 6월 1일이며, 상환기간은 15년(고정금리)이다.
    • 주택의 취득일(2014년 5월 6일) 당시 기준시가는 3억원이다.
    • 위 자료 외의 장기주택저당차입금 이자상환액공제요건은 모두 충족한 것으로 본다.

제105회 전산세무 2급 기출문제

㈜미수상회 (코드번호 : 1052)

▌이 론 시 험 ▌

1. 다음은 회계정보의 질적 특성 중 무엇에 대한 설명인가?

> 회계정보가 정보이용자의 의사결정 목적과 관련 있어야 한다는 것으로서, 회계정보를 이용하지 않고 의사결정하는 경우와 회계정보를 이용하여 의사결정하는 경우를 비교했을 때 의사결정의 내용에 차이가 발생하여야 한다는 특성이다.

① 이해가능성 ② 목적적합성 ③ 신뢰성 ④ 비교가능성

2. 다음의 자료는 ㈜아주상사의 2024년 기말재고자산 내역이다. 재고자산감모손실이 2024년 매출총이익에 미치는 영향을 바르게 설명한 것은?

> • 장부상 기말재고 : 1,000개   • 단위당 원가 : 1,500원(시가 : 1,700원)
> • 실사에 의한 기말재고 : 950개   • 재고자산감모손실의 5%는 비정상적으로 발생하였다.

① 매출총이익이 71,250원 감소한다.
② 매출총이익이 75,000원 감소한다.
③ 매출총이익이 76,500원 감소한다.
④ 매출총이익이 85,000원 감소한다.

3. 다음 중 유형자산에 대한 설명으로 틀린 것은?

① 유형자산은 재화의 생산, 용역의 제공, 타인에 대한 임대 또는 자체적으로 사용할 목적으로 보유하는 물리적 형체가 있는 자산을 말한다.
② 유형자산은 1년을 초과하여 사용할 것이 예상되는 자산이다.
③ 정부보조 등에 의해 유형자산을 무상 또는 공정가치보다 낮은 대가로 취득한 경우 그 유형자산의 취득원가는 취득일의 공정가치로 한다.
④ 다른 종류의 자산과의 교환으로 취득한 유형자산의 취득원가는 교환을 위하여 제공한 자산의 장부가액으로 측정한다.

4. 다음 중 재화의 판매로 인한 수익인식의 조건에 대한 설명으로 옳지 않은 것은?

① 수익금액을 신뢰성 있게 측정할 수 있다.
② 경제적 효익의 유입 가능성이 매우 높다.
③ 재화의 소유에 따른 유의적인 위험과 보상이 판매자에게 있다.
④ 거래와 관련하여 발생했거나 발생할 원가를 신뢰성 있게 측정할 수 있다.

5. 다음 중 자산과 부채에 대한 설명으로 틀린 것은?

① 우발자산은 자산으로 인식한다.
② 부채는 과거의 거래나 사건의 결과로 현재 기업 실체가 부담하고 있고 미래에 자원의 유출 또는 사용이 예상되는 의무이다.
③ 부채는 원칙적으로 1년을 기준으로 유동부채와 비유동부채로 분류한다.
④ 우발부채는 부채로 인식하지 않고 주석으로 기재한다.

6. 다음 중 원가의 분류기준에 대한 설명으로 옳지 않은 것은?

① 원가 발생형태에 따른 분류 : 재료원가, 노무원가, 제조간접원가
② 원가행태에 따른 분류 : 변동원가, 고정원가, 준변동원가, 준고정원가
③ 원가의 추적가능성에 따른 분류 : 제조원가, 비제조원가
④ 의사결정과의 관련성에 따른 분류 : 관련원가, 비관련원가, 기회원가, 매몰원가

7. 다음 중 제조원가명세서에 대한 설명으로 가장 옳지 않은 것은?

① 당기제품제조원가는 손익계산서상 제품 매출원가 계산에 직접적인 영향을 미친다.
② 제조원가명세서상 기말 원재료재고액은 재무상태표에 표시되지 않는다.
③ 당기총제조원가는 직접재료원가, 직접노무원가, 제조간접원가의 총액을 의미한다.
④ 당기제품제조원가는 당기에 완성된 제품의 원가를 의미한다.

8. 직접배분법을 이용하여 보조부문 제조간접원가를 제조부문에 배분하고자 한다. 보조부문 제조간접원가를 배분한 후 조립부문의 총원가는 얼마인가?

제공부문 \ 사용부문	보조부문		제조부문	
	설비부문	전력부문	조립부문	절단부문
전력부문 공급	60kw	-	500kw	500kw
설비부문 공급	-	100시간	600시간	200시간
자기부문원가	800,000원	400,000원	600,000원	500,000원

① 900,000원　② 1,300,000원　③ 1,400,000원　④ 1,800,000원

9. 정상개별원가계산을 채택하고 있는 ㈜현탄은 직접노무시간을 기준으로 제조간접원가를 배부하고 있다. 당해연도 초 제조간접원가 예상금액은 1,000,000원, 예상 직접노무시간은 20,000시간이다. 당기 말 현재 실제 제조간접원가 발생액은 800,000원, 실제 직접노무시간이 13,000시간일 경우 제조간접원가배부차이는 얼마인가?

① 150,000원 과소배부　　　　② 150,000원 과대배부
③ 280,000원 과소배부　　　　④ 280,000원 과대배부

10. 아래의 자료를 이용하여 종합원가계산 시 비정상공손수량을 계산하면 몇 개인가? 단, 정상공손은 완성품수량의 8%로 가정한다.

• 기초재공품 : 200개　• 당기착수량 : 900개　• 기말재공품 : 120개　• 공손수량 : 80개

① 5개　② 6개　③ 7개　④ 8개

11. 다음 중 부가가치세법상 간이과세자에 대한 설명으로 틀린 것은?

① 법인은 간이과세자가 될 수 없다.
② 간이과세자는 의제매입세액 공제를 받을 수 있다.
③ 간이과세자는 공급대가를 과세표준으로 한다.
④ 간이과세자도 영세율을 적용받을 수 있으나 공제세액이 납부세액을 초과하더라도 환급되지 않는다.

12. 다음 중 부가가치세법상 재화 및 용역의 공급시기에 대한 설명으로 옳지 않은 것은?

① 장기할부판매 : 대가의 각 부분을 받기로 한 때
② 내국물품 외국반출(직수출) : 수출재화의 선(기)적일
③ 무인판매기를 이용하여 재화를 공급하는 경우 : 재화가 인도되는 때
④ 완성도기준지급조건부 : 대가의 각 부분을 받기로 한 때

13. 다음 중 부가가치세법상 면세 대상 재화 또는 용역에 해당하지 않는 것은?

① 주택과 그 부수토지(범위 내)의 임대용역
② 고속철도에 의한 여객운송용역
③ 연탄과 무연탄
④ 금융·보험용역

14. 다음 중 소득세법상 인적공제에 대한 설명으로 가장 옳은 것은?

① 기본공제 대상 판정에 있어 소득금액 합계액은 종합소득금액, 퇴직소득금액, 양도소득금액을 합하여 판단한다.
② 배우자가 없는 거주자로서 기본공제대상자인 자녀가 있는 경우에도 종합소득금액이 3천만원을 초과하는 경우에는 한부모 추가공제를 적용받을 수 없다.
③ 형제자매의 배우자는 공제대상 부양가족에 포함한다.
④ 부양기간이 1년 미만인 부양가족에 대한 인적공제는 월할 계산한다.

15. 다음 중 소득세법상 과세 대상 근로소득에 해당하지 않는 것은?

① 주주총회 등 의결기관의 결의에 따라 상여로 받는 소득
② 퇴직할 때 받은 퇴직소득에 속하지 않는 퇴직공로금
③ 사업주가 모든 종업원에게 지급하는 하계 휴가비
④ 임원이 아닌 종업원이 중소기업에서 주택 구입에 소요되는 자금을 저리 또는 무상으로 받음으로써 얻는 이익

▎실 무 시 험 ▎

㈜미수상회(회사코드 : 1052)는 제조 및 도·소매업을 영위하는 중소기업으로, 당기(10기)의 회계기간은 2024.1.1.~2024.12.31.이다. 전산세무회계 수험용 프로그램을 이용하여 다음 물음에 답하시오.

문제1 [일반전표입력] 메뉴를 이용하여 다음의 거래자료를 입력하시오. (15점)

[1] 01월 12일 미래상사㈜로부터 제품 판매대금으로 수령한 약속어음 15,000,000원을 할인하고, 할인비용 200,000원을 차감한 잔액이 보통예금에 입금되었다(단, 매각거래로 회계처리 할 것). (3점)

[2] 02월 05일 생산부 직원들에 대한 확정기여형(DC형) 퇴직연금 납입액 3,000,000원을 보통예금 계좌에서 이체하였다. (3점)

[3] 03월 31일 미납된 법인세 4,000,000원을 보통예금 계좌에서 이체하여 납부하였다(단, 미지급한 세금은 부채이다). (3점)

[4] 05월 05일 유진전자에서 5월 1일에 구입한 3,000,000원의 컴퓨터를 사회복지공동모금회에 기부하였다(단, 컴퓨터는 구입 시 비품으로 처리하였음). (3점)

[5] 06월 17일 생산부에서 사용할 청소용품을 현금으로 구입하고 아래의 간이영수증을 수령하였다(단, 당기 비용으로 처리할 것). (3점)

영 수 증 (공급받는자용)					
No.		㈜미수상회 귀하			
공급자	사업자등록번호	118-05-52158			
	상 호	서울철물	성 명	이영민	(인)
	사업장소재지	서울시 강남구 도곡동			
	업 태	도,소매	종 목	철물점	
작성년월일		공급대가 총액		비 고	
2024.06.17.		20,000원			
위 금액을 정히 **영수(청구)**함.					
월일	품목	수량	단가	공급가(금액)	
06.17.	청소용품	2	10,000원	20,000원	
합계			20,000원		
부가가치세법시행규칙 제25조의 규정에 의한 (영수증)으로 개정					

문제2 [매입매출전표입력] 메뉴를 이용하여 다음의 거래자료를 입력하시오. (15점)

[1] 01월 20일 ㈜하이마트에서 탕비실에 비치할 목적으로 냉장고를 3,300,000원(부가가치세 포함)에 구입하고, 현금영수증(지출증빙용)을 수취하였다(단, 자산으로 처리할 것). (3점)

㈜하이마트			
128-85-46204			유정아
서울특별시 구로구 구로동 2727		TEL : 02-117-2727	
홈페이지 http://www.kacpta.or.kr			
현금영수증(지출증빙용)			
구매 2024/01/20/17 : 27		거래번호 : 0031-0027	
상품명	수량	단 가	금 액
냉장고	1	3,300,000원	3,300,000원
		과 세 물 품 가 액	3,000,000원
		부 가 가 치 세 액	300,000원
		합 계	3,300,000원
		받 은 금 액	3,300,000원

[2] 02월 09일 영업부에서 비품으로 사용하던 복사기(취득가액 : 5,000,000원, 처분 시 감가상각누계액 : 2,255,000원)를 ㈜유미산업에 2,000,000원(부가가치세 별도)에 처분하고, 전자세금계산서를 발급하였다. 대금은 보통예금 계좌로 입금되었다. (3점)

[3] 07월 01일 창립기념일 선물로 영업부 직원들에게 1인당 5개씩 지급할 USB를 ㈜원테크로부터 5,000,000원(부가가치세 별도) 구입하고, 전자세금계산서를 수령하였다. 매입대금 중 500,000원은 현금으로 지급하고 나머지는 외상으로 처리하였다.

[4] 08월 27일 기계장치의 내용연수를 연장시키는 주요 부품을 교체하고, 13,200,000원(부가가치세 포함)을 광명기계에 당좌수표를 발행하여 지급하였다. 이에 대해 종이세금계산서를 수취하였다(단, 부품교체 비용은 자본적지출로 처리할 것). (3점)

[5] 09월 27일 미국 BOB사에 제품을 $30,000에 직수출(수출신고일 : 9월 15일, 선적일 : 9월 27일)하고, 수출대금은 9월 30일에 받기로 하였다. 수출과 관련된 내용은 다음과 같다(수출신고번호는 고려하지 말 것). (3점)

일 자	9월 15일 : 수출신고일	9월 27일 : 선적일	9월 30일 : 대금회수일
기준환율	1,200원/$	1,150원/$	1,180원/$

문제3 부가가치세 신고와 관련하여 다음 물음에 답하시오. (10점)

[1] 다음의 자료를 이용하여 2024년 제1기 확정신고기간에 대한 [건물등감가상각자산취득명세서]를 작성하시오(단, 모두 감가상각자산에 해당함). (3점)

일자	내 역	공급가액	부가가치세	상 호	사업자등록번호
4/8	생산부가 사용할 공장건물 구입 • 전자세금계산서 수령 • 보통예금으로 지급	500,000,000원	50,000,000원	㈜용을	130-81-50950
5/12	생산부 공장에서 사용할 포장용 기계 구입 • 전자세금계산서 수령 • 보통예금으로 지급	60,000,000원	6,000,000원	㈜광명	201-81-14367
6/22	영업부 환경개선을 위해 에어컨 구입 • 전자세금계산서 수령 • 법인카드로 결제	8,000,000원	800,000원	㈜ck전자	203-81-55457

[2] 다음 자료를 이용하여 2024년 제1기 확정신고기간의 [부가가치세신고서]만을 작성하시오(단, 불러오는 데이터 값은 무시하고 새로 입력할 것). (5점)

구 분	자 료
매출자료	• 전자세금계산서 발급분 과세 매출액 : 공급가액 500,000,000원, 세액 50,000,000원 • 해외 직수출에 따른 매출 : 공급가액 100,000,000원, 세액 0원
매입자료	• 전자세금계산서 발급받은 매입내역 	구 분	공급가액	세 액
---	---	---
일반 매입	185,000,000원	18,500,000원
일반 매입(접대성 물품)	5,000,000원	500,000원
기계장치 매입	100,000,000원	10,000,000원
합 계	290,000,000원	29,000,000원 | • 신용카드 사용분 매입내역 | 구 분	공급가액	세 액
---	---	---
일반 매입	5,000,000원	500,000원
사업과 관련없는 매입	1,000,000원	100,000원
비품(고정) 매입	3,000,000원	300,000원
예정신고누락분(일반 매입)	1,000,000원	100,000원
합 계	10,000,000원	1,000,000원	
기타	• 전자세금계산서의 발급 및 국세청 전송은 정상적으로 이루어졌다. • 예정신고누락분은 확정신고 시에 반영하기로 한다. • 국세청 홈택스로 전자신고하여 전자신고세액공제를 받기로 한다.

[3] ㈜미수상회의 제2기 확정 부가가치세 신고서를 작성 및 마감하여 가상 홈텍스에서 부가가치세 신고를 수행하시오. (2점)

1. 부가가치세신고서와 관련 부속서류는 마감되어 있다.
2. [전자신고] → [국세청 홈택스 전자신고변환(교육용)] 순으로 진행한다.
3. 전자신고용 전자파일 제작 시 신고인 구분은 2.납세자 자진신고로 선택하고, 비밀번호는 "12341234"로 입력한다.
4. 전자신고용 전자파일 저장경로는 로컬디스크(C :)이며, 파일명은 "enc작성연월일.101.v2228114476"이다.
5. 최종적으로 국세청 홈택스에서 [전자파일 제출하기]를 완료한다.

문제4 다음 결산자료를 입력하여 결산을 완료하시오. (15점)

[1] 아래의 차입금 관련 자료를 이용하여 결산일까지 발생한 차입금 이자비용에 대한 당해연도분 미지급비용을 인식하는 회계처리를 하시오(단, 이자비용은 만기 시에 지급하고, 월할 계산한다). (3점)

- 금융기관 : ㈜은아은행
- 대출금액 : 300,000,000원
- 대출기간 : 2024년 05월 01일~2025년 04월 30일
- 대출이자율 : 연 2.0%

[2] 12월 1일 장부상 현금보다 실제 현금이 86,000원 많은 것을 발견하여 현금과부족으로 회계처리 하였으나 기말까지 원인을 파악하지 못했다. (3점)

[3] 다음은 제2기 확정신고기간의 부가가치세 관련 자료이다. 12월 31일에 부가세대급금과 부가세예수금을 정리하는 회계처리를 하시오. 단, 입력된 데이터는 무시하고, 납부세액(또는 환급세액)은 미지급세금(또는 미수금), 가산세는 세금과공과(판), 경감세액은 잡이익으로 처리하시오. (3점)

- 부가세대급금 : 31,400,000원
- 전자세금계산서미발급가산세 : 60,000원
- 부가세예수금 : 25,450,000원
- 전자신고세액공제액 : 10,000원

[4] 전기에 미래은행으로부터 차입한 장기차입금 20,000,000원의 만기일은 2025년 3월 30일이다. (3점)

[5] 결산일 현재 무형자산인 영업권의 전기말 상각 후 미상각잔액은 200,000,000원으로, 이 영업권은 작년 1월 초 250,000,000원에 취득한 것이다. 단, 회사는 무형자산에 대하여 5년간 월할 균등상각하고 있으며, 상각기간 계산 시 1월 미만은 1월로 간주한다. 이에 대한 회계처리를 하시오. (3점)

문제5 2024년 귀속 원천징수자료와 관련하여 다음의 물음에 답하시오. (15점)

[1] 다음은 영업부 소속인 이영환(사번 : 501)의 급여 관련 자료이다. 필요한 [수당공제등록]을 하고 5월분 [급여자료입력]과 [원천징수이행상황신고서]를 작성하시오. (5점)

1. 5월의 급여 지급내역은 다음과 같다.

이름 : 이영환			지급일 : 2024년 5월 31일	
	기 본 급	3,000,000원	국민연금	135,000원
	직책수당	400,000원	건강보험	120,000원
(비과세)	식 대	200,000원	장기요양보험	14,720원
(비과세)	자가운전보조금	200,000원	고용보험	28,000원
(비과세)	육아수당	100,000원	소 득 세	142,220원
-			지방소득세	14,220원
급여 합계		3,900,000원	공제합계	454,160원
			차인지급액	3,445,840원

2. 수당공제등록 시 다음에 주의하여 입력한다.
   • 수당등록 시 사용하는 수당 이외의 항목은 사용 여부를 "부"로 체크한다.
     (단, 월정액 여부와 통상임금 여부는 무시할 것)
   • 공제등록은 그대로 둔다.
3. 급여자료입력 시 다음에 주의하여 입력한다.
   • 비과세에 해당하는 항목은 모두 요건을 충족하며, 최대한 반영하기로 한다.
   • 공제항목은 불러온 데이터는 무시하고 직접 입력하여 작성한다.
4. 원천징수는 매월하고 있으며, 전월 미환급세액은 200,000원이다.

[2] 다음은 최미남(사번 : 502, 입사일 : 2024.01.01.) 사원의 2024년 연말정산 관련 자료이다. [연말정산추가자료입력] 메뉴의 [부양가족] 탭을 수정하고, [연금저축] 탭과 [연말정산입력] 탭을 작성하시오(단, 근로자 본인의 세부담이 최소화되도록 한다). (10점)

1. 가족사항 (모두 동거하며, 생계를 같이한다. 제시된 자료 외의 다른 소득은 없다)

관 계	성 명	주민등록번호	소 득	비 고
본 인	최미남	791030-1019180	총급여 7,000만원	세대주
어머니	박희수	520324-2095850	일용근로소득 300만원	
배우자	김연우	820515-2054951	종합과세금융소득 3,000만원	
딸	최지우	160123-4092049	소득 없음	초등학생
아 들	최건우	171224-3069713	소득 없음	초등학생

※ 기본공제대상자가 아닌 경우도 기본공제 "부"로 입력할 것

2. 연말정산 자료
※ 국세청 홈택스 및 기타 증빙을 통해 확인된 자료이며, 별도의 언급이 없는 한 국세청 홈택스 연말정산간소화서비스에서 조회된 자료이다.

구 분	내 용
보험료	• 최미남 보장성보험료 : 1,600,000원 • 최지우 보장성보험료 : 500,000원 • 최건우 보장성보험료 : 450,000원
교육비	• 최미남 대학원 수업료 : 5,000,000원 • 김연우 사이버대학 수업료 : 750,000원 • 최지우 영어보습학원비 : 1,200,000원 • 최건우 컴퓨터학원비 : 1,000,000원
의료비	※ 의료비는 의료비지급명세서(부양가족 탭)에 반영할 것 • 최미남 질병 치료비 : 1,500,000원 (최미남 신용카드 결제) • 최미남 시력보정용 안경 구입비용 : 500,000원 (최미남 신용카드 결제) - 구입처 : 대학안경점(사업자등록번호 605-26-23526) - 의료비증빙코드는 기타영수증으로 입력할 것 • 박희수 질병 치료비 : 3,250,000원(최미남 신용카드 결제) - 보험업법에 따른 보험회사에서 실손의료보험금 1,000,000원 지급 받음
신용카드 등 사용액	• 최미남 신용카드 사용액 : 22,000,000원(전통시장/대중교통/도서 등 사용분 없음) • 최미남 현금영수증 사용액 : 2,200,000원(전통시장/대중교통/도서 등 사용분 없음) • 김연우 신용카드 사용액 : 3,100,000원(전통시장/대중교통/도서 등 사용분 없음) • 최미남 신용카드 사용액에는 의료비 지출액이 모두 포함된 금액이다.
기타	• 최미남 연금저축계좌 : 1,200,000원 (2024년도 납입분, ㈜국민은행 계좌번호 : 243-910750-72209)

제106회 전산세무 2급 기출문제

수원산업㈜ (코드번호 : 1062)

■ 이 론 시 험 ■

1. 다음 중 재무제표 작성과 표시에 대한 설명으로 틀린 것은?

① 자산과 부채는 1년을 기준으로 하여 유동자산 또는 비유동자산, 유동부채 또는 비유동부채로 구분하는 것을 원칙으로 한다.
② 중요하지 않은 항목이라도 성격이나 기능이 유사한 항목과 통합하여 표시할 수 없다.
③ 자산과 부채는 유동성이 높은 항목부터 배열하는 것을 원칙으로 한다.
④ 자본은 자본금, 자본잉여금, 자본조정, 기타포괄손익누계액, 이익잉여금(또는 결손금)으로 분류된다.

2. 다음 중 현금및현금성자산으로 분류되는 것은?

① 사용 제한 기간이 1년 이내인 보통예금
② 취득 당시 만기가 1년 이내에 도래하는 금융상품
③ 당좌차월
④ 3개월 이내 환매 조건을 가진 환매채

3. 다음 자료를 이용하여 유동부채에 포함될 금액을 구하면 얼마인가?

• 외상매입금	100,000,000원	• 퇴직급여충당부채	500,000,000원
• 선수금	5,000,000원	• 사채	50,000,000원
• 미지급금	3,000,000원		

① 655,000,000원 ② 158,000,000원 ③ 108,000,000원 ④ 58,000,000원

4. 다음 중 유가증권에 대한 설명으로 틀린 것은?

① 단기매매증권에 대한 미실현보유손익은 기타포괄손익누계액으로 처리한다.
② 단기매매증권이 시장성을 상실한 경우에는 매도가능증권으로 분류하여야 한다.
③ 매도가능증권에 대한 미실현보유손익은 기타포괄손익누계액으로 처리한다.
④ 만기가 확정된 채무증권으로서 상환금액이 확정되었거나 확정이 가능한 채무증권을 만기까지 보유할 적극적인 의도와 능력이 있는 경우에는 만기보유증권으로 분류한다.

5. 다음 중 자본에 영향을 미치는 거래에 해당하지 않는 것은?

① 보통주 500주를 1주당 500,000원에 신규발행하여 증자하였다.
② 정기주주총회에서 현금배당 1,000,000원을 지급하는 것으로 결의하였다.
③ 영업부에서 사용할 비품을 1,500,000원에 구입하고 대금은 현금으로 지급하였다.
④ 직원들에게 연말 상여금 2,000,000원을 현금으로 지급하였다.

6. 다음 중 원가 집계과정에 대한 설명으로 틀린 것은?

① 당기제품제조원가(당기완성품원가)는 재공품 계정의 차변으로 대체된다.
② 당기총제조원가는 재공품 계정의 차변으로 대체된다.
③ 당기제품제조원가(당기완성품원가)는 제품 계정의 차변으로 대체된다.
④ 제품매출원가는 매출원가 계정의 차변으로 대체된다.

7. 다음 중 의사결정과의 관련성에 따른 원가에 대한 설명으로 틀린 것은?

① 매몰원가 : 과거의 의사결정으로 이미 발생한 원가로서 어떤 의사결정을 하더라도 회수할 수 없는 원가
② 기회원가 : 자원을 현재 용도 이외에 다른 용도로 사용했을 경우 얻을 수 있는 최대 금액
③ 관련원가 : 의사결정 대안 간에 차이가 나는 원가로 의사결정에 영향을 주는 원가
④ 회피불능원가 : 어떤 의사결정을 하더라도 절약할 수 있는 원가

8. 다음의 그래프가 나타내는 원가에 대한 설명으로 가장 옳은 것은?

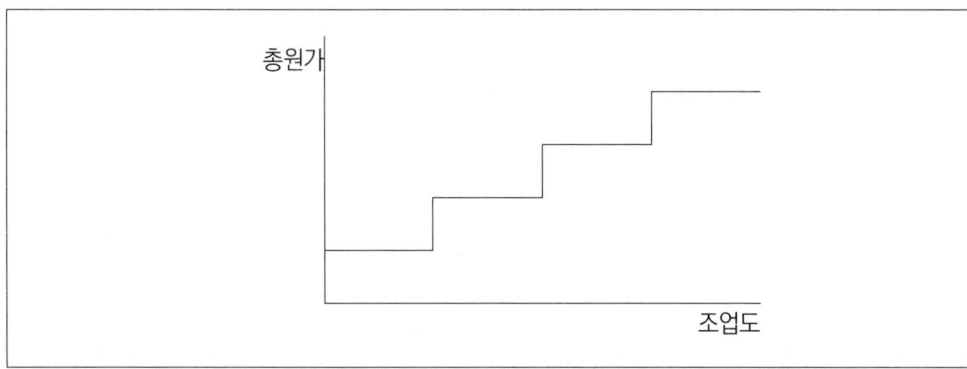

① 변동원가와 고정원가가 혼합된 원가이므로 혼합원가(Mixed Costs)라고도 한다.
② 일정한 범위의 조업도 내에서는 총원가가 일정하지만 조업도 구간이 달라지면 총액(총원가)이 달라진다.
③ 대표적인 예로는 전기요금, 수도요금 등이 있다.
④ 조업도의 변동과 관계없이 일정하게 발생하는 고정원가와 조업도의 변동에 따라 비례하여 발생하는 변동원가의 두 가지 요소를 모두 가지고 있다.

9. ㈜한양은 직접노무시간을 기준으로 제조간접원가를 예정배부하고 있다. 제조간접원가예산 총액은 3,000,000원이며, 예정 직접노무시간과 실제 직접노무시간은 30,000시간으로 동일하다. 제조간접원가 100,000원 과소배부 되었을 경우 실제 제조간접원가 발생액은 얼마인가?

① 2,900,000원　② 3,000,000원　③ 3,100,000원　④ 3,200,000원

10. 다음은 제조회사인 ㈜가림의 원가 관련 자료이다. 아래의 자료를 바탕으로 구한 평균법에 의한 완성품 단위당 제조원가는 얼마인가? 단, 모든 제조원가는 공정 전반에 걸쳐 균등하게 투입된다.

- 기초재공품원가 : 직접재료원가 500,000원, 가공원가 : 500,000원
- 당기제조원가 : 직접재료원가 7,000,000원, 가공원가 : 6,000,000원
- 완성품수량 : 5,000개
- 기말재공품수량 : 2,500개(완성도 80%)

① 1,500원　② 1,700원　③ 1,800원　④ 2,000원

11. 다음 중 우리나라의 부가가치세법에 대한 설명으로 옳은 것은?

> 가. 우리나라 부가가치세는 간접세 이다.
> 나. 우리나라 부가가치세는 생산지국과세원칙을 적용하고 있다.
> 다. 우리나라 부가가치세는 지방세 이다.
> 라. 우리나라 부가가치세는 전단계거래액공제법 이다.

① 가　　　　② 가, 나　　　　③ 가, 다　　　　④ 가, 라

12. 다음 중 부가가치세법상 납세지에 대한 설명으로 틀린 것은? 단, 예외 사항은 없는 것으로 한다.

① 광업 : 광업사무소의 소재지
② 제조업 : 최종제품을 완성하는 장소
③ 부동산임대업 : 사업에 관한 업무를 총괄하는 장소
④ 법인 건설업 : 법인의 등기부상 소재지

13. 다음 중 소득세법상 기본원칙에 대한 설명으로 가장 옳지 않은 것은?

① 종합소득은 원칙적으로 종합과세하고, 퇴직소득과 양도소득은 분류과세한다.
② 사업소득이 있는 거주자의 종합소득세 납세지는 사업장의 소재지로 한다.
③ 소득세의 과세기간은 1월 1일부터 12월 31일까지를 원칙으로 한다.
④ 종합소득세 산출세액 계산 시 종합소득과세표준에 따라 6%~45%의 누진세율이 적용된다.

14. 소득세법상 아래의 자료에 의한 소득만 있는 거주자의 종합소득금액을 계산하면 얼마인가? 단, 이월결손금은 전년도의 부동산임대업을 제외한 사업소득에서 발생한 금액이다.

> • 부동산임대 이외의 사업소득금액 : 35,000,000원　　• 근로소득금액 : 10,000,000원
> • 부동산(상가)임대 사업소득금액 : 15,000,000원　　• 퇴직소득금액 : 70,000,000원
> • 이월결손금 : 50,000,000원

① 10,000,000원　　② 35,000,000원　　③ 60,000,000원　　④ 80,000,000원

15. 다음 중 소득세법에서 규정하고 있는 원천징수세율이 가장 낮은 소득은 무엇인가?

① 복권당첨소득 중 3억원 초과분　　② 비실명 이자소득
③ 이자소득 중 비영업대금이익　　　④ 일용근로자의 근로소득

실 무 시 험

수원산업㈜(코드번호 : 1062)는 제조 및 도·소매업을 영위하는 중소기업으로, 당기 회계기간은 2024.1.1.~2024.12.31.이다. 전산세무회계 수험용 프로그램을 이용하여 다음 물음에 답하시오.

문제1 다음 거래를 일반전표입력 메뉴에 추가 입력하시오.(15점)

[1] 03월 20일 회사는 보유하고 있던 자기주식 300주(1주당 15,000원에 취득)를 모두 주당17,000원에 처분하고, 대금은 보통예금 계좌로 수령하였다(단, 처분일 현재 자기주식처분손익 잔액을 조회하여 반영할 것). (3점)

[2] 03월 31일 액면가액 100,000,000원(5년 만기)인 사채를 102,000,000원에 발행하였으며, 대금은 전액 보통예금 계좌로 받았다. (3점)

[3] 04월 30일 다음은 4월 급여내역으로서 급여 지급일은 4월 30일이며, 보통예금 계좌에서 지급하였다(단, 하나의 전표로 처리할 것). (3점)

부 서	성 명	총급여	소득세 등 공제합계	차감지급액
영업부	박유미	2,400,000원	258,290원	2,141,710원
제조부	이옥섭	2,100,000원	205,940원	1,894,060원
합 계		4,500,000원	464,230원	4,035,770원

[4] 05월 13일 ㈜진아로부터 외상매출금 50,000,000원을 조기 회수함에 따른 제품 매출할인액(할인율 1%)을 차감한 나머지 금액을 보통예금 계좌로 입금받았다(단, 부가가치세는 고려하지 말 것). (3점)

[5] 08월 25일 2024년 제1기 확정신고기간의 부가가치세 미납세액 5,000,000원(미지급세금으로 처리함)과 납부지연가산세 200,000원을 법인카드(국민카드)로 납부하였다. 국세 카드납부대행수수료는 결제금액의 2%가 부과된다. 단, 미지급 카드 대금은 미지급금, 가산세는 세금과공과(판), 카드수수료는 수수료비용(판)으로 처리하고, 하나의 전표로 회계처리 하시오. (3점)

문제2 [매입매출전표입력] 메뉴를 이용하여 다음의 거래자료를 입력하시오. (15점)

[1] 01월 23일 전기에 당사가 ㈜유진물산에 외상으로 판매한 제품(공급가액 5,000,000원, 세액 500,000원)에 관한 공급계약이 해제되어 현행 부가가치세법에 따라 아래와 같은 수정전자세금계산서를 발급하였다. (3점)

수정전자세금계산서

승인번호		20240123-15454645-58811886				

공급자
- 등록번호: 602-81-48930
- 상호(법인명): 수원산업㈜
- 성명: 이준영
- 사업장주소: 경기도 수원시 장안구 파장천로44번길 30
- 업태: 제조 외
- 종목: 컴퓨터 및 주변장치 외

공급받는자
- 등록번호: 150-81-21411
- 상호(법인명): ㈜유진물산
- 성명: 최유진
- 사업장주소: 서울시 서초구 명달로 105
- 업태: 도소매
- 종목: 전자제품

작성일자	공급가액	세액	수정사유	비고
2024-01-23	-5,000,000원	-500,000원	계약해제	

월	일	품목	규격	수량	단가	공급가액	세액	비고
1	23	제품				-5,000,000원	-500,000원	

합계금액	현금	수표	어음	외상미수금	
-5,500,000원				-5,500,000원	위 금액을 (청구) 함

[2] 02월 01일 업무용으로 사용할 목적으로 거래처 ㈜기대로부터 업무용승용차(990cc)를 중고로 10,000,000원(부가가치세 별도)에 구입하였다. 대금은 한 달 후에 지급하기로 하고, 종이세금계산서를 발급받았다. (3점)

[3] 03월 24일 구매확인서에 의하여 수출업체인 ㈜상도무역에 제품을 납품하고 다음의 영세율 전자세금계산서를 발급하였다. 대금은 다음 달에 지급받기로 하였다(단, 서류번호 입력은 생략). (3점)

전자세금계산서

| 승인번호 | 20240324-15454645-58811886 |

공급자
- 등록번호: 602-81-48930
- 상호(법인명): 수원산업㈜
- 성명: 이준영
- 사업장주소: 경기도 수원시 장안구 파장천로44번길 30
- 업태: 제조 외
- 종목: 컴퓨터 및 주변장치 외

공급받는자
- 등록번호: 130-81-55668
- 상호(법인명): ㈜상도무역
- 성명: 김영수
- 사업장주소: 서울시 서초구 강남대로 253
- 업태: 도소매, 무역
- 종목: 전자제품

작성일자	공급가액	세액	수정사유	비고
2024-03-24	30,000,000원	0원	해당 없음	구매확인서

월	일	품목	규격	수량	단가	공급가액	세액	비고
3	24	제품	SET	10	3,000,000원	30,000,000원	0원	

합계금액	현금	수표	어음	외상미수금	
30,000,000원				30,000,000원	위 금액을 **(청구)** 함

[4] 04월 01일 판매한 제품을 배송하기 위하여 ㈜장수운송(일반과세자)에 운반비를 현금으로 지급하고 현금영수증(지출증빙용)을 발급받았다. (3점)

Hometax. 국세청홈택스 현금영수증

●거래정보
- 거래일시: 2024-04-01 13:06:22
- 승인번호: G00260107
- 거래구분: 승인거래
- 거래용도: 지출증빙
- 발급수단번호: 602-81-48930

●거래금액

공급가액	부가세	봉사료	총 거래금액
500,000	50,000	0	550,000

●가맹점 정보
- 상호: ㈜장수운송
- 사업자번호: 114-81-80641
- 대표자명: 남재안
- 주소: 서울시 송파구 문정동 101-2

[5] 05월 20일 생산부 직원들이 온리푸드에서 회식을 하고, 식사비용 495,000원(부가가치세 포함)을 법인카드인 국민카드로 결제하였다(단, 카드매입에 대한 부가가치세 매입세액 공제요건은 충족하며, 미결제 카드대금은 미지급금으로 처리할 것). (3점)

문제3 부가가치세신고와 관련하여 다음 물음에 답하시오.(10점)

[1] 다음 자료를 바탕으로 제2기 확정신고기간(2024.10.01.~2024.12.31.)의 부동산임대공급가액명세서를 작성하시오(단, 간주임대료에 대한 정기예금 이자율은 3.5%로 가정한다). (2점)

동수	층수	호수	면적(㎡)	용도	임대 기간	보증금(원)	월세(원)	관리비(원)
1	2	201	120	사무실	2022.12.01.~2024.11.30.	30,000,000	1,700,000	300,000
					2024.12.01.~2026.11.30.	50,000,000	1,700,000	300,000

• 위 사무실은 세무법인 우람(101-86-73232)에게 2022.12.01. 최초로 임대를 개시하였으며, 2년 경과 후 계약기간이 만료되어 2024.12.01. 임대차계약을 갱신하면서 보증금만 인상하기로 하였다.
• 월세와 관리비에 대해서는 정상적으로 세금계산서를 발급하였으며, 간주임대료에 대한 부가가치세는 임대인이 부담하고 있다.

[2] 다음의 자료만을 이용하여 2024년 제2기 확정신고기간(10월 1일~12월 31일)의 [부가가치세신고서]를 직접 입력하여 작성하시오(부가가치세신고서 외의 기타 부속서류의 작성은 생략하며, 불러온 데이터 값은 무시하고 새로 입력할 것). (6점)

매출자료	• 전자세금계산서 매출액 : 공급가액 250,000,000원, 세액 25,000,000원
	  – 영세율 매출은 없음
	• 신용카드 매출액 : 공급가액 30,000,000원, 세액 3,000,000원
	  – 신용카드 매출액은 전자세금계산서 발급분(공급가액 10,000,000원, 세액 1,000,000원)이 포함되어 있음

매입자료	• 전자세금계산서 매입액 : 공급가액 180,000,000원, 세액 18,000,000원
	  – 전자세금계산서 매입액은 업무용승용차(5인승, 2,000cc) 매입(공급가액 30,000,000원, 세액 3,000,000원)이 포함되어 있으며, 나머지는 원재료 매입액 이다.
	• 신용카드 매입액 : 공급가액 25,000,000원, 세액 2,500,000원
	  – 전액 직원 복리후생 관련 매입액임

예정신고 누락분	• 전자세금계산서 과세 매출액 : 공급가액 20,000,000원, 세액 2,000,000원 – 부당과소신고에 해당하지 않음
기 타	• 예정신고 누락분은 확정신고 시 반영하기로 한다. • 2024년 제2기 예정신고 시 당초 납부기한은 2024.10.25.이며, 2024년 제2기 확정신고 및 납부일은 2025.01.25.이다. • 국세청 홈택스를 통해 전자신고하고 전자신고세액공제를 받기로 한다. • 전자세금계산서의 발급 및 전송은 정상적으로 이뤄졌다. • **납부지연가산세 계산시 1일 2.2/10,000로 가정**한다.

[3] 다음의 자료를 이용하여 2024년 제2기 부가가치세 예정신고기간(7월~9월)의 [부가가치세신고서]와 관련 부속서류를 전자신고하시오. (2점)

1. 부가가치세신고서와 관련 부속서류는 마감되어 있다.
2. [전자신고] → [국세청 홈택스 전자신고변환(교육용)] 순으로 진행한다.
3. 전자신고용 전자파일 제작 시 신고인 구분은 2.납세자 자진신고로 선택하고, 비밀번호는 "12341234"로 입력한다.
4. 전자신고용 전자파일 저장경로는 로컬디스크(C :)이며, 파일명은 "**enc작성연월일.101.v6028148930**"이다.
5. 최종적으로 국세청 홈택스에서 [전자파일 제출하기]를 완료한다.

문제4 다음 결산자료를 입력하여 결산을 완료하시오. (15점)

[1] 영업부가 7월에 구입한 소모품 800,000원 중 결산일까지 미사용한 소모품은 500,000원이다. 당사는 소모품 구입 시 전액 자산으로 계상하였다(단, 자산에 대한 계정과목은 소모품을 사용할 것). (3점)

[2] 전기에 하나은행에서 차입한 $10,000가 당기 결산일 현재 외화장기차입금으로 남아 있으며, 일자별 기준환율은 다음과 같다. (3점)

- 차입일 현재 환율 : 1,500원/$
- 전기말 현재 환율 : 1,575원/$
- 당기말 현재 환율 : 1,545원/$

[3] 일반기업회계기준에 따라 2024년말 현재 보유 중인 매도가능증권(2023년 중 취득)에 대하여 결산일 회계처리를 하시오(단, 매도가능증권은 비유동자산으로 가정함). (3점)

주식명	주식수	1주당 취득원가	2023년말 1주당 공정가치	2024년말 1주당 공정가치
㈜세모전자	100주	2,000원	3,300원	3,000원

[4] 매출채권(외상매출금, 받을어음) 잔액에 대하여 대손율 1%의 대손충당금을 보충법으로 설정하시오. (3점)

[5] 기말 현재 당기분 법인세(지방소득세 포함)는 20,000,000원으로 산출되었다. 단, 당기분 법인세 중 간예납세액 8,300,000원과 이자소득 원천징수세액 700,000원은 선납세금으로 계상되어 있다. (3점)

문제5 2024년 귀속 원천징수자료와 관련하여 다음의 물음에 답하시오.(15점)

[1] 다음 자료를 바탕으로 [사원등록] 메뉴를 이용하여 사무직 사원 강하나(내국인, 거주자, 여성, 세대주, 배우자 없음)의 [부양가족명세] 탭을 알맞게 수정하고, [수당공제] 등록과 5월의 [급여자료입력]을 수행하시오. (5점)

1. 부양가족 명세

성 명	관 계	주민등록번호	내/외국인	동거 여부	비 고
강하나	본인	830630-2046513	내국인	세대주	근로소득 총급여액 3,000만원
강인우	본인의 아버지	530420-1088614	내국인	주거형편상 별거	양도소득금액 90만원
유지인	본인의 어머니	560730-2022178	내국인	주거형편상 별거	근로소득 총급여액 500만원
이민주	본인의 딸	040805-4013177	내국인	동 거	소득 없음
이자유	본인의 아들	080505-3043311	내국인	동 거	소득 없음
강하늘	본인의 언니	800112-2055235	내국인	동 거	소득 없음, 장애인(중증환자)

2. 5월분 급여자료

이 름	강하나	지급일	5월 31일
기본급	2,000,000원	소 득 세	19,520원
식 대	100,000원	지방소득세	1,950원
자가운전보조금	200,000원	국민연금	85,500원
		건강보험	59,280원
		장기요양보험	7,270원
		고용보험	16,000원
급여계	2,300,000원	공제합계	189,520원
		지급총액	2,110,480원

• 식대 : 당 회사는 현물 식사를 별도로 제공하고 있지 않다.

• 자가운전보조금 : 당사는 본인 명의의 차량을 업무 목적으로 사용한 직원에게만 자가운전보조금을 지급하고 있으며, 실제 발생한 교통비를 별도로 지급하지 않는다.

  ※ 수당등록 시 월정액 및 통상임금은 고려하지 않으며, 사용하는 수당 이외의 항목은 사용 여부를 "부"로 체크한다.
  ※ 급여자료입력 시 공제항목의 불러온 데이터는 무시하고 직접 입력하여 작성한다.

[2] 2024년 6월 10일에 입사한 사원 문지율(사번 : 125, 남성, 세대주) 씨의 2024년 귀속 연말정산 관련 자료는 다음과 같다. [연말정산추가자료입력] 메뉴를 이용하여 전(前)근무지 관련 근로소득원천징수영수증은 [소득명세] 탭에 입력하고, 나머지 자료에 따라 [부양가족] 탭 및 [의료비지급명세서(부양가족 탭)]와 [연말정산입력] 탭을 입력하시오(단, 제시된 소득 이외의 소득은 없으며, 세부담 최소화를 가정한다). (10점)

1. 전(前)근무지 근로소득원천징수영수증
- 근무기간 : 2024.01.01.~2024.06.01.
- 근무처 : 주식회사 영일전자(사업자등록번호 : 603-81-01281)
- 급여 : 16,200,000원, 상여 : 3,000,000원

세액명세	소득세	지방소득세	공제보험료 명세	건강보험료	113,230원
결정세액	100,000원	10,000원		장기요양보험료	13,890원
기납부세액	300,000원	30,000원		고용보험료	25,920원
차감징수세액	-200,000원	-20,000원		국민연금보험료	145,800원

2. 가족사항 : 모두 생계를 같이함

성 명	관 계	주민 번호	비 고
문지율	본 인	741010-1051558	총급여액 5,000만원
김민성	배우자	770101-2003630	일용근로소득금액 1,200만원
문가영	자 녀	071027-4008683	소득 없음
문가빈	자 녀	071027-4008683	소득 없음

※ 기본공제대상자가 아닌 경우도 기본공제 "부"로 입력할 것

3. 연말정산추가자료(모두 국세청 연말정산간소화서비스에서 조회한 자료임)

항목	내용
보험료	• 문지율(본인) : 자동차운전자보험료 120만원 • 문가영(자녀) : 일반보장성보험료 50만원
의료비	• 김민성(배우자) : 질병 치료비 200만원 　　　　　(실손의료보험금 수령액 50만원, 문지율의 신용카드로 결제) • 문가빈(자녀) : 콘택트렌즈 구입 비용 60만원(문지율의 신용카드로 결제)
교육비	• 문지율(본인) : 대학원 등록금 1,000만원 • 문가영(자녀) : 고등학교 교복 구입비 70만원, 체험학습비 20만원 • 문가빈(자녀) : 고등학교 교복 구입비 50만원, 영어학원비 100만원
신용카드 등 사용액	• 문지율(본인) 신용카드 3,200만원(아래의 항목이 포함된 금액임) 　- 전통시장 사용분 150만원 　- 대중교통 사용분 100만원 　- 도서공연등 사용분 100만원 　- 배우자 및 자녀의 의료비 지출액 260만원 • 문지율(본인) 현금영수증 : 300만원 • 김민성(배우자) 현금영수증 : 150만원

제107회 전산세무 2급 기출문제

㈜파쇄상사 (코드번호 : 1072)

■ 이 론 시 험 ■

1. 다음 중 재고자산의 취득원가에 포함되지 않는 것은?
① 부동산매매업자가 부동산(재고자산)을 취득하기 위하여 지출한 취득세
② 컴퓨터를 수입하여 판매하는 소매업자가 컴퓨터를 수입하기 위하여 지출한 하역료
③ 가전제품 판매업자가 가전제품을 홍보하기 위하여 지출한 광고비
④ 제품 제조과정에서 발생하는 직접재료원가

2. 다음 중 아래 자료의 거래로 변동이 있는 자본 항목끼리 바르게 짝지어진 것은?

> ㈜한국은 자기주식 300주(주당 액면금액 500원)를 주당 600원에 취득하여 200주는 주당 500원에 매각하고, 나머지 100주는 소각하였다. ㈜한국의 자기주식 취득 전 자본 항목은 자본금뿐이다.

① 자본금, 자본잉여금
② 자본잉여금, 자본조정
③ 자본금, 자본조정
④ 자본조정, 기타포괄손익누계액

3. 아래의 자료를 이용하여 2024년 매도가능증권처분손익을 구하면 얼마인가?

> • 2023년 03월 01일 : 매도가능증권 1,000주를 주당 7,000원에 취득하였다.
> • 2023년 12월 31일 : 매도가능증권 1,000주에 대하여 기말 공정가치로 평가하고, 매도가능증권평가이익 2,000,000원을 인식하였다.
> • 2024년 03월 01일 : 매도가능증권 100주를 주당 6,000원에 처분하였다.
> • 위 거래 이외에 매도가능증권 관련 다른 거래는 없었다.

① 매도가능증권처분이익 100,000원
② 매도가능증권처분손실 100,000원
③ 매도가능증권처분이익 200,000원
④ 매도가능증권처분손실 200,000원

4. 다음 중 충당부채에 대한 설명으로 가장 옳지 않은 것은?

① 충당부채의 명목금액과 현재가치의 차이가 중요한 경우에는 의무를 이행하기 위해 예상되는 지출액의 미래가치로 평가한다.
② 충당부채는 최초의 인식시점에서 의도한 목적과 용도로만 사용해야 한다.
③ 충당부채로 인식하기 위해서는 과거 거래의 결과로 현재 의무가 존재하여야 하고, 그 의무를 이행하기 위해 자원이 유출될 가능성이 매우 높아야 한다.
④ 충당부채로 인식하는 금액은 현재의무를 이행하는데 소요되는 지출에 대한 보고기간 말 현재 최선의 추정치여야 한다.

5. 2024년 12월 31일 ㈜순양은 영업부가 사용하던 승합자동차를 중고차 매매 중개사이트를 이용하여 8,000,000원에 처분하고, 중고차 매매 중개사이트의 중개수수료 150,000원을 차감한 후 7,850,000원을 지급받았다. 다음은 처분한 승합자동차 관련 자료로 아래의 감가상각 방법에 의하여 감가상각 하였다. 아래의 자료를 이용하여 계산한 유형자산처분손익은 얼마인가?

구 분	사용부서	취득가액	잔존가액	취득일	감가상각방법	내용연수
승합자동차	영업부	15,000,000원	0원	2023.01.01.	정액법	5년

① 유형자산처분이익 1,000,000원 ② 유형자산처분이익 850,000원
③ 유형자산처분손실 1,000,000원 ④ 유형자산처분손실 1,150,000원

6. 다음 중 손익계산서에서 확인할 수 있는 항목을 고르시오.

① 당기원재료사용액   ② 제조간접원가 사용액
③ 당기제품제조원가   ④ 기말재공품재고액

7. 다음 중 변동원가에 대한 설명으로 옳지 않은 것은?

① 조업도가 증가하면 단위당 변동원가도 증가한다.
② 조업도가 감소하면 총변동원가도 감소한다.
③ 직접재료원가는 대표적인 변동원가이다.
④ 일반적으로 단위당 변동원가에 조업도를 곱하여 총변동원가를 계산한다.

8. 다음 중 종합원가계산의 특징으로 가장 옳은 것은?

① 직접원가와 간접원가로 나누어 계산한다.
② 단일 종류의 제품을 연속적으로 대량 생산하는 경우에 적용한다.
③ 고객의 주문이나 고객이 원하는 형태의 제품을 생산할 때 사용되는 방법이다.
④ 제조간접원가는 원가대상에 직접 추적할 수 없으므로 배부기준을 정하여 배부율을 계산하여야 한다.

9. 다음 자료를 이용하여 직접노무원가를 계산하면 얼마인가?

- 직접원가(기초원가) 400,000원
- 가공원가 500,000원
- 당기총제조원가 800,000원

① 100,000원　② 200,000원　③ 300,000원　④ 400,000원

10. 각 부문의 용역수수관계와 원가 발생액이 다음과 같을 때, 단계배분법(가공부문의 원가부터 배분)에 따라 보조부문원가를 제조부문에 배분한 후 3라인에 집계되는 제조원가를 구하시오.

소비부문 제공부문	보조부문		제조부문	
	가공부문	연마부문	3라인	5라인
가공부문	-	50%	30%	20%
연마부문	20%	-	35%	45%
발생원가	400,000원	200,000원	500,000원	600,000원

① 690,000원　② 707,500원　③ 760,000원　④ 795,000원

11. 다음 중 부가가치세법상 신용카드매출전표 등 발급에 대한 세액공제에 관한 설명으로 틀린 것은?

① 법인사업자와 직전 연도의 재화 또는 용역의 공급가액의 합계액이 사업장별로 10억원을 초과하는 개인사업자는 적용 대상에서 제외한다.
② 신용카드매출전표 등 발급에 대한 세액공제금액은 각 과세기간마다 500만원을 한도로 한다.
③ 공제대상 사업자가 현금영수증을 발급한 금액에 대해서도 신용카드매출전표 등 발급에 대한 세액공제를 적용한다.
④ 신용카드매출전표 등 발급에 대한 세액공제금액이 납부할 세액을 초과하면 그 초과하는 부분은 없는 것으로 본다.

12. 다음은 일반과세자인 ㈜한성의 2024년 제1기 매출 관련 자료이다. 부가가치세 매출세액은 얼마인가?

• 총매출액 : 20,000,000원   • 매출에누리액 : 3,000,000원   • 판매장려금 : 1,500,000원

① 150,000원   ② 300,000원   ③ 1,550,000원   ④ 1,700,000원

13. 다음 중 부가가치세법상 의제매입세액공제에 대한 설명으로 옳은 것은?

① 법인 음식점은 의제매입세액공제를 받을 수 없다.
② 간이과세자는 의제매입세액공제를 받을 수 없다.
③ 면세농산물 등을 사용한 날이 속하는 예정신고 또는 확정신고 시 공제한다.
④ 일반과세자인 음식점은 농어민으로부터 정규증빙 없이 농산물 등을 구입한 경우에도 공제받을 수 있다.

14. 주어진 자료에 의하여 아래의 일용근로자의 근로소득에 대하여 원천징수할 세액은 얼마인가?

• 근로소득   - 일당 200,000원×4일=800,000원
• 근로소득공제   - 1일 150,000원
• 근로소득세액공제 - 근로소득에 대한 산출세액의 100분의 55

① 48,000원   ② 39,000원   ③ 12,000원   ④ 5,400원

15. 다음은 기업업무추진비(접대비)에 관한 설명이다. 아래의 빈칸에 각각 들어갈 금액으로 올바르게 짝지어진 것은?

사업자가 한 차례의 기업업무추진에 지출한 기업업무추진비 중 경조금의 경우 (가), 그 외의 경우 (나)을 초과하는 적격 증빙 미수취 기업업무추진비는 각 과세기간의 소득금액을 계산할 때 필요경비에 산입하지 아니한다.

	가	나
①	100,000원	10,000원
②	100,000원	30,000원
③	200,000원	10,000원
④	200,000원	30,000원

실무시험

㈜파쇄상회(코드번호 : 1072)는 제조 및 도·소매업을 영위하는 중소기업으로, 당기 회계기간은 2024.1.1.~2024. 12.31.이다. 전산세무회계 수험용 프로그램을 이용하여 다음 물음에 답하시오.

문제1 다음 거래를 일반전표입력 메뉴에 추가 입력하시오.(15점)

[1] 01월 31일 ㈜오늘물산의 1월 31일 현재 외상매출금 잔액이 전부 보통예금 계좌로 입금되었다(단, 거래처원장을 조회하여 입력할 것). (3점)

[2] 03월 15일 정기주주총회에서 주식배당 10,000,000원, 현금배당 20,000,000원을 실시하기로 결의하였다(단, 이월이익잉여금(코드번호 0375) 계정을 사용하고, 현금배당의 10%를 이익준비금으로 적립한다). (3점)

[3] 04월 21일 외상매출금으로 계상한 해외 매출처인 CTEK의 외화 외상매출금 $23,000 전액을 회수와 동시에 즉시 원화로 환가하여 보통예금 계좌에 입금하였다. 환율은 다음과 같다. (3점)

- 2024년 01월 03일 선적일(외상매출금 인식 시점) 적용 환율 : 1,280원/$
- 2024년 04월 21일 환가일(외상매출금 입금 시점) 적용 환율 : 1,220원/$

[4] 08월 05일 단기매매차익을 얻을 목적으로 보유하고 있는 ㈜망고의 주식 100주를 1주당 10,000원에 처분하고 대금은 수수료 등 10,000원을 차감한 금액이 보통예금 계좌로 입금되었다(단, ㈜망고의 주식 1주당 취득원가는 5,000원이다). (3점)

[5] 09월 02일 사무실을 임차하기 위하여 ㈜헤리움과 08월 02일에 체결한 임대차계약의 보증금 잔액을 보통예금 계좌에서 이체하여 지급하였다. 다음은 임대차계약서의 일부이다. (3점)

부동산임대차계약서

제1조 위 부동산의 임대차계약에 있어 임차인은 보증금 및 차임을 아래와 같이 지불하기로 한다.

보증금	일금	일천만원정 (₩ 10,000,000)
계약금	일금	일백만원정 (₩ 1,000,000)은 계약 시에 지불하고 영수함.
잔 금	일금	구백만원정 (₩ 9,000,000)은 2024년 09월 02일에 지불한다.

문제2 [매입매출전표입력] 메뉴를 이용하여 다음의 거래자료를 입력하시오. (15점)

[1] 01월 15일 회사 사옥을 신축하기 위해 취득한 토지의 중개수수료에 대하여 부동산중개법인으로부터 아래의 전자세금계산서를 수취하였다. (3점)

전자세금계산서					승인번호	20240115 - 10454645 - 53811338		
공급자	등록번호	211-81-41992	종사업장번호		공급받는자	등록번호	301-81-59626	종사업장번호	
	상호(법인명)	㈜동산	성명	오미진		상호(법인명)	㈜파쇄상회	성명	이미숙
	사업장주소	서울시 금천구 시흥대로 198-11				사업장주소	서울시 영등포구 선유동1로 1		
	업태	서비스	종목	부동산중개		업태	제조 외	종목	전자제품
	이메일	ds114@naver.com				이메일	jjsy77@naver.com		
						이메일			
작성일자		공급가액		세액		수정사유		비고	
2024-01-15		10,000,000원		1,000,000원		해당 없음			
월	일	품목	규격	수량	단가	공급가액	세액	비고
01	15	토지 중개수수료				10,000,000원	1,000,000원	
합계금액		현금		수표		어음	외상미수금	위 금액을 (**청구**) 함
11,000,000원							11,000,000원	

[2] 03월 30일 외국인(비사업자)에게 제품을 110,000원(부가가치세 포함)에 판매하고 대금은 현금으로 수령하였다(단, 구매자는 현금영수증을 요청하지 않았으나 당사는 현금영수증 의무발행사업자로서 적절하게 현금영수증을 발행하였다). (3점)

[3] 07월 20일 ㈜굳딜과 제품 판매계약을 체결하고 판매대금 16,500,000원(부가가치세 포함)을 보통예금 계좌로 입금받은 후 전자세금계산서를 발급하였다. 계약서상 해당 제품의 인도일은 다음 달 15일이다. (3점)

전자세금계산서				승인번호	20240720-000023-123547		
공급자	등록번호	301-81-59626	종사업장번호		등록번호	101-81-42001	종사업장번호	
	상호(법인명)	㈜파쇄상회	성명	이미숙	공급받는자	상호(법인명)	㈜굳딜	성명	전소민
	사업장주소	서울시 영등포구 선유동1로 1				사업장주소	경기 포천시 중앙로 8		
	업태	제조 외	종목	전자제품		업태	제조업	종목	자동차부품
	이메일	jjsy77@naver.com				이메일			
						이메일			
작성일자	공급가액	세액	수정사유	비고
2024-07-20	15,000,000원	1,500,000원	해당 없음	

월	일	품목	규격	수량	단가	공급가액	세액	비고
07	20	제품 선수금				15,000,000원	1,500,000원	

합계금액	현금	수표	어음	외상미수금	위 금액을 (영수) 함
16,500,000원	16,500,000원				

[4] 08월 20일 미국에 소재한 해외 매출거래처인 몽키에게 제품을 5,000,000원에 직수출하고 판매대금은 3개월 후에 받기로 하였다(단, 수출신고번호 입력은 생략한다). (3점)

[5] 09월 12일 영업부 사무실의 임대인으로부터 받은 전자세금계산서이다. 단, 세금계산서상에 기재된 품목별 계정과목으로 각각 회계처리 하시오. (3점)

전자세금계산서

승인번호	20240912-31000013-44346111

공급자
- 등록번호: 130-55-08114
- 상호(법인명): 미래부동산
- 성명: 편미선
- 사업장주소: 경기도 부천시 길주로 1
- 업태: 부동산업
- 종목: 부동산임대
- 이메일: futureland@estate.com

공급받는자
- 등록번호: 301-81-59626
- 상호(법인명): ㈜파쇄상회
- 성명: 이미숙
- 사업장주소: 서울시 영등포구 선유동1로 1
- 업태: 제조 외
- 종목: 전자제품
- 이메일: jjsy77@naver.com

작성일자	공급가액	세액	수정사유	비고
2024-09-12	2,800,000원	280,000원	해당 없음	

월	일	품목	규격	수량	단가	공급가액	세액	비고
09	12	임대료				2,500,000원	250,000원	
09	12	건물관리비				300,000원	30,000원	

합계금액	현금	수표	어음	외상미수금	
3,080,000원				3,080,000원	위 금액을 **(청구)** 함

문제3 부가가치세신고와 관련하여 다음 물음에 답하시오.(10점)

[1] 아래 자료만을 이용하여 2024년 제1기 부가가치세 확정신고기간(04.01.~06.30.)의 [부가가치세신고서]를 작성하시오(단, 기존에 입력된 자료 또는 불러온 자료는 무시하고, 부가가치세신고서 외의 부속서류 작성은 생략할 것). (6점)

매출자료
- 전자세금계산서 발급분 과세 매출액 : 600,000,000원(부가가치세 별도)
- 신용카드매출전표 발급분 과세 매출액 : 66,000,000원(부가가치세 포함)
- 현금영수증 발급분 과세 매출액 : 3,300,000원(부가가치세 포함)
- 중국 직수출액 : 400,000위안

일자별 환율	4월 10일 : 수출신고일	4월 15일 : 선적일	4월 20일 : 환가일
	180원/위안	170원/위안	160원/위안

- 대손세액공제 요건을 충족한 소멸시효 완성 외상매출금 : 11,000,000원(부가가치세 포함)

매입자료	• 세금계산서 수취분 매입액(일반매입) : 공급가액 400,000,000원, 세액 40,000,000원 　- 이 중 접대 물품 관련 매입액(공급가액 8,000,000원, 세액 800,000원)이 포함되어 있으며, 나머지는 과세 재고자산의 구입액이다. • 정상적으로 수취한 종이세금계산서 예정신고 누락분 : 공급가액 5,000,000원, 부가가치세 500,000원
기타자료	• 매출자료 중 전자세금계산서 지연발급분 : 공급가액 23,000,000원, 세액 2,300,000원 • 부가가치세 신고는 신고기한 내에 당사가 직접 국세청 홈택스에서 전자신고한다. • 세부담 최소화를 가정한다.

[2] 다음 자료를 이용하여 제2기 확정신고기간의 [공제받지못할매입세액명세서](「공제받지못할매입세액 내역」 및 「공통매입세액의정산내역」)를 작성하시오(단, 불러온 자료는 무시하고 직접 입력할 것). (4점)

1. 매출 공급가액에 관한 자료

구 분	과세사업	면세사업	합 계
07월~12월	450,000,000원	150,000,000원	600,000,000원

2. 매입세액(세금계산서 수취분)에 관한 자료

구 분	① 과세사업 관련			② 면세사업 관련		
	공급가액	매입세액	매수	공급가액	매입세액	매수
10월~12월	225,000,000원	22,500,000원	11매	50,000,000원	5,000,000원	3매

3. 제2기(07.01.~12.31.) 총공통매입세액 : 15,000,000원
4. 제2기 예정신고 시 공통매입세액 중 불공제매입세액 : 250,000원

문제4 다음 결산자료를 입력하여 결산을 완료하시오.(15점)

[1] 2021년 7월 1일에 개설한 푸른은행의 정기예금 100,000,000원의 만기일이 2025년 6월 30일에 도래한다. (3점)

[2] 2024년 4월 1일 우리㈜에게 70,000,000원을 대여하고 이자는 2025년 3월 31일 수령하기로 하였다(단, 약정이자율은 연 6%, 월할 계산할 것). (3점)

[3] 당기 중 현금 시재가 부족하여 현금과부족으로 처리했던 623,000원을 결산일에 확인한 결과 내용은 다음과 같다(단, 하나의 전표로 입력하고, 항목별로 적절한 계정과목을 선택할 것). (3점)

내 용	금 액
불우이웃돕기 성금	500,000원
생산부에서 발생한 운반비(간이영수증 수령)	23,000원
영업부 거래처 직원의 결혼 축의금	100,000원

[4] 결산일 현재 재고자산을 실사 평가한 결과는 다음과 같다. 기말재고자산 관련 결산분개를 하시오(단, 각 기말재고자산의 시가와 취득원가는 동일한 것으로 가정한다). (3점)

구 분	취득단가	장부상 기말재고	실사한 기말재고	수량 차이 원인
원재료	1,500원	6,500개	6,200개	정상감모
제 품	15,500원	350개	350개	
상 품	10,000원	1,500개	1,000개	비정상감모

[5] 당사는 기말 현재 보유 중인 외상매출금, 받을어음, 단기대여금의 잔액(기타 채권의 잔액은 제외)에 대해서만 1%의 대손충당금을 보충법으로 설정하고 있다(단, 원 단위 미만은 절사한다). (3점)

문제5 2024년 귀속 원천징수자료와 관련하여 다음의 물음에 답하시오.(15점)

[1] 다음은 생산직 근로자인 이현민(사번 : 105)의 3월분 급여 관련 자료이다. 아래 자료를 이용하여 3월분 [급여자료입력]과 [원천징수이행상황신고서]를 작성하시오(단, 전월미환급세액은 420,000원이다). (5점)

1. 유의사항
   - 수당등록 및 공제항목은 불러온 자료는 무시하고 아래 자료에 따라 입력하며, 사용하는 수당 및 공제 이외의 항목은 "부"로 체크하고, 월정액 여부와 정기·부정기 여부는 무시한다.
   - 원천징수이행상황신고서는 매월 작성하며, 이현민의 급여 내역만 반영하고 환급신청은 하지 않는다.

2. 급여명세서 및 급여 관련 자료

2024년 3월 급여명세서

㈜파쇄상회

이 름	이현민	지 급 일	2024. 03. 31.
기 본 급	2,600,000원	소 득 세	10,230원
상 여	600,000원	지 방 소 득 세	1,020원
식 대	100,000원	국 민 연 금	126,000원
자가운전보조금	200,000원	건 강 보 험	98,270원
야 간 근 로 수 당	200,000원	장 기 요 양 보 험	12,580원
월 차 수 당	300,000원	고 용 보 험	29,600원
급 여 합 계	4,000,000원	공 제 합 계	277,700원
귀하의 노고에 감사드립니다.		차 인 지 급 액	3,722,300원

- 식대 : 당 회사는 현물 식사를 별도로 제공하지 않는다.
- 자가운전보조금 : 직원 본인 명의의 차량을 소유하고 있고, 그 차량을 업무수행에 이용하는 경우에 자가운전보조금을 지급하고 있으며, 별도의 시내교통비 등을 정산하여 지급하지 않는다.
- 야간근로수당 : 생산직 근로자가 받는 시간외근무수당으로서 이현민 사원의 기본급은 매월 동일한 것으로 가정한다.

Part 7. 전산세무 2급 기출문제 - 107회

[2] 다음은 강희찬(사번 : 500) 사원의 2024년 귀속 연말정산 관련 자료이다. 아래의 자료를 이용하여 [연말정산추가자료입력] 메뉴의 [부양가족](인별 보험료 및 교육비 포함) 탭을 수정하고, [신용카드 등] 탭, [의료비] 탭, [기부금] 탭을 작성하여 연말정산을 완료하시오. (10점)

1. 가족사항

관 계	성 명	나이	소 득	비 고
본인	강희찬	40세	총급여액 6,000만원	세대주
배우자	송은영	42세	양도소득금액 500만원	
아들	강민호	9세	소득 없음	첫째, 2024년에 입양 신고함
동생	강성찬	37세	소득 없음	장애인복지법에 따른 장애인

2. 연말정산 자료 : 다음은 근로자 본인이 결제하거나 지출한 금액으로서 모두 국세청 홈택스 연말정산간소화서비스에서 수집한 자료이다.

구 분	내 용
신용카드 등 사용액	• 본인 : 신용카드 20,000,000원 - 재직 중인 ㈜파쇄상회의 비용을 본인 신용카드로 결제한 금액 1,000,000원, 자녀 미술학원비 1,200,000원, 대중교통이용액 500,000원이 포함되어 있다. • 아들 : 현금영수증 700,000원 - 자녀의 질병 치료목적 한약구입비용 300,000원, 대중교통이용액 100,000원이 포함되어 있다.
보험료	• 본인 : 생명보험료 2,400,000원(보장성 보험임) • 동생 : 장애인전용보장성보험료 1,700,000원
의료비	• 본인 : 2,700,000원(시력보정용 안경 구입비 600,000원 포함) • 배우자 : 2,500,000원(전액 난임시술비에 해당함) • 아들 : 1,200,000원(현금영수증 수취분 질병 치료목적 한약구입비용 300,000원 포함) • 동생 : 3,100,000원(전액 질병 치료목적으로 지출한 의료비에 해당함)
교육비	• 아들 : 초등학교 수업료 500,000원, 미술학원비 1,200,000원 　　　　(본인 신용카드 사용분에 포함)
기부금	• 본인 : 종교단체 기부금 1,200,000원(모두 당해연도 지출액임)

3. 근로자 본인의 세부담이 최소화되도록 하고, 제시된 가족들은 모두 생계를 같이하는 동거가족이다.

제108회 전산세무 2급 기출문제

㈜세아산업 (코드번호 : 1082)

▮ 이 론 시 험 ▮

1. 다음 중 회계정책, 회계추정의 변경 및 오류에 대한 설명으로 틀린 것은?

① 회계추정 변경의 효과는 당해 회계연도 개시일부터 적용한다.
② 변경된 새로운 회계정책은 원칙적으로 전진적으로 적용한다.
③ 매기 동일한 회계추정을 사용하면 비교가능성이 증대되어 재무제표의 유용성이 향상된다.
④ 매기 동일한 회계정책을 사용하면 비교가능성이 증대되어 재무제표의 유용성이 향상된다.

2. 다음 중 주식배당에 대한 설명으로 가장 옳지 않은 것은?

① 주식발행 회사의 순자산은 변동이 없으며, 주주 입장에서는 주식 수 및 단가만 조정한다.
② 주식발행 회사의 입장에서는 배당결의일에 미처분이익잉여금이 감소한다.
③ 주식의 주당 액면가액이 증가한다.
④ 주식발행 회사의 자본금이 증가한다.

3. 비용의 인식이란 비용이 귀속되는 보고기간을 결정하는 것을 말하며, 관련 수익과의 대응 여부에 따라 수익과 직접대응, 합리적인 기간 배분, 당기에 즉시 인식의 세 가지 방법이 있다. 다음 중 비용인식의 성격이 나머지와 다른 하나는 무엇인가?

① 감가상각비   ② 급여   ③ 광고선전비   ④ 기업업무추진비

4. 다음 중 재무상태표와 손익계산서에 모두 영향을 미치는 오류에 해당하는 것은?

① 만기가 1년 이내에 도래하는 장기채무를 유동성대체하지 않은 경우
② 매출할인을 영업외비용으로 회계처리한 경우
③ 장기성매출채권을 매출채권으로 분류한 경우
④ 감가상각비를 과대계상한 경우

5. 아래의 자료에서 기말재고자산에 포함해야 할 금액은 모두 얼마인가?

- 선적지인도조건으로 매입한 미착상품 1,000,000원
- 도착지인도조건으로 판매한 운송 중인 상품 3,000,000원
- 담보로 제공한 저당상품 5,000,000원
- 반품률을 합리적으로 추정가능한 상태로 판매한 상품 4,000,000원

① 4,000,000원 ② 8,000,000원 ③ 9,000,000원 ④ 13,000,000원

6. 제조부서에서 사용하는 비품의 감가상각비 700,000원을 판매부서의 감가상각비로 회계처리할 경우, 해당 오류가 당기손익에 미치는 영향으로 옳은 것은? (단, 당기에 생산한 제품은 모두 당기 판매되고, 기초 및 기말재공품은 없는 것으로 가정한다.)

① 제품매출원가가 700,000원만큼 과소계상 된다.
② 매출총이익이 700,000원만큼 과소계상 된다.
③ 영업이익이 700,000원만큼 과소계상 된다.
④ 당기순이익이 700,000원만큼 과소계상 된다.

7. 다음의 ㈜광명의 원가 관련 자료이다. 당기의 가공원가는 얼마인가?

- 직접재료 구입액 : 110,000원
- 직접재료 기말재고액 : 10,000원
- 직접노무원가 : 200,000원
- 고정제조간접원가 : 500,000원
- 변동제조간접원가는 직접노무원가의 3배이다.

① 900,000원 ② 1,100,000원 ③ 1,300,000원 ④ 1,400,000원

8. 다음의 자료에서 설명하는 원가행태의 예시로 가장 올바른 것은?

- 조업도가 '0'이라도 일정한 원가가 발생하고 조업도가 증가할수록 원가도 비례적으로 증가한다.
- 혼합원가(Mixed Costs)라고도 한다.

① 직접재료원가 ② 임차료 ③ 수선비 ④ 전기요금

9. 종합원가계산제도하의 다음 물량흐름 자료를 참고하여 ㉠과 ㉡의 차이를 구하면 얼마인가?

- 재료원가는 공정 초에 전량 투입되며, 가공원가는 공정 전반에 걸쳐 균등하게 발생한다.
- 기초재공품 : 300개(완성도 40%)
- 기말재공품 : 200개(완성도 50%)
- 당기착수량 : 700개
- 당기완성품 : 800개
- 평균법에 의한 가공원가의 완성품환산량은 (㉠)개이다.
- 선입선출법에 의한 가공원가의 완성품환산량은 (㉡)개이다.

① 100개   ② 120개   ③ 150개   ④ 200개

10. 다음 중 공손 및 작업폐물의 회계처리에 대한 설명으로 틀린 것은?

① 정상적이면서 모든 작업에 공통되는 공손원가는 공손이 발생한 제조부문에 부과하여 제조간접원가의 배부과정을 통해 모든 작업에 배부되도록 한다.
② 비정상공손품의 제조원가가 80,000원이고, 처분가치가 10,000원이라면 다음과 같이 회계처리한다.

(차) 공손품	10,000원	(대) 재공품	80,000원
공손손실	70,000원		

③ 작업폐물이 정상적이면서 모든 작업에 공통되는 경우에는 처분가치를 제조간접원가에서 차감한다.
④ 작업폐물이 비정상적인 경우에는 작업폐물의 매각가치를 제조간접원가에서 차감한다.

11. 다음 중 부가가치세법에 따른 과세거래에 대한 설명으로 틀린 것은?

① 자기가 주요자재의 일부를 부담하는 가공계약에 따라 생산한 재화를 인도하는 것은 재화의 공급으로 본다.
② 사업자가 위탁가공을 위하여 원자재를 국외의 수탁가공 사업자에게 대가 없이 반출하는 것은 재화의 공급으로 보지 아니한다.
③ 주된 사업과 관련하여 용역의 제공 과정에서 필연적으로 생기는 재화의 공급은 주된 용역의 공급에 포함되는 것으로 본다.
④ 사업자가 특수관계인에게 사업용 부동산의 임대용역을 제공하는 것은 용역의 공급으로 본다.

12. 다음 중 부가가치세법에 따른 신고와 납부에 대한 설명으로 틀린 것은?

① 모든 사업자는 예정신고기간의 과세표준과 납부세액을 관할 세무서장에게 신고해야 한다.
② 간이과세자에서 해당 과세기간 개시일 현재 일반과세자로 변경된 경우 예정고지가 면제된다.
③ 조기에 환급을 받기 위하여 신고한 사업자는 이미 신고한 과세표준과 납부한 납부세액 또는 환급받은 세액은 신고하지 아니한다.
④ 폐업하는 경우 폐업일이 속한 달의 다음 달 25일까지 과세표준과 세액을 신고해야 한다.

13. 다음 중 세금계산서에 대한 설명으로 가장 올바르지 않은 것은?

① 소매업을 영위하는 사업자가 영수증을 발급한 경우, 상대방이 세금계산서를 요구할지라도 세금계산서를 발행할 수 없다.
② 세관장은 수입자에게 세금계산서를 발급하여야 한다.
③ 면세사업자도 재화를 공급하는 경우 계산서를 발급하여야 한다.
④ 매입자발행세금계산서 발급이 가능한 경우가 있다.

14. 다음 중 소득세법상 비과세되는 근로소득이 아닌 것은?

① 근로자가 출장여비로 실제 소요된 비용을 별도로 지급받지 않고 본인 소유의 차량을 직접 운전하여 업무수행에 이용한 경우 지급하는 월 20만원 이내의 자가운전보조금
② 회사에서 현물식사를 제공하는 대신에 별도로 근로자에게 지급하는 월 20만원의 식대
③ 근로자가 6세 이하 자녀보육과 관련하여 받는 급여로서 월 20만원 이내의 금액
④ 대주주인 출자임원이 사택을 제공받음으로써 얻는 이익

15. 소득세법상 다음 자료에 의한 소득만 있는 거주자의 2024년 귀속 종합소득금액은 모두 얼마인가?

- 사업소득금액(도소매) : 25,000,000원
- 사업소득금액(음식점업) : △10,000,000원
- 사업소득금액(비주거용 부동산임대업) : △7,000,000원
- 근로소득금액 : 13,000,000원
- 양도소득금액 : 20,000,000원

① 21,000,000원   ② 28,000,000원   ③ 41,000,000원   ④ 48,000,000원

▌실 무 시 험 ▐

㈜세아산업(코드번호 : 1082)은 제조 및 도·소매업을 영위하는 중소기업으로, 당기 회계기간은 2024.1.1.~ 2024. 12.31.이다. 전산세무회계 수험용 프로그램을 이용하여 다음 물음에 답하시오.

문제1 다음 거래를 일반전표입력 메뉴에 추가 입력하시오.(15점)

[1] 02월 11일 영업부의 거래처 직원인 최민영의 자녀 돌잔치 축의금으로 100,000원을 보통예금 계좌에서 이체하였다. (3점)

[2] 03월 31일 제조공장의 직원을 위해 확정기여형(DC) 퇴직연금에 가입하고 당월분 납입액 2,700,000원을 보통예금 계좌에서 퇴직연금 계좌로 이체하였다. (3점)

[3] 05월 30일 당사는 유상증자를 통해 보통주 5,000주를 주당 4,000원(주당 액면가액 5,000원)에 발행하고, 증자대금은 보통예금 계좌로 입금되었다. 유상증자일 현재 주식발행초과금 잔액은 2,000,000원이다. (3점)

[4] 07월 10일 래인상사㈜로부터 제품 판매대금으로 수령한 3개월 만기 약속어음 20,000,000원을 하나은행에 할인하고, 할인수수료 550,000원을 차감한 잔액이 보통예금 계좌로 입금되었다(단, 차입거래로 회계처리 할 것). (3점)

[5] 12월 13일 당사의 거래처인 ㈜서울로부터 기계장치를 무상으로 받았다. 동 기계장치의 공정가치는 3,800,000원이다. (3점)

문제2 [매입매출전표입력] 메뉴를 이용하여 다음의 거래자료를 입력하시오. (15점)

[1] 10월 08일 수출업체인 ㈜상상에 구매확인서에 의하여 제품을 10,000,000원에 판매하고, 영세율전자세금계산서를 발급하였다. 판매대금은 당월 20일에 지급받는 것으로 하였다(단, 서류번호의 입력은 생략한다). (3점)

[2] 10월 14일 제조공장에서 사용하는 화물용 트럭의 접촉 사고로 인해 파손된 부분을 안녕정비소에서 수리하고, 1,650,000원(부가가치세 포함)을 법인카드(㈜순양카드)로 결제하였다. 단, 지출비용은 차량유지비 계정을 사용한다. (3점)

```
              카드매출전표

  카드종류 : ㈜순양카드
  카드번호 : 2224 - 1222 - **** - 1347
  거래일시 : 2024.10.14. 22 : 05 : 16
  거래유형 : 신용승인
  금    액 : 1,500,000원
  부 가 세 : 150,000원
  합    계 : 1,650,000원
  결제방법 : 일시불
  승인번호 : 71999995
  은행확인 : 하나은행
  ─────────────────────
  가맹점명 : 안녕정비소
            - 이하생략 -
```

[3] 11월 03일 ㈜바이머신에서 10월 1일에 구입한 기계장치에 하자가 있어 30,000,000원(부가가치세 별도)을 반품하고, 수정세금계산서를 발급받았으며 대금은 전액 미지급금과 상계처리 하였다(단, 분개는 음수(-)로 회계처리할 것). (3점)

[4] 11월 11일 빼빼로데이를 맞아 당사의 영업부 직원들에게 선물하기 위해 미리 주문하였던 초콜릿을 ㈜사탕으로부터 인도받았다. 대금 2,200,000원(부가가치세 포함) 중 200,000원은 10월 4일 계약금으로 지급하였으며, 나머지 금액은 보통예금 계좌에서 지급하고 아래의 전자세금계산서를 수취하였다. (3점)

전자세금계산서

승인번호					20241111 - 15454645 - 58811886			

공급자	등록번호	178-81-12341	종사업장번호		공급받는자	등록번호	202-81-03655	종사업장번호	
	상호(법인명)	㈜사탕	성명	박사랑		상호(법인명)	㈜세아산업	성명	오세아
	사업장주소	서울특별시 동작구 여의대방로 28				사업장주소	서울시 동대문구 겸재로 16		
	업태	소매업	종목	과자류		업태	제조,도소매	종목	컴퓨터부품
	이메일					이메일			
						이메일			

작성일자	공급가액	세액	수정사유	비고
2024-11-11	2,000,000원	200,000원	해당 없음	계약금 200,000원 수령(20x1년 10월 4일)

월	일	품목	규격	수량	단가	공급가액	세액	비고
11	11	힘내라 초콜렛 외			2,000,000원	2,000,000원	200,000원	

합계금액	현금	수표	어음	외상미수금	위 금액을 (청구) 함
2,200,000원	200,000			2,000,000원	

[5] 12월 28일 비사업자인 개인 소비자에게 사무실에서 사용하던 비품(취득원가 1,200,000원, 감가상각누계액 960,000원)을 275,000원(부가가치세 포함)에 판매하고, 대금은 보통예금 계좌로 받았다(별도의 세금계산서나 현금영수증을 발급하지 않았으며, 거래처 입력은 생략한다). (3점)

문제3 부가가치세신고와 관련하여 다음 물음에 답하시오.(10점)

[1] 다음은 2024년 제2기 부가가치세 예정신고기간의 신용카드 매출 및 매입자료이다. 아래 자료를 이용하여 [신용카드매출전표등발행금액집계표]와 [신용카드매출전표등수령명세서(갑)]을 작성하시오 (단, 매입처는 모두 일반과세자이다). (4점)

1. 신용카드 매출

거래일자	거래내용	공급가액	부가가치세	합계	비고
7월 17일	제품매출	4,000,000원	400,000원	4,400,000원	전자세금계산서를 발급하고 신용카드로 결제받은 3,300,000원이 포함되어 있다.
8월 21일	제품매출	3,000,000원	300,000원	3,300,000원	
9월 30일	제품매출	2,000,000원	200,000원	2,200,000원	

2. 신용카드 매입

거래일자	상호	사업자번호	공급가액	부가가치세	비고
7월 11일	㈜가람	772-81-10112	70,000원	7,000원	사무실 문구구입 – 법인(신한)카드 사용
8월 15일	㈜기쁨	331-80-62014	50,000원	5,000원	거래처 선물구입 – 법인(신한)카드 사용
9월 27일	자금성	211-03-54223	10,000원	1,000원	직원 간식구입 – 직원 개인카드 사용

※ 법인(신한)카드 번호 : 7777-9999-7777-9999,
　직원 개인카드 번호 : 3333-5555-3333-5555

[2] 다음의 자료를 이용하여 2024년 제1기 부가가치세 확정신고기간(4월~6월)에 대한 [대손세액공제신고서]를 작성하시오. (4점)

- 대손이 발생된 매출채권은 아래와 같다.

공급일자	거래상대방	계정과목	공급대가	비 고
2024. 01. 05.	정성㈜	외상매출금	11,000,000원	부도발생일(2024. 03. 31.)
2023. 09. 01.	수성㈜	받을어음	7,700,000원	부도발생일(2023. 11. 01.)
2021. 05. 10.	금성㈜	외상매출금	5,500,000원	상법상 소멸시효 완성(2024. 05. 10.)
2023. 01. 15.	우강상사	단기대여금	2,200,000원	자금 차입자의 사망(2024. 06. 25.)

- 전기에 대손세액공제(사유 : 전자어음부도, 당초공급일 : 2023.01.05, 대손확정일자 : 2023.10.01.)를 받았던 매출채권(공급대가 : 5,500,000원, 매출처 : 비담㈜, 111-81-33339)의 50%를 2024.05.10.에 회수하였다.

[3] 당 법인의 2024년 제1기 예정신고기간의 부가가치세신고서를 작성 및 마감하여 부가가치세 전자신고를 수행하시오. (2점)

1. 부가가치세신고서와 관련 부속서류는 마감되어 있다.
2. [전자신고] → [국세청 홈택스 전자신고변환(교육용)] 순으로 진행한다.
3. 전자신고용 전자파일 제작 시 신고인 구분은 2.납세자 자진신고로 선택하고, 비밀번호는 "12341234"로 입력한다.
4. 전자신고용 전자파일 저장경로는 로컬디스크(C :)이며, 파일명은 "enc작성연월일.101. v2028103655"이다.
5. 최종적으로 국세청 홈택스에서 [전자파일 제출하기]를 완료한다.

문제4 다음 결산자료를 입력하여 결산을 완료하시오.(15점)

[1] 2024년 6월 1일에 제조공장에 대한 화재보험료(보험기간 : 2024.06.01.~2025.05.31.) 3,000,000원을 전액 납입하고 즉시 비용으로 회계처리 하였다(단, 음수(-)로 회계처리하지 말고, 월할계산할 것). (3점)

[2] 보통예금(우리은행)의 잔액이 (-)7,200,000원으로 계상되어 있어 거래처원장을 확인해보니 마이너스통장으로 확인되었다. (3점)

[3] 다음은 기말 현재 보유하고 있는 매도가능증권(투자자산)의 내역이다. 이를 반영하여 매도가능증권의 기말평가에 대한 회계처리를 하시오. (3점)

회사명	2023년 취득가액	2023년 기말 공정가액	2024년 기말 공정가액
㈜대박	159,000,000원	158,500,000원	135,000,000원

[4] 결산일 현재 외상매출금 잔액과 미수금 잔액에 대해서만 1%의 대손충당금(기타채권 제외)을 보충법으로 설정하고 있다. (3점)

[5] 기말 현재 보유 중인 감가상각 대상 자산은 다음과 같다. (3점)

- 계정과목 : 특허권   • 취득원가 : 4,550,000원
- 내용연수 : 7년   • 취득일자 : 2022.04.01.   • 상각방법 : 정액법

문제5 **2024년 귀속 원천징수자료와 관련하여 다음의 물음에 답하시오.(15점)**

[1] 다음은 영업부 최철수 과장(사원코드 : 101)의 3월과 4월의 급여자료이다. 3월과 4월의 [급여자료입력]과 [원천징수이행상황신고서]를 작성하시오(단, 원천징수이행상황신고서는 각각 작성할 것). (5점)

1. 회사 사정으로 인해 3월과 4월 급여는 2024년 4월 30일에 일괄 지급되었다.
2. 수당 및 공제항목은 불러온 자료는 무시하고, 아래 자료에 따라 입력하되 사용하지 않는 항목은 "부"로 등록한다.
3. 급여자료

구 분	3월	4월	비 고
기 본 급	2,800,000원	3,000,000원	
식 대	100,000원	200,000원	현물식사를 별도로 제공하고 있다.
지 급 총 액	2,900,000원	3,200,000원	
국 민 연 금	135,000원	135,000원	
건 강 보 험	104,850원	115,330원	
장 기 요 양 보 험	13,430원	14,770원	
고 용 보 험	23,200원	25,600원	
건 강 보 험 료 정 산	-	125,760원	공제소득유형 : 5.건강보험료정산
장 기 요 양 보 험 정 산	-	15,480원	공제소득유형 : 6.장기요양보험정산
소 득 세	65,360원	91,460원	
지 방 소 득 세	6,530원	9,140원	
공 제 총 액	348,370원	532,540원	
차 인 지 급 액	2,551,630원	2,667,460원	

[2] 신영식 사원(사번 : 102, 입사일 : 2024년 05월 01일)의 2024년 귀속 연말정산과 관련된 자료는 다음과 같다. 아래의 자료를 이용하여 [연말정산추가자료입력] 메뉴의 [소득명세] 탭, [부양가족] 탭, [의료비] 탭, [기부금] 탭, [연금저축 등I] 탭, [연말정산입력] 탭을 작성하여 연말정산을 완료하시오. 단, 신영식은 무주택 세대주로 부양가족이 없으며, 근로소득 이외에 다른 소득은 없다. (10점)

현근무지	• 급여총액 : 24,800,000원(비과세 급여, 상여, 감면소득 없음) • 소득세 기납부세액 : 747,200원(지방소득세 : 74,720원) • 이외 소득명세 탭의 자료는 불러오기 금액을 반영한다.
전(前)근무지 근로소득원천징수 영수증	• 근무처 : ㈜진우상사(사업자번호 : 258-81-84442) • 근무기간 : 2024.01.01.~2024.04.20. • 급여총액 : 20,000,000원 (비과세 급여, 상여, 감면소득 없음) • 건강보험료 : 419,300원 • 장기요양보험료 : 51,440원 • 고용보험료 : 108,000원 • 국민연금 : 540,000원 • 소득세 결정세액 : 200,000원(지방소득세 결정세액 : 20,000원)
20x1년도 연말정산자료	※ 안경구입비를 제외한 연말정산 자료는 모두 국세청 홈택스 연말정산간소화서비스 자료임 **보험료(본인)** • 일반 보장성 보험료 : 2,000,000원 • 저축성 보험료 : 1,500,000원 ※ 계약자와 피보험자 모두 본인이다. **교육비(본인)** • 대학원 교육비 : 7,000,000원 **의료비(본인)** • 질병 치료비 : 3,000,000원 (본인 현금 결제, 실손의료보험금 1,000,000원 수령) • 시력보정용 안경 구입비 : 800,000원 (안경원에서 의료비공제용 영수증 수령) • 미용 목적 피부과 시술비 : 1,000,000원 • 건강증진을 위한 한약 : 500,000원 **기부금(본인)** • 종교단체 금전 기부금 : 1,200,000원 • 사회복지공동모금회 금전 기부금 : 2,000,000원 ※ 지급처(기부처) 상호 및 사업자번호 입력은 생략한다. **개인연금저축(본인)** • 개인연금저축 납입금액 : 2,000,000원 • KEB 하나은행, 계좌번호 : 253-660750-73308

제109회 전산세무 2급 기출문제

㈜천부전자 (코드번호 : 1092)

■ 이 론 시 험 ■

1. 다음 중 금융부채에 대한 설명으로 틀린 것은?

① 금융부채는 최초 인식 시 공정가치로 측정하는 것이 원칙이다.
② 양도한 금융부채의 장부금액과 지급한 대가의 차액은 기타포괄손익으로 인식한다.
③ 금융부채는 후속 측정 시 상각후원가로 측정하는 것이 원칙이다.
④ 금융채무자가 재화 또는 용역을 채권자에게 제공하여 금융부채를 소멸시킬 수 있다.

2. 아래의 자료는 시장성 있는 유가증권에 관련된 내용이다. 이에 대한 설명으로 옳은 것은?

- 2023년 08월 05일 : A회사 주식 500주를 주당 4,000원에 매입하였다.
- 2023년 12월 31일 : A회사 주식의 공정가치는 주당 5,000원이다.
- 2024년 04월 30일 : A회사 주식 전부를 주당 6,000원에 처분하였다.

① 단기매매증권으로 분류할 경우 매도가능증권으로 분류하였을 때보다 2023년 당기순이익은 감소한다.
② 단기매매증권으로 분류할 경우 매도가능증권으로 분류하였을 때보다 2023년 기말 자산이 더 크다.
③ 매도가능증권으로 분류할 경우 처분 시 매도가능증권처분이익은 500,000원이다.
④ 매도가능증권으로 분류할 경우 단기매매증권으로 분류하였을 때보다 2024년 당기순이익은 증가한다.

3. 다음 중 회계변경으로 인정되는 정당한 사례로 적절하지 않은 것은?

① 일반기업회계기준의 제·개정으로 인하여 새로운 해석에 따라 회계변경을 하는 경우
② 기업환경의 중대한 변화에 의하여 종전의 회계정책을 적용하면 재무제표가 왜곡되는 경우
③ 동종산업에 속한 대부분의 기업이 채택한 회계정책 또는 추정방법으로 변경함에 있어서 새로운 회계정책 또는 추정방법이 종전보다 더 합리적이라고 판단되는 경우
④ 정확한 세무신고를 위해 세법 규정을 따를 필요가 있는 경우

4. 다음 중 무형자산에 대한 설명으로 가장 옳지 않은 것은?

① 개발비 중 연구단계에서 발생한 지출은 발생한 기간의 비용으로 인식한다.
② 합리적인 상각방법을 정할 수 없는 경우에는 정률법으로 상각한다.
③ 일반기업회계기준에서는 무형자산의 재무제표 표시방법으로 직접상각법과 간접상각법을 모두 허용하고 있다.
④ 무형자산의 내용연수는 법적 내용연수와 경제적 내용연수 중 짧은 것으로 한다.

5. 다음 중 자본에 대한 설명으로 틀린 것은?

① 자본은 기업의 자산에서 모든 부채를 차감한 후의 잔여지분을 나타낸다.
② 주식의 발행금액이 액면금액보다 크면 그 차액을 주식발행초과금으로 하여 이익잉여금으로 회계처리 한다.
③ 납입된 자본에 기업활동을 통해 획득하여 기업의 활동을 위해 유보된 금액을 가산하여 계산한다.
④ 납입된 자본에 소유자에 대한 배당으로 인한 주주지분 감소액을 차감하여 계산한다.

6. ㈜하나의 제조간접원가 배부차이가 250,000원 과대배부인 경우, 실제 제조간접원가 발생액은 얼마인가? 단, 제조간접원가 예정배부율은 작업시간당 3,000원이며, 작업시간은 1일당 5시간으로 총 100일간 작업하였다.

① 1,000,000원   ② 1,250,000원   ③ 1,500,000원   ④ 1,750,000원

7. ㈜연우가 2024년에 사용한 원재료는 500,000원이다. 2024년 초 원재료 재고액이 2024년 말 원재료 재고액보다 50,000원 적을 경우, 2024년의 원재료 매입액은 얼마인가?

① 450,000원   ② 500,000원   ③ 550,000원   ④ 600,000원

8. 다음 중 제조원가명세서를 작성하기 위하여 필요한 내용이 아닌 것은?

① 당기 직접노무원가 발생액   ② 당기 직접재료 구입액
③ 당기 기말제품 재고액   ④ 당기 직접재료 사용액

9. ㈜푸른솔은 보조부문의 원가배분방법으로 직접배분법을 사용한다. 보조부문 A와 B의 원가가 각각 1,500,000원과 1,600,000원으로 집계되었을 경우, 아래의 자료를 바탕으로 제조부문 X에 배분될 보조부문원가는 얼마인가?

제공부문 \ 사용부문	보조부문		제조부문		합계
	A	B	X	Y	
A	-	50시간	500시간	300시간	850시간
B	200시간	-	300시간	500시간	1,000시간

① 1,150,000원 ② 1,250,000원 ③ 1,332,500원 ④ 1,537,500원

10. 다음 중 종합원가계산에 대한 설명으로 틀린 것은?
① 선입선출법은 실제 물량흐름을 반영하므로 평균법보다 더 유용한 정보를 제공한다.
② 평균법은 당기 이전에 착수된 기초재공품도 당기에 착수한 것으로 본다.
③ 선입선출법이 평균법보다 계산방법이 간편하다.
④ 기초재공품이 없다면 선입선출법과 평균법의 적용 시 기말재공품원가는 언제나 동일하다.

11. 다음 중 부가가치세법상 용역의 공급시기에 대한 설명으로 틀린 것은?
① 임대보증금의 간주임대료는 예정신고기간 또는 과세기간의 종료일을 공급시기로 한다.
② 폐업 전에 공급한 용역의 공급시기가 폐업일 이후에 도래하는 경우 폐업일을 공급시기로 한다.
③ 장기할부조건부 용역의 공급의 경우 대가의 각 부분을 받기로 한 때를 공급시기로 한다.
④ 용역의 대가의 각 부분을 받기로 한 때 대가를 받지 못하는 경우 공급시기로 보지 않는다.

12. 다음 중 부가가치세법상 면세 대상이 아닌 것은?
① 항공법에 따른 항공기에 의한 여객운송용역
② 도서, 신문
③ 연탄과 무연탄
④ 우표, 인지, 증지, 복권

13. 다음 중 부가가치세법상 재화의 공급에 해당하는 거래는?

① 과세사업자가 사업을 폐업할 때 자기생산·취득재화가 남아있는 경우
② 사업장별로 그 사업에 관한 모든 권리와 의무를 포괄적으로 승계시키는 경우
③ 법률에 따라 조세를 물납하는 경우
④ 각종 법에 의한 강제 경매나 공매에 따라 재화를 인도하거나 양도하는 경우

14. 다음 중 소득세법상 과세방법이 다른 하나는?

① 복권 당첨금
② 일용근로소득
③ 계약금이 위약금으로 대체되는 경우의 위약금이나 배상금
④ 비실명 이자소득

15. 다음 중 근로소득만 있는 거주자의 연말정산 시 산출세액에서 공제하는 세액공제에 대한 설명으로 틀린 것은?

① 저축성보험료에 대해서는 공제받을 수 없다.
② 근로를 제공한 기간에 지출한 의료비만 공제 대상 의료비에 해당한다.
③ 직계존속의 일반대학교 등록금은 교육비세액공제 대상이다.
④ 의료비세액공제는 지출한 의료비가 총급여액의 3%를 초과하는 경우에만 적용받을 수 있다.

▮ 실 무 시 험 ▮

㈜천부전자(코드번호 : 1092)는 제조 및 도·소매업을 영위하는 중소기업으로, 당기 회계기간은 2024.1.1.~2024.12.31.이다. 전산세무회계 수험용 프로그램을 이용하여 다음 물음에 답하시오.

문제1 [일반전표입력] 메뉴를 이용하여 다음의 거래자료를 입력하시오. (15점)

[1] 01월 22일 ㈜한강물산에 제품을 8,000,000원에 판매하기로 계약하고, 판매대금 중 20%를 당좌예금 계좌로 송금받았다. (3점)

[2] 03월 25일 거래처인 ㈜동방불패의 파산으로 외상매출금 13,000,000원의 회수가 불가능해짐에 따라 대손처리하였다(대손 발생일 직전 외상매출금에 대한 대손충당금 잔액은 4,000,000원이었으며, 부가가치세법상 대손세액공제는 고려하지 않는다). (3점)

[3] 06월 30일 업무용 승용자동차(5인승, 2,000cc)의 엔진 교체 후 대금 7,700,000원을 보통예금 계좌에서 지급하고 현금영수증을 수령하였다(단, 승용자동차의 엔진 교체는 자본적지출에 해당한다). (3점)

[4] 07월 25일 이사회에서 2024년 07월 12일에 결의한 중간배당(현금배당 100,000,000원)인 미지급배당금에 대하여 소득세 등 15.4%를 원천징수하고 보통예금 계좌에서 지급하였다(단, 관련 데이터를 조회하여 회계처리할 것). (3점)

[5] 11월 05일 액면가액 10,000,000원(3년 만기)인 사채를 10,850,000원에 할증발행 하였으며, 대금은 전액 보통예금 계좌로 입금되었다. (3점)

문제2 [매입매출전표입력] 메뉴를 이용하여 다음의 거래자료를 입력하시오.(15점)

[1] 07월 18일 취득가액은 52,000,000원, 매각 당시 감가상각누계액은 38,000,000원인 공장에서 사용하던 기계장치를 ㈜로라상사에 매각하고 아래와 같이 전자세금계산서를 발급하였다(당기의 감가상각비는 고려하지 말고 하나의 전표로 입력할 것). (3점)

전자세금계산서				승인번호	20240718-000023-123547		
공급자	등록번호	130-81-25029	종사업장번호	공급받는자	등록번호	101-81-42001	종사업장번호
	상호(법인명)	㈜천부전자	성명 정지훈		상호(법인명)	㈜로라상사	성명 전소민
	사업장주소	인천시 남동구 간석로 7			사업장주소	경기 포천시 중앙로 8	
	업태	제조,도소매	종목 전자제품		업태	제조업	종목 자동차부품
	이메일				이메일		
					이메일		
작성일자	공급가액		세액	수정사유	비고		
2024.07.18.	11,000,000		1,100,000	해당 없음			
월	일	품목	규격	수량	단가	공급가액	세액	비고
07	18	기계장치 매각				11,000,000	1,100,000	
합계금액	현금	수표	어음	외상미수금	위 금액을 **(청구)** 함		
12,100,000				12,100,000			

[2] 07월 30일 영업부에 필요한 비품을 ㈜소나무로부터 660,000원(부가가치세 포함)을 구입하고 법인 명의로 현금영수증을 발급받았다. 법인의 운영자금이 부족하여 대표자 개인 명의의 계좌에서 대금을 지급하였다(단, 가수금(대표자)으로 처리할 것). (3점)

[3] 08월 31일 제2기 부가가치세 예정신고 시 누락한 제조부의 자재 창고 임차료에 대하여 아래와 같이 종이 세금계산서를 10월 30일에 수취하였다(단, 제2기 확정 부가가치세신고서에 자동 반영되도록 입력 및 설정할 것). (3점)

세금계산서(공급받는 자 보관용)

공급자			공급받는자	
등록번호	113-55-61448		등록번호	130-81-25029
상호(법인명)	오미순부동산	성명(대표자) 오미순	상호(법인명) ㈜천부전자	성명(대표자) 정지훈
사업장 주소	경기도 부천시 신흥로 111		사업장 주소	인천시 남동구 간석로 7
업태	부동산업	종목 임대업	업태 제조 외	종목 전자제품

작성	공급가액	세액	비고
연 월 일 빈칸수	조천백십억천백십만천백십일	천백십억천백십만천백십일	
24 08 31 6	1 5 0 0 0 0	1 5 0 0 0	

월 일	품목	규격	수량	단가	공급가액	세액	비고
08 31	자재창고 임차료				1,500,000	150,000	

합계금액	현금	수표	어음	외상미수금	이 금액을 **청구** 함
1,650,000				1,650,000	

[4] 09월 28일 제품의 제작에 필요한 원재료를 수입하면서 인천세관으로부터 아래의 수입전자세금계산서를 발급받고, 부가가치세는 보통예금 계좌에서 지급하였다(단, 재고자산에 대한 회계처리는 생략할 것). (3점)

수입전자세금계산서

			승인번호	20240928-16565842-11125669	
세관명	등록번호	135-82-12512	종사업장번호		
	세관명	인천세관	성명	김세관	
	세관주소	인천광역시 미추홀구 항구로			
	수입신고번호 또는 일괄발급기간(총건)				
수입자	등록번호	130-81-25029	종사업장번호		
	상호(법인명)	㈜천부전자	성명	정지훈	
	사업장주소	인천시 남동구 간석로 7			
	업태	제조,도소매	종목	전자제품	

납부일자	과세표준	세액	수정사유	비고
2024.09.28.	20,000,000	2,000,000	해당 없음	

월 일	품목	규격	수량	단가	공급가액	세액	비고
09 28	수입신고필증 참조				20,000,000	2,000,000	

합계금액	22,000,000

[5] 09월 30일 영업부에서 거래처에 추석선물로 제공하기 위하여 ㈜부천백화점에서 선물세트를 구입하고 아래의 전자세금계산서를 발급받았다. 대금 중 500,000원은 현금으로 결제하였으며, 잔액은 보통예금 계좌에서 지급하였다. (3점)

전자세금계산서					승인번호	20240930-100156-956214		
공급자	등록번호	130-81-01236	종사업장번호		공급받는자	등록번호	130-81-25029	종사업장번호	
	상호(법인명)	㈜부천백화점	성명	안부천		상호(법인명)	㈜천부전자	성명	정지훈
	사업장주소	경기도 부천시 길주로 280 (중동)				사업장주소	인천시 남동구 간석로 7		
	업태	소매	종목	잡화		업태	제조	종목	전자제품
	이메일	bucheon@never.net				이메일			
						이메일			
작성일자	공급가액	세액	수정사유	비고
2024.09.30.	2,600,000	260,000	해당 없음	

월	일	품목	규격	수량	단가	공급가액	세액	비고
09	30	홍삼선물세트		10	260,000	2,600,000	260,000	

합계금액	현금	수표	어음	외상미수금	위 금액을 (영수) 함
2,860,000	2,860,000				

문제3 부가가치세 신고와 관련하여 다음 물음에 답하시오. (10점)

[1] 아래의 자료를 이용하여 2024년 제1기 부가가치세 확정신고기간의 [수출실적명세서]를 작성하시오 (단, 거래처코드와 거래처명은 조회하여 불러올 것). (3점)

거래처	수출신고번호	선적일	환가일	통화	수출액	기준환율	
						선적일	환가일
B&G	11133-77-100066X	2024.04.15.	2024.04.10.	USD	$80,000	₩1,350/$	₩1,300/$
PNP	22244-88-100077X	2024.05.30.	2024.06.07.	EUR	€52,000	₩1,400/€	₩1,410/€

[2] 다음의 자료만을 이용하여 2024년 제1기 부가가치세 확정신고기간(4월 1일~6월 30일)의 [부가가치세신고서]를 작성하시오(단, 기존에 입력된 자료 또는 불러온 자료는 무시하고, 부가가치세신고서 외의 부속서류 작성은 생략할 것). (5점)

구분	자 료
매출	1. 전자세금계산서 발급분 제품 매출액 : 200,000,000원(부가가치세 별도) 2. 신용카드로 결제한 제품 매출액 : 44,000,000원(부가가치세 포함) 3. 내국신용장에 의한 제품 매출액(영세율세금계산서 발급분) : 공급가액 40,000,000원 4. 수출신고필증 및 선하증권으로 확인된 수출액(직수출) : 5,000,000원(원화 환산액)
매입	1. 세금계산서 수취분 일반매입 : 공급가액 120,000,000원, 세액 12,000,000원 2. 세금계산서 수취분 9인승 업무용 차량 매입 : 공급가액 30,000,000원, 세액 3,000,000원 ※ 위 1번의 일반매입분과 별개이다. 3. 법인신용카드매출전표 수취분 중 공제 대상 일반매입 : 공급가액 10,000,000원, 세액 1,000,000원 4. 제1기 예정신고 시 누락된 세금계산서 매입 : 공급가액 20,000,000원, 세액 2,000,000원
비고	1. 제1기 예정신고 시 미환급세액은 1,000,000원이라고 가정한다. 2. 전자신고세액공제는 고려하지 않도록 한다.

[3] 다음의 자료를 이용하여 2024년 제1기 부가가치세 예정신고기간(1월 1일~3월 31일)의 [부가가치세신고서] 및 관련 부속서류를 전자신고 하시오. (2점)

1. 부가가치세신고서와 관련 부속서류는 마감되어 있다.
2. [전자신고] → [국세청 홈택스 전자신고변환(교육용)] 순으로 진행한다.
3. [전자신고]의 [전자신고제작] 탭에서 신고인구분은 **2.납세자 자진신고**를 선택하고, 비밀번호는 "**12341234**"로 입력한다.
4. [국세청 홈택스 전자신고변환(교육용)] → 전자파일변환(변환대상파일선택) → 찾아보기 에서 전자신고용 전자파일을 선택한다.
5. 전자신고용 전자파일 저장경로는 로컬디스크(C :)이며, 파일명은 "enc작성연월일.101.v사업자등록번호"이다.
6. 형식검증하기 ➡ 형식검증결과확인 ➡ 내용검증하기 ➡ 내용검증결과확인 ➡ 전자파일제출 을 순서대로 클릭한다.
7. 최종적으로 전자파일 제출하기 를 완료한다.

문제 4 결산정리사항은 다음과 같다. 관련 메뉴를 이용하여 결산을 완료하시오. (15점)

[1] 기말 재고조사 결과 자산으로 처리하였던 영업부의 소모품 일부(장부가액 : 250,000원)가 제조부의 소모품비로 사용되었음을 확인하였다. (3점)

[2] 기말 재무상태표의 단기차입금 중에는 당기에 발생한 ㈜유성에 대한 외화차입금 26,000,000원이 포함되어 있다. 발생일 현재 기준환율은 1,300원/$이고, 기말 현재 기준환율은 1,400원/$이다. (3점)

[3] 대출금에 대한 이자지급일은 매월 16일이다. 당해연도분 미지급비용을 인식하는 회계처리를 하시오 (단, 거래처 입력은 하지 않을 것). (3점)

> 대출 적용금리는 변동금리로 은행에 문의한 결과 2024년 12월 16일부터 2025년 1월 15일까지의 기간에 대하여 지급되어야 할 이자는 총 5,000,000원이며, 이 중 2024년도 12월 31일까지에 대한 발생이자는 2,550,000원이었다.

[4] 기존에 입력된 데이터는 무시하고 제2기 확정신고기간의 부가가치세와 관련된 내용이 다음과 같다고 가정한다. 12월 31일 부가세예수금과 부가세대급금을 정리하는 회계처리를 하시오. 단, 납부세액(또는 환급세액)은 미지급세금(또는 미수금)으로, 경감세액은 잡이익으로, 가산세는 세금과공과(판)로 회계처리 한다. (3점)

> • 부가세대급금 12,400,000원   • 부가세예수금 240,000원
> • 전자신고세액공제액 10,000원   • 세금계산서지연발급가산세 24,000원

[5] 당기분 법인세가 27,800,000원(법인지방소득세 포함)으로 확정되었다. 회사는 법인세 중간예납세액과 이자소득원천징수세액의 합계액 11,000,000원을 선납세금으로 계상하고 있었다. (3점)

문제5 2024년 귀속 원천징수자료와 관련하여 다음의 물음에 답하시오. (15점)

[1] 다음은 자재부 사원 김경민(사번 : 101)의 부양가족 자료이다. 부양가족은 모두 생계를 함께하고 있으며 세부담 최소화를 위해 가능하면 김경민이 모두 공제받고자 한다. [사원등록] 메뉴의 [부양가족명세]를 작성하시오(단, 기본공제대상자가 아닌 경우에는 입력하지 말 것). (5점)

성명	관계	주민등록번호	동거 여부	비 고
김경민	본인	650213-1234567	세대주	총급여 : 50,000,000원
정혜미	배우자	630415-2215676	동 거	퇴직소득금액 100만원
김경희	동생	700115-2157895	동 거	일용근로소득 550만원, 장애인(장애인복지법)
김경우	부친	400122-1789545	주거형편상 별거	이자소득 2천만원
박순란	모친	400228-2156777	주거형편상 별거	소득없음
정지원	처남	690717-1333451	동 거	양도소득금액 100만원, 장애인(중증환자)
김기정	아들	951111-1123456	주거형편상 별거	취업준비생, 일용근로소득 500만원
김지은	딸	041230-4156870	동 거	사업소득금액 100만원

[2] 다음은 진도준(사번 : 15, 입사일 : 2024.01.02.) 사원의 2024년 귀속 연말정산 관련 자료이다. [연말정산추가자료입력]의 [부양가족(보험료, 교육비)] 탭, [신용카드] 탭, [의료비] 탭, [연금저축] 탭을 작성하고, [연말정산입력] 탭에서 연말정산을 완료하시오(단, 근로자 본인의 세부담이 최소화되도록 한다). (10점)

1. 가족사항(모두 동거하며, 생계를 같이한다. 아래 제시된 자료 외의 다른 소득은 없다.)

관계	성 명	주민등록번호	소 득	비 고
본인	진도준	781030-1063132	총급여 8,000만원	세대주
어머니	박정희	490511-2148712	종합과세금융소득 2,400만원	
배우자	김선영	800115-2347238	분리과세 선택 기타소득 300만원	
아들	진도진	140131-3165610	소득 없음	초등학생
아들	진시진	180121-3165115	소득 없음	유치원생

※ 기본공제대상자가 아닌 경우 기본공제 "부"로 입력할 것

2. 연말정산 자료

※ 아래의 자료는 국세청 홈택스 및 기타 증빙을 통해 확인된 것으로, 별도의 언급이 없는 한 국세청 홈택스 연말정산간소화서비스에서 조회된 자료이다.

구 분	내 용
보험료	• 진도준 보장성보험료 : 2,200,000원 • 진도진 보장성보험료 : 480,000원 • 진시진 보장성보험료 : 456,000원
교육비	• 진도준 대학원 수업료 : 8,000,000원 • 박정희 사이버대학 수업료 : 2,050,000원 • 진도진 영어보습학원비 : 2,640,000원 • 진도진 태권도체육관비 : 1,800,000원 • 진시진 축구교실 : 1,200,000원 (진시진의 축구교실비는 국세청 홈택스 연말정산간소화서비스에서 조회한 자료가 아니며, 교육비세액공제 요건을 충족하지 못하는 것으로 확인되었다.)
의료비	• 진도준 질병 치료비 : 3,000,000원(진도준 신용카드 결제) • 진도준 시력보정용 렌즈 구입비용 : 600,000원(1건, 진도준 신용카드 결제) 　－구입처 : 렌즈모아(사업자등록번호 105-68-23521) 　－의료비증빙코드 : 기타영수증 • 박정희 질병 치료비 : 3,250,000원(진도준 신용카드 결제) 　－보험업법에 따른 보험회사에서 실손의료보험금 2,000,000원 수령

구 분	내 용
신용카드 등 사용액	• 진도준 신용카드 사용액 : 32,000,000원(전통시장 사용분 2,000,000원 포함) • 진도준 현금영수증 사용액 : 3,200,000원(전통시장 사용분 200,000원 포함) • 진도준 체크카드 사용액 : 2,382,000원(대중교통 사용분 182,000원 포함) • 진도준 신용카드 사용액은 의료비 지출액이 모두 포함된 금액이다. • 제시된 내용 외 전통시장/대중교통/도서 등 사용분은 없다.
기타	• 진도준 연금저축계좌 납입액 : 2,400,000원(2024년도 납입분) - 삼성생명보험㈜ 계좌번호 : 153-05274-72339

제110회 전산세무 2급 기출문제

㈜도원기업 (코드번호 : 1102)

■ 이 론 시 험 ■

1. 다음 중 재무제표의 작성과 표시에 관한 설명으로 틀린 것은?

① 자산과 부채는 유동성이 낮은 항목부터 배열하는 것을 원칙으로 한다.
② 재무제표는 재무상태표, 손익계산서, 현금흐름표, 자본변동표로 구성되며, 주석을 포함한다.
③ 자산과 부채 및 자본은 총액에 의하여 기재함을 원칙으로 하고, 자산 항목과 부채 항목 또는 자본 항목을 상계하여 그 전부 또는 일부를 재무상태표에서 제외하면 안된다.
④ 자본거래에서 발생한 자본잉여금과 손익거래에서 발생한 이익잉여금을 구분하여 표시한다.

2. 다음 자료를 이용하여 유동자산에 해당하는 금액의 합계액을 구하면 얼마인가?

• 매출채권	1,000,000원	• 상품	2,500,000원
• 특허권	1,500,000원	• 당좌예금	3,000,000원
• 선급비용	500,000원	• 장기매출채권	2,000,000원

① 5,500,000원 ② 6,000,000원 ③ 6,500,000원 ④ 7,000,000원

3. 다음 중 물가가 지속적으로 상승하는 상황에서 기말재고자산이 가장 크게 계상되는 재고자산의 평가방법은 무엇인가?

① 선입선출법 ② 후입선출법 ③ 총평균법 ④ 이동평균법

4. 유형자산을 보유하고 있는 동안 발생한 수익적지출을 자본적지출로 잘못 회계처리한 경우, 재무제표에 미치는 효과로 가장 올바른 것은?

① 자산의 과소계상
② 부채의 과대계상
③ 당기순이익의 과대계상
④ 매출총이익의 과소계상

5. 다음 중 자본에 대한 설명으로 가장 옳지 않은 것은?

① 자본금은 기업이 발행한 발행주식총수에 1주당 액면금액을 곱한 금액이다.
② 자본잉여금은 주식발행초과금과 기타자본잉여금(감자차익, 자기주식처분이익 등)으로 구분하여 표시한다.
③ 매도가능증권평가손익은 자본조정 항목으로 계상한다.
④ 미처분이익잉여금은 배당 등으로 처분할 수 있는 이익잉여금을 말한다.

6. 다음 중 원가에 대한 설명으로 가장 옳지 않은 것은?

① 직접원가란 특정원가집적 대상에 직접 추적이 가능하거나 식별가능한 원가이다.
② 고정원가란 관련범위 내에서 조업도 수준과 관계없이 총원가가 일정한 원가 형태를 말한다.
③ 가공원가란 직접재료원가와 직접노무원가를 말한다.
④ 매몰원가란 과거 의사결정에 따라 이미 발생한 원가로 현재의 의사결정에 영향을 미치지 못하는 원가를 의미한다.

7. 다음의 원가 자료를 이용하여 직접재료원가를 계산하면 얼마인가?

- 총제조원가 : 4,000,000원
- 직접노무원가 : 제조간접원가의 2배
- 제조간접원가 : 총제조원가의 25%

① 1,000,000원　　② 1,500,000원　　③ 2,000,000원　　④ 2,500,000원

8. ㈜한국은 직접노무시간을 기준으로 제조간접원가를 예정배부하고 있다. 당기 초 제조간접원가 예산은 2,000,000원이며, 예정 직접노무시간은 200시간이다. 당기 말 현재 실제 제조간접원가는 2,500,000원이 발생하였으며, 제조간접원가 배부차이가 발생하지 않았다면 실제 직접노무시간은 얼마인가?

① 160시간　　② 200시간　　③ 250시간　　④ 500시간

9. 다음 중 공손에 관한 설명으로 옳지 않은 것은?

① 정상적인 생산과정에서 필수불가결하게 발생하는 정상공손원가는 제조원가에 포함된다.
② 주산품의 제조과정에서 발생한 원재료의 부스러기 등 작업폐물의 순실현가치는 제조원가에서 차감한다.
③ 작업자의 부주의 등에 의하여 발생하는 비정상공손원가는 발생한 기간의 영업외비용으로 처리한다.
④ 정상공손수량과 비정상공손수량은 원가흐름의 가정에 따라 다르게 계산된다.

10. 다음 중 가중평균법에 의한 종합원가계산방법을 적용하여 완성품 단위당 원가를 산정할 때 필요하지 않은 자료는 무엇인가?

① 기말재공품의 완성도
② 당기총제조원가
③ 완성품의 물량
④ 기초재공품의 물량

11. 다음 중 부가가치세법상 재화의 공급의제(재화의 공급으로 보는 특례)에 해당하는 것은? 단, 일반과세자로서 매입 시 매입세액은 전부 공제받았다고 가정한다.

① 자기의 다른 과세사업장에서 원료 또는 자재 등으로 사용·소비하기 위해 반출하는 경우
② 사용인에게 사업을 위해 착용하는 작업복, 작업모, 작업화를 제공하는 경우
③ 무상으로 견본품을 인도 또는 양도하거나 불특정다수에게 광고선전물을 배포하는 경우
④ 자동차 제조회사가 자기생산한 승용자동차(2,000cc)를 업무용으로 사용하는 경우

12. 다음 중 부가가치세법상 영세율제도에 대한 설명으로 가장 옳지 않은 것은?

① 부가가치세의 역진성 완화를 목적으로 한다.
② 완전 면세제도이다.
③ 면세사업자는 영세율 적용대상자가 아니다.
④ 비거주자 또는 외국법인의 경우에는 상호면세주의에 따른다.

13. 다음은 부가가치세법상 가산세에 대한 설명이다. 빈칸에 들어갈 내용으로 알맞은 것은?

> 사업자가 재화 또는 용역을 공급하지 아니하고 세금계산서를 발급하는 경우 그 세금계산서에 적힌 공급가액의 (   )를 납부세액에 더하거나 환급세액에서 뺀다.

① 1% ② 2% ③ 3% ④ 10%

14. 다음 중 소득세법상 근로소득의 수입시기로 옳지 않은 것은?

① 잉여금처분에 의한 상여 : 결산일
② 인정상여 : 해당 사업연도 중 근로를 제공한 날
③ 일반상여 : 근로를 제공한 날
④ 일반급여 : 근로를 제공한 날

15. 다음의 자료를 이용하여 소득세법상 복식부기의무자의 사업소득 총수입금액을 구하면 얼마인가?

> • 매출액 300,000,000원
> • 원천징수 된 은행 예금의 이자수익 500,000원
> • 차량운반구(사업용) 양도가액 30,000,000원
> • 공장건물 양도가액 100,000,000원

① 430,500,000원 ② 430,000,000원 ③ 330,000,000원 ④ 300,000,000원

실 무 시 험

㈜도원기업(코드번호 : 1102)은 전자제품의 제조 및 도·소매업을 주업으로 영위하는 중소기업으로, 당기의 회계기간은 2024.1.1.~2024.12.31.이다. 전산세무회계 수험용 프로그램을 이용하여 다음 물음에 답하시오.

문제1 [일반전표입력] 메뉴를 이용하여 다음의 거래자료를 입력하시오. (15점)

[1] 01월 05일 에코전자의 상장주식 100주를 단기 투자목적으로 1주당 60,000원에 취득하고 대금은 증권거래수수료 30,000원과 함께 보통예금 계좌에서 지급하였다. (3점)

[2] 03월 31일 보유 중인 신한은행의 예금에서 이자수익 500,000원이 발생하여 원천징수세액을 제외한 423,000원이 보통예금 계좌로 입금되었다(단, 원천징수세액은 자산으로 처리할 것). (3점)

[3] 04월 30일 본사 건물 신축공사를 위한 장기차입금의 이자비용 2,500,000원을 보통예금 계좌에서 지급하였다. 해당 지출은 차입원가 자본화 요건을 충족하였으며, 신축공사 중인 건물은 2025년 2월 28일에 완공될 예정이다. (3점)

[4] 07월 10일 당사는 퇴직연금제도를 도입하면서 퇴직연금상품에 가입하였다. 생산부서 직원에 대해서는 확정급여형(DB형) 상품으로 10,000,000원, 영업부서 직원에 대해서는 확정기여형(DC형) 상품으로 7,000,000원을 보통예금 계좌에서 이체하여 납입하였다(단, 하나의 전표로 입력하고 기초 퇴직급여충당부채 금액은 고려하지 말 것). (3점)

[5] 07월 15일 ㈜지유로부터 공장에서 사용할 기계장치를 구입하기로 계약하고, 계약금 5,000,000원을 즉시 당좌수표를 발행하여 지급하였다. (3점)

문제2 [매입매출전표입력] 메뉴를 이용하여 다음의 거래자료를 입력하시오.(15점)

[1] 07월 07일 ㈜신화에서 영업부서의 매출처에 선물로 증정할 와인세트 10세트를 1세트당 50,000원(부가가치세 별도)에 구입하고 전자세금계산서를 발급받았다. 대금 550,000원은 현금으로 지급하고, 선물은 구입 즉시 모두 거래처에 전달하였다. (3점)

[2] 07월 20일 공장에서 생산부서가 사용할 선풍기를 ㈜하나마트에서 현금으로 구입하고, 아래와 같이 현금영수증을 발급받았다(단, 소모품비로 처리할 것). (3점)

[3] 08월 16일 미국 UFC사에 제품을 $10,000에 해외 직수출하고, 8월 31일에 수출대금 전액을 달러($)로 받기로 하였다. 일자별 환율은 다음과 같다(단, 수출신고번호 입력은 생략할 것). (3점)

구 분	8월 10일(수출신고일)	8월 16일(선적일)	8월 31일(대금회수일)
기준환율	1,150원/$	1,100원/$	1,200원/$

[4] 09월 30일 ㈜명학산업에 제품을 18,000,000원(부가가치세 별도)을 공급하고, 전자세금계산서를 발급하였다. 대금은 8월 31일에 기수령한 계약금 1,800,000원을 제외한 잔액을 ㈜명학산업이 발행한 당좌수표로 수령하였다. (3점)

[5] 10월 31일 구매확인서에 의하여 ㈜크림으로부터 수출용 원재료(공급가액 6,000,000원)를 매입하고 영세율전자세금계산서를 발급받았다. 대금은 보통예금 계좌에서 지급하였다. (3점)

문제3 부가가치세 신고와 관련하여 다음 물음에 답하시오. (10점)

[1] 다음의 자료를 이용하여 2024년 제2기 부가가치세 확정신고기간에 대한 [건물등감가상각자산취득명세서]를 작성하시오(단, 아래의 자산은 모두 감가상각 대상에 해당함). (3점)

취득일	내 용	공급가액	상 호	비 고
		부가가치세액	사업자등록번호	
10.04.	회계부서의 컴퓨터 및 프린터 교체	20,000,000원	우리전산	종이세금계산서 수취
		2,000,000원	102-03-52877	
11.11.	생산부서의 보관창고 신축공사비	100,000,000원	㈜튼튼건설	전자세금계산서 수취
		10,000,000원	101-81-25749	
11.20.	업무용승용차(1,500cc) 구입	15,000,000원	㈜빠름자동차	전자세금계산서 수취
		1,500,000원	204-81-96316	
12.14.	영업부서의 에어컨 구입	10,000,000원	㈜시원마트	법인 신용카드 결제
		1,000,000원	304-81-74529	

[2] 아래의 자료만을 이용하여 2024년 제1기 부가가치세 확정신고기간(4월~6월)의 [부가가치세신고서]를 직접 입력하여 작성하시오(단, 부가가치세신고서 외의 부속서류와 과세표준명세의 작성은 생략하며, 불러온 데이터는 무시하고 새로 입력할 것). (5점)

매출자료	• 전자세금계산서 매출액[주1] : 공급가액 320,000,000원, 세액 30,000,000원 　주1) 영세율세금계산서 매출액(공급가액 20,000,000원)이 포함되어 있다. • 해외 직수출 매출액 : 공급가액 15,000,000원 • 현금영수증 매출액 : 공급대가 11,000,000원			
매입자료	• 전자세금계산서를 수취한 매입액[주2] : 공급가액 150,000,000원, 세액 15,000,000원 　주2) 운반용 화물자동차 매입액(공급가액 20,000,000원, 세액 2,000,000원)이 포함되어 있으며, 나머지 금액은 모두 재고자산 매입액이다. • 신용카드 매입액은 다음과 같다.			
	구 분	내 용	공급가액	세 액
	일반매입	직원 복리후생 관련 매입	8,000,000원	800,000원
		대표자 개인용 물품 매입	1,000,000원	100,000원
	고정자산매입	제품 품질 테스트 기계설비 매입	6,000,000원	600,000원
	합 계		15,000,000원	1,500,000원
기타자료	• 예정신고 미환급세액은 900,000원으로 가정한다. • 전자신고세액공제 10,000원을 적용하여 세부담최소화를 가정한다.			

[3] 2024년 제1기 예정신고기간(2024.01.01.~2024.03.31.)의 [부가가치세신고서]를 전자신고하시오. (2점)

1. 부가가치세신고서와 관련 부속서류는 마감되어 있다.
2. [전자신고] → [국세청 홈택스 전자신고변환(교육용)] 순으로 진행한다.
3. [전자신고] 메뉴의 [전자신고제작] 탭에서 신고인구분은 **2.납세자 자진신고**를 선택하고, 비밀번호는 "**12341234**"로 입력한다.
4. [국세청 홈택스 전자신고변환(교육용)] → 전자파일변환(변환대상파일선택) → 찾아보기 에서 전자신고용 전자파일을 선택한다.
5. 전자신고용 전자파일 저장경로는 로컬디스크(C :)이며, 파일명은 "enc작성연월일.101.v3708112345"이다.
6. 형식검증하기 ➡ 형식검증결과확인 ➡ 내용검증하기 ➡ 내용검증결과확인 ➡ 전자파일제출 을 순서대로 클릭한다.
7. 최종적으로 전자파일 제출하기 를 완료한다.

문제4 결산정리사항은 다음과 같다. 관련 메뉴를 이용하여 결산을 완료하시오. (15점)

[1] 다음은 2024년 제2기 확정신고기간의 부가가치세 관련 자료이다. 아래의 자료만을 이용하여 부가세대급금과 부가세예수금을 정리하는 회계처리를 하시오. 단 입력된 데이터는 무시하고, 납부세액은 미지급세금으로, 환급세액은 미수금으로, 가산세는 세금과공과(판)로, 공제세액은 잡이익으로 처리하시오. (3점)

- 부가세예수금 : 720,000원
- 전자세금계산서지연발급가산세 : 10,000원
- 부가세대급금 : 520,000원
- 전자신고세액공제 : 10,000원

[2] 돌담은행으로부터 차입한 장기차입금 중 100,000,000원은 2025년 6월 30일에 상환기일이 도래한다. (3점)

[3] 외상매출금 및 미수금에 대하여만 기말잔액에 1%의 대손율을 적용하여 보충법에 의해 대손충당금을 설정하시오. (3점)

[4] 기말 현재 보유하고 있는 무형자산 중 영업권의 전기 말 상각 후 미상각잔액은 16,000,000원이다. 해당 영업권의 취득일은 2023년 1월 1일이며, 회사는 영업권에 대하여 5년간 월할 균등상각하고 있다. (3점)

[5] 결산일 현재 재고자산은 다음과 같다. 결산자료입력을 이용하여 결산을 수행하시오. (3점)

구 분	금 액	비 고
원재료	93,000,000원	선적지 인도기준(FOB)으로 매입하여 운송 중인 미착원재료 2,000,000원 미포함
재공품	70,000,000원	
제 품	135,000,000원	수탁자가 보관 중인 위탁제품 5,000,000원 미포함

문제5 2024년 귀속 원천징수자료와 관련하여 다음의 물음에 답하시오. (15점)

[1] 다음은 ㈜도원기업의 사무직 사원 김우리(사원코드 : 100)의 6월 급여자료이다. 아래 자료를 이용하여 [사원등록]의 [부양가족명세] 탭의 부양가족에 대한 기본공제 및 추가공제 여부를 반영하고, [수당공제등록] 및 [급여자료입력]을 수행하시오(단, 근로자 본인의 세부담 최소화를 가정한다). (5점)

1. 부양가족 명세(모두 거주자인 내국인에 해당함)

성 명	주민등록번호	관 계	동거(생계)여부	비 고
김우리	811210-1007899	본인		세대주, 2024년 총급여액 5,200만원
이현진	831010-2081611	배우자	여	소득없음
김아현	200101-4089290	입양자녀	여	소득없음, 2024년 1월에 입양신고함

※ 제시된 자료 외의 다른 소득은 없다.

2. 6월분 급여자료

이 름	김우리	지급일	2024년 07월 10일
기 본 급	3,000,000원	소 득 세	89,390원
식 대	200,000원	지 방 소 득 세	8,930원
자 가 운 전 보 조 금	200,000원	국 민 연 금	166,500원
육 아 수 당	200,000원	건 강 보 험	131,160원
야 간 근 로 수 당	527,000원	장 기 요 양 보 험	16,800원
		고 용 보 험	34,440원
급 여 계	4,127,000원	공 제 합 계	447,220원
		지 급 총 액	3,679,780원

- 식대 : 당사는 현물식사와 식대를 함께 제공하고 있다.
- 자가운전보조금 : 당사는 본인 명의의 차량을 업무 목적으로 사용한 직원에게만 자가운전보조금을 지급하고 있으며, 실제 발생한 교통비를 별도로 지급하지 않는다.
- 육아수당 : 당사는 6세 이하 자녀(입양자녀 포함) 1명당 200,000원씩 육아수당을 지급하고 있다.

※ 수당등록 시 월정액 및 통상임금은 고려하지 않으며, 사용하는 수당 이외의 항목은 사용 여부를 "부"로 반영한다.
※ 급여자료입력 시 공제항목의 불러온 데이터는 무시하고 직접 입력하여 작성한다.

[2] 다음은 회계부서에 재직 중인 김갑용(사원코드 : 101) 사원의 연말정산 관련 자료이다. 다음의 자료를 이용하여 [연말정산추가자료입력] 메뉴의 [부양가족] 탭 및 관련된 탭을 모두 작성하여 연말정산을 완료하시오(단, 근로자 본인의 세부담 최소화를 가정하고, [연말정산입력] 탭은 직접 입력하지 않음). (10점)

1. 가족사항(모두 거주자인 내국인에 해당함)

성 명	관 계	주민등록번호	동거 여부	소득금액	비 고
김갑용	본인	840505-1032775		65,000,000원	총급여액(근로소득 외의 소득없음), 세대주
강희영	배우자	850630-2038171	여	10,000,000원	근로소득금액
김수필	부친	571012-1011152	여	900,000원	부동산임대소득금액 : 총수입금액 20,000,000원 필요경비 19,100,000원
김정은	아들	150708-3049177	여	-	초등학생
김준희	딸	201104-4047008	여	-	취학 전 아동

2. 연말정산 관련 추가자료(모든 자료는 국세청에서 제공된 자료에 해당함)

내 역	비 고
보장성 보험료	• 김갑용(본인) : 자동차보험료 300,000원 • 강희영(배우자) : 보장성보험료 200,000원 • 김수필(부친) : 생명보험료 150,000원(만기까지 납입액이 만기환급액보다 큰 경우에 해당) • 김준희(딸) : 보장성보험료 350,000원
교육비	• 김갑용(본인) : 정규 교육 과정 대학원 교육비 5,000,000원 • 김정은(아들) : 국내 소재 사립초등학교(「교육법」상의 정규 교육기관) 수업료 8,000,000원, 바이올린 학원비 2,400,000원 • 김준희(딸) : 「영유아보육법」상의 어린이집 교육비 1,800,000원
의료비	• 김갑용(본인) : 시력보정용 안경 구입비용 650,000원 • 김수필(부친) : 질병 치료 목적 의료비 1,500,000원 • 김준희(딸) : 질병 치료 목적 의료비 250,000원
신용카드 사용액	• 김갑용(본인) : 신용카드 사용액 21,500,000원(국세청 자료) (신용카드사용분 중 전통시장/대중교통/도서 등 사용분은 없음)
연금저축	• 김갑용(본인) : 2024년 연금저축계좌 납입액 6,000,000원 (계좌번호 : 농협중앙회 301-02-228451, 당해연도에 가입함)

제111회 전산세무 2급 기출문제

㈜대동산업 (코드번호 : 1112)

▌이 론 시 험 ▌

1. 다음 중 재무제표의 기본가정에 대한 설명으로 가장 옳은 것은?

① 재무제표의 기본가정에는 기업실체의 가정, 계속기업의 가정, 수익·비용 대응의 가정이 있다.
② 기간별 보고의 가정은 자산과 부채의 분류표시를 유동성 순위에 따라 분류하여야 한다는 가정이다.
③ 기업실체의 가정은 기업실체를 소유주와는 독립적으로 보아 기업의 자산과 소유주의 자산을 분리하여 인식하여야 한다는 가정이다.
④ 계속기업의 가정은 기업실체의 지속적인 경제적 활동을 일정한 기간 단위로 분할하여 각 기간별로 재무제표를 작성하는 것을 말한다.

2. 물가가 지속해서 상승하는 경제 상황을 가정할 때, 다음 중 당기순이익이 가장 적게 계상되는 재고자산 평가방법은 무엇인가?

① 선입선출법 ② 총평균법 ③ 이동평균법 ④ 후입선출법

3. 2024년 10월 1일 ㈜한국은 기계장치를 5,000,000원에 취득하였다. 기계장치의 내용연수는 3년, 잔존가치는 500,000원으로 추정되었으며, 연수합계법으로 상각한다. ㈜한국이 결산일인 2024년 12월 31일에 계상하여야 할 감가상각비는 얼마인가? (단, 월할상각 할 것)

① 416,666원 ② 562,500원 ③ 625,000원 ④ 750,000원

4. 다음 중 무형자산에 대한 설명으로 옳지 않은 것은?

① 무형자산의 재무제표 표시방법으로 직접법만을 허용하고 있다.
② 무형자산 상각 시 잔존가치는 원칙적으로 '0'인 것으로 본다.
③ 무형자산은 유형자산과 마찬가지로 매입가액에 취득 관련 부대 원가를 가산한 금액을 취득원가로 처리한다.
④ 무형자산의 상각기간은 독점적·배타적인 권리를 부여하고 있는 관계 법령이나 계약에 정해진 경우를 제외하고는 20년을 초과할 수 없다.

5. 다음 중 자본 항목의 자본조정으로 분류하는 것은?

① 자기주식처분손실
② 주식발행초과금
③ 매도가능증권평가손익
④ 감자차익

6. 다음 중 원가의 개념에 대한 설명으로 가장 옳지 않은 것은?

① 기회원가 : 자원을 다른 대체적인 용도로 사용할 경우 얻을 수 있는 최대금액
② 매몰원가 : 과거의 의사결정으로 이미 발생한 원가로서 의사결정에 고려하지 말아야 하는 원가
③ 회피가능원가 : 특정한 대체안을 선택하는 것과 관계없이 계속해서 발생하는 원가
④ 관련원가 : 여러 대안 사이에 차이가 나는 원가로서 의사결정에 직접적으로 관련되는 원가

7. 다음 중 변동원가와 고정원가에 대한 설명으로 가장 옳지 않은 것은?

① 변동원가는 생산량이 증가함에 따라 총원가가 증가하는 원가이다.
② 고정원가는 생산량의 증감과는 관계없이 총원가가 일정한 원가이다.
③ 생산량의 증감과는 관계없이 제품 단위당 변동원가는 일정하다.
④ 생산량의 증감과는 관계없이 제품 단위당 고정원가는 일정하다.

8. 다음 중 제조원가명세서에 대한 설명으로 가장 옳지 않은 것은?

① 제조원가명세서에는 기말 제품 재고액이 표시된다.
② 판매비와관리비는 제조원가명세서 작성과 관련이 없다.
③ 당기총제조원가는 직접재료원가, 직접노무원가, 제조간접원가의 합을 의미한다.
④ 제조원가명세서의 당기제품제조원가는 손익계산서의 당기제품제조원가와 일치한다.

9. 캠핑카를 생산하여 판매하는 ㈜붕붕은 고급형 캠핑카와 일반형 캠핑카 두 가지 모델을 생산하고 있다. 모델별 제조와 관련하여 당기에 발생한 원가는 각각 아래와 같다. ㈜붕붕은 직접재료원가를 기준으로 제조간접원가를 배부하고 있으며, 당기의 실제 제조간접원가는 2,400,000원이다. 일반형 캠핑카의 당기총제조원가는 얼마인가?

구 분	고급형 캠핑카	일반형 캠핑카	합 계
직접재료원가	1,800,000원	1,200,000원	3,000,000원
직접노무원가	1,000,000원	600,000원	1,600,000원

① 2,700,000원　② 2,760,000원　③ 4,240,000원　④ 4,300,000원

10. 다음 자료를 이용하여 평균법에 따른 종합원가계산을 적용할 경우, 가공원가의 완성품환산량 단위당 원가는 얼마인가?

- 직접재료는 공정 개시 시점에 모두 투입하며, 가공원가는 공정 진행에 따라 균등하게 발생한다.
- 기초재공품 2,500개(완성도 30%), 당기투입량 30,000개, 기말재공품 4,000개(완성도 30%)
- 기초재공품원가 : 직접재료원가 200,000원, 가공원가 30,000원
- 당기제조원가 : 직접재료원가 2,400,000원, 가공원가 1,306,500원

① 25원　② 37원　③ 42원　④ 45원

11. 다음 중 부가가치세법상 면세에 해당하는 것은 모두 몇 개인가?

- 시외우등고속버스 여객운송용역
- 토지의 공급
- 자동차운전학원에서 가르치는 교육용역
- 식용으로 제공되는 외국산 미가공식료품
- 형사소송법에 따른 국선변호인의 국선 변호
- 제작 후 100년이 초과된 골동품

① 5개　② 4개　③ 3개　④ 2개

12. 다음 중 부가가치세법상 대손세액공제에 대한 설명으로 가장 옳지 않은 것은?

① 대손 사유에는 부도발생일부터 6개월 이상 지난 어음·수표가 포함된다.
② 회수기일이 6개월 이상 지난 채권 중 채권가액이 30만원 이하인 채권은 대손사유를 충족한다.
③ 재화를 공급한 후 공급일부터 15년이 지난 날이 속하는 과세기간에 대한 확정신고기한까지 대손사유로 확정되는 경우 대손세액공제를 적용한다.
④ 대손세액은 대손이 확정된 날이 속하는 과세기간의 매출세액에서 뺄 수 있다.

13. 다음 중 소득세의 특징으로 가장 옳은 것은?

① 소득세의 과세기간은 사업자의 선택에 따라 변경할 수 있다.
② 거주자의 소득세 납세지는 거주자의 거소지가 원칙이다.
③ 소득세법은 종합과세제도에 의하므로 거주자의 모든 소득을 합산하여 과세한다.
④ 소득세는 개인별 소득을 기준으로 과세하는 개인 단위 과세제도이다.

14. 거주자 김민재 씨의 소득이 다음과 같을 경우, 종합소득금액은 얼마인가? 단, 이자소득금액은 모두 국내은행의 정기예금이자이다.

| • 양도소득금액 : 10,000,000원 | • 근로소득금액 : 30,000,000원 |
| • 이자소득금액 : 22,000,000원 | • 퇴직소득금액 : 8,700,000원 |

① 30,000,000원   ② 52,000,000원   ③ 54,700,000원   ④ 74,700,000원

15. 다음 중 소득세법상 근로소득의 원천징수 시기가 틀린 것은?

① 2024년 11월 귀속 근로소득을 2024년 12월 31일에 지급한 경우 : 2024년 12월 말일
② 2024년 11월 귀속 근로소득을 2025년 01월 31일에 지급한 경우 : 2025년 01월 말일
③ 2024년 12월 귀속 근로소득을 2025년 01월 31일에 지급한 경우 : 2025년 01월 말일
④ 2024년 12월 귀속 근로소득을 2025년 03월 31일에 지급한 경우 : 2025년 02월 말일

실무시험

㈜대동산업(코드번호 : 1112)은 컴퓨터 및 주변장치의 제조 및 도·소매업을 주업으로 영위하는 중소기업으로, 당기의 회계기간은 2024.1.1.~2024.12.31.이다. 전산세무회계 수험용 프로그램을 이용하여 다음 물음에 답하시오.

문제1 [일반전표입력] 메뉴를 이용하여 다음의 거래자료를 입력하시오. (15점)

[1] 01월 30일 당사가 생산한 제품(원가 50,000원, 시가 80,000원)을 제조부 생산직 직원에게 복리후생 목적으로 제공하였다(단, 부가가치세법상 재화의 공급의제에 해당하지 아니함). (3점)

[2] 04월 01일 미국 LA은행으로부터 차입한 외화장기차입금 $20,000와 이자 $800에 대해 보통예금으로 달러를 구입하여 원금과 이자를 지급하였다. 4월 1일의 기준환율은 ₩1,400/$이다(단, 외화장기차입금은 거래처원장을 조회하여 회계처리하고, 하나의 전표로 처리할 것). (3점)

[3] 05월 06일 영업부 사무실로 사용하기 위하여 4월 2일에 아래와 같이 ㈜명당과 체결한 부동산임대차계약에 따라 임대차계약서상의 보증금 20,000,000원 중 잔금 18,000,000원을 보통예금 계좌에서 송금하여 지급하고, 사무실의 임차를 개시하였다(단, 관련 계정을 조회하여 처리할 것). (3점)

부동산임대차계약서

제 1 조 임대차계약에 있어 임차인은 보증금을 아래와 같이 계약금과 잔금으로 나누어 지급하기로 한다.

보증금	일금	이천만원정 (₩20,000,000)
계약금	일금	이백만원정 (₩2,000,000)은 계약 시에 지불하고 영수함.
잔 금	일금	일천팔백만원정 (₩18,000,000)은 2024년 05월 06일에 지불한다.

[4] 08월 20일 전기에 회수불능으로 대손처리한 외상매출금 2,750,000원(부가가치세 포함)을 회수하여 보통예금 계좌로 입금되었다(단, 당시 대손 요건을 충족하여 대손세액공제를 받았으며, 하나의 전표로 처리할 것). (3점)

[5] 09월 19일 영업부에서 사용할 업무용 차량의 취득세 1,250,000원을 보통예금 계좌에서 납부하였다. (3점)

문제2 [매입매출전표입력] 메뉴를 이용하여 다음의 거래자료를 입력하시오.(15점)

[1] 04월 02일 제품을 ㈜이레테크에 50,000,000원(부가가치세 별도)에 판매하고 다음과 같이 전자세금계산서를 발급하였다. 3월 2일에 받은 선수금 5,000,000원을 제외한 대금 중 30,000,000원은 ㈜이레테크가 발행한 어음으로 받고 나머지는 외상으로 하였다. (3점)

[2] 04월 09일 해외 매출거래처인 BTECH에 제품을 3,000,000원에 직수출하고, 대금은 1개월 후에 받기로 하였다(단, 반드시 수출신고번호는 「1234500123456X」를 입력할 것). (3점)

[3] 05월 29일 직원회식대로 제조부 660,000원과 영업부 440,000원을 지출하고 침산가든에서 제일카드(법인카드)로 결제하였다. 부가가치세 포함 금액. (3점)

[4] 06월 05일 ㈜한라상사로부터 과세사업에는 사용하지 않고 면세사업에만 사용하기 위한 기계장치를 공급가액 100,000,000원(세액 10,000,000원)에 취득하고, 전자세금계산서를 발급받았다. 대금은 보통예금 계좌에서 10,000,000원을 송금하고, 나머지는 당좌수표를 발행하여 지급하였다. (3점)

[5] 06월 15일 제조부가 사용할 청소용품을 일진상사(일반과세자)에서 현금으로 구입하고, 현금영수증을 발급받았다(단, 소모품비로 회계처리할 것). (3점)

일진상사

211 - 11 - 10614 박일문
경기도 부천시 신흥로 110   TEL : 031 - 117 - 2727

홈페이지 http://www.kacpta.or.kr

현금영수증(지출증빙용)

구매 2024/06/15 17 : 27   거래번호 : 11511

상품명	수량	단가	공급가액
청소용품			200,000

과세물품가액	200,000원
부가가치세액	20,000원
합계	220,000원
받은금액	220,000원

문제3 부가가치세 신고와 관련하여 다음 물음에 답하시오. (10점)

[1] 다음 자료를 보고 2024년 제1기 예정신고기간의 [수출실적명세서]와 [영세율매출명세서]를 작성하시오(단, 매입매출전표입력은 생략할 것). (4점)

거래처	수출신고번호	선적일	환가일	통화	수출액	적용환율	
						선적일	환가일
제임스사	13065-22-065849X	2024.01.31.	2024.01.25.	USD	$100,000	₩1,000/$	₩1,080/$
랜덤기업	13075-20-080907X	2024.02.20.	2024.02.23.	USD	$80,000	₩1,050/$	₩1,070/$
큐수상사	13889-25-148890X	2024.03.18.	-	JPY	¥5,000,000	₩800/100¥	-

[2] 다음은 2024년 제2기 부가가치세 확정신고기간 귀속 자료이다. 다음 자료만을 이용하여 [부가가치세신고서]를 작성하시오(단, 기존의 입력된 자료는 무시하고, 부가가치세신고서 외의 부속서류 및 과세표준명세 입력은 생략할 것). (6점)

구분	자 료
매출	1. 전자세금계산서 발급분(과세분) : 공급가액 500,000,000원, 세액 50,000,000원 2. 신용카드에 의한 매출액 : 공급가액 80,000,000원, 세액 8,000,000원 3. 직수출액 : 150,000,000원 4. 영세율세금계산서 발급분 : 50,000,000원(종이 세금계산서 발급) 5. 2023년 제2기 확정신고 시 대손세액공제 받은 외상매출금 33,000,000원을 전액 회수함.
매입	1. 세금계산서 수취분 일반매입 : 공급가액 550,000,000원, 세액 55,000,000원 (세금계산서 수취분 매입액 중 520,000,000원은 과세사업의 매출과 관련된 매입액이며, 나머지 30,000,000원은 거래처 접대와 관련된 매입액이다.) 2. 제2기 예정신고 시 누락된 종이 세금계산서 수취분 : 공급가액 20,000,000원, 세액 2,000,000원
기타	1. 예정신고 누락분은 확정신고 시 반영하기로 한다. 2. 홈택스에서 직접 전자신고하여 세액공제를 받기로 한다.

문제4 결산정리사항은 다음과 같다. 관련 메뉴를 이용하여 결산을 완료하시오. (15점)

[1] 관리부가 2024년 9월 1일에 구입한 소모품 중 당기 말 현재까지 미사용한 소모품은 100,000원이다. (단, 비용에 대한 계정과목은 소모품비(판매관리비)를 사용하고, 반드시 해당 거래를 조회하여 적절한 회계처리를 할 것). (3점)

[2] 결산일 현재 보유 중인 매도가능증권(2023년 취득)에 대하여 일반기업회계기준에 따라 회계처리를 하시오(단, 매도가능증권은 비유동자산에 해당함). (3점)

주식명	주식 수	취득일	1주당 취득원가	2023년 12월 31일 1주당 공정가치	2024년 12월 31일 1주당 공정가치
㈜에코	100주	2023.05.23.	10,000원	8,300원	7,000원

[3] 2024년 12월 16일에 차입한 대출금에 대한 이자를 다음 달부터 매월 16일에 지급하기로 하였다. (3점)

> 2024년 12월 16일부터 2025년 1월 15일까지 1개월 동안 지급되어야 할 이자는 3,100,000원이었으며, 이 중 2024년도 12월 31일까지의 발생이자는 1,600,000원이었다.

[4] 당해연도 말 퇴직급여추계액은 생산직 75,000,000원, 관리직 35,000,000원이며, 이미 설정된 퇴직급여충당부채액은 생산직 50,000,000원과 관리직 28,000,000원이다. 당사는 퇴직급여추계액의 100%를 퇴직급여충당부채로 계상한다. (3점)

[5] 2024년 결산을 하면서 당해연도에 대한 법인세 45,000,000원, 법인지방소득세 6,000,000원을 확정하였다. 중간예납세액 23,000,000원, 이자수익에 대한 원천징수세액 3,080,000원이 자산으로 계상되어 있다. (3점)

문제5 2024년 귀속 원천징수자료와 관련하여 다음의 물음에 답하시오. (15점)

[1] 다음 자료는 인사부 박한별 사원(입사일 2024년 6월 1일, 국내 근무)의 부양가족과 관련된 내용이다. 제시된 자료만을 이용하여 [사원등록(사번 : 500)]을 하고, 부양가족을 모두 [부양가족명세]에 등록 후 박한별의 세부담이 최소화되도록 기본공제 및 추가공제 여부를 입력하시오. (6점)

- 박한별 사원 본인과 부양가족은 모두 내국인이며 거주자이다.
- 기본공제 대상자가 아닌 경우 '부'로 표시한다.

관계	성명	주민등록번호	동거(생계)여부	장애인 여부	소득현황 및 기타사항
본인	박한별	810505-2027818	-	부	근로소득금액 2,500만원
배우자	김준호	800525-1056931	부	부	소득 없음, 주거형편상 별거
본인의 아버지	박인수	510725-1013119	여	부	「장애인복지법」상 장애인에 해당함, 소득 없음, 2024년 1월 31일에 사망
아들	김은수	050510-3212685	부	부	분리과세 기타소득 200만원, 국외 유학 중
딸	김아름	231225-4115731	여	부	소득 없음

[2] 2024년 7월 1일 입사한 김기웅(사번 : 600)의 연말정산 자료는 다음과 같다. [연말정산추가입력]에 전(前)근무지의 내용을 반영하여 [소득명세] 탭, [부양가족] 탭, [신용카드 등] 탭, [연금저축 등] 탭, [연말정산입력] 탭을 작성하시오. (9점)

1. 전(前) 근무지(㈜해탈상사)에서 받은 근로소득원천징수영수증 자료를 입력한다.
2. 2024년 7월에 직장 근처로 이사하면서 전세자금 대출을 받았다.

〈김기웅의 전(前)근무지 근로소득원천징수영수증〉

	구 분		주(현)	종(전)	⑯-1 납세조합	합 계
I 근무처별소득명세	⑨ 근 무 처 명		㈜해탈상사			
	⑩ 사업자등록번호		120-85-22227			
	⑪ 근무기간		2024.1.1.~2024.6.30.	~	~	~
	⑫ 감면기간		~	~	~	~
	⑬ 급 여		24,000,000			
	⑭ 상 여		3,000,000			
	⑮ 인 정 상 여					
	⑮-1 주식매수선택권 행사이익					
	⑮-2 우리사주조합인출금					
	⑮-3 임원 퇴직소득금액 한도초과액					
	⑯ 계		27,000,000			
II 비과세및감면소득명세	⑱ 국외근로					
	⑱-1 야간근로수당	001				
	⑱-2 출산·보육수당	Q01	600,000			
	⑱-4 연구보조비					
	~					
	⑱-29					
	⑲ 수련보조수당	Y22				
	⑳ 비과세소득 계					
	⑳-1 감면소득 계					

	구 분			⑱ 소 득 세	⑲ 지방소득세	⑳ 농어촌특별세
III 세액명세	⑫ 결 정 세 액			1,255,000	125,500	
	기납부세액	⑬ 종(전)근무지 (결정세액란의 세액을 적습니다)	사업자 등록 번호			
		⑭ 주(현)근무지		1,350,000	135,000	
	⑮ 납부특례세액					
	⑯ 차 감 징 수 세 액(⑫-⑬-⑭-⑮)			△95,000	△9,500	
(국민연금 1,610,000원 건강보험 1,388,000원 장기요양보험 189,000원 고용보험 235,600원) 위의 원천징수액(근로소득)을 정히 영수(지급)합니다.						

〈김기웅의 2024년 연말정산자료 : 모든 자료는 국세청에서 제공된 자료에 해당함〉

항 목	내 용
보험료	• 본인 저축성보험료 : 800,000원
교육비	• 본인 야간대학원 등록금 : 3,000,000원
의료비	• 시력보정용 안경구입비 : 600,000원(본인 신용카드 결제) • 본인 질병치료비 : 2,500,000원(실손의료보험금 500,000원 수령)
신용카드 등 사용액	• 신용카드 사용액 : 21,200,000원(대중교통 1,200,000원 포함) • 직불카드 사용액 : 1,300,000원(전통시장 300,000원 포함) • 현금영수증 사용액 : 1,200,000원(도서·공연 200,000원 포함)
주택차입금 원리금상환액	• 이자상환액 : 300,000원 • 원금상환액 : 3,000,000원 ※ 주택임차차입금원리금 상환액 공제요건을 충족한다고 가정한다.

Part. 8
TAT 2급 기출문제

【참고】

▶ 기출문제 연습시 백데이터 설치 방법

3. www.jw1449.com 접속

4. 전산세무 2급 백데이터 설치방법

　① 강의자료실 → 회계 → 340번 다운로드 후 압축풀기

　② 백데이터 설치 후 케이렙은 프로그램 실행 후 회사등록에서 회사코드재생성을 하여 회사를 선택하여 문제 풀면 된다.

3. TAT 2급 백데이터 설치방법

　① 강의자료실 → 회계 → 343번 다운로드 후 압축풀기

　② 압축을 풀고 프로그램을 실행하여 해당회사를 선택하여 문제 풀면 된다.

제64회 TAT 2급 기출문제

㈜히말라야 (코드번호 : 2264)

▎실무이론평가 ▎

1. 다음 중 선생님의 질문에 올바른 답변을 한 사람은?

> 선생님 : 경영진과 독립적으로 내부회계관리제도에 대한 평가기능을 수행하는 담당조직은 무엇인가요?
> 민수 : 감사위원회입니다.
> 준희 : 대표이사입니다.
> 지혜 : 경리부서입니다.
> 수현 : 이사회입니다.

① 민수　　　　② 준희　　　　③ 지혜　　　　④ 수현

2. 다음은 (주)한공의 본사 건물 관련 자료이다. 2024년 1월 1일부터 건물의 처분시점까지 인식한 감가상각비는 얼마인가?

> • 건물의 2023년말 장부금액은 2,000,000원이었다.
> • 이 건물을 2024년 8월 1일 2,050,000원에 처분하고, 250,000원의 처분이익이 발생하였다.

① 50,000원　　② 200,000원　　③ 250,000원　　④ 300,000원

3. 다음은 (주)한공의 퇴직급여에 관한 자료이다. 이에 대해 올바르게 설명하고 있는 것은?

퇴직급여충당부채			
⋮		기초	5,000,000원
		⋮	

- 2024년말 현재 전종업원이 일시에 퇴직할 경우 지급하여야 할 퇴직금은 7,000,000원이고, 이는 퇴직급여규정의 개정으로 증가된 1,500,000원이 포함되어 있다.(전기 이전분 1,300,000원, 당기분 200,000원)
- 당기에 지급한 퇴직급여는 1,000,000원이다.

① 기말 재무상태표상 퇴직급여충당부채는 6,500,000원이다.
② 2024년 손익계산서상의 퇴직급여는 3,000,000원이다.
③ 퇴직급여규정의 개정으로 증가된 전기 이전분 1,300,000원은 전기이익잉여금에 반영한다.
④ (주)한공은 확정기여형(DC) 퇴직연금제도를 적용하고 있다.

4. 제조업을 영위하는 (주)한공의 수정 전 영업이익은 6,000,000원이다. 다음의 결산정리사항을 반영한 수정 후 영업이익은 얼마인가?

- 미지급임차료 500,000원에 대한 회계처리를 누락 하였다.
- 보험료선급분 100,000원을 전액 당기비용으로 처리 하였다.
- 이자미수분 200,000원에 대한 회계처리를 누락 하였다.

① 5,400,000원   ② 5,500,000원   ③ 5,600,000원   ④ 5,800,000원

5. 다음 중 주식배당으로 인한 영향으로 옳지 **않은** 것은?

① 미교부주식배당금만큼 부채가 증가한다.
② 순자산의 유출없이 배당효과를 얻을 수 있다.
③ 자본금은 증가하지만 이익잉여금은 감소한다.
④ 자본 총액은 변동이 없으나 주식 수는 증가한다.

6. 장부마감 전 발견된 다음 오류사항 중 당기순이익에 영향을 미치는 것은?

① 주식할인발행차금의 미상각
② 유형자산처분손실을 판매비와관리비로 계상
③ 재고자산에 대한 평가손실 미계상
④ 매도가능증권에 대한 평가손실 미계상

7. 다음 중 부가가치세 과세대상 용역의 공급이 <u>아닌</u> 것은?

① 근로계약에 따라 근로를 제공하는 경우
② 특수관계인에게 사업용 부동산을 무상으로 임대하는 경우
③ 산업재산권을 대여하는 경우
④ 건설업자가 건설용역을 제공하면서 건설자재의 일부를 부담하는 경우

8. 다음 자료를 토대로 (주)한공의 2024년 제2기 부가가치세 예정신고 시 과세표준을 계산하면 얼마인가?(단, 주어진 자료에는 부가가치세가 포함되지 아니하였다.)

• 제품 매출액	50,000,000원
• 국가에 무상으로 기증한 제품	20,000,000원(시가)
• 화재로 인하여 소실된 제품	5,000,000원(시가)
• 중고 기계장치 처분액	10,000,000원

① 55,000,000원 ② 60,000,000원 ③ 75,000,000원 ④ 80,000,000원

9. 다음 중 과세대상 근로소득에 해당하는 것은?

① 사내근로복지기금으로부터 근로자의 자녀가 지급받는 학자금
② 월 20만원씩 받는 기자의 취재수당
③ 국외에서 근로를 제공하고 받는 급여 중 월 100만원
④ 퇴직시 받는 금액 중 퇴직소득에 속하지 않는 퇴직위로금

10. 제조업을 영위하는 개인사업자 김한공 씨의 2024년도 사업소득금액을 계산하면?

가. 소득세 차감 전 순이익	100,000,000원
나. 손익계산서에 포함된 수익 항목	
• 예금 이자수입	2,000,000원
• 사업과 관련된 자산수증이익(이월결손금 보전에 충당하지 아니함)	3,000,000원
다. 손익계산서에 포함된 비용 항목	
• 교통사고 벌과금	5,000,000원
• 김한공 씨의 배우자(영업부서에 근무)에 대한 급여	4,000,000원

① 101,000,000원   ② 103,000,000원   ③ 106,000,000원   ④ 107,000,000원

실무수행평가

(주)히말라야(회사코드 2264)는 등산용품 제조업을 영위하는 법인기업으로 회계기간은 제6기(2024.1.1. ~ 2024.12.31.)이다. 제시된 자료와 [자료설명]을 참고하여 [평가문제]의 물음에 답하시오.

실무수행 유의사항	1. 부가가치세 관련거래는 [매입매출전표입력]메뉴에 입력하고, 부가가치세 관련없는 거래는 [일반전표입력]메뉴에 입력한다. 2. 타계정 대체와 관련된 적요는 반드시 코드를 입력하여야 한다. 3. 채권·채무, 예금거래 등 관리대상 거래자료에 대하여는 반드시 거래처코드를 입력한다. 4. 자금관리 등 추가 작업이 필요한 경우 문제의 요구에 따라 추가 작업하여야 한다. 5. 제조경비는 500번대 계정코드를 사용한다. 6. 판매비와관리비는 800번대 계정코드를 사용한다. 7. 등록된 계정과목 중 가장 적절한 계정과목을 선택한다.

실무수행1 거래자료입력

실무프로세스 자료이다. [자료설명]을 참고하여 [수행과제]를 수행하시오.

① 3만원초과 거래자료에 대한 경비등의송금명세서 작성

자료 1. 공급자 정보

NO.	영 수 증 (공급받는자용)			
	(주)히말라야 귀하			
공급자	사업자등록번호	312-04-22512		
	상 호	동아가공	성명	옥수형
	사업장소재지	서울특별시 서대문구 충정로7길 13-7		
	업 태	제조	종목	금형 외
작성일자	공급대가총액		비고	
2024.1.10.	₩ 400,000			
공 급 내 역				
월/일	품명	수량	단가	금액
1/10	가공비			400,000
합 계			₩ 400,000	
위 금액을 영수(청구)함				

자료 2. 보통예금(국민은행) 거래내역

번호	거래일	내 용	찾으신금액	맡기신금액	잔 액	거래점
		계좌번호 204456-02-344714 (주)히말라야				
1	2024-1-10	가공비	400,000		***	***

자료설명	동아가공에 제품제조에 필요한 가공용역을 의뢰하고 대금 400,000원을 국민은행 보통예금에서 송금하였다. 1. 자료 1은 공급자 정보이며, 해당사업자는 경비등의송금명세서 제출대상자에 해당한다. 2. 자료 2는 가공비 계좌이체 내역이다. (은행정보 : 농협은행 44212-2153-700, 예금주 : 동아가공 옥수형)
수행과제	1. 거래자료를 입력하시오. 2. 경비등의 송금명세서를 작성하시오.

2 퇴직연금

자료. 보통예금(국민은행) 거래내역

번호	거래일	내 용	찾으신금액	맡기신금액	잔 액	거래점
		계좌번호 204456-02-344714 (주)히말라야				
1	2024-2-15	퇴직연금(DC형)	12,000,000		***	***

자료설명	5월분 퇴직연금(공장직원 7,000,000원, 본사 사무직 5,000,000원)을 이체하여 납입하였다.(단, 회사는 해당 직원에 대하여 국민은행에 확정기여형(DC형) 퇴직연금이 가입되어 있다.)
수행과제	거래자료를 입력하시오.

3 기타 일반거래

자료 1. 출장비 지출 내역

지출내역	금액(원)	비 고
숙박비	200,000	100,000원×2박
교통비	90,000	택시비 등
거래처식사	120,000	매출거래처 접대비
지출 합계	410,000	

자료 2. 보통예금(국민은행) 내역

번호	거래일	내 용	찾으신금액	맡기신금액	잔 액	거래점
		계좌번호 204456-02-344714 (주)히말라야				
1	2024-4-20	손호준	410,000		***	***

자료설명	1. 자료 1은 지역 영업점 및 거래처 출장을 마친 영업부 손호준 사원의 출장비 지출 내역이다. 2. 회사는 출장비의 경우 사후 정산 방식을 적용하고 있으며, 계좌이체일 기준으로 회계처리 하고 있다.
수행과제	거래자료를 입력하시오.

실무수행2 부가가치세관리

부가가치세 신고 관련 자료이다. [자료설명]을 참고하여 [수행과제]를 수행하시오.

① 전자세금계산서 발급

거래명세서 (공급자 보관용)

공급자	등록번호	120-81-32144			공급받는자	등록번호	514-81-35782		
	상호	(주)히말라야	성명	최종길		상호	(주)야호산업	성명	김윤호
	사업장주소	서울특별시 강남구 강남대로 246, 3층				사업장주소	서울특별시 구로구 가마산로 134-10		
	업태	제조업외	종사업장번호			업태	도소매업	종사업장번호	
	종목	등산용품외				종목	등산용품		

거래일자	미수금액	공급가액	세액	총 합계금액
2024.5.25		6,000,000	0	6,000,000

NO	월	일	품목명	규격	수량	단가	공급가액	세액	합계
1	5	25	등산장갑		100	60,000	6,000,000	0	6,000,000

자료설명	(주)야호산업에 내국신용장(Local L/C)에 의하여 제품을 공급하고 발급한 거래명세서이며, 물품대금은 전액 6월 30일에 받기로 하였다.
수행과제	1. 5월 25일의 거래자료를 입력하시오. 2. 전자세금계산서 발행 및 내역관리 를 통하여 발급·전송하시오. (전자세금계산서 발급 시 결제내역 및 전송일자는 고려하지 않는다.)

② 수정전자세금계산서의 발급

전자세금계산서 (공급자 보관용)						승인번호			
공급자	등록번호	120-81-32144			공급받는자	등록번호	120-81-51234		
	상호	(주)히말라야	성명(대표자)	최종길		상호	(주)백두산업	성명(대표자)	백두산
	사업장 주소	서울특별시 강남구 강남대로 246, 3층				사업장 주소	서울특별시 구로구 구로중앙로 198		
	업태	제조업외	종사업장번호			업태	도소매업	종사업장번호	
	종목	등산용품외				종목	등산용품		
	E-Mail	yaho@bill36524.com				E-Mail	mountain@bill36524.com		
작성일자	2024.6.20		공급가액	20,000,000		세 액	2,000,000		
비고									

월	일	품목명	규격	수량	단가	공급가액	세액	비고
6	20	등산가방		200	100,000	20,000,000	2,000,000	

합계금액	현금	수표	어음	외상미수금	이 금액을	○ 영수	함
22,000,000				22,000,000		● 청구	

자료설명	1. 6월 20일 제품을 공급하고 발급한 전자세금계산서이며 매입매출전표에 입력되어 있다. 2. 담당자의 착오로 동일 건을 이중 발급한 사실을 확인하였다.
수행과제	수정사유를 선택하여 수정전자세금계산서를 발급·전송하시오.(외상대금 및 제품매출에서 음수(-)로 처리하고 전자세금계산서 발급 시 결제내역 및 전송일자는 무시할 것.)

3 의제매입세액공제신고사업자의 부가가치세신고서 작성

자료 1. 농산물 구입관련 자료(전자계산서 수취)

전자계산서 (공급받는자 보관용)					승인번호		
공급자	등록번호	219-81-25429			등록번호	120-81-32144	
	상호	(주)영동농협	성명(대표자)	김주희	상호	(주)히말라야	성명(대표자)	최종길
	사업장주소	서울특별시 강남구 강남대로 252 (도곡동)			사업장주소	서울특별시 강남구 강남대로 246, 3층	
	업태	도소매업	종사업장번호		업태	제조업외	종사업장번호	
	종목	농산물			종목	등산용품외		
	E-Mail	youngdong@bill36524.com			E-Mail	yaho@bill36524.com	

작성일자	2024.7.15.	공급가액	5,000,000	비고	

월	일	품목명	규격	수량	단가	공급가액	비고
7	15	사과		100	50,000	5,000,000	

합계금액	현금	수표	어음	외상미수금	이 금액을	○ 영수 / ● 청구 함
5,000,000				5,000,000		

자료 2. 농산물 구입관련 자료(농민과의 거래)

농산물 공급 계약서

■ 공급자 인적사항

성 명	주민등록번호
한세윤	820927-1032540

■ 계약내역

농산물 품목	공급량	납품일자	금 액
배	300상자	2024.7.20.	15,000,000원
합계금액		15,000,000원	

■ 대금지급조건 : 공급시기의 다음달 10일까지 지급

자료 3. 농산물 구입관련 자료(현금영수증 수취)

```
           현 금 영 수 증 (고객용)

  사업자등록번호 : 229-81-16010 이시만
  사 업 자 명   : 하나로마트
  단 말 기 I D  : 73453259(tel : 02-345-4546)
  가 맹 점 주 소 : 서울특별시 서초구 청계산로 10

  현금영수증 회원번호
   120-81-32144         (주)히말라야
  승 인 번 호 : 83746302   (PK)
  거 래 일 시 : 2024년 7월 24일 10시29분15초
  거 래 금 액 : 900,000원

  휴대전화, 카드번호 등록
  http : //현금영수증.kr
  국세청문의(126)
         38036925-gca10106-3870-U490
         <<<<<이용해 주셔서 감사합니다.>>>>>
```

자료설명	본 문제에 한하여 (주)히말라야는 농산물(과일)을 구입하여 가공식품(과세제품)을 제조 판매한다고 가정한다. 1. 자료 1은 사과 100상자를 외상으로 구입하고 발급받은 전자계산서이다. 2. 자료 2는 배 300상자를 농민(한세윤)으로부터 외상 구입하고 작성한 계약서이다. 3. 자료 3은 오렌지 30상자를 현금으로 구입하고 발급받은 현금영수증이다. 4. (주)히말라야는 중소기업에 해당하며, 의제매입세액 공제율은 4/104로 한다.

수행과제	1. 자료 1 ~ 3의 거래를 검토하여 의제매입세액공제 요건을 갖춘 거래는 매입매출전표에 입력하고, 그 외의 거래는 일반전표에 입력하시오.
	   (의제매입세액공제신고서에 자동반영 되도록 적요를 선택할 것.)
	2. 제2기 부가가치세 예정신고기간의 의제매입세액공제신고서를 작성하시오.
	3. 의제매입세액공제내역을 제2기 부가가치세 예정신고서에 반영하시오.
	4. 의제매입세액과 관련된 회계처리를 일반전표입력에 9월 30일자로 입력하시오.
	   (공제세액은 '부가세대급금'으로 회계처리할 것.)

4 수출실적명세서 작성자의 부가가치세 신고서 작성

자료 1. 수출신고필증(갑지)

수 출 신 고 필 증 (갑지)

※ 처리기간 : 즉시

제출번호 12345-04-0001230	⑤신고번호 071100900558574	⑥신고일자 2024/11/10	⑦신고구분 H	⑧C/S구분
①신 고 자 대한 관세법인 관세사 백용명				
②수 출 대 행 자 (주)히말라야 (통관고유부호) (주)히말라야-1-74-1-12-4 수출자구분 A	⑨거래구분 11	⑩종류 A	⑪결제방법 L./C	
수 출 화 주 (주)히말라야 (통관고유부호) (주)히말라야-1-74-1-12-4 (주소) 서울특별시 강남구 강남대로 246, 3층 (대표자) 최종길 (소재지) 서울특별시 강남구 강남대로 246, 3층 (사업자등록번호) 120-81-32144	⑫목적국 JAPAN	⑬적재항 INC 인천항	⑭선박회사 (항공사) HANJIN	
	⑮선박명(항공편명) HANJIN SAVANNAH	⑯출항예정일자 2024/11/30	⑰적재예정보세구역 03012202	
	⑱운송형태 10 BU		⑲검사희망일 2024/11/25	
	⑳물품소재지 한진보세장치장 인천 중구 연안동 245-1			
③제 조 자 (주)히말라야 (통관고유부호)(주)히말라야-1-74-1-12-4 제조장소 214 산업단지부호	㉑L/C번호 868EA-10-55554		㉒물품상태 N	
	㉓사전임시개청통보여부 A		㉔반송 사유	
④구 매 자 오사카상사 (구매자부호) CNTOSHIN12347	㉕환급신청인 1 (1:수출대행자/수출화주, 2:제조자) 간이환급 NO			

• 품명 • 규격 (란번호/총란수 : 999/999)

㉖품 명 등산가방 ㉗거래품명 등산가방		㉘상표명 NO			
㉙모델 • 규격 텀블러	㉚성분		㉛수량 1,000(BOX)	㉜단가(JPY) 780	㉝금액(JPY) 780,000
㉞세번부호 1234.12-1234	㉟순중량 900KG		㊱수량 1,000(BOX)	㊲신고가격 (FOB)	¥800,000 ₩8,800,000
㊳송품장번호 AC-2024-00620	㊴수입신고번호		㊵원산지 Y	㊶포장갯수(종류)	1,000(BOX)
㊷수출요건확인(발급서류명)					
㊸총중량 950KG	㊹총포장갯수 1000C/T		㊺총신고가격 (FOB)		¥800,000 ₩8,800,000
㊻운임(W)	㊼보험료(W)		㊽결제금액 FOB-¥800,000		
㊾수입화물관리번호			㊿컨테이너번호 CKLU7845013		Y
※ 신고인기재란 수출자 : 제조/무역, 판촉물		51세관기재란			
52운송(신고)인 한진통운(주) 최진우 53기간 2024/11/10 부터 2024/11/30 까지	54적재의무 기한	2024/ 11/30	55담당자	990101 (이현구)	56신고수리 일자 2024/11/10

자료 2. 환율 내역

11월 5일	11월 10일	11월 30일
1,010원/100¥	1,030원/100¥	1,100원/100¥

자료설명	1. 자료 1은 11월 30일 선적한 일본 오사카상사에 대한 수출신고필증이다. 2. 자료 2는 환율 내역이다. (계약체결일 : 11월 5일, 수출신고일 : 11월 10일, 선적일 : 11월 30일) 3. 수출대금은 전액 2024년 12월 31일 받기로 하였다.
수행과제	1. 거래자료를 입력하시오. 2. 제2기 확정 신고기간의 수출실적명세서를 작성하시오. 3. 수출실적명세 및 전자신고세액공제를 반영하여 제2기 부가가치세 확정신고서를 작성하시오. – 제2기 부가가치세 확정신고서를 홈택스로 전자신고하여 전자신고세액공제 10,000원을 공제받기로 한다.

평가문제 입력자료 및 회계정보를 조회하여 [평가문제]의 답안을 입력하시오.(70점)

평가문제 답안입력 유의사항

❶ 답안은 **지정된 단위의 숫자로만 입력**해 주십시오.
* 한글 등 문자 금지

	정답	오답(예)
(1) **금액은 원 단위로 숫자를 입력**하되, 천 단위 콤마(,)는 생략 가능합니다. (1-1) 답이 0원인 경우 반드시 "0" 입력 (1-2) 답이 음수(-)인 경우 숫자 앞에 " - " 입력 (1-3) 답이 소수인 경우 반드시 "." 입력	1,245,000 1245000	1.245.000 1,245,000원 1,245,0000 12,45,000 1,245천원
(2) 질문에 대한 **답안은 숫자로만 입력**하세요.	4	04 4건/매/명 04건/매/명
(3) **거래처 코드번호는 5자리 숫자로 입력**하세요	00101	101 00101빈

❷ 답안에 천원단위(000) 입력시 더존 프로그램 숫자 입력 방법과 다르게 숫자키패드 '+' 기능은 지원되지 않습니다.
❸ 더존 프로그램에서 조회되는 자료를 복사하여 붙여넣기가 가능합니다.
❹ 수행과제를 올바르게 입력하지 않고 작성한 답과 모범답안이 다른 경우 오답처리 됩니다.

[실무수행평가] – 부가가치세관리

번호	평가 문제	배점
11	**평가문제 [환경설정 조회]** (주)히말라야의 환경설정 정보이다. 다음 중 올바르지 않은 것은? ① 계정과목코드체계는 세목미사용(3자리) 이다. ② 소수점관리는 수량 : 1.버림, 단가 : 1.버림, 금액 : 3.반올림 으로 설정되어 있다. ③ 카드입력방식은 '1.공급대가(부가세포함)' 이다. ④ 카드채권에 대하여 120.미수금 계정을 사용한다.	2
12	**평가문제 [매입매출전표입력 조회]** 6월 20일자 수정세금계산서의 수정사유를 코드로 입력하시오.	2
13	**평가문제 [세금계산서합계표 조회]** 제1기 확정 신고기간의 거래처 '(주)야호산업'에 전자발행 된 세금계산서 공급가액은 얼마인가?	2
14	**평가문제 [세금계산서합계표 조회]** 제1기 확정 신고기간의 매출전자세금계산서 발급매수는 총 몇 매인가?	3
15	**평가문제 [의제매입세액공제신고서 조회]** 제2기 예정 신고기간의 의제매입세액공제신고서의 의제매입세액은 총 얼마인가?	2
16	**평가문제 [부가가치세신고서 조회]** 제2기 예정 신고기간 부가가치세신고서의 과세_세금계산서발급분(1란) 금액은 얼마인가?	2
17	**평가문제 [부가가치세신고서 조회]** 제2기 예정 신고기간의 부가가치세 신고시에 작성되는 부가가치세 첨부서류에 해당하지 않는 것은? ① 세금계산서합계표　　　　② 계산서합계표 ③ 건물등감가상각자산취득명세서　　④ 의제매입세액공제신고서	2
18	**평가문제 [수출실적명세서 조회]** 제2기 확정 신고기간의 수출실적명세서 '⑩수출한재화'의 원화금액은 얼마인가?	3
19	**평가문제 [부가가치세신고서 조회]** 제2기 확정 신고기간의 부가가치세신고서에 반영되는 영세율 과세표준 총금액은 얼마인가?	2
20	**평가문제 [부가가치세신고서 조회]** 제2기 확정 신고기간의 부가가치세 신고서와 관련된 설명으로 옳지 않은 것은? ① 과세표준 금액은 253,390,000원이다. ② 부가가치세 조기환급 대상이다. ③ 부가가치세 환급세액의 경우에는 전자신고세액공제를 적용받을 수 없다. ④ 국세환급금 계좌은행은 '국민은행'이다.	2
	부가가치세 소계	22

실무수행3 결산

[결산자료]를 참고로 결산을 수행하시오.(단, 제시된 자료 이외의 자료는 없다고 가정함.)

① 수동결산

자료설명	단기투자목적으로 구입한 유가증권에 대하여 일반기업회계기준에 따라 기말평가를 반영하시오. 단, 현재까지 일반기업회계기준에 따라 회계처리를 하였다.

구분	2023.10.15. 취득원가	2023.12.31. 공정가치	2024.12.31. 공정가치
단기매매증권	15,000,000원	17,000,000원	14,000,000원

수행과제	결산정리분개를 입력하시오.

② 결산자료입력에 의한 자동결산

자료설명	1. 기말 단기대여금 잔액에 대하여 1%의 대손충당금을 보충법으로 설정한다. 2. 기말재고자산 현황 | 구분	장부상내역		실사내역	
	단위당원가	수량	단위당원가	수량
원재료	30,000원	300개	30,000원	300개
제 품	40,000원	450개	40,000원	420개 | - 재고자산감모내역은 모두 정상적으로 발생한 감모손실이다. 3. 이익잉여금처분계산서 처분확정(예정)일 - 당기 : 2025년 3월 31일 - 전기 : 2024년 3월 31일
---	---
수행과제	결산을 완료하고 이익잉여금처분계산서에서 손익 대체 분개를 하시오. (단, 이익잉여금처분내역은 없는 것으로 하고 미처분이월이익잉여금 전액을 이월이익잉여금으로 이월 할 것.)

[실무수행평가] – 재무회계

번호	평가 문제	배점
21	**평가문제 [경비등송금명세서 조회]** 경비등송금명세서에 반영되는 농협은행의 은행코드번호(CD) 3자리를 입력하시오.	2
22	**평가문제 [일/월계표 조회]** 1/4분기(1월~3월)에 발생한 제조경비 총금액은 얼마인가?	1
23	**평가문제 [일/월계표 조회]** 1/4분기(1월~3월)에 발생한 퇴직급여(판매관리비)는 얼마인가?	2
24	**평가문제 [일/월계표 조회]** 2/4분기(4월~6월)에 발생한 판매관리비 금액으로 옳지 않은 것은? ① 복리후생비 2,292,000원 ② 여비교통비 1,195,000원 ③ 접대비 930,000원 ④ 통신비 176,500원	2
25	**평가문제 [일/월계표 조회]** 2/4분기(4월~6월)에 발생한 제품매출 금액은 얼마인가?	1
26	**평가문제 [일/월계표 조회]** 4/4분기(10월~12월)에 발생한 제품매출 금액은 얼마인가?	1
27	**평가문제 [일/월계표 조회]** 4/4분기(10월~12월)에 발생한 영업외비용 금액은 얼마인가?	2
28	**평가문제 [거래처원장 조회]** 3월 말 거래처별 보통예금 잔액으로 옳지 않은 것은? ① 98000.국민은행 623,247,000원 ② 98001.신한은행 116,316,000원 ③ 98003.우리은행 59,461,000원 ④ 98005.대구은행 7,800,000원	1
29	**평가문제 [거래처원장 조회]** 5월 말 거래처별 외상매출금 잔액으로 옳지 않은 것은? ① 03300.(주)삼광산업 12,000,000원 ② 03350.(주)야호산업 8,200,000원 ③ 03400.(주)백두산업 22,000,000원 ④ 04003.(주)볼핑블루 33,000,000원	2
30	**평가문제 [합계잔액시산표 조회]** 9월 말 원재료 잔액으로 옳은 것은? ① **381,954,029원** ② 382,530,952원 ③ 382,565,567원 ④ 382,757,874원	1
31	**평가문제 [합계잔액시산표 조회]** 9월 말 외상매입금 잔액은 얼마인가?	2
32	**평가문제 [재무상태표 조회]** 12월 말 단기매매증권 잔액은 얼마인가?	2
33	**평가문제 [재무상태표 조회]** 12월 말 단기대여금 순장부금액은 얼마인가?	2
34	**평가문제 [재무상태표 조회]** 기말 제품 금액은 얼마인가?	1
35	**평가문제 [재무상태표 조회]** 12월말 이월이익잉여금(미처분이익잉여금) 잔액으로 옳은 것은? ① 285,120,269원 ② 355,109,431원 ③ 439,002,396원 ④ 524,102,891원	1
	재무회계 소계	23

실무수행4 근로소득관리

인사급여 관련 자료이다. [자료설명]을 참고하여 [수행과제]를 수행하시오.

① 주민등록등본에 의한 사원등록

자료. 진호개의 주민등록등본

문서확인번호				1/1

주 민 등 록 표
(등   본)

이 등본은 세대별 주민등록표의 원본내용과 틀림없음을 증명합니다.
담당자 : 이등본   전화 : 02 - 3149 - 0236
신청인 : 진호개
용도 및 목적 : 회사제출용
2024년 12월 31일

세대주 성명(한자)	진호개 (進 護 開)	세대 구성 사유 및 일자	전입 2020 - 11 - 05
현주소 : 서울특별시 성북구 동소문로 179 - 12			

번호	세대주 관계	성 명 주민등록번호	전입일 / 변동일	변동사유
1	본인	진호개 830808 - 1042112		
2	배우자	송설 830426 - 2785411	2020 - 11 - 05	전입
3	자	진기우 040501 - 3200481	2020 - 11 - 05	전입
4	자	진미화 211215 - 4399489	2021 - 12 - 15	출생등록

자료설명	사무직 사원 진호개(1004)의 사원등록을 위한 자료이다. 1. 부양가족은 진호개와 생계를 같이 한다. 2. 본인 진호개는 장애인복지법상 시각 장애인이다. 3. 배우자 송설은 모친으로부터 상속받은 보통예금 50,000,000원이 있다. 4. 자녀 진기우는 교내 경진대회에서 상금 600,000원을 수령하였으며, 분리과세를 선택하였다. 5. 자녀 진미화는 별도 소득이 없다. 6. 세부담을 최소화하는 방법으로 선택한다.
수행과제	[사원등록] 메뉴에서 부양가족명세를 작성하시오.

[실무수행평가] – 근로소득관리 1

번호	평가 문제	배점
36	**평가문제 [진호개 근로소득원천징수영수증 조회]** 기본공제 대상 인원수(본인포함)는 모두 몇 명인가?	1
37	**평가문제 [진호개 근로소득원천징수영수증 조회]** '25.배우자' 공제대상액은 얼마인가?	2
38	**평가문제 [진호개 근로소득원천징수영수증 조회]** '28.장애인' 공제대상액은 얼마인가?	1
39	**평가문제 [진호개 근로소득원천징수영수증 조회]** '37.차감소득금액' 은 얼마인가?	2
40	**평가문제 [진호개 근로소득원천징수영수증 조회]** '57.자녀세액공제' 금액은 얼마인가?	2

② 급여명세에 의한 급여자료

자료 1. 12월 급여자료

(단위 : 원)

사원	기본급	육아수당	차량 보조금	식대	국외근로 수당	국민 연금	건강 보험	고용 보험	장기 요양 보험	상조 회비
김래원	3,000,000	120,000	300,000	200,000		프로그램에서 자동 계산된 금액으로 공제한다.				30,000
손호준	4,000,000	0	300,000	200,000	1,000,000					

자료 2. 수당 및 공제요건

구분	코드	수당 및 공제명	내용
수당등록	101	기본급	설정된 그대로 사용한다.
	200	육아수당	초·중·고 기본공제 대상 자녀를 양육하는 경우 매월 고정적으로 지급하고 있다.
	201	차량보조금	차량을 소유한 직원들에게 지급하며, 출장 시에는 별도의 교통비를 지급하고 있다.
	202	식 대	별도의 음식물은 제공하고 있지 않다.
	203	국외근로수당	해외 지사에 파견 근무 중인 사원에게 지급하고 있다.
자료설명	1. 자료 1에서 김래원은 관리부 대리이다. 2. 자료 1에서 손호준은 영업부 사원이며, 2024년 12월부터 싱가포르 지사에 파견되어 근무 중이다. 3. 12월 귀속분 급여지급일은 당월 24일이며, 사회보험료는 자동 계산된 금액으로 공제한다. 4. 전 직원은 급여 지급시 상조회비를 일괄공제하고 있다. 5. 당사는 반기별 원천징수 납부대상자가 아니며, 전월 미환급세액 220,000원(지방소득세 22,000원 제외)이 있다.		
수행과제	1. 사원등록에서 국외근로 비과세여부를 적용하시오. 2. 급여자료입력 메뉴에 수당등록을 하시오. 3. 12월분 급여자료를 입력하시오.(단, 구분 '1.급여'로 선택할 것.) 4. 12월 귀속분 [원천징수이행상황신고서]를 작성하시오.		

[실무수행평가] – 근로소득관리 2

번호	평가 문제	배점
41	**평가문제 [김래원 12월 급여자료입력 조회]** 12월 급여항목 중 과세대상 지급액은 얼마인가?	2
42	**평가문제 [김래원 12월 급여자료입력 조회]** 12월 급여의 차인지급액은 얼마인가?	1
43	**평가문제 [손호준 12월 급여자료입력 조회]** 12월 급여항목 중 비과세대상 지급액은 얼마인가?	2
44	**평가문제 [손호준 12월 급여자료입력 조회]** 12월 급여의 공제액 합계는 얼마인가?	1
45	**평가문제 [12월 원천징수이행상황신고서 조회]** '10.소득세 등' 총 합계 금액은 얼마인가?	2

③ 국세청연말정산간소화 및 이외의 자료를 기준으로 연말정산

자료설명	사무직 봉도진(1003)의 연말정산을 위한 자료이다. 1. 사원등록의 부양가족현황은 사전에 입력되어 있다. 2. 부양가족은 봉도진과 생계를 같이 한다.
수행과제	[연말정산 근로소득원천징수영수증] 메뉴에서 연말정산을 완료하시오. 1. 신용카드와 현금영수증은 [신용카드] 탭에서 입력한다. 2. 의료비는 [의료비] 탭에서 입력하며, 국세청자료는 공제대상 합계금액을 1건으로 집계하여 입력한다.(튼튼한의원의 의료비는 전액 건강증진약품 구입비용이다.) 3. 보험료와 교육비는 [소득공제] 탭에서 입력한다.

자료 1. 봉도진 사원의 부양가족등록 현황

연말정산관계	성 명	주민 번호	기타 사항
0.본인	봉도진	801215-1640707	
1.배우자	이희정	920426-2875651	총급여 35,000,000원
1.소득자 직계존속	이은실	520411-2899736	주거형편상 타지역에 거주 중이며, 별도 소득은 없다.
4.직계비속	봉은지	070711-4321578	고등학생으로 타지역 기숙사에 생활 중이며, 별도 소득은 없다.
4.직계비속	봉지혁	200927-3321583	별도 소득은 없다.

자료 2. 국세청간소화서비스 및 기타증빙자료

2024년 귀속 소득·세액공제증명서류 : 기본(사용처별)내역 [신용카드]

■ 사용자 인적사항

성 명	주 민 등 록 번 호
봉도진	801215-1640***

■ 신용카드 등 사용금액 집계

일 반	전통시장	대중교통	도서공연등	합계금액
8,300,000	1,700,000	0	0	10,000,000

- 본 증명서류는『소득세법』제165조 제1항에 따라 영수증 발급기관으로부터 수집한 서류로 소득·세액공제 충족 여부는 근로자가 직접 확인하여야 합니다.
- 본 증명서류에서 조회되지 않는 내역은 영수증 발급기관에서 직접 발급받으시기 바랍니다.

2024년 귀속 소득·세액공제증명서류 : 기본(사용처별)내역 [현금영수증]

■ 사용자 인적사항

성 명	주 민 등 록 번 호
이은실	520411-2899***

■ 신용카드 등 사용금액 집계

일 반	전통시장	대중교통	도서공연등	합계금액
2,200,000	400,000	0	0	2,600,000

- 본 증명서류는 『소득세법』 제165조 제1항에 따라 영수증 발급기관으로부터 수집한 서류로 소득·세액공제 충족 여부는 근로자가 직접 확인하여야 합니다.
- 본 증명서류에서 조회되지 않는 내역은 영수증 발급기관에서 직접 발급받으시기 바랍니다.

2024년 귀속 소득·세액공제증명서류 : 기본(지출처별)내역 [의료비]

■ 환자 인적사항

성 명	주 민 등 록 번 호
이은실	520411-2899***

■ 의료비 지출내역

(단위 : 원)

사업자번호	상 호	종류	지출금액 계
109-04-16***	서울한방병원	일반	1,500,000
106-05-81***	튼튼한의원	일반	600,000
의료비 인별합계금액			2,100,000
안경구입비 인별합계금액			0
산후조리원 인별합계금액			0
인별합계금액			2,100,000

- 본 증명서류는 『소득세법』 제165조 제1항에 따라 영수증 발급기관으로부터 수집한 서류로 소득·세액공제 충족 여부는 근로자가 직접 확인하여야 합니다.
- 본 증명서류에서 조회되지 않는 내역은 영수증 발급기관에서 직접 발급받으시기 바랍니다.

2024년 귀속 소득·세액공제증명서류 : 기본(지출처별)내역 [보험료]

■ 계약자 인적사항

성 명	주 민 등 록 번 호
봉도진	801215-1640***

■ 보장성보험(장애인전용보장성보험) 납입내역

(단위 : 원)

| 종류 | 상 호 | 보험종류 | 주피보험자 | | 납입금액 계 |
	사업자번호	증권번호	종피보험자		
보장성	장수손해보험(주)	**운전자보험	801215-1******	봉도진	1,200,000
	106-81-41***	100540651**			
인별합계금액					1,200,000

- 본 증명서류는 『소득세법』 제165조 제1항에 따라 영수증 발급기관으로부터 수집한 서류로 소득·세액공제 충족 여부는 근로자가 직접 확인하여야 합니다.
- 본 증명서류에서 조회되지 않는 내역은 영수증 발급기관에서 직접 발급받으시기 바랍니다.

2024년 귀속 소득·세액공제증명서류 : 기본(지출처별)내역 [교육비]

■ 학생 인적사항

성 명	주 민 등 록 번 호
봉도진	801215-1640***

■ 교육비 지출내역

(단위 : 원)

교육비종류	학교명	사업자번호	지출금액 계
대학원등록금	**대학교	108-90-15***	2,500,000
인별합계금액			2,500,000

- 본 증명서류는 『소득세법』 제165조 제1항에 따라 영수증 발급기관으로부터 수집한 서류로 소득·세액공제 충족 여부는 근로자가 직접 확인하여야 합니다.
- 본 증명서류에서 조회되지 않는 내역은 영수증 발급기관에서 직접 발급받으시기 바랍니다.

■ 소득세법 시행규칙 [별지 제44호서식]   (앞쪽)

교 육 비 납 입 증 명 서

① 상 호	박윤숙 영어학원	② 사업자등록번호	111-90-11114
③ 대표자	박윤숙	④ 전 화 번 호	
⑤ 주 소	서울특별시 강남구 논현로 92		

신청인	⑥ 성명	봉도진	⑦ 주민등록번호	801215-1640707
	⑧ 주소	서울특별시 강남구 강남대로 302-2		
대상자	⑨ 성명	봉은지	⑩ 신청인과의 관계	자

Ⅰ. 교육비 부담 명세

⑪ 납부연월	⑫ 종 류	⑬ 구 분	⑭ 총교육비(A)	⑮ 장학금 등 수혜액(B)		⑯ 공제대상 교육비부담액(C=A-B)
				학비감면	직접지급액	
2024. 4.	학원	수업료	350,000			350,000
2024. 7.	학원	수업료	350,000			350,000
2024.10.	학원	수업료	350,000			350,000
계			1,050,000			1,050,000
이하 생략						

[실무수행평가] - 근로소득관리 3

번호	평가 문제	배점
46	**평가문제 [봉도진 근로소득원천징수영수증 조회]** '47.그 밖의 소득공제' 합계액은 얼마인가?	2
47	**평가문제 [봉도진 근로소득원천징수영수증 조회]** '61.보장성보험' 세액공제액은 얼마인가?	2
48	**평가문제 [봉도진 근로소득원천징수영수증 조회]** '62.의료비' 세액공제액은 얼마인가?	2
49	**평가문제 [봉도진 근로소득원천징수영수증 조회]** '63.교육비' 세액공제액은 얼마인가?	2
50	**평가문제 [봉도진 근로소득원천징수영수증 조회]** '77.차감징수세액(소득세)'은 얼마인가?	1
	근로소득 소계	25

제65회 TAT 2급 기출문제

㈜아모레산업 (코드번호 : 2265)

▌ 실무이론평가 ▌

1. 다음 중 (ㄱ), (ㄴ)에 들어갈 회계정보의 질적특성으로 옳은 것은?

	(ㄱ)	(ㄴ)
가.	목적적합성	신뢰성
나.	목적적합성	검증가능성
다.	신뢰성	목적적합성
라.	신뢰성	검증가능성

• 유형자산을 역사적원가로 평가하면 일반적으로 측정의 (ㄱ) 은(는) 높아지나 (ㄴ) 이(가) 낮아질 수 있다.

① 가   ② 나   ③ 다   ④ 라

2. 다음은 ㈜한공의 무형자산 관련 자료이다. 이에 대한 설명으로 옳지 **않은** 것은?

• ㈜한공은 신제품 개발에 성공하여 2024년 9월 1일부터 신제품 생산·판매를 시작하였다.
• 신제품 개발에 소요된 금액은 30,000,000원이며, 자산요건을 충족하여 개발비로 계상하려고 한다.

① 개발비의 2024년 9월 1일 장부금액은 30,000,000원이다.
② 개발비의 상각은 생산·판매를 시작한 2024년 9월 1일부터 시작한다.
③ 차후에 개발비의 공정가치가 증가한 경우 공정가치를 장부금액으로 할 수 있다.
④ 개발비 손상을 시사하는 징후가 있다면 회수가능액을 추정한다.

3. 다음은 (주)한공의 주식 관련 자료이다. 2024년 당기순이익에 미치는 영향으로 옳은 것은?

- 2023년 5월 7일 장기투자목적으로 (주)서울의 주식 100주를 주당 1,000원에 취득하였다.
- 2023년 말 이 주식의 공정가치는 주당 1,200원이었다.
- 2024년 9월 30일 이를 주당 1,300원에 전량 매도하였다.

① 10,000원 증가　　② 20,000원 증가
③ 30,000원 증가　　④ 40,000원 증가

4. 장부 마감 전 발견된 다음 오류 사항 중 당기순이익에 영향을 미치지 않는 것은?
① 대손상각비 미계상
② 감가상각비 미계상
③ 재고자산에 대한 평가손실 미계상
④ 매도가능증권에 대한 평가손실 미계상

5. 다음 결산 정리사항을 반영한 후 당기순이익의 변동으로 옳은 것은?

- 소모품 미사용액 : 30,000원 (구입 시 80,000원 전액 비용처리 됨)
- 이자수익 기간경과분 발생액 : 20,000원

① 50,000원 감소　　② 30,000원 감소
③ 20,000원 증가　　④ 50,000원 증가

6. 다음 중 무형자산에 대한 설명으로 옳지 **않은** 것은?
① 연구단계에서 발생한 지출은 무형자산으로 인식하지 않는다.
② 전기에 비용으로 인식한 개발단계의 지출은 당기에 무형자산으로 인식할 수 없다.
③ 무형자산의 잔존가치는 없는 것을 원칙으로 한다.
④ 무형자산은 합리적인 상각방법을 정할 수 없는 경우에는 정률법으로 상각한다.

7. 다음 중 부가가치세법상 신고·납부에 대한 설명으로 옳지 <u>않은</u> 것은?

① 법인사업자는 예정신고기간의 과세표준과 납부세액을 예정신고기간 종료일부터 25일 이내 신고·납부하는 것이 원칙이다.
② 조기환급 신고를 할 때 이미 신고한 과세표준은 확정신고 시 포함하지 않는다.
③ 개인사업자의 부가가치세 예정고지세액이 50만원 미만인 경우 이를 징수하지 아니한다.
④ 주사업장 총괄납부를 하는 경우에 세금계산서는 주사업장에서 총괄하여 발급하여야 한다.

8. 다음 자료를 토대로 의류제조업을 영위하는 (주)한공의 공제받을 수 있는 매입세액을 계산하면 얼마인가?(단, 세금계산서는 적법하게 수령하였다.)

• 거래처 방문용 소형승용차(2,000cc)의 매입세액	3,000,000원
• 공장부지의 조성과 관련된 매입세액	14,000,000원
• 해당 과세기간에 매입하였으나 과세기간 말 현재 사용하지 않은 원재료의 매입세액	8,000,000원
• 거래처 접대와 관련된 매입세액	5,000,000원

① 8,000,000원   ② 11,000,000원   ③ 19,000,000원   ④ 22,000,000원

9. 다음의 자료를 토대로 사업자 김한공 씨의 2024년 종합소득 산출세액을 계산하면 얼마인가?

가. 복식부기에 따라 계산한 사업소득금액 30,000,000원
나. 근로소득금액   50,000,000원
다. 종합소득공제와 그 밖의 소득공제 합계액   24,000,000원
라. 세율

종합소득과세표준	기본 세율
1,400만원 이하	과세표준의 6%
1,400만원 초과 5,000만원 이하	84만원 + 1,400만원 초과금액의 15%
5,000만원 초과 8,800만원 이하	624만원 + 5,000만원 초과금액의 24%

① 7,680,000원   ② 10,500,000원   ③ 10,620,000원   ④ 12,500,000원

10. 다음 중 소득세법상 비과세 근로소득에 해당하지 않는 것은?

① 의료 취약지역의 의료인이 받는 벽지수당 월 20만원
② 국민건강보험법에 따라 사용자가 부담하는 건강보험료
③ 고용보험법에 의한 육아휴직수당
④ 출장 여비 등의 실제 비용을 별도로 받는 직원에 대한 자가운전보조금 월 20만원

Part 8. TAT 2급 기출문제 - 65회

▌ **실무수행평가** ▌

(주)아모레산업(회사코드 2265)은 화장품 제조업을 영위하는 법인기업으로 회계기간은 제6기(2024.1.1. ~ 2024.12.31.)이다. 제시된 자료와 [자료설명]을 참고하여 [평가문제]의 물음에 답하시오.

실무수행 유의사항	1. 부가가치세 관련거래는 [매입매출전표입력]메뉴에 입력하고, 부가가치세 관련없는 거래는 [일반전표입력]메뉴에 입력한다. 2. 타계정 대체와 관련된 적요는 반드시 코드를 입력하여야 한다. 3. 채권·채무, 예금거래 등 관리대상 거래자료에 대하여는 반드시 거래처코드를 입력한다. 4. 자금관리 등 추가 작업이 필요한 경우 문제의 요구에 따라 추가 작업하여야 한다. 5. 제조경비는 500번대 계정코드를 사용한다. 6. 판매비와관리비는 800번대 계정코드를 사용한다. 7. 등록된 계정과목 중 가장 적절한 계정과목을 선택한다.

실무수행1 거래자료입력

실무프로세스 자료이다. [자료설명]을 참고하여 [수행과제]를 수행하시오.

① 3만원 초과 거래자료에 대한 영수증수취명세서 작성

자료. 공급자 정보

영 수 증 (공급받는자용)					
(주)아모레산업 귀하					
공급자	사업자등록번호	120-21-12348			
	상 호	원명상회	성명	최시현	
	사업장소재지	서울시 서대문구 충정로7길 29-8			
	업 태	도소매업외	종목	전기제품외	
작성년월일		공급대가총액		비고	
2024.1.15.		₩ 200,000			
위 금액을 영수(청구)함.					
월/일	품명	수량	단가	공급대가(금액)	
1/15	형광등교체			200,000	
위 금액을 **영수**(청구)함					

자료설명	공장 형광등을 교체하고, 대금은 국민은행 보통예금 계좌에서 이체하여 지급하였나.(원명상회는 일반과세사업자이다.)
수행과제	1. 거래자료를 입력하시오. ('수익적 지출'로 처리할 것.) 2. 영수증수취명세서(2)와 (1)서식을 작성하시오.

2 정부보조금에 의한 유/무형자산의 구입

■ 보통예금(국민은행) 거래내역

번호	거래일자	내 용	찾으신금액	맡기신금액	잔 액	거래점
		계좌번호 100-23-951241 (주)아모레산업				
1	2024-2-11	중소벤처기업진흥공단		100,000,000	***	***
2	2024-2-15	산업자원부		200,000,000	***	***

자료설명	1. 중소벤처기업진흥공단의 보조금은 운영자금충당목적으로 상환의무가 있다. 　(상환예정일 : 2026년 3월 10일, 장기차입금 처리할 것.) 2. 산업자원부의 보조금은 추후 생산설비 취득예정목적으로 상환의무가 없다.
수행과제	정부보조금 입금과 관련된 2월 11일 및 2월 15일의 거래자료를 각각 입력하시오.

3 기타 일반거래

자료 1. 국민연금보험료 결정내역 통보서

서식기호 E8901	국민연금보험료 결정내역 통보서			
사업장관리번호	12481123440	사업장명칭	(주)아모레산업	
해 당 년 월	2024-02			
2024년 2월분 개인별 보험료 내역				
일련 번호	성 명	주민(외국인) 등록번호	기준소득월액	월보험료(계)	(사용자부담금)	(근로자기여금)
1	김태영	911109-1******	2,000,000	180,000	90,000	90,000
2	윤서연	850321-2******	3,800,000	342,000	171,000	171,000
	대상자수	2명		522,000	261,000	261,000
이하생략						

자료 2. 보통예금(국민은행) 거래내역

번호	거래일	내 용	찾으신금액	맡기신금액	잔 액	거래점
		계좌번호 100-23-951241 (주)아모레산업				
1	2024-3-10	국민연금관리공단	522,000		***	***

자료설명	1. 자료 1은 공장에 근무중인 김태영과 본사 관리부에 근무중인 윤서연의 2월분 국민연금 결정내역 통보서이다. 2. 자료 2는 2월분 국민연금을 국민은행 보통예금 통장에서 이체하여 납부한 내역이다.
수행과제	국민연금 납부일의 거래자료를 입력하시오. (단, 국민연금회사부담금은 '세금과공과금'로 회계처리 할 것.)

실무수행2 부가가치세관리

부가가치세 신고 관련 자료이다. [자료설명]을 참고하여 [수행과제]를 수행하시오.

1 전자세금계산서 발급

자료 1. 보통예금(국민은행) 거래내역

번호	거래일	내용	찾으신금액	맡기신금액	잔액	거래점
		계좌번호 100-23-951241 (주)아모레산업				
1	2024-04-20	(주)수려한		5,000,000	***	***

자료 2. 거래명세서

거래명세서 (공급자 보관용)

공급자	등록번호	124-81-12344			공급받는자	등록번호	514-81-35782		
	상호	(주)아모레산업	성명	정지현		상호	(주)수려한	성명	김혜수
	사업장주소	경기도 수원시 팔달구 매산로 10 (매산로1가), 301호				사업장주소	서울특별시 광진구 광나루로 355		
	업태	제조업	종사업장번호			업태	도소매업	종사업장번호	
	종목	화장품				종목	화장품		

거래일자	미수금액	공급가액	세액	총 합계금액
2024-05-10		20,000,000	2,000,000	22,000,000

NO	월	일	품목명	규격	수량	단가	공급가액	세액	합계
1	5	10	주름개선 크림		100	200,000	20,000,000	2,000,000	22,000,000

자료설명	1. 자료 1은 제품공급 전 (주)수려한으로부터 계약금으로 입금된 국민은행 보통예금 거래내역이다. 2. 자료 2는 (주)수려한에 제품을 공급하고 발급한 거래명세서이다. 계약금을 제외한 잔액은 6월 30일에 받기로 하였다.
수행과제	1. 5월 10일의 거래자료를 입력하시오. 2. 전자세금계산서 발행 및 내역관리 를 통하여 발급·전송하시오. (전자세금계산서 발급 시 결제내역 및 전송일자는 무시할 것.)

② 수정전자세금계산서의 발급

전자세금계산서 (공급자 보관용)　　승인번호

공급자	등록번호	124-81-12344			공급받는자	등록번호	123-81-95134		
	상호	(주)아모레산업	성명(대표자)	정지현		상호	(주)올리브영	성명(대표자)	이수지
	사업장주소	경기도 수원시 팔달구 매산로 10 (매산로1가), 301호				사업장주소	서울 강남구 영동대로 521		
	업태	제조업	종사업장번호			업태	도소매업	종사업장번호	
	종목	화장품				종목	화장품		
	E-Mail	amore@bill36524.com				E-Mail	olive@bill36524.com		

작성일자	2024.6.3.	공급가액	9,000,000	세 액	900,000
비고					

월	일	품목명	규격	수량	단가	공급가액	세액	비고
6	3	미백개선 크림		30	300,000	9,000,000	900,000	

합계금액	현금	수표	어음	외상미수금	이 금액을	○ 영수 / ● 청구	함
9,900,000				9,900,000			

자료설명	1. (주)올리브영에 제품을 공급하고 발급한 전자세금계산서이다. 2. 전자세금계산서의 공급단가를 320,000원으로 기재했어야 하나, 담당자의 실수로 공급단가를 300,000원으로 기재하여 발급하였음을 확인하였다.
수행과제	수정사유에 따른 수정전자세금계산서를 발급 전송하시오. (외상대금 및 제품매출에서 음수(-)로 처리하고 전자세금계산서 발급 시 결제내역 입력 및 전송일자는 고려하지 말 것.)

③ 매입세액불공제내역 작성자의 부가가치세신고서 작성

자료 1. 공급가액(제품)내역 (7월 1일 ~ 9월 30일)

구 분	금 액	비 고
과세분(전자세금계산서)	240,000,000원	
면세분(전자계산서)	60,000,000원	
합 계	300,000,000원	

자료 2. 기계장치 매입금액 중 안분대상내역

전자세금계산서 (공급받는자 보관용) 승인번호: 2023010123

공급자			공급받는자		
등록번호	206-81-45981		등록번호	124-81-12344	
상호	(주)대주기계	성명(대표자) 황재원	상호	(주)아모레산업	성명(대표자) 정지현
사업장주소	서울시 강남구 강남대로 272		사업장주소	경기도 수원시 팔달구 매산로 10 (매산로1가), 301호	
업태	제조업	종사업장번호	업태	제조업	종사업장번호
종목	포장기계		종목	화장품	
E-Mail	daeju@bill36524.com		E-Mail	amore@bill36524.com	

작성일자	2024.8.7.	공급가액	20,000,000	세 액	2,000,000
비고					

월	일	품목명	규격	수량	단가	공급가액	세액	비고
8	7	고속분쇄기계				20,000,000	2,000,000	

합계금액	현금	수표	어음	외상미수금	이 금액을	○ 영수 / ● 청구	함
22,000,000				22,000,000			

자료설명	본 문제에 한하여 (주)아모레산업은 과세사업과 면세사업을 겸영하고 있다고 가정한다. 1. 자료 1은 제2기 부가가치세 예정신고기간의 공급가액 내역이다. 2. 자료 2는 제2기 부가가치세 예정신고기간의 과세사업과 면세사업에 공통으로 사용할 기계장치 매입자료이다.
수행과제	1. 자료 2의 거래자료를 입력하시오.(유형에서 '51.과세매입'으로 선택하고, '전자입력'으로 처리할 것.) 2. 제2기 부가가치세 예정신고기간의 매입세액불공제내역(공통매입세액 안분계산 내역)을 작성하고 제2기 예정 부가가치세 신고서에 반영하시오. (단, 자료 1과 자료 2에서 주어진 공급가액으로 계산하기로 할 것.) 3. 공통매입세액 안분계산에 대한 회계처리를 9월 30일자로 일반전표에 입력하시오.

Part 8. TAT 2급 기출문제 - 65회

4 매입세액불공제내역 작성자의 부가가치세 신고서 작성

자료 1.

전자세금계산서 (공급받는자 보관용)						승인번호	2023010124	
공급자	등록번호	108-81-51419			공급받는자	등록번호	124-81-12344	
	상호	(주)수원중고자동차	성명(대표자)	이수원		상호	(주)아모레산업	성명(대표자)	정지현
	사업장주소	경기도 수원시 팔달구 매산로 1-10 (매산로1가)				사업장주소	경기도 수원시 팔달구 매산로 10 (매산로1가), 301호	
	업태	도소매업	종사업장번호			업태	제조업	종사업장번호
	종목	자동차				종목	화장품	
	E-Mail	soo1@bill36524.com				E-Mail	amore@bill36524.com	
작성일자	2024.10.15.	공급가액	25,000,000			세액	2,500,000	
비고								

월	일	품목명	규격	수량	단가	공급가액	세액	비고
10	15	그랜저 IG				25,000,000	2,500,000	

합계금액	현금	수표	어음	외상미수금	이 금액을	○ 영수 ● 청구	함
27,500,000				27,500,000			

자료 2.

전자세금계산서 (공급받는자 보관용)						승인번호	2023010125	
공급자	등록번호	101-81-21118			공급받는자	등록번호	124-81-12344	
	상호	(주)하모니마트	성명(대표자)	이하늘		상호	(주)아모레산업	성명(대표자)	정지현
	사업장주소	서울특별시 서대문구 충정로7길 29-11 (충정로3가)				사업장주소	경기도 수원시 팔달구 매산로 10 (매산로1가), 301호	
	업태	도소매업	종사업장번호			업태	제조업	종사업장번호
	종목	생활잡화				종목	화장품	
	E-Mail	hamo@bill36524.com				E-Mail	amore@bill36524.com	
작성일자	2024.10.21.	공급가액	520,000			세액	52,000	
비고								

월	일	품목명	규격	수량	단가	공급가액	세액	비고
10	21	스팸세트		10	52,000	520,000	52,000	

합계금액	현금	수표	어음	외상미수금	이 금액을	○ 영수 ● 청구	함
572,000				572,000			

자료 3.

매 출 전 표

카드종류	거래일자					
비씨카드	2024.11.10.10:13:42					
카드번호(CARD NO)						
5000-1234-****-11**						
승인번호	금액 AMOUNT	백 1	2	0	0	원 0 0
20241110000231						
일반 할부	부가세 V.A.T		1	2	0	0 0
일시불						
아이패드	봉사료 CASHBACK					
거래유형						
	합계 TOTAL	1	3	2	0	0 0
가맹점명						
전자마트						
대표자명	사업자번호					
이정원	603-13-34065					
전화번호	가맹점번호					
02-439-9846	84561114					
주소						
서울 구로구 구로동로 8						
상기의 거래 내역을 확인합니다. 서명 (주)아모레산업						

자료설명	자료 1. 관리부 업무용으로 승용차(배기량 2,700cc)를 구입하고 발급받은 전자세금계산서이다. 자료 2. 매출거래처에 증정할 선물을 구입하고 발급받은 전자세금계산서이다. 자료 3. 대표이사(정지현)가 자녀에게 선물할 아이패드를 구입하고 발급받은 법인 신용카드매출전표이다. ('가지급금'으로 회계처리할 것.)

수행과제	1. 자료 1 ~ 3의 거래를 매입매출전표 및 일반전표에 입력하시오.
	  (전자세금계산서와 관련된 거래는 '전자입력'으로 처리할 것.)
	2. 제2기 부가가치세 확정신고기간의 매입세액불공제내역을 작성하시오.
	3. 매입세액불공제내역 및 전자신고세액공제를 반영하여 제2기 부가가치세 확정신고서를 작성하시오.
	  - 제2기 부가가치세 확정신고서를 홈택스로 전자신고하여 전자신고세액공제 10,000원을 공제받기로 한다.

평가문제 입력자료 및 회계정보를 조회하여 [평가문제]의 답안을 입력하시오.(70점)

[실무수행평가] – 부가가치세관리

번호	평가 문제	배점
11	**평가문제 [매입매출전표입력 조회]** 6월 3일자 수정세금계산서의 수정입력사유 코드번호를 입력하시오.	2
12	**평가문제 [세금계산서합계표 조회]** 제1기 확정 신고기간의 '(주)수려한'에 전자발급된 세금계산서 공급가액은 얼마인가?	2
13	**평가문제 [세금계산서합계표 조회]** 제1기 확정 신고기간의 매출전자세금계산서 발급매수는 총 몇 매인가?	2
14	**평가문제 [매입세액불공제내역 조회]** 제2기 예정신고기간 매입세액불공제내역_3.공통매입세액 안분계산 내역의 불공제 매입세액은 얼마인가?	3
15	**평가문제 [부가가치세신고서 조회]** 제2기 예정신고기간 부가가치세신고서의 과세_세금계산서발급분(1란) 금액은 얼마인가?	2
16	**평가문제 [부가가치세신고서 조회]** 제2기 예정신고기간의 부가가치세 차가감납부할세액(27번란)은 얼마인가?	2
17	**평가문제 [부가가치세신고서 조회]** 제2기 예정 신고기간의 부가가치세 신고시에 작성되는 부가가치세 첨부서류에 해당하지 않는 것은? ① 계산서합계표 ② 신용카드매출전표등수령금액합계표 ③ 건물등감가상각자산취득명세서 ④ 공제받지못할매입세액명세서	2
18	**평가문제 [매입세액불공제내역 조회]** 제2기 확정신고기간 매입세액불공내역의 2.공제받지 못할 매입세액 내역의 내용으로 옳지 않은 것은? ① 사업과 직접 관련 없는 지출 관련 건수는 1건이다. ② 비영업용 소형 승용 자동차구입 및 유지관련 건수는 1건이다. ③ 접대비 및 이와 유사한 비용 관련 건수는 1건이다. ④ 공제받지 못할 매입세액은 총 2,552,000원이다.	3
19	**평가문제 [부가가치세신고서 조회]** 제2기 확정신고기간 부가가치세신고서의 세금계산서수취부분_고정자산매입(11란) 금액은 얼마인가?	2
20	**평가문제 [부가가치세신고서 조회]** 제2기 확정 신고기간의 부가가치세신고서의 차가감납부할세액(27번란)은 얼마인가?	2
	부가가치세 소계	22

실무수행3 결산

[결산자료]를 참고로 결산을 수행하시오.(단, 제시된 자료 이외의 자료는 없다고 가정함.)

① 수동결산

자료. 장기차입금 내역

은 행	차입금액	차입일	상환일	비 고
우리은행(차입)	20,000,000원	2023년 6월 1일	2025년 6월 1일	만기 원금일시상환
국민은행(차입)	40,000,000원	2023년 6월 1일	2026년 6월 1일	만기 원금일시상환
신한은행(차입)	30,000,000원	2023년 1월 1일	2027년 2월 28일	만기 원금일시상환

자료설명	2024년 기말 현재 장기차입금 은행별 잔액내역이다.
수행과제	장기차입금에 대한 결산정리분개를 일반전표에 입력하시오.

② 결산자료입력에 의한 자동결산

자료설명	1. 당기 법인세등 15,000,000원을 계상하려고 한다.(법인세 중간예납세액 및 원천징수세액이 선납세금계정에 계상되어 있다.) 2. 기말재고자산 현황 | 구 분	장부상내역 ||| 실사내역		
	단위당원가	수량	평가액	단위당원가	수량	평가액
원재료	23,000원	800개	18,400,000원	23,000원	800개	18,400,000원

제 품	50,000원	350개	17,500,000원	50,000원	200개	10,000,000원 |
						
						※ 제품의 수량차이는 위탁판매제품으로 현재 수탁자의 창고에 보관중이다.
						
						3. 이익잉여금처분계산서 처분확정(예정)일
						  - 당기 : 2025년 3월 31일
						  - 전기 : 2024년 3월 31일

---	---
수행과제	결산을 완료하고 이익잉여금처분계산서에서 손익대체분개를 하시오. (단, 이익잉여금처분내역은 없는 것으로 하고 미처분이익잉여금 전액을 이월이익잉여금으로 이월하기로 할 것.)

[실무수행평가] – 재무회계

번호	평가 문제	배점
21	**평가문제 [영수증수취명세서 조회]** 영수증수취명세서(1)에 반영되는 '12.명세서제출 대상' 금액은 얼마인가?	1
22	**평가문제 [거래처원장 조회]** 5월 말 거래처별 외상매출금 잔액으로 옳지 않은 것은? ① 00101.(주)진성화장품 5,170,000원 ② 00102.(주)서린뷰티 24,125,000원 ③ 03170.(주)수려한 28,000,000원 ④ 05107.(주)필립뷰티플 15,900,000원	1
23	**평가문제 [일/월계표 조회]** 1/4분기(1~3월)에 발생한 수선비(제조경비) 금액은 얼마인가?	2
24	**평가문제 [일/월계표 조회]** 1/4분기(1~3월)에 발생한 세금과공과금(제조경비) 금액은 얼마인가?	2
25	**평가문제 [일/월계표 조회]** 2/4분기(4~6월)에 발생한 제품매출 금액은 얼마인가?	1
26	**평가문제 [일/월계표 조회]** 4/4분기(10월~12월)에 발생한 접대비(판매관리비) 금액은 얼마인가?	1
27	**평가문제 [재무상태표 조회]** 3월 말 보통예금 장부금액(보통예금총액 – 정부보조금)은 얼마인가?	2
28	**평가문제 [재무상태표 조회]** 3월 말 예수금 잔액은 얼마인가?	2
29	**평가문제 [재무상태표 조회]** 12월 말 가지급금 잔액은 얼마인가?	1
30	**평가문제 [재무상태표 조회]** 12월 말 기계장치 장부금액은 얼마인가?	2
31	**평가문제 [재무상태표 조회]** 12월 말 차량운반구 장부금액은 얼마인가?	2
32	**평가문제 [재무상태표 조회]** 12월 말 미지급세금 잔액은 얼마인가?	1
33	**평가문제 [재무상태표 조회]** 12월 말 비유동부채 금액은 얼마인가?	2
34	**평가문제 [재무상태표 조회]** 기말 제품 잔액은 얼마인가?	2
35	**평가문제 [재무상태표 조회]** 12월 말 이월이익잉여금(미처분이익잉여금) 잔액으로 옳은 것은? ① 282,692,140원 ② 394,125,400원 ③ 437,513,440원 ④ 509,164,850원	1
	재무회계 소계	23

실무수행4 근로소득관리

인사급여 관련 자료이다. [자료설명]을 참고하여 [수행과제]를 수행하시오.

① 가족관계증명서에 의한 사원등록

자료. 홍유찬의 가족관계증명서

[별지 제1호서식] <개정 2010.6.3.>

가 족 관 계 증 명 서

등록기준지	서울특별시 강남구 강남대로 238-13				
구분	성 명	출생연월일	주민등록번호	성별	본
본인	홍유찬	1964년 10월 11일	641011-1899772	남	南陽

가족사항

구분	성 명	출생연월일	주민등록번호	성별	본
자	홍승혁	1990년 08월 03일	900803-1785417	남	南陽
며느리	손지영	1988년 12월 12일	881212-2075525	여	一直
손녀	홍아름	2020년 12월 24일	201224-4023187	여	南陽

자료설명	2024년 7월 1일에 입사한 부장 홍유찬(세대주)이 제출한 가족관계증명서이다. 1. 본인 홍유찬은 2023년 배우자와 이혼하였다. 2. 자녀 홍승혁은 국가유공자이며, 별도의 소득은 없다. 3. 며느리 손지영은 장애인이 아니며 별도의 소득이 없다. 4. 손녀 홍아름은 별도의 소득이 없다. 5. 세부담을 최소화하는 방법을 선택한다.
수행과제	사원등록메뉴에서 부양가족명세를 작성하시오.

[실무수행평가] – 근로소득관리 1

번호	평가 문제	배점
36	**평가문제 [홍유찬 근로소득원천징수영수증 조회]** '21.총급여'는 얼마인가?	2
37	**평가문제 [홍유찬 근로소득원천징수영수증 조회]** 기본공제 합계액은 얼마인가?	1
38	**평가문제 [홍유찬 근로소득원천징수영수증 조회]** '28.장애인' 추가공제액은 얼마인가?	2
39	**평가문제 [홍유찬 근로소득원천징수영수증 조회]** '30.한부모' 추가공제액은 얼마인가?	2
40	**평가문제 [홍유찬 근로소득원천징수영수증 조회]** 37.차감소득금액'은 얼마인가?	1

② 일용직사원의 원천징수

자료 1. 일용직사원 관련정보

성 명	허성태(코드 5001)
거주구분(내국인 / 외국인)	거주자 / 내국인
주민등록번호	900909 - 1182817
입사일자	2024년 11월 10일

자료 2. 일용직급여내역

성 명	계산 내역	11월의 근무일
허성태	1일 170,000원×총 5일=850,000원	15, 17, 21, 23, 25

자료설명	1. 자료 1, 2는 일용직 사원의 관련정보 및 급여 지급내역 이다. 2. 일용직 급여는 매일 지급하는 방식으로 한다. 3. 사회보험료 중 고용보험만 징수하기로 한다. 4. 제시된 사항 이외의 자료는 없는 것으로 한다.
수행과제	1. [일용직사원등록] 메뉴에 사원등록을 하시오. 2. [일용직급여입력] 메뉴에 급여내역을 입력하시오. 3. 11월 귀속분 원천징수이행상황신고서를 작성하시오.

[실무수행평가] – 근로소득관리 2

번호	평가 문제	배점
41	**평가문제 [일용직(허성태) 11월 일용직급여입력 조회]** 공제항목 중 고용보험의 합계액은 얼마인가?	2
42	**평가문제 [일용직(허성태) 11월 일용직급여입력 조회]** 11월 급여의 차인지급액 합계는 얼마인가?	1
43	**평가문제 [11월 원천징수이행상황신고서 조회]** 근로소득에 대한 원천징수대상 인원은 총 몇 명인가?	2
44	**평가문제 [11월 원천징수이행상황신고서 조회]** 근로소득 일용근로(A03) '6.소득세 등' 금액은 얼마인가?	1
45	**평가문제 [11월 원천징수이행상황신고서 조회]** 근로소득 가감계(A10)의 '6.소득세 등' 금액은 얼마인가?	1

③ 국세청연말정산간소화 및 이외의 자료를 기준으로 연말정산

자료설명	사무직 정성화(1400)의 연말정산을 위한 자료이다. 1. 사원등록의 부양가족현황은 사전에 입력되어 있다. 2. 부양가족은 정성화와 함께 생계를 같이 한다.
수행과제	[연말정산 근로소득원천징수영수증] 메뉴에서 연말정산을 완료하시오. 1. 신용카드는 [신용카드] 탭에서 입력한다. 　(신용카드 일반사용 금액에는 아파트관리비 2,000,000원이 포함되어 있다.) 2. 보험료와 교육비는 [소득공제] 탭에서 입력한다. 　(김고은은 2025년 출산예정으로 조은손해보험(주)에 납입한 태아보험료 내역이 있다.) 3. 연금계좌세액공제는 [정산명세] 탭에서 입력한다.

자료 1. 정성화 사원의 부양가족등록 현황

연말정산관계	성 명	주민 번호	기타 사항
0.본인	정성화	741011-1111113	
1.배우자	김고은	790502-2222221	복권당첨소득 50,000,000원
1.소득자 직계존속	나문희	510102-2111116	배당소득 4,000,000원
4.직계비속	정진주	091215-3094119	

자료 2. 국세청간소화서비스 및 기타증빙자료

2024년 귀속 소득·세액공제증명서류 : 기본(사용처별)내역 [신용카드]

■ 사용자 인적사항

성 명	주민등록번호
정성화	741011-1111***

■ 신용카드 등 사용금액 집계

일 반	전통시장	대중교통	도서공연등	합계금액
9,500,000	3,500,000	0	0	13,000,000

- 본 증명서류는 『소득세법』 제165조 제1항에 따라 영수증 발급기관으로부터 수집한 서류로 소득·세액공제 충족 여부는 근로자가 직접 확인하여야 합니다.
- 본 증명서류에서 조회되지 않는 내역은 영수증 발급기관에서 직접 발급받으시기 바랍니다.

2024년 귀속 소득·세액공제증명서류 : 기본(지출처별)내역 [보험료]

■ 계약자 인적사항

성 명	주민등록번호
정성화	741011-1111***

■ 보장성보험(장애인전용보장성보험) 납입내역   (단위 : 원)

종 류	상 호	보험종류	주피보험자		납입금액 계
	사업자번호	증권번호	종피보험자		
보장성	조은손해보험(주)	**태아보험	790502-2222***	김고은	600,000
	106-81-41***	100540651**			
보장성	삼성생명보험(주)	든든실비보험	790502-2222***	김고은	450,000
	108-81-32***	004545217**			
인별합계금액					1,050,000

- 본 증명서류는 「소득세법」 제165조 제1항에 따라 영수증 발급기관으로부터 수집한 서류로 소득·세액공제 충족 여부는 근로자가 직접 확인하여야 합니다.
- 본 증명서류에서 조회되지 않는 내역은 영수증 발급기관에서 직접 발급받으시기 바랍니다.

2024년 귀속 소득·세액공제증명서류 : 기본(지출처별)내역 [교육비]

■ 학생 인적사항

성 명	주민등록번호
나문희	510102-2111***

■ 교육비 지출내역   (단위 : 원)

교육비종류	학교명	사업자번호	납입금액 계
고등학교등록금	방송통신고등학교	108-90-15***	1,250,000
인별합계금액			1,250,000

- 본 증명서류는 「소득세법」 제165조 제1항에 따라 영수증 발급기관으로부터 수집한 서류로 소득·세액공제 충족 여부는 근로자가 직접 확인하여야 합니다.
- 본 증명서류에서 조회되지 않는 내역은 영수증 발급기관에서 직접 발급받으시기 바랍니다.

2024년 귀속 세액공제증명서류 : 기본내역[연금저축]

■ 가입자 인적사항

성 명	주 민 등 록 번 호
정성화	741011 – 1******

■ 연금저축 납입내역
(단위 : 원)

상 호	사업자번호	당해연도 납입금액	당해연도 납입액 중 인출금액	순납입금액
계좌번호				
(주)신한은행	134 – 81 – 54***	1,200,000		1,200,000
013479999				
순납입금액 합계				1,200,000

- 본 증명서류는 『소득세법』 제165조 제1항에 따라 영수증 발급기관으로부터 수집한 서류로 소득·세액공제 충족 여부는 근로자가 직접 확인하여야 합니다.
- 본 증명서류에서 조회되지 않는 내역은 영수증 발급기관에서 직접 발급받으시기 바랍니다.

[실무수행평가] – 근로소득관리 3

번호	평가 문제	배점
46	**평가문제 [정성화 근로소득원천징수영수증 조회]** '42.신용카드' 최종공제액은 얼마인가?	2
47	**평가문제 [정성화 근로소득원천징수영수증 조회]** '61.보장성보험' 세액공제액은 얼마인가?	2
48	**평가문제 [정성화 근로소득원천징수영수증 조회]** '63.교육비' 세액공제액은 얼마인가?	2
49	**평가문제 [정성화 근로소득원천징수영수증 조회]** '60.연금저축' 세액공제액은 얼마인가?	2
50	**평가문제 [정성화 근로소득원천징수영수증 조회]** '77.차감징수세액(소득세)'은 얼마인가?	2
	근로소득 소계	25

제66회 TAT 2급 기출문제

㈜바람바람 (코드번호 : 2266)

┃ 실무이론평가 ┃

1. 다음 설명과 관련된 회계정보의 질적 특성은?

   - 상장법인인 (주)한공은 1분기 손익계산서를 기한 내에 공시하지 않았다. 이로 인해 기업의 투자자들은 투자의사결정 시점에 필요한 정보를 제공받지 못하였다.

   ① 표현의 충실성   ② 중립성   ③ 검증가능성   ④ 적시성9.

2. 다음 중 재고자산과 관련하여 **잘못** 설명하고 있는 사람은 누구인가?

   호영 : 컴퓨터를 판매하는 회사의 재무팀에서 사용하는 컴퓨터는 재고자산이 아니야.
   준희 : 재고자산의 판매비용이 상승하면 재고자산평가손실 금액이 증가할 수 있어.
   준수 : 비정상적으로 발생한 재고감모손시른 영업외비용에 해당해.
   민경 : 선적지 인도조건으로 매입한 운송중인 재고는 기말재고에서 제외시켜야 해.

   ① 호영   ② 준희   ③ 준수   ④ 민경

3. 다음은 (주)한공의 2024년 12월 31일 현재 보유중인 상품에 대한 자료이다. 2024년 손익계산서에 인식할 재고자산평가손실은 얼마인가?

수 량	장부상 단가	단위당 예상 판매가격	단위당 예상 판매비용
1,000개	100원	120원	30원

   ① 재고자산평가손실 30,000원   ② 재고자산평가손실은 없다.
   ③ 재고자산평가손실 10,000원   ④ 재고자산평가손실 20,000원

4. 다음 중 무형자산으로 회계처리 해야 하는 거래는?

① 조직 개편으로 인한 부서별 명패 교환비용을 지출하였다.
② 프로젝트 초기의 연구단계에서 연구비를 지출하였다.
③ 다른 회사와 합병하면서 영업권을 취득하였다.
④ 재경팀 직원에게 세무교육을 실시하고 강사료를 지급하였다.

5. (주)한공의 오류 수정 전 당기순이익은 5,000,000원이다. 다음 회계처리 오류사항을 수정한 후의 당기순이익은 얼마인가?

• 지급 당시 전액 비용처리한 보험료 기간 미경과분 300,000원을 계상 누락하다.
• 차입금에 대한 발생이자 미지급분 200,000원을 계상 누락하다.

① 4,900,000원   ② 5,000,000원   ③ 5,100,000원   ④ 5,300,000원

6. 다음은 (주)한공의 2024년 상품거래 내역이다. 매출원가를 계산하면 얼마인가?(단, 선입선출법을 적용한다.)

1월 1일 기초상품 재고 300개의 금액은 300,000원이다.
7월 1일 400개를 단위당 1,500원에 외상 매입하였다.
10월 1일 550개를 1,375,000원에 외상 매출하였다.

① 675,000원   ② 900,000원   ③ 1,000,000원   ④ 1,375,000원

7. 다음 중 부가가치세법상 재화와 용역의 공급시기로 옳지 **않은** 것은?

① 수출재화 : 수출재화의 선(기)적일
② 폐업시 잔존재화 : 폐업하는 때
③ 단기할부판매 : 대가의 각 부분을 받기로 한 때
④ 위탁판매 : 수탁자의 공급일

8. 다음은 신발제조업을 영위하는 (주)한공의 2024년 2기 확정신고기간의 거래내역이다. 부가가치세법상 매출세액은 얼마인가?(단, 주어진 자료의 금액에는 부가가치세가 포함되어 있지 않다.)

• 국내 매출액	70,000,000원
• 하치장 반출액	10,000,000원
• 국외(수출) 매출액	50,000,000원
• 거래처에 무상으로 제공한 견본품의 시가	8,000,000원

① 7,000,000원 ② 10,000,000원 ③ 12,000,000원 ④ 15,000,000원

9. 다음 자료는 (주)한공에서 근무하는 거주자 김회계 씨가 2024년에 근로를 제공하고 받은 대가이다. 이를 토대로 김회계 씨의 2024년 총급여액을 계산하면 얼마인가?

• 월정액 급여	50,000,000원
• 상여금	6,000,000원
• 자녀학자금	5,000,000원
• 차량보조금(월 100,000원, 회사 지급규정에 의한 실비변상적 금액)	1,200,000원
• 식대(월 200,000원, 현물식사 제공받음.)	2,400,000원

① 56,000,000원 ② 58,400,000원 ③ 63,400,000원 ④ 64,600,000원

10. 다음 중 소득세법상 인적공제에 대한 설명으로 옳지 **않은** 것은?

① 기본공제 대상자 1인당 150만원을 소득공제 한다.
② 과세기간 종료일 전에 사망한 경우 해당연도에는 인적공제 적용 대상에서 제외한다.
③ 인적공제 대상자 판정 시 장애인은 나이의 적용을 받지 않는다.
④ 직계비속은 생계를 같이하는 부양가족으로 본다.

실무수행평가

(주)바람바람(회사코드 2266)은 선풍기 제조업 및 부동산임대업을 영위하는 법인기업으로 회계기간은 제7기(2024.1.1. ~ 2024.12.31.)이다. 제시된 자료와 자료설명을 참고하여, [수행과제]를 완료하고 [평가문제]의 물음에 답하시오.

실무수행 유의사항	1. 부가가치세 관련거래는 [매입매출전표입력]메뉴에 입력하고, 부가가치세 관련없는 거래는 [일반전표입력]메뉴에 입력한다. 2. 타계정 대체와 관련된 적요는 반드시 코드를 입력하여야 한다. 3. 채권·채무, 예금거래 등 관리대상 거래자료에 대하여는 반드시 거래처코드를 입력한다. 4. 자금관리 등 추가 작업이 필요한 경우 문제의 요구에 따라 추가 작업하여야 한다. 5. 제조경비는 500번대 계정코드를 사용한다. 6. 판매비와관리비는 800번대 계정코드를 사용한다. 7. 등록된 계정과목 중 가장 적절한 계정과목을 선택한다.

실무수행1 거래자료입력

실무프로세스 자료이다. [자료설명]을 참고하여 [수행과제]를 수행하시오.

① 3만원 초과 거래자료에 대한 영수증수취명세서 작성

영수증(고객용) 결제기번호 : 1180000985(2132) 상 호 : 상록운수(주) 사업자번호 : 210-81-08059 대 표 자 : 김택영 차 량 번 호 : 서울33자7311 주 소 : 서울 서대문구 홍은동 346-3 전 화 번 호 : 023068403 거 래 일시 : 2024-01-25 14:10 승하차시간 : 13:10-14:10 / 10.25km 승 차 요 금 : 35,000원 기 타 요금 : 0원 할 인 요금 : 0원 합 계 : 35,000원	자료설명	영업부 직원 전현무가 출장 시 택시요금 35,000원을 현금으로 지급하고 받은 영수증이다.
	수행과제	1. 거래자료를 입력하시오. 2. 영수증수취명세서(2)와 (1) 서식을 작성하시오.

② 약속어음의 만기결제, 할인 및 배서양도

```
                        전 자 어 음
        (주)바람바람 귀하              00420240115123456789
  금    일천만원정                          10,000,000원

        위의 금액을 귀하 또는 귀하의 지시인에게 지급하겠습니다.

  지급기일  2024년 7월 15일      발행일  2024년 1월 15일
  지 급 지  우리은행              발행지  서울 강남구 강남대로 119(도곡동)
  지급장소  삼성지점              주 소
                                발행인  (주)서원산업
```

자료설명	[2월 15일] (주)서원산업에서 수취하였던 전자어음을 우리은행에서 할인하고, 할인료 200,000원을 차감한 잔액은 우리은행 당좌예금 계좌로 입금받았다.
수행과제	1. 거래자료를 입력하시오.(매각거래로 처리할 것.) 2. 자금관련 정보를 입력하여 받을어음현황에 반영하시오.

③ 계약금 입금

자료 1. 견적서 내역

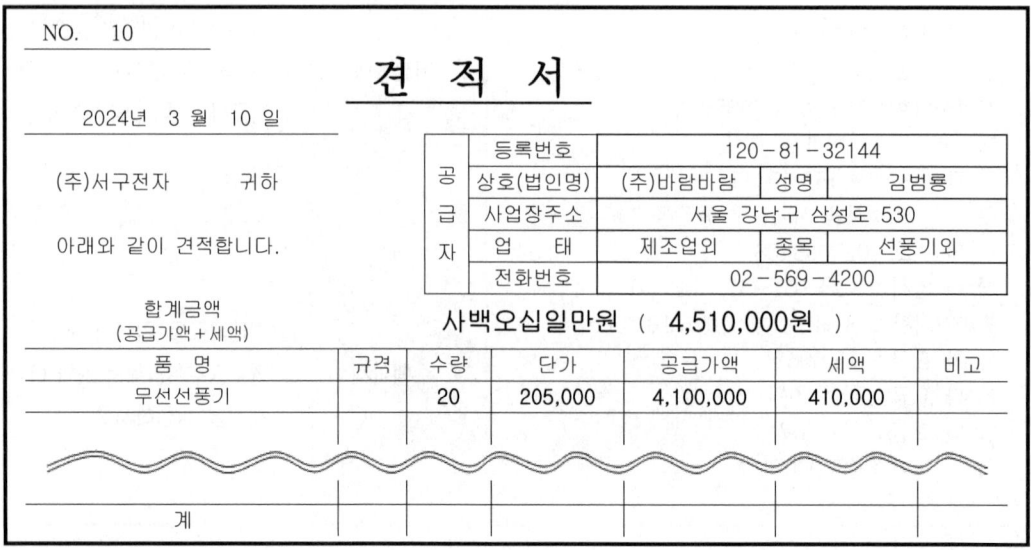

자료 2. 보통예금(국민은행) 거래내역

번호	거래일	내 용	찾으신금액	맡기신금액	잔 액	거래점
		계좌번호 719-119-123123 (주)바람바람				
1	2024-3-10	계약금		451,000	***	***

자료설명	1. 자료 1은 제품 판매주문에 대하여 발급한 견적서이다. 2. 자료 2는 제품 판매주문에 대한 계약금(공급대가의 10%)을 국민은행 보통예금계좌로 입금받은 내역이다.
수행과제	거래자료를 입력하시오.

실무수행2 부가가치세관리

부가가치세 신고 관련 자료이다. [자료설명]을 참고하여 [수행과제]를 수행하시오.

① 전자세금계산서 발급

거래명세서 (공급자 보관용)

공급자	등록번호	120-81-32144			공급받는자	등록번호	102-81-17053		
	상호	(주)바람바람	성명	김범룡		상호	(주)세방기업	성명	이용수
	사업장주소	서울 강남구 삼성로 530				사업장주소	서울 서대문구 간호대로 10		
	업태	제조업외	종사업장번호			업태	도소매업	종사업장번호	
	종목	선풍기외				종목	전자제품		

거래일자	미수금액	공급가액	세액	총 합계금액
2024.4.5.		20,500,000	2,050,000	22,550,000

NO	월	일	품목명	규격	수량	단가	공급가액	세액	합계
1	4	5	무선 선풍기		100	205,000	20,500,000	2,050,000	22,550,000

비고	전미수액	당일거래총액	입금액	미수액	인수자
		22,550,000	2,550,000	20,000,000	

자료설명	1. 제품을 공급하고 발행한 거래명세서이다. 2. 전자세금계산서를 발급하고 대금 중 2,550,000원은 자기앞수표로 받고, 나머지는 다음달 10일까지 보통예금계좌로 입금받기로 하였다.
수행과제	1. 거래자료를 입력하시오. 2. 전자세금계산서 발행 및 내역관리 를 통하여 발급·전송하시오. (전자세금계산서 발급 시 결제내역 및 전송일자는 고려하지 않을 것.)

② 수정전자세금계산서의 발급

전자세금계산서				(공급자 보관용)			승인번호			
공급자	등록번호	120-81-32144				공급받는자	등록번호	220-87-12697		
	상호	(주)바람바람	성명(대표자)	김범룡			상호	(주)가영산업	성명(대표자)	이가영
	사업장주소	서울 강남구 삼성로 530					사업장주소	서울 강남구 테헤란로114길 38		
	업태	제조업외		종사업장번호			업태	도매업		종사업장번호
	종목	선풍기외					종목	전자제품		
	E-Mail	baram@bill36524.com					E-Mail	gayoung@bill36524.com		
작성일자	2024.4.10.		공급가액	2,000,000		세 액	200,000			
비고										

월	일	품목명	규격	수량	단가	공급가액	세액	비고
4	10	계약금				2,000,000	200,000	

합계금액	현금	수표	어음	외상미수금	이 금액을	● 영수 / ○ 청구	함
2,200,000	2,200,000						

자료설명	1. 4월 10일 제품을 공급하기로 하고 계약금을 수령한 후 전자세금계산서를 발급하였다. 2. 본 거래에 대하여 노조파업으로 인한 일정 지연으로 물량 납품계약을 이행할 수 없어 계약이 해제되었다.(계약해제일 : 2024.5.10.) 3. 계약금은 해제일에 전액 현금으로 지급하였다.
수행과제	계약해제에 따른 수정전자세금계산서를 발급·전송하시오. (전자세금계산서 발급시 결제내역 입력 및 전송일자는 무시할 것.)

③ 부동산임대사업자의 부가가치세신고서 작성

자료 1. 부동산임대계약서

(사무실) 월 세 계 약 서

■ 임대인용
□ 임차인용
□ 사무소보관용

부동산의 표시	소재지	서울 강남구 삼성로 530, 2층 201호			
	구 조	철근콘크리트조	용도	사무실	면적	95㎡

| 월 세 보 증 금 | 금 100,000,000원정 | 월세 2,000,000원정(부가가치세 별도) |

제 1 조 위 부동산의 임대인과 임차인 합의하에 아래와 같이 계약함.
제 2 조 위 부동산의 임대차에 있어 임차인은 보증금을 아래와 같이 지불키로 함.

계 약 금	10,000,000원정은 계약시 지불하고
중 도 금	원정은 년 월 일 지불하며
잔 금	90,000,000원정은 2024년 9월 1일 중개업자 입회하에 지불함.

제 3 조 위 부동산의 명도는 2024년 9월 1일로 함.
제 4 조 임대차 기간은 2024년 9월 1일로부터 (24)개월로 함.
제 5 조 월세금액은 매월(1)일에 지불키로 하되 만약 기일내에 지불치 못할 시에는 보증금액에서 공제키로 함.(신한은행, 계좌번호 : 112-58-252158, 예금주 : (주)바람바람)

~~~~~~~~~~ 중략 ~~~~~~~~~~

임 대 인	주소	서울 강남구 삼성로 530			
	사업자등록번호	120-81-32144	전화번호	02-569-4200	성명	(주)바람바람

자료 2. 임대료 전자세금계산서 발급

전자세금계산서 (공급자 보관용)   승인번호

	등록번호	120-81-32144				등록번호	314-81-38777	
공급자	상호	(주)바람바람	성명(대표자)	김범룡	공급받는자	상호	(주)해신전자	성명(대표자)	박상태
	사업장주소	서울 강남구 삼성로 530				사업장주소	서울 강남구 삼성로 530, 2층 201호	
	업태	제조업외	종사업장번호			업태	도매,무역업	종사업장번호
	종목	선풍기외				종목	전자제품외	
	E-Mail	baram@bill36524.com				E-Mail	haesin@bill36524.com	

| 작성일자 | 2024.9.1. | 공급가액 | 2,000,000 | 세액 | 200,000 |

| 비고 | |

월	일	품목명	규격	수량	단가	공급가액	세액	비고
9	1	9월 임대료				2,000,000	200,000	

| 합계금액 | 현금 | 수표 | 어음 | 외상미수금 | 이 금액을 ● 영수 함 |
| 2,200,000 | | | | | ○ 청구 |

자료설명	1. 자료 1은 부동산임대계약 체결관련 서류이다. 2. 자료 2는 9월분 임대료에 대한 전자세금계산서이며, 임대료는 9월 1일 신한은행 보통예금계좌에 입금된 것을 확인하였다. 3. 간주임대료에 대한 부가가치세는 임대인이 부담하기로 하였다.
수행과제	1. 9월 1일 임대료에 대한 거래를 매입매출전표에 입력하시오.(전자세금계산서는 '전자입력'으로 처리할 것.) 2. 제2기 예정신고에 대한 부동산임대공급가액명세서를 작성하시오.(간주임대료 적용 이자율은 3.5%로 할 것.) 3. 간주임대료에 대한 회계처리를 9월 30일자로 매입매출전표에 입력하시오. 4. 9월 임대료 및 간주임대료에 대한 내용을 제2기 부가가치세 예정신고서에 반영하시오.

4 신용카드매출전표발행집계표 작성자의 부가가치세신고서 작성

자료 1. 과세매출분에 대한 전자세금계산서 및 신용카드매출전표

전자세금계산서 (공급자 보관용) 승인번호

	공급자				공급받는자		
등록번호	120-81-32144			등록번호	113-81-43454		
상호	(주)바람바람	성명(대표자)	김범룡	상호	하남전자(주)	성명(대표자)	장철환
사업장주소	서울 강남구 삼성로 530			사업장주소	서울 강남구 강남대로 242-22		
업태	제조업외	종사업장번호		업태	도매업	종사업장번호	
종목	선풍기외			종목	전자제품		
E-Mail	baram@bill36524.com			E-Mail	hanam@bill36524.com		

작성일자	2024.10.5.	공급가액	3,000,000	세액	300,000
비고					

월	일	품목명	규격	수량	단가	공급가액	세액	비고
10	5	인공지능선풍기		10	300,000	3,000,000	300,000	

합계금액	현금	수표	어음	외상미수금	이 금액을 ○ 영수 ○ 청구 함
3,300,000					

신용카드매출전표

가 맹 점 명 : (주)바람바람
사업자번호 : 120-81-32144
대 표 자 명 : 김범룡
주　　　소 : 서울 강남구 삼성로 530

신 한 카 드 : 신용승인
거 래 일 시 : 2024.10.5. 14:02:12
카 드 번 호 : 5310-7070-****-0787
유 효 기 간 : **/**
가맹점번호 : 96942515
매 입 사 : 신한카드사(전자서명전표)

판매금액　　　　　3,000,000원
부가세액　　　　　　300,000원
합　계　　　　　　3,300,000원

자료 2. 과세카드매출 자료

신용카드매출전표

가 맹 점 명 : (주)바람바람
사업자번호 : 120-81-32144
대 표 자 명 : 김범룡
주　　　소 : 서울 강남구 삼성로 530

신 한 카 드 : 신용승인
거 래 일 시 : 2024.11.20. 14:12:08
카 드 번 호 : 5310-7070-****-0787
유 효 기 간 : **/**
가맹점번호 : 96942515
매 입 사 : 신한카드사(전자서명전표)

판매금액　　　　　　500,000원
부가세액　　　　　　 50,000원
합　계　　　　　　　550,000원

자료 3. 과세현금매출 자료

현금영수증
CASH RECEIPT

거래일시　　2024-12-15　13:20:02
품명　　　　　　　　　　　　제품
식별번호　　　　　　　208341****
승인번호　　　　　　　　191224105
판매금액　　　　　　　　300,000원
부가가치세　　　　　　　 30,000원
봉사료　　　　　　　　　　　 0원

합계　　　　　　　　　　330,000원

현금영수증가맹점명　　　　(주)바람바람
사업자번호　　　　　　　120-81-32144
대표자명 : **김범룡**　　　 TEL : 025694200
주소 : 서울 강남구 삼성로 530
CATID : 1123973　　　　　 전표No :

현금영수증 문의 : Tel 126
http://현금영수증.kr
감사합니다.

자료설명	자료 1. 하남전자(주)에 제품을 판매하고 발급한 전자세금계산서와 위 대금을 결제받으면서 발급한 신용카드매출전표이다. 자료 2. 개인 박수민에게 과세제품을 판매하고 발급한 신용카드매출전표이다. 자료 3. 개인 김수철에게 과세제품을 판매하고 발급한 현금영수증이다.
수행과제	1. 자료 1 ~ 자료 3의 거래를 매입매출전표에 입력하시오. 　(전자세금계산서와 관련된 거래는 '전자입력'으로 처리할 것.) 2. 제2기 부가가치세 확정 신고기간의 신용카드매출전표발행집계표를 작성하시오. 3. 전자신고세액공제를 반영하여 제2기 부가가치세 확정신고서를 작성하시오. 　- 제2기 부가가치세 확정신고서를 홈택스로 전자신고하여 전자신고세액공제 10,000원을 공제받기로 한다.

평가문제 입력자료 및 회계정보를 조회하여 [평가문제]의 답안을 입력하시오.(70점)

[실무수행평가] – 부가가치세관리

번호	평가 문제	배점
11	**평가문제 [매입매출전표입력 조회]** 5월 10일자 수정세금계산서의 수정입력사유 코드번호를 입력하시오.	2
12	**평가문제 [세금계산서합계표 조회]** 제1기 확정 신고기간의 거래처 '(주)세방기업'에 전자발행 된 세금계산서 공급가액은 얼마인가?	2
13	**평가문제 [세금계산서합계표 조회]** 제1기 확정 신고기간의 매출전자세금계산서 발급매수는 총 몇매인가?	2
14	**평가문제 [부동산임대공급가액명세서 조회]** 제2기 예정 신고기간의 부동산임대공급가액명세서의 보증금 이자(간주임대료) 금액은 얼마인가?	2
15	**평가문제 [부가가치세신고서 조회]** 제2기 예정 신고기간 부가가치세신고서의 과세_세금계산서발급분(1란) 금액은 얼마인가?	2
16	**평가문제 [부가가치세신고서 조회]** 제2기 예정 신고기간 부가가치세신고서의 그 밖의 공제매입세액(14란)의 세액은 얼마인가?	2
17	**평가문제 [부가가치세신고서 조회]** 제2기 예정 신고기간의 부가가치세 신고시에 작성되는 부가가치세 첨부서류에 해당하지 않는 것은? ① (면세)계산서합계표 ② 부동산임대공급가액명세서 ③ 공제받지못할매입세액명세서 ④ 신용카드매출전표등수령금액합계표	2
18	**평가문제 [신용카드매출전표발행집계표 조회]** 제2기 확정 신고기간의 신용카드매출진표발행집계표의 「과세매출분 – ⑤합계」 금액은 얼마인가?	3
19	**평가문제 [부가가치세신고서 조회]** 제2기 확정 신고기간 부가가치세신고서의 과세_세금계산서발급분(1란) 금액은 얼마인가?	3
20	**평가문제 [부가가치세신고서 조회]** 제2기 확정 신고기간의 부가가치세 차가감납부할세액(27번란)은 얼마인가?	2
	부가가치세 소계	22

실무수행3 결산

[결산자료]를 참고하여 결산을 수행하시오.(단, 제시된 자료 이외의 자료는 없다고 가정함.)

① 수동결산

자료설명	12월 31일 현재 합계잔액시산표에서 확인되는 선급비용은 전액 공장 화재 보험료이다. 당사는 11월 1일 공장화재보험에 가입하였고 1년분 보험료 1,200,000원을 선납하고 자산처리하였다.
수행과제	보험료의 기간경과액을 계산하여 결산정리분개를 입력하시오.(월할계산할 것.)

② 결산자료입력에 의한 자동결산

자료설명	1. 당기 법인세등 28,000,000원을 계상하려고 한다.(법인세 중간예납세액이 선납세금계정에 계상되어 있다.)
	2. 기말재고자산 현황
	<table><tr><th>구 분</th><th>금 액</th></tr><tr><td>원재료</td><td>25,000,000원</td></tr><tr><td>제 품</td><td>31,000,000원</td></tr></table>
	3. 이익잉여금처분계산서 처분 예정(확정)일
	  - 당기 : 2025년 2월 28일
	  - 전기 : 2024년 2월 28일

수행과제	결산을 완료하고 이익잉여금처분계산서에서 손익 대체분개를 하시오. (단, 이익잉여금처분내역은 없는 것으로 하고 미처분이월이익잉여금 전액을 이월이익잉여금으로 이월하기로 할 것.)

[실무수행평가] – 재무회계

번호	평가 문제	배점
21	**평가문제 [영수증수취명세서 조회]** 영수증수취명세서(1)에 반영되는 '11.명세서제출 제외대상' 금액은 얼마인가?	2
22	**평가문제 [받을어음현황 조회]** 1/4분기(1월~3월)에 할인받은 받을어음의 총액은 얼마인가?	2
23	**평가문제 [거래처원장 조회]** 2월 말 우리은행(코드 98005)의 당좌예금 잔액은 얼마인가?	1
24	**평가문제 [거래처원장 조회]** 3월 말 국민은행(코드 98000)의 보통예금 잔액은 얼마인가?	2
25	**평가문제 [거래처원장 조회]** 4월 말 (주)세방기업(코드 02040)의 외상매출금 잔액은 얼마인가?	1
26	**평가문제 [거래처원장 조회]** 9월 말 보통예금 거래처별 잔액으로 옳지 않은 것은? ① 98000.국민은행 198,475,000원 ② 98001.신한은행 470,055,000원 ③ 98500.외환은행 104,000,000원 ④ 99500.하나은행 32,411,000원	1
27	**평가문제 [일/월계표 조회]** 1월에 발생한 여비교통비(판매관리비) 금액은 얼마인가?	1
28	**평가문제 [일/월계표 조회]** 3/4분기(7월~9월)에 발생한 세금과공과금(판매관리비)은 얼마인가?	1
29	**평가문제 [일/월계표 조회]** 4/4분기(10월~12월)에 발생한 제품매출 금액은 얼마인가?	2
30	**평가문제 [재무상태표 조회]** 3월 말 계정별 잔액으로 옳지 않은 것은? ① 지급어음 24,200,000원 ② 예수금 4,385,000원 ③ 가수금 15,000,000원 ④ 선수금 5,651,000원	1
31	**평가문제 [재무상태표 조회]** 5월 말 선수금 잔액은 얼마인가?	1
32	**평가문제 [재무상태표 조회]** 12월 말 선급비용 잔액은 얼마인가?	3
33	**평가문제 [재무상태표 조회]** 기말 제품 잔액은 얼마인가?	2
34	**평가문제 [재무상태표 조회]** 12월 말 미지급세금 잔액은 얼마인가?	2
35	**평가문제 [재무상태표 조회]** 12월 말 이월이익잉여금(미처분이익잉여금) 잔액으로 옳은 것은? ① 323,524,110원 ② 327,344,206원 ③ 329,253,205원 ④ 411,459,714원	1
	재무회계 소계	23

실무수행4 근로소득관리

인사급여 관련 자료이다. [자료설명]을 참고하여 [수행과제]를 수행하시오.

① 중도퇴사자의 원천징수

자료. 김승우 11월 급여자료

(단위 : 원)

수당 항목			공제 항목					
기본급	직책수당	특별수당	국민연금	건강보험	고용보험	장기요양보험	건강보험료정산	장기요양보험료정산
4,000,000	800,000	2,000,000	180,000	141,800	61,200	18,160	18,210	1,200

자료설명	11월분 급여대장이다. 1. ESG 경영관리팀 김승우 팀장은 2024년 11월 25일 퇴사하였다. 중도퇴사자 정산은 기등록되어 있는 자료 이외의 공제는 없는 것으로 한다. 2. 급여지급일은 당월 25일이다.
수행과제	1. [사원등록] 메뉴에 퇴사일자를 입력하시오. 2. [급여자료입력] 메뉴에 수당, 공제등록을 하시오. 3. 11월분 김승우 급여자료를 추가 입력하고 [중도퇴사자정산]버튼을 이용하여 중도퇴사자 정산내역을 급여자료에 반영하시오.(단, 구분 1.급여로 선택할 것.) 4. 11월 귀속분 [원천징수이행상황신고서]를 작성하시오.

[실무수행평가] – 근로소득관리 1

번호	평가 문제	배점
36	평가문제 [김승우 11월 급여자료입력 조회] 김승우의 급여항목 중 과세대상 지급액은 얼마인가?	2
37	평가문제 [김승우 11월 급여자료입력 조회] 김승우의 공제액 합계액은 얼마인가?	2
38	평가문제 [11월 원천징수이행상황신고서 조회] 근로소득 가감계(A10) '5.총지급액'은 얼마인가?	1
39	평가문제 [김승우 근로소득원천징수영수증 [중도]탭 조회] '33.보험_가.건강' 공제대상액은 얼마인가?	1
40	평가문제 [김승우 근로소득원천징수영수증 [중도]탭 조회] 기납부세액 '75.주(현)근무지' 소득세 금액(지방소득세 제외)은 얼마인가?	1

② 주민등록등본에 의한 사원등록

자료 1. 김도경의 주민등록등본

자료설명	사무직 사원 김도경(1002)의 사원등록을 위한 자료이다. 1. 부양가족은 김도경과 생계를 같이 한다. 2. 김도경은 근로소득금액 30,000,000원 이하로 이외의 소득은 없다. 3. 남편 정진수는 암환자로서 항시 치료를 요하는 중증환자이며, 별도의 소득이 없다. 4. 모 김성연은 노인일자리사업에 참여하여 총급여 4,000,000원이 있다. 5. 자녀 정윤새는 과학기술정보통신부에서 주관하는 국제과학기술경진대회에 참가하여 상금 2,000,000원을 수령하였다. 6. 세부담을 최소화하는 방법을 선택한다.
수행과제	[사원등록] 메뉴에서 부양가족명세를 작성하시오.

[실무수행평가] – 근로소득관리 2

번호	평가 문제	배점
41	**평가문제 [김도경 근로소득원천징수영수증 조회]** '25.배우자' 공제대상액은 얼마인가?	2
42	**평가문제 [김도경 근로소득원천징수영수증 조회]** '26.부양가족' 공제대상액은 얼마인가?	1
43	**평가문제 [김도경 근로소득원천징수영수증 조회]** '28.장애인' 공제대상액은 얼마인가?	2
44	**평가문제 [김도경 근로소득원천징수영수증 조회]** '29.부녀자' 공제대상액은 얼마인가?	2
45	**평가문제 [김도경 근로소득원천징수영수증 조회]** '57.자녀세액공제' 세액공제액은 얼마인가?	2

3 국세청연말정산간소화 및 이외의 자료를 기준으로 연말정산

자료설명	사무직 한준경(1001)의 연말정산을 위한 자료이다. 1. 사원등록의 부양가족현황은 사전에 입력되어 있다. 2. 부양가족은 한준경과 생계를 같이 한다. 3. 한준경은 무주택 세대주이며, 총급여는 7천만원 이하이다.
수행과제	[연말정산 근로소득원천징수영수증] 메뉴에서 연말정산을 완료하시오. 1. 의료비는 [의료비] 탭에서 입력하며, 국세청자료는 공제대상 합계금액을 1건으로 집계하여 입력한다. 2. 보험료와 교육비는 [소득공제] 탭에서 입력한다. 3. 연금계좌는 [정산명세] 탭에서 입력한다. 4. 월세는 [정산명세] 탭에서 입력한다.

자료 1. 한준경 사원의 부양가족등록 현황

연말정산관계	성 명	주민 번호	기타 사항
0.본인	한준경	721010-1774918	세대주
3.배우자	서나리	730501-2775018	사업소득금액 30,000,000원이 있음.
1.소득자 직계존속	오영선	460901-2122786	소득 없음
4.직계비속	한준희	970927-1241853	장애인복지법에 따른 시각장애인

자료 2. 국세청간소화서비스 및 기타증빙자료

2024년 귀속 소득·세액공제증명서류 : 기본(지출처별)내역 [의료비]

■ 환자 인적사항

성 명	주 민 등 록 번 호
오영선	460901 - 2******

■ 의료비 지출내역
(단위 : 원)

사업자번호	상 호	종류	지출금액 계
109 - 04 - 16***	서울365**병원	일반	6,900,000
106 - 05 - 81***	***안경원	일반	400,000
의료비 인별합계금액			6,900,000
안경구입비 인별합계금액			400,000
산후조리원 인별합계금액			0
인별합계금액			7,300,000

- 본 증명서류는 「소득세법」 제165조 제1항에 따라 영수증 발급기관으로부터 수집한 서류로 소득·세액공제 충족 여부는 근로자가 직접 확인하여야 합니다.
- 본 증명서류에서 조회되지 않는 내역은 영수증 발급기관에서 직접 발급받으시기 바랍니다.

2024년 귀속 소득·세액공제증명서류 : 기본내역 [실손의료보험금]

■ 피보험자 인적사항

성 명	주 민 등 록 번 호
오영선	460901 - 2******

■ 의료비 지출내역
(단위 : 원)

상 호	상품명	보험계약자		수령금액 계
사업자번호	계약(증권)번호	수익자		
(주)현대해상	(무)안심실손보험	460901 - 2******	오영선	900,000
201 - 81 - 81***	5022***	460901 - 2******	오영선	
인별합계금액				900,000

- 본 증명서류는 「소득세법」 제165조 제1항에 따라 영수증 발급기관으로부터 수집한 서류로 소득·세액공제 충족 여부는 근로자가 직접 확인하여야 합니다.
- 본 증명서류에서 조회되지 않는 내역은 영수증 발급기관에서 직접 발급받으시기 바랍니다.

2024년 귀속 소득·세액공제증명서류 : 기본(지출처별)내역
[보장성 보험, 장애인전용보장성보험]

■ 계약자 인적사항

성 명	주 민 등 록 번 호
한준경	721010 - 1******

■ 보장성보험(장애인전용보장성보험) 납입내역

(단위 : 원)

| 종 류 | 상 호 | 보험종류 | 주피보험자 | | 납입금액 계 |
| | 사업자번호 | 증권번호 | | | |
	종피보험자1	종피보험자2	종피보험자3		
보장성	(주)현대해상 201 - 81 - 81***	(무)안심실손보험 5022***	460901 - 2******	오영선	960,000
장애인 보장성	AIG생명보험(주) 106 - 81 - 41***	디딤돌보험 100540651**	970927 - 1******	한준희	1,440,000
저축성	한화생명 104 - 81 - 28***	e재테크저축보험	970927 - 1******	한준희	1,200,000
인별합계금액					3,600,000

- 본 증명서류는 『소득세법』 제165조 제1항에 따라 영수증 발급기관으로부터 수집한 서류로 소득·세액공제 충족 여부는 근로자가 직접 확인하여야 합니다.
- 본 증명서류에서 조회되지 않는 내역은 영수증 발급기관에서 직접 발급받으시기 바랍니다.

2024년 귀속 소득·세액공제증명서류 : 기본(지출처별)내역 [교육비]

■ 학생 인적사항

성 명	주 민 등 록 번 호
한준경	721010 - 1******

■ 교육비 지출내역

교육비종류	학교명	사업자번호	납입금액 계
대학원	***대학원	**3 - 83 - 21***	6,500,000
인별합계금액			6,500,000

- 본 증명서류는 『소득세법』 제165조 제1항에 따라 영수증 발급기관으로부터 수집한 서류로 소득·세액공제 충족 여부는 근로자가 직접 확인하여야 합니다.
- 본 증명서류에서 조회되지 않는 내역은 영수증 발급기관에서 직접 발급받으시기 바랍니다.

2024년 귀속 소득·세액공제증명서류 : 기본내역[연금저축]

■ 가입자 인적사항

성 명	주 민 등 록 번 호
서나리	730501 – 2******

■ 연금저축 납입내역

(단위 : 원)

상 호	사업자번호	당해연도 납입금액	당해연도 납입액 중 인출금액	순납입금액
계좌번호				
삼성생명보험(주)	108 – 81 – 26***	4,000,000		4,000,000
013478008				
순납입금액 합계				4,000,000

- 본 증명서류는 『소득세법』 제165조 제1항에 따라 영수증 발급기관으로부터 수집한 서류로 소득·세액공제 충족 여부는 근로자가 직접 확인하여야 합니다.
- 본 증명서류에서 조회되지 않는 내역은 영수증 발급기관에서 직접 발급받으시기 바랍니다.

월 세 납 입 영 수 증

■ 임대인

성명(법인명)	주성훈	주민등록번호(사업자번호)	860512 – 1875655
주소	서울특별시 용산구 서빙고로 36		

■ 임차인

성명	한준경	주민등록번호	721010 – 1774918
주소	서울특별시 구로구 도림로 33길 27		

■ 세부내용

- 임대차 기간 : 2024년 3월 1일 ~ 2026년 2월 28일
- 임대차계약서상 주소지 : 서울특별시 구로구 도림로 33길 27
- 월세금액 : 700,000원 (2024년 총액 7,000,000원)
- 주택유형 : 단독주택, 주택계약면적 85㎡

[실무수행평가] – 근로소득관리 3

번호	평가 문제	배점
46	**평가문제 [한준경 근로소득원천징수영수증 조회]** '60.연금저축' 세액공제액은 얼마인가? ① 0원　　　　　　② 300,000원 ③ 400,000원　　　④ 600,000원	2
47	**평가문제 [한준경 근로소득원천징수영수증 조회]** '61.보장성보험' 세액공제액은 얼마인가?	2
48	**평가문제 [한준경 근로소득원천징수영수증 조회]** '62.의료비' 세액공제액은 얼마인가?	2
49	**평가문제 [한준경 근로소득원천징수영수증 조회]** '63.교육비' 세액공제액은 얼마인가?	2
50	**평가문제 [한준경 근로소득원천징수영수증 조회]** '70.월세액' 세액공제액은 얼마인가?	1
	근로소득 소계	25

제67회 TAT 2급 기출문제

㈜바비산업 (코드번호 : 2267)

▌ 실무이론평가 ▌

1. 회계정보의 질적 특성 중 목적적합성에 대한 설명으로 옳지 **않은** 것은?

① 회계정보가 정보이용자의 의사결정에 반영될 수 있도록 적시에 제공되어야 한다.
② 회계정보는 그 정보가 나타내고자 하는 대상을 충실히 표현하고 있어야 한다.
③ 회계정보는 정보이용자의 당초 기대치를 확인 또는 수정할 수 있게 함으로써 의사결정에 차이를 가져올 수 있다.
④ 회계정보는 정보이용자가 기업실체의 과거, 현재 또는 미래 사건의 결과에 대한 예측을 하는 데 도움이 된다.

2. 다음 중 주식배당으로 인한 영향으로 옳지 **않은** 것은?

① 미교부주식배당금만큼 부채가 증가한다.
② 순자산의 유출없이 배당효과를 얻을 수 있다.
③ 자본금은 증가하지만 이익잉여금은 감소한다.
④ 자본 총액은 변동이 없으나 주식수는 증가한다.

3. 다음은 (주)한공의 12월 중 상품 매매 자료이다. 재고자산의 평가방법을 선입선출법으로 적용할 경우 매출원가와 기말재고자산은 각각 얼마인가?

일 자	구 분	수 량	단 가
12월 1일	기초재고	100개	1,000원
12월 5일	외상매입	100개	1,200원
12월 9일	상품매출	150개	4,000원
12월 15일	외상매입	100개	1,400원

	매출원가	기말재고자산
①	180,000원	200,000원
②	160,000원	180,000원
③	180,000원	180,000원
④	160,000원	200,000원

4. 다음의 거래에 대한 회계처리로 옳은 것은?

기계장치를 1,000,000원에 취득하고 대금은 보통예금으로 수령했던 정부보조금 1,000,000원(상환의무 없음)으로 이체하여 지급하다.

회계처리 :

가. (차) 기계장치　　　　1,000,000원　　(대) 정부보조금　　　　1,000,000원
　　　　(보통예금 차감)

나. (차) 보통예금　　　　1,000,000원　　(대) 정부보조금　　　　1,000,000원
　　　　(기계장치 차감)

다. (차) 기계장치　　　　1,000,000원　　(대) 보통예금　　　　　1,000,000원
　　　정부보조금　　　　1,000,000원　　　　정부보조금　　　　1,000,000원
　　　　(보통예금 차감)　　　　　　　　　　　(기계장치 차감)

라. (차) 기계장치　　　　1,000,000원　　(대) 보통예금　　　　　1,000,000원
　　　정부보조금　　　　1,000,000원　　　　정부보조금　　　　1,000,000원
　　　　(기계장치 차감)　　　　　　　　　　　(보통예금 차감)

① 가　　　　② 나　　　　③ 다　　　　④ 라

5. 다음 자료를 토대로 퇴직금추계액을 계산하면 얼마인가?

퇴직급여충당부채					
4/5	보통예금	2,000,000	1/1	전기이월	6,000,000

〈결산정리사항〉
12월 31일 (차) 퇴직급여 3,000,000원   (대) 퇴직급여충당부채 3,000,000원

① 1,000,000원   ② 4,000,000원   ③ 7,000,000원   ④ 9,000,000원

6. 다음은 (주)한공의 기계장치 관련 거래 내용이다. 2024년 손익계산서에 반영되는 기계장치의 감가상각비(월할계산)는 얼마인가?

- 2024년 1월 1일 기계장치 20,000,000원 취득(내용연수 5년, 잔존가치 0원, 정액법 상각)
- 2024년 7월 1일 기계장치에 대하여 5,400,000원의 자본적지출이 발생하였으며, 이로 인한 내용연수 증가는 없다.

① 4,000,000원   ② 4,600,000원   ③ 5,080,000원   ④ 5,200,000원

7. 다음 중 부가가치세 과세대상 용역의 공급이 **아닌** 것은?

① 의료보건용역 중 의약품의 조제용역을 제공하는 경우
② 특수관계인에게 사업용 부동산을 무상으로 임대하는 경우
③ 산업재산권을 대여하는 경우
④ 건설업자가 건설용역을 제공하면서 건설자재의 일부를 부담하는 경우

8. 다음은 제조업을 영위하는 (주)한공의 거래내용이다. 2024년 제2기 부가가치세 매출세액에서 공제받을 수 없는 매입세액은 모두 얼마인가? 단, 필요한 세금계산서는 적법하게 수취하였다.

일 자	거 래 내 용	매입세액
8월 18일	기계장치 매입	80,000,000원
10월 26일	기업업무추진비 지출	15,000,000원
11월 19일	공장부지의 조성관련 지출	70,000,000원
12월 27일	종업원 식대	3,000,000원

① 70,000,000원   ② 73,000,000원
③ 85,000,000원   ④ 88,000,000원

9. 다음 중 소득세 과세대상 근로소득인 것은?

① 사회통념상 타당한 범위의 경조금
② 비출자임원이 사택을 제공받아 얻은 이익
③ 근로자가 사내급식으로 제공받는 식사
④ 근로자가 연 1회 지급받은 휴가비

10. 다음은 (주)공인에 근무하는 거주자 김한공(남성, 52세) 씨의 2024년말 현재 부양가족 현황이다. 김한공 씨가 적용받을 수 있는 기본공제와 추가공제의 합계액은 얼마인가?

가. 김한공 씨의 종합소득금액 : 60,000,000원
나. 부양가족 현황(모두 생계를 같이 함)

구분	나이	소득	비고
배우자	50세	없음	
자녀	15세	없음	장애인임
부친	79세	사업소득금액 500만원	
모친	73세	없음	

① 6,000,000원   ② 7,000,000원   ③ 8,000,000원   ④ 9,000,000원

▍ 실무수행평가 ▍

(주)바비산업(회사코드 2267)은 장난감 제조업을 영위하는 법인기업으로 회계기간은 제6기(2024.1.1. ~ 2024.12.31.)이다. 제시된 자료와 [자료설명]을 참고하여 [수행과제]를 완료하고 [평가문제]의 물음에 답하시오.

실무수행 유의사항	1. 부가가치세 관련거래는 [매입매출전표입력]메뉴에 입력하고, 부가가치세 관련없는 거래는 [일반전표입력]메뉴에 입력한다. 2. 타계정 대체와 관련된 적요는 반드시 코드를 입력하여야 한다. 3. 채권·채무, 예금거래 등 관리대상 거래자료에 대하여는 반드시 거래처코드를 입력한다. 4. 자금관리 등 추가 작업이 필요한 경우 문제의 요구에 따라 추가 작업하여야 한다. 5. 제조경비는 500번대 계정코드를 사용한다. 6. 판매비와관리비는 800번대 계정코드를 사용한다. 7. 등록된 계정과목 중 가장 적절한 계정과목을 선택한다.

실무수행1 거래자료입력

실무프로세스 자료이다. [자료설명]을 참고하여 [수행과제]를 수행하시오.

① 3만원 초과 거래자료에 대한 영수증수취명세서 작성

기부금 영수증

일련번호	087

1. 기부자

성명(법인명)	(주)바비산업	주민등록번호 (사업자등록번호)	120-81-32144
주소(소재지)	서울특별시 서대문구 충정로7길 12		

2. 기부금 단체

단 체 명	(재)서울대학교발전재단	사업자등록번호 (고유번호)	112-82-00240
소 재 지	서울특별시 관악구 관악로 1	기부금공제대상 기부금단체 근거법령	법인세법 제24조 2항

4. 기부내용

유 형	코드	구분	연월일	내 용	기 부 금 액			
					합계	공제대상 기부금액	공제제외 기부금	
							기부장려금 신청금액	기타
특례기부금	10	금전	2024.1.10	발전기금	5,000,000	5,000,000		

자료설명	1. 비영리법인인 '(재)서울대학교발전재단'에 발전기금을 현금으로 기부하고 수취한 기부금영수증이다. 2. 이 거래가 지출증명서류 미수취가산세 대상인지를 검토하려고 한다.
수행과제	1. 거래자료를 입력하시오. 2. 영수증수취명세서(2)와 (1)서식을 작성하시오.

② 약속어음 수취거래, 만기결제, 할인 및 배서양도

전 자 어 음

(주)바비산업 귀하   00420240125123456780

금   이천이백만원정   22,000,000원

위의 금액을 귀하 또는 귀하의 지시인에게 지급하겠습니다.

지급기일 2024년 5월 25일   발행일   2024년 1월 25일
지 급 지 국민은행   발행지
지급장소 서대문지점   주 소   서울 강남구 강남대로 399-20
                          발행인   (주)아이나라

자료설명	(주)아이나라 제품매출시 보관 중이던 전자어음을 2월 25일에 국민은행에서 할인하고, 할인료를 차감한 잔액은 국민은행 보통예금계좌에 입금받았다. (단, 할인율은 연 12%, 월할계산, 매각거래로 처리할 것.)
수행과제	1. 어음의 할인과 관련된 거래자료를 입력하시오. 2. 자금관련정보를 입력하여 받을어음현황에 반영하시오.

3 리스회계

전자계산서 (공급받는자 보관용)						승인번호			
공급자	등록번호	306-81-18407			공급받는자	등록번호	120-81-32144		
	상호	(주)우리캐피탈	성명(대표자)	정연기		상호	(주)바비산업	성명(대표자)	박세리
	사업장주소	대전광역시 서구 대덕대로 239				사업장주소	서울 서대문구 충정로7길 12		
	업태	금융서비스업	종사업장번호			업태	제조업외	종사업장번호	
	종목	대출및리스				종목	장난감외		
	E-Mail	woori@bill36524.com				E-Mail	barbie@bill36524.com		
작성일자	2024.3.20.	공급가액	880,000	비고					

월	일	품목명	규격	수량	단가	공급가액	비고
3	20	기계장비리스				880,000	

합계금액	현금	수표	어음	외상미수금	이 금액을	○ 영수 / ● 청구 함
880,000				880,000		

자료설명	(주)우리캐피탈과 운용리스계약을 맺고 공장 기계설비를 사용하고 있으며, 3월분 리스료에 대하여 발급받은 전자계산서이다.
수행과제	거래자료를 입력하시오. (임차료로 처리하며, 전자계산서와 관련된 거래는 '전자입력'으로 처리할 것.)

실무수행2 부가가치세관리

부가가치세 신고 관련 자료이다. [자료설명]을 참고하여 [수행과제]를 수행하시오.

1 전자세금계산서 발급

거래명세서 (공급자 보관용)

공급자	등록번호	120-81-32144			공급받는자	등록번호	220-81-15085		
	상호	(주)바비산업	성명	박세리		상호	(주)아이토이	성명	박상진
	사업장주소	서울 서대문구 충정로7길 12				사업장주소	서울 서초구 강남대로 156-4		
	업태	제조업외	종사업장번호			업태	도소매업	종사업장번호	
	종목	장난감외				종목	장난감		

거래일자	미수금액	공급가액	세액	총 합계금액
2024.4.28.		12,000,000	1,200,000	13,200,000

NO	월	일	품목명	규격	수량	단가	공급가액	세액	합계
1	4	28	미니카 장난감		400	30,000	12,000,000	1,200,000	13,200,000

자료설명	(주)아이토이에 제품을 공급하고 전자세금계산서를 발급·전송하였다. 대금은 다음달 10일까지 국민은행 보통예금계좌로 입금받기로 하였다.
수행과제	1. 거래명세서에 의해 매입매출자료를 입력하시오 2. 전자세금계산서 발행 및 내역관리 를 통하여 발급·전송하시오. (전자세금계산서 발급 시 결제내역 및 전송일자는 고려하지 않을 것.)

2 수정전자세금계산서 발급

전자세금계산서 (공급자 보관용)										승인번호		
공급자	등록번호	120-81-32144				공급받는자	등록번호	120-81-32159				
	상호	(주)바비산업	성명(대표자)	박세리			상호	(주)가가랜드	성명(대표자)	이유진		
	사업장주소	서울 서대문구 충정로7길 12					사업장주소	인천 남동구 정각로 16(구월동)				
	업태	제조업외		종사업장번호			업태	도소매업		종사업장번호		
	종목	장난감외					종목	장난감				
	E-Mail	barbie@bill36524.com					E-Mail	gaga@bill36524.com				
작성일자	2024.5.23.		공급가액	20,000,000			세 액	2,000,000				
비고												
월	일	품목명		규격	수량	단가		공급가액		세액		비고
5	23	장난감인형			400	50,000		20,000,000		2,000,000		
합계금액		현금		수표		어음		외상미수금		이 금액을 ○ 영수 ● 청구 함		
22,000,000								22,000,000				

자료설명	1. 5월 23일 (주)가가랜드에 제품을 공급하고 전자세금계산서를 거래일에 발급·전송하였다. 2. 5월 31일 대금지급기한에 대한 협의에 따라 이미 납품한 품목의 공급가액을 2% 할인하기로 결정하였다.
수행과제	수정사유를 선택하여 공급가액 변동에 따른 수정전자세금계산서를 발급·전송하시오.(매출할인에 대해서만 회계처리하며, 외상대금 및 제품매출에서 음수(-)로 처리하고 전자세금계산서 발급 시 결제내역 및 전송일자는 무시할 것.)

③ 건물등감가상각자산취득명세서 작성자의 부가가치세신고서 작성

자료 1. 기계장치 수선비 자료

전자세금계산서 (공급받는자 보관용)

공급자				공급받는자			
등록번호	106-81-57571			등록번호	120-81-32144		
상호	(주)코스모산업	성명(대표자)	이은종	상호	(주)바비산업	성명(대표자)	박세리
사업장주소	서울 서대문구 충정로 7길 28-22 (충정로3가)			사업장주소	서울 서대문구 충정로7길 12		
업태	제조업	종사업장번호		업태	제조업외	종사업장번호	
종목	전자기기			종목	장난감외		
E-Mail	cosmo@bill36524.com			E-Mail	barbie@bill36524.com		

작성일자	2024.7.5.	공급가액	8,000,000	세액	800,000
비고					

월	일	품목명	규격	수량	단가	공급가액	세액	비고
7	5	프레스기계 수리비				8,000,000	800,000	

합계금액	현금	수표	어음	외상미수금	이 금액을 ○ 영수 ● 청구 함
8,800,000				8,800,000	

자료 2. 건물신축공사 계약금 자료

전자세금계산서 (공급받는자 보관용)

공급자				공급받는자			
등록번호	108-81-21220			등록번호	120-81-32144		
상호	(주)성신산업	성명(대표자)	이재용	상호	(주)바비산업	성명(대표자)	박세리
사업장주소	서울 서대문구 충정로7길 12 (충정로2가)			사업장주소	서울 서대문구 충정로7길 12		
업태	건설업	종사업장번호		업태	제조업외	종사업장번호	
종목	건축공사			종목	장난감외		
E-Mail	sungsin@bill36524.com			E-Mail	barbie@bill36524.com		

작성일자	2024.8.20.	공급가액	150,000,000	세액	15,000,000
비고					

월	일	품목명	규격	수량	단가	공급가액	세액	비고
8	20	공장신축공사계약금				150,000,000	15,000,000	

합계금액	현금	수표	어음	외상미수금	이 금액을 ● 영수 ○ 청구 함
165,000,000					

자료 3. 태블릿PC 구입

```
        신용카드매출전표
----------------------------------
카드종류 : 삼성카드
회원번호 : 5680 - 6017 - **** - 40**
거래일시 : 2024.9.30.  10 : 01 : 23
거래유형 : 신용승인
매   출 :   900,000원
부 가 세 :    90,000원
합   계 :   990,000원
품   명 : 아이패드
결제방법 : 일시불
승인번호 : 98776544
----------------------------------

가맹점명 : 쿠팡(주)
         - 이 하 생 략 -
```

자료설명	자료 1. 생산부에서 사용중인 기계장치 수선비에 대해 발급받은 전자세금계산서이다.(자본적지출로 처리할 것.) 자료 2. 제2공장 건물 신축공사 계약금을 국민은행 보통예금 계좌에서 이체하여 지급하고 발급받은 전자세금계산서이다. 자료 3. 쿠팡(주)로부터 대표이사 박세리의 자녀가 개인적으로 사용할 태블릿PC(아이패드)를 구입하고 수취한 신용카드매출전표이다. ('가지급금'계정으로 처리하며, 거래처 코드 : 03090.박세리 사용할 것.)
수행과제	1. 자료 1 ~ 자료 3에 대한 거래자료를 매입매출전표 및 일반전표에 입력하시오. (전자세금계산서아 관련된 거래는 '전자입력'으로 처리할 것.) 2. 제2기 예정 신고기간의 건물등감가상각자산취득명세서를 작성하시오. 3. 제2기 예정 부가가치세 신고서에 반영하시오.

④ 대손세액공제신고서 작성자의 부가가치세신고서 작성

자료.

전자세금계산서 (공급자 보관용)				승인번호		
공급자	등록번호	120-81-32144		공급받는자	등록번호	109-81-25501
	상호	(주)바비산업	성명(대표자) 박세리		상호	(주)카오물산	성명(대표자) 안성문
	사업장주소	서울 서대문구 충정로7길 12			사업장주소	서울 서대문구 충정로7길 115
	업태	제조업외	종사업장번호		업태	도소매업	종사업장번호
	종목	장난감외			종목	전자제품외	
	E-Mail	barbie@bill36524.com			E-Mail	cao@bill36524.com

작성일자	2022.10.10.	공급가액	2,000,000	세액	200,000
비고					

월	일	품목명	규격	수량	단가	공급가액	세액	비고
10	10	광선검 장난감		100	20,000	2,000,000	200,000	

합계금액	현금	수표	어음	외상미수금	이 금액을	○ 영수 ● 청구	함
2,200,000				2,200,000			

자료설명	1. 자료는 (주)카오물산과의 매출거래 시에 발급한 전자세금계산서이다. 2. (주)카오물산의 외상매출금 2,200,000원은 「채무자 회생 및 파산에 관한 법률」에 따른 회수불능 파산채권으로 2024년 12월 20일에 확정되었다.(단, 대손사유는 '1.파산'으로 입력할 것.)
수행과제	1. 자료에 대한 대손요건을 판단하여 제2기 부가가치세 확정 신고기간의 대손세액공제신고서를 작성하시오. 2. 대손세액 및 전자신고세액공제를 반영하여 제2기 부가가치세 확정신고서를 작성하시오. 　- 제2기 부가가치세 확정신고서를 홈택스에서 전자신고하여 전자신고세액공제 10,000원을 공제받기로 한다. 3. 대손확정일(12월 20일)의 대손세액공제 및 대손채권(외상매출금)에 대한 회계처리를 입력하시오.

[실무수행평가] – 부가가치세관리

번호	평가 문제	배점
11	**평가문제 [계산서합계표 조회]** 제1기 예정 신고기간의 면세계산서 수취금액은 얼마인가?	1
12	**평가문제 [세금계산서합계표 조회]** 제1기 확정 신고기간의 거래처 '(주)가가랜드'에 전자발급된 세금계산서 공급가액은 얼마인가?	2
13	**평가문제 [세금계산서합계표 조회]** 제1기 확정 신고기간의 매출전자세금계산서 발급매수는 총 몇매인가?	2
14	**평가문제 [매입매출전표입력 조회]** 5월 23일자 수정세금계산서의 수정입력사유 코드번호를 입력하시오.	2
15	**평가문제 [건물등감가상각자산취득명세서 조회]** 제2기 예정 신고기간의 건물등감가상각취득명세서에서 조회되는 기계장치(자산구분코드 2)공급가액은 얼마인가?	3
16	**평가문제 [부가가치세신고서 조회]** 제2기 예정 신고기간 부가가치세신고서의 세금계산서수취부분_고정자산매입(11란) 금액은 얼마인가?	2
17	**평가문제 [부가가치세신고서 조회]** 제2기 예정 신고기간의 부가가치세 신고시에 작성되는 부가가치세 첨부서류에 해당하지 않는 것은? ① 세금계산서합계표　　② 신용카드매출전표수령금액합계표 ③ 건물등감가상각자산취득명세서　　④ 공제받지못할매입세액명세서	2
18	**평가문제 [대손세액공제신고서 조회]** 제2기 확정 신고기간 대손세액공제신고서에 관한 설명으로 옳지 않은 것은? ① 당초공급일은 2022년 10월 10일이다 ② 대손확정일은 과세기간종료일인 2024년 12월 31일이다 ③ 대손금액으로 입력할 금액은 2,200,000원이다 ④ 대손세액공제는 부가가치세 확정 신고기간에만 적용가능하다	3
19	**평가문제 [부가가치세신고서 조회]** 제2기 확정 신고기간 부가가치세신고서의 대손세액가감(8란) 세액은 얼마인가?	3
20	**평가문제 [부가가치세신고서 조회]** 제2기 확정 신고기간의 부가가치세 차가감납부할세액(27란)은 얼마인가?	2
	부가가치세 소계	22

실무수행3 결산

[결산자료]를 참고하여 결산을 수행하시오.(단, 제시된 자료 이외의 자료는 없다고 가정함.)

1 수동결산

자료설명	결산일 현재 보유한 외화 부채는 다음과 같다.
	<table><tr><th>계정과목</th><th>발생일자</th><th>거래처</th><th>금 액</th><th>발생시 환율</th><th>결산시 환율</th></tr><tr><td>외화 장기차입금</td><td>2024.11.10.</td><td>원캐피탈</td><td>$30,000</td><td>1,350원/$</td><td>1,200원/$</td></tr></table>
수행과제	결산정리분개를 입력하시오.

2 결산자료입력에 의한 자동결산

자료설명	1. 기말 단기대여금 잔액에 대하여 1%의 대손충당금을 보충법으로 설정한다.
	2. 기말재고자산 현황
	<table><tr><th>구 분</th><th>평가액</th></tr><tr><td>원재료</td><td>5,250,000원</td></tr><tr><td>재공품</td><td>8,300,000원</td></tr><tr><td>제 품</td><td>26,400,000원</td></tr></table>
	3. 이익잉여금처분계산서 처분 예정(확정)일
	  - 당기 : 2025년 2월 28일
	  - 전기 : 2024년 2월 28일

수행과제	결산을 완료하고 이익잉여금처분계산서에서 손익 대체분개를 하시오. (단, 이익잉여금처분내역은 없는 것으로 하고 미처분이월이익잉여금 전액을 이월이익잉여금으로 이월하기로 할 것.)

[실무수행평가] - 재무회계

번호	평가 문제	배점
21	**평가문제 [영수증수취명세서 조회]** 영수증수취명세서(1)에 반영되는 '11.명세서제출 제외대상' 금액은 얼마인가?	2
22	**평가문제 [받을어음현황 조회]** 1/4분기(1월~3월)에 할인받은 받을어음의 총액은 얼마인가?	2
23	**평가문제 [일/월계표 조회]** 1월에 발생한 영업외비용 금액은 얼마인가?	2
24	**평가문제 [일/월계표 조회]** 2월에 발생한 영업외비용 금액은 얼마인가?	1
25	**평가문제 [일/월계표 조회]** 1/4분기(1월~3월)에 발생한 임차료(제조)는 얼마인가?	1
26	**평가문제 [일/월계표 조회]** 4/4분기(10월~12월)에 발생한 영업외수익 금액은 얼마인가?	1
27	**평가문제 [거래처원장 조회]** 4월 말 거래처별 외상매출금 잔액으로 옳지 않은 것은? ① 03010.(주)코코토이 4,400,000원 ② 03020.(주)진영토이 15,000,000원 ③ 03030.(주)보령산업 9,900,000원 ④ 03040.(주)아이토이 29,200,000원	2
28	**평가문제 [거래처원장 조회]** 6월 말 (주)가가랜드(코드 03050)의 외상매출금 잔액은 얼마인가?	1
29	**평가문제 [손익계산서 조회]** 당기 손익계산서의 대손상각비(판매관리비)는 얼마인가?	1
30	**평가문제 [재무상태표 조회]** 3월 말 미지급금 잔액은 얼마인가?	2
31	**평가문제 [재무상태표 조회]** 9월 말 가지급금 잔액은 얼마인가?	1
32	**평가문제 [재무상태표 조회]** 9월 말 유형자산 금액은 얼마인가?	2
33	**평가문제 [재무상태표 조회]** 12월 말 외화장기차입금 잔액은 얼마인가?	2
34	**평가문제 [재무상태표 조회]** 기말 재고자산 잔액은 얼마인가?	2
35	**평가문제 [재무상태표 조회]** 12월 말 이월이익잉여금(미처분이익잉여금) 잔액으로 옳은 것은? ① 432,442,126원 ② 448,900,518원 ③ 469,821,541원 ④ 487,852,916원	1
	재무회계 소계	23

실무수행4 근로소득관리

인사급여 관련 자료이다. [자료설명]을 참고하여 [수행과제]를 수행하시오.

① 주민등록등본에 의한 사원등록

자료. 김태현의 주민등록등본

문서확인번호				1/1

주 민 등 록 표
(등 본)

이 등본은 세대별 주민등록표의 원본내용과 틀림없음을 증명합니다.
담당자 : 이등본   전화 : 02-3149-0236
신청인 : 김태현
용도 및 목적 : 회사제출용
2024년 12월 31일

세대주 성명(한자)	김태현　(金 太 賢)	세 대 구 성 사유 및 일자	전입 2021 - 10 - 05
현주소 : 서울특별시 성북구 동소문로 179-12			

번호	세대주 관 계	성　　　명 주민등록번호	전입일 / 변동일	변동사유
1	본인	김태현 800321 - 1216511		
2	배우자	현주영 810905 - 2027511	2021 - 10 - 05	전입
3	자녀	김선우 170123 - 4070784	2021 - 10 - 05	전입
4	자녀	김선아 240226 - 4000001	2024 - 02 - 26	출생
5	처남	현주성 830303 - 1850211	2021 - 10 - 05	전입

단, 주민등록번호는 맞는 것으로 간주한다.

자료설명	사무직 사원 김태현(1004)의 사원등록을 위한 자료이다. 1. 부양가족은 김태현과 생계를 같이 한다. 2. 배우자 현주영은 고용보험으로부터 지급받는 육아휴직급여 12,000,000원이 있다. 3. 자녀인 김선우와 김선아는 소득이 없다. 4. 처남 현주성은 장애인복지법에 의한 청각장애인에 해당하며, 별도 소득이 없다. 5. 세부담을 최소화하는 방법으로 선택한다.
수행과제	[사원등록] 메뉴에서 부양가족명세를 작성하시오.

[실무수행평가] – 근로소득관리 1

번호	평가 문제	배점
36	**평가문제 [김태현 근로소득원천징수영수증 조회]** '25.배우자' 공제대상액은 얼마인가?	2
37	**평가문제 [김태현 근로소득원천징수영수증 조회]** '26.부양가족' 공제대상 인원은 몇 명인가?	2
38	**평가문제 [김태현 근로소득원천징수영수증 조회]** '28.장애인' 공제대상액은 얼마인가?	2
39	**평가문제 [김태현 근로소득원천징수영수증 조회]** '37.차감소득금액' 은 얼마인가?	1
40	**평가문제 [김태현 근로소득원천징수영수증 조회]** '57.자녀세액공제' 세액공제액은 얼마인가?	2

② 일용직사원의 원천징수

자료 1. 일용직사원 관련정보

성 명	선우진(코드 2001)
거주구분(내국인 / 외국인)	거주자 / 내국인
주민등록번호	980305 - 1111119
입사일자	2024년 9월 20일

자료 2. 일용직급여내역

성 명	계산 내역	9월의 근무일
선우진	1일 250,000원×총 5일 = 1,250,000원	20, 21, 22, 25, 26

자료설명	1. 자료 1, 2는 일용직 사원의 관련정보 및 급여 지급내역 이다. 2. 일용직 급여는 매일 지급하는 방식으로 한다. 3. 사회보험료 중 고용보험만 징수하기로 한다. 4. 제시된 사항 이외의 자료는 없는 것으로 한다.
수행과제	1. [일용직사원등록] 메뉴에 사원등록을 하시오. 2. [일용직급여입력] 메뉴에 급여내역을 입력하시오. 3. 9월 귀속분 원천징수이행상황신고서를 작성하시오.

[실무수행평가] – 근로소득관리 2

번호	평가 문제	배점
41	**평가문제 [일용직(선우진) 9월 일용직급여입력 조회]** 공제항목 중 고용보험의 합계액은 얼마인가?	2
42	**평가문제 [일용직(선우진) 9월 일용직급여입력 조회]** 9월 급여의 공제총액 합계액은 얼마인가?	1
43	**평가문제 [9월 원천징수이행상황신고서 조회]** 근로소득 일용근로(A03) '5.총지급액'은 얼마인가?	1
44	**평가문제 [9월 원천징수이행상황신고서 조회]** 근로소득 일용근로(A03) '6.소득세 등' 금액은 얼마인가?	1
45	**평가문제 [9월 원천징수이행상황신고서 조회]** 근로소득 가감계(A10)의 '4.인원'은 몇 명인가?	1

③ 국세청연말정산간소화 및 이외의 자료를 기준으로 연말정산

자료설명	사무직 문지훈(1005)의 연말정산을 위한 자료이다. 1. 사원등록의 부양가족현황은 사전에 입력되어 있다. 2. 부양가족은 문지훈과 생계를 같이 한다.
수행과제	[연말정산 근로소득원천징수영수증] 메뉴에서 연말정산을 완료하시오. 1. 사원등록의 부양가족명세를 수정하시오. 　(세부담을 최소화하는 방법으로 선택한다.) 2. 의료비는 [의료비] 탭에서 입력하며, 국세청자료는 공제대상 합계금액을 1건으로 집계하여 입력한다. 3. 신용카드는 [신용카드] 탭에서 입력한다. 4. 보험료와 교육비는 [소득공제] 탭에서 입력한다.

자료 1. 문지훈 사원의 부양가족등록 현황

연말정산관계	성 명	주민 번호	기타 사항
0.본인	문지훈	741011-1111113	
1.소득자 직계존속	정진향	510102-2111116	일용근로소득 3,500,000원이 있다.
3.배우자	김은희	790502-2222221	총급여 5,000,000원과 기타소득 2,800,000원 (분리과세 선택)이 있다.
4.직계비속	문소리	091215-3094119	비인가 대안학교에 다니고 있다.

자료 2. 국세청간소화서비스 및 기타증빙자료

2024년 귀속 소득·세액공제증명서류 : 기본(지출처별)내역 [의료비]

■ 환자 인적사항

성 명	주 민 등 록 번 호
정진향	510102 - 2******

■ 의료비 지출내역

(단위 : 원)

사업자번호	상 호	종류	지출금액 계
109 - 04 - 16***	관절튼튼**병원	일반	3,700,000
106 - 05 - 81***	***안경원	일반	550,000
의료비 인별합계금액			3,700,000
안경구입비 인별합계금액			550,000
산후조리원 인별합계금액			0
인별합계금액			4,250,000

• 본 증명서류는 『소득세법』 제165조 제1항에 따라 영수증 발급기관으로부터 수집한 서류로 소득·세액공제 충족 여부는 근로자가 직접 확인하여야 합니다.
• 본 증명서류에서 조회되지 않는 내역은 영수증 발급기관에서 직접 발급받으시기 바랍니다.

2024년 귀속 소득·세액공제증명서류 : 기본(사용처별)내역 [신용카드]

■ 사용자 인적사항

성 명	주 민 등 록 번 호
김은희	790502 - 2222***

■ 신용카드 등 사용금액 집계

일반	전통시장	대중교통	도서공연등	합계금액
12,500,000	5,500,000	0	0	18,000,000

• 본 증명서류는 『소득세법』 제165조 제1항에 따라 영수증 발급기관으로부터 수집한 서류로 소득·세액공제 충족 여부는 근로자가 직접 확인하여야 합니다.
• 본 증명서류에서 조회되지 않는 내역은 영수증 발급기관에서 직접 발급받으시기 바랍니다.

2024년 귀속 소득·세액공제증명서류 : 기본(지출처별)내역 [보험료]

■ 계약자 인적사항

성 명	주 민 등 록 번 호
문지훈	741011-1111***

■ 보장성보험(장애인전용보장성보험) 납입내역

(단위 : 원)

종류	상 호	보험종류	주피보험자		납입금액 계
	사업자번호	증권번호	종피보험자		
보장성	MIG손해보험(주)	**실손보험	741011-1111***	문지훈	480,000
	106-81-41***	100540651**			
보장성	신한생명보험(주)	(무)든든암보험	510102-2111***	정진향	960,000
	108-81-32***	004545217**			
인별합계금액					1,440,000

- 본 증명서류는 『소득세법』 제165조 제1항에 따라 영수증 발급기관으로부터 수집한 서류로 소득·세액공제 충족 여부는 근로자가 직접 확인하여야 합니다.
- 본 증명서류에서 조회되지 않는 내역은 영수증 발급기관에서 직접 발급받으시기 바랍니다.

2024년 귀속 소득·세액공제증명서류 : 기본(지출처별)내역 [교육비]

■ 학생 인적사항

성 명	주 민 등 록 번 호
문지훈	741011-1111***

■ 교육비 지출내역

교육비종류	학교명	사업자번호	납입금액 계
대학교	***대학교	**3-83-21***	4,500,000
인별합계금액			4,500,000

- 본 증명서류는 『소득세법』 제165조 제1항에 따라 영수증 발급기관으로부터 수집한 서류로 소득·세액공제 충족 여부는 근로자가 직접 확인하여야 합니다.
- 본 증명서류에서 조회되지 않는 내역은 영수증 발급기관에서 직접 발급받으시기 바랍니다.

■ 소득세법 시행규칙 [별지 제44호서식] (앞쪽)

교 육 비 납 입 증 명 서

① 상 호	별무리학교(대안학교)	② 사업자등록번호	111-90-11114
③ 대표자	박윤숙	④ 전화번호	
⑤ 주 소	충청남도 금산군 남일면 별무리1길 3		

신청인	⑥ 성명	문지훈	⑦ 주민등록번호	741011-1111113
	⑧ 주소	서울특별시 강남구 강남대로 302-2		
대상자	⑨ 성명	문소리	⑩ 신청인과의 관계	자

Ⅰ. 교육비 부담 명세(2024년도)

⑪ 납부연월	⑫ 구 분	⑬ 총교육비(A)	⑭ 교육비 부담금액
2024. 3.	수업료	2,350,000	2,350,000
2024. 9.	수업료	2,350,000	2,350,000
계		4,700,000	4,700,000

이하 생략

[실무수행평가] - 근로소득관리 3

번호	평가 문제	배점
46	**평가문제 [문지훈 근로소득원천징수영수증 조회]** '42.신용카드' 소득공제 공제대상액은 얼마인가?	2
47	**평가문제 [문지훈 근로소득원천징수영수증 조회]** '61.보장성보험' 세액공제액은 얼마인가?	3
48	**평가문제 [문지훈 근로소득원천징수영수증 조회]** '62.의료비' 세액공제액은 얼마인가?	2
49	**평가문제 [문지훈 근로소득원천징수영수증 조회]** '63.교육비' 세액공제액은 얼마인가?	2
50	**평가문제 [문지훈 근로소득원천징수영수증 조회]** '82.실효세율'은 몇 %인가? ① 1.4% ② 2.2% ③ 2.6% ④ 2.8%	1
	근로소득 소계	25

제68회 TAT 2급 기출문제

㈜리빙산업 (코드번호 : 2268)

▎ 실무이론평가 ▎

1. 다음은 제조업을 영위하고 있는 ㈜한공의 박전무와 김대리의 대화내용이다.
(가)와 (나)에 들어갈 항목으로 옳은 것은?

> 박전무 : 회사가 보유하고 있는 건물은 재무상태표에 어떻게 표시되고 있나요?
> 김대리 : 타인에게 임대하거나 자체적으로 사용하고 있는 건물은 (가)으로, 시세차익을 얻기
>   위하여 보유하고 있는 건물은 (나)으로 분류하고 있습니다.

	(가)	(나)
①	유형자산	재고자산
②	투자자산	재고자산
③	유형자산	투자자산
④	재고자산	유형자산

2. 다음 자료를 토대로 ㈜한공의 매출원가를 계산하면 얼마인가?

• 매출액	15,500,000원	• 영업이익	1,000,000원
• 판매비와관리비	4,500,000원	• 당기순이익	900,000원

① 11,100,000원   ② 10,100,000원   ③ 10,000,000원   ④ 9,800,000원

3. ㈜한공은 전기에 대손처리한 외상매출금 1,000,000원 중 500,000원을 현금으로 회수하였다.
이에 대한 회계처리로 옳은 것은?

① (차) 현금   1,000,000원   (대) 대손상각비 1,000,000원
② (차) 현금   1,000,000원   (대) 대손충당금 1,000,000원
③ (차) 현금   500,000원   (대) 대손충당금   500,000원
④ (차) 대손충당금   500,000원   (대) 현금   500,000원

4. 다음은 (주)한공의 보험료 관련 자료이다. 결산수정분개를 누락한 결과가 재무제표에 미치는 영향으로 옳은 것은?(월할계산 가정)

> 8월 1일 업무용 건물에 대한 1년분 화재 보험료 720,000원을 현금으로 지급하고, 전액 선급비용(자산)으로 처리하였다.
> 12월 31일 결산 시 보험료에 대한 결산수정분개를 누락하였다.

① 손익계산서에 보험료 420,000원이 과소계상 된다.
② 손익계산서의 영업이익이 300,000원이 과대계상 된다.
③ 재무상태표에 유동부채 300,000원이 과소계상 된다.
④ 재무상태표에 유동자산 420,000원이 과대계상 된다.

5. 다음 중 사채의 시장이자율과 액면이자율의 관계를 바르게 설명한 것은?

① 사채할인발행차금은 시장이자율보다 액면이자율이 낮을 경우 발생한다.
② 사채할인발행차금은 시장이자율보다 액면이자율이 높을 경우 발생한다.
③ 사채할증발행차금은 시장이자율과 액면이자율이 같을 경우 발생한다.
④ 사채할증발행차금은 시장이자율에 의해 영향을 받지 않는다.

6. 다음은 (주)한공이 당기에 취득하여 보유중인 유가증권(시장성 있음) 내역이다. 기말 결산 시 유가증권의 평가결과로 옳은 것은?

보유목적	종 류	주식수	액면단가	취득단가	기말공정가치
단기매매	A주식	1,000주	5,000원	@6,000원	@7,000원
단기매매	B주식	3,000주	5,000원	@8,000원	@5,000원
장기보유	C주식	2,000주	5,000원	@7,000원	@9,000원

① 당기순이익이 4,000,000원 감소한다.
② 당기순이익이 4,000,000원 증가한다.
③ 당기순이익이 8,000,000원 감소한다.
④ 당기순이익이 8,000,000원 증가한다.

7. 다음 중 부가가치세법상 면세와 관련한 설명으로 옳지 **않은** 것은?

① 면세사업자는 부가가치세법에 따른 사업자등록의무가 없다.
② 면세사업자는 면세포기를 하여야만 영세율을 적용받을 수 있다.
③ 면세는 수출산업을 지원하기 위한 목적으로 도입되었다.
④ 국가에 무상으로 공급하는 재화 또는 용역에 대해서는 면세가 적용된다.

8. 다음 자료를 토대로 (주)한공의 2024년 제2기 부가가치세 확정신고 시 과세표준을 계산하면 얼마인가?(단, 주어진 자료에는 부가가치세가 포함되지 아니하였다.)

- 제품 매출액 : 100,000,000원
- 국가에 무상으로 기증한 제품 : 30,000,000원(시가)
- 화재로 인하여 소실된 제품 : 12,000,000원(시가)
- 중고 기계장치 처분액 : 10,000,000원

① 100,000,000원   ② 110,000,000원   ③ 122,000,000원   ④ 140,000,000원

9. 다음 중 소득세법상 사업소득에 대한 설명으로 옳은 것은?

① 논·밭을 작물생산에 이용하게 함으로써 발생하는 소득은 비과세된다.
② 대표자 본인에 대한 급여는 필요경비로 인정된다.
③ 원천징수대상 사업소득은 분리과세 되어 원천징수로써 납세의무가 종결된다.
④ 사업용 고정자산에 해당하는 토지를 양도함으로써 발생하는 차익은 사업소득금액 계산 시 총수입금액에 산입한다.

10. 다음 자료를 토대로 (주)한공에 근무하는 김회계 씨의 2024년도 총급여액을 계산하면 얼마인가?

가. 기본급 : 56,000,000원
나. 직책수당 : 6,000,000원
다. 식대보조금 : 2,400,000원(월 20만원, 별도의 식사를 제공받았음.)
라. 자가운전보조금 : 1,200,000원(월 10만원, 실제 여비를 받지 않았음)

① 58,400,000원   ② 62,000,000원   ③ 64,400,000원   ④ 65,600,000원

실무수행평가

(주)리빙산업(회사코드 2268)은 식기세척기 제조업을 영위하는 법인기업으로 회계기간은 제7기(2024.1.1. ~ 2024.12.31.)이다. 제시된 자료와 자료설명을 참고하여, [수행과제]를 완료하고 [평가문제]의 물음에 답하시오.

실무수행 유의사항	1. 부가가치세 관련거래는 [매입매출전표입력]메뉴에 입력하고, 부가가치세 관련없는 거래는 [일반전표입력]메뉴에 입력한다. 2. 타계정 대체와 관련된 적요는 반드시 코드를 입력하여야 한다. 3. 채권·채무, 예금거래 등 관리대상 거래자료에 대하여는 반드시 거래처코드를 입력한다. 4. 자금관리 등 추가 작업이 필요한 경우 문제의 요구에 따라 추가 작업하여야 한다. 5. 제조경비는 500번대 계정코드를 사용한다. 6. 판매비와관리비는 800번대 계정코드를 사용한다. 7. 등록된 계정과목 중 가장 적절한 계정과목을 선택한다.

실무수행1 거래자료입력

실무프로세스 자료이다. [자료설명]을 참고하여 [수행과제]를 수행하시오.

① 3만원초과 거래자료에 대한 경비등송금명세서 작성

자료 1.

납품확인증

(주)리빙산업 귀하

품 명	배 추
금 액	300,000원

위와 같이 납품하였음을 확인함.

2024년 1월 10일

성   명 : 이복길
주민등록번호 : 540320 - 2178111
주   소 : 경기 가평군 수목원로 101
계 좌 번 호 : 우리은행 110154 - 21 - 210

자료 2.

이체확인증

출력일자 : 2024-01-10

이 체 일 시	2024-01-10 15:20:15	입 금 은 행	우리은행
입금계좌번호	110154-21-210	예 금 주	이복길
이 체 금 액	300,000원	수 수 료	
C M S 코 드		출 금 계 좌	
송 금 인	(주)리빙산업		
메 모			

상기내용과 같이 이체가 완료되었음을 확인합니다.
2024년 1월 10일 (주)하나은행

🇰 KEB 하나은행

¶ 본 명세는 고객의 편의를 위해 제공되는 것으로, 거래의 참고용으로만 사용하실 수 있습니다.

자료설명	1. 자료 1은 본사 관리부 직원 구내식당에서 사용할 배추를 농민에게 직접 구입하고 받은 납품확인증이다. 2. 자료 2는 구입대금을 당사 하나은행 보통예금계좌에서 송금한 이체확인증이다.
수행과제	1. 거래자료를 입력하시오. 2. 경비등송금명세서를 작성하시오.(단, 영수증수취명세서 작성은 생략할 것.)

2 약속어음 수취거래

전 자 어 음

(주)리빙산업 귀하 　　　　　　　　　　00420240330123456789

금　일천만원정　　　　　　　　　　　　　10,000,000원

위의 금액을 귀하 또는 귀하의 지시인에게 지급하겠습니다.

지급기일	2024년 6월 30일	발행일	2024년 3월 30일
지 급 지	국민은행	발행지 주 소	서울 송파구 송파대로 170
지급장소	서대문지점	발행인	(주)중앙산업

자료설명	[3월 30일] (주)중앙산업의 외상매출금 잔액과 제품매출에 대한 계약금을 전자어음으로 수취하였다.
수행과제	1. 거래처원장을 조회하여 거래자료를 입력하시오. 2. 자금관련정보를 입력하여 받을어음현황에 반영하시오.

3 기타 일반거래

자료. 배당금 지급안내문

배정내역	주주번호	000050000020005*****	주주명	(주)리빙산업

| 주주
구분 | 주식
종류 | 배당
일수 | 소유
주식수 | 배당(정)률 | | 배당금 | 배정
주식수 | 단수주 | 단주
기준가 | 단주
대금
지급액 |
				현금 배당율	주식 배정율					
실물 소유분 (명부)	보통주									
증권회사 위탁분 (실질)	보통주	365	1,000	0.154		1,240,000				

자료설명	1. 투자목적으로 보유하고 있는 (주)삼성전자 주식에 대한 연차배당이 3월 31일 주주총회에서 결의되어 배당금 지급안내문을 받았다. 해당 배당금은 4월 20일 입금될 예정이다. 2. (주)삼성전자 주식은 단기매매증권으로 분류되어 있다.
수행과제	3월 31일 결의일자에 거래자료를 입력하시오.

실무수행2 부가가치세관리

부가가치세 신고 관련 자료이다. [자료설명]을 참고하여 [수행과제]를 수행하시오.

1 전자세금계산서 발급

거래명세서 (공급자 보관용)

공급자	등록번호	221-81-55552			공급받는자	등록번호	134-81-45560		
	상호	(주)리빙산업	성명	백종원		상호	삼일전자(주)	성명	강민철
	사업장 주소	서울 서대문구 충정로7길 12				사업장 주소	서울 금천구 시흥대로 106		
	업태	제조업	종사업장번호			업태	도소매업	종사업장번호	
	종목	식기세척기				종목	전자제품외		

거래일자	미수금액	공급가액	세액	총 합계금액
2024.4.5.		12,000,000원	1,200,000원	13,200,000원

NO	월	일	품목명	규격	수량	단가	공급가액	세액	합계
1	4	5	자외선 식기세척기		15	800,000	12,000,000	1,200,000	13,200,000

자료설명	1. 제품을 공급하고 전자세금계산서를 발급하였다. 2. 전자세금계산서를 발급하고 대금은 전액 신한카드로 결제받았다. (카드결제 대금은 외상매출금으로 처리할 것.)
수행과제	1. 거래자료를 입력하시오. 2. 전자세금계산서 발행 및 내역관리 를 통하여 발급·전송하시오. (전자세금계산서 발급 시 결제내역 및 전송일자는 무시할 것.)

2 수정전자세금계산서의 발급

전자세금계산서 (공급자 보관용)

승인번호:

공급자
- 등록번호: 221-81-55552
- 상호: (주)리빙산업
- 성명(대표자): 백종원
- 사업장 주소: 서울 서대문구 충정로7길 12
- 업태: 제조업
- 종목: 식기세척기
- E-Mail: living@bill36524.com

공급받는자
- 등록번호: 506-81-45111
- 상호: (주)한성전자
- 성명(대표자): 이한성
- 사업장 주소: 경북 구미시 산동면 첨단기업4로 49-29
- 업태: 제조.도소매업
- 종목: 가전제품
- E-Mail: hansung@bill36524.com

작성일자	2024.6.5.	공급가액	25,000,000	세액	2,500,000
비고					

월	일	품목명	규격	수량	단가	공급가액	세액	비고
6	5	3인용 식기세척기		100	250,000	25,000,000	2,500,000	

합계금액	현금	수표	어음	외상미수금	이 금액을	○ 영수 / ● 청구	함
27,500,000				27,500,000			

자료설명	1. 6월 5일 제품을 공급하고 발급한 전자세금계산서이며 매입매출전표에 입력되어 있다. 2. 담당자의 착오로 동일 건을 이중 발급한 사실을 확인하였다.
수행과제	수정사유를 선택하여 수정전자세금계산서를 발급·전송하시오.(외상대금 및 제품 매출에서 음수(-)로 처리하고 전자세금계산서 발급 시 결제내역 및 전송일자는 고려하지 않을 것.)

3 수출실적명세서 작성자의 부가가치세 신고서 작성

자료 1. 수출신고필증(갑지)

수 출 신 고 필 증 (갑지)

※ 처리기간 : 즉시

제출번호 32245-69-11110001	⑤신고번호 23176-23-067395-X	⑥세관.과 130-82	⑦신고일자 2024/7/15	⑧신고구분 H	⑨C/S구분
①신 고 자 인천 관세법인 관세사 최고봉					
②수 출 자 (주)리빙산업 (통관고유부호) (주)리빙산업-1-74-1-12-4 수출자구분 A	⑩거래구분 11	⑪종류 A		⑫결제방법 TT	
수 출 화 주 (주)리빙산업 (통관고유부호) (주)리빙산업-1-74-1-12-4 (주소) 서울 서대문구 충정로7길 12 (대표자) 백종원 (소재지) 101 (사업자등록번호) 221-81-55552	⑬목적국 DE GERMANY	⑭적재항 INC 인천항		⑮선박회사 (항공사) HJSC	
	⑯선박명(항공편명) HANJIN SAVANNAH	⑰출항예정일자 20240724		⑱적재예정보세구역 03012202	
	⑲운송형태 10 BU			⑳검사희망일 2024/7/20	
	㉑물품소재지 한진보세장치장 인천 중구 연안동 245-1				
③제 조 자 (주)리빙산업 (통관고유부호)(주)리빙산업-1-74-1-12-4 제조장소 214 산업단지부호	㉒L/C번호 868EA-10-55554			㉓물품상태 N	
	㉔사전임시개청통보여부 A			㉕반송 사유	
④구 매 자 쉰들러(주) Schindler Co., Ltd (구매자부호) CNTOSHIN12347	㉖환급신청인 1 (1 : 수출대행자/수출화주, 2 : 제조자) 간이환급 NO				
• 품명 · 규격 (란번호/총란수 : 999/999)					
㉗품 명 식기세척기 ㉘거래품명 식기세척기		㉙상표명 NO			
㉚모델·규격 ABC-1 250	㉛성분	㉜수량 30(EA)	㉝단가(EUR) 400	㉞금액(EUR) 12,000	
㉟세번부호 1234.12-1234	㊱순중량 500KG	㊲수량 30(EA)	㊳신고가격 (FOB)	12,000 EUR ₩17,120,000	
㊴송품장번호 AC-2013-00620	㊵수입신고번호		㊶원산지 Y	㊷포장갯수(종류)	30BOX
㊸수출요건확인(발급서류명)					
㊹총중량 950KG	㊺총포장갯수 5,000C/T		㊻총신고가격 (FOB)	12,000 EUR ₩17,120,000	
㊼운임(₩)	㊽보험료(₩)		㊾결제금액	12,000 EUR	
㊿수입화물관리번호			51컨테이너번호	CKLU2005013	Y
※신고인기재란 수출자 : 제조/무역, 전자제품			52세관기재란		
53운송(신고)인 한리통운(주) 박문송 54기간 2024/7/15 부터 2024/7/25 까지	55적재의무 기한	2024/7/25	56담당자 990101 (김태호)	57신고수리 일자	2024/7/15

자료 2. 기준(재정)환율 내역

외화금액	수출신고일	선적일	7월 15일 기준환율	7월 20일 기준환율
EUR 12,000	7월 15일	7월 20일	1,425.0원/EUR	1,420.0원/EUR

자료설명	1. 자료 1은 독일의 쉰들러(주)에 제품을 직수출하고 신고한 수출신고필증이다. 대금 12,000유로(EUR)는 다음 달 말일에 거래은행을 통하여 송금받기로 하였다. 2. 자료 2는 기준(재정)환율 내역이다.
수행과제	1. 거래자료를 입력하시오. 2. 제2기 예정 신고기간의 수출실적명세서를 작성하시오. 3. 제2기 부가가치세 예정신고서에 반영하시오.

④ 신용카드매출전표등 수령금액합계표 작성자의 부가가치세신고서 작성

자료 1.

매출전표

카드종류	거래일자
롯데카드	2024.10.10.13 : 12 : 08
카드번호(CARD NO)	
1234-1234-****-1234	

승인번호	금액	백	천	원
30010947	AMOUNT	1 0 0,0 0 0		

일반	할부	부가세 V.AT	1 0,0 0 0
일시불			
	휘발유	봉사료 CASHBACK	

거래유형		합계 TOTAL	1 1 0,0 0 0
신용승인			

가맹점명
(주)우진에너지

대표자명	사업자번호
윤승현	125-81-28548
전화번호	가맹점번호
02-457-8004	312110073

주소
서울 구로구 구로3동

상기의 거래 내역을 확인합니다. 서명 (주)리빙산업

자료 2.

신용카드매출전표

가 맹 점 명   블루핸즈 북가좌점
사업자번호   106-81-85951
대 표 자 명   정몽구
주   소   서울 서대문구 수색로 14

롯 데 카 드   신용승인
거 래 일 시   2024-11-15 오후 13 : 10 : 25
카 드 번 호   5678-1980-****-1724
유 효 기 간   **/**
가맹점번호   123460001
매 입 사   우리카드(전자서명전표)

상 품 명   수리비   금액   330,000
공 급 금 액   300,000원
부가세금액   30,000원
합   계   330,000원

자료 3.

```
           ** 현금영수증 **
             (지출증빙용)

사업자등록번호   : 120 - 88 - 00767
사업자명        : 쿠팡(주)
단말기ID        : 73453259(tel : 02 - 257 - 1004)
가맹점주소      : 서울 송파구 송파대로 570

현금영수증 회원번호
 221 - 81 - 55552           (주)리빙산업
승인번호        : 57231010
거래일시        : 2024년 12월 8일 9시25분21초

공 급 금 액                         900,000원
부가세금액                           90,000원
총  합  계                          990,000원

휴대전화, 카드번호 등록
http : //현금영수증.kr
국세청문의(126)
38036925 - GCA10106 - 3870 - U490
     <<<<<<이용해 주셔서 감사합니다.>>>>>>
```

자료설명	1. 자료 1은 대표이사 출퇴근용 법인승용자동차(개별소비세 과세대상, 배기량 3,000cc)에 주유하고 결제한 법인 신용카드매출전표이다. 2. 자료 2는 공장 화물차 수리비를 결제한 법인 신용카드매출전표이다.('차량유지비'로 처리할 것.) 3. 자료 3은 경리부에서 사용할 복합기를 쿠팡(주)에서 구입하고 수취한 현금영수증이다. 대금은 하나은행 보통예금계좌에서 이체지급 하였다.(자산으로 처리할 것.) 단, 제시된 자료의 거래처는 모두 일반과세자이다.
수행과제	1. 자료 1 ~ 자료 3의 거래자료를 입력하시오. 2. 제2기 확정 신용카드매출전표등 수령금액 합계표를 작성하시오. 3. 신용카드매입 및 전자신고세액공제를 반영하여 제2기 부가가치세 확정신고서를 작성하시오. – 제2기 부가가치세 확정신고서를 홈택스에서 전자신고하여 전자신고세액공제 10,000원을 공제받기로 한다.

평가문제 입력자료 및 회계정보를 조회하여 [평가문제]의 답안을 입력하시오.(70점)

평가문제 답안입력 유의사항

❶ 답안은 **지정된 단위의 숫자로만 입력**해 주십시오.
  * 한글 등 문자 금지

	정답	오답(예)
(1) **금액은 원 단위로 숫자를 입력**하되, 천 단위 콤마(,)는 생략 가능합니다. (1-1) 답이 0원인 경우 반드시 "0" 입력 (1-2) 답이 음수(-)인 경우 숫자 앞에 " - " 입력 (1-3) 답이 소수인 경우 반드시 " . " 입력	1,245,000 1245000	1.245.000 1,245,000원 1,245,0000 12,45,000 1,245천원
(2) 질문에 대한 **답안은 숫자로만 입력**하세요.	4	04 4건/매/명 04건/매/명
(3) **거래처 코드번호는 5자리 숫자로 입력**하세요.	00101	101 00101번

❷ 답안에 천원단위(000) 입력시 더존 프로그램 숫자 입력 방법과 다르게 숫자키패드 '+' 기능은 지원되지 않습니다.

❸ 더존 프로그램에서 조회되는 자료를 복사하여 붙여넣기가 가능합니다.

❹ 수행과제를 올바르게 입력하지 않고 작성한 답과 모범답안이 다른 경우 오답처리 됩니다.

[실무수행평가] – 부가가치세관리

번호	평가 문제	배점
11	**평가문제 [회사등록 조회]** (주)리빙산업의 회사등록 정보이다. 다음 중 올바르지 않은 것은? ① (주)리빙산업은 내국법인이며, 사업장 종류별 구분은 "중소기업"에 해당한다. ② (주)리빙산업의 표준산업코드는 'C28'로 제조업에 해당한다. ③ (주)리빙산업의 국세환급사유 발생시 '하나은행'으로 입금된다. ④ (주)리빙산업의 사업장관할세무서는 '역삼세무서'이다	2
12	**평가문제 [매입매출전표입력 조회]** 6월 5일자 수정세금계산서의 수정입력사유 코드번호를 입력하시오.	2
13	**평가문제 [세금계산서합계표 조회]** 제1기 확정 신고기간의 거래처 '삼일전자(주)'에 전자발행된 세금계산서 총공급가액은 얼마인가?	2
14	**평가문제 [세금계산서합계표 조회]** 제1기 확정 신고기간의 매출전자세금계산서 발급매수는 총 몇 매인가?	2
15	**평가문제 [수출실적명세서 조회]** 제2기 예정 신고기간의 수출실적명세서 '⑩수출한재화'의 원화금액은 얼마인가?	2
16	**평가문제 [부가가치세신고서 조회]** 제2기 예정 신고기간의 부가가치세신고서에 반영되는 영세율 과세표준 총금액은 얼마인가?	2
17	**평가문제 [부가가치세신고서 조회]** 제2기 예정 신고기간의 부가가치세 신고시에 작성되는 부가가치세 첨부서류에 해당하지 않는 것은? ① (면세)계산서합계표 ② 수출실적명세서 ③ 건물등감가상각자산취득명세서 ④ 공제받지못할매입세액명세서	3
18	**평가문제 [신용카드매출전표등 수령금액 합계표(갑) 조회]** 제2기 확정 신고기간의 신용카드매출전표등 수령금액 합계표(갑)에 반영되는 '신용카드 등 매입명세 합계'의 공급가액은 얼마인가?	3
19	**평가문제 [부가가치세신고서 조회]** 제2기 확정 신고기간 부가가치세신고서의 「그밖의공제매입세액(14란)_신용매출전표수취/고정(42란)」의 금액은 얼마인가?	2
20	**평가문제 [부가가치세신고서 조회]** 제2기 확정 신고기간의 부가가치세 차가감납부할세액(27란)은 얼마인가?	2
	부가가치세 소계	22

실무수행3 결산

[결산자료]를 참고로 결산을 수행하시오.(단, 제시된 자료 이외의 자료는 없다고 가정함.)

1 수동결산

자료설명	장부상 2024년말 현재 가수금 10,170,000원은 (주)현동기기의 외상매출금 입금액 5,170,000원과 (주)제도전기의 단기대여금 일부 회수금액 5,000,000원으로 밝혀졌다.
수행과제	가수금에 대한 결산정리분개를 일반전표에 입력하시오.

2 결산자료입력에 의한 자동결산

자료설명	1. 기말 현재 퇴직급여추계액 전액을 퇴직급여충당부채로 설정하고자 한다. 기말 현재 퇴직급여추계액 및 당기 퇴직급여충당부채 설정 전의 퇴직급여 충당부채 잔액은 다음과 같다. 	부 서	퇴직급여추계액	퇴직급여충당부채 잔액
생산부	52,400,000원	35,000,000원
영업부	24,600,000원	17,000,000원 | 2. 기말재고자산 현황 | 구 분	실사내역		
---	---	---	---
	단위당원가	수 량	평가액
원재료	100,000원	300	30,000,000원
제 품	350,000원	500	175,000,000원	 ※ 기말원재료 평가액에는 선적지 인도조건의 운송중인 재고매입액 3,000,000원이 포함되어 있다. 3. 이익잉여금처분계산서 처분 예정(확정)일 - 당기 : 2025년 3월 31일 - 전기 : 2024년 3월 31일
---	---
수행과제	결산을 완료하고 이익잉여금처분계산서에서 손익 대체 분개를 하시오. (단, 이익잉여금처분내역은 없는 것으로 하고 미처분이익잉여금 전액을 이월이익잉여금으로 이월하기로 할 것.)

[실무수행평가] - 재무회계

번호	평가 문제	배점
21	**평가문제 [경비등송금명세서 조회]** 경비등송금명세서에 반영되는 우리은행의 은행코드번호(CD) 3자리를 입력하시오.	1
22	**평가문제 [받을어음현황 조회]** 6월에 만기가 도래하는 받을어음 총액은 얼마인가?	1
23	**평가문제 [거래처원장 조회]** 4월말 신한카드(코드 99601)의 외상매출금 잔액은 얼마인가?	2
24	**평가문제 [거래처원장 조회]** 6월말 거래처별 외상매출금 잔액으로 옳지 않은 것은? ① 04003.(주)엘지전자 15,510,000원　② 04004.(주)한성전자 55,000,000원 ③ 04005.(주)하이전자 4,400,000원　④ 04006.(주)이지전자 14,300,000원	1
25	**평가문제 [일/월계표 조회]** 1/4분기(1월~3월)에 발생한 영업외수익은 얼마인가?	2
26	**평가문제 [일/월계표 조회]** 1/4분기(1월~3월) 발생한 복리후생비(판매관리비)는 얼마인가?	2
27	**평가문제 [일/월계표 조회]** 3/4분기(7월~9월)에 발생한 제품매출은 얼마인가?	2
28	**평가문제 [일/월계표 조회]** 4/4분기(10월~12월)에 발생한 차량유지비(제조)는 얼마인가?	1
29	**평가문제 [재무상태표 조회]** 3월 말 미수금 잔액은 얼마인가?	1
30	**평가문제 [재무상태표 조회]** 3월말 선수금 잔액은 얼마인가?	2
31	**평가문제 [재무상태표 조회]** 12월 말 단기대여금의 장부금액(대손충당금 차감 후)은 얼마인가?	2
32	**평가문제 [재무상태표 조회]** 12월 말 비품의 장부금액(취득원가-감가상각누계액)은 얼마인가?	1
33	**평가문제 [재무상태표 조회]** 12월 말 퇴직급여충당부채 잔액은 얼마인가?	2
34	**평가문제 [재무상태표 조회]** 12월 말 기말 원재료 금액은 얼마인가?	2
35	**평가문제 [재무상태표 조회]** 12월 말 이월이익잉여금(미처분이익잉여금) 잔액으로 옳은 것은? ① 612,510,185원　② 622,125,182원 ③ 635,648,914원　④ 643,284,312원	1
	재무회계 소계	23

실무수행4 근로소득관리

인사급여 관련 자료이다. [자료설명]을 참고하여 [수행과제]를 수행하시오.

① 가족관계증명서에 의한 사원등록

자료. 김대영의 가족관계증명서

[별지 제1호서식] <개정 2010.6.3.>

가 족 관 계 증 명 서

등록기준지	서울특별시 강남구 영동대로 521

구분	성 명	출생연월일	주민등록번호	성별	본
본인	김 대 영	1980년 03월 21일	800321-1216511	남	光山

가족사항

구분	성 명	출생연월일	주민등록번호	성별	본
부	김 종 덕	1944년 04월 05일	440405-1649478	남	光山
배우자	안 영 희	1981년 09월 05일	810905-2027511	여	公州
자녀	김 한 별	2004년 11월 23일	041123-3070791	남	光山
자녀	김 한 솔	2006년 03월 05일	060305-3111116	남	光山

자료설명	2024년 2월 1일에 재무팀에 입사한 김대영이 제출한 가족관계증명서이다. 1. 김대영은 세대주이다. 2. 부 김종덕은 항시 치료를 요하는 중증환자로서, 현재 타지역의 요양병원에서 생활하고 있으며 소득이 없다. 3. 배우자 안영희는 복권당첨소득 25,000,000원이 있다. 4. 자녀 김한별, 김한솔은 별도의 소득이 없다. 5. 세부담을 최소화하는 방법을 선택한다.
수행과제	사원등록메뉴에서 부양가족명세를 작성하시오.

[실무수행평가] - 근로소득관리 1

번호	평가 문제	배점
36	**평가문제 [김대영 근로소득원천징수영수증 조회]** '25.배우자' 기본공제액은 얼마인가?	2
37	**평가문제 [김대영 근로소득원천징수영수증 조회]** '26.부양가족' 공제대상 인원은 몇 명인가?	1
38	**평가문제 [김대영 근로소득원천징수영수증 조회]** '27.경로우대' 추가공제액은 얼마인가?	2
39	**평가문제 [김대영 근로소득원천징수영수증 조회]** '28.장애인' 추가공제액은 얼마인가?	1
40	**평가문제 [김대영 근로소득원천징수영수증 조회]** '57.자녀세액공제' 세액공제액은 얼마인가?	2

② 급여명세에 의한 급여자료

자료 1. 5월 급여자료

(단위 : 원)

사 원	기본급	직책수당	차량 보조금	식 대	야간근로 수당	국민연금	건강보험	고용보험	장기요양 보험
김상훈	3,000,000	150,000	300,000	300,000		프로그램에서 자동 계산된 금액으로 공제한다.			
정수진	2,000,000			300,000	1,000,000				

자료 2. 수당 및 공제요건

구분	코드	수당 및 공제명	내 용
수 당 등 록	101	기본급	설정된 그대로 사용한다.
	200	직책수당	직급별로 차등 지급한다.
	201	차량보조금	본인 소유 차량으로 회사 업무를 수행하는 직원들에게 지급하며, 출장 시에는 별도의 교통비를 지급하고 있지 않다.
	202	식 대	매월 지급하고 있으며, 별도의 음식물은 제공하고 있지 않다.
	203	야간근로수당	생산직 사원에게 연장근로시간에 대해 수당을 지급하고 있다.

자료설명	1. 자료 1에서 김상훈은 구매부 과장이다. 2. 자료 1에서 정수진은 생산부 사원이며, 직전연도 총급여액은 35,000,000원이다. 3. 5월 귀속분 급여지급일은 당월 25일이다. 4. 사회보험료는 자동 계산된 금액으로 공제한다.
수행과제	1. 사원등록에서 생산직여부와 야간근로수당의 비과세여부를 반영하시오. 2. 급여자료입력 메뉴에 수당등록을 하시오. 3. 5월분 급여자료를 입력하시오.(단, 구분 '1.급여'로 선택할 것.) 4. 5월 귀속분 [원천징수이행상황신고서]를 작성하시오.

번호	평가 문제	배점
41	**평가문제 [5월 급여자료입력 조회]** 급여항목 중 차량보조금 과세 금액은 총 얼마인가?	2
42	**평가문제 [5월 급여자료입력 조회]** 급여항목 중 식대 과세 금액은 총 얼마인가?	2
43	**평가문제 [5월 급여자료입력 조회]** 급여항목 중 야간근로수당 과세 금액은 총 얼마인가?	2
44	**평가문제 [정수진 5월 급여자료입력 조회]** 정수진의 5월 분 급여에 대한 차인지급액은 얼마인가?	1
45	**평가문제 [5월 원천징수이행상황신고서 조회]** 근로소득에 대한 '10.소득세 등' 금액은 얼마인가?	1

3 국세청연말정산간소화 및 이외의 자료를 기준으로 연말정산

자료설명	사무직 최정훈(1400)의 연말정산을 위한 자료이다. 1. 사원등록의 부양가족현황은 사전에 입력되어 있다. 2. 부양가족은 최정훈과 생계를 같이 한다. 3. 최정훈은 2024년 7월 31일까지 (주)광성물산에서 근무하고 퇴직하였다.
수행과제	[연말정산 근로소득원천징수영수증] 메뉴에서 연말정산을 완료하시오. 1. 종전근무지 관련서류는 [소득명세] 탭에서 입력한다. 2. 의료비는 [의료비] 탭에서 입력하며, 국세청자료는 공제대상 합계금액을 1건으로 집계하여 입력한다. 3. 보험료는 [소득공제] 탭에서 입력한다. 4. 연금계좌는 [정산명세] 탭에서 입력한다.

자료 1. 최정훈 사원의 부양가족등록 현황

연말정산관계	성 명	주민 번호	기타 사항
0.본인	최정훈	770521-1229103	
1.소득자 직계존속	최진수	421110-1919012	부동산임대 소득금액 20,000,000원
1.소득자 직계존속	이정희	500102-2111119	소득없음

자료 2. 최정훈 사원의 전근무지 정산내역

(8쪽 중 제1쪽)

[√]근로소득 원천징수영수증
[ ]근로소득 지급명세서

([√]소득자 보관용 [ ]발행자 보관용 [ ]발행자 보고용)

거주구분	거주자1 / 비거주자2
거주지국	대한민국 거주지국코드 kr
내·외국인	내국인1/외국인9
외국인단일세율적용	여 1 / 부 2
외국법인소속파견근로자여부	여 1 / 부 2
국적	대한민국 국적코드 kr
세대주 여부	세대주1/세대원2
연말정산 구분	계속근로1/중도퇴사2

관리번호

징수의무자
- ① 법인명(상 호) (주)광성물산
- ② 대표자(성 명) 김민영
- ③ 사업자등록번호 134-81-21118
- ④ 주민등록번호
- ③-1 사업자단위과세자여부 여 1 / 부 2
- ⑤ 소재지(주소) 서울시 서대문구 충정로 7길 28-22(충정로3가)

소득자
- ⑥ 성 명 최정훈
- ⑦ 주민등록번호 770521-1229103
- ⑧ 주 소 서울특별시 구로구 도림로7 105동 805호

구 분	주(현)	종(전)	종(전)	⑯-1 납세조합	합 계
⑨ 근 무 처 명	(주)광성물산				
⑩ 사업자등록번호	134-81-21118				
⑪ 근무기간	2024.1.1.~2024.7.31.	~	~	~	~
⑫ 감면기간	~	~	~	~	~
⑬ 급 여	30,000,000				30,000,000
⑭ 상 여	5,000,000				5,000,000
⑮ 인 정 상 여					
⑮-3 임원 퇴직소득금액 한도초과액					
⑮-4					
⑯ 계	35,000,000				35,000,000

I 근무처별소득명세

	⑱ 국외근로	M0X					
	⑱-1 야간근로수당	O0X					
	⑱-2 출산·보육수당	Q0X					
	⑱-4 연구보조비	H0X					
	~						
	⑲ 수련보조수당	Y22					
	⑳ 비과세소득 계						
	⑳-1 감면소득 계						

II 비과세 및 감면소득명세

구 분	㉚ 소득세	㉛ 지방소득세	㉜ 농어촌특별세
㊳ 결 정 세 액	380,200	38,020	
기납부세액 ㊴ 종(전)근무지 (결정세액란의 세액 기재) 사업자등록번호			
㊵ 주(현)근무지	300,180	30,018	
㊶납부특례세액			
㊷ 차 감 징 수 세 액 (㊳-㊴-㊵-㊶)	80,020	8,002	

III 세액명세

국민연금보험료: 960,000원
건강보험료: 733,750원
장기요양보험료: 86,040원
고용보험료: 170,000원

위의 원천징수액(근로소득)을 정히 영수(지급)합니다.

2024년 월 일
징수(보고)의무자 (주)광성물산 (서명 또는 인)

서대문세무서장 귀하

210mm×297mm[백상지 80g/㎡(재활용품)]

자료 3. 국세청간소화서비스 및 기타증빙자료

2024년 귀속 소득·세액공제증명서류 : 기본(지출처별)내역 [의료비]

■ 환자 인적사항

성 명	주 민 등 록 번 호
최진수	421110 - 1******

■ 의료비 지출내역   (단위 : 원)

사업자번호	상 호	종류	지출금액 계
101 - 15 - 16***	튼튼**병원	일반	1,900,000
129 - 17 - 32***	***내과	일반	800,000
의료비 인별합계금액			2,700,000
안경구입비 인별합계금액			0
산후조리원 인별합계금액			0
인별합계금액			2,700,000

- 본 증명서류는 『소득세법』 제165조 제1항에 따라 영수증 발급기관으로부터 수집한 서류로 소득·세액공제 충족 여부는 근로자가 직접 확인하여야 합니다.
- 본 증명서류에서 조회되지 않는 내역은 영수증 발급기관에서 직접 발급받으시기 바랍니다.

2024년 귀속 소득·세액공제증명서류 : 기본(지출처별)내역
[보장성 보험, 장애인전용보장성보험]

■ 계약자 인적사항

성 명	주 민 등 록 번 호
최정훈	770521 - 1******

■ 보장성보험(장애인전용보장성보험) 납입내역   (단위 : 원)

종류	상 호 사업자번호 종피보험자1	보험종류 증권번호 종피보험자2	주피보험자 종피보험자3		납입금액 계
보장성	삼성생명보험(주) 108 - 81 - 15***	(무)실손의료보험	770521 - 1******	최정훈	1,200,000
보장성	(주)KB손해보험 104 - 81 - 28***	실버암보험	500102 - 2******	이정희	1,800,000
인별합계금액					3,000,000

- 본 증명서류는 『소득세법』 제165조 제1항에 따라 영수증 발급기관으로부터 수집한 서류로 소득·세액공제 충족 여부는 근로자가 직접 확인하여야 합니다.
- 본 증명서류에서 조회되지 않는 내역은 영수증 발급기관에서 직접 발급받으시기 바랍니다.

2024년 귀속 소득·세액공제증명서류 : 기본내역[연금저축]

■ 가입자 인적사항

성 명	주 민 등 록 번 호
최정훈	770521 - 1******

■ 연금저축 납입내역

(단위 : 원)

상호	사업자번호	당해연도 납입금액	당해연도 납입액 중 인출금액	순납입금액
계좌번호				
흥국생명보험(주)	108-81-26***	6,000,000		6,000,000
013458888				
순납입금액 합계				6,000,000

 국세청 National Tax Service

- 본 증명서류는 『소득세법』 제165조 제1항에 따라 영수증 발급기관으로부터 수집한 서류로 소득·세액공제 충족 여부는 근로자가 직접 확인하여야 합니다.
- 본 증명서류에서 조회되지 않는 내역은 영수증 발급기관에서 직접 발급받으시기 바랍니다.

[실무수행평가] - 근로소득관리 3

번호	평가 문제	배점
46	**평가문제 [최정훈 근로소득원천징수영수증 조회]** '37.차감소득금액'은 얼마인가?	2
47	**평가문제 [최정훈 근로소득원천징수영수증 조회]** '60.연금저축' 세액공제액은 얼마인가?	2
48	**평가문제 [최정훈 근로소득원천징수영수증 조회]** '61.보장성보험' 세액공제액은 얼마인가?	2
49	**평가문제 [최정훈 근로소득원천징수영수증 조회]** '62.의료비' 세액공제액은 얼마인가?	2
50	**평가문제 [최정훈 근로소득원천징수영수증 조회]** '82.실효세율'은 몇 %인가? ① 2.8% ② 3.9% ③ 4.2% ④ 5.4%	1
	근로소득 소계	25

Part. 9
기출문제 해답

제102회 전산세무 2급 기출문제 해답

㈜반도산업 (코드번호 : 1022)

▌이 론 시 험 ▐

1	2	3	4	5	6	7	8	9	10	11	12	13	14	15
②	①	①	④	③	②	②	②	②	④	③	②	③	②	④

1. 20,000원
    = 100,000원 + 650,000원 - (800,000원 × 0.75) - 130,000원
2. ② 정상적인 영업주기 내에 소멸할 것으로 예상되는 매입채무와 미지급비용 등이 보고기간 종료일로부터 1년 이내에 결제되지 않아도 유동부채로 분류한다.
    ③ 미지급금은 일반적 상거래 이외에서 발생한 지급기일이 도래한 확정채무를 말한다.
    ④ 지출시기나 금액이 불확실하지만 부채로 인식하는 충당부채가 있다.
3. 105,000,000원
    = 단기차입금 100,000,000원 + 미지급비용 5,000,000원
    • 비유동부채 : 장기차입금, 퇴직급여충당부채
    • 유동자산 : 선급비용
4. 유형자산의 공정가치는 시장가격으로 한다.
5. 재무제표의 기본가정에는 기업실체의 가정, 계속기업의 가정, 기간별 보고의 가정이 있다.
6. 당기완성수량 9,000개 × 3% = 270개가 정상공손수량이다.
7. 5,050,000원
    = 기초재공품재고 400,000원 + 당기총제조원가 5,150,000원 - 기말재공품재고 500,000원
    • 직접재료비 : 500,000원 + 1,200,000원 - 50,000원 = 1,650,000원
    • 당기총제조원가 : 직접재료비 1,650,000원 + 직접노무비 1,500,000원 + 제조간접비 2,000,000원
        = 5,150,000원
8. 기회비용이란, 현재용도 이외에 다른 용도를 사용했을 경우 얻을 수 있는 최대금액을 말하며, 대표적인 관련원가이다. ②는 매몰원가에 대한 설명이다.
9. 제조원가명세서에는 기말제품 재고액은 표시되지 않고 손익계산서에 표시된다.
11. 건설업을 영위하는 법인사업자의 사업장은 법인의 등기부상의 소재지로 한다.
12. 2021.7.1. 이후 공급받는 분부터 간이과세자 세금계산서 관련 가산세 신설
13. 완성도기준지급조건부 판매 : 대가의 각 부분을 받기로 한 때가 공급시기이다.
14. 연금계좌의 운용실적에 따라 증가된 금액은 연금소득에 해당한다.
15. 사업과 관련하여 해당 사업용 자산의 손실로 취득하는 보험차익은 총수입금액에 산입한다.

▮ 실 무 시 험 ▮

문제 1.

[1] 일반전표입력 04.29.
(차) 미지급세금	2,500,000원	(대) 보통예금	2,502,500원
세금과공과(판)	2,500원		

[2] 일반전표입력 05.23.
(차) 보통예금	10,000,000원	(대) 자기주식	8,000,000원
		자기주식처분손실	1,300,000원
		자기주식처분이익	700,000원

[3] 일반전표입력 .11.15.
(차) 보통예금	100,000,000원	(대) 장기차입금(하나은행)	100,000,000원

[4] 일반전표입력 11.25.
(차) 보통예금	26,000,000원	(대) 외상매출금(ABC사)	24,000,000원
		외환차익	2,000,000원

[5] 일반전표입력 12.29.
(차) 기업업무추진비(판)	100,000원	(대) 미지급금(신한카드)	100,000원
		또는 미지급비용(신한카드)	

문제 2.

[1] 매입매출전표입력 07.30.
유형 : 51.과세, 공급가액 : 1,400,000원, 부가세 : 140,000원, 거래처 : 남해식당, 전자 : 부, 분개 : 혼합
(차) 복리후생비(판)	1,400,000원	(대) 미지급금(남해식당)	1,540,000원
부가세대급금	140,000원		

[Shift]+[F5] 예정신고누락분 확정신고>확정신고 개시연월 : 2024년 10월

[2] 매입매출전표입력 08.05.
유형 : 53.면세, 공급가액 : 200,000,000원, 부가세 : 0원, 거래처 : 진성부동산, 전자 : 여, 분개 : 혼합
(차) 토지	200,000,000원	(대) 보통예금	200,000,000원

[3] 매입매출전표입력 09.01.
유형 : 61.현과, 공급가액 : 3,600,000원, 부가세 : 360,000원, 거래처 : ㈜전자상회,
분개 : 현금 또는 혼합
(차) 비품	3,600,000원	(대) 현금	3,960,000원
부가세대급금	360,000원		

[4] 매입매출전표입력 09.25.
유형 : 54.불공, 공급가액 : 700,000원, 부가세 : 70,000원, 거래처 : ㈜로운캐피탈, 전자 : 여,
분개 : 혼합, 불공제사유 : ③비영업용 소형승용자동차 구입·유지 및 임차
(차) 임차료(판)	770,000원	(대) 미지급금(㈜로운캐피탈)	770,000원

[5] 매입매출전표입력 09.30.

유형 : 11.과세, 공급가액 : -5,000,000원, 부가세 : -500,000원, 거래처 : 중앙상사, 전자 : 여,
분개 : 외상 또는 혼합

  (차) 외상매출금(중앙상사)   -5,500,000원   (대) 부가세예수금   -500,000원
                          제품매출   -5,000,000원
                          또는 매출환입및에누리(405)

문제 3.
[1]

1. 고기유통㈜

2. ㈜창자유통

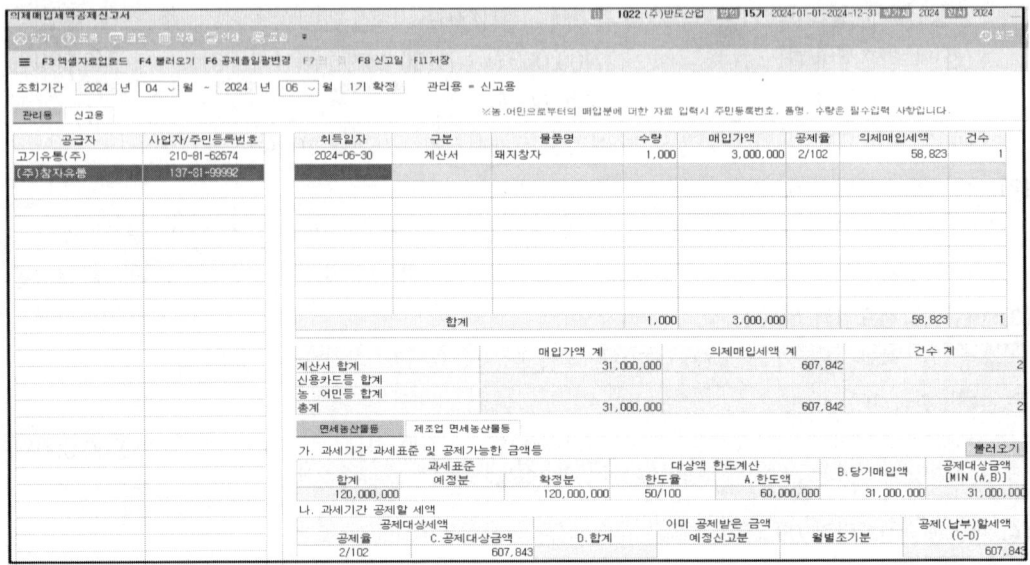

[2]

구분		정기신고금액				구분		금액	세율	세액
			금액	세율	세액	7.매출(예정신고누락분)				
과세표준및매출세액	과세	세금계산서발급분	1	300,000,000	10/100	30,000,000	예정누락분	과세	세금계산서	33	3,000,000	10/100	300,000
		매입자발행세금계산서	2		10/100				기타	34		10/100	
		신용카드·현금영수증발행분	3	32,000,000		3,200,000		영세	세금계산서	35		0/100	
		기타(정규영수증외매출분)	4		10/100				기타	36		0/100	
	영세	세금계산서발급분	5		0/100			합계	37	3,000,000		300,000
		기타	6		0/100		12.매입(예정신고누락분)				
	예정신고누락분	7	3,000,000		300,000		세금계산서	38			
	대손세액가감	8				예정누락분	그 밖의 공제매입세액	39			
	합계	9	335,000,000	㉮	33,500,000		합계	40			
매입세액	세금계산서수취분	일반매입	10	120,000,000		12,000,000		신용카드매출수령금액합계	일반매입				
		수출기업수입분납부유예	10						고정매입				
		고정자산매입	11					의제매입세액					
	예정신고누락분	12					재활용폐자원등매입세액					
	매입자발행세금계산서	13					과세사업전환매입세액					
	그 밖의 공제매입세액	14	20,000,000		2,000,000		재고매입세액					
	합계(10)-(10-1)+(11)+(12)+(13)+(14)	15	140,000,000		14,000,000		변제대손세액					
	공제받지못할매입세액	16					외국인관광객에대한환급/					
	차감계 (15-16)	17	140,000,000	㉰	14,000,000		합계					
납부(환급)세액(매출세액㉮-매입세액㉰)		㉱	19,500,000	14.그 밖의 공제매입세액					
경감공제세액	그 밖의 경감·공제세액	18			10,000	신용카드매출수령금액합계	일반매입	41	17,500,000		1,750,000
	신용카드매출전표등 발행공제등	19					고정매입	42	2,500,000		250,000
	합계	20		㉲	10,000	의제매입세액	43		뒤쪽	
소규모 개인사업자 부가가치세 감면세액	20		㉳		재활용폐자원등매입세액	44		뒤쪽	
예정신고미환급세액	21		㉴		과세사업전환매입세액	45			
예정고지세액	22		㉵		재고매입세액	46			
사업양수자의 대리납부 기납부세액	23		㉶		변제대손세액	47			
매입자 납부특례 기납부세액	24		㉷		외국인관광객에대한환급세액	48			
신용카드업자의 대리납부 기납부세액	25		㉸		합계	49	20,000,000		2,000,000
가산세액계	26		㉹	43,572					
차가감하여 납부할세액(환급받을세액)㉲-㉳-㉴-㉵-㉶-㉷-㉸+㉹	27	19,533,572							
총괄납부사업자가 납부할 세액(환급받을 세액)									

구분		금액	세율	세액	25.가산세명세				
16.공제받지못할매입세액					사업자미등록등	61		1/100	
공제받지못할 매입세액	50				세금계산서	지연발급 등	62		1/100	
공통매입세액면세등사업분	51					지연수취	63		5/1,000	
대손처분받은세액	52					미발급 등	64	3,000,000	뒤쪽참조	30,000
합계	53				전자세금발급명세	지연전송	65		3/1,000	
18.그 밖의 경감·공제세액						미전송	66		5/1,000	
전자신고세액공제	54			10,000	세금계산서제출불성실	67		5/1,000	
전자세금계산서발급세액공제	55				합계표	지연제출	68		3/1,000	
택시운송사업자경감세액	56				신고불성실	무신고(일반)	69		뒤쪽	
대리납부세액공제	57					무신고(부당)	70		뒤쪽	
현금영수증사업자세액공제	58					과소·초과환급(일반)	71	300,000	뒤쪽	7,500
기타	59					과소·초과환급(부당)	72		뒤쪽	
합계	60			10,000	납부지연	73	300,000	뒤쪽	6,072
					영세율과세표준신고불성실	74		5/1,000	
					현금매출명세서불성실	75		1/100	
					부동산임대공급가액명세서	76		1/100	
					매입자	거래계좌 미사용	77		뒤쪽	
					납부특례	거래계좌 지연입금	78		뒤쪽	
					신용카드매출전표등수령명세서미제출·과다기재	79		5/1,000	
					합계	80			43,572

· 세금계산서불성실가산세(지연발급 등 또는 미발급 등) : 3,000,000원 × 1% = 30,000원

· 신고불성실가산세 : 300,000원 × 10% × (1 - 75%) = 7,500원

  ※ 1개월 초과 3개월 이내 수정신고시 75% 감면

· 납부지연가산세 : 300,000원 × 22/100,000 × 92일 = 6,072원

[3]

1. 부가가치세신고서 및 부속서류 마감 확인

2. 전자신고 데이터 제작

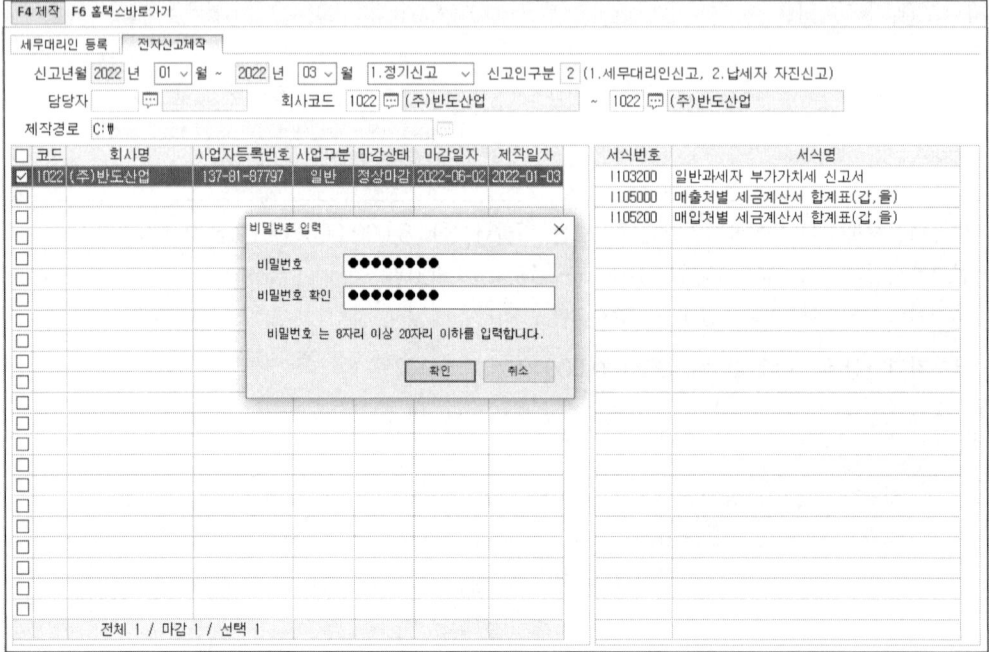

3. 가상홈택스 부가가치세 신고/납부

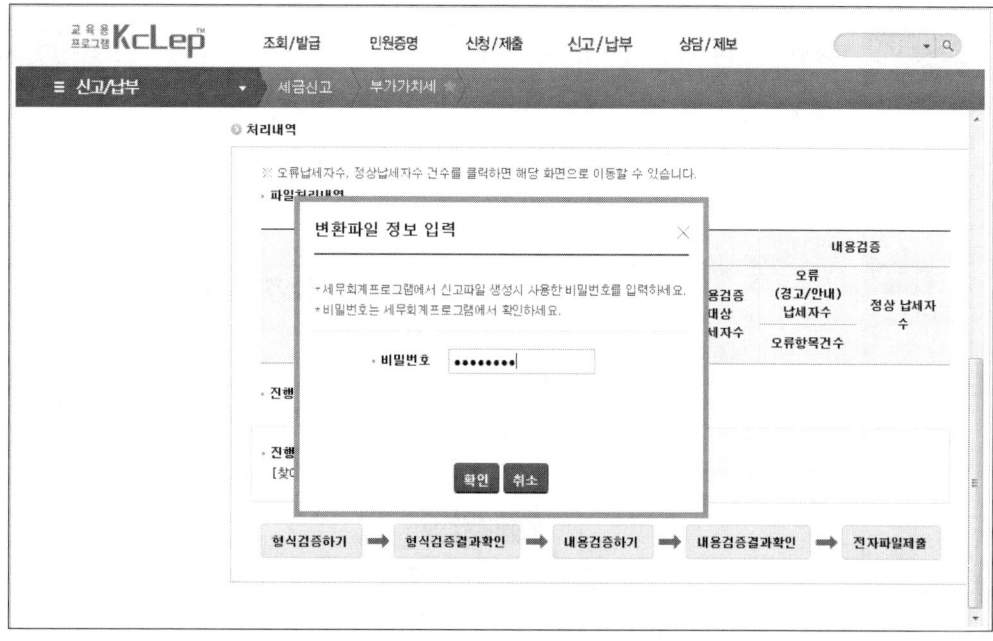

문제 4.

[1] 일반전표입력 12.31.
　　　(차) 소모품　　　　　　　　　　5,300,000원　　　(대) 소모품비(판)　　　　5,300,000원

[2] 일반전표입력 12.31.
　　　(차) 매도가능증권(178.투자자산)　700,000원　　　(대) 매도가능증권평가손실　200,000원
　　　　　　　　　　　　　　　　　　　　　　　　　　　　매도가능증권평가이익　500,000원

[3] 일반전표입력 12.31.
　　　(차) 이자수익　　　　　　　　　360,000원　　　(대) 선수수익　　　　　　360,000원

[4] 일반전표입력 12.31.
　　　(차) 유동성장기부채(중앙은행)　20,000,000원　　(대) 장기차입금(중앙은행)　20,000,000원

[5]
1. 결산자료입력>2.매출원가>210.공구와기구 결산반영금액란 1,250,000원 입력>F3 전표추가
　　　　　4.판매비와일반관리비>208.차량운반구 결산반영금액란 3,500,000원 입력
2. 또는 일반전표입력 12.31.
　　　(차) 감가상각비(제)　　　　　　1,250,000원　　(대) 감가상각누계액(211)　1,250,000원
　　　　　감가상각비(판)　　　　　　3,500,000원　　　　감가상각누계액(209)　3,500,000원

문제 5.
[1]

1. 기본사항

2. 부양가족명세

- 정이서(배우자)는 기타소득금액은 300만원 이하는 분리과세 가능하므로 기본공제 가능.
- 송미란(모)은 양도소득금액이 200만원 이므로, 100만원을 초과하여 기본공제대상이 아니다.
- 윤해수(형제)는 장애인이므로 나이요건의 제한은 받지 않으며 연간 소득요건의 제한만 받으나, 소득이 없으므로 기본공제대상에 해당한다.

전산세무 2급 & TAT 2급

[2]

1. [부양가족] 탭
   (1) 인적공제

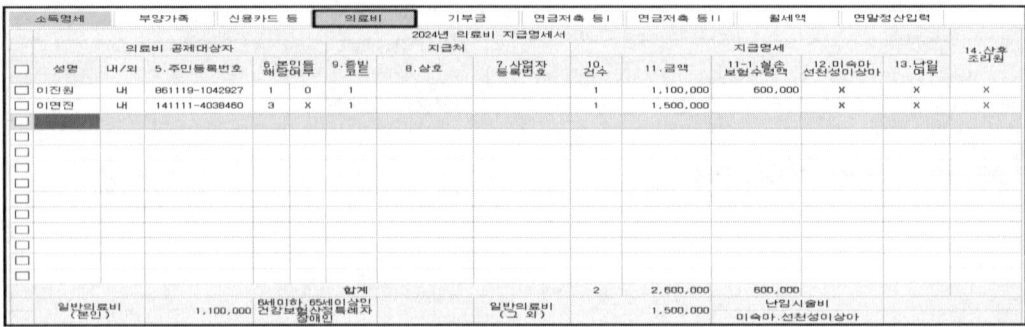

2. 의료비

3. [연금저축 등 I] 탭

4. [신용카드 등] 탭

5. [기부금] 탭

6. [부양가족] 탭 : 보험료

연말관계	성명	내/외국인	주민(외국인)번호	나이	기본공제	세대주구분	부녀자	한부모	경로우대	장애인	자녀	출산입양
0	이진원	내	1 861119-1042927	38	본인	세대주						
2	김해수	내	1 580910-2054857	66	60세이상							
3	정연주	내	1 880219-2052867	36	부							
4	이연진	내	1 141111-4038460	10	20세이하						○	
4	이주원	내	1 190811-3015340	5	20세이하							
6	이송원	내	1 890111-1024559	35	장애인					1		

보험료 등 공제대상금액

자료구분	국세청간소화	급여/기타	정산	공제대상금액
국민연금_직장		2,250,000		2,250,000
국민연금_지역				
합 계		2,250,000		2,250,000
건강보험료-보수월액		1,747,500		1,747,500
장기요양보험료-보수월액		214,400		214,400
건강보험료-소득월액(납부)				
기요양보험료-소득월액(납부)				
합 계		1,961,900		1,961,900
고용보험료		400,000		400,000
보장성보험-일반	800,000			800,000
보장성보험-장애인				
합 계	800,000			800,000

연말관계	성명	내/외국인	주민(외국인)번호	나이	기본공제	세대주구분	부녀자	한부모	경로우대	장애인	자녀	출산입양
0	이진원	내	1 861119-1042927	38	본인	세대주						
2	김해수	내	1 580910-2054857	66	60세이상							
3	정연주	내	1 880219-2052867	36	부							
4	이연진	내	1 141111-4038460	10	20세이하						○	
4	이주원	내	1 190811-3015340	5	20세이하							
6	이송원	내	1 890111-1024559	35	장애인					1		

보험료 등 공제대상금액

자료구분	국세청간소화	급여/기타	정산	공제대상금액
국민연금_직장				
국민연금_지역				
합 계				
건강보험료-보수월액				
장기요양보험료-보수월액				
건강보험료-소득월액(납부)				
기요양보험료-소득월액(납부)				
합 계				
고용보험료				
보장성보험-일반	600,000			600,000
보장성보험-장애인				
합 계	600,000			600,000

7. [부양가족] 탭 : 교육비

8. [연말정산입력]] 탭 : F8 부양가족탭불러오기 - 확인

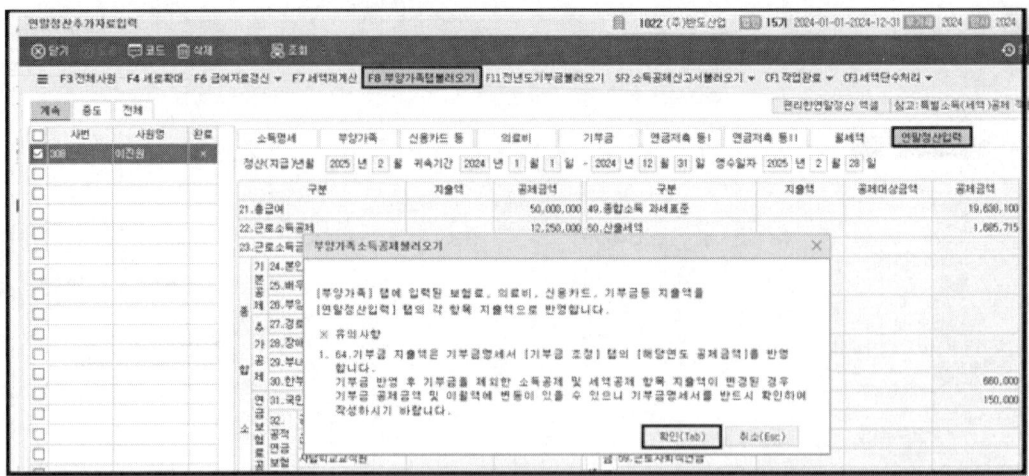

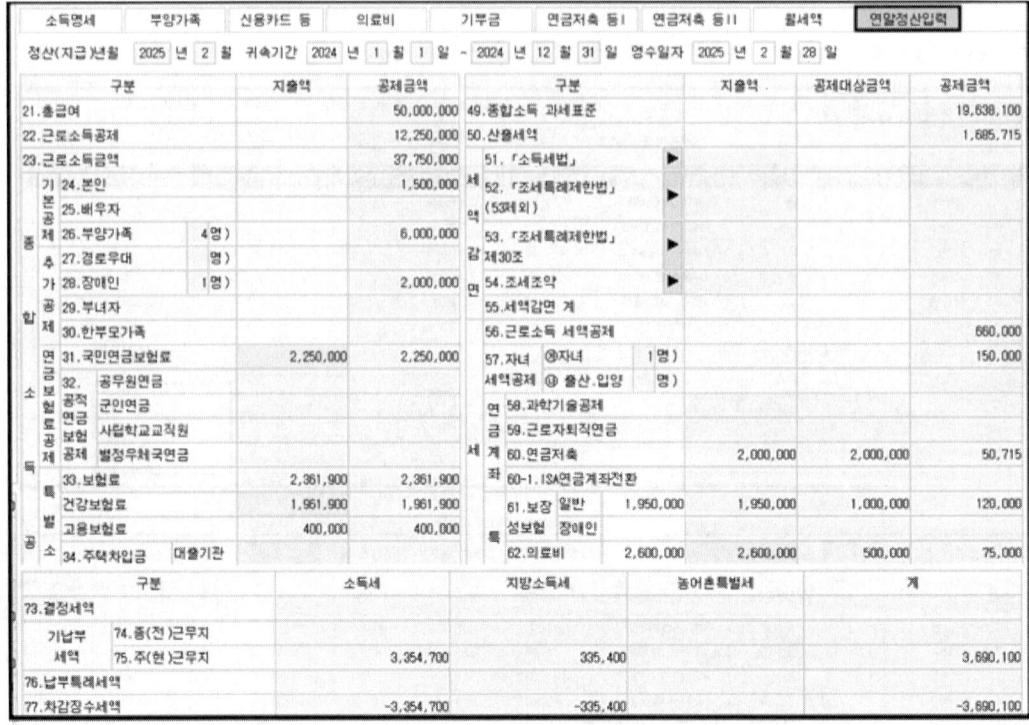

제103회 전산세무 2급 기출문제 해답

㈜로운상회 (코드번호 : 1032)

▌이 론 시 험 ▐

1	2	3	4	5	6	7	8	9	10	11	12	13	14	15
④	②	④	③	②	①	②	③	③	②	①	②	④	③	④

1. 재산세, 종합부동산세는 보유와 관련된 세금이므로 취득원가가 아닌 세금과공과 계정으로 처리한다.
2. 감자차손은 감자차익과 상계하고 남은 잔액을 자본조정으로 분류된다.
3. 단기대여금은 당좌자산에 속하는 채권으로서 현금및현금성자산으로 분류하지 않는다.
    · 만기가 도래한 받을어음은 통화대용증권으로서 현금및현금성자산으로 분류된다.
4. 44,000,000원
    = 매출액 100,000,000원 - 매출원가 50,000,000원 - 접대비 5,000,000원 - 차량유지비 1,000,000원
5. 액면이자율보다 시장이자율이 클 경우 할인발행 한다.
6. 1,480,000원
    = 직접재료비 600,000원 + 직접노무비 400,000원 + 제조간접비 480,000원
    · 제조간접비 배부율 : 제조간접비 1,200,000원 ÷ 총직접재료비 1,500,000원 = 80%
    · 비행기A 제조간접비 배부액 : 직접재료비 600,000원 × 배부율 80% = 480,000원
7. 80개
    = 공손품 200개 - 정상공손수량 120개
    · 당기완성품 : 기초재공품 3,000개 + 당기착수 2,300개 - 기말재공품 1,100개 - 공손품 200개
      = 4,000개
    · 정상공손수량 : 당기완성품 4,000개 × 3% = 120개
8. 400,000원 과소배부
    = 예정배부액 1,000,000원 - 실제 제조간접비 발생액 1,400,000원
    · 예정배부액 : 예정배부율 10,000원 × 실제 직접노무시간 100시간
9. 기계감가상각비는 각 부문의 기계사용시간으로 배분하는 것이 합리적이다.
10. ①번과 ③번은 변동원가의 그래프이고, ④번은 변동원가와 고정원가에 해당하지 않는 그래프이다.
11. 매출에누리와 매출환입, 매출할인은 부가가치세 과세표준에 포함되지 않는다.
12. 국외에서 공급하는 용역에 대해서는 영세율을 적용한다.
13. 자기가 주요 자재의 전부 또는 일부를 부담하고 상대방으로부터 인도받은 재화를 가공하여 새로운 재화를 만드는 가공계약에 따라 재화를 인도하는 것은 재화의 공급으로 본다.
14. 사망일 전날의 상황에 따른다.

15. ① 퇴직소득은 합산대상이 아니다.
② 예납적 원천징수대상은 원천징수된 소득이 종합소득금액에 포함되어 기납부세액으로 공제된다.
③ 영세율이 적용되어 거래징수할 부가가치 매출세액이 없어도 사업소득에 해당하는 매출액은 있으므로 소득세법상 소득금액에 포함된다.

▌실 무 시 험 ▌

문제 1.
[1] 일반전표입력 01월 31일
   (차) 복리후생비(제)   10,000,000원   (대) 미지급금(하나카드)   10,000,000원
[2] 일반전표입력 03월 03일
   (차) 임차보증금(㈜동국)   15,000,000원   (대) 선급금(㈜동국)   5,000,000원
                                                     보통예금   10,000,000원
[3] 일반전표입력 03월 31일
   (차) 보통예금   10,000,000원   (대) 단기매매증권   8,000,000원
                                                     단기매매증권처분이익 2,000,000원
[4] 일반전표입력 09월 21일
   (차) 보통예금   15,000,000원   (대) 자본금   10,000,000원
                                                     주식발행초과금   5,000,000원
[5] 일반전표입력 10월 31일
   (차) 단기차입금(기업은행) 100,000,000원   (대) 보통예금   100,300,000원
         이자비용   300,000원

문제 2.
[1] 매입매출전표입력 07월 28일
   유형 : 55.수입, 공급가액 : 30,000,000원, 부가세 : 3,000,000원, 거래처 : 김해세관, 전자 : 여,
   분개 : 현금 또는 혼합
   (차) 부가세대급금   3,000,000원   (대) 현금   3,000,000원
[2] 매입매출전표입력 07월 30일
   유형 : 53.면세, 공급가액 : 550,000원, 부가세 : 0원, 거래처 : ㈜조아캐피탈, 전자 : 여, 분개 : 혼합
   (차) 임차료(판)   550,000원   (대) 보통예금   550,000원
[3] 매입매출전표입력 08월 12일
   유형 : 16.수출, 공급가액 : 34,500,000원, 거래처 : 영국ACE사, 분개 : 외상 또는 혼합,
   영세율구분 : ①직접수출(대행수출 포함)
   (차) 외상매출금   34,500,000원   (대) 제품매출   34,500,000원

Part 9. 기출문제 해답 - 전산세무 103회

[4] 매입매출전표입력 09월 25일

유형 : 14.건별, 공급가액 : 3,000,000원, 부가세 : 300,000원, 거래처 : ㈜세무물산, 분개 : 혼합

(차) 기업업무추진비(제)	2,300,000원	(대) 부가세예수금	300,000원
		제품	2,000,000원
		(적요 8. 타계정으로 대체액)	

[5] 매출매입전표입력 09월 30일

유형 : 11.과세, 공급가액 : 30,000,000원, 부가세 : 3,000,000원, 거래처 : ㈜혜민, 전자 : 여,
분개 : 혼합

(차) 외상매출금	23,000,000원	(대) 제품매출	30,000,000원
선수금	10,000,000원	부가세예수금	3,000,000원

문제 3.
[1]

| 일반과세 | 간이과세 |

조회기간 : 2022년 4월 1일 ~ 2022년 6월 30일 신고구분 : 1.정기신고 신고차수 : 부가율 : 53.72 확정

구분			정기신고금액			구분		금액	세율	세액
		구분		금액	세율	세액	7.매출(예정신고누락분)				
과세표준및매출세액	과세	세금계산서발급분	1	500,000,000	10/100	50,000,000	예정누락분	과세	세금계산서	33		10/100	
		매입자발행세금계산서	2		10/100				기타	34		10/100	
		신용카드·현금영수증발행분	3		10/100			영세	세금계산서	35		0/100	
		기타(정규영수증외매출분)	4		10/100				기타	36		0/100	
	영세	세금계산서발급분	5		0/100			합계		37			
		기타	6	50,000,000	0/100		12.매입(예정신고누락분)						
	예정신고누락분		7					세금계산서		38	4,500,000		450,000
	대손세액가감		8				예정누락분	그 밖의 공제매입세액		39			
	합계		9	550,000,000	㉮	50,000,000		합계		40	4,500,000		450,000
매입세액	세금계산서수취분	일반매입	10	250,000,000		25,000,000		신용카드매출수령금액합계	일반매입				
		수출기업수입분납부유예	10						고정매입				
		고정자산매입	11					의제매입세액					
	예정신고누락분		12	4,500,000		450,000		재활용폐자원등매입세액					
	매입자발행세금계산서		13					과세사업전환매입세액					
	그 밖의 공제매입세액		14					재고매입세액					
	합계(10)-(10-1)+(11)+(12)+(13)+(14)		15	254,500,000		25,450,000		변제대손세액					
	공제받지못할매입세액		16	10,000,000		1,000,000		외국인관광객에대한환급/					
	차감계 (15-16)		17	244,500,000	㉯	24,450,000		합계					
납부(환급)세액(매출세액㉮-매입세액㉯)					㉰	25,550,000	14.그 밖의 공제매입세액					
경감·공제세액	그 밖의 경감·공제세액		18			10,000		신용카드매출수령금액합계표	일반매입	41			
	신용카드매출전표등 발행공제등		19						고정매입	42			
	합계		20		㉱	10,000		의제매입세액		43		뒤쪽	
소규모 개인사업자 부가가치세 감면세액			20		㉲			재활용폐자원등매입세액		44		뒤쪽	
예정신고미환급세액			21		㉳	1,000,000		과세사업전환매입세액		45			
예정고지세액			22		㉴			재고매입세액		46			
사업양수자의 대리납부 기납부세액			23		㉵			변제대손세액		47			
매입자 납부특례 기납부세액			24		㉶			외국인관광객에대한환급세액		48			
신용카드업자의 대리납부 기납부세액			25		㉷			합계		49			
가산세액계			26		㉸								
차가감하여 납부할세액(환급받을세액)㉰-㉱-㉲-㉳-㉴-㉵-㉶-㉷+㉸			27			24,540,000							
총괄납부사업자가 납부할 세액(환급받을 세액)													

구분		금액	세율	세액
16.공제받지못할매입세액				
공제받지못할 매입세액	50	10,000,000		1,000,000
공통매입세액면세등사업분	51			
대손처분받은세액	52			
합계	53	10,000,000		1,000,000
18.그 밖의 경감·공제세액				
전자신고세액공제	54			10,000
전자세금계산서발급세액공제	55			
택시운송사업자경감세액	56			
대리납부세액공제	57			
현금영수증사업자세액공제	58			
기타	59			
합계	60			10,000

[2]

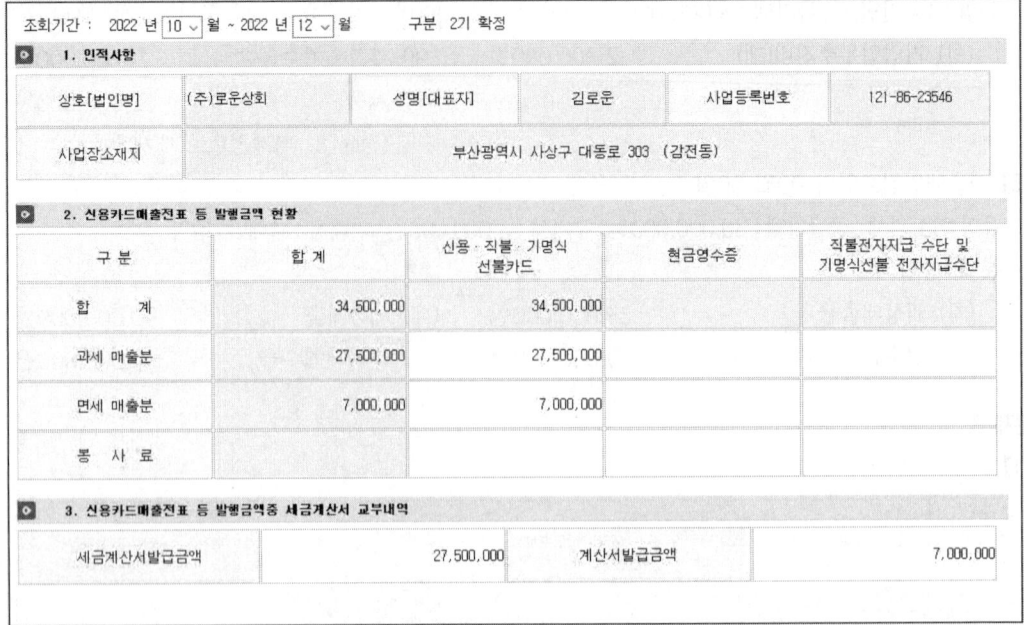

[3]
1. 전자신고 파일 제작

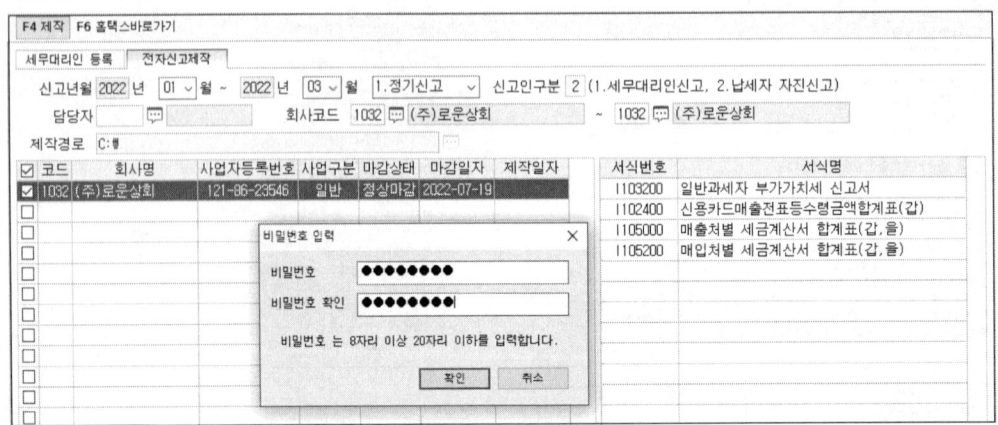

2. 국세청 홈택스 전자신고(102회 정답 참조)

문제 4.

[1] 일반전표입력 12월 31일

(차) 외화환산손실　　　　　　2,800,000원　　(대) 외상매출금　　　　　2,800,000원
　　(AAPL.CO.LTD)

[2] 일반전표입력 12월 31일
　　(차) 선급비용　　　　　　　　300,000원　　(대) 보험료(판)　　　　　　300,000원
[3] 일반전표입력 12월 31일
　　(차) 대손상각비　　　　　　3,230,484원　　(대) 대손충당금(109)　　1,807,884원
　　　　기타의대손상각비　　　　900,000원　　　　대손충당금(111)　　1,422,600원
　　　　　　　　　　　　　　　　　　　　　　　　대손충당금(115)　　　900,000원

또는 (차) 대손상각비　　　　　3,230,484원　　(대) 대손충당금(109)　　1,807,884원
　　　　　　　　　　　　　　　　　　　　　　　　대손충당금(111)　　1,422,600원

　　(차) 기타의대손상각비　　　　900,000원　　(대) 대손충당금(115)　　　900,000원
또는 (차) 대손상각비　　　　　1,807,884원　　(대) 대손충당금(109)　　1,807,884원
　　(차) 대손상각비　　　　　　1,422,600원　　(대) 대손충당금(111)　　1,422,600원
　　(차) 기타의대손상각비　　　　900,000원　　(대) 대손충당금(115)　　　900,000원

[4] 1. [결산자료입력]>·3)노무비>2).퇴직급여(전입액) 50,000,000원 입력>F3 전표추가
　　　　　　　　　·4.판매비와일반관리비>2).퇴직급여(전입액) 100,000,000원 입력

　　2. 또는 [결산자료입력]>Ctrl F8 퇴직충당
　　　　　　　　>퇴직급여추계액
　　　　　　　　>·508.퇴직급여 150,000,000원 입력
　　　　　　　　　·806.퇴직급여 200,000,000원 입력
　　　　　　　　>결산반영>F3전표추가

　　3. 또는 일반전표입력 12월 31일
　　　　(차) 퇴직급여(제)　　　　50,000,000원　　(대) 퇴직급여충당부채　150,000,000원
　　　　　　퇴직급여(판)　　　　100,000,000원

　　　또는 (차) 퇴직급여(제)　　50,000,000원　　(대) 퇴직급여충당부채　 50,000,000원
　　　　　(차) 퇴직급여(판)　　100,000,000원　　(대) 퇴직급여충당부채　100,000,000원

　　　·퇴직급여(제) : 생산부 퇴직급여추계액 150,000,000원×100% - 100,000,000원
　　　　　　　　　　= 50,000,000원
　　　·퇴직급여(판) : 영업부 퇴직급여추계액 200,000,000원×100% - 100,000,000원 = 100,000,000원

[5] ·[결산자료입력]>9.법인세등>·1).선납세금 5,550,000원 입력>F3전표추가
　　　　　　　　　　　　　　　·2).추가계상액 6,450,000원 입력

　·또는 일반전표입력 12월 31일
　　　(차) 법인세등　　　　　12,000,000원　　(대) 선납세금　　　　　5,550,000원
　　　　　　　　　　　　　　　　　　　　　　　　미지급세금　　　　6,450,000원

또는 (차) 법인세등　　　　　5,550,000원　　(대) 선납세금　　　　　5,550,000원
　　(차) 법인세등　　　　　6,450,000원　　(대) 미지급세금　　　　6,450,000원

문제 5.
[1]

1. 수당공제등록

No	코드	과세구분	수당명	유형	근로소득유형 코드	한도	월정액	통상임금	사용여부
5	1005	비과세	식대	식대	P01	(월)200,000	정기	부	부
6	1006	비과세	자가운전보조금	자가운전보조금	H03	(월)200,000	부정기	부	여
7	1007	비과세	야간근로수당	야간근로수당	001	(년)2,400,000	부정기	부	여
8	2001	과세	식대	급여			정기	부	여
9	2002	과세	교육보조금	급여			정기	부	여

2. 급여자료입력

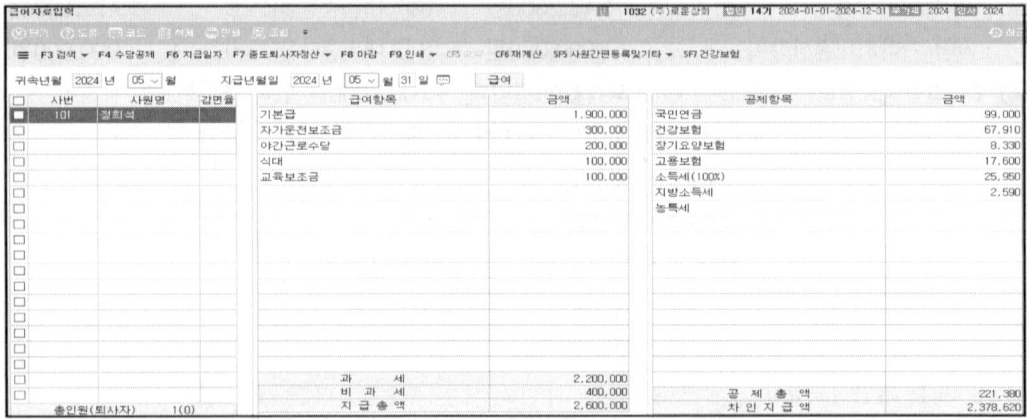

3. 원천징수이행상황신고서

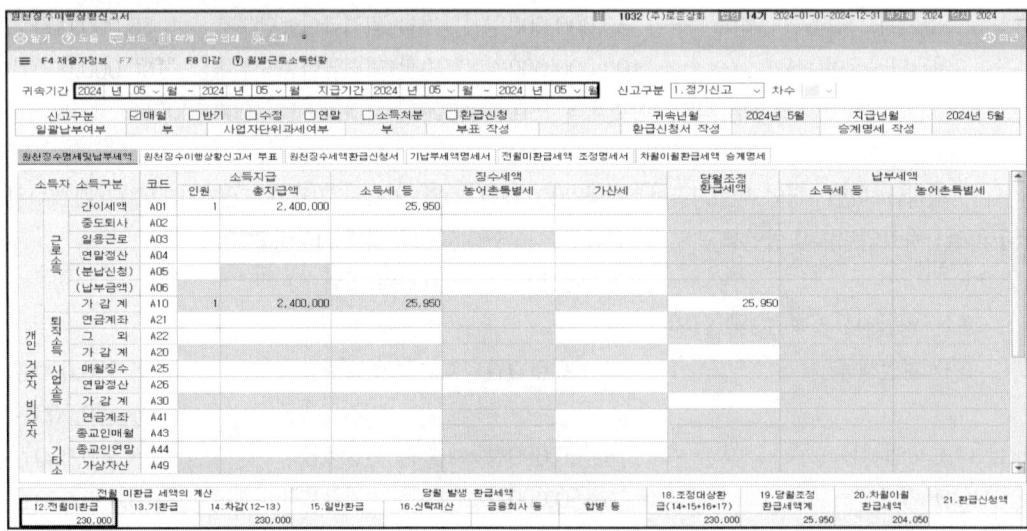

Part 9. 기출문제 해답 - 전산세무 103회

[2]

1. [소득명세] 탭

구분		합계	주(현)	납세조합	종(전) [1/2]
소득명세	9.근무처명		(주)로운상회		(주)진성상사
	9-1.종교관련 종사자		부		부
	10.사업자등록번호		121-86-23546		405-81-65449
	11.근무기간		2024-07-01 ~ 2024-12-31	----.--.-- ~ ----.--.--	2024-01-01 ~ 2024-06-20
	12.감면기간		----.--.-- ~ ----.--.--	----.--.-- ~ ----.--.--	----.--.-- ~ ----.--.--
	13-1.급여(급여자료입력)	25,200,000	13,200,000		12,000,000
	13-2.비과세한도초과액				
	13-3.과세대상추가(인정상여 추가)				
	14.상여				
	15.인정상여				
	15-1.주식매수선택권행사이익				
	15-2.우리사주조합 인출금				
	15-3.임원퇴직소득금액한도초과액				
	15-4.직무발명보상금				
	16.계	25,200,000	13,200,000		12,000,000
공제보험료명세	직장	건강보험료(직장)(33)	872,940	461,340		411,600
		장기요양보험료(33)	103,980	56,580		47,400
		고용보험료(33)	201,600	105,600		96,000
		국민연금보험료(31)	1,134,000	594,000		540,000
	공적연금보험료	공무원 연금(32)				
		군인연금(32)				
		사립학교교직원연금(32)				
		별정우체국연금(32)				
세액	기납부세액	소득세	255,700	155,700		100,000
		지방소득세	25,540	15,540		10,000
		농어촌특별세				

2. [부양가족] 탭 : 보험료 세액공제

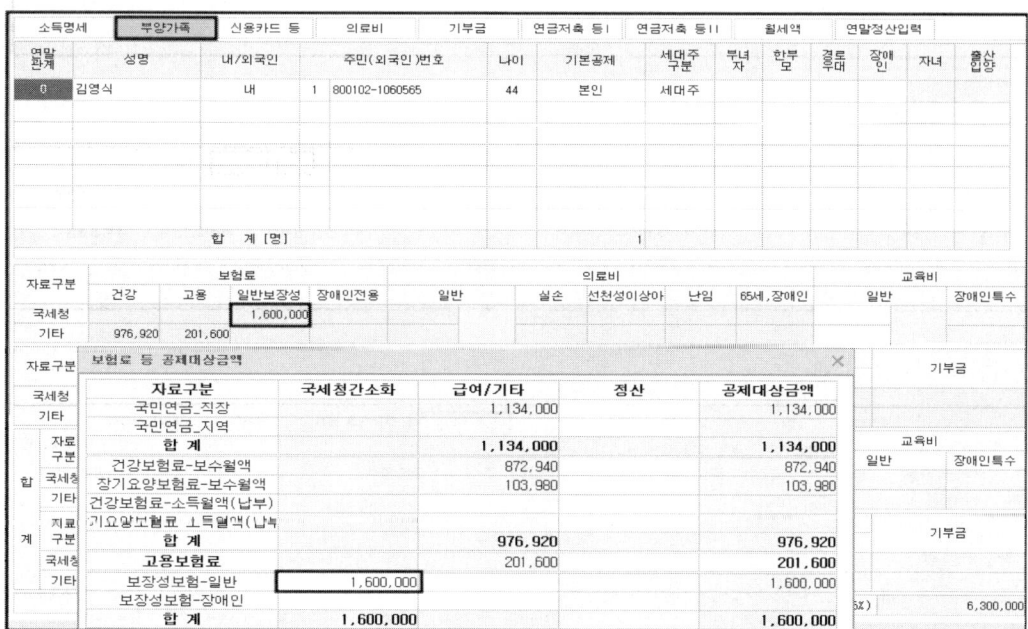

3. [부양가족] 탭 : 교육비 세액공제

연말관계	성명	내/외국인	주민(외국인)번호	나이	기본공제	세대주구분	부녀자	한부모	결혼세대	장애인	자녀	출산입양
0	김영식	내	1 800102-1060565	44	본인	세대주						
			합 계 [명]		1							

자료구분	보험료				의료비					교육비	
	건강	고용	일반보장성	장애인전용	일반	실손	선천성이상아	난임	65세,장애인	일반	장애인특수
국세청			1,600,000							6,000,000 4.본인	
기타	976,920	201,600									

4. [의료비] 탭

	의료비 공제대상자					지급처			2024년 의료비 지급명세서 지급명세				14.산후조리원
	성명	내/외	5.주민등록번호	6.본인등해당여부	9.증빙코드	8.상호	7.사업자등록번호	10.건수	11.금액	11-1.실손보험수령액	12.미숙아선천성이상아	13.난임여부	
□	김영식	내	800102-1060565	1	0				1,500,000		X	X	X
□	김영식	내	800102-1060565	1	0	5		1	500,000		X	X	X

5. [신용카드 등] 탭

	성명 생년월일	자료구분	신용카드	직불,선불	현금영수증	도서등신용	도서등직불	도서등현금	전통시장	대중교통	소비증가분 2023년	2024년
	김영식	국세청	8,500,000	3,600,000	50,000							12,150,000
	1980-01-02	기타										

6. [월세액] 탭

1 월세액 세액공제 명세(연말정산입력 탭의 70.월세액)

임대인명(상호)	주민등록번호(사업자번호)	유형	계약면적(m²)	임대차계약서 상 주소지	계약서상 임대차 계약기간 개시일 ~ 종료일	연간 월세액	공제대상금액	세액공제금액
김서민	771031-1028559	다가구	50.00	부산시 해운대구 우동 10번지	2024-01-01 ~ 2026-12-31	3,600,000	3,600,000	75,772

7. [연금저축 등 Ⅰ] 탭

1 연금계좌 세액공제 - 퇴직연금계좌(연말정산입력 탭의 58.과학기술인공제, 59.근로자퇴직연금)

퇴직연금 구분	코드	금융회사 등	계좌번호(증권번호)	납입금액	공제대상금액	세액공제금액
퇴직연금						
과학기술인공제회						

2 연금계좌 세액공제 - 연금저축계좌(연말정산입력 탭의 38.개인연금저축, 60.연금저축)

연금저축구분	코드	금융회사 등	계좌번호(증권번호)	납입금액	공제대상금액	소득/세액공제액
1.개인연금저축	305	KEB 하나은행(구. 주식회사	243-610750-72208	1,200,000		480,000
개인연금저축				1,200,000		480,000
연금저축						

8. [연말정산입력] 탭 > F8 부양가족탭불러오기

구분		지출액	공제금액	구분		지출액	공제대상금액	공제금액
21.총급여			25,200,000	49.종합소득 과세표준				9,237,480
22.근로소득공제			9,030,000	50.산출세액				554,248
23.근로소득금액			16,170,000	51.「소득세법」				
기본공제	24.본인		1,500,000	세액감면	52.「조세특례제한법」(53제외)			
	25.배우자				53.「조세특례제한법」제30조			
	26.부양가족 (명)				54.조세조약			
추가공제	27.경로우대 (명)				55.세액감면 계			
	28.장애인 (명)				56.근로소득 세액공제			304,836
	29.부녀자							
	30.한부모가족			57.자녀세액공제	㉮자녀 (명)			
연금보험료공제	31.국민연금보험료	1,134,000	1,134,000		㉯ 출산.입양 (명)			
	32.공적연금보험 공무원연금			연금계좌	58.과학기술공제			
	군인연금				59.근로자퇴직연금			
	사립학교교직원				60.연금저축			
	별정우체국연금				60-1.ISA연금계좌전환			
특별소득공제	33.보험료	1,178,520	1,178,520	특별세액공제	61.보장성보험 일반	1,600,000	1,600,000	1,000,000	120,000
	건강보험료	976,920	976,920		장애인			
	고용보험료	201,600	201,600		62.의료비	2,000,000	2,000,000	1,244,000	129,412
	34.주택차입금 대출기관							

구분		소득세	지방소득세	농어촌특별세	계
73.결정세액					
기납부세액	74.종(전)근무지	100,000	10,000		110,000
	75.주(현)근무지	155,700	15,540		171,240
76.납부특례세액					
77.차감징수세액		-255,700	-25,540		-281,240

제104회 전산세무 2급 기출문제 해답

㈜이천산업 (코드번호 : 1042)

▌이 론 시 험 ▌

1	2	3	4	5	6	7	8	9	10	11	12	13	14	15
③	③	④	②	③	④	④	①	③	②	④	①	④	②	③

1. 기업은 현금흐름의 현금흐름표 제외하고는 발생기준 회계를 사용하여 재무제표를 작성한다.

2. 후입선출법은 현행수익에 대하여 현행원가가 대응되므로 기말재고는 과거의 상품원가로 구성된다.

3. [일반기업회계기준 문단 11.27] 무형자산의 미래경제적효익은 시간의 경과에 따라 소비되기 때문에 상각을 통하여 장부금액을 감소시킨다. 무형자산의 공정가치 또는 회수가능액이 증가하더라도 상각은 원가에 기초한다.

4. 2,200,000원
= 주식발행초과금 500,000원 + 감자차익 700,000원 + 자기주식처분이익 1,000,000원
 · 이익잉여금 : 이익준비금, 임의적립금
 · 기타포괄손익누계액 : 매도가능증권평가이익

5. 세법개정으로 회계처리를 변경해야 하는 경우는 정당한 회계변경 사유가 아니다.

6. 제품생산량이 증가함에 따라 제품 단위당 고정원가는 감소한다.

7. 652,500원
= 수선부문원가 320,000원 + 동력부문원가 332,500원
 · 수선부문원가 배분액 : 수선부문원가 800,000원 × 200시간/500시간 = 320,000원
 · 동력부문원가 배분액 : 동력부문원가 760,000원 × 3,500kW/8,000kW = 332,500원

8. 400,000원
= 기초제품 210,000원 + 당기제품제조원가 390,000원 - 제품매출원가 200,000원
 · 당기제품제조원가 : 기초재공품 100,000원 + 당기총제조원가 440,000원 - 기말재공품 150,000원
  = 390,000원
 · 당기총제조원가 : 직접재료비 190,000원 + 직접노무비 100,000원 + 제조간접비 150,000원
  = 440,000원

9. 1,265,000원
= 당기총제조원가 2,300,000원 - 직접노무비 575,000원 - 제조간접비 460,000원
 · 제조간접비 : 당기총제조원가 2,300,000원 × 20% = 460,000원
 · 직접노무비 : 제조간접비 460,000원 ÷ 80% = 575,000원

10. 개별원가계산은 원가계산 과정이 복잡하나 정확성은 더 높다.

11. 담보제공은 채권담보의 목적에 불과하므로 재화의 공급으로 보지 않는다.
12. 국내 거래에도 영세율이 적용될 수 있다.
13. 비영업대금의 이익은 이자소득에 해당한다.
14. 소득세법 시행령 제49조, 급여는 근로를 제공한 날을 수입시기로 한다.
15. 거주자는 국내에 주소를 두거나 183일 이상 거소를 둔 개인을 말한다.

▌실 무 시 험 ▌

문제 1.

[1] 일반전표입력 03월 10일
 (차) 현금 3,000,000원 (대) 대손충당금(109) 3,000,000원

[2] 일반전표입력 03월 15일
 (차) 단기매매증권 5,000,000원 (대) 보통예금 5,050,000원
   수수료비용(984) 50,000원

[3] 일반전표입력 07월 07일
 (차) 세금과공과(판) 1,260,000원 (대) 보통예금 2,140,000원
   세금과공과(제) 880,000원

[4] 일반전표입력 07월 16일
 (차) 교육훈련비(제) 1,000,000원 (대) 예수금 33,000원
                보통예금 967,000원

[5] 일반전표입력 08월 31일
 (차) 보통예금 10,338,400원 (대) 정기예금 10,000,000원
   선납세금 61,600원   이자수익 400,000원

문제 2.

[1] 매입매출전표입력 01월 22일
 유형 : 54.불공, 공급가액 : 13,750,000원, 부가세 : 1,375,000원, 거래처 : 상진개발, 전자 : 여,
 분개 : 혼합, 불공제사유 : ⑥토지의 자본적 지출 관련
 (차) 토지 15,125,000원 (대) 미지급금 15,125,000원

[2] 매입매출전표입력 01월 31일
 유형 : 61.현과, 공급가액 : 150,000원, 부가세 : 15,000원, 거래처 : 레고문구, 분개 : 혼합 또는 현금
 (차) 부가세대급금 15,000원 (대) 현금 165,000원
   소모품비(판) 150,000원

[3] 매입매출전표입력 02월 28일
 유형 : 52.영세, 공급가액 : 30,000,000원, 부가세 : 0원, 거래처 : ㈜안건, 전자 : 여, 분개 : 혼합
 (차) 원재료 30,000,000원 (대) 보통예금 30,000,000원

[4] 매입매출전표입력 03월 10일

유형 : 14.건별, 공급가액 : 1,200,000원, 부가세 : 120,000원, 거래처 : 김명진, 분개 : 혼합

(차) 보통예금	1,320,000원	(대) 부가세예수금	120,000원
		제품매출	1,200,000원

[5] 매입매출전표입력 03월 16일

유형 : 53.면세, 공급가액 : 90,000원, 거래처 : 제일화원, 전자 : 여, 분개 : 혼합

(차) 기업업무추진비(판)	90,000원	(대) 미지급금	90,000원
		또는 미지급비용	

문제 3.
[1] 부가가치세법 제46조 제3항 및 시행령 제88조 제5항

조회기간 : 2022 년 07 월 ~ 2022 년 09 월		구분 2기 예정			
2. 신용카드 등 매입내역 합계					
구분		거래건수	공급가액		세액
합 계		2	200,000		20,000
현금영수증		1	150,000		15,000
화물운전자복지카드					
사업용신용카드		1	50,000		5,000
그 밖의 신용카드					

3. 거래내역입력							그 밖의 신용카드 등 거래내역 합계		
No		월/일	구분	공급자	공급자(가맹점)사업자등록번호	카드회원번호	거래건수	공급가액	세액
1	☐	07-31	현금	(주)오피스	124-81-04878		1	150,000	15,000
2	☐	08-12	사업	이음마트	402-14-33228	1000-2000-3000-4000	1	50,000	5,000
3	☐								
	☐								
	☐								
	☐								
	☐								
				합계			2	200,000	20,000

• 여객운송업(택시), 입장권 발행 영위 사업은 공제대상에 해당하지 않는다.

Part 9. 기출문제 해답 - 전산세무 104회

[2]

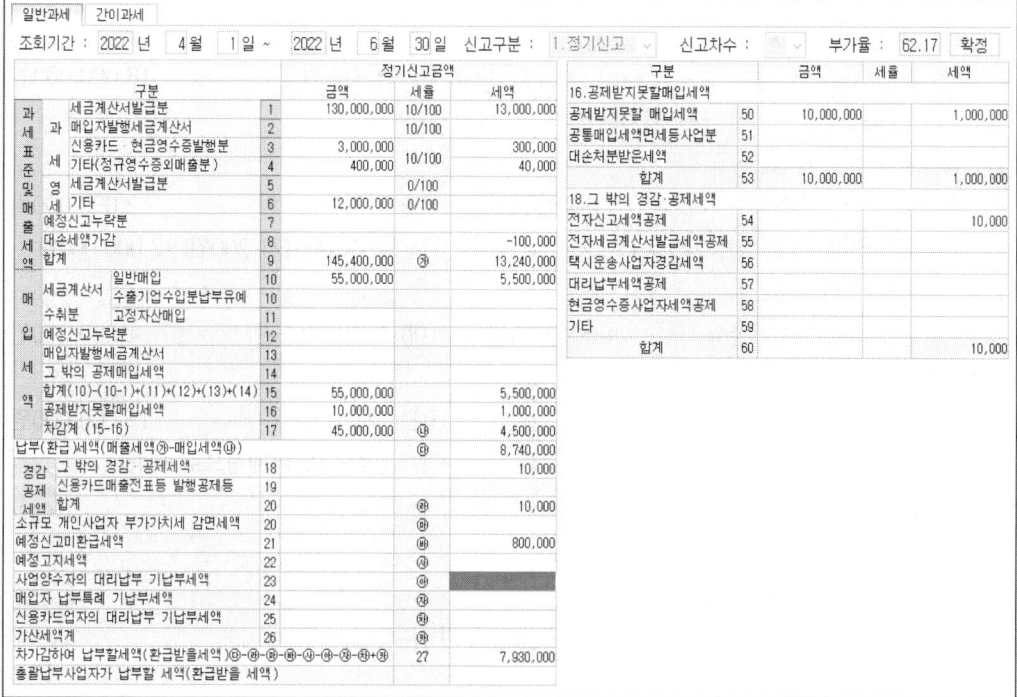

[3]

1. 부가가치세신고서 및 관련 부속서류 마감 확인
2. 전자신고 데이터 제작(102회 정답 참조)

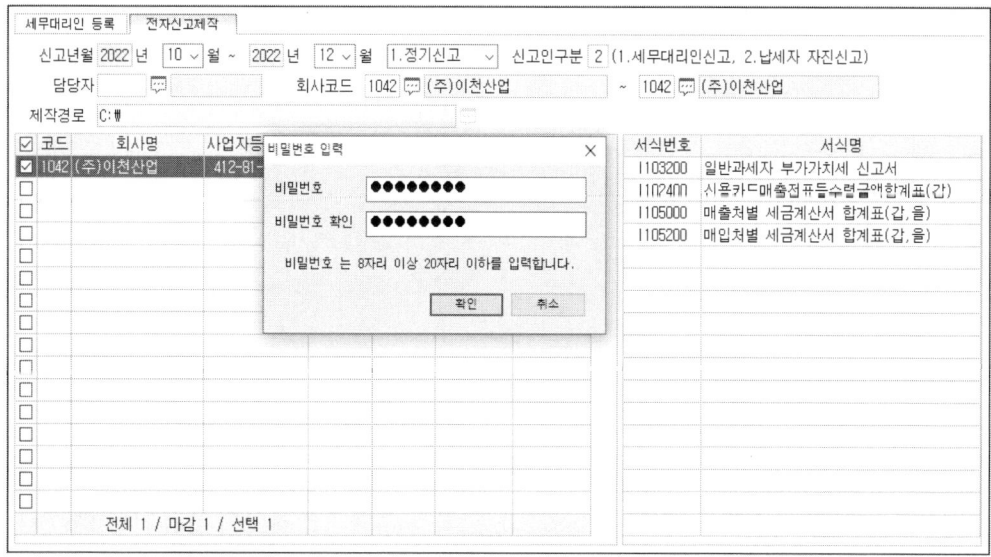

문제 4.

[1] 일반전표입력 12월 31일

(차) 임대료(904) 18,000,000원 (대) 선수수익 18,000,000원

· 선수수익 : 총임대료 24,000,000원×9/12 = 18,000,000원

[2] 일반전표입력 12월 31일

(차) 단기대여금(LPL사) 2,000,000원 (대) 외화환산이익 2,000,000원

· 외화환산이익 : $20,000×(기말 기준환율 1,300원 - 발생일 기준환율 1,200원) = 2,000,000원

[3] 일반전표입력 12월 31일

(차) 단기매매증권평가손실 4,000,000원 (대) 단기매매증권 4,000,000원

[4] 일반전표입력 12월 31일

(차) 기부금 15,000,000원 (대) 제품 15,000,000원
(적요 8. 타계정으로 대체)

[5] 1. [결산자료입력]>4. 판매비와 일반관리비

>4.) 감가상각비

>차량운반구

>결산반영금액 : 10,000,000원 입력

>F3전표추가

2. 또는 일반전표입력 12월 31일

(차) 감가상각비(판) 10,000,000원 (대) 감가상각누계액(209) 10,000,000원

· 감가상각비 : 취득가액 50,000,000원÷내용연수 5년 = 10,000,000원

Part 9. 기출문제 해답 - 전산세무 104회

문제 5.
[1]

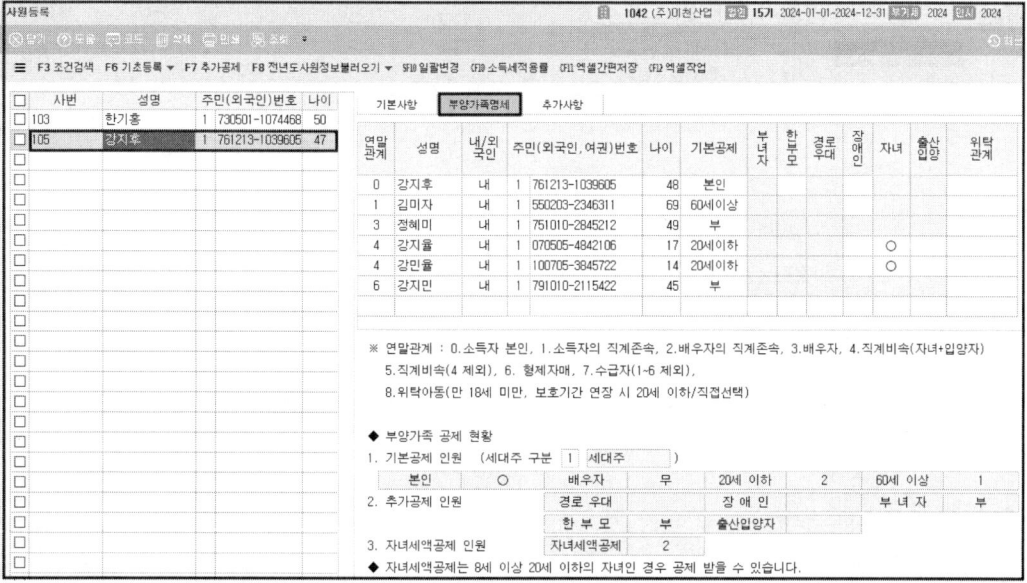

- 배우자(정혜미)와 동생(강지민)은 소득금액이 100만원을 초과하므로 소득금액 기준이 맞지 않는다.
- 자녀(강지율)은 소득금액기준을 충족한다.

[2]

1. [부양가족] 탭

- 김어른(모친)은 총급여액이 500만원을 초과하므로 기본공제대상에 해당하지 않는다.
- 한기쁨(자녀)은 자녀세액공제 대상이다.

2. [부양가족] 탭 : 보험료

연말관계	성명	내/외국인	주민(외국인)번호	나이	기본공제	세대주구분	부녀자	한부모	경로우대	장애인	자녀	출산입양
0	한기홀	내	1 730501-1074468	51	본인	세대주						
1	김어른	내	1 600801-2038853	64	부							
3	이슬비	내	1 770102-2006203	47	배우자							
4	한기쁨	내	1 120105-4077389	12	20세이하						O	
			합 계 [명]		3						1	

보험료 — 건강 1,961,880 / 고용 410,000 / 일반보장성 750,000

보험료 등 공제대상금액

자료구분	국세청간소화	급여/기타	정산	공제대상금액
국민연금_직장		2,430,000		2,430,000
국민연금_지역				
합 계		2,430,000		2,430,000
건강보험료-보수월액		1,747,500		1,747,500
장기요양보험료-보수월액		214,380		214,380
건강보험료-소득월액(납부)				
기요양보험료-소득월액(납부)				
합 계		1,961,880		1,961,880
고용보험료		410,000		410,000
보장성보험-일반	750,000			750,000
보장성보험-장애인				
합 계	750,000			750,000

연말관계	성명	내/외국인	주민(외국인)번호	나이	기본공제	세대주구분	부녀자	한부모	경로우대	장애인	자녀	출산입양
0	한기홀	내	1 730501-1074468	51	본인	세대주						
1	김어른	내	1 600801-2038853	64	부							
3	이슬비	내	1 770102-2006203	47	배우자							
4	한기쁨	내	1 120105-4077389	12	20세이하						O	
			합 계 [명]		3						1	

보험료 — 일반보장성 150,000

보험료 등 공제대상금액

자료구분	국세청간소화	급여/기타	정산	공제대상금액
국민연금_직장				
국민연금_지역				
합 계				
건강보험료-보수월액				
장기요양보험료-보수월액				
건강보험료-소득월액(납부)				
기요양보험료-소득월액(납부)				
합 계				
고용보험료				
보장성보험-일반	150,000			150,000
보장성보험-장애인				
합 계	150,000			150,000

· 배우자의 저축성보험료는 공제 대상이 아니다.

3. [의료비] 탭

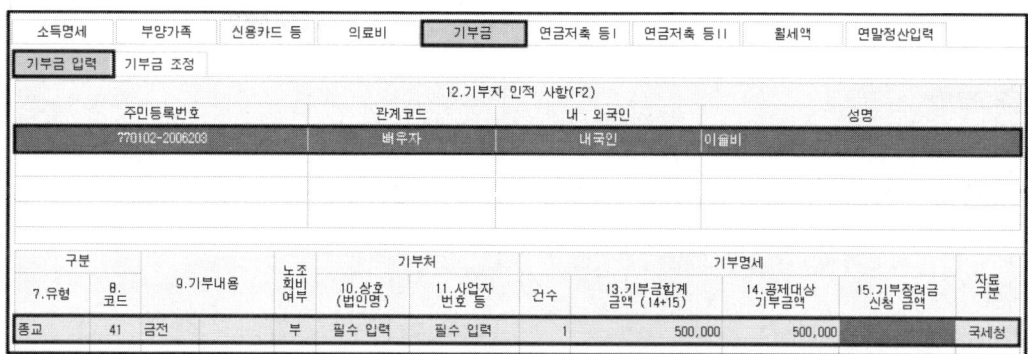

- 소득요건 및 나이요건의 제한을 받지 않는다.
- 모친의 보약구입비는 치료목적이 아니므로 공제대상이 아니다.

4. [부양가족] 탭 : 교육비

5. [기부금] 탭

전산세무 2급 & TAT 2급

기부금 공제금액 계산 참조

근로소득금액	37,750,000	정치,고향기부금외 공제대상금액		500,000	세액공제가능액		1,867,218	
코드	구분	지출액	공제대상금액	공제율1 (15%, 20%)	공제율2 (25%,30%,35%)	공제율3 (40%)	소득/세액공제액	공제 초과이월액
40	일반기부금(종교외) 2015년이월							
40	일반기부금(종교외) 2016년이월							
40	일반기부금(종교외) 2017년이월							
40	일반기부금(종교외) 2018년이월							
40	일반기부금(종교외) 2019년이월							
40	일반기부금(종교외) 2020년이월							
40	일반기부금(종교외) 2021년이월							
40	일반기부금(종교외) 2022년이월							
40	일반기부금(종교외) 2023년이월							
40	일반기부금(종교외) 당기							
41	일반기부금(종교) 2014년이월							
41	일반기부금(종교) 2015년이월							
41	일반기부금(종교) 2016년이월							
41	일반기부금(종교) 2017년이월							
41	일반기부금(종교) 2018년이월							
41	일반기부금(종교) 2019년이월							
41	일반기부금(종교) 2020년이월							
41	일반기부금(종교) 2021년이월							
41	일반기부금(종교) 2022년이월							
41	일반기부금(종교) 2023년이월							
41	일반기부금(종교) 당기	500,000	500,000	500,000			75,000	
	합계	500,000	500,000	500,000			75,000	

기부금(이월액)소득공제		정치기부금10만원 초과세액공제		고향사랑기부금10만원 초과세액공제	
특례기부금 세액공제		우리사주조합기부금 세액공제		일반기부금(종교외) 세액공제	
일반기부금(종교) 세액공제	75,000				

▶ 기부금명세서 작성시 주의사항
① 기부금을 이월하는 경우에는 기부금명세서에서 해당년도 공제금액을 반드시 확인합니다.
② 표준세액공제를 적용받는 경우 기부금조정명세서의 해당연도공제금액, 이월(소멸)금액을 판단하여 입력합니다.
 (표준세액공제를 적용받는 경우 정치자금기부금과 우리사주기부금은 중복공제 가능합니다.)

[불러오기] [공제금액반영] [전체삭제] [저장] [종료(Esc)]

6. [신용카드 등] 탭

| 소득명세 | 부양가족 | 신용카드 등 | 의료비 | 기부금 | 연금저축 I | 연금저축 II | 월세액 | 연말정산입력 |

	성명 생년월일	자료 구분	신용카드	직불,선불	현금영수증	도서등 신용	도서등 직불	도서등 현금	전통시장	대중교통	소비증가분 2023년	소비증가분 2024년
☐	한기홍 1973-05-01	국세청 기타	9,000,000							1,000,000		10,000,000
☐	김어른 1960-08-01	국세청 기타										
☐	이슬비 1977-01-02	국세청 기타			3,500,000				500,000			4,000,000
☐	한기쁨 2012-01-05	국세청 기타										
	합계		9,000,000		3,500,000				500,000	1,000,000		14,000,000
	총급여				50,000,000	신용카드 등 최소금액(총급여의 25%)						12,500,000

7. [연말정산입력] 탭 : 34.장기주택저당차입금이자상환액

8. [연말정산입력] 탭 : 상단의 (F8 부양가족탭불러오기)를 클릭한다.

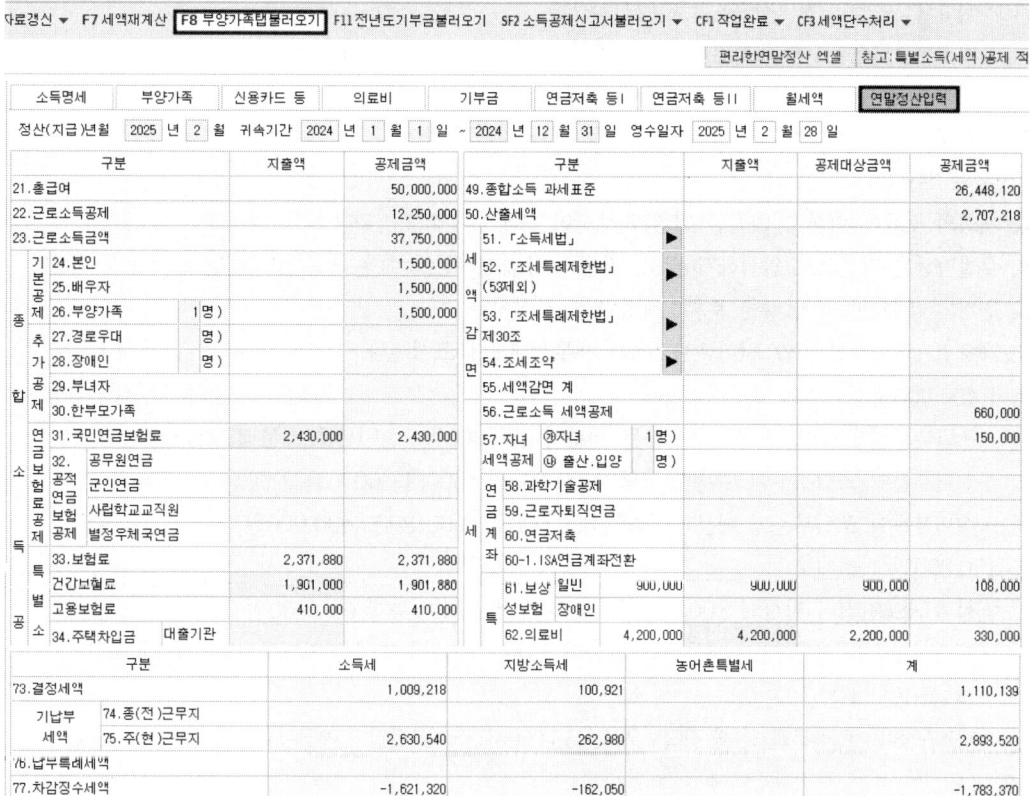

제105회 전산세무 2급 기출문제 해답

㈜미수상회 (코드번호 : 1052)

■ 이 론 시 험 ■

1	2	3	4	5	6	7	8	9	10	11	12	13	14	15
②	①	④	③	①	③	②	③	①	④	②	③	②	①	④

1. 목적적합성에 대한 설명이다.
2. 매출총이익이 71,250원 감소한다.
   - 재고자산감모손실 : 1,000개 - 950개 = 50개 × 1,500원 = 75,000원
   - 정상감모손실 : 75,000원 × 95% = 71,250원
   - 비정상감모손실 : 75,000원 × 5% = 3,750원(비정상감모손실은 영업외비용으로 처리)
   - 따라서 정상감모손실 금액만 매출총이익에 영향을 끼치므로 매출총이익 71,250원 감소한다.
3. 다른 종류의 자산과의 교환 시 취득한 유형자산의 취득원가는 교환을 위하여 제공한 자산의 공정가치로 측정한다.
4. 재화의 소유에 따른 유의적인 위험과 보상이 구매자에게 이전된다.
5. 우발자산은 자산으로 인식하지 않고, 자원의 유입가능성이 매우 높은 경우에만 주석에 기재한다.
6. 원가의 추적가능성에 따른 분류 : 직접원가, 간접원가
7. 제조원가명세서상 기말 원재료재고액은 재무상태표에 표시된다.
8. 1,400,000원
   = 조립부문원가 600,000원 + 전력부문 배분액 200,000원 + 설비부문 배분액 600,000원
   - 전력부문이 조립부문에 배분한 금액 : 400,000원 × 500/1,000 = 200,000원
   - 설비부문이 조립부문에 배분한 금액 : 800,000원 × 600/800 = 600,000원
9. 150,000원 과소배부
   = 실제 제조간접비 발생액 800,000원 - 제조간접비 예정배부액 650,000원
   - 제조간접비 예정배부율 : 예상 제조간접비 1,000,000원 ÷ 예상 직접노무시간 20,000시간
     = @50원/시간
   - 제조간접비 예정배부액 : 실제 직접노무시간 13,000시간 × 제조간접비 예정배부율 @50원 = 650,000원
10. 8개
    = 공손수량 80개 - 정상공손수량 72개
    - 당기완성품수량 : (기초재공품 200개 + 당기착수 900개) - (기말재공품 120개 + 공손수량 80개) = 900개
    - 정상공손수량 : 900개 × 8% = 72개

11. 간이과세자는 의제매입세액 공제를 받을 수 없다.
12. 무인판매기를 이용하여 재화를 공급하는 경우 : 무인판매기에서 현금을 인출하는 때
13. 부가가치세법 제26조, 시내버스, 시외버스, 일반철도 등의 대중교통수단에 의한 여객운송용역은 기초생활필수품으로서 부가가치세를 면제하지만, 항공기 등에 의한 여객운송 용역은 부가가치세를 면제하는 여객운송 용역에서 제외한다.
14. · 한부모추가공제는 소득금액에 제한을 받지 않는다.
    · 형제자매의 배우자는 부양가족의 대상에 해당하지 않는다.
    · 부양기간 1년 미만 여부에 상관없이 월할계산하지 않는다.
15. 소득세법 제12조 제3호 저목 및 시행령 제17조의4, 중소기업 종업원이 대여받음으로써 얻는 이익은 비과세 근로소득에 해당한다.

▌실 무 시 험 ▌

문제 1.

[1] 일반전표입력 01.12.
    (차) 보통예금   14,800,000원   (대) 받을어음(미래상사㈜)   15,000,000원
        매출채권처분손실   200,000원

[2] 일반전표입력 02.05.
    (차) 퇴직급여(제)   3,000,000원   (대) 보통예금   3,000,000원

[3] 일반전표입력 03.31.
    (차) 미지급세금   4,000,000원   (대) 보통예금   4,000,000원

[4] 일반전표입력 05.05.
    (차) 기부금   3,000,000원   (대) 비품   3,000,000원

[5] 일반전표입력 06.17.
    (차) 소모품비(제)   20,000원   (대) 현금   20,000원
    또는 출금전표 소모품비(제)   20,000원

문제 2.

[1] 매입매출전표입력 01.20.
    유형 : 61.현과, 공급가액 : 3,000,000원, 부가세 : 300,000원, 거래처 : ㈜하이마트,
    분개 : 현금 또는 혼합
    (차) 부가세대급금   300,000원   (대) 현금(또는 보통예금)   3,300,000원
        비품   3,000,000원

[2] 매입매출전표입력 02.09.
    유형 : 11.과세, 공급가액 : 2,000,000원, 부가세 : 200,000원, 거래처 : ㈜유미산업, 전자 : 여,
    분개 : 혼합

(차) 감가상각누계액(213)	2,255,000원	(대) 부가세예수금	200,000원
보통예금	2,200,000원	비품	5,000,000원
유형자산처분손실	745,000원		

[3] 매입매출전표입력 07.01.
유형 : 51.과세, 공급가액 : 5,000,000원, 부가세 : 500,000원, 거래처 : ㈜원테크, 전자 : 여,
분개 : 혼합

| (차) 부가세대급금 | 500,000원 | (대) 현금 | 500,000원 |
| 복리후생비(판) | 5,000,000원 | 미지급금 | 5,000,000원 |

[4] 매입매출전표입력 .08.27.
유형 : 51.과세, 공급가액 : 12,000,000원, 부가세 : 1,200,000원, 거래처 : 광명기계, 전자 : 부,
분개 : 혼합

| (차) 부가세대급금 | 1,200,000원 | (대) 당좌예금 | 13,200,000원 |
| 기계장치 | 12,000,000원 | | |

[5] 매입매출전표입력 09.27.
유형 : 16.수출, 공급가액 : 34,500,000원, 부가세 : 0원, 거래처 : 미국 BOB사,
분개 : 외상 또는 혼합, 영세율구분 : ①직접수출

| (차) 외상매출금 | 34,500,000원 | (대) 제품매출 | 34,500,000원 |

· $30,000×1,150원=34,500,000원

문제 3.

[1]
[건물등감가상각자산취득명세서]

조회기간 2022년 04월 ~ 2022년 06월 구분 1기 확정

◉ 취득내역

감가상각자산종류	건수	공급가액	세액	비고
합 계	3	568,000,000	56,800,000	
건물·구축물	1	500,000,000	50,000,000	
기 계 장 치	1	60,000,000	6,000,000	
차 량 운 반 구				
기타감가상각자산	1	8,000,000	800,000	

거래처별 감가상각자산 취득명세

No	월/일	상호	사업자등록번호	자산구분	공급가액	세액	건수
1	04-08	㈜용을	130-81-50950	건물,구축물	500,000,000	50,000,000	1
2	05-12	㈜광명	201-81-14367	기계장치	60,000,000	6,000,000	1
3	06-22	㈜ck전자	203-81-55457	기타	8,000,000	800,000	1
4							
			합 계		568,000,000	56,800,000	3

[2]

[3] 전자신고는 **102**회 정답 참조

문제 4.

[1] 일반전표입력 12.31.
(차) 이자비용　　　　　　　　　4,000,000원　　(대) 미지급비용　　　　　　　4,000,000원
・300,000,000원×2%×8개월/12개월＝4,000,000원

[2] 일반전표입력 12.31.
(차) 현금과부족　　　　　　　　　　86,000원　　(대) 잡이익　　　　　　　　　　86,000원

[3] 일반전표입력 12.31.
(차) 부가세예수금　　　　　　　25,450,000원　　(대) 부가세대급금　　　　　31,400,000원
　　세금과공과(판)　　　　　　　　 60,000원　　　　잡이익　　　　　　　　　　10,000원
　　미수금　　　　　　　　　　 5,900,000원

[4] 일반전표입력 12.31.
(차) 장기차입금　　　　　　　　20,000,000원　　(대) 유동성장기부채　　　　20,000,000원
　　(미래은행)　　　　　　　　　　　　　　　　　　(미래은행)

[5]
1. [결산자료입력]＞4. 판매비와일반관리비
　　　　　　　　＞6). 무형자산상각비
　　　　　　　　＞영업권 결산반영금액란 : 50,000,000원 입력＞F3전표추가
2. 또는 일반전표입력 12.31.
(차) 무형자산상각비　　　　　　50,000,000원　　(대) 영업권　　　　　　　　50,000,000원

문제 5.

[1]
1. 수당공제등록

No	코드	과세구분	수당명	근로소득유형 유형	코드	한도	월정액	통상임금	사용여부
1	1001	과세	기본급	급여			정기	여	여
2	1002	과세	상여	상여			부정기	부	부
3	1003	과세	직책수당	급여			정기	부	여
4	1004	과세	월차수당	급여			정기	부	부
5	1005	비과세	식대	식대	P01	(월)200,000	정기	부	여
6	1006	비과세	자가운전보조금	자가운전보조금	H03	(월)200,000	부정기	부	여
7	1007	비과세	야간근로수당	야간근로수당	O01	(년)2,400,000	부정기	부	부
8	2001	비과세	출산.보육수당(육아수당)	출산.보육수당(육아)	Q01	(월)200,000	정기	부	여
9									

2. 급여자료입력

3. 원천징수이행상황신고서

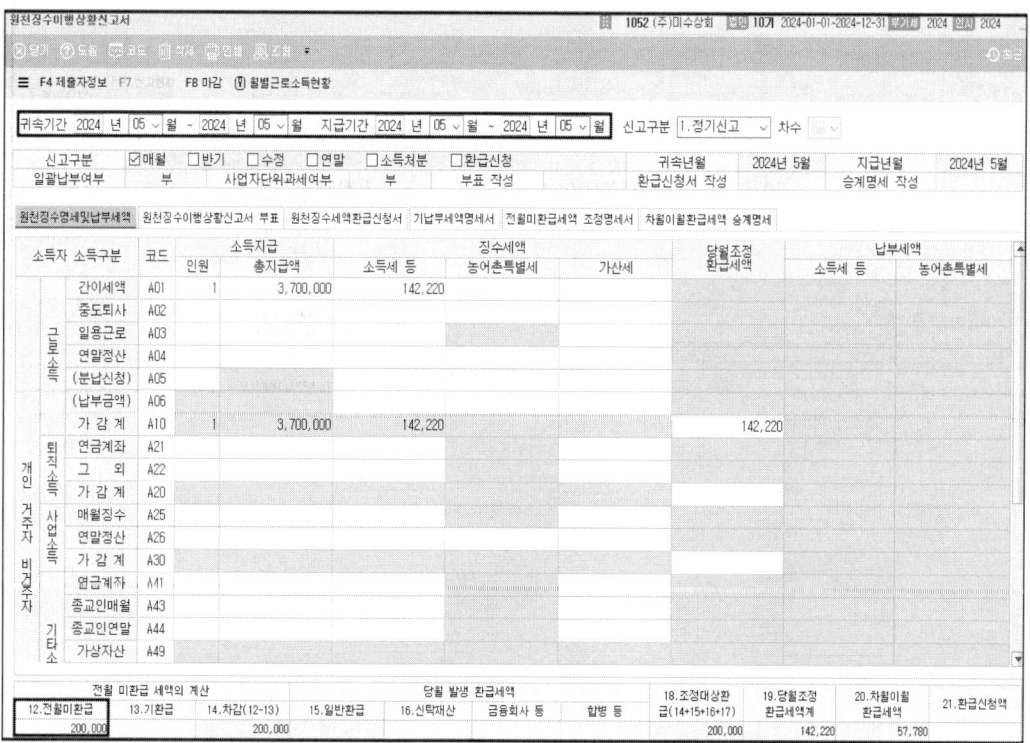

[2]
1. [부양가족] 탭
   (1) 인적공제 : 소득요건 미충족 되는 김연우를 제외하고는 모두 기본공제 대상자이다. 모친은 경로우대공제 대상자이다.

2. [부양가족] 탭 : 보험료 공제

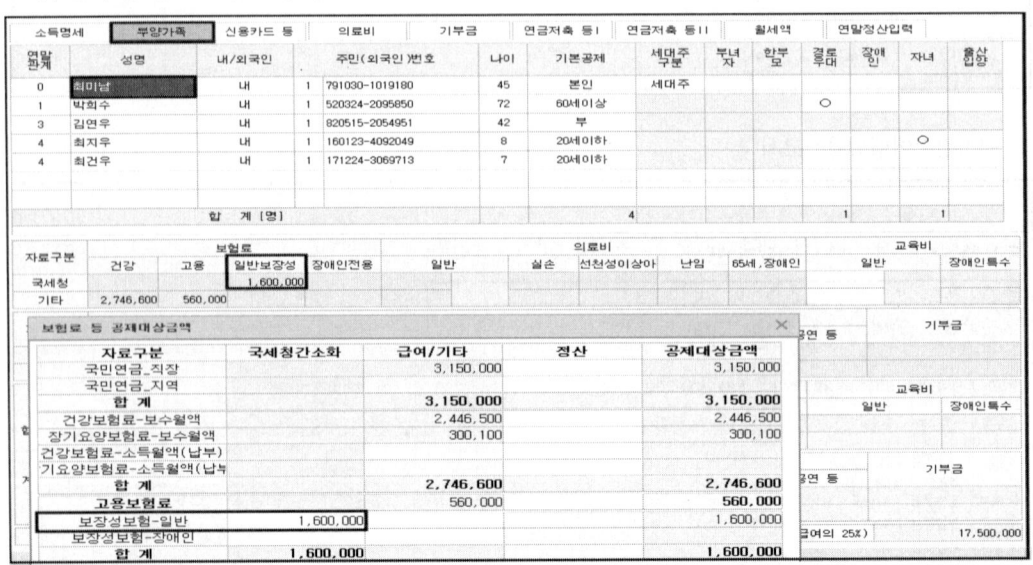

Part 9. 기출문제 해답 - 전산세무 105회

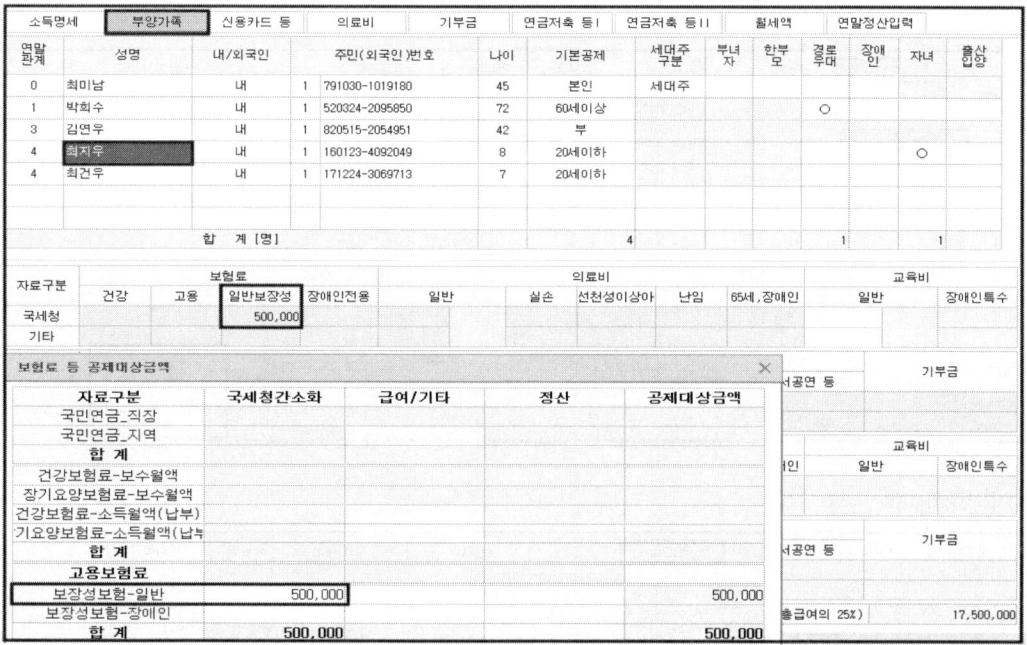

3. [부양가족] 탭 : 교육비 공제

연말관계	성명	내/외국인	주민(외국인)번호	나이	기본공제	세대주구분	부녀자	한부모	경로우대	장애인	자녀	출산입양
0	최미남	내	1 791030-1019180	45	본인	세대주						
1	박희수	내	1 520324-2095850	72	60세이상				O			
3	김연우	내	1 820515-2054951	42	부							
4	최지우	내	1 160123-4092049	8	20세이하						O	
4	최건우	내	1 171224-3069713	7	20세이하							
			합 계 [명]		4				1		1	

자료구분	보험료				의료비					교육비	
	건강	고용	일반보장성	장애인전용	일반	실손	선천성이상아	난임	65세,장애인	일반	장애인특수
국세청			1,600,000							5,000,000 4.본인	
기타	2,746,600	560,000									

4. [의료비] 탭

2024년 의료비 지급명세서

	의료비 공제대상자					지급처			지급명세				14.산후조리원
	성명	내/외	5.주민등록번호	6.본인등해당여부	9.증빙코드	8.상호	7.사업자등록번호	10.건수	11.금액	11-1.실손보험수령액	12.미숙아선천성이상아	13.난임여부	
□	최미남	내	791030-1019180	1	0	1			1,500,000		X	X	X
□	최미남	내	791030-1019180	1	0	5	대학안경점	605-26-23526	1	500,000		X	X	X
□	박희수	내	520324-2095850	2	0	1				3,250,000	1,000,000	X	X	X

5. [신용카드 등] 탭

	성명 생년월일	자료구분	신용카드	직불,선불	현금영수증	도서등신용	도서등직불	도서등현금	전통시장	대중교통	소비증가분 2023년	2024년
□	최미남 1979-10-30	국세청 기타	22,000,000		2,200,000							24,200,000
□	박희수 1952-03-24	국세청 기타										
□	김연우 1982-05-15	국세청 기타										
□	최지우 2016-01-23	국세청 기타										
□	최건우 2017-12-24	국세청 기타										

6. [연금저축 등 I] 탭

1 연금계좌 세액공제 - 퇴직연금계좌(연말정산입력 탭의 58.과학기술인공제, 59.근로자퇴직연금)

퇴직연금 구분	코드	금융회사 등	계좌번호(증권번호)	납입금액	공제대상금액	세액공제금액
퇴직연금						
과학기술인공제회						

2 연금계좌 세액공제 - 연금저축계좌(연말정산입력 탭의 38.개인연금저축, 60.연금저축)

연금저축구분	코드	금융회사 등	계좌번호(증권번호)	납입금액	공제대상금액	소득/세액공제액
2.연금저축	306	(주)국민은행	243-910750-72209	1,200,000	1,200,000	144,000

7. [연말정산입력] 탭 : 상단의 (F8 부양가족탭불러오기) 클릭한다.

구분		지출액	공제금액	구분		지출액	공제대상금액	공제금액
21.총급여			70,000,000	49.종합소득 과세표준				39,538,400
22.근로소득공제			13,250,000	50.산출세액				4,670,760
23.근로소득금액			56,750,000	51.「소득세법」				
기본공제	24.본인		1,500,000	세액감면	52.「조세특례제한법」(53제외)			
	25.배우자							
	26.부양가족 (3명)		4,500,000		53.「조세특례제한법」제30조			
추가공제	27.경로우대 (1명)		1,000,000		54.조세조약			
	28.장애인 (명)				55.세액감면 계			
	29.부녀자				56.근로소득 세액공제			660,000
	30.한부모가족				57.자녀 ㉮자녀 (1명)			150,000
연금보험료공제	31.국민연금보험료	3,150,000	3,150,000	세액공제 ㉯ 출산.입양 (명)				
	32.공적연금보험 공무원연금			연금계좌세액공제	58.과학기술공제			
	군인연금				59.근로자퇴직연금			
	사립학교교직원				60.연금저축	1,200,000	1,200,000	144,000
	별정우체국연금				60-1.ISA연금계좌전환			
특별소득공제	33.보험료	3,306,600	3,306,600	특별세액공제	61.보장 일반	2,550,000	2,550,000	
	건강보험료	2,746,600	2,746,600		성보험 장애인		1,000,000	120,000
	고용보험료	560,000	560,000		62.의료비	5,250,000	5,250,000	2,150,000	322,500
	34.주택차입금 대출기관							

구분		소득세	지방소득세	농어촌특별세	계
73.결정세액		2,524,260	252,426		2,776,686
기납부세액	74.종(전)근무지				
	75.주(현)근무지	7,327,000	732,700		8,059,700
76.납부특례세액					
77.차감징수세액		-4,802,740	-480,270		-5,283,010

제106회 전산세무 2급 기출문제 해답

수원산업㈜ (코드번호 : 1062)

▌이 론 시 험 ▌

1	2	3	4	5	6	7	8	9	10	11	12	13	14	15
②	④	③	①	③	①	④	②	③	④	①	③	②	①	④

1. 자산, 부채, 자본 중 중요한 항목은 재무상태표 본문에 별도 항목으로 구분하여 표시한다. **중요하지 않은 항목은 성격 또는 기능이 유사한 항목에 통합하여 표시할 수 있으며, 통합할 적절한 항목이 없는 경우에는 기타항목으로 통합할** 수 있다. 이 경우 세부 내용은 주석으로 기재한다.
2. 현금및현금성자산은 통화 및 타인발행수표 등 통화대용증권과 당좌예금, 보통예금 및 큰 거래비용 없이 현금으로 전환이 용이하고 이자율 변동에 따른 가치변동의 위험이 경미한 금융상품으로서 **취득당시 만기일(또는 상환일)이 3개월 이내인 것**을 말한다.
3. 유동부채 = 외상매입금(100,000,000) + 선수금(5,000,000) + 미지급금(3,000,000)
   = 108,000,000원
   퇴직급여충당부채와 사채는 비유동부채로 분류한다.
4. 단기매매증권에 대한 미실현보유손익은 당기손익항목으로 처리한다.
5. ③ (차) 비품(자산 증가)　　　　　　(대) 현금(자산 감소) : 자본 영향 없음
   ① (차) 현금(자산 증가)　　　　　　(대) 자본금(자본 증가) : 자본 증가
   ② (차) 미처분이익잉여금(자본 감소)　(대) 미지급배당금(부채 증가) : 자본 감소
   ④ (차) 급여(비용 발생)　　　　　　(대) 현금(자산 감소) : 자본 감소
6. **당기제품제조원가(당기완성품원가)는 재공품 계정의 대변으로 대체**된다.
7. 회피가능원가에 대한 설명이다.
8. **준고정원가에 대한 설명으로 계단원가**라고도 한다.
   ①, ③, ④는 준변동원가에 대한 설명이다.
9. 예정배부율 = 예산(3,000,000) ÷ 예정 직접노무시간(30,000) = @100원/직접노무시간
   예정배부액 = 실제 직접노무시간(30,000) × 예정배부율(@100) = 3,000,000원
   실제 제조간접원가 발생 = 예정배부액(3,000,000) + 과소배부액(100,000) = 3,100,000원

10. 모든 제조원가는 공정전반에 걸쳐 균등하게 발생한다.

〈1단계〉 물량흐름파악 평균법			〈2단계〉 완성품환산량 계산 제조원가
	완성품	5,000(100%)	5,000
	기말재공품	2,500(80%)	2,000
	계	7,500	7,000
〈3단계〉 원가요약(기초재공품원가+당기투입원가)			500,000+7,000,000+500,000+6,000,000
			7,000
〈4단계〉 완성품환산량당단위원가			@2,000

11. 부가가치세는 국세이며, 소비지국과세원칙을 적용하고 전단계세액공제법을 채택하고 있다.
12. **부동산임대업의 납세지는 부동산의 등기부상 소재지**이다.
13. 사업소득이 있는 거주자의 종합소득세 납세지는 거주자의 주소지로 한다.
14. 종합소득금액 = 사업소득(35,000,000) + 근로소득(10,000,000) + 사업소득(부동산임대 15,000,000) − 이월결손금(50,000,000) = 10,000,000원
    부동산임대업을 제외한 사업소득에서 발생한 이월결손금은 모든 종합소득에서 통산한다.
15. 일용근로자의 근로소득 : 6%, 복권당첨소득 중 3억원 초과분 : 30%
    비실명이자소득 : 45%,   이자소득 중 비영업대금이익 : 25%

■ 실 무 시 험 ■

문제 1.

[1] (차) 보통예금   5,100,000   (대) 자기주식   4,500,000
                                             자기주식처분손실   300,000
                                             자기주식처분이익   300,000
  ☞ 처분손익 = [처분가액(17,000) − 취득가액(15,000)] × 300주 = 600,000원
     자기주식처분손실(300,000)을 조회 후 우선상계하고 나머지는 자기주식처분이익으로 회계처리한다.

[2] (차) 보통예금   102,000,000   (대) 사채   100,000,000
                                             사채할증발행차금   2,000,000

[3] (차) 급여(판)   2,400,000   (대) 예수금   464,230
        임금(제)   2,100,000   보통예금   4,035,770

전산세무 2급 & TAT 2급

[4] (차) 보통예금　　　　　49,500,000　(대) 외상매출금(㈜진아)　50,000,000
　　　　매출할인(406)　　　　500,000

[5] (차) 미지급세금　　　　　5,000,000　(대) 미지급금(국민카드)　5,304,000
　　　　세금과공과(판)　　　　200,000
　　　　수수료비용(판)　　　　104,000

문제 2.

문항	일자	유형	공급가액	부가세	거래처	전자
[1]	1/23	11.과세	-5,000,000	-500,000	㈜유진물산	여
분개유형	(차) 외상매출금		-5,500,000	(대) 부가세예수금		-500,000
외상(혼합)				제품매출		-5,000,000

문항	일자	유형	공급가액	부가세	거래처	전자
[2]	2/01	51.과세	10,000,000	1,000,000	㈜기대	부
분개유형	(차) 부가세대급금		1,000,000	(대) 미지급금		11,000,000
혼합	차량운반구		10,000,000			

☞ 1,000cc 이하 경차는 매입세액공제가 가능하다.

문항	일자	유형	공급가액	부가세	거래처	전자
[3]	3/24	12.영세	30,000,000	0	㈜상도무역	여
		영세율구분 : ③내국신용장·구매확인서에 의하여 공급하는 재화				
분개유형	(차) 외상매출금		30,000,000	(대) 제품매출		30,000,000
외상(혼합)						

문항	일자	유형	공급가액	부가세	거래처	전자
[4]	4/01	61.현과	500,000	50,000	㈜장수운송	-
분개유형	(차) 부가세대급금		50,000	(대) 현금		550,000
현금(혼합)	운반비(판)		500,000			

문항	일자	유형	공급가액	부가세	거래처	신용카드
[5]	5/20	57.카과	450,000	45,000	온리푸드	국민카드
분개유형	(차) 부가세대급금		45,000	(대) 미지급금		495,000
카드(혼합)	복리후생비(제)		450,000	(국민카드)		

Part 9. 기출문제 해답 - 전산세무 106회

문제 3.

[1] [부동산임대공급가액명세서](10~12월) 1동 2층 201호(이자율 3.5%)

〈갱신전〉

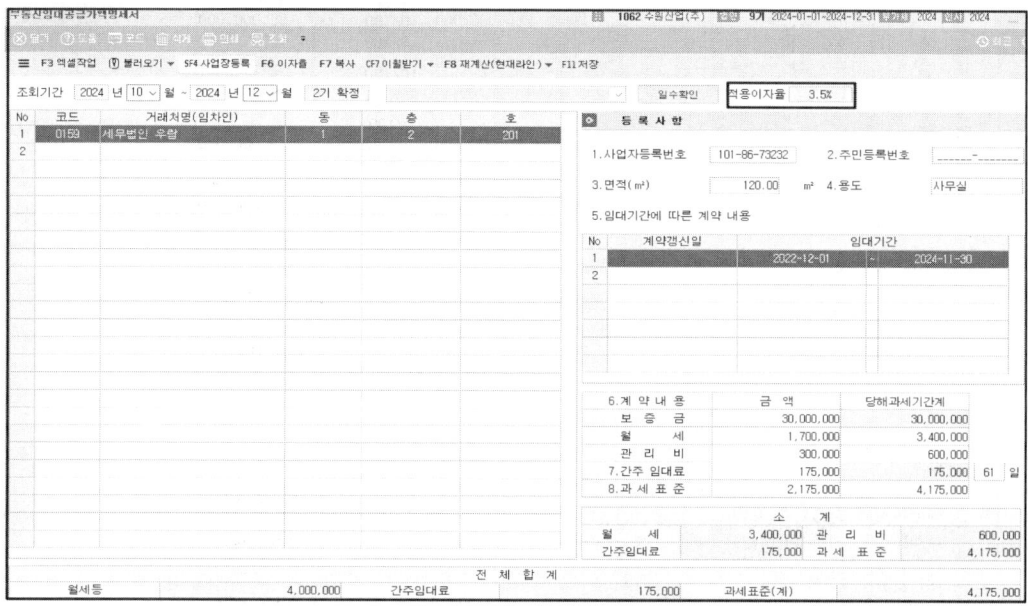

〈갱신후〉

[2] [부가가치세신고서](10~12월)

1. 과세표준 및 매출세액

구분				정기신고금액		
				금액	세율	세액
과세표준및매출세액	과세	세금계산서발급분	1	250,000,000	10/100	25,000,000
		매입자발행세금계산서	2		10/100	
		신용카드·현금영수증발행분	3	20,000,000	10/100	2,000,000
		기타(정규영수증외매출분)	4			
	영세	세금계산서발급분	5		0/100	
		기타	6		0/100	
	예정신고누락분		7	20,000,000		2,000,000
	대손세액가감		8			
	합계		9	290,000,000	㉮	29,000,000
매입세금계산서	일반매입		10	150,000,000		15,000,000
	수출기업수입분납부유예		10			

〈예정신고 누락분〉

구분			금액	세율	세액
7.매출(예정신고누락분)					
예정	과세	세금계산서 33	20,000,000	10/100	2,000,000
	세	기타 34		10/100	

2. 매입세액

				금액	세율	세액
매입세액	세금계산서수취분	일반매입	10	150,000,000		15,000,000
		수출기업수입분납부유예	10			
		고정자산매입	11	30,000,000		3,000,000
	예정신고누락분		12			
	매입자발행세금계산서		13			
	그 밖의 공제매입세액		14	25,000,000		2,500,000
	합계(10)-(10-1)+(11)+(12)+(13)+(14)		15	205,000,000		20,500,000
	공제받지못할매입세액		16	30,000,000		3,000,000
	차감계 (15-16)		17	175,000,000	㉯	17,500,000
납부(환급)세액(매출세액㉮-매입세액㉯)					㉰	11,500,000

〈그밖의 공제 매입세액〉

14.그 밖의 공제매입세액						
신용카드매출수령금액합계표	일반매입	41	25,000,000		2,500,000
	고정매입	42			

〈공제받지 못할 매입세액〉

구분		금액	세율	세액
16.공제받지못할매입세액				
공제받지못할 매입세액	50	30,000,000		3,000,000

3. 납부세액

전자신고세액공제 10,000원 입력

18.그 밖의 경감·공제세액				
전자신고세액공제	54			10,000

〈가산세 입력〉

1. 신고불성실	2,000,000원 × 10% × (1 – 75%) = 50,000원
	* 3개월 이내 수정신고시 75% 감면
2. 납부지연	2,000,000원 × 92일 × 2.2(가정)/10,000 = 40,480원

신고 불성실	무신고(일반)	69		뒤쪽	
	무신고(부당)	70		뒤쪽	
	과소·초과환급(일반)	71	2,000,000	뒤쪽	50,000
	과소·초과환급(부당)	72		뒤쪽	
납부지연		73	2,000,000	뒤쪽	40,480

4. 차감하여 납부할 세액 : 11,580,480원

[3] 전자신고 : 102회 정답 참조

문제 4.

[1] 〈수동결산〉

    (차) 소모품비(판)   300,000   (대) 소모품   300,000

[2] 〈수동결산〉

    (차) 외화장기차입금   300,000   (대) 외화환산이익   300,000
       (하나은행)

    ☞ 환산손익(부채) = [기말공정가액(1,545) – 전기말 공정가액(1,575)] × $10,000 = △300,000원(이익)

[3] 〈수동결산〉

    (차) 매도가능증권평가이익   30,000   (대) 매도가능증권(178)   30,000

〈매도가능증권 평가〉

	취득가액	공정가액	평가이익	평가손실
전기	200,000	330,000	130,000	–
당기		300,000	△30,000	–
계			100,000	–

[4] 〈수동/자동결산〉

(차) 대손상각비(판)　　　4,237,600　(대) 대손충당금(109)　　　3,160,000
　　　　　　　　　　　　　　　　　　　　대손충당금(111)　　　1,077,600

계정과목	기말잔액(A)	대손추산액 (B = A × 1%)	설정전 대손충당금(C)	당기대손상각비 (B − C)
외상매출금	516,000,000	5,160,000	2,000,000	<u>3,160,000</u>
받을어음	167,760,000	1,677,600	600,000	<u>1,077,600</u>

[결산자료입력]>4. 판매비와 일반관리비5). 대손상각>
• 외상매출금 3,160,000원, 받을어음 1,077,600원 입력

[5] 〈수동결산〉

(차) 법인세등　　　　　20,000,000　(대) 선납세금　　　　　　9,000,000
　　　　　　　　　　　　　　　　　　　　미지급세금　　　　　11,000,000

[결산자료입력]>9. 법인세등>• 1). 선납세금 결산반영금액 9,000,000원 입력
　　　　　　　　　　　　• 2). 추가계상액 결산반영금액 11,000,000원 입력
※ 자동결산항목을 모두 입력하고 상단의 전표추가를 한다.

문제 5.

[1] [사원등록] 및 급여자료 입력(강하나, 여성, 세대주)

1. 부양가족명세

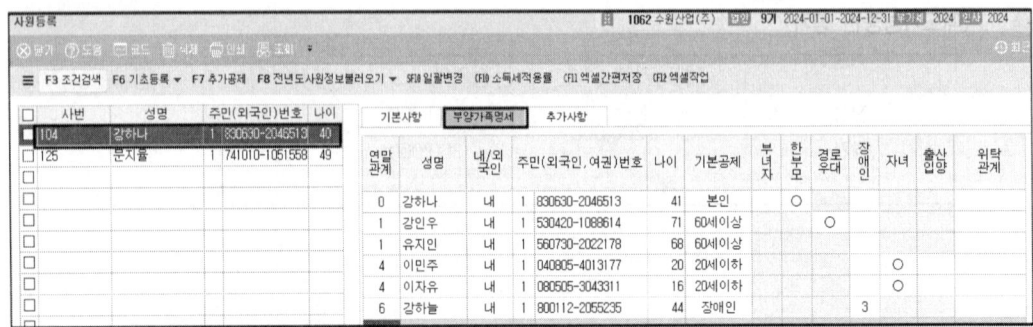

2. [수당공제등록]

3. [급여자료입력] 귀속년월 5월, 지급년월일 5월 31일

□	사번	사원명	감면율	급여항목	금액	공제항목	금액
■	104	강하나		기본급	2,000,000	국민연금	85,500
□				식대	100,000	건강보험	59,280
□				자가운전보조금	200,000	장기요양보험	7,270
□						고용보험	16,000
□						소득세(100%)	19,520
□						지방소득세	1,950
□						농특세	
□				과 세	2,000,000		
□				비 과 세	300,000	공 제 총 액	189,520
	총인원(퇴사자)	1(0)		지 급 총 액	2,300,000	차 인 지 급 액	2,110,480

☞ 비과세금액 = 식대(100,000) + 자가운전보조금(200,000) = 300,000원

[2] 연말정산(문지율)

1. [소득명세] 탭(전근무지 원천징수영수증 입력)

구분		합계	주(현)	납세조합	종(전) [1/2]
	9.근무처명		수원산업(주)		주식회사 영일전자
	9-1.종교관련 종사자		부		부
소	10.사업자등록번호		602-81-48930	----- -- -----	603-81-01281
	11.근무기간		2024-06-10 ~ 2024-12-31	----- -- ----- ~ ----- -- -----	2024-01-01 ~ 2024-06-01
득	12.감면기간		----- -- ----- ~ ----- -- -----	----- -- ----- ~ ----- -- -----	----- -- ----- ~ ----- -- -----
	13-1.급여(급여자료입력)	66,200,000	50,000,000		16,200,000
	13-2.비과세한도 초과액				
명	13-3.과세대상추가(인정상여추가)				
	14.상여	3,000,000			3,000,000
	15.인정상여				
	15-1.주식매수선택권행사이익				
	15-2.우리사주조합 인출금				
세	15-3.임원퇴직소득금액한도초과액				
	15-4.직무발명보상금				
	16.계	69,200,000	50,000,000		19,200,000
	18.국외근로				
	20-1.감면소득 계				
공	직장	건강보험료(직장)(33)	1,860,730	1,747,500		113,230
제		장기요양보험료(33)	228,250	214,360		13,890
보		고용보험료(33)	433,920	408,000		25,920
험		국민연금보험료(31)	2,005,000	2,260,000		145,800
료	공적	공무원 연금(32)				
명	연금	군인연금(32)				
세	보험료	사립학교교직원연금(32)				
		별정우체국연금(32)	100,000			100,000
세	기납부세액	소득세	5,365,700	5,355,700		10,000
액		지방소득세	535,570	535,570		
		농어촌특별세				

2. [부양가족] 탭
(1) 인적공제

연말 관계	성명	내/외국인	주민(외국인)번호	나이	기본공제	세대주 구분	부녀 자	한부 모	경로 우대	장애 인	자녀	출산 입양
0	문지율	내	1 741010-1051558	50	본인	세대주						
3	김민성	내	1 770101-2003630	47	배우자							
4	문가영	내	1 071027-4008683	17	20세이하						O	
4	문가빈	내	1 071027-4008683	17	20세이하						O	

3. [부양가족] 탭 : 보험료

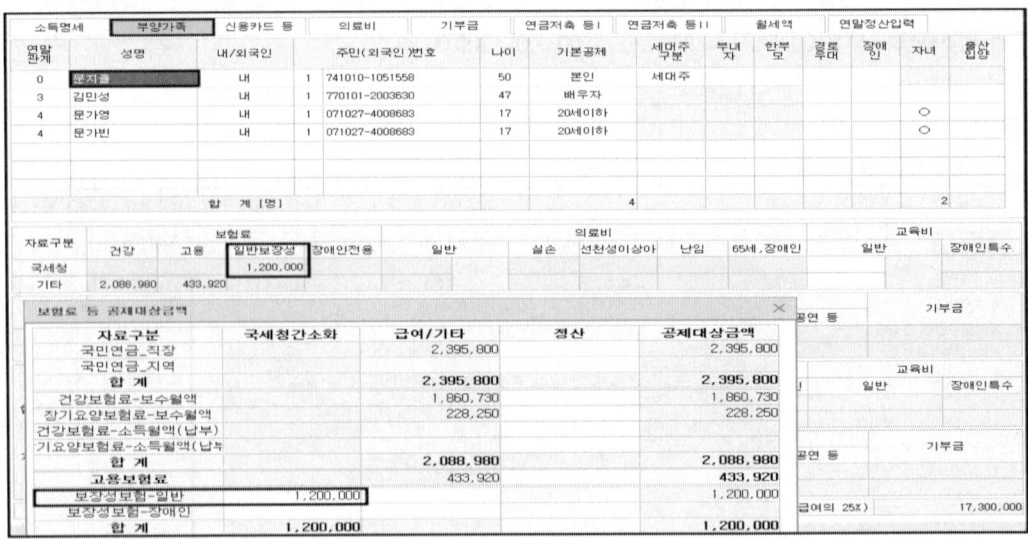

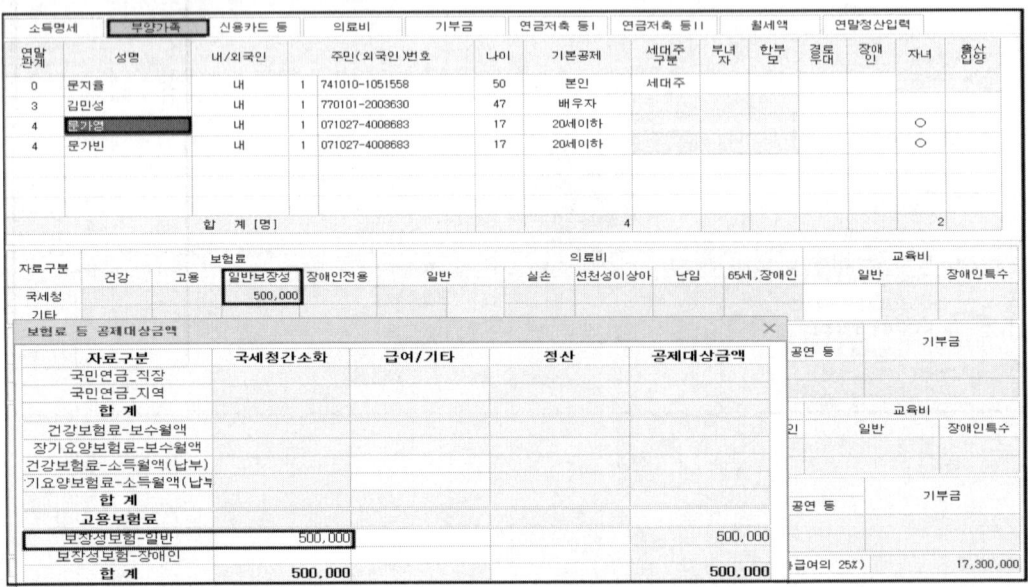

4. [의료비] 탭

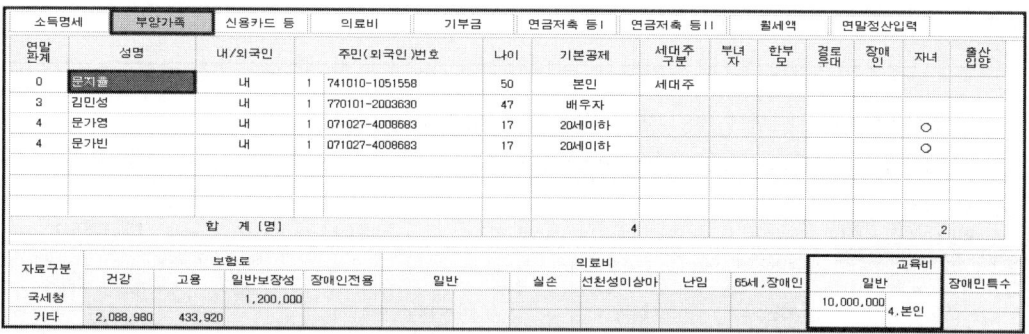

5. [부양가족] 탭 : 교육비

- 교복구입비는 한도가 50만원이다.

- 학원비는 취학전 아동만 공제가 가능하다.

6. [신용카드 등] 탭

	성명 생년월일	자료 구분	신용카드	직불,선불	현금영수증	도서등 신용	도서등 직불	도서등 현금	전통시장	대중교통	소비증가분	
											2023년	2024년
	문지율 1974-10-10	국세청 기타	28,500,000		3,000,000	1,000,000			1,500,000	1,000,000		35,000,000
	김민성 1977-01-01	국세청 기타			1,500,000							1,500,000
	문가영 2007-10-27	국세청 기타										
	문가빈 2007-10-27	국세청 기타										

7. [연말정산입력] 탭 : 상단의 (F8 부양가족탭불러오기)에서 확인을 클릭한다.

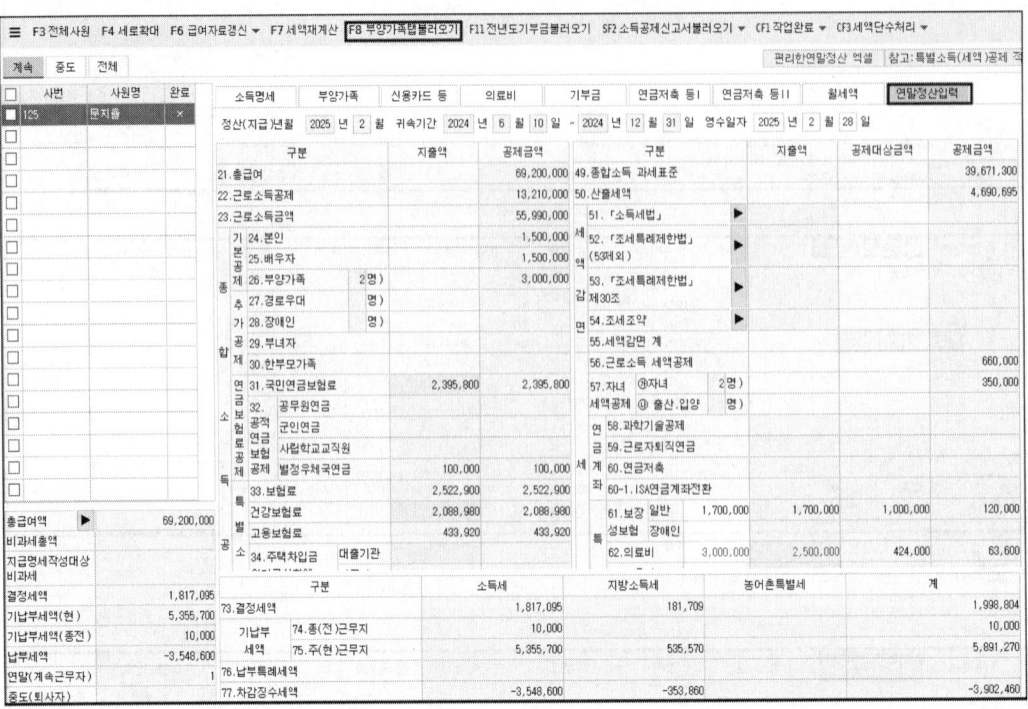

제107회 전산세무 2급 기출문제 해답

㈜파쇄상사 (코드번호 : 1072)

▌이 론 시 험 ▐

1	2	3	4	5	6	7	8	9	10	11	12	13	14	15
③	③	②	①	④	③	①	②	①	④	②	④	②	④	④

1. 가전제품 판매업자가 가전제품을 홍보하기 위하여 지출한 **광고비는 재고자산 취득 후에 발생하는 판매관리비 성격의 비용으로 취득원가에 포함되지 않는다.**
2. 변동이 있는 자본 항목은 자본금과 자본조정(자기주식, 자기주식처분손실, 감자차손)이다.

    - 취득   (차) 자기주식   180,000원   (대) 현금등   180,000원

        처분   (차) 현금등   100,000원   (대) 자기주식   120,000원

                   자기주식처분손실   20,000원

    - 소각   (차) 자본금   50,000원   (대) 자기주식   60,000원

                   감자차손   10,000원

3. 처분손익 = [처분가액(6,000) - 취득원가(7,000)] × 100주 = △100,000원(손실)
4. 명목금액과 현재가치의 차이가 중요한 경우에는 의무를 이행하기 위하여 예상되는 **지출액의 현재가치로 평가**한다.
5. 감가상각누계액 = 취득가액(15,000,000) ÷ 5년 × 2년 = 6,000,000원

    처분시 장부가액 = 취득가액(15,000,000) - 감가상각누계액(6,000,000) = 9,000,000원

    처분손익 = 처분가액(8,000,000 - 150,000) - 장부가액(9,000,000) = △1,150,000원(손실)

6. **당기제품제조원가는 손익계산서 및 제조원가명세서에서 확인**할 수 있다.
7. 조업도가 증가하더라도 **단위당 변동원가는 일정하다.**
8. **종합원가계산은 단일 종류의 제품을 연속적으로 대량 생산하는 제품의 원가계산**에 적합하다. 나머지는 개별원가계산에 대한 설명이다.
9. 직접재료원가 = 당기총제조원가(800,000) - 가공원가(500,000) = 300,000원

    직접노무원가 = 기초원가(400,000) - 직접재료원가(300,000) = 100,000원

10. 〈단계배분법〉 가공부문의 원가부터 먼저 배분한다.

제공부문	사용부문	보조부문		제조부문	
		가공	연마	3라인	5라인
배부전원가		400,000	200,000	500,000	600,000
보조부문 배부	B(50% : 30% : 20%)	(400,000)	200,000	120,000	80,000
	A(0 : 35% : 45%)	-	(400,000)	175,000	225,000
보조부문 배부후 원가		0	0	**795,000**	905,000

11. 공제금액(연간 오백만원을 한도로 한다) : 발급금액 또는 결제금액의 1퍼센트
따라서 **각 과세기간마다 500만원을 한도로 하는 것은 아니다.**

12. 과세표준 = 총매출액(20,000,000) - 매출에누리(3,000,000) = 17,000,000원
매출세액 = 과세표준(17,000,000) × 10% = 1,700,000원
- 매출에누리는 과세표준에서 차감하는 항목이고, 판매장려금은 과세표준에서 공제하지 않는 항목이다.

13. ① 법인 음식점은 의제매입세액 공제율 6/106을 적용한다.
③ 면세농산물 등을 사용한 시점이 아닌 **구입한 날이 속하는 과세기간에 공제**한다.
④ **제조업만 농어민으로부터 정규증빙 없이 농산물 등을 구입한 경우에도 의제매입세액공제가 가능**하다.

14. 원천징수세액(일용근로) = [일당(200,000) - 근로소득공제(150,000)] × 4일
× 최저세율(6%) × (1 - 55%) = 5,400원

15. 사업자가 한 차례의 기업업무추진(접대)에 지출한 기업업무추진(접대비) 중 **경조금의 경우 20만원, 이외의 경우 3만원을 초과하는 기업업무추진비**로서 적격증빙을 수취하지 아니한 기업업무추진비는 각 과세기간의 소득금액을 계산할 때 필요경비에 산입하지 아니한다.
☞ 2024년부터 세법상 접대비가 기업업무추진비로 명칭이 변경됩니다.

실무시험

문제 1.

[1] (차) 보통예금   7,700,000 (대) 외상매출금(㈜오늘물산) 7,700,000

[2] (차) 이월이익잉여금(375) 32,000,000 (대) 미교부주식배당금 10,000,000
                                         미지급배당금   20,000,000
                                         이익준비금   2,000,000

[3] (차) 보통예금   28,060,000 (대) 외상매출금(CTEK) 29,440,000
        외환차손   1,380,000
☞ 외환차손익(자산) = [환가금액(1,220) - 장부가액(1,280)] × $23,000 = △1,380,000원(손실)

[4] (차) 보통예금 990,000 (대) 단기매매증권 500,000
　　　　　　　　　　　　　　　　　단기매매증권처분이익 490,000

　　☞ 처분손익(단기매매) = 처분가액(100주×10,000 − 10,000) − 장부가액(100주×5,000)
　　　　　　　　　　　　 = 490,000원(이익)

[5] (차) 임차보증금(㈜헤리움) 10,000,000 (대) 보통예금 9,000,000
　　　　　　　　　　　　　　　　　　　선급금(㈜헤리움) 1,000,000

문제 2.

문항	일자	유형	공급가액	부가세	거래처	전자
[1]	1/15	54.불공	10,000,000	1,000,000	㈜동산	여
		불공제사유 : ⑥토지의 자본적 지출 관련				
분개유형		(차) 토지	11,000,000	(대) 미지급금		11,000,000
혼합						

문항	일자	유형	공급가액	부가세	거래처	전자
[2]	3/30	22.현과	100,000	10,000		−
분개유형		(차) 현금	110,000	(대) 부가세예수금		10,000
현금				제품매출		100,000

　☞ 거래처를 외국인 또는 비사업자로 입력한 경우에도 정답으로 인정함.

문항	일자	유형	공급가액	부가세	거래처	전자
[3]	7/20	11.과세	15,000,000	1,500,000	㈜굳딜	여
분개유형		(차) 보통예금	16,500,000	(대) 부가세예수금		1,500,000
혼합				선수금		15,000,000

문항	일자	유형	공급가액	부가세	거래처	전자
[4]	8/20	16. 수출	5,000,000	−	몽키	−
		영세율구분 : ①직접수출(대행수출 포함)				
분개유형		(차) 외상매출금	5,000,000	(대) 제품매출		5,000,000
외상(혼합)						

문항	일자	유형	공급가액	부가세	거래처	전자
[5]	9/12	51.과세	2,800,000	280,000	미래부동산	여
분개유형		(차) 부가세대급금	280,000	(대) 미지급금		3,080,000
혼합		임차료(판)	2,500,000			
		건물관리비(판)	300,000			

　☞ 복수거래로 입력하여야 정확하게 입력한 것임.

문제 3.
[1] 부가가치세 1기 확정신고서(4~6월)

(1) 매출세액 및 과세표준

구분				정기신고금액		
				금액	세율	세액
과세표준및매출세액	과세	세금계산서발급분	1	600,000,000	10/100	60,000,000
		매입자발행세금계산서	2		10/100	
		신용카드·현금영수증발행분	3	63,000,000		6,300,000
		기타(정규영수증외매출분)	4		10/100	
	영세	세금계산서발급분	5		0/100	
		기타	6	68,000,000	0/100	
	예정신고누락분		7			
	대손세액가감		8			-1,000,000
	합계		9	731,000,000	㉮	65,300,000

(2) 매입세액

매입세액	세금계산서수취분	일반매입	10	400,000,000		40,000,000
		수출기업수입분납부유예	10-1			
		고정자산매입	11			
	예정신고누락분		12	5,000,000		500,000
	매입자발행세금계산서		13			
	그 밖의 공제매입세액		14			
	합계(10)-(10-1)+(11)+(12)+(13)+(14)		15	405,000,000		40,500,000
	공제받지못할매입세액		16	8,000,000		800,000
	차감계 (15-16)		17	397,000,000	㉯	39,700,000
납부(환급)세액(매출세액㉮-매입세액㉯)					㉰	25,600,000

〈예정신고 누락분〉

12.매입(예정신고누락분)				
예	세금계산서	38	5,000,000	500,000
	그 밖의 공제매입세액	39		
	합계	40	5,000,000	500,000

〈공제받지 못할 매입세액〉

구분		금액	세율	세액
16.공제받지못할매입세액				
공제받지못할 매입세액	50	8,000,000		800,000
공통매입세액면세등사업분	51			

(3) 납부세액

〈지연발급가산세〉

25.가산세명세					
사업자미등록등		61		1/100	
세금계산서	지연발급 등	62	23,000,000	1/100	230,000
	지연수취	63		5/1,000	
	미발급 등	64		뒤쪽참조	

〈경감공제세액〉

경감공제세액	그 밖의 경감·공제세액	18			10,000
	신용카드매출전표등 발행공제등	19			
	합계	20		㉱	10,000
소규모 개인사업자 부가가치세 감면세액		20-1		㉲	
예정신고미환급세액		21		㉳	
예정고지세액		22		㉴	
사업양수자의 대리납부 기납부세액		23		㉵	
매입자 납부특례 기납부세액		24		㉶	
신용카드업자의 대리납부 기납부세액		25		㉷	
가산세액계		26		㉸	230,000
차가감하여 납부할세액(환급받을세액)㉰-㉱-㉲-㉳-㉴-㉵-㉶-㉷+㉸		27			25,820,000
총괄납부사업자가 납부할 세액(환급받을 세액)					

[2] 공제받지못할매입세액명세서(10~12월)

(1) [공제받지못할매입세액내역] 탭

매입세액 불공제 사유	세금계산서		
	매수	공급가액	매입세액
①필요적 기재사항 누락 등			
②사업과 직접 관련 없는 지출			
③비영업용 소형승용자동차 구입·유지 및 임차			
④접대비 및 이와 유사한 비용 관련			
⑤면세사업등 관련	3	50,000,000	5,000,000

(2) [공통매입세액의정산내역] 탭

산식	구분	(15)총공통 매입세액	(16)면세 사업확정 비율			(17)불공제매입 세액총액 ((15)*(16))	(18)기불공제 매입세액	(19)가산또는 공제되는매입 세액((17)-(18))
			총공급가액	면세공급가액	면세비율			
1.당해과세기간의 공급가액기준		15,000,000	600,000,000.00	150,000,000.00	25.000000	3,750,000	250,000	3,500,000

문제 4.

[1] 〈수동결산〉

(차) 정기예금(당좌)   100,000,000   (대) 장기성예금(투자)   100,000,000

☞ 장기성예금(비유동자산)이 만기가 1년 이내로 도래하므로 유동성 대체를 하여야 한다.

[2] 〈수동결산〉

(차) 미수수익   3,150,000   (대) 이자수익   3,150,000

☞ 이자수익 = 70,000,000원 × 6%(연이자율) × 9개월/12개월 = 3,150,000원

[3] 〈수동결산〉

(차) 기부금   500,000   (대) 현금과부족   623,000
    운반비(제)   23,000
    기업업무추진비(판)   100,000

[4] 〈수동입력 후 자동결산〉

(차) 재고자산감모손실   5,000,000   (대) 상품(타계정대체)   5,000,000

〈결산자료입력〉
- 상품매출원가 > ⑩기말상품재고액 10,000,000원
- 제품매출원가 > 1)원재료비 > ⑩기말원재료재고액 9,300,000원
  9)당기완성품제조원가 > ⑩기말제품재고액 5,425,000원

[5] 〈자동/수동결산〉
　　〈결산자료입력〉
　　　F8대손상각>대손율 : 1%>추가설정액>• 외상매출금 2,426,480원
　　　　　　　　　　　　　　　　　　　　• 받을어음 638,400원
　　　　　　　　　　　　　　　　　　　　• 단기대여금 1,900,000원
　　　(차) 대손상각비　　　　　3,064,880　(대) 대손충당금(109)　2,426,480
　　　　　 기타의대손상각비　　1,900,000　　　 대손충당금(111)　　 638,400
　　　　　　　　　　　　　　　　　　　　　　　 대손충당금(115)　1,900,000

　　　※ 자동결산항목을 모두 입력하고 상단의 전표추가를 한다.

문제 5.
[1] 급여자료입력과 원천징수이행상황신고서(3월)

1. 수당공제등록

No	코드	과세구분	수당명	근로소득유형 유형	근로소득유형 코드	근로소득유형 한도	월정액	통상임금	사용여부
1	1001	과세	기본급	급여			정기	여	여
2	1002	과세	상여	상여			부정기	부	여
3	1003	과세	직책수당	급여			정기	부	부
4	1005	비과세	식대	식대	P01	(월)200,000	정기	부	여
5	1006	비과세	자가운전보조금	자가운전보조금	H03	(월)200,000	부정기	부	여
6	1007	비과세	야간근로수당	야간근로수당	O01	(년)2,400,000	부정기	부	여
7	1004	과세	월차수당	급여			정기	부	여

• 식대와 자가운전보조금에 대해서는 비과세 적용을 받는다.
• 기본급여가 월 260만원으로 월정액 210만원을 초과하므로 야간근로(연장근로)수당에 대해서는 비과세 요건을 충족하지 않는다.

2. 급여자료입력(이현민, 3월, 지급년월일 3월 31일)

사번	사원명	감면율	급여항목	금액	공제항목	금액
105	이현민		기본급	2,600,000	국민연금	126,000
500	강희찬		상여	600,000	건강보험	98,270
			식대	100,000	장기요양보험	12,580
			자가운전보조금	200,000	고용보험	29,600
			야간근로수당	200,000	소득세(100%)	10,230
			월차수당	300,000	지방소득세	1,020
					농특세	
			과　세	3,700,000		
			비 과 세	300,000	공 제 총 액	277,700
총인원(퇴사자)	2(0)		지 급 총 액	4,000,000	차 인 지 급 액	3,722,300

☞비과세금액 = 식대(100,000) + 자가운전보조금(200,000) = 300,000원

3. 원천징수이행상황신고서(귀속기간 3월, 지급기간 3월, 1.정기신고)

소득자 소득구분		코드	소득지급		징수세액			당월조정 환급세액	납부세액	
			인원	총지급액	소득세 등	농어촌특별세	가산세		소득세 등	농어촌특별세
	간이세액	A01	1	3,800,000	10,230					
	중도퇴사	A02								

전월 미환급 세액의 계산				당월 발생 환급세액				18.조정대상환급(14+15+16+17)	19.당월조정환급세액계	20.차월이월환급세액	21.환급신청액
12.전월미환급	13.기환급	14.차감(12-13)	15.일반환급	16.신탁재산	금융회사 등	합병 등					
420,000		420,000						420,000	10,230	409,770	

- 전월미환급세액 420,000원 입력

[2] 연말정산

1. [부양가족] 탭

소득명세	부양가족	신용카드 등		의료비	기부금	연금저축 등I	연금저축 등II	월세액	연말정산입력					
연말관계	성명	내/외국인		주민(외국인)번호	나이	기본공제	세대주구분	부녀자	한부모	경로우대	장애인	자녀	출산입양	
0	강희찬	내	1	840130-1068387	40	본인	세대주							
3	송은영	내	1	820317-2062945	42	부								
4	강민호	내	1	151225-3020296	9	20세이하						○	첫째	
6	강성찬	내	1	870717-1097921	37	장애인					1			

2. [신용카드 등] 탭

	성명 생년월일	자료구분	신용카드	직불,선불	현금영수증	도서등신용	도서등직불	도서등현금	전통시장	대중교통	소비증가분	
											2023년	2024년
☐	강희찬 1984-01-30	국세청 기타	18,500,000							500,000		19,000,000
☐	송은영 1982-03-17	국세청 기타										
☐	강민호 2015-12-25	국세청 기타			600,000					100,000		700,000
☐	강성찬 1987-07-17	국세청 기타										

• 재직 중인 회사에 사용한 개인카드는 신용카드공제에서 제외한다.

3. [부양가족] 탭 : 보험료

연말관계	성명	내/외국인		주민(외국인)번호	나이	기본공제	세대주구분	부녀자	한부모	경로우대	장애인	자녀	출산입양
0	강희찬	내	1	840130-1068387	40	본인	세대주						
3	송은영	내	1	820317-2062945	42	부							
4	강민호	내	1	151225-3020296	9	20세이하						○	첫째
6	강성찬	내	1	870717-1097921	37	장애인					1		
				합 계 [명]		3					1	1	1

자료구분	보험료				의료비					교육비	
	건강	고용	일반보장성	장애인전용	일반	실손	선천성이상아	난임	65세,장애인	일반	장애인특수
국세청			2,400,000								
기타	2,399,400	480,000									

보험료 등 공제대상금액

자료구분	국세청간소화	급여/기타	정산	공제대상금액
국민연금_직장		2,700,000		2,700,000
국민연금_지역				
합 계		2,700,000		2,700,000
건강보험료-보수월액		2,127,000		2,127,000
장기요양보험료-보수월액		272,400		272,400
건강보험료-소득월액(납부)				
기요양보험료-소득월액(납부)				
합 계		2,399,400		2,399,400
고용보험료		480,000		480,000
보장성보험-일반	2,400,000			2,400,000
보장성보험-장애인				
합 계	2,400,000			2,400,000

연말관계	성명	내/외국인		주민(외국인)번호	나이	기본공제	세대주구분	부녀자	한부모	경로우대	장애인	자녀	출산입양
0	강희찬	내	1	840130-1068387	40	본인	세대주						
3	송은영	내	1	820317-2062945	42	부							
4	강민호	내	1	151225-3020296	9	20세이하						○	첫째
6	강성찬	내	1	870717-1097921	37	장애인					1		
				합 계 [명]		3					1	1	1

자료구분	보험료				의료비					교육비	
	건강	고용	일반보장성	장애인전용	일반	실손	선천성이상아	난임	65세,장애인	일반	장애인특수
국세청				1,700,000							
기타											

보험료 등 공제대상금액

자료구분	국세청간소화	급여/기타	정산	공제대상금액
국민연금_직장				
국민연금_지역				
합 계				
건강보험료-보수월액				
장기요양보험료-보수월액				
건강보험료-소득월액(납부)				
기요양보험료-소득월액(납부)				
합 계				
고용보험료				
보장성보험-일반				
보장성보험-장애인	1,700,000			1,700,000
합 계	1,700,000			1,700,000

Part 9. 기출문제 해답 - 전산세무 107회

4. [의료비] 탭

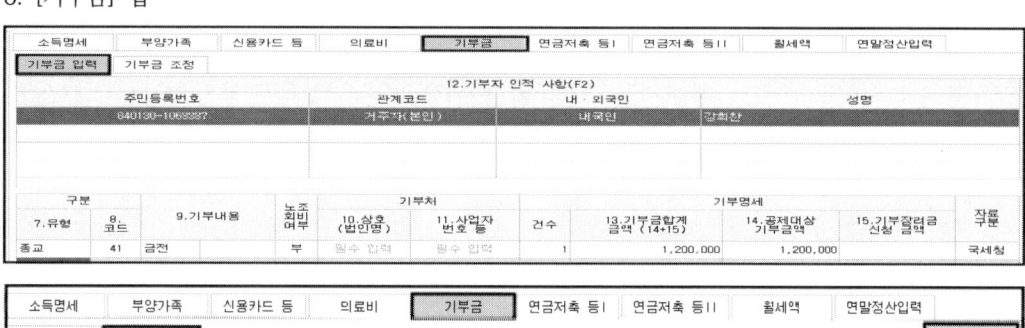

5. [부양가족] 탭 : 교육비

- 학원비는 취학전 아동만 교육비공제가 된다.

6. [기부금] 탭

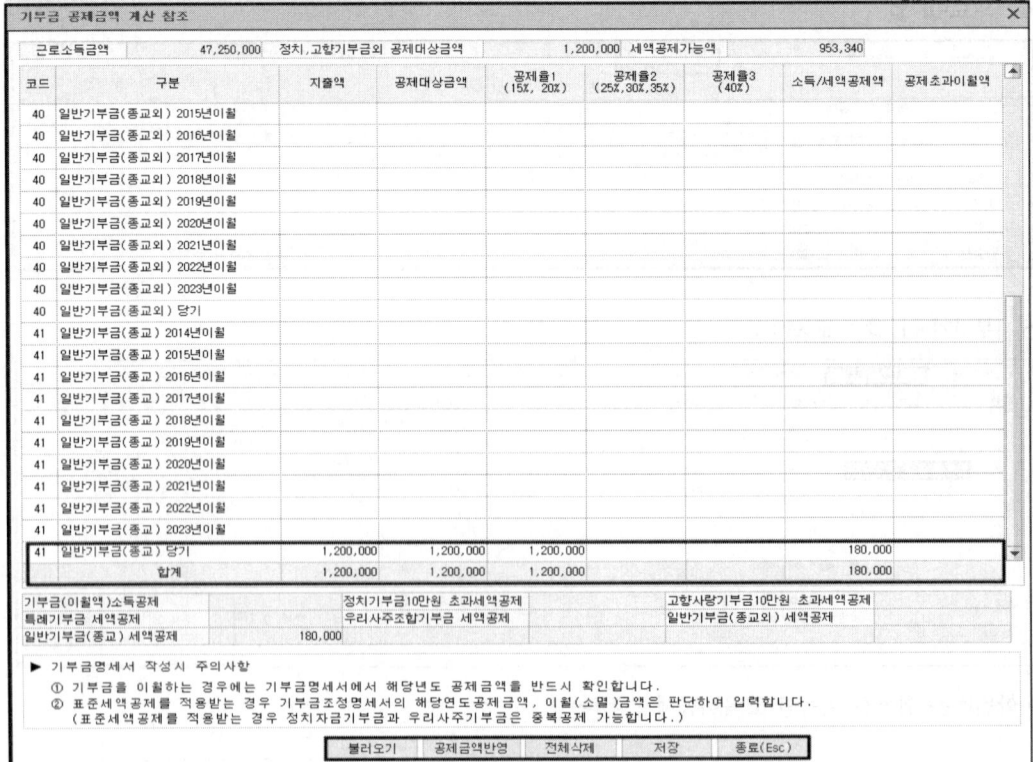

7. [연말정산입력] 탭>F8 부양가족탭불러오기

구분	지출액	공제금액	구분	지출액	공제대상금액	공제금액
21.총급여		60,000,000	49.종합소득 과세표준			32,255,600
22.근로소득공제		12,750,000	50.산출세액			3,578,340
23.근로소득금액		47,250,000	51.「소득세법」			
기본공제 24.본인		1,500,000	52.「조세특례제한법」(53제외)			
25.배우자						
26.부양가족 2명		3,000,000	53.「조세특례제한법」제30조			
추가공제 27.경로우대 명			54.조세조약			
28.장애인 1명		2,000,000	55.세액감면 계			
29.부녀자			56.근로소득 세액공제			660,000
30.한부모가족			57.자녀 ㉮자녀 1명			150,000
연금보험료공제 31.국민연금보험료	2,700,000	2,700,000	세액공제 ㉯출산.입양 1명			300,000
32. 공무원연금			58.과학기술공제			
공적연금 군인연금			59.근로자퇴직연금			
보험료공제 사립학교교직원			60.연금저축			
별정우체국연금			60-1.ISA연금계좌전환			
특별소득공제 33.보험료	2,879,400	2,879,400	특별세액공제 61.보장 일반 2,400,000	2,400,000	1,000,000	120,000
건강보험료	2,399,400	2,399,400	성보험 장애인 1,700,000	1,700,000	1,000,000	150,000
고용보험료	480,000	480,000	62.의료비 9,400,000	9,400,000	7,600,000	1,515,000
34.주택차입금 대출기관						

구분	소득세	지방소득세	농어촌특별세	계
73.결정세액	428,340	42,834		471,174
기납부세액 74.종(전)근무지				
75.주(현)근무지	5,059,000	505,900		5,564,900
76.납부특례세액				
77.차감징수세액	-4,630,660	-463,060		-5,093,720

제108회 전산세무 2급 기출문제 해답

㈜세아산업 (코드번호 : 1082)

▌이 론 시 험 ▌

1	2	3	4	5	6	7	8	9	10	11	12	13	14	15
②	③	①	④	③	①	③	④	②	④	③	①	①	④	②

1. 변경된 새로운 회계정책은 소급하여 적용(소급법)한다.
2. 주식배당으로 주당 액면가액의 변동은 없다.
3. 감가상각비는 기간 배분에 따라 비용을 인식하지만, 나머지는 당기에 즉시 비용으로 인식한다.
4. ④ 손익계산서에 감가상각비가 과대계상되고, 재무상태표의 자산의 과소계상된다.
   ①, ③ 재무상태표에만 영향을 미치는 오류
   ② 손익계산서에만 영향을 미치는 오류
5. 기말재고자산 = 선적지인도조건(1,000,000) + 도착지인도조건(3,000,000)
   + 담보제공저당상품(5,000,000) = 9,000,000원
   반품률을 합리적으로 추정가능시 수익으로 인식하고 재고자산에서 제외한다.
6. 제조부서의 감가상각비를 판매부서의 감가상각비로 회계처리 할 경우, 제품매출원가가 과소계상되어 매출총이익은 증가하고, 영업이익 및 당기순이익의 변동은 없다.
7. 변동제조간접원가 = 직접노무원가(200,000) × 3 = 600,000원
   가공원가 = 직접노무원가(200,000) + 변동제조간접원가(600,000) + 고정제조간접원가(500,000) = 1,300,000원
8. 준변동원가(전기요금)에 대한 설명이다.
9. 평균법과 선입선출법의 차이는 기초재공품의 완성도 차이이다.
   기초재공품(300) × 완성도(40%) = 120개
10. 작업폐물이 비정상적인 경우에는 작업폐물의 매각가치를 기타수익으로 처리한다.
11. 주된 사업과 관련하여 주된 재화의 생산 과정이나 용역의 제공 과정에서 필연적으로 생기는 재화의 공급은 별도의 공급으로 보되, 과세 및 면세 여부 등은 주된 사업의 과세 및 면세 여부 등을 따른다.
12. 개인사업자와 영세법인사업자는 각 예정신고기간마다 직전 과세기간에 대한 납부세액의 50퍼센트로 결정하여 고지징수한다.
13. 소매업을 영위하는 사업자가 영수증을 발급한 경우에도 재화 또는 용역을 공급받는 자가 사업자등록증을 제시하고 세금계산서 발급을 요구하는 경우에는 세금계산서를 발급하여야 한다.
14. 대주주인 출자임원이 사택을 제공받음으로써 얻는 이익은 근로소득으로 과세되며, 주주가 아닌 임원의 경우에는 과세 제외된다.

15. 종합소득금액 = 사업소득금액(25,000,000) - 사업소득결손금 결손금(10,000,000)
　　　　　　　　+ 근로소득금액(13,000,000) = 28,000,000원
→ 양도소득은 분류과세되는 소득이며, **비주거용 부동산 임대업에서 발생한 결손금은 해당연도의 다른 소득금액에서 공제할 수 없다.**

▌실 무 시 험 ▌

문제 1.

[1] (차) 기업업무추진비(판)　　　100,000　　(대) 보통예금　　　100,000

[2] (차) 퇴직급여(제)　　　2,700,000　　(대) 보통예금　　　2,700,000

[3] (차) 보통예금　　　20,000,000　　(대) 자본금　　　25,000,000
　　　　주식발행초과금　　2,000,000
　　　　주식할인발행차금　　3,000,000
　　☞ 발행가액(5,000주×4,000) - 액면가액(5,000주×5,000) = △5,000,000원(할인발행)
　　　주식발행초과금 2,000,000원을 우선상계하고 나머지는 주식할인발행차금으로 회계처리한다.

[4] (차) 보통예금　　　19,450,000　　(대) 단기차입금(하나은행)　　　20,000,000
　　　　이자비용　　　550,000
　　☞ 차입거래는 어음을 담보로 자금을 빌리는 것을 말한다.

[5] (차) 기계장치　　　3,800,000　　(대) 자산수증이익　　　3,800,000

문제 2.

문항	일자	유형	공급가액	부가세	거래처	전자
[1]	10/08	12.영세	10,000,000	-	㈜상상	여
		영세율구분 : ③내국신용장 · 구매확인서에 의하여 공급하는 재화				
분개유형		(차) 외상매출금　　10,000,000　(대) 제품매출　　10,000,000				
외상(혼합)						

문항	일자	유형	공급가액	부가세	거래처	신용카드
[2]	10/14	57.카과	1,500,000	150,000	안녕정비소	㈜순양카드
분개유형		(차) 부가세대급금　　150,000　(대) 미지급금　　1,650,000				
카드(혼합)		차량유지비(제)　1,500,000　　　(㈜순양카드)				

문항	일자	유형	공급가액	부가세	거래처	전자
[3]	11/03	51.과세	-30,000,000	-3,000,000	㈜바이머신	여
분개유형		(차) 부가세대급금		-3,000,000	(대) 미지급금	-33,000,000
혼합		기계장치	-30,000,000			
문항	일자	유형	공급가액	부가세	거래처	전자
[4]	11/11	51.과세	2,000,000	200,000	㈜사탕	여
분개유형		(차) 부가세대급금		200,000	(대) 선급금	200,000
혼합		복리후생비(판)	2,000,000		보통예금	2,000,000
문항	일자	유형	공급가액	부가세	거래처	전자
[5]	12/28	14.건별	250,000	25,000	-	-
분개유형		(차) 보통예금		275,000	(대) 부가세예수금	25,000
혼합		감가상각누계액(213)	960,000		비품	1,200,000
					유형자산처분이익	10,000

☞ 처분손익 = 처분가액(250,000) - 장부가액(1,200,000 - 960,000) = 10,000원(이익)

문제 3.

[1] [신용카드매출전표등발행금액집계표]와 [신용카드매출전표등 수령명세서(갑)](7월~9월)

1. [신용카드매출전표등발행금액집계표](7월~9월)

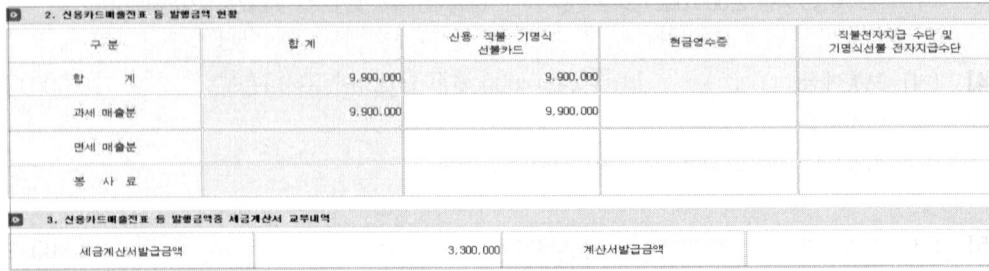

2. [신용카드매출전표등수령명세서(갑)](7월~9월)

[2] [대손세액공제신고서](4월~6월)

당초공급일	대손확정일	대손금액	공제율	대손세액	거래처		대손사유
2023-09-01	2024-05-02	7,700,000	10/110	700,000	수성(주)	5	부도(6개월경과)
2021-05-10	2024-05-10	5,500,000	10/110	500,000	금성(주)	6	소멸시효완성
2023-01-05	2024-05-10	-2,750,000	10/110	-250,000	비담(주)	7	매출채권 일부 회수

• 정성㈜ 외상매출금 : 부도발생일로부터 6개월이 경과하지 않았으므로 공제 불가.
• 우강상사 단기대여금 : 단기대여금은 부가가치세법상 대손세액공제 대상이 아니다.

[3] 전자신고(1~3월)
1. [전자신고] : 102회 정답 참조

문제 4.

[1] 〈수동결산〉

(차) 선급비용　　　　　　　　1,250,000　(대) 보험료(제)　　　　1,250,000

☞ 선급비용 = 보험료(3,000,000) ÷ 12개월 × 5개월(1.1~5.31) = 1,250,000원

[2] 〈수동결산〉

(차) 보통예금　　　　　　　　7,200,000　(대) 단기차입금(우리은행)　7,200,000

☞ 기말에 당좌차월금액은 단기차입금으로 대체되므로 당좌차월로 처리하시면 안됩니다.

[3] 〈수동결산〉

(차) 매도가능증권평가손실　　23,500,000　(대) 매도가능증권(178)　23,500,000

〈매도가능증권 평가〉

	취득가액	공정가액	평가이익	평가손실
전기	159,000,000	158,500,000		500,000
당기		135,000,000		**23,500,000**
계				24,000,000

[4] 〈수동/지동결산〉

(차) 대손상각비(판)　　　　　4,540,500　(대) 대손충당금(109)　4,540,500
　　 기타의대손상각비　　　　2,480,000　　　　대손충당금(121)　2,480,000

계정과목	기말잔액(A)	대손추산액 (B = A × 1%)	설정전 대손충당금(C)	당기대손상각비 (B - C)
외상매출금	558,550,000	5,585,500	1,045,000	4,540,500
미수금	278,000,000	2,780,000	300,000	2,480,000

1. [결산자료입력]>F8 대손상각>• 대손율 1.00
   • 외상매출금, 미수금을 제외한 계정의 추가설정액을 삭제>
   [결산반영]
2. 7.영업외비용>2).기타의대손상각>미수금 2,480,000원 입력>F3전표추가

[5] 〈수동/자동결산〉
(차) 무형자산상각비   650,000   (대) 특허권   650,000
   ☞ 무형자산상각비 = 취득가액(4,550,000) ÷ 내용연수(7년) = 650,000원/년
[결산자료입력]>4.판매비와 일반관리비
   >6). 무형자산상각비>특허권 결산반영금액란 650,000원 입력>F3 전표추가

문제 5.
[1] [급여자료입력] 및 [원천징수이행상황신고서]최철수, 귀속기간 : 3월, 4월, 지급년월일 : 4월 30일

1. 수당 및 공제 등록
   (1) 수당등록

No	코드	과세구분	수당명	근로소득유형			월정액	통상 임금	사용 여부
				유형	코드	한도			
1	1001	과세	기본급	급여			정기	여	여
2	1002	과세	상여	상여			부정기	부	부
3	1003	과세	직책수당	급여			정기	부	부
4	1004	과세	월차수당	급여			정기	부	부
5	1005	비과세	식대	식대	P01	(월)200,000	정기	부	부
6	1006	비과세	자가운전보조금	자가운전보조금	H03	(월)200,000	부정기	부	부
7	1007	비과세	야간근로수당	야간근로수당	O01	(년)2,400,000	부정기	부	부
8	2001	과세	식대	급여			정기	부	여

☞현물식사를 제공하므로 식대는 과세

(2) 공제등록

No	코드	공제항목명	공제소득유형	사용여부
1	5001	국민연금	고정항목	여
2	5002	건강보험	고정항목	여
3	5003	장기요양보험	고정항목	여
4	5004	고용보험	고정항목	여
5	5005	학자금상환	고정항목	부
6	6001	건강보험료정산	건강보험료정산	여
7	6002	장기요양보험정산	장기요양보험정산	여

2. [급여자료입력] 최철수
   (1) 3월 귀속 급여(지급년월일 4월 30일)

급여항목	금액	공제항목	금액
기본급	2,800,000	국민연금	135,000
식대	100,000	건강보험	104,850
		장기요양보험	13,430
		고용보험	23,200
		건강보험료정산	
		장기요양보험정산	
		소득세(100%)	65,360
		지방소득세	6,530
과 세	2,900,000	농특세	
비 과 세		공 제 총 액	348,370
지 급 총 액	2,900,000	차 인 지 급 액	2,551,630

   ☞ 소득세 등은 문제에서 주어진대로 입력합니다.

   (2) 4월 귀속 급여(지급년월일 4월 30일)

급여항목	금액	공제항목	금액
기본급	3,000,000	국민연금	135,000
식대	200,000	건강보험	115,330
		장기요양보험	14,770
		고용보험	25,600
		건강보험료정산	125,760
		장기요양보험정산	15,480
		소득세(100%)	91,460
		지방소득세	9,140
과 세	3,200,000	농특세	
비 과 세		공 제 총 액	532,540
지 급 총 액	3,200,000	차 인 지 급 액	2,667,460

3. 원천징수이행상황신고서
   (1) 3월 귀속 4월 지급분(귀속기간 3월, 지급기간 4월, 1. 정기신고)

소득자 소득구분	코드	소득지급		징수세액			당월조정환급세액	납부세액	
		인원	총지급액	소득세 등	농어촌특별세	가산세		소득세 등	농어촌특별세
간이세액	A01	1	2,900,000	65,360					
중도퇴사	A02								

   (2) 4월 귀속 4월 지급분(귀속기간 4월, 지급기간 4월, 1. 정기신고)

소득자 소득구분	코드	소득지급		징수세액			당월조정환급세액	납부세액	
		인원	총지급액	소득세 등	농어촌특별세	가산세		소득세 등	농어촌특별세
간이세액	A01	1	3,200,000	91,460					
중도퇴사	A02								

   ☞ 귀속연월이 다른 소득을 당월분과 함께 지급시 그 귀속월별로 각각 작성하여 제출하여야 합니다.

[2] 연말정산(신영식)

1. [소득명세] 탭 : (전근무지 원천징수영수증 입력)

구분		합계	주(현)	납세조합	종(전) [1/2]
	9.근무처명		(주)세아산업		(주)진우상사
	9-1.종교관련 종사자		부		부
소	10.사업자등록번호		202-81-03655		258-81-84442
	11.근무기간		2024-05-01 ~ 2024-12-31	~	2024-01-01 ~ 2024-04-20
	12.감면기간		~	~	~
득	13-1.급여(급여자료입력)	44,800,000	24,800,000		20,000,000
	13-2.비과세한도초과액				
	13-3.과세대상추가(인정상여추가)				
명	14.상여				
	15.인정상여				
	15-1.주식매수선택권행사이익				
	15-2.우리사주조합 인출금				
세	15-3.임원퇴직소득금액한도초과액				
	15-4.직무발명보상금				
	16.계	44,800,000	24,800,000		20,000,000
	18.국외근로				
	20-1.감면소득 계				
공	직장	건강보험료(직장)(33)	1,298,460	879,160		419,300
제		장기요양보험료(33)	164,000	112,560		51,440
보		고용보험료(33)	306,400	198,400		108,000
험		국민연금보험료(31)	1,656,000	1,116,000		540,000
료	공적	공무원 연금(32)				
명	연금	군인연금(32)				
세	보험료	사립학교교직원연금(32)				
		별정우체국연금(32)				
세	기납부세액	소득세	863,200	663,200		200,000
액		지방소득세	86,320	66,320		20,000
		농어촌특별세				

2. [부양가족] 탭 : 보험료

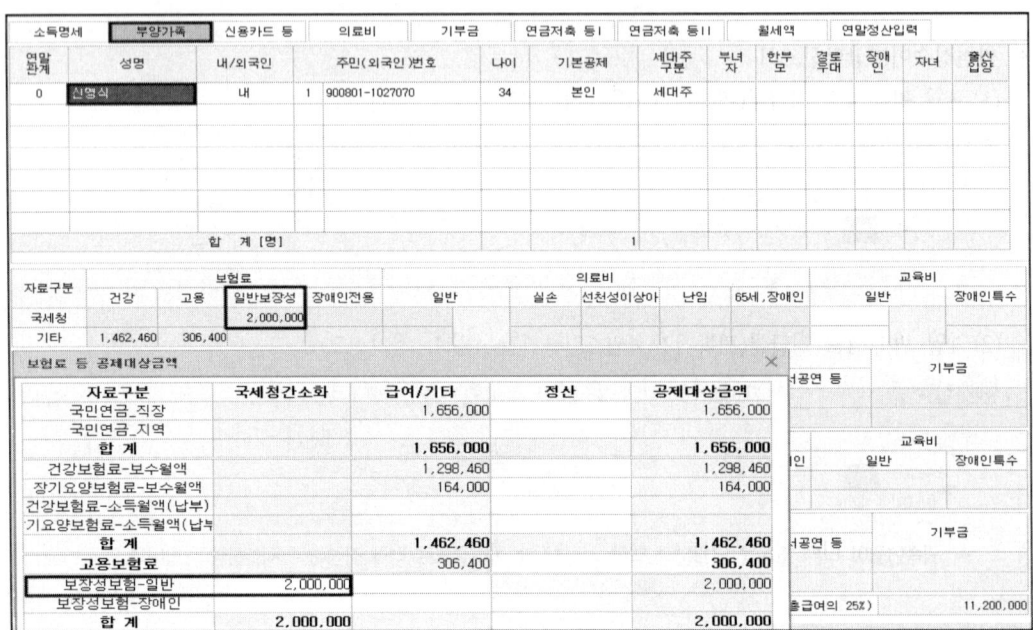

Part 9. 기출문제 해답 - 전산세무 108회

3. [부양가족] 탭 : 교육비

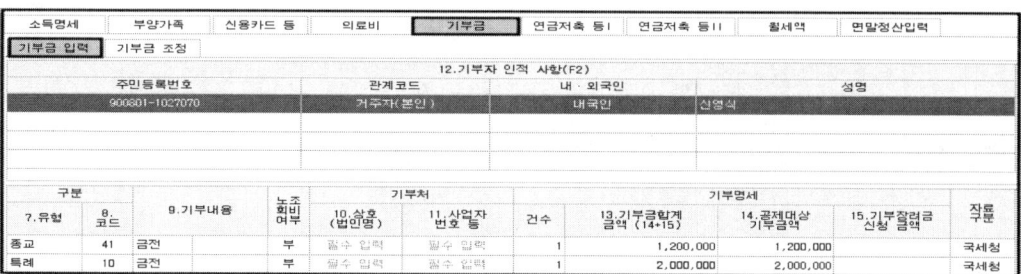

4. [의료비] 탭

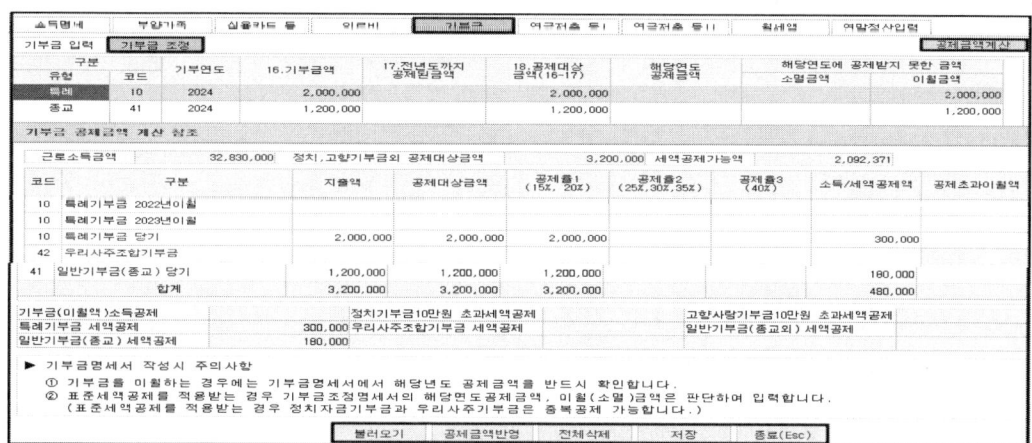

- 안경구입비는 한도가 50만원 이다.
- 미용목적과 건강증진 한약은 공제 대상이 아니다.

5. [기부금] 탭

6. [연금저축 등Ⅰ] 탭

1 연금계좌 세액공제		- 퇴직연금계좌(연말정산입력 탭의 58.과학기술인공제, 59.근로자퇴직연금)					크게보기
퇴직연금 구분	코드	금융회사 등	계좌번호(증권번호)	납입금액	공제대상액	세액공제금액	
퇴직연금							
과학기술인공제회							

2 연금계좌 세액공제		- 연금저축계좌(연말정산입력 탭의 38.개인연금저축, 60.연금저축)					크게보기
연금저축구분	코드	금융회사 등	계좌번호(증권번호)	납입금액	공제대상액	소득/세액공제액	
1.개인연금저축	305	KEB 하나은행(구. 주식회사	253-667750-73308	2,000,000		720,000	
개인연금저축				2,000,000		720,000	
연금저축							

7. [연말정산입력] 탭 : F8 부양가족탭불러오기

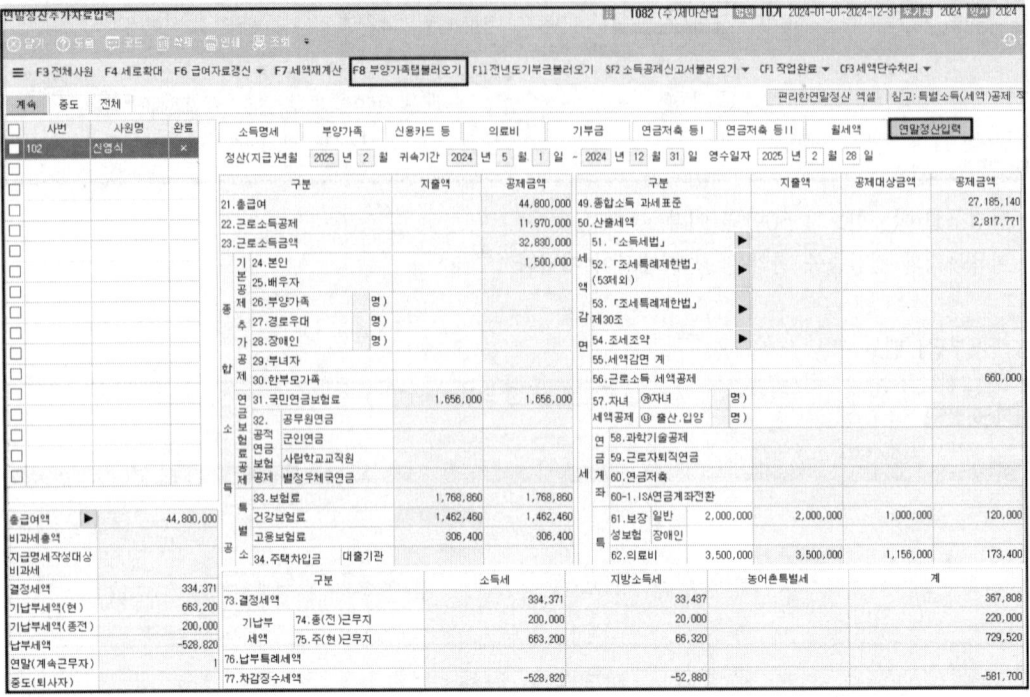

제109회 전산세무 2급 기출문제 해답

㈜천부전자 (코드번호 : 1092)

▌이론시험 ▌

1	2	3	4	5	6	7	8	9	10	11	12	13	14	15
②	④	④	②	②	②	③	③	④	③	④	①	①	③	③

1. 양도한 금융부채의 장부금액과 지급한 대가의 차액은 당기손익으로 인식한다.

2. 처분손익(단기매매) = [처분가액(6,000) - 장부가액(5,000)] × 500주 = 500,000원(이익)
   처분손익(매도가능) = [처분가액(6,000) - 취득가액(4,000)] × 500주 = 1,000,000원(이익)
   따라서 **매도가능증권으로 분류한 경우의 2024년 당기순이익이 단기매매증권으로 분류하였을 때보다 500,000원 증가**한다.
   2023년 평가손익(단기매매) = [공정가액(5,000) - 장부가액(4,000)] × 500주 = 500,000원(당기이익)
   2023년 평가손익(매도가능) = [공정가액(5,000) - 장부가액(4,000)] × 500주 = 500,000원(자본)
   단기매매증권 또는 매도가능증권 분류시 자산금액은 동일하다.

3. **세법 규정을 따르기 위한 회계변경은 정당한 사유에 해당하지 않는다.**

4. **합리적인 상각방법을 정할 수 없는 경우에는 정액법으로 상각**한다.

5. 주주로부터 현금을 수령하고 주식을 발행하는 경우에 주식의 발행금액이 액면금액보다 크다면 그 차액을 **주식발행초과금으로 하여 자본잉여금**으로 회계처리한다.

6. 예정배부액 = 실제조업도(5시간 × 100일) × 예정배부율(3,000) = 1,500,000원
   예정배부액(1,500,000) - 실제발생액(??) = 250,000원(과대배부)
   ∴ 실제발생액 = 1,250,000원

7.

원재료			
기초재고	0	사용	500,000
<u>구입</u>	<u>550,000</u>	기말재고	50,000
계	550,000	계	550,000

8. 당기 기말제품 재고액은 손익계산서에서 매출원가를 산출하는데 필요한 자료이다.

9. 〈직접배분법〉

	보조부문		제조부문	
	A	B	X	Y
배분전 원가	1,500,000	1,600,000		
A(62.5% : 37.5%)	(1,500,000)	–	937,500	
B(37.5% : 62.5%)	–	(1,600,000)	600,000	
보조부문 배부 후 원가			1,537,500	

10. 평균법은 당기 이전에 착수된 기초재공품도 당기에 착수한 것으로 가정하여 계산하므로 **평균법이 선입선출법보다 계산이 간편**하다.
11. 용역의 대가의 각 부분을 받기로 한 때란 **"받기로 약정된 날"을 의미하므로 대가를 받지 못하는 경우에도 공급시기**로 본다.
12. **항공법에 따른 항공기에 의한 여객운송용역은 과세 대상**에 해당한다.
13. **폐업 시 잔존재화는 재화의 간주공급**에 해당하며, 사업의 포괄양도와 조세의 물납, 강제 경매나 공매는 재화의 공급으로 보지 않는다.
14. 나머지는 모두 무조건 분리과세 대상에 해당하며 **계약금이 위약금으로 대체되는 경우의 위약금 등은 무조건 종합과세 대상**이다.
15. **직계존속의 일반대학교 등록금은 교육비세액공제 대상이 아니다.**

▌실 무 시 험 ▌

문제 1.

[1] (차) 당좌예금   1,600,000 (대) 선수금(㈜한강물산)   1,600,000

[2] (차) 대손충당금(109)   4,000,000 (대) 외상매출금(㈜동방불패) 13,000,000
         대손상각비(판)   9,000,000

[3] (차) 차량운반구   7,700,000 (대) 보통예금   7,700,000

[4] (차) 미지급배당금   100,000,000 (대) 예수금   15,400,000
                                         보통예금   84,600,000
    ☞결의시 : (차) 이월이익잉여금(중간배당금) 100,000,000 (대) 미지급배당금 100,000,000

[5] (차) 보통예금   10,850,000 (대) 사채   10,000,000
                                         사채할증발행차금   850,000

문제 2.

문항	일자	유형	공급가액	부가세	거래처	전자
[1]	7/18	11.과세	11,000,000	1,100,000	㈜로라상사	여
분개유형		(차) 미수금	12,100,000	(대)	부가세예수금	1,100,000
혼합		감가상각누계액(207)	38,000,000		기계장치	52,000,000
		유형자산처분손실	3,000,000			

문항	일자	유형	공급가액	부가세	거래처	전자
[2]	7/30	61.현과	600,000	60,000	㈜소나무	-
분개유형		(차) 부가세대급금		60,000	(대) 가수금	660,000
혼합		비품		600,000	(대표자 또는 정지훈)	

문항	일자	유형	공급가액	부가세	거래처	전자
[3]	8/31	51.과세	1,500,000	150,000	오미순부동산	부
		Shift F5 예정신고누락분 확정신고>확정신고 개시연월 : 2024년 10월>확인(Tab)				
분개유형		(차) 부가세대급금		150,000	(대) 미지급금	1,650,000
혼합		임차료(제)		1,500,000		

문항	일자	유형	공급가액	부가세	거래처	전자
[4]	9/28	55.수입	20,000,000	2,000,000	인천세관	여
분개유형		(차) 부가세대급금		2,000,000	(대) 보통예금	2,000,000
혼합						

문항	일자	유형	공급가액	부가세	거래처	전자
[5]	9/30	54.불공(④)	2,600,000	260,000	㈜부천백화점	여
분개유형		(차) 기업업무추진비(판)	2,860,000	(대)	현금	500,000
혼합					보통예금	2,360,000

문제 3.

[1] [수출실적명세서]

No	(13)수출신고번호	(14)선(기)적일자	(15)통화코드	(16)환율	금액 (17)외화	금액 (18)원화	전표정보 거래처코드	전표정보 거래처명
	⑨합계	2			132,000.00	176,800,000		
	⑩수출재화[=⑩합계]	2			132,000.00	176,800,000		
	⑪기타영세율적용							
1	11133-77-100066X	2024-04-15	USD	1,300.0000	80,000.00	104,000,000	00159	B&G
2	22244-88-100077X	2024-05-30	EUR	1,400.0000	52,000.00	72,800,000	00160	PNP

조회기간 : 2024년 04월 ~ 2024년 06월, 구분 : 1기 확정

[2] [부가가치세신고서](4~6월)

1. 과세표준 및 매출세액

구분				정기신고금액		
				금액	세율	세액
과세표준및매출세액	과세	세금계산서발급분	1	200,000,000	10/100	20,000,000
		매입자발행세금계산서	2		10/100	
		신용카드·현금영수증발행분	3	40,000,000	10/100	4,000,000
		기타(정규영수증외매출분)	4			
	영세	세금계산서발급분	5	40,000,000	0/100	
		기타	6	5,000,000	0/100	
	예정신고누락분		7			
	대손세액가감		8			
	합계		9	285,000,000	㉮	24,000,000

2. 매입세액

매입세액	세금계산서수취분	일반매입	10	120,000,000		12,000,000
		수출기업수입분납부유예	10-1			
		고정자산매입	11	30,000,000		3,000,000
	예정신고누락분		12	20,000,000		2,000,000
	매입자발행세금계산서		13			
	그 밖의 공제매입세액		14	10,000,000		1,000,000
	합계(10)-(10-1)+(11)+(12)+(13)+(14)		15	180,000,000		18,000,000
	공제받지못할매입세액		16			
	차감계 (15-16)		17	180,000,000	㉯	18,000,000
납부(환급)세액(매출세액㉮-매입세액㉯)					㉰	6,000,000

☞ 9인승 차량은 매입세액공제 대상이다.

예정신고누락분

12.매입(예정신고누락분)					
예	세금계산서	38	20,000,000		2,000,000
	그 밖의 공제매입세액	39			

그 밖의 공제매입세액

14.그 밖의 공제매입세액					
신용카드매출수령금액합계표	일반매입	41	10,000,000		1,000,000
	고정매입	42			

3. 납부세액(예정신고 미환급세액 1,000,000원)

납부(환급)세액(매출세액㉮-매입세액㉯)				㉰	6,000,000
경감공제세액	그 밖의 경감·공제세액	18			
	신용카드매출전표등 발행공제등	19			
	합계	20		㉱	
소규모 개인사업자 부가가치세 감면세액		20-1		㉲	
예정신고미환급세액		21		㉳	1,000,000
예정고지세액		22		㉴	
사업양수자의 대리납부 기납부세액		23		㉵	
매입자 납부특례 기납부세액		24		㉶	
신용카드업자의 대리납부 기납부세액		25		㉷	
가산세액계		26		㉸	
차가감하여 납부할세액(환급받을세액)㉰-㉱-㉲-㉳-㉴-㉵-㉶-㉷+㉸		27			5,000,000
총괄납부사업자가 납부할 세액(환급받을 세액)					

[3] 전자신고(1~3월) : 102회 정답 참조

문제 4.

[1] 〈수동결산〉
(차) 소모품비(제)　　　　　　　250,000　(대) 소모품　　　　　　　250,000

[2] 〈수동결산〉
(차) 외화환산손실　　　　　　2,000,000　(대) 단기차입금(㈜유성)　2,000,000
☞ 환산손익 = [기말 기준환율(1,400) − 발생일 기준환율(1,300)] × $20,000 = 2,000,000원(손실)

[3] 〈수동결산〉
(차) 이자비용　　　　　　　　2,550,000　(대) 미지급비용　　　　　2,550,000

[4] 〈수동결산〉
(차) 부가세예수금　　　　　　　240,000　(대) 부가세대급금　　　12,400,000
　　　세금과공과(판)　　　　　　　24,000　　　잡이익　　　　　　　　10,000
　　　미수금　　　　　　　　　12,146,000

[5] 〈수동/자동결산〉
(차) 법인세등　　　　　　　　27,800,000　(대) 선납세금　　　　　11,000,000
　　　　　　　　　　　　　　　　　　　　　　　미지급세금　　　　16,800,000
[결산자료입력]>9. 법인세등>1). 선납세금 11,000,000원 입력
　　　　　　　　　　　　　3). 추가계상액 16,800,000원 입력>F3 전표추가

문제 5.
[1] [사원등록] 김경민(2024)

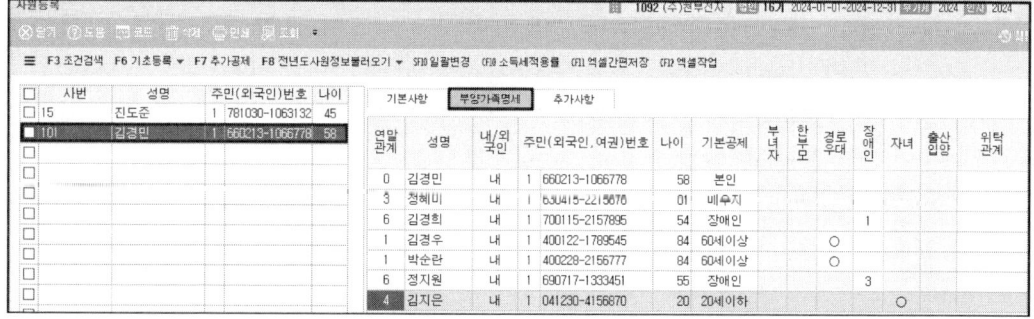

[2] 연말정산(진도준)

1. [부양가족] 탭 ; 인적공제

연말정산	성명	내/외국인	주민(외국인)번호	나이	기본공제	세대주구분	부녀자	한부모	경로우대	장애인	자녀	출산입양
0	진도준	내	1 781030-1063132	46	본인	세대주						
1	박정희	내	1 490511-2148712	75	부							
3	김선영	내	1 800115-2347238	44	배우자							
4	진도진	내	1 140131-3165610	10	20세이하						○	
4	진시진	내	1 180121-3165115	6	20세이하							

2. [부양가족] 탭 ; 보험료

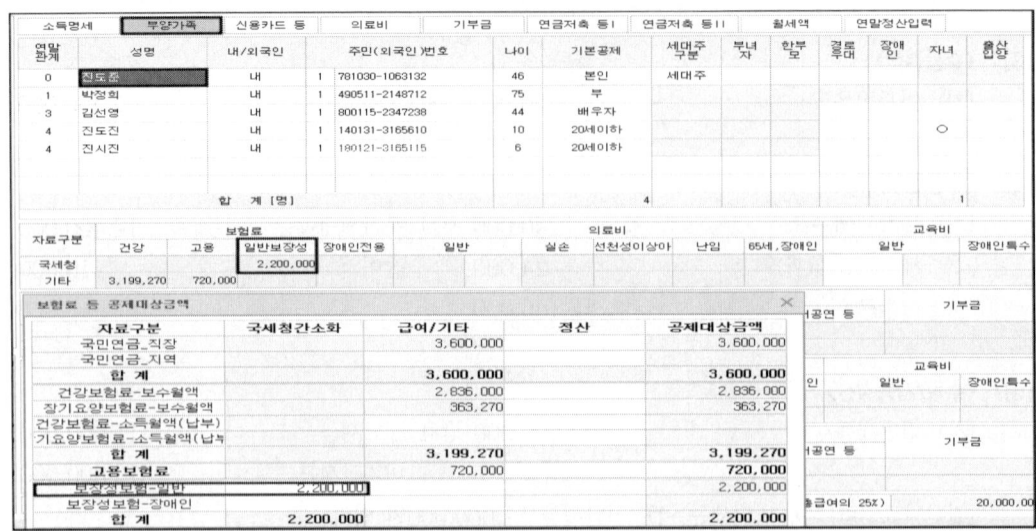

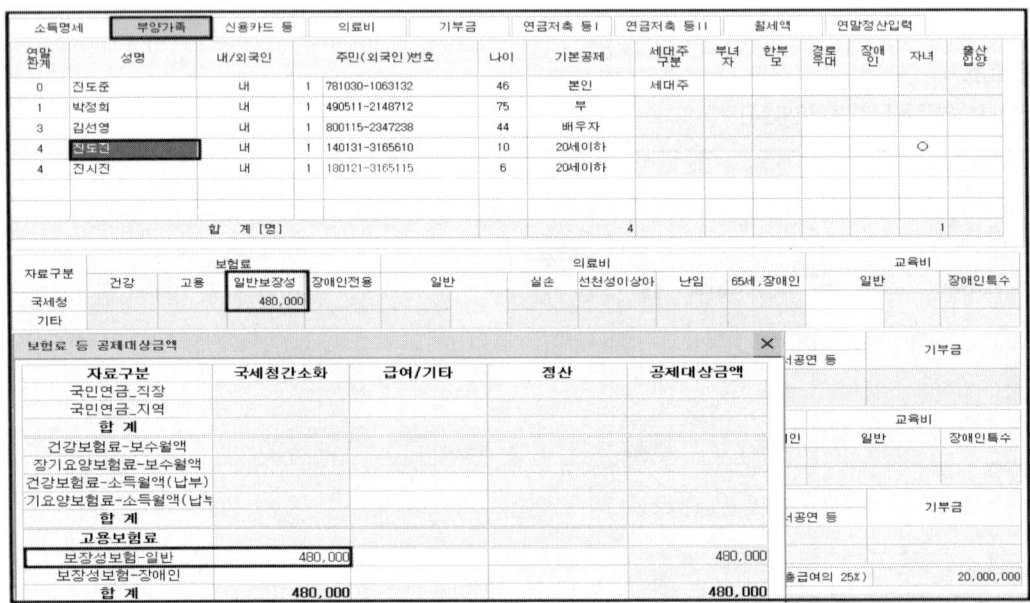

3. [부양가족] 탭 ; 교육비

- 직계존속의 교육비는 공제대상이 아니다.(단, 장애인특수교육비는 공제 된다.)
- 초등학생의 학원비와 체육관비와 진시진의 축구교실은 공제 대상이 아니다.

4. [의료비] 탭

- 렌즈 구입비는 1인당 한도가 50만원이다.

5. [신용카드 등] 탭

	성명 생년월일	자료 구분	신용카드	직불,선불	현금영수증	도서등 신용	도서등 직불	도서등 현금	전통시장	대중교통	소비증가분	
											2023년	2024년
☐	진도준	국세청	30,000,000	2,200,000	3,000,000				2,200,000	182,000		37,582,000
	1978-10-30	기타										
☐	박정희	국세청										
	1949-05-11	기타										
☐	김선영	국세청										
	1980-01-15	기타										
☐	진도진	국세청										
	2014-01-31	기타										
☐	진시진	국세청										
	2018-01-21	기타										

6. [연금저축 등||] 탭

1. 연금계좌 세액공제 - 퇴직연금계좌(연말정산입력 탭의 58.과학기술인공제, 59.근로자퇴직연금)

퇴직연금 구분	코드	금융회사 등	계좌번호(증권번호)	납입금액	공제대상금액	세액공제금액
퇴직연금						
과학기술인공제회						

2. 연금계좌 세액공제 - 연금저축계좌(연말정산입력 탭의 38.개인연금저축, 60.연금저축)

연금저축구분	코드	금융회사 등	계좌번호(증권번호)	납입금액	공제대상금액	소득/세액공제액
2.연금저축	405	삼성생명보험 (주)	153-05274-72339	2,400,000	2,400,000	288,000
개인연금저축						
연금저축				2,400,000	2,400,000	288,000

7. [연말정산입력] 탭 : F8 부양가족탭불러오기

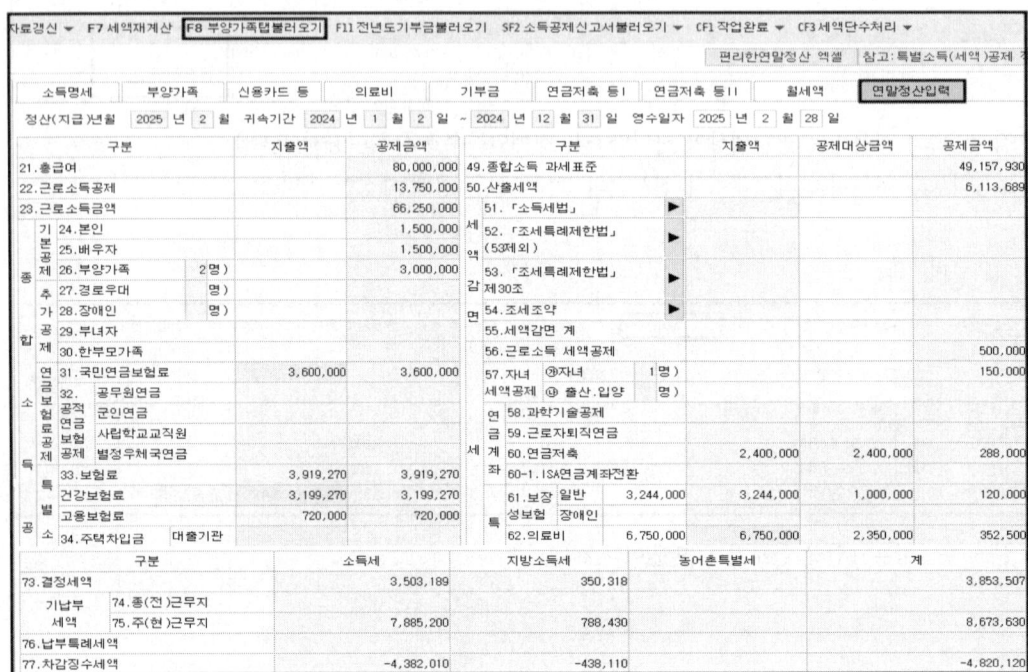

제110회 전산세무 2급 기출문제 해답

㈜도원기업 (코드번호 : 1102)

▌이 론 시 험 ▌

1	2	3	4	5	6	7	8	9	10	11	12	13	14	15
①	④	①	③	③	③	①	③	②,④	④	④	①	③	①	③

1. **유동성이 높은 항목부터 배열하는 것을 원칙**으로 한다.
2. 유동자산 = 매출채권(1,000,000) + 상품(2,500,000) + 당좌예금(3,000,000) + 선급비용(500,000)
   = 7,000,000원
   비유동자산 : 특허권, 장기매출채권
3. 원가흐름의 가정에 대한 문제가 나올 시 **가장 크거나 가장 작은 방법은 선입선출법 또는 후입선출법이 된다.** 그리고 언제나 순서는 **선입→이동→총→후입**이 되고, 역으로도 마찬가지이다.
   물가가 지속적으로 상승하는 경우 **기말재고자산 금액은 후입선출법>총평균법>이동평균법>선입선출법 순으로 커진다.**
4. 수익적지출을 자본적 지출로 잘못 회계처리하면 **자산의 과대계상과 비용의 과소계상으로 인해 당기순이익과 자본이 과대계상**된다.
5. **매도가능증권평가손익은 기타포괄손익누계액에 계상**한다.
6. **가공원가란 직접노무원가와 제조간접원가**를 말한다.
7. 제조간접원가 = 총제조원가(4,000,000) × 25% = 1,000,000원
   직접노무원가 = 제조간접원가(1,000,000) × 200% = 2,000,000원
   직접재료원가 = 총제조원가(4,000,000) - 제조간접원가(1,000,000) - 직접노무원가(2,000,000)
   = 1,000,000원
8. 예정배부율 : $\dfrac{\text{제조간접원가 예산}(2,000,000)}{\text{예정 직접노무시간}(200시간)}$ = 10,000원/직접노무시간

   예정배부액 = 실제 제조간접원가(2,500,000) ± 배부차이(0) = 2,500,000원
   실제 직접노동시간 = 실제제조간접원가(2,000,000) ÷ 예정배부율(10,000) = 250시간
9. ② **작업폐물에 관한 설명이다.**(공손에 관한 설명과 관계없이 작업폐물도 정답 인용)
   ④ **정상공손여부는 원가흐름과 상관없다.**
10. 평균법은 **기초재공품도 당기에 착수한 것으로 가정하므로 기초재공품의 물량에 대한 정보는 불필요**하다.
11. 사업자가 자기생산·취득재화를 **비영업용 승용자동차(개별소비세 과세 대상)로 사용 또는 소비하거나 그 자동차의 유지를 위하여 사용 또는 소비하는 경우 재화의 공급으로 본다.**

12. 역진성 완화에 대한 설명으로 면세제도이다. 영세율 제도는 소비지국과세원칙의 구현을 목적으로 한다.
13. 사업자가 재화 또는 용역을 공급하지 아니하고 세금계산서 등을 발급한 경우 그 **(가공)세금계산서 등에 적힌 공급가액의 3퍼센트를 납부세액에 더하거나 환급세액에서 뺀다.**
14. 잉여금처분에 의한 상여는 해당 법인의 **잉여금처분결의일을 수입시기**로 한다.
15. 총수입금액 = 매출액(300,000,000) + 차량 양도가액(30,000,000) = 330,000,000원
    복식부기의무자가 **차량 및 운반구 등 대 유형자산(토지,건물 제외)을 양도함으로써 발생하는 소득은 사업소득**으로 한다.

▌실 무 시 험 ▐

문제 1.

[1]	(차) 단기매매증권	6,000,000	(대) 보통예금	6,030,000
	수수료비용(984)	30,000		
[2]	(차) 보통예금	423,000	(대) 이자수익	500,000
	선납세금	77,000		
[3]	(차) 건설중인자산	2,500,000	(대) 보통예금	2,500,000
[4]	(차) 퇴직연금운용자산	10,000,000	(대) 보통예금	17,000,000
	퇴직급여(판)	7,000,000		
[5]	(차) 선급금(㈜지유)	5,000,000	(대) 당좌예금	5,000,000

문제 2.

문항	일자	유형	공급가액	부가세	거래처	전자
[1]	7/7	54.불공	500,000	50,000	㈜신화	여
		불공제사유 : ④ 기업업무추진비 및 이와 유사한 비용 관련					
분개유형		(차) 기업업무추진비(판) 550,000 (대) 현금				550,000
혐금(혼합)							

문항	일자	유형	공급가액	부가세	거래처	전자
[2]	7/20	61.현과	1,000,000	100,000	㈜하나마트	-
분개유형		(차) 부가세대급금 100,000 (대) 현금				1,100,000
혼합(현금)		소모품비(제) 1,000,000				

Part 9. 기출문제 해답 - 전산세무 110회

문항	일자	유형	공급가액	부가세	거래처	전자
[3]	8/16	16.수출	11,000,000	-	미국 UFC사	-
		영세율구분 : ① 직접수출(대행수출 포함)				
분개유형	(차) 외상매출금		11,000,000	(대) 제품매출		11,000,000
외상(혼합)						

문항	일자	유형	공급가액	부가세	거래처	전자
[4]	9/30	11.과세	18,000,000	1,800,000	㈜명학산업	여
분개유형	(차) 현금		18,000,000	(대) 부가세예수금		1,800,000
혼합	선수금		1,800,000	제품매출		18,000,000

☞ 타인발행당좌수표는 현금성자산에 해당합니다.

문항	일자	유형	공급가액	부가세	거래처	전자
[5]	10/31	52.영세	6,000,000	-	㈜크림	여
분개유형	(차) 원재료		6,000,000	(대) 보통예금		6,000,000
혼합						

문제 3.

[1] [건물등감가상각자산취득명세서](10~12월)

감가상각자산종류	건수	공급가액	세액	비고
합 계	4	145,000,000	14,500,000	
건물·구축물	1	100,000,000	10,000,000	
기계장치				
차량운반구	1	15,000,000	1,500,000	
기타감가상각자산	2	30,000,000	3,000,000	

No	월/일	상호	사업자등록번호	자산구분	공급가액	세액	건수
1	10-04	우리전산	102-03-52877	기타	20,000,000	2,000,000	1
2	11-11	(주)튼튼건설	101-81-25749	건물,구축물	100,000,000	10,000,000	1
3	11-20	(주)빠름자동차	204-81-96316	차량운반구	15,000,000	1,500,000	1
4	12-14	(주)시원마트	304-81-74529	기타	10,000,000	1,000,000	1
5							
		합 계			145,000,000	14,500,000	4

[2] [부가가치세신고서](4~6월)

1. 과세표준 및 매출세액

구분				정기신고금액		
				금액	세율	세액
과세표준및매출세액	과세	세금계산서발급분	1	300,000,000	10/100	30,000,000
		매입자발행세금계산서	2		10/100	
		신용카드·현금영수증발행분	3	10,000,000	10/100	1,000,000
		기타(정규영수증외매출분)	4			
	영세	세금계산서발급분	5	20,000,000	0/100	
		기타	6	15,000,000	0/100	
	예정신고누락분		7			
	대손세액가감		8			
	합계		9	345,000,000	㉘	31,000,000

2. 매입세액

매입세액	세금계산서 수취분	일반매입	10	130,000,000		13,000,000
		수출기업수입분납부유예	10-1			
		고정자산매입	11	20,000,000		2,000,000
	예정신고누락분		12			
	매입자발행세금계산서		13			
	그 밖의 공제매입세액		14	14,000,000		1,400,000
	합계 (10)-(10-1)+(11)+(12)+(13)+(14)		15	164,000,000		16,400,000
	공제받지못할매입세액		16			
	차감계 (15-16)		17	164,000,000	④	16,400,000

3. 납부세액(예정신고 미환급세액 900,000원, 전자신고세액공제 10,000원)

납부(환급)세액(매출세액⑦-매입세액④)			④	14,600,000
경감·공제세액	그 밖의 경감·공제세액	18		10,000
	신용카드매출전표등 발행공제등	19		
	합계	20	④	10,000
소규모 개인사업자 부가가치세 감면세액		20-1	④	
예정신고미환급세액		21	④	900,000
예정고지세액		22	④	
사업양수자의 대리납부 기납부세액		23	④	
매입자 납부특례 기납부세액		24	④	
신용카드업자의 대리납부 기납부세액		25	④	
가산세액계		26	④	
차가감하여 납부할세액(환급받을세액)④-④-④-④-④-④-④+④		27		13,690,000
총괄납부사업자가 납부할 세액(환급받을 세액)				

[3] 전자신고(1~3월) : 102회 정답 참조

문제 4.

[1] 〈수동결산〉

(차) 부가세예수금	720,000	(대) 부가세대급금	520,000
세금과공과(판)	10,000	잡이익	10,000
		미지급세금	200,000

[2] 〈수동결산〉

(차) 장기차입금(돌담은행)	100,000,000	(대) 유동성장기부채(돌담은행)	100,000,000

[3] 〈수동/자동결산〉

(차) 대손상각비	3,334,800	(대) 대손충당금(109)	3,334,800
기타의대손상각비	230,000	대손충당금(121)	230,000

• 대손상각비 : 외상매출금 기말잔액 583,480,000원×1% - 2,500,000원 = 3,334,800원
• 기타의대손상각비 : 미수금 기말잔액 23,000,000원×1% = 230,000원

또는 [결산자료입력]>기간 : 2024년 01월~2024년 12월 >4. 판매비와 일반관리비
>5).대손상각>외상매출금 3,334,800원 입력>
>7. 영업외 비용>2). 기타의대손상각>미수금 230,000원 입력

Part 9. 기출문제 해답 - 전산세무 110회

[4] 〈수동/자동결산〉

(차) 무형자산상각비　　　　　4,000,000　(대) 영업권　　　　　4,000,000

　　　• 상각비 = 전기 말 미상각잔액(16,000,000)÷잔여내용연수(5년 - 1년) = 4,000,000원/년

　또는 [결산자료입력]>기간 : 2024년 01월~2024년 12월

　　　　　>4. 판매비와 일반관리비>6). 무형자산상각비

　　　　　>영업권 4,000,000원 입력

[5] 〈자동결산〉

[결산자료입력]>기간 : 2024년 01월~2024년 12월

　　　>2. 매출원가>1)원재료비>⑩ 기말 원재료 재고액 95,000,000원 입력

　　　　　　　　8)당기 총제조비용>⑩ 기말 재공품 재고액 70,000,000원 입력

　　　　　　　　9)당기완성품제조원가>⑩ 기말 제품 재고액 140,000,000원 입력

※ 자동결산 항목을 모두 입력하고 상단의 전표추가를 한다.

문제 5.

[1] 부양가족 명세 및 급여자료 입력(김우리)

1. [부양가족명세]

연말관계	성명	내/외국인	주민(외국인,여권)번호	나이	기본공제	부녀자	한부모	경로우대	장애인	자녀	출산입양	위탁관계
0	김우리	내	1 811210-1007899	43	본인							
3	이현진	내	1 831010-2081611	41	배우자							
4	김아현	내	1 200101-4099290	4	20세이하						첫째	

2. [수당등록]

No	코드	과세구분	수당명	근로소득유형 유형	근로소득유형 코드	근로소득유형 한도	월정액	통상임금	사용여부
5	1005	비과세	식대	식대	P01	(월)200,000	정기	부	부
6	1006	비과세	자가운전보조금	자가운전보조금	H03	(월)200,000	부정기	부	여
7	1007	비과세	야간근로수당	야간근로수당	O01	(년)2,400,000	부정기	부	부
8	2001	과세	식내	급여			정기	부	여
9	2002	비과세	출산.보육수당(육아٤	출산.보육수당(육아	Q01	(월)200,000	정기	부	여
10	2003	과세	야간근로수당	급여			정기	부	여

• 현물식사를 제공받고 있으므로 식대로 제공받는 금액은 과세이다.

• 육아수당은 6세 이하 자녀가 있는 근로자가 받는 금액 중 월 20만원을 한도로 비과세한다.

3. [급여자료입력] 귀속년월 6월, 지급년월일 7월 10일

급여항목	금액		공제항목	금액
기본급	3,000,000		국민연금	166,500
자가운전보조금	200,000		건강보험	131,160
야간근로수당	527,000		장기요양보험	16,800
식대	200,000		고용보험	34,440
육아수당	200,000		소득세(100%)	89,390
			지방소득세	8,930
			농특세	
과 세	3,817,000			
비 과 세	400,000		공 제 총 액	447,220
지 급 총 액	4,127,000		차 인 지 급 액	3,679,780

☞ 비과세금액 = 자가운전보조금(200,000) + 육아수당(200,000) = 400,000원

[2] [연말정산추가자료입력] 김갑용

1. [부양가족] 탭 : 인적공제

연말관계	성명	내/외국인	주민(외국인)번호	나이	기본공제	세대주구분	부녀자	한부모	경로우대	장애인	자녀	출산입양
0	김갑용	내	1 840505-1032775	40	본인	세대주						
1	김수필	내	1 571012-1011152	67	60세이상							
3	강희영	내	1 850630-2038171	39	부							
4	김정은	내	1 150408-3049177	9	20세이하						○	
4	김준희	내	1 201104-4047008	4	20세이하							

2. [부양가족] 탭 : 보험료

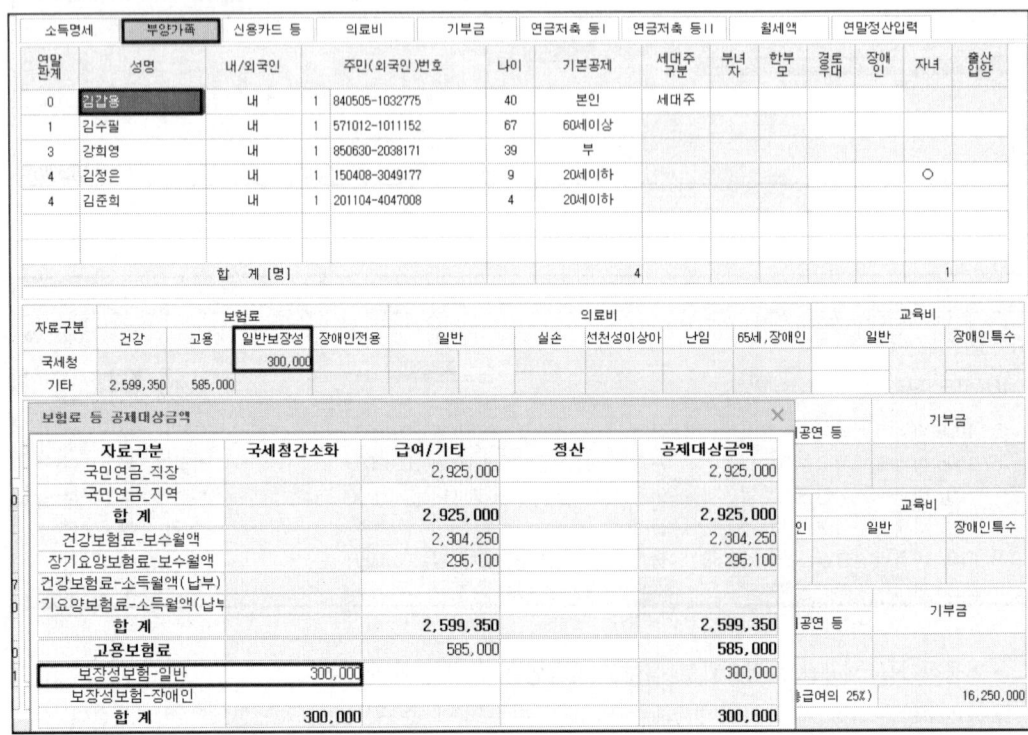

Part 9. 기출문제 해답 - 전산세무 110회

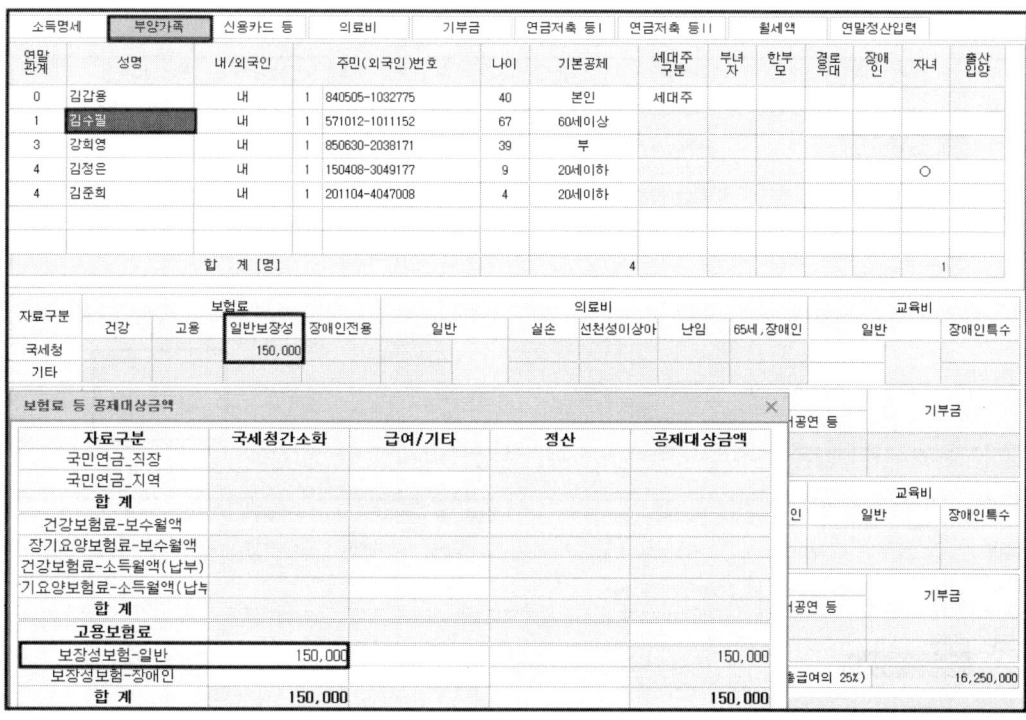

3. [부양가족] 탭 : 교육비

연말관계	성명	내/외국인	주민(외국인)번호	나이	기본공제	세대주구분	부녀자	한부모	경로우대	장애인	자녀	출산입양
0	김갑용	내	1 840505-1032775	40	본인	세대주						
1	김수필	내	1 571012-1011152	67	60세이상							
3	강희영	내	1 850630-2038171	39	부							
4	김정은	내	1 150408-3049177	9	20세이하						○	
4	김준희	내	1 201104-4047008	4	20세이하							
			합 계 [명]		4						1	

| 자료구분 | 보험료 | | | | 의료비 | | | | | 교육비 | |
	건강	고용	일반보장성	장애인전용	일반	실손	선천성이상아	난임	65세,장애인	일반	장애인특수
국세청			300,000							5,000,000 4.본인	
기타	2,599,350	585,000									

연말관계	성명	내/외국인	주민(외국인)번호	나이	기본공제	세대주구분	부녀자	한부모	경로우대	장애인	자녀	출산입양
0	김갑용	내	1 840505-1032775	40	본인	세대주						
1	김수필	내	1 571012-1011152	67	60세이상							
3	강희영	내	1 850630-2038171	39	부							
4	김정은	내	1 150408-3049177	9	20세이하						○	
4	김준희	내	1 201104-4047008	4	20세이하							
			합 계 [명]		4						1	

| 자료구분 | 보험료 | | | | 의료비 | | | | | 교육비 | |
	건강	고용	일반보장성	장애인전용	일반	실손	선천성이상아	난임	65세,장애인	일반	장애인특수
국세청										8,000,000 2.초중고	
기타											

연말관계	성명	내/외국인	주민(외국인)번호	나이	기본공제	세대주구분	부녀자	한부모	경로우대	장애인	자녀	출산입양
0	김갑용	내	1 840505-1032775	40	본인	세대주						
1	김수필	내	1 571012-1011152	67	60세이상							
3	강희영	내	1 850630-2038171	39	부							
4	김정은	내	1 150408-3049177	9	20세이하						○	
4	김준희	내	1 201104-4047008	4	20세이하							
			합 계 [명]		4						1	

| 자료구분 | 보험료 | | | | 의료비 | | | | | 교육비 | |
	건강	고용	일반보장성	장애인전용	일반	실손	선천성이상아	난임	65세,장애인	일반	장애인특수
국세청			350,000							1,800,000 1.취학전	
기타											

4. [의료비] 탭

	성명	내/외	5.주민등록번호	6.본인등 해당여부	9.증빙 코드	8.상호	7.사업자 등록번호	10. 건수	11.금액	11-1.실손 보험수령액	12.미숙아 선천성이상	13.난임 여부	14.산후 조리원
□	김갑용	내	840505-1032775		1				500,000		X	X	X
□	김수필	내	571012-1011152	2	1				1,500,000		X	X	X
□	김준희	내	201104-4047008	2	1				250,000		X	X	X

5. [신용카드 등] 탭

	성명 생년월일	자료 구분	신용카드	직불,선불	현금영수증	도서등 신용	도서등 직불	도서등 현금	전통시장	대중교통	소비증가분 2023년	소비증가분 2024년
	김갑용	국세청	21,500,000									21,500,000
	1984-05-05	기타										
	김수필	국세청										
	1957-10-12	기타										
	강희영	국세청										
	1985-06-30	기타										
	김정은	국세청										
	2015-04-08	기타										
	김준희	국세청										
	2020-11-04	기타										

6. [연금저축 등 Ⅰ] 탭

1 연금계좌 세액공제 - 퇴직연금계좌(연말정산입력 탭의 58.과학기술인공제, 59.근로자퇴직연금)

퇴직연금 구분	코드	금융회사 등	계좌번호(증권번호)	납입금액	공제대상금액	세액공제금액
퇴직연금						
과학기술인공제회						

2 연금계좌 세액공제 - 연금저축계좌(연말정산입력 탭의 38.개인연금저축, 60.연금저축)

연금저축구분	코드	금융회사 등	계좌번호(증권번호)	납입금액	공제대상금액	소득/세액공제액
2.연금저축	190	농협중앙회 및 산하기관	301-02-228451	6,000,000	6,000,000	720,000
개인연금저축						
연금저축				6,000,000	6,000,000	720,000

7. [연말정산입력] 탭 : F8 부양가족탭불러오기

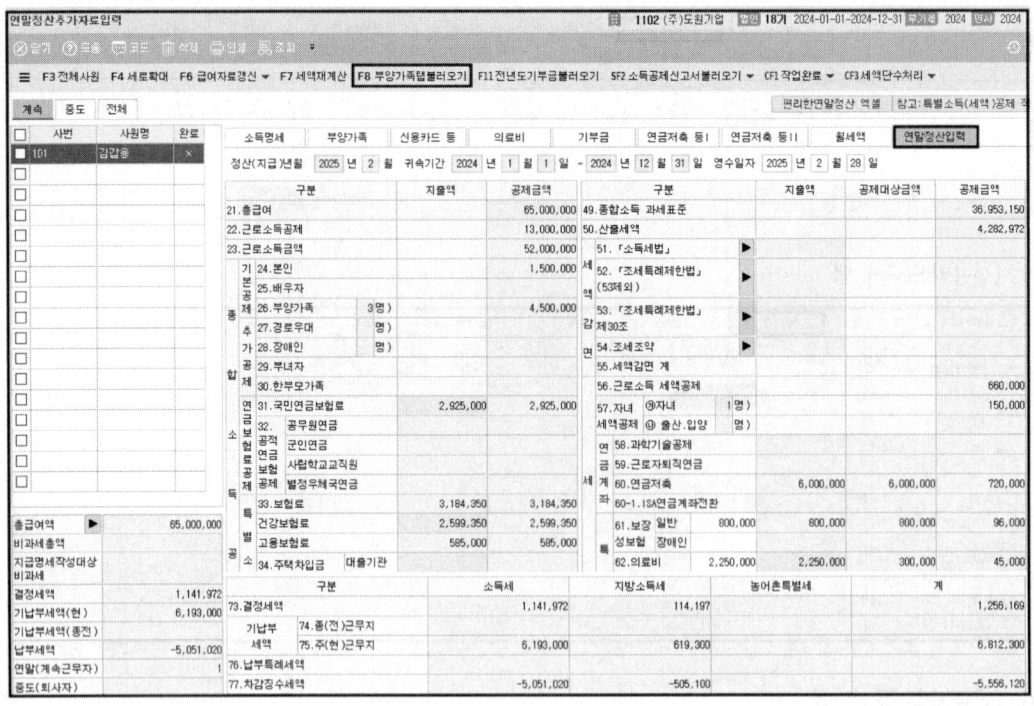

제111회 전산세무 2급 기출문제 해답

㈜대동산업 (코드번호 : 1112)

▌이론시험▐

1	2	3	4	5	6	7	8	9	10	11	12	13	14	15
③	④	②	①	①	③	④	①	②	④	③	③	④	②	②

1. ① 재무제표는 일정한 가정 하에서 작성되며, 그러한 기본가정으로는 **기업실체, 계속기업 및 기간별 보고**를 들 수 있다.
   ② 기간별 보고의 가정이란 기업실체의 존속기간을 **일정한 기간 단위로 분할하여 각 기간별로 재무제표를 작성하는 것**을 말한다.
   ④ 기간별 보고의 가정에 대한 설명이다. 계속기업의 가정이란 기업실체는 그 목적과 의무를 이행하기에 충분할 정도로 장기간 존속한다고 가정하는 것을 말한다.

2. **자산과 이익은 비례관계**이다. 따라서 물가가 상승(100→200→300으로 가정)하므로 **기말재고를 가장 적게 계상되는 방법은 후입선출법(100)**이다.

3. 내용연수합계(3년) = 6년
   감가상각비(1차년도) = [취득가액(5,000,000) − 잔존가치(500,000)] × 잔여내용연수(3년)
                       ÷ 내용연수합계(6년) = 2,250,000원
   감가상각비(3개월) = 연감가상각비(2,250,000) ÷ 12개월 × 3개월 = 562,500원

4. **무형자산의 재무제표 표시방법으로 직접법과 간접법을 모두 허용**하고 있다.

5. 자본잉여금 : 주식발행초과금, 감자차익
   기타포괄손익누계액 : 매도가능증권평가손익

6. 회피불능원가에 대한 설명이다. 회피가능원가란 의사결정에 따라 회피할 수 있는 원가를 말한다.

7. 생산량의 증감에 따라 **제품 단위당 고정원가는 변동**한다.

8. 제조원가명세서에는 원재료재고액과 기말재공품 재고액이 표시된다. 기말 제품 재고액은 손익계산서에 표시된다.

9. 제조간접원가 배부율 = 제조간접원가(2,400,000) ÷ 총직접재료원가(3,000,000) = 80%
   제조간접원가 배부액(일반형) = 직접재료원가(1,200,000) × 배부율(80%) = 960,000원
   당기총제조원가(일반형) = 직접재료원가(1,200,000) + 직접노무원가(600,000)
                          + 제조간접원가(960,000) = 2,760,000원

10.

	〈1단계〉 물량흐름파악		〈2단계〉 완성품환산량 계산	
	평균법		재료비	가공비
	완성품	28,500(100%)		28,500
	기말재공품	4,000(30%)		1,200
	계	32,500		29,700
〈3단계〉 원가요약(기초재공품원가+당기투입원가)				30,000+1,306,500
				29,700
〈4단계〉 완성품환산량당단위원가				@45

11. 면세 : 토지의공급, <u>식용 미가공식료품(국산, 외국산 불문)</u>,국선변호사 국선변호
    과세 : 시외우등고속버스용역, 운전학원교육용역, 골동품(제작 후 100년 초과)

12. 공급일부터 <u>10년이 지난 날이 속하는 과세기간에 대한 확정신고기한</u>까지 확정되는 대손세액에 대하여 대손세액공제를 적용받을 수 있다.

14. 종합소득금액 = 근로소득금액(30,000,000) + 이자소득금액(22,000,000)
                    = 52,000,000원
    양도소득과 퇴직소득은 분류과세 한다.

15. 2024년 11월 귀속 근로소득을 2025년 1월에 지급한 경우 <u>원천징수시기는 2024년 12월 31일이다.</u>
    1월~11월 귀속 근로소득을 12월 31일까지 지급하지 않은 경우, 그 근로소득은 <u>12월 31일에 지급한 것</u>으로 보아 소득세를 원천징수한다.
    12월 귀속 근로소득을 다음 연도 2월 말까지 지급하지 않은 경우, 그 근로소득은 <u>다음 연도 2월 말에 지급한 것</u>으로 보아 소득세를 원천징수 한다.

실 무 시 험

문제 1.

[1] (차) 복리후생비(제)   50,000   (대) 제품(8.타계정대체)   50,000

[2] (차) 외화장기차입금(미국LA은행) 26,000,000 (대) 보통예금   29,120,000
         이자비용   1,120,000
         외환차손   2,000,000
    ☞ 외환차손익(부채) = 상환가액($20,000×1,400) - 장부가액(26,000,000) = 2,000,000(손실)
    〈거래처원장 조회 : 잔액, 4월 1일~4월 1일, 외화장기차입금(305)〉

거래처분류	-	거 래 처	00154	미국 LA은행	-	00154	미국 LA은행	
코드	거 래 처	등록번호	대표자명	전기이월	차 변	대 변	잔 액	
00154	미국 LA은행			26,000,000			26,000,000	

[3] (차) 임차보증금(㈜명당)   20,000,000   (대) 보통예금   18,000,000
                                              선급금(㈜명당)   2,000,000

[4] (차) 보통예금   2,750,000   (대) 대손충당금(109)   2,500,000
                                              부가세예수금   250,000

[5] (차) 차량운반구   1,250,000   (대) 보통예금   1,250,000

문제 2.

문항	일자	유형	공급가액	부가세	거래처	전자
[1]	4/02	11.과세	20,000,000	5,000,000	㈜이레테크	여
분개유형		(차) 선수금	5,000,000	(대) 부가세예수금		5,000,000
혼합		받을어음	30,000,000	제품매출		50,000,000
		외상매출금	20,000,000			

문항	일자	유형	공급가액	부가세	거래처	전자
[2]	4/09	16.수출	3,000,000	100,000	BTECH	-
		영세율구분 : ①직접수출(대행수출 포함)		수출신고번호 : 12,345-00-123,456 X		
분개유형		(차) 외상매출금	3,000,000	(대) 제품매출		3,000,000
외상(혼합)						

문항	일자	유형	공급가액	부가세	거래처	신용카드
[3]	5/29	57.카과	1,000,000	100,000	침산가든	제일카드
분개유형		(차) 부가세대급금	100,000	(대) 미지급금		1,100,000
카드(혼합)		복리후생비(제)	600,000	(제일카드)		
		복리후생비(판)	400,000			

문항	일자	유형	공급가액	부가세	거래처	전자
[4]	6/05	54.불공	100,000,000	10,000,000	㈜한라상사	여
		불공제사유 : ⑤ 면세사업 관련				
분개유형		(차) 기계장치	110,000,000	(대) 당좌예금		100,000,000
혼합				보통예금		10,000,000

문항	일자	유형	공급가액	부가세	거래처	전자
[5]	6/15	61.현과	200,000	20,000	일신상사	-
분개유형		(차) 부가세대급금	20,000	(대) 현금		220,000
현금(혼합)		소모품비(제)	200,000			

문제 3.

[1] 수출실적명세서외

1. [수출실적명세서](1~3월)

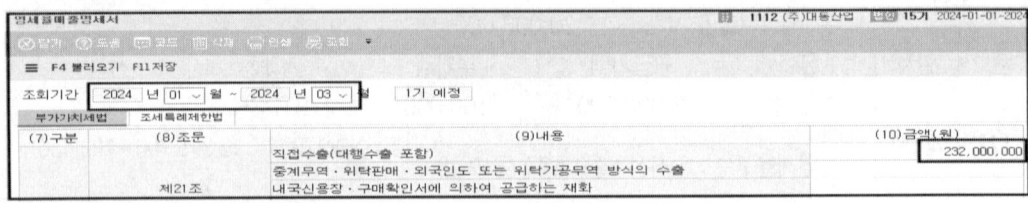

2. [영세율매출명세서](1~3월)

[2] 부가가치세 신고서(10~12월)

1. 과세표준 및 매출세액

구분				정기신고금액		
				금액	세율	세액
과세표준및매출세액	과세	세금계산서발급분	1	500,000,000	10/100	50,000,000
		매입자발행세금계산서	2		10/100	
		신용카드·현금영수증발행분	3	80,000,000	10/100	8,000,000
		기타(정규영수증외매출분)	4			
	영세	세금계산서발급분	5	50,000,000	0/100	
		기타	6	150,000,000	0/100	
	예정신고누락분		7			
	대손세액가감		8			3,000,000
	합계		9	780,000,000	㉮	61,000,000

2. 매입세액

매입세액	세금계산서수취분	일반매입	10	550,000,000		55,000,000
		수출기업수입분납부유예	10-1			
		고정자산매입	11			
	예정신고누락분		12	20,000,000		2,000,000
	매입자발행세금계산서		13			
	그 밖의 공제매입세액		14			
	합계(10)-(10-1)+(11)+(12)+(13)+(14)		15	570,000,000		57,000,000
	공제받지못할매입세액		16	30,000,000		3,000,000
	차감계 (15-16)		17	540,000,000	㉯	54,000,000
납부(환급)세액(매출세액㉮-매입세액㉯)					㉰	7,000,000

예정신고누락분

12.매입(예정신고누락분)				
예정	세금계산서		38	20,000,000
	그 밖의 공제매입세액		39	
	합계		40	20,000,000
	신용카드매출	일반매입		

- 공제받지 못할 매입세액

구분		금액	세율	세액
16.공제받지못할매입세액				
공제받지못할 매입세액	50	30,000,000		3,000,000
공통매입세액면세등사업분	51			

3. 납부세액

- 전자신고세액공제(10,000원)

가산세(종이세금계산서 발급시)

25.가산세명세					
사업자미등록등		61		1/100	
세 금	지연발급 등	62		1/100	
계산서	지연수취	63		5/1,000	
	미발급 등	64	50,000,000	뒤쪽참조	500,000
전자세금	지연전송	65		3/1,000	
발급명세	미전송	66		5/1,000	

경감	그 밖의 경감·공제세액	18			10,000
공제	신용카드매출전표등 발행공제등	19			
세액	합계	20		㉯	10,000
소규모 개인사업자 부가가치세 감면세액		20-1		㉰	
예정신고미환급세액		21		㉱	
예정고지세액		22		㉲	
사업양수자의 대리납부 기납부세액		23		㉳	
매입자 납부특례 기납부세액		24		㉴	
신용카드업자의 대리납부 기납부세액		25		㉵	
가산세액계		26		㉶	500,000

문제 4.

[1] 〈수동결산〉

(차) 소모품비(판)　　　　900,000　(대) 소모품　　　　900,000

☞ 9월 1일 매입매출전표 조회

구분	계정과목		적요	거래처		차변(출금)	대변(입금)
차변	0135	부가세대급금	소모품구입	00101	현대상사	100,000	
차변	0173	소모품	소모품구입	00101	현대상사	1,000,000	
대변	0253	미지급금	소모품구입	00101	현대상사		1,100,000

[2] 〈수동결산〉

(차) 매도가능증권평가손실　　130,000　(대) 매도가능증권(178)　　130,000

〈매도가능증권 평가〉

	취득가액	공정가액	평가이익	평가손실
전기	1,000,000	830,000		170,000
당기		700,000		130,000
계			0	300,000

[3] 〈수동결산〉

(차) 이자비용　　　　1,600,000　(대) 미지급비용　　　　1,600,000

[4] 〈수동/자동결산〉

  (차) 퇴직급여(제)   25,000,000   (대) 퇴직급여충당부채   32,000,000
     퇴직급여(판)   7,000,000

  또는 [결산자료입력]

  • 퇴직급여(508) 25,000,000원, 퇴직급여(806) 7,000,000원 입력

[5] 〈수동/자동결산〉

  (차) 법인세등   51,000,000   (대) 미지급세금   24,920,000
                        선납세금   26,080,000

  또는 [결산자료입력]

  9.)법인세등>1.선납세금 26,080,000원 입력   2.추가계상액 24,920,000원 입력

  ※ 자동결산 항목을 모두 입력하고 상단의 전표추가 한다.

문제 5.

[1] 부양가족명세(박한별, 여성)

1. [사원등록]>[기본사항]

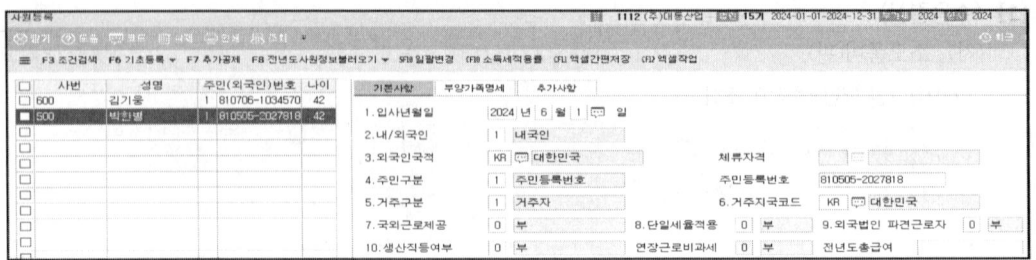

2. [사원등록]>[부양가족명세]

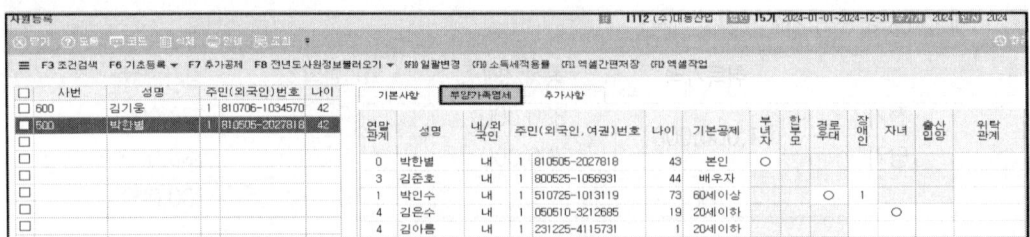

[2] 연말정산(김기웅)

1. [소득명세] 탭 : 종(전) 근무지 입력

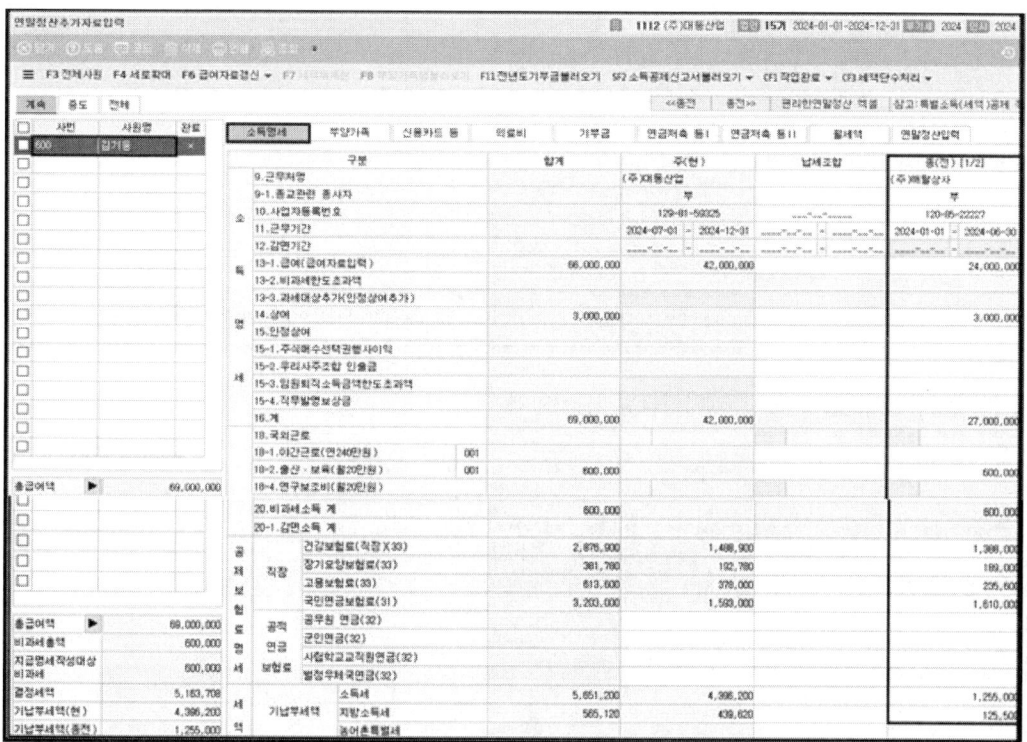

2. [부양가족] 탭 : 보험료
   - 저축성 보험은 공제대상이 아니다.

3. [부양가족] 탭 : 교육비

4. [의료비] 탭

	성명	내/외	5.주민등록번호	6.본인등 해당여부	9.증빙코드	8.상호	7.사업자 등록번호	10.건수	11.금액	11-1.실손 보험수령액	12.미숙아 선천성미숙아	13.난임여부	14.산후 조리원
	김기웅	내	810706-1034570	1	0	1			3,000,000	500,000	X	X	X

- 안경구입비 한도는 50만원이다.

5. [신용카드 등] 탭

	성명 생년월일	자료 구분	신용카드	직불,선불	현금영수증	도서등 신용	도서등 직불	도서등 현금	전통시장	대중교통	소비증가분 2023년	2024년
	김기웅 1981-07-06	국세청 기타	20,000,000	1,000,000	1,000,000				200,000	1,200,000	300,000	23,700,000

6. [연말정산입력] 탭 : 34. 주택차입금원리금상환액

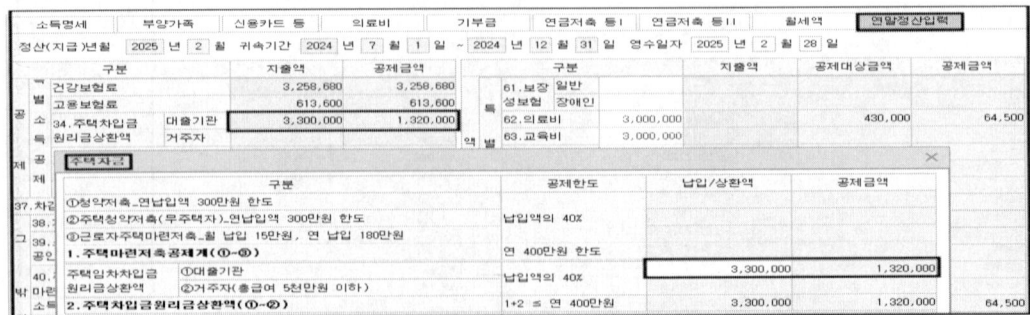

7. [연말정산입력] 탭 : F8 부양가족탭불러오기

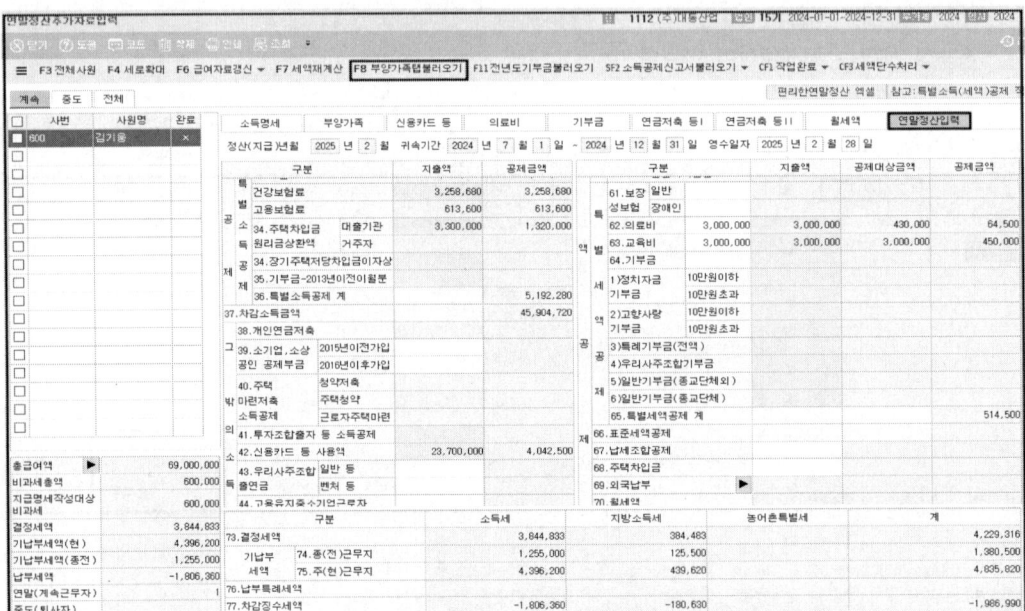

제64회 TAT 2급 기출문제 해답

㈜히말라야 (코드번호 : 2264)

실무이론평가

1	2	3	4	5	6	7	8	9	10
③	③	③	①	⑤	④	③	④	③	②

1. 경영진과 독립적으로 내부회계관리제도에 대한 평가기능을 수행하는 역할은 감사위원회가 담당한다.

2. ▸ 2024년 8월 1일 장부금액 = 2,050,000원(처분금액) - 250,000원(처분이익) = 1,800,000
   ▸ 2024년 감가상각비 = 2,000,000원(2023년말 장부금액) - 1,800,000원(2024년 8월 1일 장부금액)
     = 200,000원

3. ① 재무상태표상 퇴직급여충당부채는 7,000,000원이다.
   ③ 퇴직급여규정의 개정으로 증가된 전기 이전분 1,300,000원도 당기비용으로 처리한다.
   ④ (주)한공은 확정연금형(DB) 퇴직연금제도를 적용하고 있다.

4. ▸ 수정 후 영업이익 = 수정 전 영업이익(6,000,000원) - 미지급임차료(500,000원)
                   + 보험료선급분(100,000원) = 5,600,000원
   ▸ 이자미수분은 영업이익에 영향을 미치지 않는다.

5. 미교부주식배당금은 자본조정항목으로 자본에 해당한다.
6. 재고자산평가손실은 매출원가로 당기손익에 영향을 미친다.
7. 고용관계에 따라 근로를 제공하는 것은 용역의 공급으로 보지 아니한다.
8. ▸ 부가가치세 과세표준 = 50,000,000원 + 10,000,000원 = 60,000,000원
   ▸ 국가 무상 기증은 면세 대상에 해당하며, 화재로 인한 손실은 재화의 공급이 아니다.
9. 퇴직시 받는 금액 중 퇴직소득에 속하지 않는 퇴직위로금은 근로소득이다.
10. 사업소득금액 = 100,000,000원 - 2,000,000원(예금이자수익) + 5,000,000원(교통사고 범과금)
       = 103,000,000원

실무수행평가

실무수행 1. 거래자료입력

[1] 3만원초과 거래자료에 대한 경비등송금명세서 작성

    [일반전표입력] 1월 10일

        (차) 533.외주가공비   400,000원   (대) 103.보통예금   400,000원
                                                                                                    (98000.국민은행(보통))

    [경비등송금명세서]

번호	⑥거래일자	⑦법인명(상호)	⑧성명	⑨사업자(주민)등록번호	⑩거래내역	⑪거래금액	⑫송금일자	⑬	은행명	⑭계좌번호	계정코드
1	2024-01-10	동아가공	옥수현	312-04-22512	가공비	400,000	2024-01-10	011	농협은행	44212-2153-700	

[2] 퇴직연금

    [일반전표입력] 2월 15일

        (차) 508.퇴직급여   7,000,000원   (대) 103.보통예금   12,000,000원
            806.퇴직급여   5,000,000원   (98000.국민은행(보통))

[3] 기타 일반거래

    [일반전표입력] 4월 20일

        (차) 812.여비교통비   290,000원   (대) 103.보통예금   410,000원
            813.기업업무추진비   120,000원   (98000.국민은행(보통))
        또는
        (차) 812.여비교통비   200,000원   (대) 103.보통예금   410,000원
            812.여비교통비   90,000원   (98000.국민은행(보통))
            813.기업업무추진비   120,000원

실무수행 2. 부가가치세관리

[1] 전자세금계산서 발급

1. [매입매출전표입력] 5월 25일

거래유형	품명	공급가액	부가세	거래처	전자세금
12.영세	등산장갑	6,000,000	0	03350.(주)야호산업	전자발행
분개유형	(차) 108.외상매출금	6,000,000원	(대) 404.제품매출		6,000,000원
2.외상					

[2] 수정전자세금계산서의 발급

1. [수정전자세금계산서 발급]

    ① [매입매출전표입력]에서 6월 20일 전표 1건 선택 ➔ 툴바의 수정세금계산서 를 클릭

      ➔ 수정사유(6.착오에 의한 이중발급 등)선택 ➔ 확인(Tab) 을 클릭

    ② 수정세금계산서(매출)화면에서 수정분 [작성일 6월 20일], [공급가액 -20,000,000원], [세액 -2,000,000원] 자동 반영 ➔ 확인(Tab) 을 클릭

    ③ [매입매출전표입력] 화면에 수정분이 입력된다.

거래유형	품명	공급가액	부가세	거래처	전자세금
11.과세	등산가방	-20,000,000	-2,000,000	03400.(주)백두산업	전자발행
분개유형	(차) 108.외상매출금	-22,000,000원	(대) 255.부가세예수금		-2,000,000원
2.외상			404.제품매출		-20,000,000원

2. [전자세금계산서 발행 및 내역관리]

    ① 전자세금계산서 발행 및 내역관리 를 클릭하면 수정 전표 1매가 미전송 상태로 나타난다.

    ② 해당내역을 클릭하여 전자세금계산서 발행 및 국세청 전송을 한다.

[3] 의제매입세액공제신고사업자의 부가가치세신고서 작성

1. 거래자료입력

    ① [매입매출전표 입력] 7월 15일

거래유형	품명	공급가액	부가세	거래처	전자세금
53.면세	사과	5,000,000		03600.(주)영동농협	전자입력
분개유형	(차) 153.원재료	5,000,000원	(대) 251.외상매입금		5,000,000원
2.외상 또는 혼합	(적요 : 6.의제매입세액 원재료 차감)				

② [매입매출전표 입력] 7월 20일

거래유형	품명	공급가액	부가세	거래처	전자세금
60.면건	배	15,000,000		03700.한세윤	
분개유형 2.외상 또는 혼합	(차) 153.원재료 15,000,000원 (적요 : 6.의제매입세액 원재료 차감)			(대) 251.외상매입금	15,000,000원

③ [매입매출전표 입력] 7월 24일

거래유형	품명	공급가액	부가세	거래처	전자세금
62.현면	오렌지	900,000		03800.하나로마트	
분개유형 1.현금	(차) 153.원재료 900,000원 (적요 : 6.의제매입세액 원재료 차감)			(대) 101.현금	900,000원

2. [의제매입세액공제신고서] 7월 ~ 9월

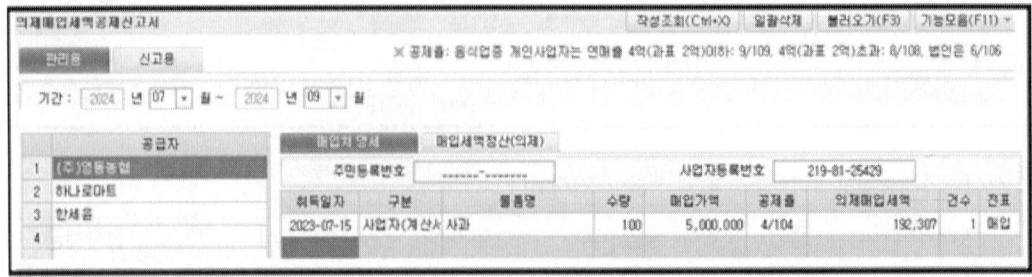

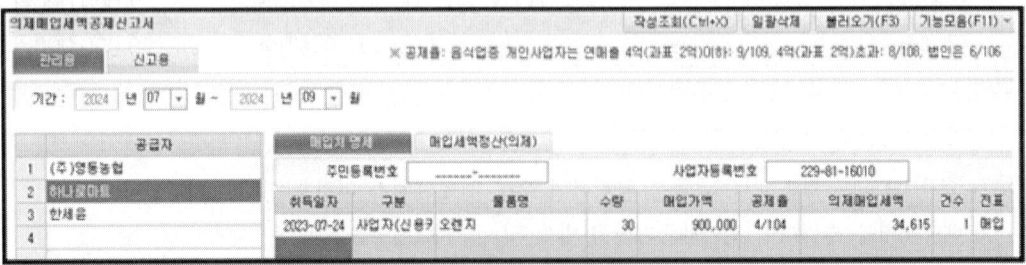

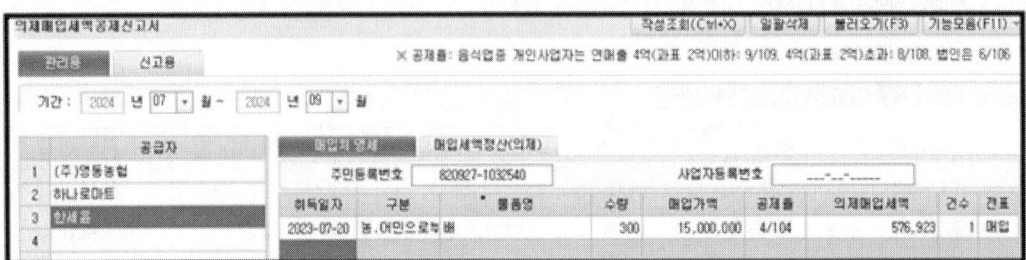

3. [부가가치세신고서] 7월 1일 ~ 9월 30일

구분			금액	세율	세액
14 그밖의공제매입세액명세	신용매출전표수취/일반	41			
	신용매출전표수취/고정	42			
	의제매입세액/평창,광주	43	20,900,000	뒤쪽참조	803,845
	재활용폐자원등매입세	44		뒤쪽참조	
	과세사업전환매입세액	45			
	재고매입세액	46			
	변제대손세액	47			
	외국인관광객환급세액	48			
	합계	49	20,900,000		803,845

4. [일반전표입력] 9월 30일
    (차) 135.부가세대급금   803,845원   (대) 153.원재료   803,845원
또는 (차) 153.원재료   -803,845원
    (차) 135.부가세대급금   803,845원

[4] 수출실적명세서 작성자의 부가가치세 신고서 작성

1. [매입매출전표입력] 11월 30일

거래유형	품명	공급가액	부가세	거래처	전자세금
16. 수출	등산가방	8,800,000		03900.오사카상사	
분개유형 2.외상 또는 3.혼합	(차) 108.외상매출금	8,800,000원	(대) 404.제품매출		8,800,000원

※ 과세표준 = 수출신고필증의 ㊽결제금액 × 선적일의 환율
   ¥800,000 × 1,100원/100¥ = 8,800,000원

2. [수출실적명세서] 10월 ~ 12월

구 분	건수	외화금액	원화금액	비고
⑨합계	1	800,000.00	8,800,000	
⑩수출한재화	1	800,000.00	8,800,000	
⑪기타영세율적용				기타영세율은 하단상세내역에 입력

NO	수출신고번호	기타영세율건수	(14)선(기)적일자	(15)통화코드	(16)환율	(17)외화	(18)원화
1	071-10-09-0055857-4		2024-11-30	JPY	11.0000	800,000.00	8,800,000

3. [부가가치세신고서] 10월 1일~12월 31일

구 분				금액	세율	세액
과세표준및매출세액	과세	세금계산서발급분	1	214,590,000	10/100	21,459,000
		매입자발행세금계산서	2		10/100	
		신용카드.현금영수증	3		10/100	
		기타	4		10/100	
	영세	세금계산서발급분	5	30,000,000	0/100	
		기타	6	8,800,000	0/100	
	예정신고누락분		7			
	대손세액가감		8			
	합계		9	253,390,000	㉮	21,459,000

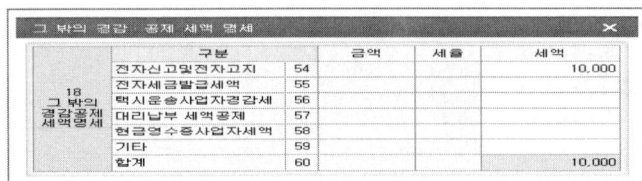

평가문제. 입력자료 및 회계정보를 조회하여 [평가문제]의 답안을 입력하시오.(70점)

[실무수행평가] – 부가가치세관리

번호	평가 문제	배점
11	④ 카드채권에 대하여 120.미수금 계정을 사용한다.	2
12	(6)	2
13	(8,000,000)원	2
14	(37)매	3
15	(803,845)원	2
16	(20,000,000)원	2
17	③ 건물등감가상각자산취득명세서	2
18	(8,800,000)원	3
19	(38,800,000)원	2
20	③ 부가가치세 환급세액의 경우에는 전자신고세액공제를 적용받을 수 없다.	2
부가가치세 소계		22

실무수행 3. 결산

[1] 수동결산

　[일반전표입력] 12월 31일
　　(차) 937.단기매매증권평가손　　3,000,000원　　(대) 107.단기매매증권　　3,000,000원

[2] 결산자료입력에 의한 자동결산

[결산자료입력 1]
- 단기대여금 대손상각비 설정액 = 10,000,000원 × 1% = 100,000원
　① 방법 1.
　　결산자료입력(기타의 대손상각비)란에 단기대여금 100,000원 입력
　② 방법 2. [일반전표입력] 12월 31일
　　(차) 934.기타의대손상각비　　100,000원　　(대) 115.대손충당금　　100,000원

[결산자료입력 2]
결산자료입력에서 기말 원재료 9,000,000원, 제품 16,800,000원을 입력하고 전표추가(F3) 를 클릭하여 결산분개를 생성한다.
※ 제품의 재고자산감모손실 중 정상적으로 발생한 감모는 매출원가에 산입되므로 별도의 회계처리를 하지 않는다.

[이익잉여금처분계산서] 메뉴
- 이익잉여금처분계산서에서 처분일을 입력한 후, 전표추가(F3) 를 클릭하여 손익대체 분개를 생성한다.

[실무수행평가] - 재무회계

번호	평가 문제	배점
21	(011)	2
22	(13,240,000)원	1
23	(8,000,000)원	2
24	② 여비교통비 1,195,000원	2
25	(319,318,840)원	1
26	(256,390,000)원	1
27	(11,860,000)원	2
28	④ 98005.대구은행 7,800,000원	1
29	④ 04003.(주)볼핑블루 33,000,000원	2
30	① 381,954,029원	1
31	(363,014,000)원	2
32	(14,000,000)원	2
33	(9,900,000)원	2
34	(16,800,000)원	1
35	② 355,109,431원	1
재무회계 소계		23

실무수행 4. 근로소득관리

[1] 주민등록등본에 의한 사원등록

[사원등록]

	연말정산관계	기본	세대	부녀	장애	경로 70세	출산입양	자녀	한부모	성명	주민(외국인)번호	가족관계
1	0.본인	본인			1					진호개	LH 830808-1042112	
2	3.배우자	배우자								송설	LH 830426-2785411	02.배우자
3	4.직계비속(자녀,20세 이하)						○			진기우	LH 040501-3200481	05.자녀
4	4.직계비속(자녀,20세 이하)									진미화	LH 211215-4399489	05.자녀

(2023.12.31기준)

① 진호개 : 장애인 추가공제 대상임.
② 송설 : 상속받은 재산은 소득요건 대상이 아니므로 기본공제 대상임.
③ 진기우 : 만 20세 이하 이고, 소득금액 100만원 이하 이므로 기본공제 대상임.
④ 진미화 : 만 20세 이하 이고, 소득이 없으므로 기본공제 대상임.

[실무수행평가] – 근로소득관리1

번호	평가 문제	배점
36	(4)명	1
37	(1,500,000)원	2
38	(2,000,000)원	1
39	(15,971,500)원	2
40	(150,000)원	2

[2] 급여명세에 의한 급여자료

1. [사원등록]
   영업부 손호준 사원의 국외근로적용여부 수정

   16. 국외근로적용여부 [1] [100만] 17. 선원여부 [0] [부]

2. [수당등록]

	코드	수당명	과세구분	근로소득유형
1	101	기본급	과세	1.급여
2	102	상여	과세	2.상여
3	200	육아수당	과세	1.급여
4	201	차량보조금	과세	1.급여
5	202	식대	비과세	2.식대 P01
6	203	국외근로수당	비과세	9.국외등근로(건설지원) M01

	코드	공제항목명	공제소득유형
1	501	국민연금	0.무구분
2	502	건강보험	0.무구분
3	503	고용보험	0.무구분
4	504	장기요양보험료	0.무구분
5	505	학자금상환액	0.무구분
6	903	농특세	0.사용
7	600	상조회비	0.무구분

3. [급여자료입력]

[김래원]

급여항목	지급액	공제항목	공제액
기본급	3,000,000	국민연금	135,000
육아수당	120,000	건강보험	106,350
차량보조금	300,000	고용보험	30,780
식대	200,000	장기요양보험료	13,620
		상조회비	30,000
		소득세	35,130
		지방소득세	3,510
		농특세	

[손호준]

급여항목	지급액	공제항목	공제액
기본급	4,000,000	국민연금	180,000
육아수당		건강보험	141,800
차량보조금	300,000	고용보험	38,700
국외근로수당	1,000,000	장기요양보험료	18,160
식대	200,000	상조회비	30,000
		소득세	236,010
		지방소득세	23,600
		농특세	

4. [원천징수이행상황신고서]

구분	코드	4.인원	5.총지급액	6.소득세 등	7.농어촌특별세	8.가산세	9.당월 조정 환급세액	10.소득세 등 (가산세 포함)	11.농어촌 특별세
간 이 세 액	A01	4	36,020,000	1,764,670					
중 도 퇴 사	A02								
일 용 근 로	A03								
연말정산합계	A04								
연말분납금액	A05								
연말납부금액	A06								
가 감 계	A10	4	36,020,000	1,764,670			220,000	1,544,670	
연 금 계 좌	A21								
그 외	A22								
가 감 계	A20								
매 월 징 수	A25								
연 말 정 산	A26								
가 감 계	A30								
연 금 계 좌	A41								
종교매월징수	A43								

전월 미환급 세액의 계산			당월 발생 환급세액				18.조정대상환급 (14+15+16+17)	19.당월조정 환급액계	20.차월이월 환급액(18-19)	21.환급신청액
12.전월미환급	13.기환급신청	14.잔액12-13	15.일반환급	16.신탁재산	17.금융등	17.합병등				
220,000		220,000						220,000	220,000	

[실무수행평가] - 근로소득관리 2

번호	평가 문제	배점
41	(3,420,000)원	2
42	(3,265,610)원	1
43	(1,200,000)원	2
44	(668,270)원	1
45	(1,544,670)원	2

[3] 국세청연말정산간소화 및 이외의 자료를 기준으로 연말정산

[연말정산 근로소득원천징수영수증]

1. 신용카드 소득공제

공제대상자		구분	신용카드 등 공제대상금액							
내외 관계	성명 생년월일		⑨소계 (⑦+⑧+⑨+⑩+⑪)	⑦신용카드	⑧직불선불카드	⑨현금영수증	⑩도서공연박물관미술관사용분 (총급여7천만원이하자만)			⑪전통시장 사용분	⑫대중교통 이용분
							신용카드	직불선불카드	현금영수증		
내 본인	봉도진 1980-12-15	국세청자료 그밖의자료	10,000,000	8,300,000						1,700,000	
내 1	이은실 1952-04-11	국세청자료 그밖의자료	2,600,000			2,200,000				400,000	

2. 의료비 세액공제

	공제대상자				지급처			지급명세		난임시술비 해당여부	중증질 결핵환
	부양가족 관계코드	성명	내 외	주민등록번호	본인등 해당여부	상호	사업자번호	의료증빙 코드	건수	지급액	실손의료보험금	
1	소득자의 직계존	이은실	내	520411-2899736	○			국세청	1	1,500,000		X	X

3. 보험료 세액공제

	관계 코드	성명	기 본	소득 100 만원 초과 여부	부 녀 자	한 부 모	장 애 인	경 로 70	출 산 입 양	자 녀	구 분	보험료			
	내외 국인	주민등록번호										건강	고용	보장성	장애인
1	0 1	봉도진 801215-1640707	본인/세대주								국세청 기타	1,655,950	349,200	1,200,000	
2	3 1	이희정 920426-2875651	부								국세청 기타				
3	1 1	이은실 520411-2899736	60세 이상				○				국세청 기타				
4	4 1	봉은지 070711-4321578	20세 이하						○		국세청 기타				
5	4 1	봉지혁 200927-3321583	20세 이하								국세청 기타				
6											국세청 기타				

4. 교육비 세액공제

	관계 코드	성명	기 본	교육비		
	내외 국인	주민등록번호		구분	일반	장애인 특수교육
1	0 1	봉도진 801215-1640707	본인/세대주	본인	2,500,000	
2	3 1	이희정 920426-2875651	부			
3	1 1	이은실 520411-2899736	60세 이상			
4	4 1	봉은지 070711-4321578	20세 이하			
5	4 1	봉지혁 200927-3321583	20세 이하			

- 자녀(봉은지)의 중학생 학원비는 교육비 공제 불가능

5. 정산명세 조회

특별소득공제	33.보험	가.건강		1,655,950	1,655,950	연금계좌	58.과학기술인공제		
		나.고용		349,200	349,200		59.근로자퇴직급여보장법		
	34.주택 - 가.주택임차차입금원리금상환액	대출기관					60.연금저축		
		거주자					60-1. ISA만기시연금계좌		
	34.주택 나.장기주택저당차입금이자상환액	11년이전차입분	15년미만			세액공제	61.보장성보험	1,200,000	120,000
			15~29년				62.의 료 비	1,500,000	30,600
			30년이상				63.교 육 비	2,500,000	375,000
		12년이후차입분(15년이상)	고정or비거치				64 기부금 정치	10만원이하	
			기타대출					10만원초과	
		15년이후차입분(15년이상)	고정&비거치				나.법정기부금		
			고정or비거치				다.우리사주기부금		
			기타대출				라.지정기부금(종교외)		
		15년이후차입분(10~15년)	고정or비거치				마.지정기부금(종교)		
	35.기부금(이월분)						65.계		525,600
	36.계				2,005,150		66.표준세액공제		
37.차감소득금액					20,520,850		67.납세조합공제		
그밖의소득공제	38.개인연금저축						68.주택차입금		
	39.소기업·소상공인공제부금						69.외국납부		
	40.주택마련저축	가.청약저축					70.월세액		
		나.주택청약종합저축							
		다.근로자주택마련저축							
	41.투자조합출자 등								
	42.신용카드등		12,600,000		720,000				
	43.우리사주조합 출연금								
	44.고용유지중소기업근로자								
	45.장기집합투자증권저축						71.세액공제계		1,335,600
	46.청년형장기집합투자증권저축						72.결 정 세 액(50-55-71)		374,527
	47.그 밖의 소득 공제 계				720,000	82.실효세율(%) (72/21)×100%			0.9%

		소득세	지방소득세	농어촌특별세	계
73.결정세액		374,527	37,452	0	411,979
기납부세액	74.종(전) 근무지	0	0	0	0
	75.주(현) 근무지	1,779,620	177,910	0	1,957,530
76. 납부특례세액		0	0	0	0
77. 차감징수세액(73-74-75-76)		-1,405,090	-140,450	0	-1,545,540

[실무수행평가] – 근로소득관리 3

번호	평가 문제	배점
46	(720,000)원	2
47	(120,000)원	2
48	(30,600)원	2
49	(375,000)원	2
50	(-1,405,090)원	1
	근로소득 소계	25

제65회 TAT 2급 기출문제 해답

㈜아모레산업 (코드번호 : 2265)

▍실무이론평가 ▍

1	2	3	4	5	6	7	8	9	10
③	③	③	④	④	④	④	①	①	④

1. 유형자산을 역사적원가로 평가하면 일반적으로 검증가능성이 높으므로 측정의 신뢰성은 높아지나 목적적합성은 낮아질 수 있다.
2. 무형자산은 재평가모형이 인정되지 않는다.
3. 매도가능증권처분이익 = 처분금액 - 취득원가 = (1,300원 - 1,000원) × 100주 = 30,000원
4. 매도가능증권 평가손실은 기타포괄손익누계액으로 당기손익에 영향을 주지 않는다.
5. ▶ 소모품의 미사용분 계상 :
   (차) 소모품   30,000원   (대) 소모품비   30,000원
   ▶ 이자수익 미수분 계상 :
   (차) 미수수익   20,000원   (대) 이자수익   20,000원
   ▶ 결산 정리에 따른 당기순이익 증가액 : 소모품 30,000원 + 미수수익 20,000원 = 50,000원
6. 무형자산은 경제적 효익이 소비되는 행태를 반영하여 합리적인 방법으로 상각하며, 합리적인 상각방법을 정할 수 없는 경우에는 정액법으로 상각한다.
7. 주사업장 총괄납부를 하는 경우에도 세금계산서는 각 사업장별로 작성·발급하여야 한다.
8. 해당 과세기간에 매입한 경우에는 과세기간 말 현재 사용하지 않아도 원재료의 매입세액을 공제받을 수 있다.(나머지 금액들은 매입세액 불공제 대상이다.)
9. ▶ 종합소득금액의 계산 : 30,000,000원 + 50,000,000원 = 80,000,000원
   ▶ 과세표준의 계산 : 80,000,000원 - 24,000,000원 = 56,000,000원
   ▶ 산출세액의 계산 : 6,240,000원 + (56,000,000 - 50,000,000원) × 24% = 7,680,000원
10. 자가운전 보조금의 경우 출장 여비 등을 받는 대신에 지급받는 금액 중 월 20만원까지 비과세 적용됨.

▌실무수행평가 ▌

실무수행 1. 거래자료입력

[1] 3만원초과 거래자료에 대한 경비등송금명세서 작성

1. [일반전표입력] 1월 15일

    (차) 520.수선비   200,000원   (대) 103.보통예금   200,000원
                                                (98000.국민은행(보통))

2. [영수증수취명세서(2)]

3. [영수증수취명세서(1)]

[2] 정부보조금에 의한 유/무형자산의 구입

1. [일반전표입력] 2월 11일

    (차) 103.보통예금   100,000,000원   (대) 293.장기차입금   100,000,000원
        (98000.국민은행(보통))   (03150.중소벤처기업진흥공단)

2. [일반전표입력] 2월 15일

    (차) 103.보통예금   200,000,000원   (대) 104.정부보조금   200,000,000원
        (98000.국민은행(보통))

[3] 기타 일반거래

[일반전표입력] 3월 10일

(차) 254.예수금	261,000원	(대) 103.보통예금	522,000원
517.세금과공과금	90,000원	(98000.국민은행(보통))	
817.세금과공과금	171,000원		

실무수행 2. 부가가치세관리

[1] 전자세금계산서 발급

1. [매입매출전표입력] 5월 10일

거래유형	품명	공급가액	부가세	거래처	전자세금
11.과세	주름개선 크림	20,000,000원	2,000,000원	03170.(주)수려한	전자발행
분개유형	(차) 108.외상매출금	17,000,000원	(대) 404.제품매출		20,000,000원
3.혼합	259.선수금	5,000,000원	255.부가세예수금		2,000,000원

[2] 수정전자세금계산서의 발급

1. [수정세금계산서 발급]

① [매입매출전표 입력] 6월 3일 전표 선택 ➔ 수정세금계산서 클릭 ➔ [수정사유] 화면에서 [1.기재사항 착오·정정, 착오항목 : 1.공급가액 및 세액] 선택 후 확인(Tab)을 클릭

② [수정세금계산서(매출)] 화면에서 수정분 [단가 320,000원] 입력을 통해 공급가액과 세액을 반영한 후 확인(Tab)을 클릭

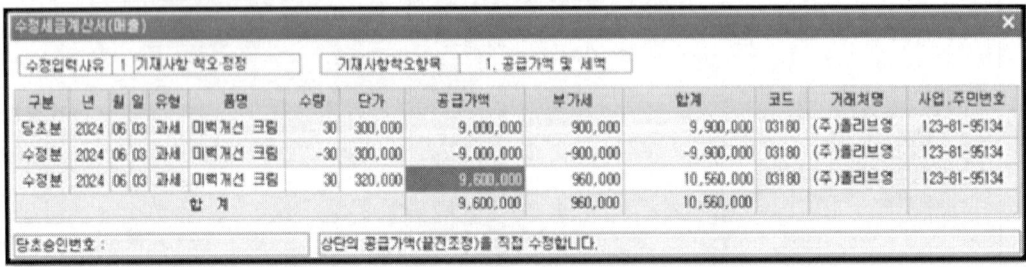

③ [매입매출전표입력] 6월 3일에 수정분이 2건 입력된다.

거래유형	품명	공급가액	부가세	거래처	전자세금
11.과세	미백개선 크림	-9,000,000	-900,000	03180.(주)올리브영	전자발행
분개유형	(차) 108.외상매출금	-9,900,000원	(대) 404.제품매출		-9,000,000원
2.외상 또는 3.혼합			255.부가세예수금		-900,000원

거래유형	품명	공급가액	부가세	거래처	전자세금
11.과세	미백개선 크림	9,600,000	960,000	03180.(주)올리브영	전자발행
분개유형 2.외상 또는 3.혼합	(차) 108.외상매출금	10,560,000원	(대) 404.제품매출 255.부가세예수금		9,600,000원 960,000원

2. [전자세금계산서 발행 및 내역관리]
   ① 전자세금계산서 발행 및 내역관리 를 클릭하면 수정 전표 2매가 미전송 상태로 조회된다.
   ② 해당 내역을 클릭하여 전자세금계산서 발행 및 국세청 전송을 한다.

[3] 매입세액불공제내역 작성자의 부가가치세신고서 작성

1. [매입매출전표입력] 8월 7일

거래유형	품명	공급가액	부가세	거래처	전자세금
51.과세	고속분쇄기계	20,000,000	2,000,000	03230.(주)대주기계	전자입력
분개유형 3. 혼합	(차) 206.기계장치 135.부가세대급금	20,000,000원 2,000,000원	(대) 253.미지급금		22,000,000원

2. [매입세액불공제내역] 2024년 7월 ~ 9월

3. [부가가치세신고서] 7월 1일 ~ 9월 30일

16 공제받지 못할매입 세액명세	구분		금액	세액
	공제받지못할매입세액	50		
	공통매입세액면세사업	51	4,000,000	400,000
	대손처분받은세액	52		
	합계	53	4,000,000	400,000

4. [일반전표입력] 9월 30일
   (차) 206.기계장치   400,000원   (대) 135.부가세대급금   400,000원

[4] 매입세액불공제내역 작성자의 부가가치세신고서 작성

1. [거래자료입력]

   ① [매입매출전표입력] 10월 15일

거래유형	품명	공급가액	부가세	거래처	전자세금
54.불공	그랜저IG	25,000,000	2,500,000	04300.(주)수원중고자동차	전자입력
불공사유	3.비영업용 소형승용차 구입 및 유지					
분개유형 3. 혼합	(차) 208.차량운반구	27,500,000원	(대) 253.미지급금		27,500,000원

   ② [매입매출전표입력] 10월 21일

거래유형	품명	공급가액	부가세	거래처	전자세금
54.불공	스팸세트	520,000	52,000	04440.(주)하모니마트	전자입력
불공사유	9.기업업무추진비 관련 매입세액					
분개유형 3. 혼합	(차) 813.기업업무추진비	572,000원	(대) 253.미지급금		572,000원

   ③ [일반전표입력] 11월 10일

   (차) 134.가지급금　　　　1,320,000원　　(대) 253.미지급금　　1,320,000원
   　　　(04450.정지현)　　　　　　　　　　　　　(99600.비씨카드)

2. [매입세액불공제내역] 10월 ~ 12월

3. [부가가치세신고서] 10월 1일 ~ 12월 31일

평가문제. 입력자료 및 회계정보를 조회하여 [평가문제]의 답안을 입력하시오.(70점)

[실무수행평가] – 부가가치세관리

번호	평가 문제	배점
11	(1)	2
12	(30,000,000)원	2
13	(34)매	2
14	(400,000)원	3
15	(240,000,000)원	2
16	(8,620,000)원	2
17	② 신용카드매출전표등수령금액합계표	2
18	① 사업과 직접 관련 없는 지출 관련 건수는 1건이다.	3
19	(25,000,000)원	2
20	(20,552,700)원	2
	부가가치세 소계	22

실무수행 3. 결산

[1] 수동결산

[일반전표입력] 12월 31일

(차) 293.장기차입금　　　　　20,000,000원　　(대) 264.유동성장기부채　　20,000,000원
　　 (98003.우리은행(차입금))　　　　　　　　　　　　(98003.우리은행(차입금))

* 상환일이 1년 이내에 도래하므로 유동성대체 분개를 입력

[2] 결산자료입력에 의한 자동결산

[결산자료입력 1]

[방법 1] [일반전표입력] 12월 31일 선납세금과 미지급법인세 분개

(차) 998.법인세등　　　　15,000,000원　　(대) 136.선납세금　　　　9,308,000원
　　　　　　　　　　　　　　　　　　　　　　　　　261.미지급세금　　　5,692,000원

[방법 2] [일반전표입력] 12월 31일 선납세금 정리분개 입력

(차) 998.법인세등　　　　9,308,000원　　(대) 136.선납세금　　9,308,000원 입력 후
[결산자료입력]의 '법인세등'란에 5,692,000원을 입력

[결산자료입력2]
- 결산자료입력에서 기말 원재료 18,400,000원, 제품 17,500,000원을 입력하고 전표추가(F3) 를 클릭하여 결산분개를 생성한다.
  → 합계잔액시산표 재고자산금액과 일치

[이익잉여금처분계산서] 메뉴
- 이익잉여금처분계산서에서 처분일을 입력한 후, 전표추가(F3) 를 클릭하여 손익대체분개를 생성한다.

[실무수행평가] – 재무회계

번호	평가 문제	배점
21	(235,000)원	1
22	④ 05107.(주)필립뷰티플 15,900,000원	1
23	(1,000,000)원	2
24	(4,290,000)원	2
25	325,270,000)원	1
26	(1,272,000)원	1
27	(772,366,000)원	2
28	(1,465,000)원	2
29	(3,320,000)원	1
30	(221,400,000)원	2
31	(62,500,000)원	2
32	(5,692,000)원	1
33	(210,000,000)원	2
34	(17,500,000)원	2
35	④ 509,164,850원	1
재무회계 소계		23

실무수행 4. 근로소득관리

[1] 가족관계증명서에 의한 사원등록

[사원등록] 메뉴의 부양가족명세

● 부양가족명세 (2023.12.31기준)

	연말정산관계	기본	세대	부녀	장애	경로 70세	출산 입양	자녀	한부모	성명	주민(외국인)번호	가족관계
1	0.본인	본인	○						○	홍유찬	내 641011-1899772	
2	4.직계비속(자녀)	장애인			2					홍승혁	내 900803-1785417	05.자녀
3	5.직계비속(4제외)	부								손지영	내 881212-2075525	06.며느리
4	5.직계비속(4제외)	20세이하								홍아름	내 201224-4023187	40.손

① 홍유찬 : 배우자가 없는 사람으로 기본공제대상자인 직계비속이 있으므로 한부모 공제 대상임.
② 홍승혁 : 기본공제자로 장애인(국가유공자) 추가공제 대상임.
③ 손지영 : 나이가 20세 초과하므로 기본공제 대상이 아님.
　(자녀(홍승혁)가 장애인인 경우 그 배우자(손지영) 또한 장애인에 해당시 공제 가능)
④ 홍아름 : 소득이 없는 20세 이하로 기본공제(손녀) 대상임.

[실무수행평가] – 근로소득관리1

번호	평가 문제	배점
36	(35,000,000)원	2
37	(4,500,000)원	1
38	(2,000,000)원	2
39	(1,000,000)원	2
40	(16,775,000)원	1

[2] 일용직사원의 원천징수

1. [일용직사원등록]

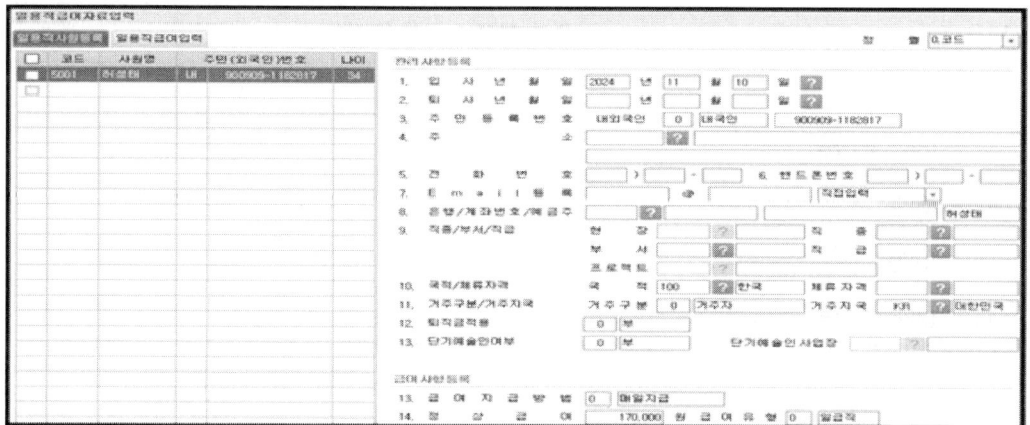

2. [일용직급여입력] ▶ 요일은 상관없음.

3. [원천징수이행상황신고서]

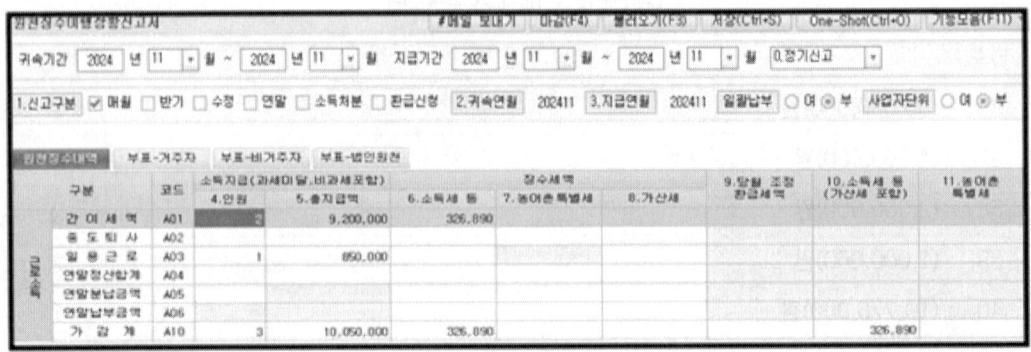

[실무수행평가] – 근로소득관리 2

번호	평가 문제	배점
41	(7,650)원	2
42	(842,350)원	1
43	(3)명	2
44	(0)원	1
45	(326,890)원	1

[3] 국세청연말정산간소화 및 이외의 자료를 기준으로 연말정산

[연말정산 근로소득원천징수영수증]

1. 신용카드 소득공제

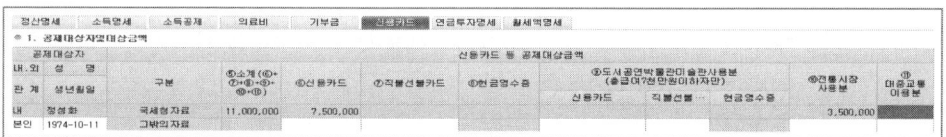

- 아파트 관리비는 공제대상이 아님.

2. 보험료 세액공제(태아보험은 보험료 공제대상이 아님.)

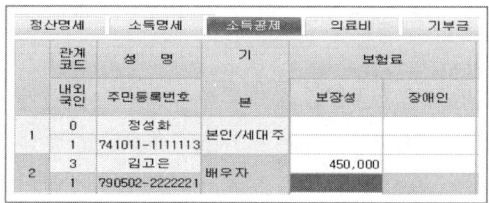

3. 교육비 세액공제
   - 직계존속의 교육비는 공제대상이 아님.

4. 연금계좌세액공제

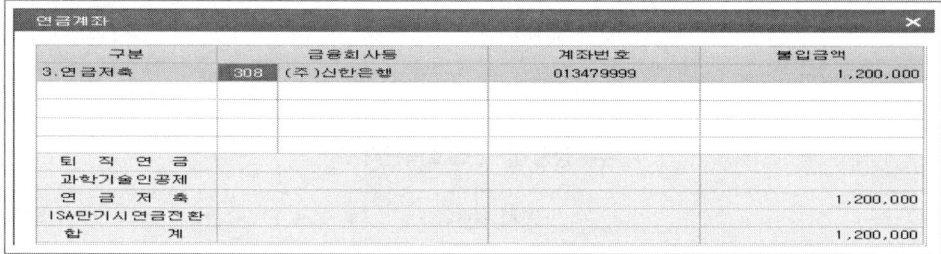

5. 정산명세 조회

항목					금액		항목			금액
특별소득공제	33.보험	가.건강		1,679,600 >	1,679,600	연금계좌	58.과학기술인공제		>	
		나.고용		378,000 >	378,000		59.근로자퇴직급여보장법		>	
	34.주택임차 차입금 원리금상환액	가.주택임차 차입금	대출기관	>			60.연금저축		>	180,000
			거주자	>			60-1. ISA만기시연금계좌		>	
	34.주택	11년이전 차입분	15년미만	>		특별세액공제	61.보장성보험	450,000 >		54,000
			15~29년	>			62.의료비	0 >		
			30년이상	>			63.교육비	0 >		
		12년이후 차입분 (15년이상)	고정 or비거치	>			64.기부금	정치	10만원이하 >	
			기타대출	>					10만원초과 >	
	나.장기주택저당차입금이자상환액	15년이후 차입분 (15년이상)	고정&비거치	>				나.법정기부금	>	
			고정 or비거치	>				다.우리사주기부금	>	
			기타대출	>				라.지정기부금(종교외)	>	
		15년이후 차입분 (10~15년)	고정 or비거치	>				마.지정기부금(종교)	>	
	35.기부금(이월분)			>			65.계			54,000
	36.계				2,057,600		66.표준세액공제		>	
37.차감소득금액					19,502,400		67.납세조합공제		>	
	38.개인연금저축			>			68.주택차입금		>	
	39.소기업·소상공인공제부금			>			69.외국납부		>	
	40.주택마련저축	가.청약저축		>			70.월세액		>	
		나.주택청약종합저축		>						
그밖의소득공제		다.근로자주택마련저축		>						
	41.투자조합출자 등			>						
	42.신용카드등		11,000,000	>	200,000					
	43.우리사주조합 출연금			>						
	44.고용유지중소기업근로자			>						
	45.장기집합투자증권저축			>			71.세액공제계			1,052,000
	46.청년형장기집합투자증권저축			>			72.결정세액(50-55-71)			583,360
	47.그 밖의 소득공제 계				200,000		82.실효세율(%) (72/21)×100%			1.4%

		소득세	지방소득세	농어촌특별세	계
73.결정세액		583,360	58,336	0	641,696
기납부 세액	74.종(전) 근무지	0	0	0	0
	75.주(현) 근무지	1,115,400	111,500	0	1,226,900
76.납부특례세액		0	0	0	0
77.차감징수세액(73-74-75-76)		-532,040	-53,160	0	-585,200

[실무수행평가] - 근로소득관리 3

번호	평가 문제	배점
46	(200,000)원	2
47	(54,000)원	2
48	(0)원	2
49	(180,000)원	2
50	(-532,040)원	2
	근로소득 소계	25

제66회 TAT 2급 기출문제 해답

㈜바람바람 (코드번호: 2266)

실무이론평가

1	2	3	4	5	6	7	8	9	10
④	④	③	③	③	①	③	①	③	②

1. 회계정보가 정보이용자에게 유용하기 위해서는 그 정보가 의사결정에 반영될 수 있도록 적시에 제공되어야 한다.
2. 선적지 인도조건으로 매입한 경우 선적시점에 재고자산을 인식하므로 기말재고액에 포함되어야 한다.
3.

수 량	장부상 단가 (가)	단위당 예상 판매가격 ①	단위당 예상 판매비용 ②	단위당 예상 순실현가능가치 (나)=①-②	단위당 평가손실 (가)-(나)
1,000개	100원	120원	30원	90원	10원

재고자산평가손실 = 1,000개 × 10원 = 10,000원

4. 합병으로 취득한 영업권은 무형자산이다. 나머지는 당기비용으로 인식한다.
5. 수정후 당기순이익 = 수정전 당기순이익(5,000,000원) + 보험료 선급분 (300,000원)
   - 이자 미지급분(200,000원) = 5,100,000원
6. 매출원가 = 기초상품 재고분(300개 × 1,000원 = 300,000원) + 7월 1일 매입분(250개 × 1,500원
   = 375,000원) = 675,000원
7. 단기할부 판매시에는 인도기준을 적용한다.
8. ▶ 국외매출액은 영세율 과세 대상이므로 매출세액이 없으며, 하치장반출액과 무상으로 제공한 견본품은 과세표준에 해당하지 아니한다.
   ▶ 70,000,000원 × 10% = 7,000,000원
9. 50,000,000원 + 6,000,000원 + 5,000,000원 + 2,400,000원 = 63,400,000원
10. 과세기간 종료일 전에 사망한 경우 사망일 전일의 상황에 따라 공제 여부를 판정한다.

실무수행평가

실무수행 1. 거래자료입력

[1] 3만원초과 거래자료에 대한 영수증수취명세서 작성

1. [일반전표입력] 1월 25일

　　　(차) 812.여비교통비　　　　　　　35,000원　　(대) 101.현금　　　　　35,000원
　　　또는 (출) 812.여비교통비　　　　35,000원

2. [영수증수취명세서(2)]

거래일자	상호	성명	사업장	사업자등록번호	거래금액	구분	계정코드	계정과목	적요
2024-02-20	(주)삼성화재				1,000,000	16	521	보험료	
2024-01-27	다모아마트	권다정	서울 서대문구 연희로 3	110-81-45128	200,000		811	복리후생비	
2024-01-25	상록운수	김택영	서울 서대문구 홍은동 346	210-81-08059	35,000	28	812	여비교통비	

3. [영수증수취명세서(1)]

		3만원 초과 거래분	
9. 구분	10. 총계	11. 명세서제출 제외대상	12. 명세서제출 대상(10-11)
13. 건수	3	2	1
14. 금액	1,235,000	1,035,000	200,000

2. 3만원 초과 거래분 명세서제출 제외대상 내역

구분	건수	금액	구분	건수	금액
15. 읍, 면 지역 소재			26. 부동산 구입		
16. 금융, 보험 용역	1	1,000,000	27. 주택임대용역		
17. 비거주자와의 거래			28. 택시운송용역	1	35,000
18. 농어민과의 거래			29. 전산발매통합관리시스템가입자와의		
19. 국가 등과의 거래			30. 항공기항행용역		
20. 비영리법인과의 거래			31. 간주임대료		
21. 원천징수 대상사업소			32. 연체이자지급분		
22. 사업의 양도			33. 송금명세서제출분		
23. 전기통신, 방송용역			34. 접대비필요경비부인분		
24. 국외에서의 공급			35. 유료도로 통행료		
25. 공매, 경매, 수용			36. 합계	2	1,035,000

[2] 약속어음의 만기결제, 할인 및 배서양도

1. [일반전표입력] 2월 15일

　　　(차) 102.당좌예금　　　　　　　　9,800,000원　　(대) 110.받을어음　　10,000,000원
　　　　　(98005.우리은행(당좌))　　　　　　　　　　　　　(02020.(주)서원산업)
　　　　　936.매출채권처분손실　　　　200,000원

2. [받을어음 관리]

[3] 계약금 입금

[일반전표입력] 3월 10일

(차) 103.보통예금　　　　　　　451,000원　　(대) 259.선수금　　　　　　451,000원
(98000.국민은행(보통))　　　　　　　　　　　(00122.(주)서구전자)

실무수행 2. 부가가치세관리

[1] 전자세금계산서 발급

1. [매입매출전표] 4월 5일

거래유형	품명	공급가액	부가세	거래처	전자세금
11.과세	무선 선풍기	20,500,000	2,050,000	02040.(주)세방기업	전자발행
분개유형	(차) 101.현금		2,550,000원	(대) 404.제품매출	20,500,000원
3. 혼합	108.외상매출금		20,000,000원	255.부가세예수금	2,050,000원

[2] 수정전자세금계산서의 발급

1. [수정전자세금계산서 발급]

① [매입매출전표입력] 4월 10일 전표선택 → 수정세금계산서 클릭 → 수정사유(4.계약의 해제)를 선택 → 확인(Tab)을 클릭

② [수정세금계산서(매출)] 화면에서 수정분 [작성일 5월 10일], [공급가액 -2,000,000원], [세액 -200,000원] 자동반영 후 [확인(Tab)] 클릭

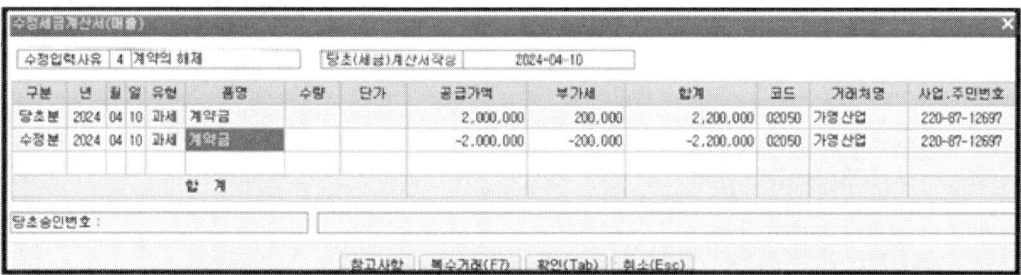

③ [매입매출전표입력] 5월 10일

방법 1.

거래유형	품명	공급가액	부가세	거래처	전자세금
11. 과세	계약금	-2,000,000	-200,000	02050.(주)가영산업	전자발행
분개유형	(차) 101.현금		-2,200,000원	(대) 259.선수금	-2,000,000원
1.현금 또는 3.혼합				255.부가세예수금	-200,000원

방법 2.

거래유형	품명	공급가액	부가세	거래처	전자세금
11. 과세	계약금	-2,000,000	-200,000	02050.(주)가영산업	전자발행
분개유형	(차) 259.선수금		2,000,000원	(대) 255.부가세예수금	-200,000원
3. 혼합				101.현금	2,200,000원

방법 3.

거래유형	품명	공급가액	부가세	거래처	전자세금
11. 과세	계약금	-2,000,000	-200,000	02050.(주)가영산업	전자발행
분개유형				(대) 255.부가세예수금	-200,000원
3. 혼합				259.선수금	-2,000,000원
				101.현금	2,200,000원

2. [전자세금계산서 발행 및 내역관리]
   ① 전자세금계산서 발행 및 내역관리 를 클릭하면 수정 전표 1매가 미전송 상태로 조회된다.
   ② 해당내역을 클릭하여 전자세금계산서 발급(발행) 및 국세청 전송을 한다.

[3] 부동산임대사업자의 부가가치세신고서 작성

1. [매입매출전표입력] 9월 1일

거래유형	품명	공급가액	부가세	거래처	전자세금
11.과세	9월 임대료	2,000,000	200,000	00126.(주)해신전자	전자입력
분개유형	(차) 103.보통예금		2,200,000원	(대) 411.임대료수입	2,000,000원
3. 혼합	(98001.신한은행(보통))			255.부가세예수금	200,000원

2. 부동산임대공급가액명세서

3. [매입매출전표입력] 9월 30일

거래유형	품명	공급가액	부가세	거래처	전자세금
14.건별	간주 임대료	286,885	28,688		
분개유형	(차) 817.세금과공과금		28,688원	(대) 255.부가세예수금	28,688원
3. 혼합					

4. [부가가치세신고서] 7월 1일 ~ 9월 30일

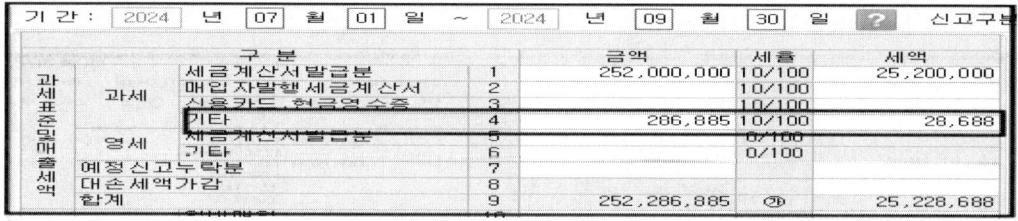

[4] 신용카드매출전표발행집계표 작성자의 부가가치세신고서 작성

1 [매입매출전표입력]
  - 10월 5일

거래유형	품명	공급가액	부가세	거래처	전자세금
11.과세	인공지능선풍기	3,000,000	300,000	04820.하남전자(주)	전자입력
분개유형	(차) 108.외상매출금		3,300,000원	(대) 404.제품매출	3,000,000원
4.카드	(99601.신한카드)			255.부가세예수금	300,000원

- 11월 20일

거래유형	품명	공급가액	부가세	거래처	전자세금
17.카과	제품	500,000	50,000	00121.박수민	
분개유형 2.외상 또는 4.카드	(차) 108.외상매출금 (99601.신한카드)	550,000원		(대) 404.제품매출 255.부가세예수금	500,000원 50,000원

- 12월 15일

거래유형	품명	공급가액	부가세	거래처	전자세금
22.현과	제품	300,000	30,000	00125.김수철	
분개유형 1.현금	(차) 101.현금	330,000원		(대) 404.제품매출 255.부가세예수금	300,000원 30,000원

2. [신용카드매출전표발행집계표] 10월 ~ 12월

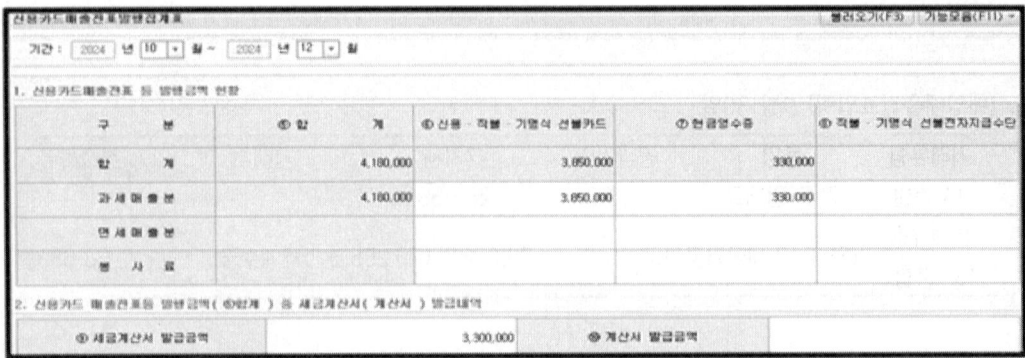

3. [부가가치세신고서] 10월 1일 ~ 12월 31일

평가문제. 입력자료 및 회계정보를 조회하여 [평가문제]의 답안을 입력하시오.(70점)

[실무수행평가] – 부가가치세관리

번호	평가 문제	배점
11	④	2
12	(20,500,000)원	2
13	(31)매	2
14	(286,885)원	2
15	(252,000,000)원	2
16	(13,000)원	2
17	③ 공제받지못할매입세액명세서	2
18	(4,180,000)원	3
19	(273,000,000)원	3
20	(24,313,200)원	2
부가가치세 소계		22

실무수행 3. 결산

[1] 수동결산

[일반전표입력] 12월 31일

(차) 521.보험료　　　　　　　　200,000원　　(대) 133.선급비용　　　　　200,000원

※ 경과된 보험료 1,200,000원×2/12 = 200,000원

[2] 결산자료입력에 의한 자동결산

[결산자료입력 1]

[방법 1] [일반전표입력] 12월 31일

(차) 998.법인세등　　　　　　28,000,000원　　(대) 136.선납세금　　　16,200,000원
　　　　　　　　　　　　　　　　　　　　　　　　　　　261.미지급세금　　11,800,000원

[방법 2] [일반전표입력] 12월 31일

(차) 998.법인세등　　　　　　16,200,000원　　(대) 136.선납세금　16,200,000원 입력 후
[결산자료입력]의 '법인세등'란에 11,800,000을 입력

[결산자료입력 2]

- 결산자료입력에서 기말 원재료 25,000,000원, 제품 31,000,000원을 입력하고 전표추가(F3) 를 클릭하여 결산분개를 생성한다.

[이익잉여금처분계산서] 메뉴
- 이익잉여금처분계산서에서 처분일을 입력한 후, 전표추가(F3) 를 클릭하여 손익대체 분개를 생성한다.

[실무수행평가] – 재무회계

번호	평가 문제	배점
21	(1,035,000)원	2
22	(22,000,000)원	2
23	(33,300,000)원	1
24	(349,720,000)원	2
25	(20,000,000)원	1
26	① 98000.국민은행 198,475,000원	1
27	(181,000)원	1
28	(1,803,835)원	1
29	(503,800,000)원	2
30	② 예수금 4,385,000원	1
31	(13,651,000)원	1
32	(1,000,000)원	3
33	(31,000,000)원	2
34	(11,800,000)원	2
35	② 327,344,206원	1
	재무회계 소계	23

실무수행 4. 근로소득관리

[1] 중도퇴사자의 원천징수

1. [사원등록]

사원등록에서 퇴사년월일 입력

20. 퇴 사 년 월 일 2024 년 11 월 25 일 ? 20. 이 월 여 부 1 부

2. [수당/공제등록]

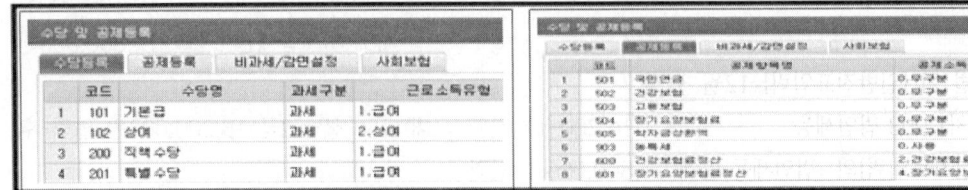

3. [급여자료입력]

급여자료를 입력한 후, [중도퇴사자 정산]을 클릭하여 연말정산 결과를 반영한다.

4. [원천징수이행상황신고서]

[실무수행평가] – 근로소득관리1

번호	평가 문제	배점
36	(6,800,000)원	2
37	(942,980)원	2
38	(62,100,000)원	1
39	(1,778,970)원	1
40	(1,959,600)원	1

[2] 주민등록등본에 의한 사원등록

[사원등록]

① 김도경 : 배우자가 있는 여성근로자(근로소득금액 3천만원 이하)로, 부녀자공제 대상임.

② 정진수 : 중증환자로서 소득이 없는 자이므로 기본공제, 장애인공제 대상임.
③ 김성연 : 총급여액이 5,000,000원 이하이므로 기본공제 대상임.
④ 정윤재 : 만 20세 이하이고, 기타소득금액 100만원 이하이므로 기본공제 대상임.

[실무수행평가] – 근로소득관리 2

번호	평가 문제	배점
41	(1,500,000)원	2
42	(3,000,000)원	1
43	(2,000,000)원	2
44	(500,000)원	2
45	(150,000)원	2

[3] 국세청연말정산간소화 및 이외의 자료를 기준으로 연말정산

[연말정산 근로소득원천징수영수증]

1. 의료비 세액공제

	공제대상자				지급처			지급명세	
	부양가족 관계코드	성명	내 외	주민등록번호	본인등 해당여부	상호	사업자번호	의료증빙 코드	건수	지급액	실손의료보험금
1	소득자의 직계존	오영선	내	460901-2122786	○			국세청	1	7,300,000	900,000

2. 보험료 세액공제

	관계 코드	성 명	기	보험료	
	내외 국인	주민등록번호	본	보장성	장애인
1	0 1	한준경 721010-1774918	본인/세대주		
2	3 1	서나리 730501-2775018	부		
3	1 1	오영선 460901-2122786	60세 이상	960,000	
4	4 1	한준희 970927-1241853	장애인		1,440,000

- 저축성 보험료는 공제대상이 아니다.

3. 교육비 세액공제

	관계 코드	성 명	기	의 료	교육비		
	내외 국인	주민등록번호	본		구분	일반	장애인 특수교육
1	0 1	한준경 721010-1774918	본인/세대주		본인	6,500,000	

4. 연금계좌 세액공제
   - 연금계좌 세액공제는 본인 지출분만 공제 가능하므로 공제 대상이 아니다.

5. 월세 세액공제

월세액							
2. 월세액 세액공제 명세					무주택자해당여부	여 ○ 부 ●	
임대인성명 (상호)	주민(사업자)등록번호	주택유형	주택계약 면적(㎡)	임대차계약상 주소지	임대차계약기간		월세액
					시작	종료	
주성훈	860512-1875655	단독주택	85.00	서울특별시 구로구 도림로 33길 2"	2024-03-01	2026-02-28	7,000,000

6. 정산명세 조회

(정산명세서 이미지 - 주요 항목)
- 33.가.건강: 2,399,400
- 33.나.고용: 540,000
- 36.계: 2,939,400
- 37.차감소득금액: 34,110,600
- 61.보장성보험: 2,400,000 → 265,200
- 62.의료비: 7,300,000 → 690,000
- 63.교육비: 6,500,000 → 975,000
- 65.계: 1,930,200
- 70.월세액: 1,050,000
- 71.세액공제계: 3,640,200
- 72.결정세액(50-55-71): 216,390
- 82.실효세율(%)(72/21)×100%: 0.4%

	소득세	지방소득세	농어촌특별세	계
73.결정세액	216,390	21,639	0	238,029
74.종(전)근무지	0	0	0	0
75.주(현)근무지	2,854,200	285,360	0	3,139,560
76.납부특례세액	0	0	0	0
77.차감징수세액(73-74-75-76)	-2,637,810	-263,720	0	-2,901,530

[실무수행평가] - 근로소득관리 3

번호	평가 문제	배점
46	① 0원	2
47	(265,200)원	2
48	(690,000)원	2
49	(975,000)원	2
50	(1,050,000)원	1
근로소득 소계		25

제67회 TAT 2급 기출문제 해답

㈜바비산업 (코드번호 : 2267)

▍실무이론평가 ▍

1	2	3	4	5	6	7	8	9	10
②	①	④	③	③	②	①	③	④	④

1. 표현의 충실성을 설명한 것으로서 신뢰성의 속성에 해당한다.
2. 미교부주식배당금은 자본조정항목으로 자본에 해당한다.
3. ▶ 매출원가 = 기초재고자산(100개×1,000원) + 12월 5일 매입분(50개×1,200원)
      = 160,000원
   ▶ 기말재고자산 = 12월 5일 매입분(50개×1,200원) + 12월 15일 매입분(100개×1,400원)
      = 200,000원
4. 상환의무가 없는 정부보조금 1,000,000원으로 기계장치를 1,000,000원에 취득할 경우의 회계처리는 다음과 같다.

(차) 기계장치	1,000,000원	(대) 보통예금	1,000,000원
정부보조금	1,000,000원	정부보조금	1,000,000원
(보통예금 차감)		(기계장치 차감)	

5. ▶ 퇴직금추계액이란 당기말 현재 전 임직원이 퇴사할 때 소요될 것으로 예상되는 퇴직급여액으로서, 재무상태표에 계상되는 퇴직급여충당부채 기말잔액이다.
   ▶ 퇴직금추계액 = 퇴직급여충당부채 기초잔액(6,000,000원) - 당기지급액(2,000,000원) + 결산 시 추가전입액 (3,000,000원) = 7,000,000원
6. ▶ 1월 1일~ 6월 30일의 감가상각비 = 20,000,000원÷5년×6개월/12개월 = 2,000,000원
   ▶ 7월 1일~12월 31일의 감가상각비
      = (20,000,000원 - 2,000,000원 + 5,400,000원)×6개월/54개월 = 2,600,000원
   ▶ 2024년 감가상각비 = 2,000,000원 + 2,600,000원 = 4,600,000원
7. 약사법에 따른 약사가 제공하는 의약품의 조제용역은 면세대상 용역의 공급에 해당한다.
8. 15,000,000원(기업업무추진비 지출) + 70,000,000원(공장부지의 조성관련 지출) = 85,000,000원
9. 휴가비는 과세대상 근로소득이다. 그러나 사회통념상 타당한 범위의 경조금, 비출자임원이 사택을 제공받아 얻은 이익, 근로자가 제공받은 식사는 소득세 과세대상이 아니다.
10. ▶ 기본공제 : 1,500,000원×4명 = 6,000,000원(본인, 배우자, 자녀, 모친)
    ▶ 추가공제 : 3,000,000원(경로우대공제 모친 1,000,000원. 장애인공제 자녀 2,000,000원)
    ▶ 부친은 소득금액이 1,000,000원을 초과하여 기본공제대상자에 해당하지 않으므로 추가공제 중 경로우대공제도 적용되지 않는다.

실무수행평가

실무수행 1. 거래자료입력

[1] 3만원초과 거래자료에 대한 영수증수취명세서 작성

[일반전표입력] 1월 10일

(차) 933.기부금 5,000,000원 (대) 101.현금 5,000,000원
또는 (출) 933.기부금 5,000,000원

[영수증수취명세서]
[영수증수취명세서(2)]

거래일자	상 호	성 명	사업장	사업자등록번호	거래금액	구분	계정코드	계정과목	적요
2024-02-21	(주)삼성화재				835,000	16	821	보험료	
2024-01-13	사인실업	최재수	서울 구로구 구로동로 27	106-08-12514	200,000		520	수선비	
2024-01-10	(재)서울대...		서울특별시 관악구 관악로	112-82-00240	5,000,000	20	933	기부금	

[영수증수취명세서(1)]

9. 구분	3만원 초과 거래분		
	10. 총계	11. 명세서제출 제외대상	12. 명세서제출 대상(10-11)
13. 건수	3	2	1
14. 금액	6,035,000	5,835,000	200,000

2. 3만원 초과 거래분 명세서제출 제외대상 내역

구분	건수	금액	구분	건수	금액
15. 읍, 면 지역 소재			26. 부동산 구입		
16. 금융, 보험 용역	1	835,000	27. 주택임대용역		
17. 비거주자와의 거래			28. 택시운송용역		
18. 농어민과의 거래			29. 전산발매통합관리시스템가입자와의		
19. 국가 등과의 거래			30. 항공기항행용역		
20. 비영리법인과의 거래	1	5,000,000	31. 간주임대료		
21. 원천징수 대상사업소			32. 연체이자지급분		
22. 사업의 양도			33. 송금명세서제출분		
23. 전기통신, 방송용역			34. 접대비필요경비부인분		
24. 국외에서의 공급			35. 유료도로 통행료		
25. 공매, 경매, 수용			36. 합계	2	5,835,000

[2] 약속어음 수취거래, 만기결제, 할인 및 배서양도

1. [일반전표입력] 2월 25일

(차) 936.매출채권처분손실 660,000원 (대) 110.받을어음 22,000,000원
103.보통예금 21,340,000원 (01500.(주)아이나라)
(98000.국민은행(보통))

※ 할인료(매출채권처분손실) : 22,000,000원×12%×3개월/12개월=660,000원

2. [자금관리]

[3] 리스회계

[매입매출전표입력] 3월 20일

거래유형	품명	공급가액	부가세	거래처	전자세금
53.면세	기계장비리스	880,000		00112.(주)우리캐피탈	전자입력
분개유형 3. 혼합	(차) 519.임차료		880,000원	(대) 253.미지급금	880,000원

실무수행 2. 부가가치세관리

[1] 전자세금계산서 발급

1. [매입매출전표입력] 4월 28일

거래유형	품명	공급가액	부가세	거래처	전자세금
11.과세	미니카 장난감	12,000,000	1,200,000	03040.(주)아이토이	전자발행
분개유형 2.외상	(차) 108.외상매출금		13,200,000원	(대) 404.제품매출 255.부가세예수금	12,000,000원 1,200,000원

[2] 수정전자세금계산서의 발급

1. [수정전자세금계산서 발급]

　① [매입매출전표입력] 5월 23일 전표선택 ➡ 수정세금계산서 클릭 ➡ 수정사유(2.공급가액변동)를 선택 ➡ 확인(Tab) 을 클릭

　② [수정세금계산서(매출)] 화면에서 수정분 [작성일 5월 31일], [공급가액 -400,000원], [세액 -40,000원]을 입력한 후 확인(Tab) 을 클릭

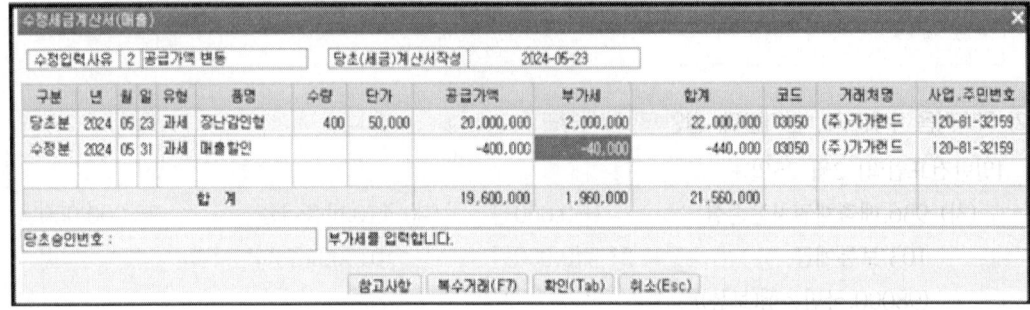

③ [매입매출전표입력] 5월 31일

거래유형	품명	공급가액	부가세	거래처	전자세금
11. 과세	매출할인	-400,000	-40,000	03050.(주)가가랜드	전자발행
분개유형	(차) 108.외상매출금		-440,000원	(대) 404.제품매출	-400,000원
2. 외상				255.부가세예수금	-40,000원

2. [전자세금계산서 발행 및 내역관리]

① 전자세금계산서 발행 및 내역관리 를 클릭하면 수정 전표 1매가 미전송 상태로 조회된다.

② 해당내역을 클릭하여 전자세금계산서 발급(발행) 및 국세청 전송을 한다.

[3] 건물등감가상각자산취득명세서 작성자의 부가가치세신고서 작성

1. [거래자료입력]

- [매입매출전표입력] 7월 5일

거래유형	품명	공급가액	부가세	거래처	전자세금
51.과세	프레스기계 수선비	8,000,000	800,000	03150.(주)코스모산업	전자입력
분개유형	(차) 206.기계장치	8,000,000원		(대) 253.미지급금	8,800,000원
3. 혼합	135.부가세대급금	800,000원			

- [매입매출전표입력] 8월 20일

거래유형	품명	공급가액	부가세	거래처	전자세금
51.과세	공장신축공사계약금	150,000,000	15,000,000	03160.(주)성신산업	전자입력
분개유형	(차) 214.건설중인자산	150,000,000원		(대) 103.보통예금	165,000,000원
3.혼합	135.부가세대급금	15,000,000원		(98000.국민은행(보통))	

- [일반전표입력] 9월 30일

　　(차) 134.가지급금　　　　　　990,000원　　(대) 253.미지급금　　　990,000원
　　　　(03090.박세리)　　　　　　　　　　　　　　(99610.삼성카드)

　　※ 대표이사의 개인적인 물품구입은 매입세액 공제대상이 아니며, 세금계산서를 수취하지 않고, 신용카드매출전표를 수취하였으므로 일반전표입력에 매입부가세를 포함한 금액으로 입력하여야 한다.

2. [건물등감가상각자산취득명세서] 2024년 7월 ~ 9월

3. [부가가치세신고서] 7월 1일 ~ 9월 30일

[4] 대손세액공제신고서 작성자의 부가가치세신고서 작성

1. [대손세액공제신고서] 작성

2. [부가가치세신고서] 10월 1일 ~ 12월 31일

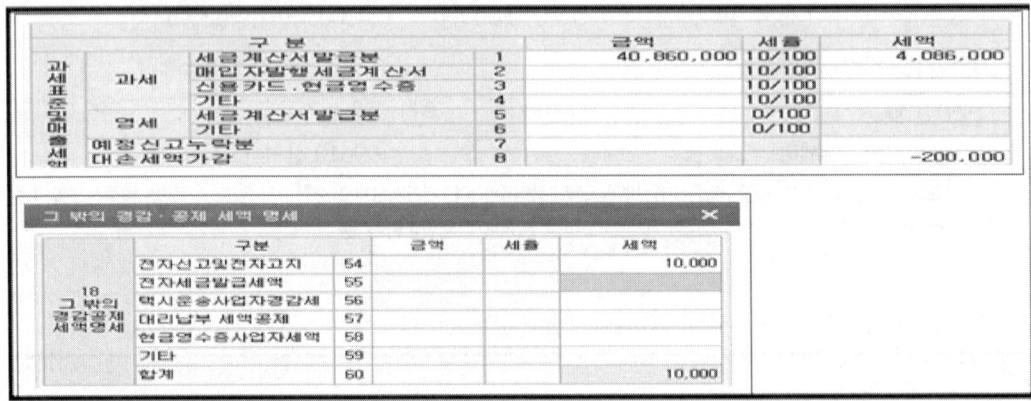

3. [일반전표입력] 12월 20일

    (차) 109.대손충당금   900,000원   (대) 108.외상매출금   2,200,000원
        835.대손상각비   1,100,000원   (00114.(주)카오물산)
        255.부가세예수금   200,000원

Part 9. 기출문제 해답 - TAT 67회

평가문제. 입력자료 및 회계정보를 조회하여 [평가문제]의 답안을 입력하시오.(70점)

[실무수행평가] - 부가가치세관리

번호	평가 문제	배점
11	(1,880,000)원	1
12	(19,600,000)원	2
13	(29)매	2
14	(2)	2
15	(8,000,000)원	3
16	(158,000,000)원	2
17	④ 공제받지못할매입세액명세서	2
18	② 대손확정일은 과세기간종료일인 2024년 12월 31일이다	3
19	(-200,000)원	3
20	(759,200)원	2
부가가치세 소계		22

실무수행 3. 결산

[1] 수동결산

[일반전표입력] 12월 31일
(차) 305.외화장기차입금　　　　4,500,000원　　(대) 910.외화환산이익　　4,500,000원
(98300.원캐피탈)
※ (1,350원 - 1,200원) × $30,000 = 이익 4,500,000원

[2] 결산자료입력에 의한 자동결산

[결산자료입력 1]
- 단기대여금 대손상각비 설정액 = 12,000,000원 × 1% = 120,000원
① 방법 1.
결산자료입력(기타의 대손상각비)란에 단기대여금 120,000원 입력
② 방법 2. [일반전표입력] 12월 31일
(차) 934.기타의대손상각비　　120,000원　　(대) 115.대손충당금　　120,000원

[결산자료입력 2]
- 결산자료입력에서 기말 원재료 5,250,000원, 재공품 8,300,000원, 제품 26,400,000원을 입력하고 전표추가(F3) 를 클릭하여 결산분개를 생성한다.

[이익잉여금처분계산서] 메뉴
- 이익잉여금처분계산서에서 처분일을 입력한 후, 전표추가(F3) 를 클릭하여 손익대체 분개를 생성한다.

[실무수행평가] – 재무회계

번호	평가문제	배점
21	(5,835,000)원	2
22	(34,000,000)원	2
23	(7,200,000)원	2
24	(791,000)원	1
25	(1,080,000)원	1
26	(6,060,000)원	1
27	③ 03030.(주)보령산업 9,900,000원	2
28	(21,560,000)원	1
29	(1,100,000)원	1
30	(30,060,900)원	2
31	(1,990,000)원	1
32	(602,700,000)원	2
33	(36,000,000)원	2
34	(41,550,000)원	2
35	② 448,900,518원	1
재무회계 소계		23

실무수행 4. 근로소득관리

[1] 주민등록등본에 의한 사원등록

[사원등록]

	연말정산관계	기본	세대	부녀	장애	경로 70세	출산 입양	자녀	한부모	성명	주민(외국인)번호	가족관계
1	0.본인	본인	○							김태현	내 800321-1216511	
2	3.배우자	배우자								현주영	내 810905-2027511	02.배우자
3	4.직계비속(자녀	20세이하								김선우	내 160123-4070784	05.자녀
4	4.직계비속(자녀	20세이하					○(2)			김선아	내 230226-4000001	05.자녀
5	6.형제자매	장애인			1					현주성	내 830303-1850211	22.제

① 현주영: 고용보험으로부터 지급받는 육아휴직급여는 비과세이므로 기본공제 대상임.

② 김선우: 20세 이하 이고, 소득이 없으므로 기본공제 대상임.

③ 김선아: 해당연도에 출생하였으므로 출산입양공제, 기본공제 대상임.

④ 현주성: 장애인으로 소득이 없으므로 기본공제, 장애인공제 대상임.

[실무수행평가] - 근로소득관리1

번호	평가 문제	배점
36	(1,500,000)원	2
37	(3)명	2
38	(2,000,000)원	2
39	(21,838,480)원	1
40	(500,000)원	2

[2] 일용직사원의 원천징수

1. [일용직사원등록]

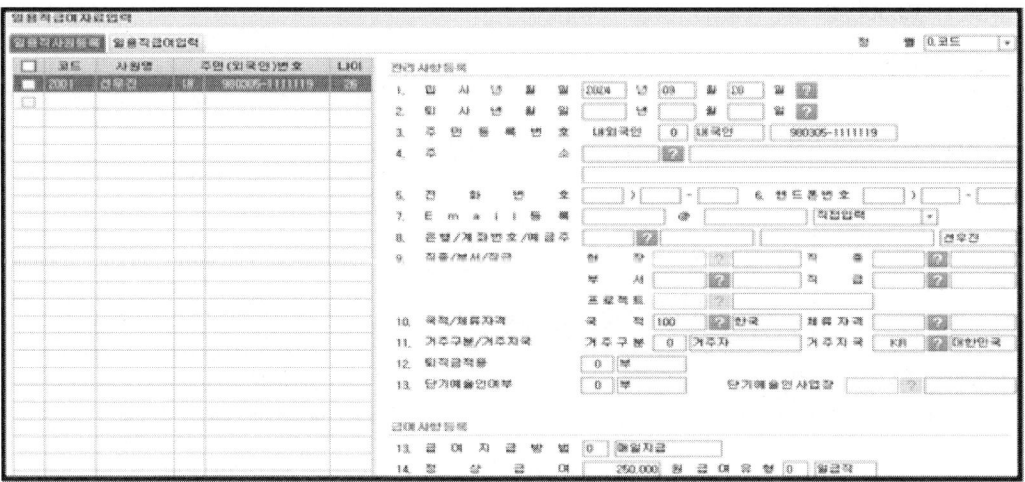

2. [일용직급여입력]

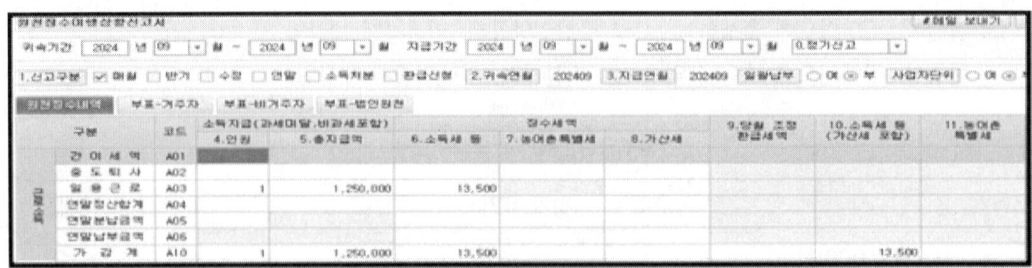

3. [원천징수이행상황신고서]

[실무수행평가] - 근로소득관리 2

번호	평가 문제	배점
41	(11,250)원	2
42	(26,100)원	1
43	(1,250,000)원	1
44	(13,500)원	1
45	(4)명	1

[3] 국세청연말정산간소화 및 이외의 자료를 기준으로 연말정산

[연말정산 근로소득원천징수영수증]

1. 부양가족 등록수정

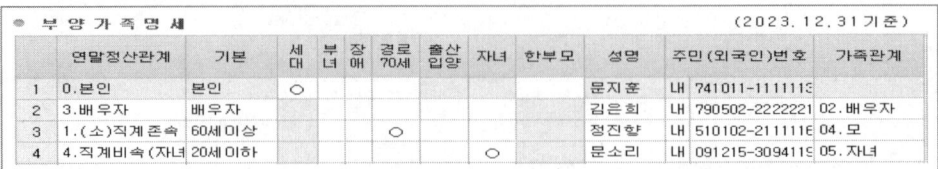

2. 의료비 세액공제

공제대상자					지급처			지급명세	
부양가족 관계코드	성명	내외	주민등록번호	본인등 해당여부	상호	사업자번호	의료증빙 코드	건수	지급액	실손의료보험금
1 소득자의 직계존	정진향	내	510102-2111116	○			국세청	1	4,200,000	

3. 신용카드 소득공제

공제대상자			신용카드 등 공제대상금액							
내외 관계	성명 생년월일	구분	⑩소계	⑥신용카드	⑦직불선불카드	⑧현금영수증	⑨도서공연박물관미술관사용분 (총급여7천만원이하자만)			⑩전통시장 사용분
							신용카드	직불선불카드	현금영수증	
내 본인	문지훈 1974-10-11	국세청자료 그밖의자료								
내 3	김은희 1979-05-02	국세청자료 그밖의자료	18,000,000	12,500,000						5,500,000

4. 보험료 세액공제

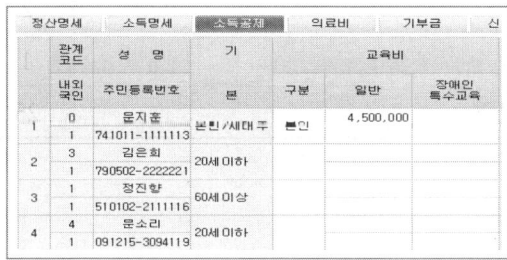

5. 교육비 세액공제

- 비인가 대안교육기관에 지급한 교육비는 세액공제 대상에 해당하지 않는다.

관계 코드	성 명	기	교육비		
내외 국인	주민등록번호	분	구분	일반	장애인 특수교육
1	0 문지훈	본인/세대주	본인	4,500,000	
	1 741011-1111113				
2	3 김은희	20세 이하			
	1 790502-2222221				
3	1 정진향	60세 이상			
	1 510102-2111116				
4	4 문소리	20세 이하			
	1 091215-3094119				

6. 정산명세 조회

[실무수행평가] - 근로소득관리 3

번호	평가 문제	배점
46	(1,560,000)원	2
47	(120,000)원	3
48	(376,200)원	2
49	(675,000)원	2
50	② 2.2%	1
	근로소득 소계	25

제68회 TAT 2급 기출문제 해답

㈜리빙산업 (코드번호 : 2268)

▌실무이론평가 ▌

1	2	3	4	5	6	7	8	9	10
③	③	③	②	①	③	③	②	①	③

1. 타인에게 임대하거나 자체적으로 사용하기 위하여 보유하고 있는 부동산은 유형자산으로 분류하고 시세차익을 얻기 위하여 보유하고 있는 부동산은 투자자산으로 분류한다.
2. 손익계산서 양식에 따라 매출총이익, 매출원가를 계산한다.

과 목	금 액(원)	계산내역
매 출 액	15,500,000	
매 출 원 가	10,000,000	15,500,000 - 5,500,000
매 출 총 이 익	5,500,000	1,000,000 + 4,500,000
판 매 비 와 관 리 비	4,500,000	
영 업 이 익	1,000,000	

3. 대손처리하였던 외상매출금을 회수하는 경우 대변에 대손충당금으로 회계처리한다.
4. 누락된 결산수정분개 :

   (차) 보험료   300,000원   (대) 선급비용   300,000원

   보험료(판매비와관리비) 300,000원이 과소계상 되어 영업이익이 300,000원 과대계상 되고, 선급비용(유동자산) 300,000원이 과대계상 된다.
5. 사채할인발행차금은 시장이자율보다 액면이자율이 낮을 경우에 발생한다. 결산 시 추가전입액 (3,000,000원) = 7,000,000원
6. ▸ 당기순이익에의 영향은 단기매매 목적으로 보유한 A, B주식의 평가손익이다.
   ▸ A주식의 평가 : 1,000주 × (@7,000원 - @6,000원) = 단기매매증권평가이익 1,000,000원
   B주식의 평가 : 3,000주 × (@5,000원 - @8,000원) = 단기매매증권평가손실 9,000,000원
   → 당기순이익 8,000,000원 감소
   ▸ C주식은 매도가능증권으로서 관련 평가손익은 자본(기타포괄손익누계액)으로 분류된다.
7. 면세는 부가가치세의 역진성을 완화하기 위한 목적으로 도입되었다.
8. 부가가치세 과세표준 = 100,000,000원 + 10,000,000원 = 110,000,000원
   국가 무상 기증은 면세 대상에 해당하고, 화재로 인한 손실은 재화의 공급에 해당하지 않는다.
9. ② 대표자 본인에 대한 급여는 필요경비로 인정되지 않는다.
   ③ 분리과세 되는 사업소득은 없다.

④ 사업용 고정자산에 해당하는 토지를 양도함으로써 발생하는 차익은 사업소득금액 계산 시 총수입금액에 산입하지 않는다.

10. ▸ 56,000,000원+6,000,000원+2,400,000원=64,400,000원
    ▸ 식대보조금은 별도의 식사를 제공 받았으므로 전액 과세임.
      자가운전보조금은 전액 비과세임.

▌실무수행평가 ▌

실무수행 1. 거래자료입력

[1] 3만원초과 거래자료에 대한 경비송금명세서 작성

1. [일반전표입력] 1월 10일

(차) 811.복리후생비	300,000원	(대) 103.보통예금	300,000원
		(98000.하나은행(보통))	

2. [경비등송금명세서]

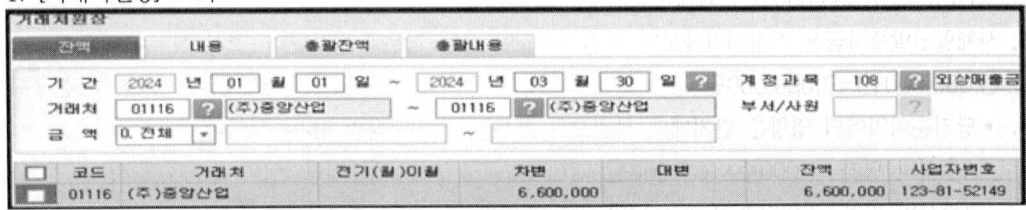

[2] 약속어음 수취거래

1. [거래처원장] 조회

- 01116.(주)중앙산업의 외상매출금 잔액 6,600,000원 확인

2. [일반전표입력] 3월 30일

(차) 110.받을어음	10,000,000원	(대) 108.외상매출금	6,600,000원
(01116.(주)중앙산업)		(01116.(주)중앙산업)	
		259.선수금	3,400,000원
		(01116.(주)중앙산업)	

[3] 기타 일반거래

　　[일반전표입력] 3월 31일

　　　　(차) 120.미수금　　　　　　　1,240,000원　　(대) 903.배당금수익　　　　1,240,000원

　　　　　(00118.(주)삼성전자)

실무수행 2. 부가가치세관리

[1] 전자세금계산서 발급

1. [매입매출전표입력] 4월 5일

거래유형	품명	공급가액	부가세	거래처	전자세금
11.과세	자외선 식기세척기	12,000,000	1,200,000	00167.삼일전자(주)	전자발행
분개유형	(차) 108.외상매출금		13,200,000원	(대) 404.제품매출	12,000,000원
3.혼합 또는 4.카드	(99601.신한카드)			255.부가세예수금	1,200,000원

[2] 수정전자세금계산서의 발급

1. [수정전자세금계산서 발급]

　　① [매입매출전표입력]에서 6월 5일 전표 1건 선택 ➡ 툴바의 수정세금계산서 를 클릭

　　　➡ 수정사유(6.착오에 의한 이중발급 등)선택 ➡ 확인(Tab)을 클릭

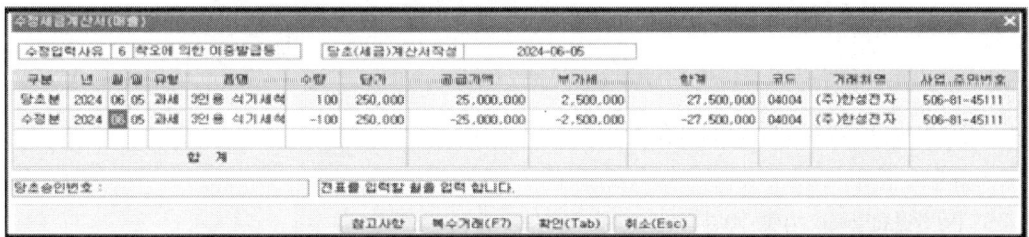

　　② 수정세금계산서(매출)화면에서 수정분 [작성일 6월 5일], [공급가액 -25,000,000원],

　　　[세액 -2,500,000원]을 입력한 후 확인(Tab) 클릭

③ [매입매출전표입력] 6월 5일

거래유형	품명	공급가액	부가세	거래처	전자세금
11.과세	3인용 식기세척기	-25,000,000	-2,500,000	04004.(주)한성전자	전자발행
분개유형	(차) 108.외상매출금	-27,500,000원	(대) 404.제품매출		-25,000,000원
2.외상			255.부가세예수금		-2,500,000원

2. [전자세금계산서 발행 및 내역관리]
   ① 전자세금계산서 발행 및 내역관리 를 클릭하면 수정 전표 1매가 '미전송' 상태로 조회된다.
   ② 해당내역을 클릭하여 전자세금계산서 발급(발행) 및 국세청 전송을 한다.

[3] 수출실적명세서 작성자의 부가가치세 신고서 작성

1. [매입매출전표입력] 7월 20일

거래유형	품명	공급가액	부가세	거래처	전자세금
16.수출	식기세척기	17,040,000		00112.쉰들러(주)	
분개유형	(차) 108.외상매출금	17,040,000원	(대) 404.제품매출		17,040,000원
2.외상	(00112.쉰들러(주))				

과세표준 = 수출신고필증의 ㊾결제금액 × 선적일의 기준(재정)환율
         12,000EUR × 1,420.0원 = 17,040,000원

2. [수출실적명세서] 7월 ~ 9월

3. [부가가치세신고서] 7월 1일 ~ 9월 30일

영세	세금계산서발급분	5	5,000,000	0/100
	기타	6	17,040,000	0/100

[4] 신용카드매출전표등 수령금액합계표 작성자의 부가가치세신고서 작성

1. 거래자료 입력
   ① [일반전표입력] 10월 10일
   (차) 822.차량유지비   110,000원   (대) 253.미지급금   110,000원
                                                (99600.롯데카드)

② [매입매출전표 입력] 11월 15일

거래유형	품명	공급가액	부가세	거래처	전자세금
57.카과	수리비	300,000	30,000	00121.블루핸즈 북가좌점	
분개유형	(차) 522.차량유지비	300,000원	(대) 253.미지급금		330,000원
4.카드	135.부가세대급금	30,000원	(99602.우리카드)		

③ [매입매출전표 입력] 12월 8일

거래유형	품명	공급가액	부가세	거래처	전자세금
61.현과	복합기	900,000	90,000	00125.쿠팡(주)	
분개유형	(차) 212.비품	900,000원	(대) 103.보통예금		990,000원
3. 혼합	135.부가세대급금	90,000원	(98000.하나은행(보통))		

2. [신용카드매출전표등 수령금액 합계표] 10월 ~ 12월
   - 상단의 '불러오기' 아이콘을 클릭하여 입력 데이터를 자동반영한다.

3. [부가가치세신고서] 10월 1일 ~ 12월 31일

	구분		금액	세율	세액
14 그 밖의 공제 매입 세액 명세	신용매출전표수취/일반	41	300,000		30,000
	신용매출전표수취/고정	42	900,000		90,000
	의제매입세액/평창,광주	43		뒤쪽참조	
	재활용폐자원등매입세	44		뒤쪽참조	
	과세사업전환매입세액	45			
	재고매입세액	46			
	변제대손세액	47			
	외국인관광객환급세액	48			
	합계	49	1,200,000		120,000

18 그 밖의 경감공제 세액명세	구분		금액	세율	세액
	전자신고및전자고지	54			10,000
	전자세금발급세액	55			
	택시운송사업자경감세	56			
	대리납부 세액공제	57			
	현금영수증사업자세액	58			
	기타	59			
	합계	60			10,000

평가문제. 입력자료 및 회계정보를 조회하여 [평가문제]의 답안을 입력하시오.(70점)

[실무수행평가] – 부가가치세관리

번호	평가 문제	배점
11	④ (주)리빙산업의 사업장관할세무서는 '역삼세무서'이다	2
12	(6)	2
13	(23,000,000)원	2
14	(34)매	2
15	(17,040,000)원	2
16	(22,040,000)원	2
17	④ 공제받지못할매입세액명세서	3
18	(1,200,000)원	3
19	(900,000)원	2
20	(23,613,200)원	2
부가가치세 소계		22

실무수행 3. 결산

[1] 수동결산

[일반전표입력]

(차) 257.가수금　　　　　　10,170,000원　　(대) 108.외상매출금　　5,170,000원
　　　　　　　　　　　　　　　　　　　　　　　　　(00156.(주)현동기기)
　　　　　　　　　　　　　　　　　　　　　　114.단기대여금　　5,000,000원
　　　　　　　　　　　　　　　　　　　　　　　　　(00109.(주)제도전기)

Part 9. 기출문제 해답 - TAT 68회

[2] 결산자료입력에 의한 자동결산

[결산자료입력 1]

- 퇴직급여(전입액)란에 제조 : 17,400,000원, 판매관리비 : 7,600,000원을 입력한다.
  ※ 생산부 : 퇴직급여추계액 52,400,000원 - 퇴직급여충당부채 잔액 35,000,000원 = 17,400,000원
  ※ 영업부 : 퇴직급여추계액 24,600,000원 - 퇴직급여충당부채 잔액 17,000,000원 = 7,600,000원

[결산자료입력 2]

- 결산자료입력에서 기말 원재료 30,000,000원, 제품 175,000,000원을 입력하고 전표추가(F3) 를 클릭하여 결산분개를 생성한다.

[이익잉여금처분계산서] 메뉴

- 이익잉여금처분계산서에서 처분일을 입력한 후, 전표추가(F3) 를 클릭하여 손익대체 분개를 생성한다.

[실무수행평가] - 재무회계

번호	평가 문제	배점
21	(020)	1
22	(15,500,000)원	1
23	(19,030,000)원	2
24	② 04004.(주)한성전자 55,000,000원	1
25	(1,360,000)원	2
26	(2,100,000)원	2
27	(359,040,000)원	2
28	(2,400,000)원	1
29	(34,840,000)원	1
30	(8,640,000)원	2
31	(59,000,000)원	2
32	(4,900,000)원	1
33	(77,000,000)원	2
34	(30,000,000)원	2
35	④ 643,284,312원	1
재무회계 소계		23

실무수행 4. 근로소득관리

[1] 가족관계증명서에 의한 사원등록

[사원등록] 메뉴의 부양가족명세

	연말정산관계	기본	세대	부녀	장애	경로70세	출산입양	자녀	한부모	성명	주민(외국인)번호	가족관계
1	0.본인	본인	○							김대영	LH 800321-1216511	
2	1.(소)직계존속	60세이상			3	○				김종덕	LH 440405-1649478	03.부
3	3.배우자	배우자								안영희	LH 810905-2027511	02.배우자
4	4.직계비속(자녀 20세이하)							○		김한별	LH 041123-3070791	05.자녀
5	4.직계비속(자녀 20세이하)							○		김한솔	LH 060305-3111116	05.자녀

① 김종덕 : 소득이 없는 중증환자이므로 기본공제, 장애인공제, 경로우대자 대상임.
② 안영희 : 복권당첨소득은 무조건 분리과세 대상소득이므로 기본공제 대상임.
③ 김한별 : 소득이 없는 20세 이하로 기본공제 대상임.
④ 김한솔 : 소득이 없는 20세 이하로 기본공제 대상임.

[실무수행평가] - 근로소득관리1

번호	평가 문제	배점
36	(1,500,000)원	2
37	(3)명	1
38	(1,000,000)원	2
39	(2,000,000)원	1
40	(300,000)원	2

[2] 급여명세에 의한 급여자료

1. [사원등록]
   - 생산부 정수진 사원의 생산직 여부 수정

   18. 생산직 등 여부 [1] 여 연장근로비과세 [0] 부

   - 직전연도 총급여액이 30,000,000원을 초과하므로 연장근로비과세에 해당 안됨.

2. [수당등록]

3. [급여자료입력]

[김상훈]

급여항목	지급액	공제항목	공제액
기본급	3,000,000	국민연금	135,000
직책수당	150,000	건강보험	106,350
차량보조금	300,000	고용보험	30,150
식대	300,000	장기요양보험료	13,620
야간근로수당		소득세	107,660
		지방소득세	10,760

[정수진]

급여항목	지급액	공제항목	공제액
기본급	2,000,000	국민연금	90,000
직책수당		건강보험	70,900
차량보조금		고용보험	27,900
식대	300,000	장기요양보험료	9,080
야간근로수당	1,000,000	소득세	82,900
		지방소득세	8,290

4. [원천징수이행상황신고서]

[실무수행평가] - 근로소득관리 2

번호	평가 문제	배점
41	(100,000)원	2
42	(200,000)원	2
43	(1,000,000)원	2
44	(3,010,930)원	1
45	(190,560)원	1

[3] 국세청연말정산간소화 및 이외의 자료를 기준으로 연말정산
[연말정산 근로소득원천징수영수증]

1. 종전근무지 입력

구분/항목	계	11월	12월	연말	종전1
근무처명					(주)광성물산
사업자등록번호(숫자10자리입력)					134-81-21118
13.급여	47,500,000	3,500,000	3,500,000		30,000,000
14.상여	5,000,000				5,000,000
15.인정상여					
15-1.주식매수선택권행사이익					
15-2.우리사주조합인출금					
15-3.임원퇴직소득한도 초과액					
15-4.직무발명보상금					
16.급여계	52,500,000	3,500,000	3,500,000		35,000,000
비과세 출비과세					
건강보험료	1,354,100	124,070	124,070		733,750
장기요양보험료	165,490	15,890	15,890		86,040
국민연금보험료	1,747,500	157,500	157,500		960,000
고용보험료	327,500	31,500	31,500		170,000
소득세	891,300	102,220	102,220		380,200
지방소득세	89,120	10,220	10,220		38,020

2. 의료비 세액공제

	공제대상자				지급처			지급명세		
	부양가족 관계코드	성명	내외	주민등록번호	본인등 해당여부	상호	사업자번호	의료증빙 코드	건수	지급액	실손의료보험금
1	소득자의 직계존	최진수	내	421110-1919012	○			국세청	1	2,700,000	

3. 보험료 세액공제

	관계 코드	성 명	기	보험료	
	내외 국인	주민등록번호	본	보장성	장애인
1	0	최정훈	본인/세대주	1,200,000	
	1	770521-1229103			
2	1	최진수	부		
	1	421110-1919012			
3	1	이정희	60세 이상	1,800,000	
	1	500102-2111119			

4. 연금계좌 세액공제

구분	금융회사등	계좌번호	불입금액
3.연금저축	404 흥국생명보험(주)	013458888	6,000,000

5. 정산명세 조회

특별소득공제	33.보험	가.건강	1,519,590	1,519,590	세액공제	연금계좌	58.과학기술인공제			
		나.고용	327,500	327,500			59.근로자퇴직급여보장법			
	34.주택차입금 원리금상환액	가.주택임차	대출기관					60.연금저축		600,000
			거주자					60-1. ISA만기시연금계좌		
		나.장기주택저당차입금 이자상환액	11년이전 차입분	15년미만			특별세액공제	61.보장성보험	3,000,000	120,000
				15~29년				62.의 료 비	2,700,000	168,750
				30년이상				63.교 육 비	0	
			12년이후 차입분 (15년이상)	고정or비거치				64.기부금	정치 10만원이하	
				기타대출					10만원초과	
			15년이후 차입분 (15년이상)	고정&비거치					나.법정기부금	
				고정or비거치					다.우리사주기부금	
				기타대출					라.지정기부금(종교외)	
			15년이후 차입분 (10~15년)	고정or비거치					마.지정기부금(종교)	
	35.기부금(이월분)					65.계			288,750
	36.계			1,847,090		66.표준세액공제			
37.차 감 소 득 금 액				32,530,410		67.납 세 조 합 공 제			
그 밖의 소득공제	38.개인연금저축					68.주 택 차 입 금			
	39.소기업·소상공인공제부금					69.외 국 납 부			
	40.주택마련저축	가.청약저축				70.월세액			
		나.주택청약종합저축							
		다.근로자주택마련저축							
	41.투자조합출자 등								
	42.신용카드등	0							
	43.우리사주조합 출연금								
	44.고용유지중소기업근로자								
	45.장기집합투자증권저축					71.세 액 공 제 계			1,548,750
	46.청년형장기집합투자증권저축					72.결 정 세 액(50-55-71)			2,070,811
	47.그 밖의 소득 공제 계					82.실 효 세 율(%) (72/21)×100%			3.9%

	소득세	지방소득세	농어촌특별세	계
73.결정세액	2,070,811	207,081	0	2,277,892
기납부 세액 74.종(전) 근무지	380,200	38,020	0	418,220
75.주(현) 근무지	511,100	51,100	0	562,200
76. 납부특례세액	0	0	0	0
77. 차감징수세액(73-74-75-76)	1,179,510	117,960	0	1,297,470

[실무수행평가] – 근로소득관리 3

번호	평가 문제	배점
46	(32,530,410)원	2
47	(600,000)원	2
48	(120,000)원	2
49	(168,750)원	2
50	② 3.9%	1
근로소득 소계		25

•• 저자약력 ••

이상은

[약력]
- 부산대학교 산업대학원 경영학석사(회계학 전공)
- 경남대학교 대학원 경영학박사(회계학 전공)
- (현)경남대학교 겸임교수 · 창원대학교 강사
  - 마산여성인력개발센터 ERP 외래교수
  - 김해여성센터(김해시동부여성인력개발센터) 전산세무회계 외래교수
  - 한국공인회계사회 AT 자격시험 출제위원
  - 한국세무회계학회 · 한국전산회계학회 부회장
  - 한국경영실무학회 부회장 · 한국산업비즈니스학회 부회장 외 다수
  - 한국세무회계교육연구회 회장
  - 창원시장애인수영연맹 부회장
  - 한국전산회계교육연구회 부회장
  - 경남학원연합회 컴퓨터교육협의회 회장 · 창원학원연합회 컴퓨터분과 회장
  - 정우컴퓨터전산회계학원 원장
- (전)창신대학교 겸임교수 · 창원문성대학교 겸임교수 · 울산과학대학교 겸임교수
  - 경남과학기술대학교 · 경남도립 남해대학 · 한국국제대학교 외래교수
  - 경남여성새로일하기지원본부 전산세무회계 외래교수
  - 경상남도여성능력개발센터 · 창원여성인력개발센터 전산세무회계 외래교수
  - 한국장애인고용공단 창원맞춤훈련센터 외래교수
  - 거제여성새로일하기지원본부 전산세무회계 외래교수
  - 창원교육지원청 학교폭력대책심의위원회 위원
  - 창원여자중학교 운영위원회 위원장
  - 창원초등학교 운영위원회 위원장
  - 창원초등학교 학교폭력대책위원회 위원장
  - 한국전산세무회계강사협의회 부회장 및 경남지회장
  - 한국국제회계학회 상임이사
  - 전국회계교육협의회 부회장
  - 한국지식경영교육협회 상임이사 및 경남지회장
  - 경상남도학교운영위원연합회 정보통신위원장

[저서]
- 전산회계&FAT 2급, 전산회계&FAT 1급, 전산세무&TAT 2급(도서출판 어울림)
- 누구나 쉽게 접할 수 있는 회계기초(도서출판 영민) 공저
- 전산회계2급, 전산회계1급, 전산세무2급, 회계원리(도서출판 다음)
- 기업회계 3급, 2급(도서출판 다음) 공저
- 위너 전산회계 2급, 1급, 전산세무 2급(도서출판 다음)
- 전산세무 1급(경영과회계) 공저
- ERP 정보관리사 회계 1,2급(산문출판) 공저
- ERP 정보관리사 회계 1,2급 및 인사 1,2급(도서출판 다음) 공저
- ERP 정보관리사 회계 1,2급(무역경영사 및 도서출판 청람) 공저

2024 전산세무 2급 & TAT 2급

개정판발행	: 2024년 4월 16일	저자와의 협의하에 인지생략
저　　　자	: 이 상 은	
발　행　인	: 허 병 관	
발　행　처	: 도서출판 어울림	
주　　　소	: 서울시 영등포구 양산로 57-5, 1301호 (양평동3가)	
전　　　화	: 02-2232-8607, 8602	
팩　　　스	: 02-2232-8608	
등　　　록	: 제2-4071호	
Homepage	: http://www.aubook.co.kr	

ISBN　978-89-6239-946-2　　13320　　　　　　　　정 가　26,000원

도서출판 어울림 발행도서는 정확하고 권위 있는 해설 및 정보의 제공을 목적으로 하고 있습니다. 그러나 항상 그 완전성이 보장되는 것은 아니기 때문에 적용결과에 대하여 당사가 책임지지 아니합니다. 따라서 실제 적용할 경우에는 충분히 검토하시고 저자 또는 전문가와 상의하시기 바랍니다.

본서의 무단전재 및 복제행위는 저작권법에 의거, 5년 이하의 징역 또는 5,000만원 이하의 벌금에 처하거나 이를 병과할 수 있습니다.

파본은 구입하신 서점이나 출판사에서 교환해 드립니다.